J'ai piscine

Collection *Monde en cours*

Série *Les petits cahiers de tendances*
dirigée par Thierry Germain

www.editionsdelaube.com

ISBN 978-2-8159-4848-7

Jean-Laurent Cassely
Pierre Hurmic
Anne-Claire Ruel
Elena Scappaticci

J'ai piscine

La France heureuse

éditions de l'aube
fondation jean-jaurès

AVANT-PROPOS
LA PREUVE PAR QUATRE

THIERRY GERMAIN
Directeur de série

Peut-on lire une époque au travers d'un simple objet ou d'un lieu? Peut-on dire beaucoup de nos futurs en peu de mots? C'est le pari que fait cette collection des petits cahiers de tendances de la Fondation Jean-Jaurès et de l'Aube: décrypter les signaux faibles les plus significatifs ou les plus inattendus grâce à une règle de quatre – quatre auteurs choisis parmi les plus pertinents, quatre entrées qui disent à chaque fois un objet, un lieu, une personne et un concept, quatre regards nourris et incisifs pour émouvoir, surprendre, interroger et débattre autour de ce qui nous attend. Thème par thème, cette collection dessinera la France que vivront nos enfants et petits-enfants. Et pour débuter ce vaste tour d'horizon, penchons-nous sur une France méconnue et pourtant très largement majoritaire, la France heureuse. Bonne lecture !

LA PISCINE, PROLONGEMENT DE L'IDÉAL MAJORITAIRE FRANÇAIS DE LA MAISON AVEC JARDIN

JEAN-LAURENT CASSELY

Journaliste et essayiste, co-auteur de *La France sous nos yeux* (Seuil, 2021)

À partir des années 1970-1980, alors que l'image des banlieues entamait une lente dégradation qui s'étendrait sur plusieurs décennies, un espace résidentiel commence à être associé systématiquement aux classes moyennes et son développement très rapide va transformer nos paysages. Il s'agit de la maison individuelle avec jardin située à la lisière de la ville, en zone rurale ou dans un « nouveau village », nom que l'on donne dans les premiers temps aux petites communes qui ont attiré des « rurbains », et où de petits lotissements ont été érigés autour des noyaux anciens ou en sortie de villes. Adopté par un peu plus de la moitié des ménages français[1], le choix de la maison individuelle est en revanche systématiquement plébiscité dans les sondages par une écrasante majorité d'au moins deux tiers d'entre eux[2] :

1. 56 % du parc français est constitué de logements individuels, c'est-à-dire de maisons : Céline Arnold, « Le parc de logements en France au 1er janvier 2017 », Insee, 7 décembre 2017.

2. Lorsqu'on leur montre des images des différents types d'habitations en leur demandant leur préférence, les Français plébiscitent la maison individuelle à 87 % : Julien Damon, « Les Français et l'habitat individuel : préférences révélées et déclarées », *SociologieS*, 21 février 2017.

il est donc très nettement majoritaire, sinon dans les faits, au moins dans les têtes. La maison individuelle représente ainsi un idéal résidentiel et structure une part très significative de l'espace urbanisé, et ce dans toutes les régions françaises.

La localisation de l'habitat (distance à la grande ville la plus proche), le style de la maison (ancien ou neuf, traditionnel ou contemporain) et son standing (maison de pierre traditionnelle ou maison en parpaing aux murs recouverts d'un crépi couleur crème), le cadre environnant (isolé ou « diffus », mitoyen, en lotissement, verdoyant ou urbanisé et chaotique), la taille des parcelles sont autant de curseurs dont l'intensité varie en fonction des configurations, du mas provençal avec piscine entourée de vignes à la maison de catalogue jouxtant une zone commerciale à la périphérie d'une ville moyenne assoupie.

L'éventail de prix pour accéder au modèle majoritaire va de 150 000 à un million d'euros et au-delà. Ménages modestes, bourgeois, banlieusards…, peu de catégories sociales résistent à sa puissance d'attraction.

Deux objets ou équipements emblématiques de la culture d'extérieur en maison individuelle sont associés à ce mode de vie : le barbecue et la piscine. Le premier a été rendu célèbre par le sociologue Henri Mendras qui, dans son ouvrage *La Seconde Révolution française*[1] publié à la fin des années 1980, s'empare de ce rituel se pratiquant « au bord de la piscine de la luxueuse villa de la Côte d'Azur comme dans le pavillon de banlieue, sur la pelouse de la résidence secondaire comme dans la cour

1. Henri Mendras, *La Seconde Révolution française (1965-1984)*, Paris, Gallimard, 1988.

de la ferme voisine », écrit-il pour illustrer sa thèse d'une « moyennisation » du corps social autour de références communes au-delà des écarts de niveaux de vie.

Depuis ces lignes pionnières d'une sociologie du barbecue et de la vie pavillonnaire, la pratique s'est en quelque sorte gentrifiée et diversifiée avec l'introduction de modèles haut de gamme, prisés des acheteurs d'un périurbain aisé. Autre totem de la maison individuelle, la piscine illustre le processus inverse d'un équipement élitiste qui se démocratise vers des couches sociales qui en étaient éloignées. Tout comme le salon d'extérieur en résine tressée, la table en teck, la véranda ou le trampoline (qui a remplacé la balançoire), elle fait désormais partie des marqueurs de la vie périurbaine et de l'univers de la maison individuelle. La logique marketing d'approfondissement des gammes permet à des ménages modestes d'en acquérir des versions alternatives à la traditionnelle piscine enterrée : piscine hors-sol à monter soi-même autour de cinq mille euros, bassin gonflable disponible en grande surface. Jacuzzi ou spa peuvent faire office de minipiscine sur les balcons ou terrasses des citadins.

Dans un ouvrage récemment paru, nous avons pu grâce aux recherches du *data scientist* Mathieu Garnier cartographier la répartition des piscines enterrées et enregistrées par le fisc en 2020. Ce fichier qui recense 1,3 million de bassins fournit des enseignements précieux sur la géographie de la piscine en France – notons que les professionnels estiment désormais le nombre total de piscines sur le sol français à plus de 3 millions, des chiffres récents du secteur évoquant même le record de 250 000 nouvelles piscines livrées au cours de l'année 2021, dont 91 000 enterrées, une conséquence de la ruée post-Covid-19 vers la maison avec jardin.

La cartographie des piscines dessine sans surprise une France des périphéries des centres anciens, ces équipements étant présents majoritairement dans les lotissements pavillonnaires récents. Dans toute la partie sud du pays apparaissent ainsi des atolls bleu cobalt, trahissant une forte densité de piscines dans les couronnes aisées ceinturant Bordeaux, Toulouse, Perpignan, Béziers, Montpellier, Fréjus ou Aix-en-Provence. Dans ces zones, on considère qu'entre un habitant sur cinq et jusqu'à un habitant sur trois a fait construire une piscine sur son terrain ! C'est le cas, par exemple, dans certaines communes de la Côte d'Azur ou dans les villages les plus huppés du Luberon. En remontant vers le nord, la proportion de piscines demeure significative jusque dans la région lyonnaise. Et si le taux de piscines par logement chute sans surprise à mesure que l'on perd des degrés et des journées d'ensoleillement, il n'est plus rare de constater dans les annonces des sites immobiliers des maisons récentes équipées d'une piscine dans les couronnes franciliennes aisées.

Au-delà des inégalités face au climat, cet engouement national – la France est l'un des pays qui compte le plus de piscines par habitant et les piscinistes peinent à recruter pour satisfaire leurs carnets de commandes post-Covid-19 – dit quelque chose de l'idéal d'une partie de la population, et de la valeur refuge que représentent la maison et ses dépendances. La fonction rafraîchissante du bassin a beau être d'un grand secours lors des épisodes de plus en plus fréquents de canicule, elle n'est pas l'unique raison pour laquelle la piscine a trouvé une place de choix aux côtés du salon de jardin, de la cuisine d'été et du barbecue. Posséder une piscine, même de taille modeste, c'est l'assurance de pouvoir recevoir les proches dans le cadre d'un strict entre-soi au sein d'une bulle protectrice. C'est pour cette raison que de nombreuses maisons en zone littorale font de la piscine un marqueur social, puisque cet équipement permet de contourner la piscine municipale, mais aussi la plage dont le public est composé par définition d'une population qu'on ne choisit pas. Il s'agit, avec la piscine, de recréer un petit cocon, c'est le prétexte pour inviter famille et amis le dimanche après-midi. Avec la possibilité de sélectionner les participants à la *pool party*, les Français privilégient un bonheur privé, au détriment parfois de l'espace public et de la vie civique. On est bien chez soi et, de plus en plus, indifférent à la politique et à la marche du monde... Alors que certains évoquent, à propos de la préférence de nombreux Français pour ces espaces, un droit au village[1] – en clin d'œil au slogan prisé de la géographie marxiste des années 1970, celui d'un droit à la ville réclamé par le sociologue Henri Lefebvre –, on peut se demander si un droit à la piscine n'est pas en train d'émerger comme nouvel idéal sociopolitique.

1. Éric Charmes, *La Revanche des villages. Essai sur la France périurbaine*, Paris, Seuil, 2019.

TOUS COACHÉS… OU COACHS !

ELENA SCAPPATICCI
Rédactrice en chef web
de *Usbek & Rica*

Tout le monde (ou pas ?) connaît la célèbre « Règle 34 » d'internet : « Si ça existe, il y a du porno à ce sujet. » Ayons l'esprit taquin et osons affirmer qu'en 2022, la célèbre maxime pourrait tout aussi bien s'appliquer au domaine du coachisme : « Si ça existe, il y a un coach à ce sujet. » On pourrait même s'amuser à faire une longue énumération à la Georges Perec : coach sportif (plutôt classique, mais doté désormais d'innombrables déclinaisons), coach astro, coach voyance, coach méditation, coach dressing, coach tri, coach jardinage, coach leadership, coach empowerment, coach séduction, coach funérailles, coach detox… La liste est infinie, et l'espace manque. Mais nous pouvons raisonnablement considérer que nous sommes désormais entrés dans une nouvelle phase du développement personnel, ultrapersonnalisée, segmentée, « de niche » – où chacun, surtout dans les grandes métropoles, se retrouve à être coaché ou à être le coach de l'autre. Vous me suivez ? Après tout, vous pouvez tout à fait être coach pilates et avoir besoin d'un coach pour ranger vos placards à la Marie Kondo ou composer votre jus d'herbe detox dans les règles de l'art. Une fois entrés dans la matrice, rien n'est impossible. Demeure une question : comment en est-on arrivés au point où le paramétrage de nos vies, dans ces aspects parfois les plus anodins, réclame désormais d'être épaulé par un auxiliaire supposément compétent en la matière ? Il n'est plus question ici de « thérapie » traditionnelle : l'extension du domaine du bien-être individuel semble être sans limites.

Mais quelques chiffres pour commencer : la nomenclature des activités françaises (NAF), un outil statistique très détaillé permettant d'établir des bilans et des comparaisons entre secteurs économiques, possède deux classes fascinantes dans lesquelles la mystérieuse matrice du coaching vient se loger. Il y a d'abord la division numéro 96.09Z, intitulée « autres services personnels » (on ne peut pas faire plus fourre-tout), dans laquelle on trouve, pêle-mêle, astrologues, tatoueurs, agents matrimoniaux, masseurs et j'en passe – ces « métiers du code Z », pour reprendre la terminologie employée par Jean-Laurent

Cassely et Jérôme Fourquet dans leur essai *La France sous nos yeux*[1], dont la courbe de progression est exponentielle depuis le début des années 2000. Seconde catégorie, toute aussi vague – et qui témoigne de l'impuissance de nos statisticiens à prendre la mesure du phénomène –, « les activités humaines de santé non classées ailleurs ». Celle-ci recoupe aussi bien les « traditionnels » psychothérapeutes et psychanalystes que les praticiens de médecines alternatives type acupuncteurs, homéopathes, sophrologues, guérisseurs ou rebouteux. Selon les données rapportées dans *La France sous nos yeux*, leurs effectifs ont explosé entre 2006 et 2018, passant d'un peu plus de 15 000 personnes en France à près de 80 000 quinze ans plus tard.

---

1. Jean-Laurent Cassely et Jérôme Fourquet, *La France sous nos yeux*, Paris, Seuil, 2021.

Face à de telles données, il est très tentant de souscrire à la thèse des sociologues Eva Illouz et Edgar Cabanas développée dans *Happycratie*[1]. La quête du bonheur est devenue la nouvelle norme qui imprègne l'ensemble de la société et reconfigure entièrement des pans entiers de notre existence qui se retrouvent désormais dotés d'une charge symbolique inédite – ce que je nommerai « le syndrome du jus d'herbe ». Si Eva Illouz et Edgar Cabanas se montrent peu tendres avec cette « nouvelle quête obsessionnelle » et le juteux marché qu'elle entretient, c'est parce qu'elle individualise à l'extrême la question sociale et contribue à atomiser toujours plus la société. Leur

1. Eva Illouz et Edgar Cabanas, *Happycratie. Comment l'industrie du bonheur a pris le contrôle de nos vies,* Paris, Premier Parallèle, 2018.

référentiel idéologique est bien entendu le marxisme, et particulièrement le post-marxisme de l'École de Francfort, en la personne de Theodor Adorno. Le philosophe allemand fut le premier, avec son collègue Max Horkheimer, à théoriser la manière dont le fétichisme de la marchandise s'étendait désormais bien au-delà des limites identifiées par Karl Marx, « jusqu'au cœur de l'homme » : « La domination de l'homme n'a pas seulement pour résultat son aliénation aux objets qu'il domine : avec la réification de l'esprit, les relations entre les hommes – et aussi celle de l'homme avec lui-même – sont comme ensorcelées », écrivent-ils dans *La Dialectique de la raison*[1]. Une fois ce constat posé, force est de constater que nous sommes tout

1. Theodor Adorno et Max Horkheimer, *La Dialectique de la raison*, Paris, Gallimard, 1974.

autant victimes que coupables de ces nouvelles formes d'aliénation qui font de nous des « individus mutilés ». Incapables de faire « cœur commun », nous projetons toutes nos espérances de « vie bonne » sur notre propre personne. Tous coupables à l'échelle macro, mais tous terriblement vulnérables à l'échelon micro ?

Cet « ensorcellement » évoqué par les deux philosophes explique en tout cas que les livres de développement personnels « traditionnels » ne suffisent plus à satisfaire des individus dont la singularité est désormais placée sur un piédestal – au service, évidemment, d'une meilleure emprise de la sphère économique sur sa psyché. Les coachs offrent la possibilité d'une personnalisation maximale de notre quête éperdue de bonheur. Et nous accompagnent dans la projection de valeur et de sens sur le moindre aspect de notre vie intime ou professionnelle. La pandémie n'a fait qu'empirer les choses, en nous confrontant à l'hypothèse, fort peu réjouissante, que tout ne pouvait pas être certain, clair, et maîtrisable dans nos vies. Même si l'on possède encore peu de données sur la question, il est quasiment certain que le coachisme s'est largement nourri de ce sentiment d'incertitude généralisé. Lorsque tous les piliers – aussi artificiels soient-ils – sur lesquels s'appuie une existence sont ébranlés du jour au lendemain, le réflexe naturel, dans une société obsédée par le contrôle de soi, est de surcompenser par toujours plus de paramétrage.

Le recours croissant aux coachs en astro ou en tarologie constitue probablement la meilleure illustration de cette thèse. Première grossière erreur à évacuer : l'astrologie ou la tarologie ne sont pas divinatoires. Ayant interrogé plusieurs personnes (on ne va pas se mentir, pour une grande majorité de sexe féminin), j'ai pu observer que, dans la plupart des cas, le recours à ces thérapies alternatives – car c'est comme cela que les sciences dites « ésotériques » sont en réalité perçues par une grande majorité de leurs adeptes – constituait un moyen de recontextualiser un parcours de vie. « Un “bon” coach en astrologie ne vous dira jamais “vous allez rompre à telle date” ou pire “vous devez quitter cette personne”, ou “vous allez avoir le nouveau job de vos rêves en mai”, en revanche il pourra dire “cette année, il y aura des turbulences, mais c'est normal parce que telle planète ça va faire mal dans votre signe” », m'explique une cliente du coach astrologue et tarologue Auric Astrologie. « Pour moi, c'est en quelque sorte un outil personnel assez philosophique et métaphysique de développement de soi. Cela n'enlève en rien mon libre arbitre. »

On assiste ainsi à une sorte de « réenchantement » – pour reprendre la terminologie webérienne –, mais sécularisé. Avec l'aide des innombrables coachs qui prospèrent sur le vide métaphysique légué par la modernité, les individus échafaudent des pots-pourris idéologiques sur-mesure en piochant indifférement dans la naturopathie, l'astro, la voyance ou la wicca.

Mais cette obsession du sens, qui est tout autant obsession du « moi » et mouvement de préservation d'une singularité fantasmée, n'a jamais été aussi standardisée, si bien que le coachisme constitue à ce jour probablement le meilleur instrument au service du maintien de l'ordre établi. De quoi méditer cet extrait de *La Dialectique de la raison* d'Adorno: « Le moi, consciemment, prend tout l'homme à son service et en fait un appareil. Dans cette restructuration, le moi en tant que chef d'entreprise cède une telle part de soi au moi instrument-de-la-production que, réduit à une pure abstraction, il n'est plus qu'un point de référence : la conservation de soi perd son ipséité. Les traits de caractère [...] deviennent manipulables avant de coïncider parfaitement avec leur fonction dans une situation donnée[1]. »

1. Theodor Adorno et Max Horkheimer, *op. cit.*

LE MÉTAVERS, BASE ARRIÈRE DE LA FRANCE HEUREUSE ?

ANNE-CLAIRE RUEL
Enseignante en communication politique, créatrice du compte Instagram Call Pol, autrice du podcast Les Moments vacants

« T'es dans des mondes imaginaires, t'as des super couleurs, c'est super cool ! », s'exclame avec enthousiasme Simon au téléphone. Simon est graphiste. Il habite La Chapelle, une petite ville dans le Loiret. Et depuis quelques années, ce père de famille de quarante ans a découvert avec joie le métavers. Un monde virtuel fictif présenté comme le nouvel internet où des espaces virtuels en 3D, persistants et partagés sont accessibles *via* des interactions. Son espace de liberté est une « map » qu'il a façonnée sur The SandBox, l'un des métavers à succès avec Decentraland. Un projet réalisé par deux Français depuis 2011 qui utilise désormais la technologie de la *blockchain* depuis 2018. Comment expliquer l'intérêt grandissant pour ces univers virtuels et colorés dans lesquels les joueurs évoluent en temps réel, échangent et achètent des cryptomonnaies ainsi que des objets numériques ?

Finie la valeur exploratoire de l'extérieur, terminée la promesse d'émancipation et de liberté du « dehors ». Depuis les confinements successifs, notre monde est en voie de rétrécissement et pour vivre heureux il faudrait désormais vivre à l'intérieur. Au point parfois de vouloir déserter le monde réel charriant son lot de déconvenues. « Depuis deux ans, il y a les confinements, les problématiques sanitaires qui rendent assez malheureux. Tu ne peux plus aller et venir sans papier en fait. Et moi ce qui m'a plu, c'est que les mondes virtuels sont hyper plus libres », confirme Simon. Signe extérieur de cette liberté retrouvée, son avatar arbore fièrement une crête punk verte. Un vent libertaire confirmé par Olivier Mauco, docteur et enseignant en jeux vidéo à Sciences Po Paris et directeur de l'agence Game in Society : « Quand on regarde Decentraland, quand on regarde The Sandbox, c'est le fun qui est mis en avant. On s'amuse, on peut porter des costumes idiots. Des grosses lunettes de soleil. C'est un peu le côté YOLO et en même temps dans des imaginaires assez "barbecue américain" ». Il ajoute : « Donc, oui, je ne sais pas si c'est une France heureuse, mais en tout cas c'est un espace d'incarnation de délires fun, ordaliques, où l'on fait ce qu'on veut sans contrainte. Donc ça, c'est la grosse, grosse, promesse de ces acteurs du métavers. »

Ne nous y trompons pas, ce repli ne date pas des confinements, les jeux vidéo en ligne multijoueurs cartonnent depuis trente ans. Néanmoins, la crise sanitaire a accentué ce phénomène sans précédent et le repli vers ces nouveaux mondes virtuels. Vincent Cocquebert, journaliste et essayiste, l'a parfaitement démontré dans un ouvrage qui fera date : *La Civilisation du cocon*[1]. Il y rappelle une étude YouGov au résultat sans appel, réalisée en 2018 auprès de 16 000 personnes dans quatorze pays d'Europe et d'Amérique du Nord, en pointant notre spécificité française : nous pensons passer 60 % de

1. Vincent Cocquebert, *La Civilisation du cocon*, Paris, Arkhê, 2021.

notre temps à l'intérieur alors même que nous y sommes 90 % du temps. À l'heure où l'on surinvestit les dangers potentiels du monde extérieur menaçant, les enfants sont assignés à résidence et priés de disparaître de l'espace public par des parents soucieux de les protéger. « Selon une étude britannique, trois enfants sur quatre évoluent moins d'une heure par jour en extérieur, un temps inférieur à celui d'un prisonnier contraint de passer au moins soixante minutes hors de sa cellule », rappelle le journaliste. Alors pour cette génération « *indoor* », les jeux vidéo et plus particulièrement le métavers deviennent des endroits de socialisation, comme l'était l'abribus de la France périphérique des années 1990. Celle d'Orel-San à Caen. Le métavers est ainsi devenu un *safe space*, protecteur et familier, une extension de vie, voire une chambre supplémentaire pour retrouver ses amis en toute sécurité.

« Je suis capable de prendre plus de plaisir à retrouver mes potes dans le monde virtuel, une heure ou deux le soir, que d'aller dans un rade attraper le Covid-19 ou je ne sais pas quoi. C'est un espace que tu as créé donc tu ne vas pas dans un bar que tu subis », acquiesce Simon qui ajoute « le métavers, c'est plus libre qu'un café quasiment ». Nathan, dix-huit ans, étudiant dans une école de digital, le confirme : « On peut créer ce qu'on veut, alors ça permet d'exprimer vraiment qui on est et puis avec l'anonymat, on peut vraiment parler et interagir avec d'autres joueurs comme on veut, sans avoir peur des réactions des autres. Moi c'est l'anonymat et la liberté qui me rendent heureux sur le métavers. »

La liberté est aussi celle de façonner des paysages *retrowave* et baudelairiens, pour renouer avec l'idée d'agir et tendre vers toujours plus de personnalisation. Les blocs sont empilés par les joueurs pour créer des univers fantasmagoriques au gré de leur imagination. Yanis, dix-huit ans, camarade de classe de Nathan, le confirme : « La possibilité de créer est infinie. Notre seule restriction c'est l'imagination. Ces univers, ça nous rend unique. C'est notre code signature. » Lorsque l'impression de perdre son pouvoir d'action sur le monde environnant est de plus en plus forte, le métavers offre la possibilité d'un total contrôle pour se rendre maîtres et possesseurs de cette nature virtuelle en la démystifiant. Olivier Mauco, spécialiste du métavers, explique l'engouement pour ces mondes virtuels par la possibilité de renouer avec le pouvoir de faire : « L'immatériel est physique. Je travaillais avec un designer de chez Renault. Il avait commencé par modéliser des voitures à la glaise. À l'origine, c'était un sculpteur et il a basculé dans la 3D. Et un jour il m'a dit "j'ai les mêmes sensations que lorsque je manipulais à la main". Le métavers, c'est matériel en fait. » Pas étonnant si l'on en croit le nombre d'anciens consultants aujourd'hui reconvertis dans des métiers manuels pour donner plus de sens à leur vie. Il ajoute : « Donc si c'est physique, cela signifie qu'on peut acheter des fringues. On peut tout acheter en ligne. Cela a la même valeur. En fait, on oublie toujours le corps dans le numérique, mais le corps est hyper-important. C'est l'œil, c'est la main, c'est le toucher, c'est l'ouïe. Il y a beaucoup de sens qui sont mobilisés. » Des sens convoqués *via* le son spatialisé, mais aussi l'intensité de la lumière qui fluctue en fonction de la journée. « Une fois que tu as tout posé, tu appuies sur Play et après tu te balades dans ton *space* et tu restes à ne rien faire. T'as du vent, t'as un esprit naturel, t'as la nuit. T'as le bruit qui est 3D », explique Simon. Une dimension contemplative qui se retrouve dans des simulateurs de balade, les *walking simulators*, où les joueurs sont invités à la contemplation au cœur d'espaces esthétiques, d'ailleurs souvent parsemés de souvenirs intimes et de l'enfance. Une manière de s'accorder des moments vacants en reprenant la maîtrise de leur temps. Des espaces pensés qui ne doivent rien au hasard puisque, aujourd'hui, en France, le créateur de jeux Ubisoft recherche par exemple des « *inspirational content advisors* » pour grossir le rang de leurs équipes. Leur mission ? Mener des recherches couvrant un vaste champ de compétences (histoire, sociologie, économie, ethnologie, géographie, mythologie, etc.) et participer à l'organisation de voyages de recherche, dans l'objectif d'alimenter en contenus les équipes de production et du siège et de les inspirer. En d'autres termes, susciter la création de nouveaux mondes en convoquant tous les sens. Car, pour paraphraser la poétesse Maya Angelou, « les gens oublieront ce que vous avez dit, ils oublieront ce que vous avez fait, mais n'oublieront jamais ce que vous leur avez fait ressentir[1] ».

Dès lors, peut-on envisager le métavers comme l'anti-France moche ? Un monde où l'on pourrait enfin habiter sa maison idéale, une villa à faire pâlir d'envie la France de Stéphane Plaza, le célèbre agent immobilier cathodique ? « Dans ces univers, on te vend le "chez toi" idéal, en mode ultrabeau, mais en version numérique et pour un autre public que *Modes & Travaux*, explique Olivier Mauco. C'est un espace en 3D mais ça reste de la fiction. Mais comme on fait des choses dedans,

1. « A Conversation with Dr Maya Angelou », *BSM Magazine*, 4 juillet 2012.

on va croire qu'on agit en fait. Et que cela existe réellement. Est-ce que c'est une fuite de la réalité ? Les créateurs vont te dire “non c'est un double de la réalité”. Un double qui serait épuré de toutes ces contraintes et de tout ce qui est moche. »

S'ils offrent des espaces de liberté, ces mondes ne sont pas exempts de logiques marchandes de notre monde bien réel puisqu'il est possible de créer certes, mais aussi de vendre. En d'autres termes, il est possible de jouer pour gagner de l'argent. C'est ce qu'on appelle désormais le « *play-to-earn* ». Soit une économie ouverte qui récompense financièrement tout joueur qui ajoute de la valeur en passant du temps à produire des biens dans ces nouveaux parcs d'attractions. Les *players* sont autorisés à créer de nouveaux actifs numériques, à les échanger et à gagner des devises virtuelles qui peuvent être facilement vendues. « Quel est l'endroit le plus extraordinaire du monde si ce n'est celui où tu joues pour gagner de l'argent ? », ironise Olivier Mauco. Effectivement, le métavers en ce sens s'apparente à une extension de la réalité jusqu'à la recouvrir. Disposerons-nous tous bientôt de Meta Quest 2, les casques de réalité virtuels de Meta, le géant de Zuckerberg qui entend devenir la référence en matière de métavers ? « On a mis le masque sur la bouche, mais là on va le mettre sur les yeux et on va se barrer ailleurs, résume Simon. Je pense que je peux me perdre là. Je pense qu'il va falloir que je mette un réveil. » Si elle veut rester heureuse, la France devra malgré tout continuer à se lever tôt.

LA VILLE APAISÉE

PIERRE HURMIC
Maire de Bordeaux

La ville apaisée est d'abord une ville heureuse.

L'un des principaux enseignements de la crise liée au Covid-19 réside dans les aspirations nouvelles des habitants des métropoles, qui réclament une ville plus conviviale, apaisée et accessible à toutes et tous.

Le slogan « Magnetic Bordeaux », choisi par la précédente équipe municipale et métropolitaine, voulait faire de Bordeaux un territoire attractif, sans souci de priorité, et sans se préoccuper des synergies avec les territoires voisins. Une vision de l'aménagement du territoire totalement dépassée, mais que l'on retrouve pourtant dans les nouveaux projets de lignes à grande vitesse (LGV), gaspilleuses d'argent public autant que d'espaces naturels, et sacrifiant les trains régionaux du quotidien. La ville et la métropole se sont révélées incapables d'assumer les conséquences de cette attractivité sans limites. Elles n'ont pas su, notamment, loger celles et ceux qui viennent y travailler, contraints de partir vivre de plus en plus loin… Elles ne se sont pas dotées d'infrastructures de transport permettant ces déplacements pendulaires : notre réseau de tramway s'est vite montré saturé, notre rocade est embouteillée structurellement et les liaisons ferroviaires de proximité ont été abandonnées.

Face à l'urgence climatique et sociale, il nous faut changer de logiciel, repenser la ville à échelle humaine, redéfinir une attractivité centrée sur la question du bien-être des habitants.

L'espace public a été accaparé par des mobilités dites rapides. Nos rues, qui étaient autrefois des lieux de vie, de convivialité et de rencontre, ont été transformées en routes. Réduire les nuisances liées à l'automobile (pollution atmosphérique, bruit, suroccupation de l'espace public, accidents) est un enjeu majeur de santé publique, mais aussi d'urbanité. Dans la ville de demain, les habitants se réapproprieront l'espace public perdu, la rue redeviendra un espace de convivialité.

Tout l'enjeu est de réussir un partage équitable de la rue entre tous les usagers. La ville apaisée est donc une ville où on décélère, ce qui passe notamment par l'instauration de « zones 30 », de « zones de rencontre », où se développent les mobilités douces et la marche, génératrice de lien social et d'une meilleure qualité de vie. La marche arrive en tête des modes de déplacement urbain, et c'est pourtant le parent pauvre de l'action publique. Beaucoup considèrent que les trottoirs ne sont pas suffisamment accueillants. La réalisation d'itinéraires piétons confortables, à l'ombre des arbres, agrémentés de fontaines, de bancs, de trottoirs désencombrés, devient ainsi une priorité.

Au-delà de ces aménagements, nous créons aussi à Bordeaux des espaces sécurisés aux abords des écoles avec des « rues aux enfants », des « espaces sans tabac », ce qui constitue une autre manière de sensibiliser à cet enjeu de santé publique. Nous développons, avec la métropole, des lignes de bus express, des couloirs bus-vélo, des places pour l'autopartage, des parkings relais, un réseau continu de pistes cyclables…

L'apaisement de la ville consiste également à construire autrement, à mettre fin à cette frénésie immobilière, ses effets d'éviction des classes populaires, des classes moyennes et de destruction de nos derniers espaces de nature. Tout en parvenant à l'objectif de « zéro artificialisation des sols », il nous faut continuer à accueillir de nouveaux habitants, dans un souci constant de mixité sociale. L'enjeu consiste à « construire la ville sur la ville », c'est-à-dire sur des espaces déjà artificialisés.

Jusqu'ici, un urbanisme essentiellement marchand, avec d'importants programmes immobiliers, a privilégié les produits de défiscalisation. Se loger à Bordeaux est devenu inabordable pour de nombreux ménages.

Les pouvoirs publics doivent réguler le secteur, nous avons traduit cette nécessité en actes à travers l'expérimentation de l'encadrement des loyers, la modification du plan local d'urbanisme, la production de davantage de logements sociaux, le déploiement des baux réels solidaires pour favoriser l'accession sociale à la propriété…

La réponse à la crise du logement doit s'articuler avec la création d'emplois durables et de qualité, ancrés dans le territoire. C'est tout l'enjeu de la reconquête du fleuve et de la réindustrialisation du port de Bordeaux, avec un ambitieux projet de transition écologique autour du refit et du rétrofit des navires, en faisant une plateforme d'accueil des industries décarbonées, pariant sur l'économie circulaire à grande échelle et sur l'hydrogène vert. Cela nous conduit aussi à prioriser l'économie sociale et solidaire. Ce choix résolu nous a conduits à être désignés pour accueillir le siège du forum mondial de l'ESS, basé jusqu'à présent à Séoul.

La ville apaisée, grâce à la transition écologique amorcée, doit préserver la santé et le bien-être des habitants. Le réchauffement climatique ne peut plus être évité, mais nous devons l'atténuer. Dans une ville très minérale, ce défi nous impose de multiplier les îlots de fraîcheur pour rendre les chaleurs estivales plus supportables. Nous enregistrons depuis quelques années des records de température, qui mettent en danger les populations les plus vulnérables, de nos aînés jusqu'aux personnes sans-abri. Bordeaux est l'exemple même d'une ville historique dotée d'un patrimoine architectural exceptionnel qui nous vaut d'être inscrits au patrimoine mondial de l'Unesco. Le respect de ce patrimoine ne doit pas être un obstacle à la nécessaire adaptation de la ville aux impératifs écologiques et climatiques.

C'est pourquoi nous végétalisons nos rues et nos places, introduisons la nature dans les cours d'écoles et de crèches, protégeons nos derniers espaces de nature, avec une attention particulière pour les arbres, partie intégrante du vivant, nos meilleurs alliés pour lutter contre le réchauffement climatique. Nous recherchons l'implication des habitants, avec les permis de végétaliser, le déploiement de corridors écologiques ou de jardins partagés. Nous invitons ainsi les Bordelais à un changement de rapport au vivant en remettant la nature en ville.

La ville vivrière participe aussi à cette végétalisation nécessaire. Bruno Latour souligne à juste titre que la ville doit conjuguer son territoire avec ses moyens de subsistance. À cette fin, nous avons lancé un ambitieux projet de résilience alimentaire. Nous avons commencé à installer des activités de maraîchage en ville et nous travaillons à l'approvisionnement de la ville à l'échelle régionale, notamment à travers notre marché d'intérêt national (MIN de Brienne).

Toute la ville doit être conçue autrement.

L'urbanisme n'est pas un sujet technique, confisqué par des experts. Parce que la ville ne peut se faire sans ses habitants, nous organisons une concertation dans chacun des huit quartiers de Bordeaux, pour nourrir notre vision de la ville de demain avec la parole citoyenne. À la notion de maire « bâtisseur », je préfère celle de maire « impulseur », et même « facilitateur » des initiatives effervescentes des citoyens.

Les changements nécessaires ne doivent pas seulement être acceptés par les Bordelais, mais promus et portés par eux. La transition écologique se fera avec les citoyens ou ne se fera pas. Il faut apaiser le débat et pour cela tendre vers une gouvernance partagée. Nous avons conçu un Parlement mobile en bois pour « aller vers » les habitants, en réinvestissement l'espace public pour en faire un lieu de débat. Nous devons passer d'une démocratie intermittente, ponctuée par les élections tous les six ans, à une démocratie permanente. La politique est devenue l'art d'empêcher les gens de se mêler de ce qui les regarde ! Nous allons mettre en place des « fabriques d'initiative citoyenne » dans les quartiers pour faire éclore des projets de proximité et allons aussi renforcer le budget participatif. Pour que la démocratie reste vivante, elle doit sans cesse évoluer, innover, expérimenter.

Choisir l'écologie, c'est éviter l'austérité, c'est choisir la sobriété. Tandis que l'austérité impose de se passer de l'essentiel, la sobriété, quant à elle, consiste à se passer du superflu. Ivan Illich évoquait, fort justement, l'« ivresse joyeuse de la sobriété choisie ». C'est tout l'enjeu, et c'est une bonne définition de l'écologie et de sa déclinaison urbaine.

TABLE DES MATIÈRES

Reconnue d'utilité publique dès sa création, la Fondation Jean-Jaurès est la première des fondations politiques françaises. Indépendante, européenne et sociale-démocrate, elle se veut depuis trente ans un lieu de réflexion, de dialogue et d'anticipation. Les partenariats éditoriaux qu'elle engage répondent à l'ambition de faire naître analyses pertinentes et propositions audacieuses, mais aussi de mettre cette production intellectuelle et politique au service de tous. Gilles Finchelstein et Laurent Cohen sont directeurs des publications de la Fondation Jean-Jaurès.

EN COÉDITION AVEC LA FONDATION JEAN-JAURÈS (EXTRAIT)

Vincent Aubelle, Émeric Bréhier, Jean-Paul Planchou, *Comment fonder la République décentralisée ?*

Richard Bouigue, Pierre Rondeau, *Le foot va-t-il exploser ? Pour une régulation du système économique du football*

Antoine Bristielle, *Que veulent les Français ? L'opinion publique dans tous ses états*

Jean-Laurent Cassely, Thierry Germain (dir.), *La France qui vient. Cahier de tendances 2020*

Xavier Crettiez, Bilel Ainine, *« Soldats de Dieu ». Paroles de djihadistes incarcérés*

Julien Damon, *Inconfinables ? Les sans-abri face au coronavirus*

Emmanuel Dupont, Édouard Jourdain, *Les nouveaux biens communs ? Réinventer l'État et la propriété au XXIe siècle*

Jean-Marie Durand, Thierry Germain (dir.), *Cahier de tendances 2021. Les personnes, les objets, les lieux et les idées qui vont tout changer*

Ismail Ferhat (dir.), *Les Foulards de la discorde. Retours sur l'affaire de Creil 1989*

Ismail Ferhat, *Des discriminations sous-estimées ? Les musulmans en France*

Richard Ferrand, *Nos lieux communs. Petit traité républicain à l'usage des démocrates*

Jérôme Fourquet (dir.), *Karim vote à gauche et son voisin vote FN*

Jérôme Fourquet, Sylvain Manternach, *L'An prochain à Jérusalem ? Les Juifs de France face à l'antisémitisme*

Mathieu Fulla, Marc Lazar, *Les socialistes européens et l'État (XXe-XXIe siècle). Une histoire transnationale et comparée*

Adeline Hazan, Adrien Taquet, *La prison, alpha et oméga de la punition ?*

Hervé Le Bras, *Serons-nous submergés ? Épidémie, migrations, remplacement*

Hervé Le Bras, *Le grand enfumage. Populisme et immigration dans sept pays européens*

Guillaume Lecointre, Sarah Proust (dir.), *Le Fait en question*

Raphaël LLorca, *Les nouveaux masques de l'extrême droite. La radicalité à l'ère Netflix*

Gilles Luneau, *Steak barbare. Hold-up végan sur l'assiette*

David Ménascé, Pierre Victoria, *Entreprises et territoires : nouvelle alliance ?*

Nicolas Monceau, *Turquie : un dilemme européen ?*

Cas Mudde, Cristóbal Rovira Kaltwasser, *Brève introduction au populisme*

Anne Muxel, *Politiquement jeune*

Anne Muxel, Adélaïde Zulfikarpasic, *Les Français sur le fil de l'engagement*

Sarah Proust, *Télétravail : la fin du bureau ?*

Pierre Rondeau, *Fin de partie pour le foot ?*

Collectif Télémaque, *La Gauche du réel. Un progressisme pour aujourd'hui*

Jean Viard, *Un nouvel âge jeune ? Devenir adulte en société mobile*

Jean Viard, *La révolution que l'on attendait est arrivée*

Pour limiter l'empreinte environnementale
de leurs livres, les éditions de l'Aube
font le choix de papiers issus de forêts
durablement gérées et de sources contrôlées.

Achevé d'imprimer en mars 2022
sur les presses de l'imprimerie New Print
pour le compte des éditions de l'Aube
331, rue Amédée-Giniès,
F-84240 La Tour d'Aigues

Numéro d'édition : 4849
Dépôt légal : avril 2022

Imprimé dans l'Union européenne

Martinique

UNIQUE ET PLURIELLE

Des plages de carte postale, une extraordinaire biodiversité préservée, des jardins fantastiques, quelques volcans assagis, et partout, des témoignages de son passé tumultueux...

Petit bijou de terre baignant dans les eaux caribéennes, la Martinique est une île aux multiples facettes. Sa faune et sa flore débordent de couleurs et regorgent de trésors. Entre randonnées le long des côtes caribéennes, *trails* au cœur de la forêt tropicale, cascades, mangroves, bassins naturels, sommet de la montagne Pelée et anses paradisiaques, celle que l'on surnomme l'île aux fleurs surprend par son extraordinaire diversité. Elle a plus d'un tour dans son sac pour vous étonner : activités nautiques, sensations fortes, événements hauts en couleur…

Empreinte d'une identité historique et culturelle forte, elle abrite une nature sauvage et exubérante qui se laisse apprivoiser par ceux qui tentent de percer ses secrets. Comme ses habitants d'ailleurs, métissés et chaleureux, qui font régner ici une ambiance joyeuse et une douceur de vivre communicatives. Terre de traditions, à la tête d'un patrimoine et de coutumes qu'il faut absolument sauvegarder pour les générations à venir, c'est aussi une île courage qui se relève de tous ses déboires : colonialisme, ouragans, séismes…

Cette île attachante à l'histoire bouleversante vous accueille les bras ouverts, fière de son terroir et de ses richesses, et saura vous surprendre, loin, très loin de nos quotidiens assommants. Dépaysement garanti !

Retrouvez cette offre en page 108

SOMMAIRE

Flamboyant. © JCH DUSANTER

La Montagne Pelée. © FABIEN R.C. - FOTOLIA

6 INSPIRER

Les bonnes raisons de se rendre en Martinique, les festivités à ne pas manquer, les idées de séjour et les fiches pratiques pour bien préparer son voyage.

41 DÉCOUVRIR

Partir à la découverte de la Martinique, de ses savoirs ancestraux, de son histoire tumultueuse, à la rencontre des Martiniquais et de leurs traditions.

Grande Anse. © ISABELLE DREZEN

111 FORT-DE-FRANCE ET SA RÉGION

Lovée dans sa magnifique baie, la région de Fort-de-France, poumon économique et culturel de la Martinique, est aussi l'une des plus dynamiques des Antilles.

159 SUD CARAÏBE

Plages de carte postale, eaux turquoise, anses de sable blanc, sublimes fonds sous-marins… : le sud de l'île est l'un des joyaux touristiques de la Martinique.

Rose du désert. © ISABELLE DREZEN

En buggy sur les traces de Basse Pointe. © ISABELLE DREZEN

© ISABELLE DREZEN

ÉTATS-UNIS
CUBA
MARTINIQUE
COLOMBIE
BRÉSIL
Océan Atlantique
GRAND-RIVIERE
MACOUBA
BASSE-POINTE
Réserve Biologique Intégrale du Prêcheur Grand'rivière
Réserve Biologique Intégrale de la Montagne Pelée
LE LORRAIN
LA MONTAGNE PELÉE
[1397]
Piton Marcel [1026]
Cône de 1902 [1364]
Sommet Ouest [1388]
Petit Bonhomme [1140]
L'aileron [1107]
AJOUPA-BOUILLON
LE MARIGOT
LE PRÊCHEUR
N1
N2
N3
N4
D15
D3
SAINTE-MARIE
Havre de La Trinité
ANSE-AZEROT
Réserve Naturelle de la Presqu'île de la Caravelle
TARTANE
MORNE-ROUGE
Morne-Jacob [884]
Rade de Saint-Pierre
SAINT-PIERRE
LA TRINITÉ
Baie du Galion
MORNE-DES-ESSES
FONDS-SAINT-DENIS
GROS-MORNE
LE CARBET
LE-MORNE-VERT
Piton Boucher [1070]
Piton Lacroix [1197]
SAINT-JOSEPH
LE ROBERT
Havre du Robert
BELLEFONTAINE

LE LAMENTIN
N2006
LE FRANÇOIS
SCHŒLCHER
D41
FORT-DE-FRANCE
N6
La Manzo
Aéroport Aimé Césaire
Baie de Fort-de-France
Montagne du Vauclin (504)
Bois la Charles
LES TROIS-ÎLETS
LE VAUCLIN
RIVIÈRE-SALÉE
N8
Morne Bigot (467)
Morne la Plaine (393)
Morne Gardier (399)
N5
Domaine du Grand Macabou
RIVIÈRE-PILOTE
LES ANSES-D'ARLET
LE DIAMANT
Mer des Caraïbes
LE MARIN
Morne Aca (268)
SAINTE-LUCE
Morne Larcher (477)
Cul-de-sac du Marin
SAINTE-ANNE
Réserve Naturelle des Îlets de Sainte-Anne
Étang des Salines
2 KM

QUAND Y ALLER

JANVIER

21° / 29°

FÉVRIER

21° / 29°

CARNAVAL DE LA MARTINIQUE

L'événement majeur de l'île ! Cinq jours de fête absolue du dimanche précédent le Mardi gras jusqu'au mercredi des Cendres.

SEMAINE NAUTIQUE INTERNATIONALE DE SCHOELCHER

(SCHOELCHER)

Cette régate internationale de haut vol réunit chaque année à Schoelcher tous les grands amateurs de voile.

MARS

21° / 30°

FOIRE EXPOSITION DE LA MARTINIQUE

(FORT-DE-FRANCE)

Avec plus de 200 entreprises présentes (automobile, loisirs, prêt-à-porter, gastronomie...), ce salon attire les foules.

JUILLET

24° / 31°

FESTIVAL CULTUREL DE LA VILLE DE FORT-DE-FRANCE

(FORT-DE-FRANCE)

Ce grand rendez-vous culturel met à l'honneur les cultures noire et métisse via des concerts, soirées et expositions.

TOUR DE LA MARTINIQUE DES YOLES RONDES

(FORT-DE-FRANCE)

L'un des événements les plus attendus de l'année ! Sept étapes à la voile qui font le tour de l'île et font chavirer les cœurs !

AOÛT

24° / 32°

BIG IN JAZZ COLLECTIVE

Un temps fort de l'agenda musical de la Martinique qui célèbre le jazz et les musiques caribéennes.

SEPTEMBRE

23° / 32°

JOURNÉES DU PATRIMOINE

(FORT-DE-FRANCE)

© PACKSHOT - FOTOLIA

Visites guidées, démonstrations de savoir-faire et expositions pour découvrir les trésors cachés du patrimoine culturel de l'île.

Idéalement située dans l'arc antillais, la Martinique jouit d'une douceur de vivre qui la caractérise tout au long de l'année. A chaque saison, des manifestations culturelles, gourmandes et sportives de haut vol réunissent la population, particulièrement friande de ces événements fédérateurs qui animent l'île pour le plaisir de chacun, depuis l'incontournable carnaval jusqu'au tour des yoles rondes, en passant par le semi-marathon et le Martinique Jazz Festival.

AVRIL

22° / 30°

FOIRE AUX CRABES

(LE VAUCLIN)

Le grand rendez-vous des amateurs de crustacés qui réunit vendeurs de crabes, cuisiniers, exposants, et consommateurs !

FOIRE AGRICOLE ET ARTISANALE DE RIVIÈRE-PILOTE

(RIVIÈRE-PILOTE)

Produits *péyi*, artisanat martiniquais et cuisine créole sont au programme de cette grande foire 100 % locale.

$$$

MAI

24° / 31°

LE MAI DE SAINT-PIERRE

(SAINT-PIERRE)

En mai, Saint-Pierre s'éveille pour célébrer en grande pompe l'éruption de la montagne Pelée et l'abolition de l'esclavage.

COMMÉMORATION DE L'ABOLITION DE L'ESCLAVAGE

Rencontres culturelles, expositions et spectacles célèbrent aux quatre coins de l'île l'abolition de l'esclavage en Martinique.

$

JUIN

24° / 31°

RENDEZ-VOUS AUX JARDINS

© GWENYTHLLOYD - ISTOCKPHOTO.COM

Pendant 3 jours, tous les jardins de l'île s'animent pour faire découvrir leurs richesses au grand public. Un incontournable !

$

OCTOBRE

23° / 31°

TOURNOI INTERNATIONAL DE PÊCHE SPORTIVE AU MARIN

(FORT-DE-FRANCE)

Qui rapportera le plus gros poisson ? C'est le défi des pêcheurs chevronnés lors de ce tournoi international de pêche sportive.

$

NOVEMBRE

22° / 30°

SEMI MARATHON INTERNATIONAL DE FORT-DE-FRANCE

(FORT-DE-FRANCE)

L'un des événements sportifs de l'année qui accueille des centaines d'athlètes venus de toute la Caraïbe et de la métropole !

LA TOUSSAINT ET LE JOUR DES DÉFUNTS

Illuminations, musique et réunions familiales. En Martinique, la commémoration des défunts est une tradition bien vivace.

$

DÉCEMBRE

22° / 30°

LA TRANSMARTINIQUE

Une randonnée sportive de près de 134 km qui rallie Sainte-Anne à Grand-Rivière à travers les mornes, pitons et ravines de l'île.

$$$

LES BONNES RAISONS D'Y ALLER

© STEFANO ZACCARIA - SHUTTERSTOCK.COM

UNE DESTINATION PARADISIAQUE

Cocotiers, sable blanc et eau turquoise : embarquez pour des paysages de carte postale !

© STEVEGEER - ISTOCKPHOTO.COM

UNE ÎLE AUX MULTIPLES FACETTES

Du nord au sud, de la côte caraïbe à la façade atlantique, l'île étonne par sa diversité.

© MICHAEL - STOCK.ADOBE.COM

UN CLIMAT AGRÉABLE TOUTE L'ANNÉE

Avec une moyenne de 27 °C, la chaleur prédomine et les pluies ne durent jamais longtemps.

© JCH DUSANTER

UNE NATURE EXTRAORDINAIRE

Sa nature généreuse et sa biodiversité unique lui ont valu son surnom d'île aux fleurs.

© MARIDAV - SHUTTERSTOCK.COM

LA DOUCEUR DE VIVRE À LA CRÉOLE

En terre créole, on prend le temps : de vivre, de profiter de la vie et de se poser !

© PETR KOVALENKOV - SHUTTERSTOCK.COM

UN RICHE PATRIMOINE CULTUREL

Musées, jardins et anciennes habitations livrent une histoire passionnante et complexe.

© CATHERINELPROD - SHUTTERSTOCK.COM

UN SPIRITOURISME EN PLEIN ESSOR

Et si vous goûtiez au meilleur rhum du monde, dans l'une des sept distilleries de l'île ?

LES BONNES RAISONS D'Y ALLER

UNE TERRE DE TRADITIONS

Belè, lasotè, jardin créole…, l'île cultive des traditions qui ont traversé les siècles.

© GILLES MOREL

© BLUEORANGE STUDIO - SHUTTERSTOCK.COM

A VIVRE EN FAMILLE

Châteaux de sable, activités nautiques et balades en forêt : le rêve pour les enfants !

© EQROY - SHUTTERSTOCK.COM

UNE LOCALISATION PRIVILÉGIÉE

La Dominique, Sainte-Lucie et les îles alentour ne sont qu'à quelques encablures !

LES 12 MOTS-CLÉS

#CARNAVAL

C'est sans conteste la plus grande fête de l'année, liesse qui emporte l'île entière dans son sillon. Au cœur du carnaval, chaque journée est unique : lundi et ses mariages burlesques, Mardi gras marqué d'un rouge et noir diabolique, mercredi des Cendres en noir et blanc en signe de deuil (c'est le jour où l'on brûle Vaval, le roi du carnaval).

© T PHOTOGRAPHY - SHUTTERSTOCK.COM

#COMBATS DE COQS

Ici on les appelle aussi « pitt ». Les combats de coqs sont une pratique séculaire en Martinique, qui consiste à faire s'affronter deux coqs préparés au combat sur un gallodrome (ou « pitt »). Chaque coq a son lot de supporters coqueleurs derrière lui. Cette pratique, interdite en France, est toujours tolérée en Martinique mais très décriée.

#CRÉOLE

Né à l'origine du besoin de communication entre maîtres blancs et esclaves noirs déracinés, le créole est une langue à part entière, et non un patois, avec sa grammaire et ses règles. Langue suggestive par essence qui fait allusion à de nombreuses images, souvent à connotation sexuelle, elle est un élément fort de l'identité martiniquaise.

#FLEURS

Ce n'est pas un hasard si l'on surnomme la Martinique « l'île aux fleurs ». Ici, les fleurs sont partout présentes : alpinias, bougainvilliers, hibiscus, allamandas, balisiers, cassia alatas, roses de porcelaine, reines de Malaisie, orchidées, pervenches, et poussent toutes seules, prospérant dans leur habitat naturel ou dans les jardins dédiés.

#FONDS BLANCS

Honnis par les navigateurs, plébiscités par les touristes, ils participent au mythe paradisiaque de l'île. Ces fonds sablonneux immaculés, offrant très peu de profondeur, prospèrent le long de la côte atlantique, entre le Robert, le François et Sainte-Anne, en passant par la légendaire baignoire dans laquelle Joséphine aimait tant se rafraîchir...

#HABITATION

Le terme désigne par extension le domaine du propriétaire d'une plantation de canne à sucre ou de tabac. Elle se compose de la maison de maître, souvent perchée en haut d'un morne, de bâtiments administratifs, de magasins pour entreposer les marchandises, d'ateliers, avec autour les célèbres rues cases-nègres où s'entassaient les esclaves.

#LANGOUSTE

Jadis considéré comme le plat du pauvre (les temps ont changé !), ce crustacé aux longues antennes est roi à la Martinique. Il se déguste à toutes les sauces. Sa pêche est interdite entre le 1er janvier et le 31 mars (période de reproduction) et sa taille ne doit pas être inférieure à 22 cm (ou 14 cm pour la brésilienne) au moment de la capture.

© HLPHOTO - SHUTTERSTOCK.COM

#MARCHÉS

Ils commencent très tôt le matin et chaque commune possède le sien. Souvent de petite taille, simples, conviviaux et parfois folkloriques, les marchés aux fruits et légumes sont hauts en couleur. On commente le fait du jour autour d'un kilo de patate douce, d'igname ou de manioc. Le tutoiement est de rigueur et le créole vivement recommandé !

#MORNE

Nombreux en Martinique, les mornes sont des petites collines aux altitudes très diverses selon les endroits, de quarante à plusieurs centaines de mètres. Ils offrent généralement des panoramas somptueux sur les côtes, caraïbes ou atlantiques, et se transforment parfois en pitons au nord, voire même en mini-montagnes un peu partout sur l'île !

© PACK-SHOT - SHUTTERSTOCK.COM

#YOLE

L'histoire de cette embarcation unique au monde, typique de l'île, commence avec les premiers navigateurs amérindiens. Fruit d'un savoir-faire hérité des anciens pour réaliser une coque aux lignes pures dotée d'une large voilure carrée, sans lest ni quille plombée, la yole, avec ses voiles colorées, symbolise l'osmose entre l'Homme et la mer.

© T PHOTOGRAPHY - SHUTTERSTOCK.COM

#TI-PUNCH

Certains l'aiment « sec-sec » (sans rien !), d'autres le préfèrent avec un trait de citron et un soupçon de sucre. Quoi qu'il en soit, le ti-punch est une institution en Martinique. L'expression s'inspirerait du « punchon », petit fût servant au conditionnement du tafia, lui-même dérivé du vieux français « ponçon », « ponchon », « poinçon »...

#ZOUK

Ce genre musical créé au début des années 1980 a été popularisé par le groupe Kassav'. Si l'oreille avertie distingue facilement les différents types de zouk (zouk béton, zouk love et même zouk métal), aujourd'hui « zouk » désigne la musique, la danse ou le lieu de fête. Bien mieux qu'un médicament, c'est un véritable remède contre la morosité.

VOUS ÊTES D'ICI, SI...

- **« Pani pwoblem » est votre devise.** Réputés pour leur coolitude, les Martiniquais prennent en effet toujours la vie du bon côté et sont plutôt relax. Ici, le stress n'a pas droit de cité et on prend le temps de vivre.
- **Vous êtes matinal** et sautez du lit dès les premiers rayons du soleil. En Martinique, la vie démarre tôt. Les gens s'organisent pour avoir tout fait avant la tombée de la nuit à 18h. Attention aux noctambules car, au-delà de 22h, il n'est pas toujours évident de trouver un restaurant ouvert.
- **Vous achetez des noix de coco** sur le bord de la route, du poulet boucané et du marlin frais dans les ronds-points.
- **Vous faites du stop** plutôt que d'attendre le bus !
- **Vous préférez la Lorraine** à la 1664 et l'eau de coco au jus de pomme.
- **Vous dites bonsoir** à partir de midi et tutoyez tout le monde.
- **Vous appelez votre moitié** « doudou ».
- **Le zouk est votre religion !**
- **Vous vous baladez toujours avec votre maillot** et votre serviette à portée de main, car en Martinique la mer n'est jamais bien loin !

MA MARTINIQUE

par Laure Lambert, auteur du guide

© LAURE LAMBERT

Interview

Journaliste et auteur depuis plus de dix ans, Laure adore écrire et, par-dessus tout, voyager, partager, s'évader et nourrir sa soif insatiable de découvertes ! Sa valise est toujours prête pour partir aux quatre coins du monde et découvrir de nouvelles cultures. La Martinique ? C'est bien plus qu'un simple voyage puisqu'elle en est tombée amoureuse grâce au *Petit Futé* et y a habité un moment.

DISTANCES

TEMPS DE TRAJET

	LE CARBET	FORT-DE-FRANCE	LE FRANÇOIS	LE LAMENTIN	LE MARIN
LE CARBET		31 KM 45mn	54 KM 1h	40 KM 45mn	55 KM 1h15
FORT-DE-FRANCE	31 KM 45mn		22 KM 30mn	9 KM 15mn	24 KM 30mn
LE FRANÇOIS	54 KM 1h	22 KM 30mn		15 KM 30mn	17 KM 30mn
LE LAMENTIN	40 KM 45mn	9 KM 15mn	15 KM 30mn		21 KM 30mn
LE MARIN	55 KM 1h15	24 KM 30mn	17 KM 30mn	21 KM 30mn	
LE ROBERT	48 KM 1h	17 KM 30mn	13 KM 30mn	9 KM 15mn	28 KM 45mn
SAINT-PIERRE	7 KM 15mn	34 KM 45mn	56 KM 1h10	42 KM 55mn	75 KM 1h35
SAINTE-ANNE	78 KM 1h30	47 KM 1h	28 KM 45mn	45 KM 1h	26 KM 45mn
SAINTE-LUCE	58 KM 1h15	26 KM 30mn	30 KM 45mn	24 KM 30mn	7 KM 15mn
SAINTE-MARIE	47 KM 1h15	35 KM 45mn	31 KM 45mn	27 KM 30mn	45 KM 1h
SCHOELCHER	26 KM 45mn	12 KM 15mn	34 KM 45mn	20 KM 30mn	35 KM 45mn
LES TROIS-ILETS	57 KM 1h15	26 KM 30mn	30 KM 45mn	24 KM 45mn	14 KM 45mn

Les transports en commun étant peu nombreux en Martinique, louer un véhicule est fortement recommandé pour sillonner l'île. Sachez que les environs de Fort-de-France sont très encombrés, et ce, dès 6h du matin (et dans le sens retour, dès 15h). Dans l'ensemble, le réseau routier martiniquais est plutôt bien entretenu. Mais gare aux dos d'âne et, sur les départementales, aux nids de poule et aux chiens qui traversent. En cas de pluie, levez le pied et redoublez de prudence.

E ROBERT	SAINT-PIERRE	SAINTE-ANNE	SAINTE-LUCE	SAINTE-MARIE	SCHOELCHER	LES TROIS-ILETS
48 KM 1h	7 KM 15mn	78 KM 1h30	58 KM 1h15	47 KM 1h15	26 KM 45mn	57 KM 1h15
17 KM 30mn	34 KM 45mn	47 KM 1h	26 KM 30mn	35 KM 45mn	12 KM 15mn	26 KM 30mn
13 KM 30mn	56 KM 1h10	28 KM 45mn	30 KM 45mn	31 KM 45mn	34 KM 45mn	30 KM 45mn
9 KM 15mn	42 KM 55mn	45 KM 1h	24 KM 30mn	27 KM 30mn	20 KM 30mn	24 KM 30mn
28 KM 45mn	75 KM 1h35	26 KM 45mn	7 KM 15mn	45 KM 1h	35 KM 45mn	14 KM 30mn
	40 KM 1h05	41 KM 1h	32 KM 45mn	18 KM 30mn	28 KM 45mn	32 KM 45mn
40 KM 1h05		80 KM 1h45	60 KM 1h15	40 KM 55mn	30 KM 40mn	60 KM 1h15
41 KM 1h	80 KM 1h45		25 KM 45mn	59 KM 1h30	58 KM 1h15	35 KM 45mn
32 KM 45mn	60 KM 1h15	25 KM 45mn		48 KM 1h	38 KM 45mn	15 KM 30mn
18 KM 30mn	40 KM 55mn	59 KM 1h30	48 KM 1h		46 KM 1h	49 KM 1h
28 KM 45mn	30 KM 40mn	58 KM 1h15	38 KM 45mn	46 KM 1h		37 KM 45mn
32 KM 45mn	60 KM 1h15	35 KM 45mn	15 KM 30mn	49 KM 1h	37 KM 45mn	

TOP 10

SPÉCIAL PÉYI

La Martinique n'est pas seulement une « île aux fleurs », elle recèle une profusion de fruits, de légumes et de plantes d'une richesse inégalée, à la faveur de conditions météorologiques et d'un terroir uniques. Une telle nature généreuse a convaincu certains pionniers de se lancer dans la production de produits 100 % locaux dits « péyi », afin de remettre à l'honneur les saveurs martiniquaises : des pâtisseries et burgers locaux, mais aussi des productions endémiques longtemps oubliées (vanille, cacao…). Ici aussi, la tendance « lokalvore » a le vent en poupe.

BKB

FORT-DE-FRANCE
Avec une dizaine d'établissements, cette enseigne met à l'honneur le burger martiniquais élaboré avec des produits 100% locaux.

CERISE PÉYI

RIVIÈRE-PILOTE
Un jardin créole à portée de clic ? Cerise Péyi, c'est la garantie de produits sains et savoureux, cultivés en circuits courts.

CARIBBEAN ELIXIR

SAINTE-ANNE
Des Kosmetik *péyi* réalisés à partir de fruits, graines et de « rimed razié » issus de l'île, faits main et sans conservateur.

DOMAINE DE LA VALLÉE

MORNE-ROUGE
Cette ferme agrotouristique s'est lancée dans la production de vanille locale et souhaite développer une filière interrégionale.

LA FÉE SYLDA

FORT-DE-FRANCE

Des douceurs (pâtisseries, gato péyi) mêlant savoir-faire et typicité locale, héritées de la plus pure tradition martiniquaise.

© LA FEE SYLDA

136

© LES ILES GOURMANDES

186

LES ÎLES GOURMANDES

LES TROIS-ÎLETS

Dans ce palais de la gourmandise, on se régale de biscuits, liqueurs, pâtes de fruits, confitures… aux parfums des Antilles.

© ISABELLE DREZEN

HABITATION CÉRON

LE PRÊCHEUR

Ce site historique s'est lancé dans l'aventure cacao : il possède plus de 2 000 cacaoyers et fabrique ses propres tablettes !

329

PARFUMS DES ÎLES

LES TROIS-ÎLETS

Une savonnerie artisanale produit des eaux de toilette, parfums, savons, issus de fragrances tropicales et fabriqués sur place.

© HERBORISTERIE GOURMANDE

156

HERBORISTERIE CRÉOLE

SAINT-JOSEPH

Le spécialiste de la culture et la transformation des plantes médicinales martiniquaises, sous formes d'infusions, thés 100% bio…

185

© PARFUM DES ILES

© SAVONNERIE ANTILLAISE

186

LA SAVONNERIE ANTILLAISE

LES TROIS-ÎLETS

Des savons et des produits de soin issus d'une fabrication 100% locale avec des huiles essentielles, végétales et plantes locales.

TOP 10

SPIRITOURISME

La Martinique est célèbre pour son rhum, le seul au monde à bénéficier de l'appellation d'origine contrôlée et dont la qualité ne cesse de progresser ces dernières années, au point de devenir désormais un produit d'exception qui s'exporte à travers le monde. Avec 7 distilleries en activité et 14 rhumeries, l'île a également su développer le spiritourisme et convier les visiteurs à des circuits dédiés, dans les coulisses de la production de ce divin nectar. Notre sélection des 10 sites qui conjuguent beauté des lieux, attrait culturel et dégustation de cuvées de haute qualité.

© ISABELLE DREZEN

272

DISTILLERIE A1710

LE FRANÇOIS

À l'habitation du Simon, cette jeune distillerie a fait le pari de la qualité et se distingue par ses rhums agricoles d'exception.

© LA FAVORITE

153

DISTILLERIE LA FAVORITE

LE LAMENTIN

Flibuste, Rivière Bel Air, la Digue… voici quelques-unes des cuvées de cette authentique distillerie qui fête sa 180e production.

DISTILLERIE J.M

MACOUBA

De la récolte de la canne à la mise en bouteille en passant par des ateliers olfactifs et la dégustation, une visite passionnante.

© DISTILLERIE NEISSON

299

© RHUM JM

357

DISTILLERIE NEISSON

LE CARBET

Immersion dans l'une des dernières distilleries familiales au terroir unique, connue pour sa bouteille aux « zépol karé ».

DISTILLERIE SAINT-JAMES

SAINTE-MARIE

Avec son musée du rhum, ce site très fréquenté permet d'appréhender tous les stades de la fabrication du rhum AOC de Martinique.

© HSE

350

© PACK-SHOT - SHUTTERSTOCK.COM

351

HABITATION SAINT-ÉTIENNE

GROS-MORNE

L'une des distilleries les plus créatives de l'île. La boutique mérite le détour, avec une étape dégustation, tout comme le site.

© HABITATION CLEMENT

273

HABITATION CLÉMENT

LE FRANÇOIS

Ce haut lieu du spiritourisme en Martinique est célèbre pour sa fondation d'art contemporain, son splendide parc et ses rhums AOC.

© GILLES MOREL

311

HABITATION DEPAZ

SAINT-PIERRE

Surveillé par la montagne Pelée, ce lieu chargé d'histoire raconte le destin incroyable de ses rhums à la saveur incomparable.

PLANTATION TROIS RIVIÈRES

SAINTE-LUCE

Se plonger dans la fabrication du rhum comme si on y était : c'est la nouveauté de la maison célèbre pour ses rhums vieux.

© TROIS RIVIÈRES

219

© LA MAISON LAUNY

233

DISTILLERIE LA MAUNY

RIVIÈRE PILOTE

C'est l'un des domaines les plus emblématiques de la Martinique. Visiter le domaine Maison La Mauny, c'est entrer au cœur de la production du rhum AOC en Martinique.

TOP 10

SPOTS PHOTO

Envie d'en prendre plein la vue ? Aucun doute, en Martinique, vous ne serez pas déçus ! Entre les plages de carte postale, son extraordinaire biodiversité tropicale préservée, son histoire géologique qui a fait naître des curiosités désormais incontournables comme le Diamant et la Montagne Pelée, la Martinique, l'île aux multiples facettes, est un véritable joyau baignant dans les eaux caribéennes et de l'Atlantique. Notre sélection des plus beaux spots de l'île pour en prendre plein la vue et faire de magnifiques photos à poster sur les réseaux.

© FABIEN R.C. - FOTOLIA

ÉGLISE SAINT-HENRI

LES ANSES D'ARLET

Un ponton immaculé surmonté d'un clocher qui mène tout droit dans la mer des Caraïbes, c'est le cliché phare de ce village star.

© JLAZOUPHOTO - SHUTTERSTOCK.COM

ANSE DES SALINES

SAINTE-ANNE

Sable blanc, cocotiers, eau cristalline et chaude à souhait… Sur ce petit bout de carte postale, vous ne serez pas seul !

RÉSERVE NATURELLE DE LA CARAVELLE

TARTANE

Sur la somptueuse presqu'île de la Caravelle, ce charmant port de pêcheurs coule des jours heureux, à l'écart du monde…

© PACKSHOT - STOCK.ADOBE.COM

© ISABELLE DREZEN

RANDO GRAND-RIVIÈRE – ANSE-COULEUVRE

GRAND-RIVIÈRE

Percé de falaises échancrées, ce village authentique et isolé qui fait face à une mer déchaînée a le charme des bouts du monde…

EN PHOTO

ROCHER DU DIAMANT

210

LE DIAMANT

Vestige de l'activité volcanique, ce célèbre rocher offre, avec la femme couchée, un spectacle grandiose sur la mer des Caraïbes.

ANSE CARITAN

248

SAINTE-ANNE

L'un des spots les plus plébiscités de l'île : une balançoire flottant au milieu d'un lagon turquoise et d'une plage paradisiaque !

ANSE CÉRON

325

LE PRÊCHEUR

Sur cette jolie anse de sable noir cachée dans un écrin sauvage et luxuriant, on ose se transformer en Robinson Crusoé !

MARCHÉ DE SAINT-PIERRE

314

SAINT-PIERRE

Au pied de la montagne Pelée, Saint-Pierre déroule son bourg authentique encore marqué par l'histoire vers une baie majestueuse.

ANSE DUFOUR ET ANSE NOIRE

195

LES ANSES D'ARLET

Le yin et le yang : l'Anse Noire et son étendue de sable noir d'origine volcanique contraste avec la blancheur de l'Anse Dufour.

ÎLETS DE SAINTE-ANNE

249

SAINTE-ANNE

Entre plages bordées de cocotiers et rivages abrupts, à quelques centaines de mètres de la côte, des îlets perdus dans l'océan.

IDÉES DE SÉJOUR

Accessible grâce à des billets d'avion souvent attractifs, la Martinique est une destination qui cumule les atouts: plages de rêve, randonnées faciles, loisirs nautiques, le tout en parfaite sécurité ! L'île se prête volontiers à des vacances en famille, seul ou entre amis, d'une durée variable : une semaine pour les plus pressés, quinze jours pour les plus chanceux ! Partez sillonner des lieux paradisiaques ourlés d'eaux turquoise. Ce sera aussi l'occasion, au détour de vos pérégrinations, de découvrir un patrimoine riche, aux traditions fortes, des habitants accueillants fiers de leur incroyable terroir et d'authentiques villages de pêcheurs. D'escapade entre terre et mer, entre farniente et sports, prenez le temps de savourer les richesses qu'offre la forêt tropicale, les anciennes plantations à l'histoire mouvementée, de goûter aux saveurs colorées de la gastronomie martiniquaise et de prendre le temps d'apprécier. Tout simplement.

DEUX SEMAINES SOUS LE SOLEIL DE MARTINIQUE

En raison du décalage horaire et du temps d'adaptation au climat tropical, deux semaines en Martinique semblent une très bonne formule. Une telle durée vous permettra d'allier découvertes de la culture martiniquaise et longues après-midi détente, sorties en mer et snorkeling, découvertes gastronomiques et activités sportives. Un bien beau séjour en perspective, en somme.

› Jour 1 - Arrivée en Martinique

Vous arrivez à l'aéroport du **Lamentin** (p.144). Vous êtes peut-être épuisé par le voyage et vous n'avez qu'une idée en tête : filer vers votre lieu de villégiature. Une bonne douche, un ti-punch de bienvenue et au lit.

› Jour 2 - Détente et préparatifs

Réveil au lever du soleil vers 6h. Après une nuit de sommeil, vous êtes en pleine forme : vous goûtez déjà au plaisir du bien-être tropical. Le ciel est bleu avec une forte luminosité. Nous vous suggérons de profiter de l'hôtel (farniente, piscine, plage) et de prendre vos repères afin d'organiser votre semaine.

› Jour 3 - Côte sous le vent

Vous commencez à vous accoutumer au décalage horaire. Profitez-en pour partir de bon matin à la découverte de la côte ouest dite « sous le vent ». Remontez la côte sud caraïbe, arrêtez-vous au bourg des **Anses d'Arlet** ★★★ (p.195) pour le petit déjeuner. Puis direction **Fort-de-France** ★★★ (p.117) pour une après-midi shopping dans le pittoresque marché de la capitale, avant de rejoindre la plage de l'Anse Madame pour y admirer le coucher du soleil.

› Jour 4 - Côte sous le vent

Faites route vers le nord pour remonter jusqu'au Prêcheur. Visite du **jardin botanique de Balata** (p.123) et déjeunez sur la plage du Carbet. Dans l'après-midi, marquez un arrêt à **Saint-Pierre** ★★★ (p.308), puis repartez en bifurquant par la route de **Morne-Rouge** ★★ (p.332) via la forêt tropicale de la Trace, qui descend vers **Fort-de-France** ★★★ (p.117). Tout simplement grandiose.

› Jour 5 - Côte au vent

Vous commencez par **Le Vauclin** ★★★ (p.266), adorable village de pêcheurs authentiques. Poursuivez par **Le François** ★★★ (p.271) (arrêt essentiel pour observer à l'élégante **Habitation Clément** (p.273)) puis **Le Robert** ★★★ (p.283) et la presqu'île de la Caravelle. Restaurez-vous à **Tartane** ★★★ (p.342) chez Mamy Nounou puis attaquez le Nord-atlantique. À **Sainte-Marie** ★★★ (p.351), visitez le cimetière, le musée du Rhum ou **de la Banane** (p.352).

› Jour 6 - Côte au vent

Visite du **Marigot** ★ (p.354), du Lorrain ★, puis de **Macouba** ★ (p.356), où vous découvrirez dans la matinée la **Distillerie J.M** (p.357). Dans l'après-midi, direction **Grand-Rivière** ★★ (p.358) et ses falaises au parfum de bout du monde, avec au loin la Dominique qui pointe le bout de son nez. Offrez-vous ici une bonne glace coco avant de revenir sur vos pas. Après Le Lorrain ★, empruntez la route qui part vers **Morne-des-Esses** ★★ (p.350) et **Saint-Joseph** ★★ (p.156) pour terminer la journée. Retour vers votre lieu de résidence.

› Jour 7 - Journée aux fonds blancs

Cap à l'est pour une journée « aux fonds blancs ». Tout est dans le nom : ce sont des fonds sablonneux et peu profonds situés tout le long de la côte Atlantique entre **Le Robert** ★★★ (p.283) et Cap-Chevalier. Quitter la Martinique sans avoir bu son verre (de rhum, de préférence) assis dans l'eau et loin de la côte... est un gâchis ! De nombreuses sociétés organisent

IDÉES DE SÉJOUR

Vue depuis le François.

ce genre d'excursion : départ le matin vers 9h, découverte des îlets, commentaires sur la végétation, arrêt baignade et baptême du rhum aux fameux « fonds blancs », déjeuner et retour en fin d'après-midi.

› Jour 8 - Excursion en 4x4

Grâce à la topographie et au climat de l'île, de nombreux prestataires organisent des balades en 4x4. C'est une façon assez originale d'explorer l'île, et de manière générale, la formule plaît. Deux circuits et deux concepts forts différents sont proposés : le **Nord** ★★★ (p.289) ou le **Sud** ★★★★ (p.159). Pour l'authenticité et la forêt tropicale, préférez le Nord.

› Jour 9 - Journée sportive

Vous pouvez consacrer les deux journées suivantes à des activités sportives : plongée sous-marine (1/2 journée), balade en scooter des mers (1/2 journée) ou en canoë-kayak du côté du **Robert** ★★★ (p.283), du **François** ★★★ (p.271), des **Trois-Ilets** ★★★ (p.164) ou de Cap-Chevalier, mais aussi planche à voile à Cap-Chevalier, survol touristique en avion ou en hélicoptère, canyoning... Les possibilités sont multiples.

› Jour 10 - Journée sportive

Seconde journée active. Adonnez-vous à l'activité de votre choix. Les plus contemplatifs préféreront une belle journée de farniente en bord de plage.

› Jour 11 - Journée en mer : côte Sud ou Sainte-Lucie

Journée *day charter*, ce qui signifie balade en mer à bord d'un bateau, souvent des « maxi-catamarans ». Départs proposés depuis **Les Trois-Ilets** ★★★ (p.164), **Le Marin** ★★★ (p.234) ou **Sainte-Anne** ★★★ (p.248). Le circuit le plus classique est la côte sud caraïbe et pour les amoureux de la mer, la journée à Sainte-Lucie (île anglophone située au sud). Départ vers 9h et retour au coucher du soleil. Déjeuner à bord, arrêts baignade avec possibilité de snorkeling.

› Jour 12 - Journée culturelle

Dédier une journée à la culture locale n'est pas de trop. Vous pourrez pour ce faire entreprendre la visite d'une des célèbres distilleries martiniquaises dans la matinée. Tour au musée de la **Maison de la Canne** (p.165) dans l'après-midi, avant d'assister à un combat de coqs dans un pitt, du côté de **Rivière-Pilote** ★★ (p.230).

› Jour 13 - Départ

C'est déjà le départ. La plupart des vols sont fixés en fin d'après-midi. Certaines structures d'hébergement vous permettent de vous changer avant le départ à l'aéroport en mettant à votre disposition une bagagerie et des douches. C'est un avantage, car vous pouvez ainsi profiter pleinement de vos derniers instants dans l'île, en prévoyant une petite baignade par exemple.

LA MARTINIQUE POUR LES SPORTIFS

Pas de place à l'ennui sur les Îles sous le vent ! Adeptes de la randonnée, du 4x4, du vélo ou de la plongée découvriront la grande diversité de la Martinique, loin des cités balnéaires. Pour les férus de sport nautique, les Antilles sont aussi célébrées pour leur climat et leurs vents. Les amateurs de golf peuvent se renseigner auprès du golf des Trois-Ilets ou de tour-opérateurs spécialisés.

IDÉES DE SÉJOUR

› Jour 1 - Arrivée en Martinique

Vous arrivez à l'aéroport du Lamentin (p.144). Vous êtes peut-être épuisé par le voyage et vous n'avez qu'une idée en tête : filer vers votre lieu de villégiature. Une bonne douche, un ti-punch de bienvenue et au lit.

› Jour 2 - Excursion en 4x4

Histoire de faire connaissance avec le territoire martiniquais, commencez votre séjour par une excursion en 4x4. Deux circuits et deux concepts forts différents sont proposés : le Nord ★★★ (p.289) ou le Sud ★★★★ (p.159). Pour l'authenticité et la forêt tropicale, préférez le Nord.

› Jour 3 - Plongée sous-marine

Pour cette journée à la découverte des foisonnants fonds marins du littoral martiniquais, le plus difficile sera de choisir le spot, tant ils sont nombreux ! Les Anses d'Arlet ★★★ (p.195) demeure néanmoins un point de départ assez sûr : d'ici on pourra explorer la pointe Burgos et sa faune abondante, ainsi que l'épave du Nahoo, du côté du Cap Salomon.

› Jour 4 - Sortie VTT

Une fois votre matériel récupéré dans l'une des agences de location de l'île, choisissez l'itinéraire de votre choix. Là encore, les propositions sont nombreuses et les régions à parcourir sont toutes plus splendides les unes que les autres. Entre la boucle de 10 km et les circuits de 50 km plus escarpés, les niveaux de difficultés sont également assez divers.

› Jour 5 - Sports nautiques

Consacrez cette journée à vos sports nautiques favoris : balade en scooter des mers ou en canoë-kayak du côté du Robert ★★★ (p.283), du François ★★★ (p.271), des Trois-Ilets ★★★ (p.164) ou de Cap-Chevalier, ou peut-être planche à voile à Cap-Chevalier.

› Jour 6 - Randonnée dans la Savane des Pétrifications

Il s'agit peut-être de l'une des randonnées les plus originales de l'île : le chemin de randonnée qui traverse la Savane des Pétrifications (p.249) (5h aller-retour, niveau facile), dans la presqu'île de Sainte-Anne ★★★ (p.248). Dans cette étendue désertique qui doit son nom aux arbres fossilisés, on pourra apercevoir quelques cactus et acacias. Le paysage est saisissant.

› Jour 7 - Départ

C'est déjà le départ. La plupart des vols sont fixés en fin d'après-midi. Certaines structures d'hébergement vous permettent de vous changer avant le départ à l'aéroport en mettant à votre disposition une bagagerie et des douches. C'est un avantage car vous pouvez ainsi profiter pleinement de vos derniers instants dans l'île, en prévoyant une petite sortie en mer par exemple !

TREKKING EN MARTINIQUE

Paradis du randonneur, la Martinique est bien loin d'être une destination uniquement « plages et transats ». Au nord comme au sud, les marcheurs ont de quoi s'occuper. Voici un itinéraire ultra-sportif prévoyant une randonnée par jour, sur une semaine. Prévoyez quelques jours de plus pour profiter de l'atmosphère relaxante de l'île, et pour digérer le décalage horaire en début de séjour

Course de yoles au Robert.

© VINCENT FORMICA

Le rocher du Diamant en arrière-plan.

› Jour 1 - Nord – Montagne Pelée

Incontournable, l'ascension de la **montagne Pelée** (p.337) peut se réaliser par plusieurs sentiers de niveaux différents. Au départ du **Morne-Rouge** ★★ (p.332), le sentier de l'Aileron (6h aller-retour, niveau moyen) offre de magnifiques panoramas. Par Le Prêcheur (6h l'aller, niveau moyen/difficile), vous aurez le moyen d'observer des traces encore tangibles de l'éruption de 1902.

› Jour 2 - Nord – Le canal des Esclaves

En descendant vers la côte orientale, les alentours de **Fonds-Saint-Denis** ★★ (p.330) regorgent de randonnées intéressantes. Plus facile mais à éviter si vous souffrez de vertiges, le canal des Esclaves (4h aller-retour, niveau facile) suit le cours du canal de Beauregard avec de très beaux panoramas sur les pitons du Carbet.

› Jour 3 - Nord – Pitons du Carbet

Plus difficile, le long de la route de la Trace, l'ascension des pitons du Carbet (8h aller-retour, niveau difficile) permet de découvrir la forêt tropicale. Attention ! La randonnée est difficile et comporte beaucoup de dénivelés car les six pitons s'étendent sur 16 km et atteignent parfois les 1 000 m de hauteur.

› Jour 4 - La presqu'île de La Caravelle

Une journée vous suffira pour découvrir les beautés naturelles de la réserve de La Caravelle. Le grand ou le petit sentier sont ombragés en grande partie et de niveau facile. Le petit sentier (2h environ) serpente entre la mangrove et la forêt sèche en passant par le **château Dubuc** (p.343). Le grand sentier (4h environ) arrive jusqu'au phare de La Caravelle et permet de profiter de très belles vues sur la Baie du Trésor. Attention, certains traits sont en plein soleil : prévoyez suffisamment d'eau.

› Jour 5 - Sud – Le chemin des Anses d'Arlet

Quittez les montagnes pour rejoindre les plages. Le chemin des **Anses d'Arlet** ★★★ (p.195) (6h, niveau facile) vous permettra de faire le tour de la presqu'île de **Sainte-Anne** ★★★ (p.248) et de découvrir ainsi ses plages et ses paysages.

› Jour 6 - Sud – La Trace des Caps

Toujours dans le sud de l'île mais cette fois-ci côté Atlantique, la randonnée de la Trace des Caps est l'une des plus pittoresques, à parcourir à pied ou à vélo, en une ou plusieurs étapes.

› Jour 7 - Sud – Le Grand Macabou ou la Savane des Pétrifications

Du côté du Vauclin, vous parcourrez le domaine du Grand Macabou en longeant le littoral de la Petite à la Grande Anse Macabou. Mais l'une des randonnées les plus originales reste celle qui traverse la **Savane des Pétrifications** (p.249) (5h AR, niveau facile) dans la presqu'île de **Sainte-Anne** ★★★ (p.248). Dans cette étendue désertique qui doit son nom aux arbres fossilisés, on pourra apercevoir quelques cactus et acacias pousser. Le paysage est saisissant.

ESCAPADES MARTINIQUAISES

Île des Petites Antilles aussi nommée l'île aux fleurs, la Martinique est une terre idéale pour passer des vacances réussies. La profusion de plages paradisiaques et d'espaces naturels luxuriants est la promesse d'après-midi relax et de sorties sportives de qualité. En famille, en couple ou entre amis, une semaine sous le soleil tropical martiniquais est toujours un agréable moment.

Plage de Sainte Anne.

› Jour 1 - Arrivée en Martinique

Vous arrivez à l'aéroport du **Lamentin** (p.144). Vous êtes peut-être épuisé par le voyage et vous n'avez qu'une idée en tête : filer vers votre lieu de villégiature. Une bonne douche, un ti-punch de bienvenue et au lit !

› Jour 2 - Détente et préparatifs

Réveil au lever du soleil vers 6h. Après une nuit de sommeil, vous êtes en pleine forme : vous goûtez déjà au plaisir du bien-être tropical. Le ciel est bleu avec une forte luminosité. Nous vous suggérons de profiter de l'hôtel (farniente, piscine, plage) et de prendre vos repères afin d'organiser votre semaine.

› Jour 3 - Côte sous le vent

Vous commencez à vous accoutumer au décalage horaire. Profitez-en pour partir de bon matin à la découverte de la côte Ouest dite « sous le vent ». Remontez la côte Sud caraïbe, arrêtez-vous au bourg des **Anses d'Arlet** ★★★ (p.195) pour le petit déjeuner. Puis direction **Fort-de-France** ★★★ (p.117) pour le shopping et le marché. Faites ensuite route vers le nord pour remonter jusqu'au **Prêcheur** ★★★ (p.324). Visite du **jardin botanique de Balata** (p.123) et déjeunez sur la plage du Carbet. Dans l'après-midi, marquez un arrêt à **Saint-Pierre** ★★★ (p.308), puis repartez en bifurquant par la route de **Morne-Rouge** ★★ (p.332) via la forêt tropicale de la Trace, qui descend vers **Fort-de-France** ★★★ (p.117). Tout simplement grandiose.

› Jour 4 - Journée en mer

Journée *day charter*, ce qui signifie balade en mer à bord d'un bateau, souvent des « maxi-catamarans ». Départs proposés depuis **Les Trois-Îlets** ★★★ (p.164), **Le Marin** ★★★ (p.234) ou **Sainte-Anne** ★★★ (p.248). Le circuit le plus classique est la côte **Sud caraïbe** ★★★★ (p.159) et pour les amoureux de la mer, la journée à Sainte-Lucie (île anglophone située au sud). Départ vers 9h et retour au coucher du soleil. Déjeuner à bord, arrêts baignade avec possibilité de snorkeling.

› Jour 5 - Journée sportive

Si vous n'êtes pas trop épuisé, vous pouvez consacrer cette journée à des activités sportives : plongée sous-marine (1/2 journée), balade en scooter des mers (1/2 journée) ou en canoë-kayak du côté du **Robert** ★★★ (p.283), du **François** ★★★ (p.271), des **Trois-Îlets** ★★★ (p.164) ou de Cap-Chevalier, mais aussi planche à voile à Cap-Chevalier, survol touristique en avion ou en îlets, canyoning... Les possibilités sont larges.

› Jour 6 - Journée culturelle

Dédier une journée à la culture locale n'est pas de trop. Vous pourrez pour ce faire entreprendre la visite d'une des célèbres distilleries martiniquaises dans la matinée. Tour au musée de la **Maison de la Canne** (p.165) dans l'après-midi, avant d'assister à un combat de coqs dans un pitt, du côté de **Rivière-Pilote** ★★ (p.230).

› Jour 7 - Départ

C'est déjà le départ. La plupart des vols sont fixés en fin d'après-midi. Certaines structures d'hébergement vous permettent de vous changer avant le départ à l'aéroport en mettant à votre disposition une bagagerie et des douches. C'est un avantage car vous pouvez ainsi profiter pleinement de vos derniers instants dans l'île, en prévoyant une petite baignade par exemple.

20 ANS DE SON POP ROCK EN CARAIBE
RADIO TRANSAT
20 ans
St Martin 93.7 / 105.9
St Barth 95.5 / 103.1
Guadeloupe 91.5 / 91.7
Martinique 92.4 / 92.4

SE REPÉRER / SE DÉPLACER

DE L'AÉROPORT AU CENTRE-VILLE

La Martinique se trouve à environ à 7 000 km de Paris, 3 150 km de New York et à 3 600 km de Montréal. Côté Amérique du Sud, la terre la plus proche de l'arc antillais est le Venezuela qui se trouve à un peu plus de 1 000 km.

Trois compagnies aériennes assurent plusieurs liaisons quotidiennes entre la métropole (Paris Orly) et Fort-de-France : Air France, Corsair et Air Caraïbes. Les prix démarrent autour de 400-450 € en basse saison (d'avril à octobre, à l'exception de juillet et août), et à partir de 700 € en haute saison (novembre à mars et juillet, août et Noël).

La variation de prix dépend de la compagnie empruntée mais surtout du délai de réservation. Pour obtenir des tarifs intéressants, profitez des promotions fréquentes tout au long de l'année.

Côté formalités, la carte d'identité et le passeport en cours de validité sont obligatoires.

L'aéroport international Aimé Césaire situé à 9 km de Fort-de-France est celui de référence pour tous les vols en provenance de métropole, des petites Antilles et de l'étranger. Depuis l'aéroport Aimé Césaire, situé au Lamentin, il faut une vingtaine de minutes pour rejoindre le centre-ville de Fort-de-France.

Aucune navette ne dessert le centre-ville. Les taxis (entre 25 et 50 € pour rejoindre Fort-de-France) et la location de voiture restent la meilleure solution.

© ALEXIS - STOCK.ADOBE.COM

Depuis la Martinique, on peut se rendre en Dominique (toute proche) et en Guadeloupe par avion (30 minutes pour la Dominique avec Air Antilles, 1h15 pour Pointe-à-Pitre avec Air Antilles et Air Caraïbes), ou par ferry avec l'Express des Iles (comptez 2h15 de traversée pour la Dominique et 4h30 pour la Guadeloupe).

ARRIVÉE EN BATEAU

Il est possible de venir en Martinique en bateau cargo depuis la métropole. Néanmoins, sachez que ce mode de transport est tout sauf économique : il faut prévoir une centaine d'euros par jour de voyage, y compris les repas. Et la durée de la traversée prend une dizaine de jours...On vous laisse faire le compte... Autre paramètre à prendre en compte : la réservation doit se faire très longtemps à l'avance, car la fréquence de la traversée est d'une seule fois par semaine. On ne recommande donc pas forcément ce moyen de déplacement...

En revanche, on peut tout à fait se rendre de la Guadeloupe à la Martinique en bateau. La compagnie maritime L'Express des Iles propose, plusieurs fois par semaine, une traversée en bateau qui relie Pointe-à-Pitre à Fort-de-France. Les navires font escale à Saint-Pierre chaque mercredi et chaque samedi. La traversée dure 4h30.

Se déplacer en navette en Martinique peut également être une bonne option pour éviter les embouteillages. La compagnie Vedettes Tropicales propose plusieurs fois par jour de nombreuses navettes maritimes qui desservent Fort-de-France, les Trois-Ilets et Case-Pilote.

TRANSPORTS EN COMMUN

La région de Fort-de-France dispose d'un réseau de bus Mozaik bien organisé, qui dessert Fort-de-France et ses alentours comme Schoelcher, Saint-Joseph et le Lamentin. Les arrêts de bus sont signalés par des abris en verre. Renseignez-vous auprès du chauffeur ou des kiosques pour connaître la direction car la destination n'est pas toujours indiquée sur le bus. Retrouvez le plan des lignes détaillé, les horaires et les itinéraires sur www.mozaik.mq. Dans les autres régions, c'est plus aléatoire.

Il y a également le taxi collectif ou « taxi co ». Cela ressemble à un service de taxi traditionnel, sauf que vous ne serez pas seul mais plusieurs dans une sorte de minibus. Le taxi ne part qu'une fois rempli et le tarif affiché à bord est

conventionné selon la destination. La fréquence des taxis co reste régulière et fiable, garantissant une liaison pour chacune des communes de l'île. Les retours sont assurés par les mêmes taxis avec des descentes et montées possibles sur le trajet. A essayer si vous n'avez pas de voiture car l'ambiance y est unique ! Le service peut néanmoins paraître difficile d'accès car il n'y a aucune indication présente sur la route.
Et pour ceux qui auraient loupé leur taxi co retour, il reste toujours le stop ! Vous croiserez un nombre incalculable de personnes le pouce tendu en Martinique.
Il y a également le TCSP, le transport collectif en site propre : il se présente sous la forme d'un grand bus ayant sa propre voie de circulation. Il assure les liaisons entre Fort-de-France et le Lamentin à l'instar d'un tramway, avec de multiples arrêts jusqu'à l'aéroport.

VÉLO, TROTTINETTE & CO

Fort-de-France se parcourt facilement à pied ou en trottinette car son centre-ville est relativement concentré et piéton. Pour les vélos, si les Martiniquais sont des fous de la petite reine, les routes sont plutôt dangereuses compte tenu du nombre de voitures. Éventuellement le week-end quand les routes désemplissent un peu... Ailleurs, on déconseille vraiment la trottinette.

AVEC UN CHAUFFEUR

Le taxi est un moyen de transport onéreux. Pour les longues distances, négociez le prix à l'avance. Et vérifiez que le taxi dispose d'un compteur.

EN VOITURE

Louer une voiture est indispensable en Martinique. L'île compte plus de 300 agences de location, donc le choix est large. En haute saison, on vous conseille de réserver votre véhicule avant d'arriver et le plus tôt possible pour avoir le choix.
Une fois en voiture, évitez les heures d'affluence aux abords de Fort-de-France car le trafic tourne vite au cauchemar. L'agglomération foyalaise est saturée dès l'aube (6h) et le milieu de l'après-midi. Le vendredi, c'est chargé également...
L'autoroute A1, limitée à 110 km/h, relie l'aéroport à Fort-de-France. Elle est gratuite. La route Nationale 2, elle, relie Saint-Pierre à la capitale et la Nationale 5 couvre les plages du sud de l'île.

Pour ceux qui rejoignent le centre-ville en voiture, voici quelques parkings publics :

- **Parking Lafcadio Hearn**, rue du Gouverneur Ponton, ouvert du lundi au vendredi de 6h à 20h, le samedi de 7h à 14h.
- **Parking Gilbert Gratiant,** entre les rues Ernest Déproge et Schoelcher, ouvert 7j/7 et 24h/24.
- **Parking Pointe-Simon,** entre les rues Déproge et de la Pointe, ouvert du lundi au vendredi de 6h à 20h, le samedi de 7h à 14h.
- **Parking Savon,** boulevard Alfassa, ouvert 7j/7 et 24h/24.
- **Parking de la Savane,** rue de la Liberté, ouvert 7j/7 et 24h/24.
- **Parking Renan,** rue Schoelcher, ouvert 7j/7 et 24h/24.
- **Parking Perrinon,** 79 rue Victor Sévère, ouvert de 6h à 20h avec sorties possibles 24h/24.

ACCESSIBILITÉ

Les aménagements pour les personnes handicapées et les poussettes sont assez limités en Martinique. A part dans le centre de Fort-de-France et dans les villes touristiques (Les Trois-Ilets, Saint-Pierre, Le Carbet, Sainte-Anne, Sainte-Luce, le Diamant...), il y a assez peu de trottoirs mais plutôt des bas-côtés peu praticables en fauteuil roulant ou en poussette. Quelques restaurants, hôtels et administrations commencent à proposer des aménagements mais beaucoup de chemin reste encore à faire dans ce sens.
L'aéroport Aimé Césaire propose, lui, un service pour les personnes à mobilité réduite ; n'oubliez pas d'en faire la demande lors de l'enregistrement de vos bagages au départ de votre voyage.

LES ATTRAPE-TOURISTES

Renseignez-vous sur les garanties et le prix de la franchise auprès de votre loueur de voiture. Etant donné l'état de certaines routes et leur fréquentation, une assurance complémentaire tous risques peut être judicieuse. Attention également aux locations de voiture à des tarifs très compétitifs : ce sont souvent des tarifs à la journée, avec kilométrage non compris. Vérifiez toujours que le loueur est lui-même couvert. Enfin, sachez que les voitures consomment beaucoup en Martinique au vu du relief. Ne soyez pas étonné de faire souvent un tour à la pompe !

HORAIRES

Rythme tropical oblige, on se lève tôt, mais on se couche tôt également, car la nuit tombe vite. Ainsi, les établissements en Martinique sont généralement ouverts de 8h ou 9h jusqu'à 16 ou 17h (18h dans les zones touristiques), le samedi de 9h à 17h. Le dimanche, très peu de magasins sont ouverts.

A RÉSERVER

Inutile de réserver vos visites dans les musées, jardins ou distilleries : l'attente n'est jamais bien longue.

BUDGET / BONS PLANS

Cartes étudiantes et seniors peuvent servir à l'entrée de certains musées et jardins pour bénéficier de tarifs réduits. Pensez à les prendre avec vous.

LES ÉVÉNEMENTS

Evénement incontournable en février : le carnaval qui embrase toute l'île pendant cinq jours, surtout à Fort-de-France. Il se prépare à partir du dimanche de l'Epiphanie et de multiples fêtes ont lieu dès la mi-janvier aux quatre coins de l'île. Parmi les dates importantes figure également le 22 mai, jour férié en Martinique qui célèbre l'abolition de l'esclavage. En décembre, la période de Noël est précédée par les « chanté Nwel » : les habitants se réunissent sur les places publiques pour entonner des chants de Noël en créole.

VISITES GUIDÉES

L'écotourisme est en plein développement en Martinique. Randonnées en forêt, hébergement dans des gîtes familiaux, séjours nature les pieds dans l'eau, balades en kayak, visites à la découverte des plantes médicinales et des trésors locaux, consommation plus locale… : les initiatives pour l'essor d'un tourisme plus respectueux de la nature se multiplient, alors fuyez autant que possible les grandes infrastructures touristiques et misez sur les structures à taille humaine.

FUMEURS

Comme en métropole, il est interdit de fumer dans les lieux publics. Sachez que la Martinique est l'un des départements français où l'on fume le moins donc les fumeurs sont vite repérés !

LES ATTRAPE-TOURISTES

Les côtes de la Martinique représentent un habitat privilégié pour l'alimentation, la reproduction et la migration des mammifères marins dont on recense plus d'une vingtaine d'espèces : baleines, dauphins, cachalots, orques naviguent près du littoral. Une belle attraction touristique qui se développe chaque année, et les opérateurs touristiques, les plaisanciers et les plongeurs sont de plus en plus nombreux à partir à la rencontre de ces créatures fascinantes… Mais l'observation de ces animaux protégés répond à des critères d'approche et d'attitude bien particuliers, qui ne correspondent pas toujours aux pratiques des opérateurs touristiques, parfois terriblement destructrices. Par exemple, les cétacés sont très sensibles aux agressions sonores, ce qui génère du stress et modifie leur comportement. Ainsi, nous vous recommandons de demander, lorsque vous sélectionnez un prestataire, si ce dernier est signataire de la Charte pour une approche et une observation responsables des mammifères marins. Un logo avec le millésime de l'année en cours est affiché chez les prestataires signataires.

SE RÉGALER

HORAIRES

En Martinique, on se lève tôt et on se couche tôt. Par conséquent, dans les restaurants, on déjeune à partir de 11h30.

Au-delà de 14h, faites une croix sur le déjeuner… Pour le dîner, il n'est pas rare de voir les restaurants ouvrir leurs portes dès 18h30, certains ne servant plus après 21h30.

Mais le plus souvent, le service démarre à 19h et se termine généralement autour de 22h (22h30-23h le week-end). Le dimanche, nombre d'établissements proposent un brunch ou un buffet pour le déjeuner et sont fermés le soir.

BUDGET / BONS PLANS

Les prix sont souvent un peu plus élevés qu'en métropole. Côté paiement, les cartes bleues sont acceptées partout, les American Express aussi.

Le cash est le bienvenu, ce qui n'est pas le cas des chèques, surtout ceux libellés avec une adresse métropolitaine, qui ne sont quasiment acceptés nulle part.

EN SUPPLÉMENT

Comme partout en France, le service est compris mais le pourboire est apprécié. Quant à la TVA, elle est réduite à 8,5 % mais ce taux est très largement compensé par des taxes locales comme l'octroi de mer.

C'EST TRÈS LOCAL

En Martinique, on prend le temps de vivre… et de servir ! Évitez de vous rendre au restaurant si vous êtes pressé. L'attente peut parfois être longue, mais cela fait partie des vacances !

ENFANTS

Les enfants sont accueillis comme des rois partout en Martinique. De nombreuses chaises bébé sont à disposition et des tables à langer également.

FUMEURS

L'interdiction de fumer dans les lieux accueillant du public est bien évidemment valable en Martinique.

Langoustes.

PRATIQUE

FAIRE UNE PAUSE

HORAIRES

Les bars sont généralement ouverts dès 17h jusqu'à minuit en semaine et facilement 2h le vendredi et le samedi soir. Ils sont concentrés autour de Fort-de-France (du côté de l'Etang Z'abricots), et dans le sud, aux Trois-Ilets à la pointe du bout, au Diamant, à la marina du Marin et à Sainte-Anne.

BUDGET / BONS PLANS

Beaucoup de bars proposent des *happy hours* en *afterwork*, entre 18h et 19h. La plupart des restaurants les pieds dans l'eau sur les plages proposent des cartes pour venir boire un verre avant le dîner.

C'EST TRÈS LOCAL

Si le ti-punch est une institution, nombre de bars proposent des cartes de cocktails à rallonge et il n'est pas rare d'aller boire un verre en sortant du travail en grignotant quelques tapas ou accras.

ENFANTS

Les enfants sont les bienvenus et acceptés avec le sourire quasiment partout !

PRATIQUE

(SE) FAIRE PLAISIR

HORAIRES

Les magasins sont ouverts généralement de 9h à 17h, voire 18h dans les grandes villes ou zones touristiques. La nuit tombe vite sous les tropiques : au-delà de 18h, il ne vous restera plus qu'à vous rendre dans les centres commerciaux qui jouent les prolongations au quotidien en restant ouvert généralement jusqu'à 20h30. Les boutiques sont ouvertes souvent le samedi jusqu'à 13h, certaines jusqu'à 17h. Et le dimanche, elles sont généralement fermées.

SOLDES

En Martinique, les soldes d'été ont lieu au mois d'octobre. En revanche, les soldes d'hiver se déroulent aux mêmes dates qu'en métropole, de début janvier à début février. Ce sont essentiellement les boutiques de vêtements et de chaussures qui soldent.

C'EST TRÈS LOCAL

Evitez de marchander : cette pratique est très peu usitée en Martinique, voire même carrément mal vue. Seule exception : sur les marchés.

LES ATTRAPE-TOURISTES

Lorsqu'un produit est « *made in* Martinique », qu'il s'agisse d'un bijou, d'un fruit ou d'une épice, n'hésitez pas à demander des précisions sur la provenance exacte. Il peut arriver qu'il y ait quelques ratés en termes de traçabilité du produit.

Un planteur à Saint-Pierre.

BUDGET / BONS PLANS

Avec une eau chaude toute l'année (28 °C en moyenne), la Martinique est le paradis des baigneurs et du snorkeling ! Armé simplement d'un masque et d'un tuba, on découvre une vie sous-marine incroyablement riche et colorée. Un conseil toutefois : ne partez jamais seul et pensez à vous signaler à l'aide d'une bouée tractée de couleur vive.

Randonnée. Sur terre, l'île est également un véritable éden pour les randonneurs : pas moins d'une quarantaine de sentiers balisés sont disséminés à travers la Martinique. Classées en quatre catégories, les randonnées ne présentent pas de difficulté majeure. Les offices de tourisme fournissent un plan départemental des itinéraires de promenades et de randonnées. Pour les excursions et randonnées comportant des passages montagneux, il est fortement conseillé d'être encadré par des guides habilités et brevetés et de prendre connaissance des conditions météorologiques qui peuvent changer très vite. Plusieurs associations sérieuses sauront vous proposer des visites et des promenades de grande découverte. Des accompagnateurs en moyenne montagne ont fait le choix de la qualité pour faire reconnaître leur profession. Tous professionnels, ils se sont associés au sein de l'Association Martiniquaise des Accompagnateurs en Montagne. Respectant la législation sur les randonnées en montagne, ils se chargent de tout. Le principe : vous venez avec votre tenue de marche (vêtements et chaussures) et bien sûr une idée de la région que vous souhaitez parcourir, ils définissent l'itinéraire selon vos souhaits et fournissent tout le nécessaire en matière d'équipements complémentaires ou de nourriture. Sécurité donc, facilité, mais aussi agrément, grâce à leur connaissance de l'île.

Dans tous les cas, prévoyez toujours de bonnes chaussures, un chapeau, de la crème solaire, une bouteille d'eau et un anti-moustiques.

© CATHERINELPROD - STOCK.ADOBE.COM

Kitesurf. La côte sud-atlantique (Cap-Chevalier, Le François) et le plan d'eau de la Pointe-du-Bout (face à Fort-de-France) sont particulièrement prisés pour la pratique de ce sport de glisse, curieux mélange entre le surf, la planche à voile et le cerf-volant ! Des clubs se sont installés dans ces endroits et offrent des stages d'initiation ou de perfectionnement. Un certificat médical d'aptitude à la pratique du kitesurf est à présent obligatoire. De même, si vous êtes déjà un kitesurfer autonome, il faut prouver que vous avez les niveaux verts FFVL et niveaux 3 IKO. Si vous les avez déjà, vous pouvez louer le matériel au club. Sinon, les cours sont obligatoires.

Scooter de mer. Cette discipline est désormais accessible à tous sans avoir le permis mer, à condition d'être encadré par des moniteurs diplômés exerçant dans une base agréée par les Affaires Maritimes. Ces conditions permettent aux moniteurs ayant un brevet d'Etat d'enseigner la pratique du scooter dans un cadre sécuritaire adapté. Ils sont habilités à encadrer jusqu'à quatre machines (soit huit personnes) lors de randonnées le long des côtes de la Martinique.

Surf. Le spot de Tartane (commune de La Trinité, côte nord-atlantique) est le mieux servi en vagues grâce à la régularité et la taille de la houle. Celui de Grand-Rivière, à l'extrémité nord de l'île (face à la Dominique), est réservé aux surfeurs plus que confirmés. Pour l'équipement, l'idéal est de voyager avec sa propre planche, mais attention aux conditions de transport. Mieux vaut se renseigner auprès de la compagnie d'aviation. Ce sport individuel qui se pratique sur des sites naturels est, bien entendu, gratuit. Mais il est conseillé de se munir de sa licence, afin d'éviter toute mauvaise surprise, et de contracter une assurance de responsabilité civile en cas d'accident dans l'eau avec d'autres surfeurs.

Plongée. Accessible à tous à partir de 8 ans et sans limite d'âge, la plongée sous-marine est la première activité touristique de l'île, et trop de personnes pensent encore qu'elle n'est réservée qu'aux plongeurs confirmés. Il y en a en effet pour tout le monde ! Le nord, avec ses tombants vertigineux et ses épaves historiques coulées lors de l'éruption de la montagne Pelée en 1902. Le sud, avec son sable blanc et ses eaux turquoise. Des plateaux coralliens offrant des plongées entre jardin, piscine, mais aussi quelques beaux tombants. Sans oublier le célèbre rocher du Diamant.
Envie de se jeter à l'eau ? Tentez l'expérience du baptême en Martinique, les fonds sont truffés de choses merveilleuses sans toutefois descendre trop bas. Choisissez toujours un club agréé avec des moniteurs de plongée diplômés d'État. Pour les plongeurs confirmés, la Martinique dispose de nombreux sites remarquables. N'hésitez pas à demander à être encadré pour certaines plongées, afin de ne pas passer à côté des plus belles choses.
Plongeurs plus aguerris, les clubs de plongée martiniquais proposent de se former en plongée FFESSM et ANMP du niveau 1 au niveau 4, ainsi que les formations PADI du Discover Scuba Diver au diplôme professionnel du Dive Master. Si vous êtes déjà détenteur d'un niveau, pensez à apporter votre diplôme ou votre carnet de plongée avec vous.

Canyoning. Le nord de la Martinique offre un prodigieux terrain de jeu aux amateurs de canyoning. Les gorges des rivières sur les contreforts du volcan se prêtent aux descentes à sensation. De la balade quasi familiale jusqu'au canyon plus technique, réservé aux connaisseurs (par exemple un rappel de 70 m !), il y en a pour tous les goûts ! Sensations fortes garanties. Ne vous aventurez jamais seul et choisissez des moniteurs agréés qui proposent des formules « canyoning », en forfaits journée ou demi-journée.

C'EST TRÈS LOCAL

Les Martiniquais raffolent du vélo ! Le dimanche, vous croiserez régulièrement des clubs de cyclistes en balade. Si les routes ne sont pas forcément les meilleurs endroits pour pratiquer, les champs de canne et de banane offrent de magnifiques alternatives. Encore faut-il les connaître... Demandez le chemin.

VOS PAPIERS SVP

Le permis bateau est obligatoire pour les bateaux à moteur à partir de 6 CV. Attention, la navigation dans la zone caraïbe est celle des Etats-Unis, c'est-à-dire que tout est inversé (vert à bâbord, rouge à tribord) !
La pêche au fusil avec des bouteilles est formellement interdite. De même que le fait de ramasser des coraux, même morts. Vous n'avez pas non plus le droit de pêcher des lambis ni des oursins blancs de janvier à septembre.
Enfin, la vitesse en zone littorale est de 5 nœuds jusqu'à 300 m des côtes et autour des îlets.

A RÉSERVER

On peut pratiquer toutes sortes de sports de plein air en Martinique : équitation (une dizaine de ranchs à travers l'île), golf (celui de l'Espérance aux Trois-Ilets est le seul 18-trous de l'île), et bien sûr toutes sortes d'activités nautiques : rafting, canyoning, kayak, voile, kitesurf et paddle, très en vogue. De l'initiation à la pratique plus aguerrie, pensez, en haute saison, à réserver à l'avance auprès d'un opérateur pour choisir ce qui vous convient, du stage sur plusieurs jours à l'excursion d'une journée. Sachant que c'est la météo qui aura le dernier mot de toute façon. Mais mieux vaut être prudent justement et anticiper si certaines activités vous tiennent à cœur.
Les centres proposent la formule « location » à l'heure, à la demi-journée ou en forfait plus long. Des stages de formation sont organisés pour tous les niveaux, des néophytes aux plus avancés. Certains clubs se trouvent dans l'enceinte des hôtels mais restent ouverts au grand public, d'autres sont des structures privées ou publiques indépendantes.

LES ÉVÉNEMENTS

En juillet, deux événements sportifs déchaînent les passions en Martinique : le Tour des yoles rondes, une course en sept étapes qui fait le tour de l'île à bord des célèbres embarcations colorées martiniquaises, et le tour cycliste de la Martinique, qui se déroule en neuf étapes et rassemble une centaine de participants.

HORAIRES

D'une manière générale, la vie nocturne n'est pas très agitée en Martinique. On se couche tôt et on se lève tôt. Les bars et clubs ferment leurs portes vers minuit en semaine et environ 2h le vendredi et le samedi soir.

TRANSPORTS NOCTURNES

Pour sortir, on ne saurait que trop vous recommander la voiture si vous ne voulez pas dormir sur place. Il est difficile au-delà de 20h de trouver un taxi-co ou un bus.

A PARTIR DE QUEL ÂGE

L'âge légal de consommation d'alcool est 18 ans, comme en métropole.

C'EST TRÈS LOCAL

Les fêtes patronales et bals de village sont encore assez répandus en Martinique. Renseignez-vous sur ces soirées ultra typiques et bon enfant.

BUDGET / BONS PLANS

En matière d'hébergement, la Martinique est une destination plutôt onéreuse. La plupart des logements sont concentrés dans le sud avec des tarifs assez élevés à la nuitée. Les familles auront tout intérêt à opter pour des locations meublées proposées par des particuliers ou des agences. Les tarifs sont souvent dégressifs au bout d'une semaine, voire deux semaines. En clair, plus on reste, plus c'est intéressant ! Néanmoins, les prix varient énormément d'une saison à l'autre. Les logements sont 30 à 50 % moins chers en basse saison. Un conseil : réservez à l'avance et regardez du côté des offres « all inclusive » proposées par certains tour-opérateurs qui permettent de fixer le budget. Sur place, il ne vous restera plus que les extras à payer (consommations, essence...). Bon à savoir : l'installation des Gîtes de France permet d'organiser ses vacances dans d'excellentes conditions de confort aux meilleurs prix. De même, beaucoup de résidences et villages de vacances offrent des solutions intermédiaires entre la location meublée indépendante et l'hôtel. Le site Internet du Comité Martiniquais du Tourisme recense pas mal d'offres à tous les prix : www.martinique.org. Enfin il y a aussi le troc ou l'échange de maisons entre particuliers. Un système qui se veut intéressant pour les familles pour économiser ainsi largement sur le poste hébergement lors des vacances.

A RÉSERVER

Réserver à l'avance pendant la haute saison, soit de décembre à mars, c'est l'assurance de bénéficier des meilleurs prix.

C'EST TRÈS LOCAL

En Martinique, on vit tout le temps dehors. Il est donc fréquent que les cuisines soient localisées sur les terrasses, une tradition héritée des habitations coloniales (on avait peur que les cuisines prennent feu) et ça évite les odeurs. Bien sûr, l'électroménager ne dure pas *ad vitam aeternam* mais tant pis.

POUR LES GOURMANDS

De plus en plus d'hôtels et de gîtes proposent des formules tables d'hôtes à base de produits « péyi ». Un bon moyen de manger local et de découvrir des produits du terroir martiniquais méconnus.

FUMEURS

C'est la même législation qu'en métropole : depuis 2008, il est interdit de fumer dans tous les établissements recevant du public, y compris les hôtels.

© ISABELLE DREZEN

Villa de Rêve.

VIE QUOTIDIENNE

ALLO ?

L'indicatif téléphonique de la Martinique est le 05 96 pour les téléphones fixes et 06 96 pour les mobiles.

Pour appeler la Martinique depuis la métropole, il faut composer les 10 chiffres sans faire le 00 et sans faire de code international. Pour joindre la métropole depuis la Martinique, il n'est pas nécessaire de faire le 00 33.

Pour appeler l'étranger depuis la Martinique, il faut composer le 00, le code du pays que vous voulez avoir, puis le numéro de votre correspondant.

Les portables fonctionnent correctement en Martinique. Si vous êtes titulaire d'un forfait de téléphonie mobile en métropole, celui-ci fonctionne de la même façon en Martinique. Les appels sont compris dans votre forfait, ainsi que la connexion Internet en 3G ou 4G. Des plafonds de consommation de données Internet sont néanmoins fixés par les opérateurs (renseignez-vous auprès de votre opérateur avant de partir). Plus besoin donc d'acheter une carte SIM sur place.

Attention en revanche si vous voyagez dans les îles voisines anglophones (croisière ou autre). Là, vous risquez d'avoir des surprises niveau tarification si vous utilisez votre forfait. Un conseil donc : mettez-vous en mode avion ou désactivez les données cellulaires à l'étranger.

ACCESSIBILITÉ

L'accessibilité n'est pas le point fort de la Martinique. Mais de plus en plus d'établissements sont équipés pour recevoir les personnes à mobilité réduite. L'infrastructure en général dans les lieux publics est aux normes françaises. Dans les centres-villes, les trottoirs ne sont pas franchement accessibles en fauteuil roulant à cause de leur étroitesse. Que vous soyez une personne à mobilité réduite ou accompagnant, les associations ou organismes spécialisés peuvent vous aider à faciliter votre séjour.

SANTÉ

Le niveau d'hygiène à la Martinique est proche de celui de la métropole et les quelques précautions sanitaires à prendre relèvent plutôt de l'ambiance insulaire tropicale : attention au soleil (bien plus fort qu'en métropole, penser à bien s'hydrater) et aux piqûres de moustiques.

La plus grande prudence devra être observée en cas de petites plaies (qui ont souvent du mal à cicatriser dans ce milieu).

Enfin, la mer est parfois dangereuse et il faut donc être prudent : ne pas se baigner seul, loin du bord, pas après un repas lourd (de surcroît bien arrosé) et éviter une exposition solaire prolongée ; toujours entrer dans l'eau progressivement. Se méfier des oursins, coraux et autres méduses ou poissons venimeux.

La Martinique étant soumise aux mêmes réglementations sanitaires que la métropole, n'oubliez pas d'apporter votre carte Vitale au cas où vous devriez être hospitalisé sur place, ainsi que votre carte de mutuelle.

URGENCES SUR PLACE

Les services médicaux ne manquent pas en Martinique. Parmi les plus importants, le CHU de Fort-de-France (✆ 05 96 55 20 00) et la clinique Saint-Paul (✆ 05 96 39 40 00).

Si vous avez un problème, contactez SOS Médecins ✆ 05 96 63 33 33. Ils établiront un pré-diagnostic par téléphone et vous renseigneront sur le médecin le plus proche de votre lieu de résidence.

SÉCURITÉ

La Martinique est une destination très sûre. On peut tout à fait voyager avec des enfants qui profiteront des activités balnéaires à profusion, des sports et loisirs adaptés pour eux ! Un seul petit bémol : le décalage horaire. Attention également à bien protéger leur peau des méfaits d'un soleil particulièrement ardent. Et bien sûr attention aux moustiques.

LGBTQ

Un club, une plage (les Petites Salines), quelques restaurants et des hébergements : si l'île est un endroit gay friendly, il y a assez peu d'établissements exclusivement pour les gays en Martinique.

C'est surtout dans la capitale, Fort-de-France, que l'on retrouve le plus d'établissements pour la communauté LGBTQ.

POSTE

L'affranchissement est le même qu'en métropole. Les lettres ou les cartes doivent porter la mention « Par avion ». Le délai d'acheminement est de 5 à 7 jours. En dehors de la poste, les timbres sont rares, ce qui provoque de considérables files d'attente. Les levées sont quotidiennes pour le transfert postal par avion. Quant aux bureaux de poste, généralement bondés, ils sont ouverts de 8h à 16h en semaine et le samedi matin.

MÉDIAS LOCAUX

Tous les titres de presse de la métropole sont disponibles en Martinique (à un prix souvent plus élevé, transport oblige...).

Parmi la presse, il y a *France Antilles*, le seul quotidien de la Martinique, *La Tribune des Antilles Magazine*, *Choubouloute*, *Bois Lélé*, *Martinique Bonjour*, *Amina*.

Côté sites Internet : www.bellemartinique.com, www.zananas-martinique.com.

Les radios de métropole sont toutes relayées en Martinique par des radios locales. La chaîne Martinique la 1ère diffuse les JT de France Télévisions en plus des décrochages locaux.

© DPVUE .IMAGES - SHUTTERSTOCK.COM

PASSEPORT

DÉCOUVRIR

Lézarder sous les cocotiers de l'anse des Salines, découvrir les ruines de Saint-Pierre, tenter l'ascension de la montagne Pelée, sillonner les villages de pêcheurs du nord, faire du kayak sur la mangrove des Trois-Ilets, plonger dans les eaux cristallines des Caraïbes, admirer le coucher du soleil sur le rocher du Diamant, visiter l'une des distilleries de l'île… : impossible de s'ennuyer en Martinique !

Paradis dissimulé dans l'archipel des Petites Antilles, l'île aux fleurs fascine tant pour la diversité des paysages qu'elle abrite que pour sa douceur de vivre. La Martinique, c'est aussi un patrimoine culturel riche, avec des traditions fortes comme la yole, des savoir-faire uniques comme son rhum AOC , le seul au monde, ou encore sa gastronomie colorée et pleine de saveurs. C'est aussi une terre d'intellectuels de renom, tel Aimé Césaire dont l'œuvre et la pensée ont incontestablement marqué la Martinique et le monde.

SUR LA ROUTE DU RHUM

Avec 7 distilleries en activité et 14 rhumeries sur l'île, le rhum a toujours été ancré dans l'histoire et la vie des Martiniquais. Mais il est aujourd'hui bien plus que ce cliché sympathique. Le rhum martiniquais est en effet le seul au monde à bénéficier d'une appellation AOC, et sa qualité ne cesse de progresser. Les fabricants martiniquais ont ainsi développé une filiale d'excellence, dont le savoir-faire s'exporte aujourd'hui à travers le monde entier et rivalise sans complexe avec la concurrence internationale des meilleurs spiritueux. Face à cet engouement, les distilleries martiniquaises développent des circuits axés autour du spiritourisme, avec des visites thématiques, qui offrent un réel attrait touristique culturel, pour tenter de percer les secrets de fabrication de ce divin breuvage. Et n'allez pas croire que toutes les distilleries sont les mêmes : chacune a ses spécificités, ce qui rend le rhum d'autant plus fascinant.

L'invention du rhum agricole

Impossible de parler de la Martinique sans évoquer son rhum, considéré comme l'un des meilleurs au monde. Que l'on soit simple amateur de ti-punch, symbole même des vacances, ou grand connaisseur capable d'en apprécier les plus fines bouteilles, ici le rhum et sa dégustation font partie de la culture locale. Si le rhum traditionnel fabriqué dans le monde entier est obtenu par la distillation du résidu de la fabrication du sucre, la mélasse, le rhum agricole martiniquais, lui, est issu du produit de la fermentation du pur jus frais de la canne. Il bénéficie d'une appellation AOC, qui garantit la qualité et la provenance de la canne ainsi que le respect des principales étapes de fabrication.

L'invention du rhum serait liée au Père Labat. En 1694, le moine dominicain est victime d'une terrible fièvre dont il aurait été sauvé par une décoction à base d'un alcool encore méconnu à l'époque, le tafia, l'ancêtre de ce qu'on appelle aujourd'hui le rhum. Il met alors au point un procédé ingénieux de fabrication avec un alambic des Charentes, permettant d'obtenir un liquide clair très aromatique, issu de la fermentation de différents déchets sucrés provenant de la fabrication du sucre.

Durant la seconde moitié du XIXe siècle, l'arrivée de la machine à vapeur va révolutionner le rhum et donner naissance au rhum agricole. Face à la crise que traverse la canne à sucre, après la découverte de la betterave, les sucreries se regroupent en usines centrales. La canne à sucre, elle, est acheminée des champs jusqu'à l'usine via le réseau ferroviaire.

Difficulté majeure, la topologie particulière de l'île ne permet pas de relier les habitations les plus enclavées qui sont, de fait, marginalisées du circuit sucrier. En conséquence, certaines d'entre elles décident de distiller directement le jus de la canne (vesou) et donnent naissance au rhum agricole qui s'appelle alors à l'époque « rhum z'habitants ». A la fin du XIXe siècle, la chute des cours mondiaux du sucre incite les petits planteurs à se reconvertir vers la fabrication de ce rhum nouveau.

Le seul rhum AOC au monde

En Martinique, l'Appellation d'Origine Contrôlée assure de l'utilisation exclusive du jus de canne issu d'un territoire délimité, de tradition régionale, présentant une certaine qualité.

Mais c'est surtout son goût qui va faire la différence, un rhum agricole présentant des arômes plus fruités et un bouquet plus riche qu'un rhum industriel. Du point de vue technique, toutes les étapes de la fabrication du produit suivent un processus parfaitement encadré, de la sélection rigoureuse des variétés de canne autorisées à l'art délicat du vieillissement.

Elaboration du rhum agricole. Concrètement, la canne est lavée, récoltée puis broyée par une batterie de moulins. Elle produit du jus, le vesou (ainsi que de la bagasse, qui servira de combustible), qui est mis à fermenter avant d'être distillé rapidement pour conserver tout son potentiel aromatique. Le vesou, soigneusement filtré, est placé dans des cuves à fermentation pendant 36 à 48 heures. Démarre alors le travail de fermentation, étape cruciale qui conditionne les saveurs finales du rhum : sous l'action des différentes levures, le sucre est transformé en alcool. A l'issue de la fermentation, on obtient un vin de canne titrant à 5-6° d'alcool. Vient ensuite l'étape de la distillation. Introduit dans le haut de la colonne, le vin descend de plateau en plateau, en chauffant au contact de la vapeur introduite par le bas de la colonne, ce qui permet de séparer l'eau de l'alcool et des composants aromatiques qu'il contient. A la sortie de la colonne à distiller, les vapeurs donnent, une fois refroidies, un rhum blanc qui titre autour de 70° ! Celui-ci est ensuite brassé, aéré, mis au repos pendant trois mois, puis coupé à l'eau distillée ou de source pour revenir autour de 50 à 55°. Idéal pour les ti-punchs, le rhum blanc garde intacts les arômes de la canne fraîchement coupée.

Rhum ambré. L'autre partie du vesou distillé passe par une phase de vieillissement sous-bois (généralement en fût de chêne) pour élaborer des rhums ambrés et vieux. Le rhum paille ou ambré séjourne en fût de chêne pendant 12 à 18 mois, pendant lesquels il prend une légère coloration, marquée par quelques arômes rappelant le rhum vieux.

Le rhum vieux, quant à lui, ne devient vieux qu'au bout de 3 ans, mais on peut obtenir un vieillissement plus poussé en le conservant plus longtemps encore : il s'appelle alors « hors d'âge ». « Very Old » (VO) pour les rhums élevés sous-bois pendant 3 ans, « Very Special Old Pale » (VSOP) pour ceux qui ont vieilli pendant 4 ans minimum, « Extra Old » (XO) pour 6 ans et plus de vieillissement. S'ajoutent à cela les rhums millésimés, issus d'une récolte unique, qui témoignent d'une année exceptionnelle. Ces rhums vieux extraordinaires rivalisent avec les plus grands spiritueux et s'apprécient à la manière des vieux cognacs ou armagnacs.

L'AOC. En termes de reconnaissance internationale, l'Appellation d'Origine Contrôlée assure aux rhums martiniquais une notoriété et une originalité qui leur permettent de conquérir de nouveaux marchés à l'instar du Japon, de l'Europe ou des Etats-Unis. D'autant que les rhums martiniquais remportent tous les ans de nombreuses médailles dans les concours internationaux de spiritueux.

Le spiritourisme

Face à l'engouement que suscite aujourd'hui le rhum martiniquais à travers le monde, la Martinique s'ouvre de plus en plus au spiritourisme. A l'instar de l'Ecosse pour son whisky et de la France pour son vin, ce type de tourisme thématique autour des spiritueux permet d'inclure la découverte des procédés de production aux traditionnels séjours touristiques. C'est une nouvelle façon d'aborder la découverte d'une destination sous le prisme des secrets de production de son alcool local et de s'imprégner ainsi de la culture martiniquaise.

L'île compte aujourd'hui, du nord au sud, douze distilleries dont sept distilleries fumantes, c'est-à-dire en activité et qui produisent du rhum. Les non-fumantes ne distillent plus : elles ont confié la distillation de leur rhum à une autre usine active.

Parmi les distilleries fumantes figurent Neisson au Carbet, Maison La Mauny (qui distille également les rhums Trois-Rivières), l'Habitation du Simon (où sont produits les rhums A1710,

© T PHOTOGRAPHY - SHUTTERSTOCK.COM

Récolte de la canne à sucre.

Clément et HSE), Saint-James (qui distille également les rhums Hardy), Depaz, la distillerie JM et La Favorite. L'ancienne production de sucre se limite, elle, à la seule usine du Galion à La Trinité, dernière sucrerie de l'île encore en activité.

Les distilleries en activité se visitent toute l'année. La plupart proposent des visites payantes avec un guide. On y aborde le rhum martiniquais d'une manière assez généraliste, avec des explications techniques mais à visée pédagogique, qui séduiront les connaisseurs et ne décourageront pas les néophytes !

Les visites peuvent souvent se faire en famille, surtout dans les sites où ont été aménagés des petits trains. Elles sont l'occasion de passer une agréable journée, permettant de combiner visites d'un jardin attenant à la distillerie, des chais, dégustation, visite des boutiques, déjeuner sur place, et escale à la plage.

La force de ces visites spiritouristiques ? Elles s'adaptent à vos attentes et peuvent se faire plus pointues pour un public averti. Visites sur-mesure en petits groupes, dégustations de cuvées exceptionnelles comme des rhums extra vieux, ateliers d'accords mets-rhums, rencontre avec des maîtres de chai, des artisans ou des chefs. En clair, autour du rhum viennent se décliner différents aspects du patrimoine martiniquais. Et pourquoi pas aussi loger sur place et se laisser happer, le temps d'une nuit, par la douceur des plantations de cannes environnantes ? N'hésitez pas à faire votre demande directement auprès des distilleries citées. Cette tournée des distilleries permet de découvrir la Martinique autrement, en abordant à la fois l'histoire de l'île et son savoir-faire en matière de rhums. Car, d'une distillerie à une autre, l'histoire, le terroir et les pratiques sont différentes. On vous invite donc à vous rendre dans chacune d'elles : vous y trouverez des spécificités intéressantes.

Les distilleries de la Martinique

Distillerie Saint-James (p.351). La visite de la distillerie Saint-James et de son musée, situés au bord de la rivière Sainte-Marie depuis 1860, est une excellente introduction pour découvrir l'histoire et les techniques de fabrication de ce fameux rhum. A la suite d'un édit, signé par Louis XIV, interdisant la vente du rhum en métropole, le père Lefebvre, fondateur de la distillerie, décida de donner à son rhum un nom facile à prononcer par les Anglais, afin de faciliter la vente de sa production aux colons de la Nouvelle-Angleterre. Et c'est ainsi que naquirent les rhums Saint-James. C'est la seule distillerie qui produit encore quelques milliers de litres de cœur de chauffe provenant de la distillation par alambic charentais. La gamme est très large et comprend le rhum impérial des plantations à 50°, le rhum paille à 50°, le royal ambré à 45°, vieilli au moins 12 mois en foudre de chêne. Mais aussi plusieurs catégories de rhum vieux : rhum vieux à 42° (âgé d'au moins 4 ans), le hors-d'âge à 43° (minimum 7 ans) et une gamme de millésimés, produits les années de récoltes exceptionnelles.

Sur le site se trouve un musée qui retrace l'histoire du rhum agricole martiniquais. La visite se fait en parfaite autonomie et elle est gratuite. Aménagé dans l'ancienne habitation créole des précédents propriétaires, datant de 1874, le musée expose, à l'aide de gravures anciennes, vieilles bouteilles, affiches publicitaires et matériel agricole, les méthodes de culture de la canne, l'évolution des procédés de fabrication du rhum, l'amélioration des techniques industrielles et du matériel employé depuis l'apparition de la canne à la Martinique en 1654 puis par Saint-James depuis 1765. A l'extérieur du musée, après le jardin où prospèrent les anciens moulins, les chaudières, les machines à vapeur, se trouve la maison de la distillation qui retrace l'histoire et l'art distillatoires à travers les différents appareils utilisés selon les époques. La collection d'alambics et de colonnes à distiller y est impressionnante ! Le site propose également une balade (en supplément) de 3 km dans l'ancien train des plantations qui servait autrefois à acheminer la canne à l'usine à travers les champs de canne à sucre et les bananeraies. Entre février et juin, on passe tout près de l'usine en pleine effervescence.

© CATHERINELPROD - SHUTTERSTOCK.COM

Broyage de la canne à sucre.

Distillerie J.M. (p.357) A Macouba, à l'extrême nord de la Martinique, au cœur de la forêt tropicale, la distillerie J.M occupe depuis le XIXe siècle le fond de la vallée de la Rivière-Roche. D'une simple roue hydraulique entraînant un moulin (dans un champ de canne à sucre) est née l'un des rhums les plus célèbres au monde. La canne distillée provient uniquement de l'Habitation Bellevue située sur un plateau au-dessus de la distillerie entre montagne Pelée et océan Atlantique, elle est entièrement utilisée pour la production du rhum agricole. Le rhum ainsi produit est de grande qualité, méritant un long vieillissement en fûts de chêne. Fait rare, la distillerie abrite l'unique tonnellerie de la Martinique (de septembre à décembre).

La visite, à la scénographie très élégante et séduisante, est particulièrement intéressante. On y découvre toute l'histoire de cette distillerie. Tout a commencé en 1790 avec Antoine Leroux-Préville. Six cuves, placées par ordre croissant de taille, recueillent le jus de canne. Après cristallisation, on récolte le sirop (la mélasse) dont on tire le rhum ou tafia. Puis, de simple sucrerie, la maison devient distillerie en 1845 avec Jean-Marie Martin (d'où les initiales JM). Gustave Crassous de Médeuil, déjà propriétaire de l'habitation Bellevue, l'acquiert en 1914 des mains de son frère Ernest. En 1971, la société civile agricole Héritiers Crassous de Médeuil est constituée. La visite de la distillerie se poursuit par celle des jardins du rhum, une promenade bucolique qui démarre par le jardin des cannes, où l'on découvre les trois variétés de cannes hybrides sélectionnées par la maison parmi les cannes autorisées par l'AOC pour leur qualité et leur meilleure résistance à la coupe mécanique : la canne paille, la canne bleue et la canne rouge. Le jardin reprend la disposition typique en carrés séparés qui prévalait autrefois pour la culture de la canne dans les plantations. La promenade longe une végétation riche, née d'une terre exceptionnellement fertile et d'un métissage d'espèces : fleurs, plantes ornementales, arbustes, lianes ou grands arbres, le jardin des épices (basilic, citronnelle, gingembre, poivre, piment, muscadier, giroflier, bois d'Inde, cannelier, vanille...), avant de se terminer par la

DÉCOUVRIR

© PACKSHOT - FOTOLIA

Habitation Clément.

boutique pour goûter aux divins nectars produits sur place. Là vous serez amené à découvrir la saveur olfactive exceptionnelle de ces « grands crus » et nectars de caractère servis dans un cadre somptueux. Le meilleur pour la fin avec une halte à la boutique qui abrite quelques pépites comme du hors-d'âge de 15 ans, des *single casks* singuliers et d'exceptionnels rhums vieux qui ont fait et font toujours la réputation de J.M.

Habitation Clément. (p.273) Située au sud du François, l'Habitation Clément est célèbre pour ses rhums AOC, sa Fondation d'art contemporain mais aussi pour son splendide parc botanique labellisé Jardin remarquable. L'Habitation Clément comprend l'ancienne distillerie aménagée en Centre d'interprétation des Rhums Clément, des chais de vieillissement où reposent paisiblement les célèbres rhums vieux Clément, une maison créole classée au titre des monuments historiques de France et un parc botanique au cœur d'une propriété agricole où l'on cultive la canne à sucre. Située dans la commune du François, cette habitation rachetée par Bernard et Yves Hayot en 1986 est un élément majeur du patrimoine architectural et industriel de la Martinique. La visite est payante, mais libre. On se balade dans un grand parc arboré. On visite la maison créole du XVIIIe siècle avec ses meubles d'époque et ses photos anciennes. Dans l'espace dégustation, on peut apprécier et acheter le fameux nectar. Pour accompagner sa politique axée sur la promotion des artistes caribéens, et plus particulièrement martiniquais, l'Habitation Clément s'est également dotée d'une Fondation qui organise des expositions d'artistes martiniquais et caribéens.

Très créative, Clément a été la première distillerie à proposer des rhums blancs monovariétaux, c'est-à-dire issus d'une seule variété de canne, en l'occurrence la canne bleue.

Habitation Saint-Etienne. (p.349) C'est l'une des rhumeries les plus avant-gardistes de la Martinique. Depuis 1994, Florette et José Hayot redonnent à ce domaine situé au Gros-Morne un nouvel élan, tant à l'image de la marque HSE qu'aux rénovations et embellissement des lieux. Ils perpétuent le savoir-faire ancestral des rhums AOC Martinique au sein de leur production, grâce à leurs techniques toutes particulières de réduction lente des rhums blancs et de sélection minutieuse de fûts pour les rhums vieux.

La visite de l'habitation a un double intérêt : d'une part le parc botanique de 5 hectares, avec une flore exubérante et admirable de plus de 200 espèces végétales. D'autre part, l'ancienne distillerie classée ISMH, qui abrite des vestiges industriels comme une machine à vapeur de 1925, des chaudières, une turbine hydraulique… Les rhums HSE sont produits à la distillerie du Simon au François, puis vieillissent dans les 9 chais de l'Habitation Saint-Etienne au Gros-Morne. On y produit une large gamme de rhums vieux et bien connue des amateurs, ce qui lui doit d'être régulièrement primée. La mise en bouteille se fait également sur place et est visible avant 15h en semaine. La gamme HSE se décline en trois grandes familles : les produits traditionnels tels que le blanc et l'élevé sous-bois, le VSOP, le XO, les Expert Casks et la gamme innovante des Finitions du monde. Agrémentée d'expositions temporaires honorant des plasticiens locaux ou internationaux, la boutique de l'Habitation propose à ses visiteurs un large choix de produits ainsi que des dégustations gratuites.

Distillerie Dillon (p.121). Aux portes de Fort-de-France, la distillerie Dillon produit plusieurs variétés de rhums vieux et blancs. L'aventure de la distillerie démarre avec Arthur Dillon, arrivé en Martinique dans les années 1770, qui s'éprend de l'héritière d'une famille de planteurs. La visite rappelle que la marque a traversé les époques.

Aujourd'hui, la distillerie est non-fumante : les cannes se trouvent dans le nord de la Martinique, le rhum est distillé quelque part dans l'île. Attenants à la boutique, les chais accueillent les rhums vieux en pleine maturation ainsi que l'embouteillage réalisé sur place.

Au cours de la visite qui illustre les différentes phases de fabrication, une ancienne machine à vapeur de 1922 ne manquera pas de vous surprendre : elle fonctionne encore pour activer le système de broyage de la canne.

Distillerie La Favorite (p.144). Fondée en 1842, la distillerie La Favorite est l'une des deux dernières distilleries familiales de l'île. Elle est aussi la dernière unité de production de rhum en Martinique qui fonctionne entièrement à la vapeur. Au milieu de 60 hectares de cannes à sucre, elle produit chaque année entre février et juin environ 500 000 litres de rhum issus du pur jus de canne de façon traditionnelle et artisanale grâce à sa machine à vapeur de 1905. Régulièrement primés aux concours de dégustation nationaux et internationaux, les rhums blancs, vieux et hors-d'âge La Favorite ravissent le palais des amateurs du monde entier. La visite de la distillerie est libre, on peut y flâner à son aise, découvrir étape par étape la production du rhum agricole jusqu'à l'embouteillage, ainsi que l'histoire des lieux, rencontrer les ouvriers agricoles travaillant sur place, avant de finir par la boutique flambant neuve, où Emmanuelle et Célina se chargent de la partie dégustation.

Jamais à court d'idées, la distillerie La Favorite propose des visites et dégustations guidées en petits comités… de nuit ! On évolue à travers la distillerie équipé d'une lampe frontale avant de terminer par une traditionnelle dégustation. Une originalité qui se paye (comptez 15 € environ par personne) et surtout qui se réserve !

Distillerie Hardy. (p.343) C'est au cœur de la presqu'île de la Caravelle, haut lieu de la piraterie dans les Caraïbes, que se trouvent les terres du rhum Hardy, entre la baie du Trésor, les ruines du château Dubuc, et la baie du Galion. Juste avant la plage de la Brèche, sur la droite, se trouvent la distillerie Hardy et sa boutique attenante. Depuis 1994, la distillerie Hardy a cessé de fumer mais la production de ce rhum mythique, elle, n'a pas été interrompue et se poursuit au sein d'une autre distillerie, pas très éloignée (Saint-James !). Pour autant, pas question de renoncer à la typicité de ce rhum emblématique de la Martinique. D'autant que ce sont toujours les descendants de la famille Hardy qui sont aux commandes et qui ont su conserver cette distillerie au sein de leur patrimoine. Dans les années 1970, Gaston Hardy, ingénieur, modernise l'outil de production (mécanisme du moulin, cheminée en béton, colonne à distiller). Aujourd'hui, c'est son petit-fils, Jean-Pascal Hardy, qui a décidé de redonner vie à cette distillerie en ruine en lançant une gamme de rhums d'exception et en réfléchissant à un projet de réhabilitation. Cela passerait par la restauration et la mise en valeur des machines, la création d'un musée, d'un chai de vieillissement, etc.

Distillerie Depaz (p.311). Elle est la seule distillerie survivante de Saint-Pierre. Avant l'éruption de la montagne Pelée de 1902, plus de vingt distilleries étaient implantées dans la région. La plantation, détruite en 1902, fut reconstruite sept ans plus tard par Victor Depaz, unique rescapé de la famille, qui était à Bordeaux au moment de la catastrophe. La plantation se tient à l'écart de la ville, surveillée par l'impressionnante montagne Pelée. Le climat et l'environnement apportent au rhum une qualité estimée, renforcée par un travail de haute qualité dont le secret se transmet de génération en génération.

Aujourd'hui, le jus de canne fermente dans 12 cuves de 30 000 litres de capacité chacune. Un circuit libre à travers ce lieu chargé d'histoire, ponctué de panneaux explicatifs, permet de comprendre la fabrication du rhum agricole. La visite (gratuite) de l'habitation principale transformée en musée complète agréablement le parcours, qui s'achève par la dégustation à la boutique.

JM Rhum.

Production de bouteilles de Ti-punch.

Au-delà de toutes ses machines, le château Depaz, reconstruit à l'identique, surplombe un magnifique parc de 5 hectares avec ses arbres majestueux et centenaires et le visiteur aura désormais la joie de découvrir les différentes pièces de l'habitation : son hall d'entrée, sa salle à manger, son fumoir, sa salle de jeux, sa salle d'archives ainsi que le bureau de monsieur Depaz.

Distillerie Neisson. (p.299) Créée en 1932, la distillerie Neisson au Carbet est l'une des dernières distilleries familiales en Martinique à cultiver sa propre canne à sucre. Les amateurs de rhum blanc prétendent que le « zepol karé », célèbre bouteille rectangulaire, avec un arôme particulier, plus intense et plus fruité que les autres rhums, serait le meilleur de l'île. Cette saveur particulière serait liée au fait qu'à Neisson, les cannes à sucre, qui s'étendent tout autour de la distillerie, poussent sur des terres volcaniques très fertiles.

Depuis peu, la distillerie Neisson produit un rhum agricole A.O.C. bio, unique au monde, sans oublier l'étonnant Esprit à 70°. La visite de la distillerie est libre, ponctuée de panneaux explicatifs qui permettent au visiteur de suivre les différentes étapes de fabrication et de découvrir l'outil de production, sans omettre la case dégustation à la boutique qui abrite les breuvages premium de la distillerie. En 2018, Neisson a obtenu le label « Entreprise du Patrimoine Vivant », une première pour une distillerie de rhum en Martinique.

Maison La Mauny. (p.233) C'est l'un des domaines les plus emblématiques de la Martinique. L'effigie de la tête marée, coiffe traditionnelle qui symbolise l'élégance martiniquaise, n'y est pas étrangère. Visiter la Maison La Mauny à Rivière-Pilote, c'est entrer au cœur de la production du rhum AOC en Martinique. Il faut dire qu'elle est l'une des plus importantes productrices de rhum de l'île, déversant près de trois millions de litres de rhum par an !

C'est en 1749 que Ferdinand Poulain, un Breton fraîchement débarqué en Martinique, acquiert cette exploitation après avoir épousé la fille d'un planteur local. Il lui donne le nom de sa femme : La Mauny. D'abord dédiée à la production de sucre, l'exploitation, nichée dans une vallée verdoyante du sud de la Martinique, entourée de champs de canne à sucre, se lance dans le rhum en 1820. Passé entre de nouvelles mains dans les années 1930, le domaine connaît une forte expansion après la Seconde Guerre mondiale. Détenue aujourd'hui par BBS, créée par la famille Bellonnie, associée à la famille Bourdillon, qui a grandement contribué à la promotion du rhum agricole de Martinique, la Maison La Mauny fait partie du même groupe que Trois-Rivières (Campari).

La visite du site est bien rodée. A bord d'un petit train, un guide commente les différentes étapes de l'élaboration des rhums agricoles, de la récolte de la canne à sucre (de février à fin mai) à la distillation en passant par son broyage et la fermentation du jus obtenu, puis l'assemblage et le vieillissement. La visite mène justement jusque dans les chais, qui permettent de mieux cerner l'art de l'assemblage et du vieillissement des rhums vieux. A bord du train, on découvre également l'ancienne maison de maître, les vergers, les champs de canne, avant l'étape ultime : la dégustation au sein de la Cabane à Rhum. On y découvre les dernières créations du domaine, les rhums gourmands et généreux, signatures de la maison La Mauny, ceux vieillis en fût d'acacia (une nouveauté !), la gamme monovariétale La Wouj (à base de canne rouge), et bien sûr les liqueurs, l'un des produits phares du domaine.

Le domaine organise également des visites thématiques sur mesure, pour tous les publics (plus ou moins connaisseurs, croisiéristes, séminaires…). Certaines vous permettront même de rencontrer Daniel Baudin, maître de chai de la maison, sacré « Meilleur Maître de Chai du monde » par l'International Rhum Conférence en 2019.

Les familles peuvent y passer une journée agréable, et prendre le temps de visiter, d'apprendre, de déguster, et même de se restaurer sur place, chez Kay Mimi, le restaurant sur site, situé au pied de la distillerie.

A noter que la visite est vivement recommandée lorsque l'usine est en activité, de février à fin mai. Au milieu des camions qui acheminent la canne (coupée à la main exclusivement ici), on est alors au plus près de la fabrication de rhum. Très axée sur le spiritourisme, la Maison la Mauny propose également des ateliers sur le thème « Food pairing » (accords mets-rhums) animés par la cheffe et blogueuse culinaire Prisca Morjon, sous réserve d'inscription à l'avance. Et pourquoi pas finir la journée avec un bain sur la jolie plage de l'Anse Figuier ?

A l'IWSC (l'International Wine and Spirit Competition) de Londres en novembre 2020, considéré comme l'un des concours les plus reconnus de l'univers des spiritueux, la distillerie Trois-Rivières et la Maison La Mauny ont remporté les distinctions suivantes : « Meilleur producteur de rhum 2020 » et « Meilleur producteur de spiritueux 2020 ».

Les Trois-Rivières (p.219). En allant plus au sud, on parvient à la distillerie des Trois-Rivières avec son magnifique moulin d'inspiration Père Labat. Avec en fond une vue à couper le souffle sur le rocher du Diamant, la distillerie semble sortir tout entière d'un décor de film. Elle produit l'un des rhums blancs les plus plébiscités de Martinique et l'un des rhums vieux les plus primés ! Ici, on dit que les cannes poussent la tête au soleil (d'où la puissance du rhum liée au fort ensoleillement) et les pieds dans l'eau, de par leur proximité avec la mer, une salinité et une minéralité que l'on retrouve en bouche.

Fondée vers 1660 par Nicolas Fouquet, surintendant des finances du roi Louis XIV, la Plantation Trois-Rivières compte parmi les premières distilleries de la Martinique. On peut y apprécier les vestiges de l'ancienne usine (qui n'est plus en activité) mais qui se visite toujours. Les guides rappellent les méthodes ancestrales d'élaboration des rhums agricoles Trois-Rivières, de la coupe de la canne au vieillissement. Un moment d'échange privilégié. En repartant, faites une halte au pied du majestueux fromager habité par des milliers de « Touloulous » (petits crabes rouges de Martinique), qui grouillent de partout !

Depuis la terrasse dominant la plantation, on peut ensuite déguster les prestigieux millésimes et cuvées de Trois-Rivières qui se distinguent à l'échelle mondiale de par leur puissance, leur extraordinaire richesse aromatique. Le talent de l'audacieux maître de chai, Daniel Baudin, n'y est pas non plus étranger. (p.272)

Habitation du Simon (p.272). Au François, l'habitation du Simon distille les rhums Clément, les rhums HSE et la toute nouvelle et talentueuse marque A1710, dernière-née des distilleries de l'île. Cette ancienne sucrerie transformée en purgerie a été reprise en 2010 par Yves Assier de Pompignan, descendant direct de Jean Assier, le fondateur de la plantation. L'homme d'affaires, passionné de rhum, se lance alors dans un pari fou : celui de créer une nouvelle rhumerie portant en elle l'histoire et la richesse de ce terroir unique. Et c'est ainsi qu'est lancée la marque A1710 : A pour artisanal (car ici tout est fait manuellement), 1710 qui correspond à l'arrivée de Jean Assier en Martinique. Dès le départ, le positionnement est clair : produire des rhums d'excellence. Souhaitant élaborer des rhums avec différentes variétés de cannes, avec des fermentations plus longues pour conserver tout le potentiel aromatique de la canne fraîche (le fer de lance de la marque), une distillation dans un alambic charentais entièrement en cuivre, complété d'une colonne à sept plateaux, A1710 a volontairement choisi de ne pas faire partie du cahier des charges AOC du rhum agricole martiniquais afin de se laisser un maximum de liberté créatrice.

Très orienté vers le spiritourisme, A1710 propose des visites thématiques particulièrement intéressantes et a même réaménagé l'ancienne maison principale en maison d'amis, pour y accueillir des séjours rhumiers. Les hôtes viennent participer à toutes les étapes de fabrication du rhum, depuis la coupe des

Habitation La Mauny.

© PACK-SHOT - SHUTTERSTOCK.COM

Barils de rhum.

cannes en passant par le broyage, la fermentation, l'habillage des bouteilles (toutes logotées du fameux trigonocéphale, serpent responsable de la mort de milliers de coupeurs de canne dans les plantations). Et six mois plus tard, les apprentis techniciens reçoivent la caisse du rhum qu'ils ont fabriqué eux-mêmes ! Un séjour initiatique particulièrement enrichissant, au cœur même de la fabrication du rhum, qui permet de montrer toute l'étendue du savoir-faire lié à ce divin breuvage, dont la qualité ne cesse de s'améliorer.

Rhumerie la baie des Trésors (p.340) :
Cette rhumerie porte le nom d'une baie située sur la magnifique presqu'île de la Caravelle. La légende raconte qu'un trésor aurait été perdu par un vaisseau espagnol dans les profondeurs de cette baie. Ce trésor réapparaît aujourd'hui sous la forme d'une nouvelle rhumerie située sur l'exploitation agricole du Galion. Depuis 1849, date à laquelle l'usine est acquise par un certain Eugène Eustache, elle fournit en canne à sucre l'usine du Galion, l'unique usine sucrière encore en activité sur l'île. Avec ses 750 hectares plantés, elle est le premier producteur de canne de la Martinique.
L'idée de créer un rhum agricole a donc émergé naturellement. Son terroir s'étend sur toute la presqu'île de la Caravelle. Et c'est bien là la spécificité de cette nouvelle rhumerie : la Baie des Trésors produit des rhums de terroir 100% parcellaires, élaborés avec les seules cannes de l'exploitation du Galion. Chaque parcelle de canne est clairement identifiée. Les cuvées sont élaborées à partir de cannes ayant grandi sur les mêmes parcelles, qui ont ainsi bénéficié de la même exposition au soleil, aux vents et à l'humidité.
Les rhums de la Baie des Trésors se définissent comme la plus pure expression du terroir martiniquais : ni sucre, ni caramel, ni aucun autre intrant ne sont ajoutés pour laisser le terroir s'exprimer pleinement.
Seulement 45 000 bouteilles ont été produites cette année, une petite production donc, particulièrement prometteuse. De véritables trésors !

Rhumerie Braud & Quennesson (p.238)
C'est le dernier-né dans la famille des rhums agricoles martiniquais. L'arrivée de cette nouvelle rhumerie, la plus au sud de la Martinique, marque la renaissance d'un site emblématique : l'ancienne usine du Marin fondée en 1866 par les aïeux Braud & Quennesson, ancrée dans la mémoire martiniquaise, et fermée depuis les années 1970. Planté de cannes enclavées entre les mornes, ce site exceptionnel qu'est l'habitation Grands Fonds bénéficie d'un terroir unique et d'un microclimat particulièrement chaud et humide, qui confère au rhum des qualités exceptionnelles : arômes, fraîcheur et douceur. Les cannes affichent en effet une des teneurs en sucre les plus élevées de l'île, selon la maître de chai Stéphanie Dufour. Cette année, seuls 100 000 litres de ce rhum blanc élixir ont été produits et déclinés en 3 séries limitées, rondes et gourmandes : 59, 55 et 50 degrés. Dans trois ans, la gamme viendra s'agrandir de rhums vieux. En attendant, ce site chargé d'histoire promet de devenir un haut lieu du spiritourisme, doté d'une belle boutique et d'un jardin botanique complanté de caféiers, calebassiers, fromagers, manguiers... dans lequel il fait bon flâner. Les ruines de l'ancienne usine sucrière sont encore bien visibles. Les cannes sont actuellement distillées à l'habitation du Simon, mais la famille De Gentile, à la tête du projet, espère lancer dans quelques années sa propre distillerie. Une nouveauté futée prometteuse !

LES YOLES, PATRIMOINE MARITIME

A l'origine utilisée par les pêcheurs, la yole, cette embarcation étroite, légère et ronde, est devenue un élément fondamental de la culture martiniquaise. Preuve en est avec l'engouement que les régates de yoles suscitent sur l'île ! Bien plus qu'un sport ou un moyen de transport, ici c'est une tradition, une pratique unique au monde, héritée d'un savoir-faire ancestral transmis oralement par quelques initiés, sans l'aide d'aucun plan ni maquette. C'est la raison pour laquelle on dit des yoles martiniquaises que ce sont de véritables œuvres d'art ! Autant d'atouts qui ont permis à la yole de figurer à l'inventaire national du patrimoine culturel immatériel français et, désormais, de candidater à l'inscription au patrimoine culturel immatériel de l'Unesco. De la yole, outil de travail, à l'élément culturel fort qu'elle symbolise aujourd'hui, l'histoire de la yole ronde va de pair avec celle de l'architecture navale en Martinique.

Les courses de yoles

En Martinique, les régates de yole dépassent la seule dimension sportive ou événementielle : « C'est une affaire de tout un peuple », estimait Aimé Césaire. Cette embarcation utilisée en Martinique pour la pêche depuis plus de trois siècles a évolué au fil du temps pour se transformer en un canot très populaire, rapide et effilé, grâce aux courses de yoles. Un événement sportif et culturel majeur sur l'île qui se déroule chaque année au mois de juillet, depuis 1985, et voit s'affronter une dizaine d'embarcations dans les eaux martiniquaises pendant cinq à sept jours, au cours d'étapes qui font le tour de l'île. C'est le Tour de la Martinique des yoles rondes.

L'héritage d'une tradition ancestrale

L'histoire de cette embarcation commencerait au XVIIe siècle, du temps des premiers navigateurs amérindiens qui sillonnaient les îles de l'arc antillais pour se déplacer mais surtout pour pêcher. Ils utilisaient alors des bateaux légers à voile, hérités des pirogues africaines, fabriqués à partir de gommier. C'est de cet arbre typique des Caraïbes du nom du « bwa fouyé » (creusé) que la yole est inspirée. On creusait son tronc, on le taillait et on obtenait un canot léger et rapide. Mais les pêcheurs réalisant que le gommier était plutôt instable et surtout qu'il se raréfiait sur l'île, ils ont commencé à construire une embarcation d'un autre genre : un canot de pêche, avec d'abord un fond plat pour la stabilité et permettre d'augmenter la surface de la voile pour pouvoir naviguer plus loin. Puis, au fil du temps, la technique s'est améliorée et ces embarcations sont devenues des yoles, fruit d'un mélange de techniques navales issues de différentes composantes, donnant naissance à un bateau de pêche d'une longueur d'environ 6,50 mètres, étroit, léger et… rond pour une meilleure stabilité sur l'eau. Un bateau sans quille et sans gouvernail ! Une véritable prouesse technique, qui fait que la yole tient sur l'eau uniquement grâce au bois dressé.

Evidemment, l'élaboration d'une yole n'est pas donnée à tout le monde. Elle requiert un savoir-faire unique, issu d'une tradition héritée des charpentiers de marine. La yole est conçue par assemblage de planches, ou « bordés », fixées horizontalement sur une ossature en bois pour former la structure transversale de la coque.

La transmission de la technique de construction de la yole ne s'improvise pas. Elle est issue d'un savoir-faire ancestral qui se transmet oralement par quelques rares initiés à l'aide d'un apprentissage proche du compagnonnage et souvent familial, sans l'aide d'aucun plan, ni maquette : tout est dans la tête de ces charpentiers de marine, les seuls à connaître les secrets de fabrication bien gardés de la yole ! Il faut à ces artisans de la mer tout le savoir-faire hérité des anciens pour réaliser en quelques marées une coque aux lignes pures dotée d'une large voilure carrée sans lest.

La coupe des bois est effectuée en adéquation avec le cycle lunaire dont l'influence sur le trajet de la sève est avérée. Ainsi, il faut attendre que la sève redescende pour pouvoir couper le bois servant à fabriquer la yole. En tout, pour construire une yole, il faut compter au minimum entre deux et trois mois de travail ! Le tout, sans plan.

Symbole du savoir-faire martiniquais

Au fil du temps, la coque de la yole a encore été modifiée pour obtenir une embarcation encore plus rapide. En rentrant de leur pêche quotidienne, il n'était pas rare que les pêcheurs organisent entre eux des compétitions amicales, se challengeant pour savoir qui allait arriver le premier.

Régate de yoles.

LES YOLES, PATRIMOINE MARITIME

D'un moyen purement utilitaire, la yole est devenue un objet de compétition, un sport unique au monde, typique de la Martinique. Et c'est ainsi qu'est né en 1985 le Tour de la Martinique des Yoles rondes, qui offre le spectacle unique au monde d'embarcations aux voiles colorées s'affrontant sur le grand bleu dans les différents ports de l'île. L'activité devient un objet symbole, un moment intense qui mobilise aujourd'hui des dizaines de milliers de Martiniquais.

Dans le même temps, la yole se « professionnalise ». Elle n'est plus totalement ronde, devient un peu plus plate et légèrement remontée sur les rebords, pour pouvoir allier stabilité et vitesse. Longtemps réalisées avec du bois de Martinique (le seul matériau autorisé pour la construction d'une yole est le bois massif), notamment issu du poirier, les yoles sont essentiellement aujourd'hui conçues en mahogany blanc ou avec du bois de Guyane. Le plus souvent, il s'agit de bois importé déjà traité et surtout léger, car plus le bois est lourd, moins la yole ira vite. Quant au mât, il est de deux sortes : on utilise soit un mât de côte, soit un mât en carbone, plus coûteux que le premier.

En plus de son procédé de construction unique, la yole nécessite des techniques particulières de navigation, fondées sur un esprit associatif et collaboratif. Parmi l'équipage à bord figure le capitaine du bateau ou « patron », seul maître à bord. Il est entouré d'aides patrons et d'un manœuvrier d'écoute, en charge du cordage relié aux extrémités de la voile. C'est lui qui donne du mou à la voile ou au contraire la tend. Viennent ensuite les « bwa dressés » ou équipiers dresseurs. Au nombre de dix environ, ils ont pour rôle d'équilibrer la yole en fonction de la force du vent.

Autant de spécificités qui ont conduit le comité des yoles, la Fédération des Yoles Rondes de la Martinique, chargé de la défense et de la promotion de l'embarcation martiniquaise, de faire reconnaître la yole ronde de la Martinique, devenue un symbole fort de l'île.

Une démarche qui a porté ses fruits puisque la yole a été reconnue comme discipline sportive, puis inscrite en 2017 à l'inventaire national du patrimoine culturel immatériel en France, et, depuis janvier 2021, la yole est inscrite au registre des « bonnes pratiques de sauvegarde du patrimoine immatériel » de l'Unesco.

Plus qu'une simple accréditation, cette reconnaissance rappelle le savoir-faire précieux des Martiniquais, afin de le sauvegarder et de le transmettre aux futures générations.

© ISABELLE DREZEN

Navigation à la yole sur les eaux du Marin.

AIMÉ CÉSAIRE EN SA DEMEURE

Poète engagé, essayiste, dramaturge, homme politique, intellectuel surdoué et visionnaire... : les qualificatifs ne manquent pas pour qualifier Aimé Césaire, un homme rare qui a donné une fierté immense à la Martinique et qui a embrassé les causes de la justice et de l'émancipation. Un homme au destin hors du commun aussi, connu à travers le monde entier pour être le chantre de la « négritude », un concept né dans les années 1930 à Paris avec ses amis de toujours : le Sénégalais Léopold Sédar Senghor et le Guyanais Léon-Gontran Damas. Le 17 avril 2008, Césaire s'est éteint à 94 ans, laissant les Martiniquais orphelins, et leur léguant une œuvre qui a marqué le XXe siècle. Sur les hauteurs de Fort-de-France, on peut visiter la maison où Aimé Césaire a passé les quarante dernières années de sa vie. Un témoignage vibrant d'émotion qui va prochainement fermer ses portes et faire l'objet d'un vaste et ambitieux projet de réhabilitation.

Un destin hors du commun

C'est à Basse-Pointe, dans une famille modeste, qu'Aimé Césaire a vu le jour le 26 juin 1913. Tout petit déjà, il se passionne pour la littérature. Elève brillant, il obtient une bourse pour partir étudier à Paris, intègre le lycée Louis-le-Grand en 1931 puis l'Ecole Normale Supérieure. C'est là qu'il rencontre ses fidèles amis, notamment le Sénégalais Léopold Sédar Senghor, son aîné de quelques années, qui deviendra plus tard écrivain et président de son pays, ainsi que sa femme Suzanne, native elle aussi de Martinique, intellectuelle engagée et militante de l'antillanité, qu'il épouse en juillet 1937.

A Paris, Aimé Césaire découvre l'Afrique sous le prisme du colonialisme. En 1935, il fonde le journal *L'Etudiant Noir*, fortement influencé par le surréalisme et la culture africaine, puis invente le concept de la « négritude ». Il écrira notamment : « Si l'assimilation n'est pas folie, c'est à coup sûr sottise, car vouloir être assimilé, c'est oublier que nul ne peut changer de faune ; c'est méconnaître « altérité » qui est loi de Nature ». Ce combat contre le racisme et le colonialisme, qu'il dénoncera plus tard dans son fameux *Discours sur le colonialisme*, Césaire le poursuit ensuite en politique. En 1945, il est élu député de la Martinique à seulement 32 ans, se rallie au Parti Communiste, pour « travailler à la construction d'un système fondé sur le droit à la dignité de tous les Hommes sans distinction d'origine, de religion et de couleur » comme il l'explique dans la brochure *Pourquoi je suis communiste*, et devient le rapporteur du projet de loi sur la création des départements d'outre-mer. En plus de son mandat de député, l'une des plus longues carrières parlementaires (Césaire est resté député jusqu'en 1993), il devient maire de Fort-de-France en 1945, jusqu'en 2001. En 1956, Césaire rompt avec le Parti Communiste et crée le Parti Progressiste Martiniquais, un mouvement anticolonialiste inspiré de l'idéal socialiste.

Une demeure à son image

Cette même année, Aimé Césaire achète une maison dans le quartier de Redoute avec sa femme Suzanne, pour accueillir leurs six enfants. C'est dans cette maison familiale et authentique que Césaire va passer les quarante dernières années de sa vie. Située au 131 route de Redoute, cette maison, rachetée par la ville de Fort-de-France à la mort de Césaire est aujourd'hui classée monument historique et labellisée « Maison des illustres » en 2019, une distinction qui « honore les maisons qui conservent et transmettent la mémoire de femmes et d'hommes qui les ont habitées et se sont illustrés dans l'histoire politique, sociale et culturelle de la France ». D'architecture typiquement créole, avec de larges ouvertures et fenêtres persiennes pour ventiler et permettre une bonne aération, cette maison est située sur un site qui domine l'agglomération foyalaise, tout en étant nichée au cœur d'une nature généreuse, avec un jardin verdoyant en contrebas. Au premier abord, cette maison frappe le visiteur par son extraordinaire sobriété, à l'image de son propriétaire : simple et sans fioritures, perdue au milieu des autres habitations. Même lorsqu'il était maire honoraire de Fort-de-France (c'est-à-dire plus en fonction), les Martiniquais continuaient quotidiennement de venir porter leurs doléances tous les matins devant chez lui, preuve de l'extraordinaire générosité de Césaire.

Rien ne semble avoir changé d'ailleurs depuis la disparition de l'auteur du *Cahier d'un retour au pays natal*. Partout, la présence du poète est palpable, à travers des objets et souvenirs lui ayant appartenu. Immédiatement, on est happé par l'émotion forte qui se dégage de ces lieux, qui sont restés intacts comme lorsqu'il y vivait. Dès l'entrée, on se glisse dans l'intimité et le quotidien de Césaire, en pénétrant dans sa chambre qui faisait aussi office de bureau : son armoire est remplie de ses vestes, chaussures, cravates.

AIMÉ CÉSAIRE EN SA DEMEURE

Sur sa table de chevet trônent son vieux poste de radio ainsi que plusieurs montres, une paire de lunettes, un mouchoir et sa carte électorale. Au-dessus de son bureau, le long de l'armoire formant la séparation avec le lit où sont éparpillés une dizaine d'ouvrages qu'il affectionnait particulièrement (Césaire dormait peu et lisait beaucoup la nuit), comme *L'Age d'homme* de Michel Leiris, *L'Indien au sang noir* de Sacarabani…, un mur de photos nous plonge dans la sphère ultra privée du poète. On peut y voir épinglées des photos de Fort-de-France qu'il aimait tant et qui le lui rendait bien, la carte de transport « Famille nombreuse » de sa femme Suzanne lorsqu'elle vivait à Paris, ou encore celle du fromager dont on raconte qu'il aurait résisté à l'éruption de 1902. Césaire, amoureux de la nature, avait une fascination pour cet arbre mythique. Il y a aussi un chèque de 4 823,65 francs que Césaire n'a jamais encaissé pour sa contribution à la revue *Tropiques*. Chaque objet rapproche un peu plus de l'homme. Puis il y a le salon, où Césaire aimait lire et consulter ses vieilles encyclopédies botaniques, *Exotica* et *Tropica*, notamment lorsqu'il rentrait de ses longues promenades à travers l'île, les bras chargés de feuillages et de branches afin d'identifier chaque feuille. On trouve encore quelques feuilles séchées entre les pages. On peut aussi lire la longue réponse écrite par Maurice Thorez suite à sa démission du Parti Communiste en 1956. Surmonté d'une affiche de Senghor placardée par Césaire lors de la mort du président sénégalais, un couloir mène à deux anciennes chambres ainsi qu'à une bibliothèque. Celle-ci abrite quelque 4 000 ouvrages ayant appartenu à Césaire, rapatriés en Martinique lorsqu'il a quitté ses fonctions de député en 1993 ! Nul ne sait si cet intellectuel surdoué et polyglotte (il lisait et parlait couramment plusieurs langues) les a tous lus, mais ce qui est sûr, c'est qu'il les a pratiquement tous « manipulés » et parcourus car la plupart sont surlignés et griffonnés. Véritable trésor, cette bibliothèque fait la part belle aux ouvrages poétiques et philosophiques. En regagnant le salon, où trônent diverses lithographies dédiées à la faune et la flore, puis la terrasse, on peut apercevoir le banc où Césaire, face à son jardin, aimait lire quotidiennement les journaux, comparant les différentes éditions, avec son café glacé. Ce point presse était un rituel chez lui, tout comme ses promenades l'après-midi à travers la Martinique.

Un ambitieux programme de restauration

Depuis 2021, cette maison fait l'objet d'un vaste projet de restauration en vue de créer un centre d'art autour de Césaire. L'objectif : restaurer, animer cette maison tout en conservant son esprit afin que les Martiniquais puissent se l'approprier, mais aussi les artistes de tout bord et les publics qui la visiteront, pour que l'on ait envie de créer, de lire, d'écouter la poésie de Césaire. Les travaux doivent s'achever fin 2023. Une cellule d'architectes, de paysagistes et de chercheurs travaille actuellement sur plusieurs scénarios de rénovation et de mise en scène pour cette maison appelée à devenir un lieu d'échanges, de rencontres et d'événements culturels liés à la mémoire d'Aimé Césaire, tout en l'accompagnant d'une muséographie moderne. Certains objets et souvenirs de l'homme politique pourront être utilisés et complétés dans le cadre d'une scénographie autour de sa vie et de son œuvre.

Chacun pourra en fonction de sa sensibilité (artistique, politique) aller plus loin : lire, consulter des courts métrages, entendre des récits avec des témoignages de personnes qui l'ont côtoyé de près, écouter des vers de Césaire dans des langues différentes. Et bien sûr, les scénographies s'adapteront en fonction du public : scolaires, artistes, visiteurs… Des prêts de collections seront également envisagés pour reconstituer cette maison qui s'est nourrie de rencontres d'autrui, notamment des amitiés que Césaire avait nouées au fil de son existence et qui étaient demeurées fortes tout au long de sa vie : Leopold Sédar Senghor, Michel Leiris, ou encore Wifredo Lam…

L'esprit des lieux sera conservé le plus fidèlement possible. L'ambiance du bureau, du salon et de la chambre sera sobrement mise en valeur avec des outils modernes, audioguides, QR codes pour smartphones et tablettes, et tables d'orientation numériques accessibles au jeune public. Les autres espaces intérieurs et extérieurs de la maison seront transformés pour rappeler aux visiteurs le parcours de vie d'Aimé Césaire, ses liens avec l'Afrique, le surréalisme, l'art, le théâtre. Souhaitant attirer les visiteurs dans le quotidien d'Aimé Césaire, notamment son amour pour la lecture, divers ouvrages seront en accès libre. Quant aux 4 000 livres de sa bibliothèque personnelle, en cours d'inventaire, ils seront protégés et mis en valeur sous des vitrines, indexés et classés par thématiques.

Certains espaces, en revanche, seront employés autrement. C'est le cas des anciennes chambres d'enfant qui seront transformées en lieux d'émulation artistique pour créer un lien entre création passée et contemporaine. Des créations d'artistes contemporains, écrivains et plasticiens, viendront ainsi ponctuer cette évocation du passé et rendre hommage au génie créatif de Césaire et à son engagement politique. De même, l'ancienne cuisine extérieure sera détruite et réaménagée en un espace dédié à l'art qui sera abrité par une verrière tout en transparence. Celle-ci aura une vue plongeante sur les jardins qui feront, eux aussi, l'objet d'un réaménagement total : à terme, ils accueilleront un jardin médicinal, un jardin merveilleux évoquant Absallon, un jardin onirique, sans oublier un théâtre de verdure où auront lieu des événements et manifestations culturels et artistiques.

Ce vaste projet de réhabilitation de la maison d'Aimé Césaire concernera d'abord la maison en elle-même avec la création d'un parcours muséographique qui explique l'homme et l'œuvre, puis dans un second temps l'aménagement des espaces extérieurs. Il vise à faire de ce lieu un site culturel incontournable de la Martinique.

RÉSERVE DE BIOSPHÈRE DE L'UNESCO

C'est officiel : depuis le 15 septembre 2021, la Martinique est reconnue pour sa biodiversité exceptionnelle et ses modes de vie et ses traditions en symbiose avec la nature. L'île aux fleurs a en effet été désignée Réserve de Biosphère de l'UNESCO par les Etats membres du Conseil international de coordination du programme sur l'Homme et la Biosphère. Une distinction qui permet à l'île de bénéficier d'une zone de protection rapprochée pour ses qualités uniques. C'est aussi un fantastique levier en termes de notoriété et de rayonnement à l'international, permettant à la Martinique de communiquer avec tous les pays qui ont des Réserves de Biosphère. Etre désignée Réserve de Biosphère ouvre aussi de nouvelles perspectives sur le plan touristique en accueillant des voyageurs qui ne se rendent que dans ces lieux classés, mais aussi de pouvoir se lancer dans de nouveaux projets innovants.

Un travail de longue haleine

Après la Guadeloupe, la Martinique a rejoint le cercle très privé des 730 réserves de biosphères mondiales. La France en compte actuellement 16, dont les deux îles de l'archipel antillais. Un combat de longue haleine pour faire reconnaître les atouts naturels de « Madinina » qu'a mené pendant plusieurs années l'association Martinique Réserve de Biosphère. C'est en septembre 2018 que ce projet collectif avait été lancé. Après plusieurs mois de concertation et de réunions publiques d'information auprès des Martiniquais pour construire et faire valider le projet dans les 34 communes de l'île, le dossier de candidature avait pu être constitué et remis en mai 2020 au Comité français du Programme sur l'Homme et la Biosphère. La dernière étape a eu lieu le 15 septembre 2021 lors de la réunion du Conseil International de Coordination du Programme sur l'Homme et la Biosphère de l'UNESCO : à 10h20, la candidature de la Martinique pour rejoindre ce réseau a été soumise aux 34 États membres, réunis à Abuja, au Nigéria, qui n'ont eu aucun doute sur les atouts considérables de l'île aux fleurs en termes de richesse naturelle.

Qu'est-ce qu'une Réserve de Biosphère ?

Le titre de Réserve de biosphère est attribué par le programme Homme et Biosphère (*MAB - Man and Biosphere*) de l'UNESCO, qui rassemble des territoires engagés dans une démarche de développement durable, et dans la préservation, la valorisation et la promotion de leurs atouts naturels, culturels et de leur savoir-faire. L'éducation à l'environnement et la recherche scientifique y occupent un rôle de premier plan. Ces territoires cherchent à apporter des solutions locales à des problèmes mondiaux. Ils contribuent ainsi à la mise en œuvre des objectifs de développement durable sur lesquels les Nations Unies se sont engagées à l'horizon 2030.

Une Réserve de Biosphère émane d'une volonté locale. Elle n'impose aucune réglementation et ne s'appuie sur aucun pouvoir réglementaire. Elle vise à renforcer l'implication de la population dans la préservation et la valorisation de son territoire. Le dialogue territorial y est ainsi privilégié, selon des mécanismes de concertation spécifiques. Elle unifie un territoire autour d'un projet global. Elle est un vecteur de liens, sur le plan local mais aussi national, régional et international, grâce aux différents réseaux de coopération auxquels elle est associée.

Un atout de taille pour la Martinique

Rejoindre le réseau des Réserves de Biosphère va ouvrir de nouvelles portes à la Martinique. Déjà d'un point de vue écologique, l'île va intégrer le réseau des îles de la Caraïbe qui compte 14 sites dans différents pays tels que Cuba et Trinidad. Toutes ces îles travaillent sur des problématiques communes telles que le fléau des sargasses, les répercussions liées au changement climatique, l'éducation au développement durable… Elles vont donc pouvoir unir leurs connaissances et échanger sur leurs expériences en la matière de manière à pouvoir encore améliorer les pratiquées liées au développement durable. Concrètement, elles vont pouvoir choisir leurs axes de coopération et les rattacher à des programmes de recherche communs, et ainsi avoir accès à des financements nouveaux pour mener à bien des projets innovants. C'est aussi un fantastique levier en termes de notoriété et de rayonnement à l'international, permettant à la Martinique de communiquer avec tous les pays qui ont des Réserves de Biosphère.

Le Programme Homme et Biosphère

Le programme MAB (*Man and Biosphere*) créé en 1971 est l'un des plus importants de l'UNESCO. Cette démarche de coopération a permis de constituer un réseau international des Réserves de Biosphère (738 Réserves de Biosphère dans 134 pays), un réseau régional (15 Réserves de Biosphère dans les pays de la Caraïbes) et un réseau national (16 Réserves de Biosphère, dont 3 ultra marines). L'appartenance à ces réseaux facilite la coopération, les échanges et la promotion d'expériences positives, de bonnes pratiques, de savoir-faire, la diffusion de matériels pédagogiques, etc…

GÉOGRAPHIE

D'une superficie de seulement 1 128 km², la Martinique est le plus petit des départements d'outre-mer. Mais, avec une population de 376 480 habitants, c'est celui qui affiche la densité de population la plus élevée : 319 habitants au km² (la moyenne en France métropolitaine étant de 105,8 habitants au km²). L'île se distingue ainsi des autres départements d'outre-mer par son exiguïté et la forte densité de sa population. Cette densité est beaucoup plus faible dans le nord, la plupart de la population étant regroupée dans le sud avec Fort-de-France et les stations du littoral. Constituée d'un ensemble de massifs volcaniques très anciens, la Martinique arbore un relief accidenté qui fait d'elle une île unique, entre massifs montagneux et forêts généreuses. Une île à la physionomie particulière, entre falaises abruptes, mornes peu élevés, et côtes découpées plongeant dans la mer turquoise. Située à 7 000 km de Paris, la Martinique fait partie de l'archipel des Petites Antilles, une vingtaine d'îles qui s'étendent entre le tropique du Cancer et l'équateur, depuis Anguilla au nord jusqu'à Grenade au sud.

Du nord au sud…

Traditionnellement, on a l'habitude de découper la Martinique en deux grandes régions, très différentes, façonnées par l'activité volcanique :

- **Le nord,** géologiquement plus récent, est dominé par des massifs élevés, les pitons du Carbet et la montagne Pelée, une végétation tropicale luxuriante, une nature spectaculaire (gorges, ravins, cascades) et des cultures exigeantes en eau (comme le bananier). Le groupe montagneux formé des pitons du Carbet et de la montagne Pelée offre de superbes balades aux randonneurs, entre forêts généreuses et rivières gazouillantes qu'abrite le Parc Naturel Régional de Martinique.
- **Le sud,** quant à lui, est issu de phénomènes volcaniques plus anciens. Il est caractérisé par des mornes (petites collines) plus modestes parmi lesquels la Montagne du Vauclin, un ancien volcan qui atteint modestement les 500 mètres d'altitude, et des étendues arides ponctuées de baies et anses somptueuses où viennent se lover les fameuses plages de sable blanc. C'est ici que s'épanouissent les mangroves, écosystèmes précieux qui jouent un rôle essentiel dans la conservation des littoraux tropicaux. Le sud abrite les communes littorales les plus fréquentées de l'île : les Trois-Ilets, les Anses-d'Arlet et le Diamant à l'ouest, Sainte-Anne, Sainte-Luce et le Marin à l'est, sans oublier les quarante-huit petits îlets qui constituent de véritables observatoires naturels de la faune et de la flore martiniquaises.
- **Ces deux régions, nord et sud,** sont séparées par la plaine du Lamentin où vit plus d'un tiers de la population martiniquaise, et qui se déploie autour de la capitale, Fort-de-France.

La topographie est également très accidentée (plus de la moitié de l'île présente des pentes supérieures à 20 %), ce qui a une forte influence sur la régulation des vents, l'écoulement de l'eau, l'érosion des sols et bien sûr la localisation de la végétation.

© NICOLA PULHAM - SHUTTERSTOCK.COM

Le village de Saint-Pierre au pied de la montagne Pelée.

DÉCOUVRIR

Balade dans la forêt luxuriante vers Basse-Pointe.

© DAMIEN VERRIER - SHUTTERSTOCK.COM

La plage du Diamant.

En réalité, le paysage martiniquais est formé de six grands ensembles, avec, du nord au sud : la montagne Pelée, la « Grande Dame du nord », qui culmine à 1 397 mètres et dessine un cône raide qui plonge directement dans la mer ; les Pitons du Carbet, prolongés par le morne Jacob, issus d'anciens volcans ; la baie très urbanisée de Fort-de-France au centre qui relie les pentes des Pitons du Carbet et celles de la presqu'île du sud-ouest ; la presqu'île du Diamant, au sud-ouest, dominée par le morne Larchet et ses anses peu exposées au vent (Anses-d'Arlet, Petite Anse et Grande Anse) ; les paysages vallonnés du Marin et de Sainte-Luce, surplombés par la Montagne du Vauclin, prolongés en mer par de petits îlots ; la presqu'île de Sainte-Anne, à l'extrême sud, plus aride et sauvage, avec ses plages et sites naturels très prisés.

Un visage façonné par l'activité volcanique

En Martinique, les volcans sont responsables, en grande partie, de la richesse de la biodiversité de l'île. L'île est localisée au centre des Petites Antilles qui se situent à la limite entre des mouvements de coulissement des plaques caribéenne et atlantique. On parle de subduction de la seconde sous la première, qui est le processus par lequel une plaque tectonique océanique s'incurve et plonge sous une autre plaque avant de s'enfoncer dans le manteau terrestre.

L'activité sismique est liée à la dérive des continents, un jeu des plaques tectoniques qui, par effet de déplacements des unes par rapport aux autres, emmagasinent des tensions dans les roches qui, tôt ou tard, finissent par se relâcher et occasionner des séismes. Dans la région des Petites Antilles, le mouvement de convergence de la plaque atlantique avec la plaque caribéenne progresse à une vitesse de 2 cm par an : cette frontière, appelée zone de subduction, est le siège de séismes pouvant être importants.

L'activité volcanique de la Martinique a débuté il y a 50 millions d'années par un volcanisme sous-marin, faisant émerger les premières formations : les presqu'îles de la Caravelle et de Sainte-Anne, à l'est et au sud de l'île. Cette époque est appelée arc ancien ou arc externe : elle correspond à une période pendant laquelle le volcanisme était entièrement sous-marin. L'activité volcanique se poursuit ensuite par l'édification de volcans « boucliers », comme on peut voir dans la région du François constituée d'une multitude de mornes, vestiges de cette période.

Entre 6 et 1 million d'années, se dressent le morne Jacob, les Pitons du Carbet, puis le Mont Conil (entre 1 et 0,5 million d'années) et enfin la montagne Pelée (autour de 0,5 million d'années).

L'histoire de Madinina a donc été marquée par ces nombreux épisodes d'activité volcanique, qui ont exercé une action souvent destructrice sur la faune et la flore. Contre toute attente, cette alternance entre phases d'activité volcanique et phases de repos a été propice à l'apparition de nouveaux écosystèmes. Une végétation spécifique s'est installée sur les pentes volcaniques de la montagne Pelée et des Pitons du Carbet. Les effets du volcanisme (gaz, chaleur) combinés à ceux de l'altitude (vent, variations météorologiques) contribuent ainsi à la diversité biologique et à la sélection d'espèces adaptées.

NATURE

Avec une forêt tropicale grouillante d'espèces végétales et animales, des hauteurs qui grimpent jusqu'à 1 300 m, un littoral partagé entre le sable fin et les falaises abruptes, plus de 80 espèces d'oiseaux et plus de 300 espèces de poissons, « l'île aux fleurs » présente un environnement des plus variés mais aussi des plus fragiles. Un équilibre délicat qui est régulièrement mis à mal par les ouragans, mais surtout par l'action humaine. Face à l'industrialisation et à l'urbanisation, la mangrove et son écosystème ont déjà reculé de 30 % en dix ans. Des données affolantes que de nombreux acteurs s'emploient à combattre chaque jour davantage, en mettant en place des politiques en faveur de la protection de l'environnement, de sensibilisation de la population, ainsi que la promotion du développement durable, pour faire prendre conscience aux habitants, et ce dès leur plus jeune âge, de la valeur inestimable de ce patrimoine naturel.

Une biodiversité exceptionnelle

Tous les explorateurs qui ont abordé la Martinique se sont dits autant fascinés par la végétation enchanteresse de l'île qu'effrayés par son caractère indomptable. Une abondance végétale qui a largement contribué à la naissance du mythe de « Madinina, l'île aux fleurs ».

Au centre de l'archipel des Petites Antilles, la Martinique abrite un patrimoine naturel d'exception façonné par l'activité volcanique et les mouvements de population. Une biodiversité unique, marquée par une diversité d'espèces, à la fois locales et implantées, mais qui demeure fragile. De par l'exceptionnelle richesse de ses écosystèmes, la Martinique est classée parmi les 36 «points chauds » ou « hotspots » mondiaux car elle héberge un nombre important d'espèces animales et végétales.

Sur une superficie restreinte (70 km de long pour 12 à 30 km de large), la Martinique abrite un kaléidoscope végétal qui varie en fonction du relief, des vents, de la pluviométrie et des températures. On trouve ainsi : de hautes montagnes avec des savanes altitudinales ; des forêts humides (caractérisées par des précipitations abondantes) ; des plaines et prairies agricoles ; des mornes peu élevés ; des plages de sable blanc ou de sable noir ; des mangroves, ces fameuses forêts inondées qui sont des écosystèmes fragiles d'une importance capitale car elles sont des réservoirs de biodiversité et abritent des habitats pour de nombreuses espèces qui viennent s'y nourrir et s'y reproduire.

Le mythe de l'île aux fleurs

On recense en Martinique près de 3 000 espèces végétales, parmi lesquelles : 1 500 plantes autochtones, 442 arbres, 323 espèces de fougères, 202 taxons d'orchidées.

Une végétation luxuriante. La topographie de l'île et le climat tropical favorisent en effet une végétation luxuriante. Bougainvilliers, flamboyants, alamandas (fleur en forme d'entonnoir, jaune et dorée ou rose, originaire d'Amérique centrale et d'Amérique du Sud), balisiers (l'emblème de l'île avec ses superbes fleurs rouge orangé), anthuriums, hibiscus (la Martinique en compterait plus de 150 espèces !), bégonias, ixoras (aux fleurs jaunes), oiseaux de paradis, orchidées de toutes sortes, roses de porcelaine ou encore alpinias (plante herbacée tropicale à la fleur en épis rouge, rose ou blanche)... On dénombre aussi plus de 200 familles de plantes à fleurs en Martinique, sans compter les plantes sans fleurs, également très nombreuses : algues, lichens, mousses, fougères et champignons.

Une diversité qui s'explique par l'histoire. Après avoir essayé en vain d'acclimater en Europe les espèces tropicales, les botanistes ont compris que la Martinique pourrait, en revanche, devenir le terreau de précieuses plantes récoltées à travers le monde. La végétation de l'île est très diversifiée.

© JCH DUSANTER

Forêt tropicale.

Le balisier.

Sous le couvert de grands arbres tropicaux qui filtrent la lumière, les bégonias et les fougères tapissent le sol. Plus haut, les magnifiques balisiers (Heliconia) aux larges feuilles rubanées présentent d'énormes fleurs richement colorées, uniques dans le monde végétal. Ici, on les produit en grande quantité pour la vente locale et surtout pour l'exportation vers les grands ateliers français ou américains d'art floral. La rose de porcelaine, aux pétales cireux rosés et aux grandes tiges rigides, fait aussi le bonheur des fleuristes. De minuscules parcelles de terrain, sans cesse reconquises sur la forêt, sont plantées d'anthuriums aux fleurs rouges, roses ou blanches.

Cette diversité exceptionnelle de la flore martiniquaise s'explique en effet par l'histoire géologique singulière des Petites Antilles. Les végétaux ont été transportés facilement par les vents, les oiseaux et les courants marins, sous forme de graines ou de bois flottés (des portions d'arbres) qui auraient dérivé depuis les côtes d'Amérique du Sud. La Martinique étant située au cœur de l'archipel des Petites Antilles, elle a bénéficié en priorité de ces apports végétaux d'Amérique et des Grandes Antilles. Mais la plupart ont été introduits au gré des mouvements de population, par les Amérindiens, les Européens, les Africains, les Indiens… Certaines se sont si bien implantées qu'elles sont aujourd'hui caractéristiques du paysage martiniquais. C'est le cas du flamboyant, venu de Madagascar, tout comme l'arbre du voyageur, du bougainvillier, originaire du Brésil, et bien sûr de nombreux palmiers, comme le cocotier, d'origine asiatique. Quant à l'arbre à pain, il a été importé de Tahiti à la fin du XVIIIe siècle par les Britanniques. Il en va de même pour les fruits et les légumes. Ainsi, l'avocatier, le cacaoyer, le calebassier, le manioc, le goyavier, le manguier ou encore le papayer ont été apportés par les Amérindiens. La banane et la canne à sucre, quant à elles, seraient arrivées en Martinique grâce aux colons européens.

La forêt

Couvrant plus de la moitié de la surface de l'île, les forêts sont omniprésentes en Martinique.

Elles sont l'un des atouts majeurs de l'île, favorisant l'émergence d'un tourisme vert en plein développement. Leur diversité en fait un objet d'étude précieux pour les scientifiques et une source d'émerveillement pour les touristes. Sachez quitter la plage pour entrer dans les bois et y découvrir la splendeur des arbres centenaires, la richesse des couleurs et des parfums, les cascades d'eau cachées dans les falaises et les arbres ruisselant d'épiphytes... La forêt la plus importante de Martinique est celle qui recouvre les massifs de la montagne Pelée, des pitons du Carbet et de Morne-Jacob. La Martinique abrite plusieurs types de forêts :

- **la forêt xérophile dite sèche** sur les basses pentes des mornes et des îlets du sud, où prospèrent le fromager, le figuier maudit, le gommier rouge ou encore le frangipanier ;
- **la forêt mésophile ou humide** (entre 200 et 500 mètres d'altitude), dite aussi intermédiaire. C'est dans cette zone que se trouvent les beaux arbres fruitiers (cacaoyer, manguier, arbre à pain, goyavier) et surtout la mangrove, qui occupe environ 1 800 hectares en Martinique, reconnaissable à ses palétuviers rouges, dont les racines aériennes en échasse jouent un rôle de filtre et contribuent à garder une eau claire, favorable à la croissance des récifs coralliens ;
- **la forêt hygrophile ou forêt de la pluie :** c'est le royaume de la « forêt vierge », luxuriante, riche en lianes et en épiphytes qui colonisent les grands arbres dépassant allègrement les 30 mètres de hauteur, en raison des précipitations abondantes qui s'y abattent. Ici on croise toutes sortes de lianes, fougères, orchidées, balisiers et de broméliacées ;
- **la forêt altitudinale enfin,** à partir de 1000 mètres d'altitude, où s'épanouissent mousses, lichens, fougères arborescentes et savanes.

Un patrimoine vert sous haute protection

Un tel patrimoine justifie en effet que se développe une gestion adaptée fondée sur la préservation des écosystèmes, aujourd'hui menacés par l'urbanisation galopante. La protection de ces espaces naturels est l'un des grands enjeux des politiques publiques en Martinique. Afin de protéger cette biodiversité exceptionnelle, plusieurs dispositifs permettent de sauvegarder ces espaces naturels, à commencer par les réserves naturelles, notamment la réserve de la montagne Pelée (1 540 ha), la réserve des pitons du Carbet (1 330 ha) et la réserve du Morne-Jacob (1 330 ha).

© JEAN-FRANCOIS MANUEL - SHUTTERSTOCK.COM

Mangouste.

La préservation des milieux passe par la création de périmètres de protection. Une cinquantaine de sites sont aujourd'hui inscrits ou classés en Martinique, notamment autour des littoraux qui font l'objet d'importantes actions de protection : la presqu'île de la Caravelle, le site des Salines, le rocher du Diamant ou encore les îlets du François bénéficient d'une règlementation spécifique permettant de préserver la faune et la flore de ces écosystèmes. il y a également des acquisitions de sites (forêts…) par le Conservatoire du Littoral et le Parc naturel régional de Martinique (PNRM) afin de les placer sous haute protection. Le PNRM est né en 1976 de la volonté d'allier le développement économique de l'île avec la préservation de ses richesses naturelles et culturelles. Il englobe aujourd'hui 70 % du territoire, 32 communes, soit la majeure partie des forêts de Martinique et la plupart des zones naturelles et paysagères remarquables. Depuis plusieurs années, le PNRM soutient d'ailleurs une démarche visant à inscrire les Volcans et Forêts de la montagne Pelée et des Pitons du Nord sur la liste du patrimoine mondial de l'Unesco. L'île héberge en effet des espèces faunistiques et floristiques reconnues comme irremplaçables à l'échelle de l'humanité.

Une faune précieuse et variée

Si la flore martiniquaise est reconnue comme étant exceptionnelle, la faune n'est pas en reste.

Des espèces endémiques. Bien que certaines espèces présentes au début de la colonisation, comme le lamantin des Antilles (un phoque d'eau douce) ou l'agouti (un petit rongeur), aient aujourd'hui disparu de l'île, victimes d'une chasse excessive, la faune de la Martinique demeure riche et variée. Certaines espèces animales endémiques préfèrent néanmoins rester discrètes, à l'instar des mangoustes (mammifère originaire d'Inde à mi-chemin entre l'écureuil et le rat, de la même famille que les suricates), des manicous (sorte d'opossum au museau pointu) et du serpent trigonocéphale. Egalement appelé fer-de-lance ou vipère jaune, c'est la seule espèce de serpent présente sur l'île (et l'une des plus dangereuses). Pour information, il aime être à l'écart, dans les champs de canne, les forêts ou les sous-bois. Il est difficile à débusquer car il se cache de la mangouste, son prédateur, introduite dans l'île pour le combattre. D'ailleurs, il n'est pas rare que les mangoustes et les serpents remplacent les coqs dans les *pitt*… Vous croiserez très facilement, un peu partout, des anolis (des lézards verts) et des crabes sur les plages, éventuellement quelques chauves-souris. Le reptile le plus spectaculaire de l'île demeure l'iguane, espèce très protégée, tout comme les tortues marines.

Oiseaux. Côté air, on recense quelque 200 espèces d'oiseaux sur l'île. Le plus célèbre de Martinique est indiscutablement le colibri, oiseau mouche qui ne mesure pas plus de 10 cm et se reconnaît aisément à son long bec ! Quatre espèces de colibri vivent en Martinique, parmi lesquels le madère, le plus gros des colibris (12 cm !). Dans le ciel et dans les arbres, on peut admirer aussi des grives, des carouges (endémiques de l'île), des sucriers et des merles, traditionnellement posés sur les hibiscus, et butinant les fleurs aux côtés des papillons aux mille et une couleurs. Dans les forêts du nord, c'est le siffleur des montagnes qui domine, dans les sentiers les ortolans, devenus si rares en métropole, et sur les littoraux les hérons et les aiglons.

Faune aquatique. Dans les eaux limpides martiniquaises, la faune et la flore des barrières de corail offrent un spectacle éblouissant par la variété des couleurs et la diversité des espèces : le nageur curieux évoluera au milieu de bancs de petits poissons colorés et en prendra plein la vue, entre les multiples étoiles de mer, éponges, coraux, oursins et bien sûr lambis,

Colibri et rose de porcelaine.

© NATHIE - STOCK.ADOBE.COM

Les algues sargasses envahissent les côtes de la Martinique.

célèbre coquillage des Antilles, qui peuplent les fonds marins. Poissons-volants, poissons-papillons, sergent-major, poissons-pyjamas et poissons-chirurgiens sont, eux, plus discrets, mais tout aussi présents. Tout comme les vivaneaux, thons, thazards, langoustes sortant timidement leurs antennes des anfractuosités sous-marines et même les raies ! Comme leurs cousins terrestres, les fonds marins martiniquais font l'objet de mesures de protection pour sauvegarder les espèces qui y vivent.

Insectes. Enfin, on dénombre environ 500 insectes différents en Martinique. Papillons (notamment le fameux monarque américain) et libellules prolifèrent, sans oublier malheureusement les moustiques, véritable fléau aux Antilles, d'autant que le moustique tigre est vecteur de maladies (dengue, virus Zika…). Insaisissables mais bien présents, le grillon et le cabrit bois (de la même famille que les sauterelles) vous régaleront tous les soirs d'un harmonieux concert musical, auquel s'ajoutera le coassement typique des grenouilles martiniquaises. En résumé, la faune en Martinique apparaît plus bigarrée que méchante, plus insouciante que dangereuse.

Des nuisances d'origine naturelle

Le problème des algues sargasses. Depuis 2011, entre mars et juillet, les plages antillaises voient arriver en nombres des invités indésirables : les sargasses, des algues brunes flottantes qui se développent en milieu tropical au nord-est du Brésil. Elles sont connues depuis longtemps des pêcheurs, mais envahissent désormais une grande partie du littoral antillais à cause des courants marins, occasionnant une gêne considérable.

Car ces algues, sans danger en cas de contact direct sur la peau, libèrent un gaz toxique nauséabond lorsqu'elles se décomposent : le sulfure d'hydrogène. Celui-ci peut provoquer irritation des yeux, maux de tête, vomissements, difficultés respiratoires, ce qui, bien sûr, compromet grandement la baignade, et altère fortement les conditions de vie des habitants, à cause des émanations de gaz dues à l'accumulation des sargasses en décomposition.

Les professionnels de la mer sont également confrontés à ce désagrément, comme les pêcheurs qui se retrouvent fortement handicapés pour la pose de leurs filets. Face à cette situation, les collectivités tentent de faire leur possible en dégageant les plages, mais il ne faut que quelques jours à ces algues pour reprendre leur place et stagner le long des côtes de l'île. Plusieurs solutions sont envisagées pour faire face à ce nouveau type d'invasion des côtes : étaler ces algues en couches minces afin qu'elles sèchent au soleil sans pourrir et provoquer des odeurs désagréables, les utiliser comme compost, les récupérer en pleine mer grâce à un navire dépollueur avant qu'elles n'atteignent les côtes… L'ARS et Madininair ont en octobre 2019 mis en place un réseau de capteurs H2S dans les principales zones impactées afin d'assurer la surveillance renforcée des émanations d'hydrogène sulfuré, mais à ce jour aucune solution efficace n'a été mise en place.

Autre nuisance qui touche la Martinique : les brumes des sables. De mars à septembre, l'île est régulièrement touchée par des épisodes de pollution de l'air. Ces brumes des sables venues du Sahara sont en réalité des grains de sable qui retombent sur les Petites Antilles en formant des particules fines responsables de la pollution de l'air. Le seuil d'alerte est déclenché à partir de 50 microgrammes. Les Martiniquais sont alors invités à limiter leurs activités sportives, tout particulièrement les enfants et les personnes âgées.

CLIMAT

27 °C en moyenne, des pointes à 32 °C et rarement moins de 20 °C : voici le quotidien de la Martinique. Côté baignade, on recense de 20 à 24 °C sur la côte atlantique, et autour de 25-26 °C avec une mer plus calme sur la côte caraïbe. Les vents venant de l'est, les alizés, contribuent à modérer sensiblement la chaleur tropicale. L'humidité de l'air, elle, reste constante toute l'année. De même que l'ensoleillement, généreux sur cette partie du globe (attention, un coup de soleil est très vite arrivé !). On a souvent tendance à opposer la Martinique du nord, plus encline aux précipitations qui lui confèrent une nature généreuse, avec la Martinique du sud, plus aride. La réalité est un peu plus complexe puisque plusieurs dizaines de microclimats ont été recensés sur l'île ! Une pluralité qui s'explique par le relief très accidenté de l'île. La Martinique est également particulièrement exposée aux aléas climatiques, notamment aux ouragans.

Carême et hivernage

Chaleur et humidité : ce sont ces deux mots qui viennent immédiatement à l'esprit quand on pense à la Martinique. Pas de doute, vous êtes bien sur une île tropicale ! L'humidité de l'air est très élevée et joue un grand rôle sur la croissance des espèces végétales, d'où l'extraordinaire biodiversité de l'île. Si la température moyenne tourne autour de 26 °C toute l'année, on peut néanmoins distinguer deux saisons principales qui rythment le calendrier martiniquais.

- **De janvier à juillet, c'est le carême**, qui correspond à la saison sèche et calme. Les entrées d'air issues de l'anticyclone des Açores apportent un ensoleillement maximal, de faibles précipitations (le mois le plus sec étant mars) et des températures maximales élevées, de 28 à 30 °C. Cette période correspond aussi à la haute saison touristique, le nombre de vacanciers augmente nettement sur l'île et la plupart des hôtels affichent complet.
- **A partir de juillet, place à l'hivernage.** Le climat est chaud et humide, et les pluies, très fréquentes (plus des trois quarts des pluies annuelles s'abattent de juillet à octobre). Les faibles vents accentuent la sensation de temps lourd avec des températures pouvant aller jusqu'à 32 °C. Soumis aux alizés (les vents du nord-est et de l'est), le temps change en un clin d'œil : soleil et nuages jouent à cache-cache ! Le pic de précipitations est atteint au mois d'août. C'est durant cette saison chaude et tourmentée qu'ont lieu les tempêtes tropicales et ouragans.
- **Entre les deux,** il y a des intersaisons plus ou moins marquées. A partir de fin février, on entre dans une période de récession pluviométrique : l'eau se fait rare, au grand désarroi des agricul-

© CHROMOPRISME - SHUTTERSTOCK.COM

Les précipitations sont plus rares dans le sud de l'Île, comme au Robert.

teurs. Beaucoup d'arbres perdent leurs feuilles. En décembre et en janvier, il peut arriver que la température frise avec les 20 °C la nuit et que cela vous oblige à remettre un petit drap.

Vents et pluies

En raison de la topographie, l'exposition aux vents et le régime des pluies ont des répercussions importantes sur le climat. Pour la pluviosité, on peut diviser la Martinique en deux zones :

- **Une zone humide :** il s'agit du nord de l'île où le relief montagneux favorise les fortes précipitations. La végétation y est plus verte et riche.
- **Une zone sèche :** la partie méridionale de l'Île et le sud de la ligne Le Lamentin-Le Robert reçoivent moins de 1 500 mm de pluie par an. Plus aride, le sud de la Martinique fait face à des périodes de sècheresse plus intenses.
- **Côté vents** aussi, la Martinique est binaire. A l'est de l'île, on parle de « côte au vent », exposée aux alizés, les vents dominants, humides et relativement frais, tandis qu'à l'ouest, la « côte sous le vent » est nettement plus abritée, profitant de la protection offerte par les hauts reliefs.

Les aléas climatiques

Depuis toujours, les Antilles font face, de par leur situation géographique, à de nombreux aléas climatiques, notamment le risque cyclonique.

- **Le risque cyclonique.** Qu'il s'agisse d'ouragan, de cyclone ou de typhon, ces trois termes désignent la même chose : un phénomène tourbillonnaire qui se forme au-dessus des eaux chaudes tropicales et qui s'accompagne de pluies intenses et de vents forts (supérieurs à 118 km/h). La désignation dépend simplement de l'endroit du globe où se produit le phénomène. Le terme cyclone est réservé à l'océan Indien et au Pacifique Sud. On parle d'ouragan en Atlantique Nord et dans le Pacifique Nord-Est, et enfin de typhon dans le Pacifique Nord-Ouest. En Martinique, il s'agit donc d'ouragan.

Ce dernier terme, apparu en 1986, est une reprise du mot américain « hurricane », qui vient lui-même du langage des indiens caraïbes qui appelaient Hurracan le dieu qui, pour eux, était responsable des malheurs et des catastrophes climatiques.

La période cyclonique dure de juillet à fin octobre. Selon son intensité, on parle de dépression tropicale (vents inférieurs à 63 km/h), de tempête tropicale (vents compris entre 63 et 117 km/h) ou d'ouragan (vents supérieurs à 117 km/h).

On estime que les Antilles françaises sont touchées en moyenne tous les dix ans. Il faut savoir que le phénomène cyclonique présente une particularité assez curieuse : à l'origine, il s'agit d'une simple dépression qui naît au large de l'Afrique avant de se diriger vers la côte est des

L'Est de l'Île est exposé aux vents.

Etats-Unis. Elle doit être combinée à d'autres critères pour être qualifiée d'ouragan, comme la présence de vents en altitude relativement homogènes, une forte humidité et une mer dont la température dépasse les 26 °C. Par ailleurs elle doit se former suffisamment loin de l'équateur. De l'Afrique elle se dirige alors vers le continent américain (à l'ouest). Il arrive aussi que cette dépression ne frappe aucune région et remonte carrément vers le pôle Nord : elle fait alors le tour de l'hémisphère Nord et revient vers l'Europe sous forme de tempête...

Contrairement à l'idée reçue, ce ne sont pas tellement les vents, souvent violents, qui sont à craindre, mais les très fortes pluies, dévastatrices. Ces dernières entraînent en effet des éboulements et des glissements de terrain importants en Martinique, provoquant des lahars, des coulées de boue volcanique très denses et dangereuses.

- **Le risque sismique.** Autre risque important en Martinique : le risque sismique. Située au centre des Petites Antilles, qui marquent la frontière entre la plaque caribéenne et la plaque atlantique (la seconde s'enfonce sous la première), la Martinique tremble régulièrement plus ou moins fort. Toutefois, pas de panique... L'arc est sous haute surveillance et le dernier grand séisme à Fort-de-France remonte au 11 janvier 1839 (magnitude de 7,5). Plus récemment, un tremblement de terre de 7,4 a été ressenti en 2007, provoquant quelques dégâts matériels, mais heureusement aucune victime.
- **Enfin, reste le risque volcanique** existe mais dans une moindre mesure. Bien que toujours active, la montagne Pelée est un volcan endormi dont les éruptions sont rares. La dernière éruption remonte aux années 1929-1932 avec un pic d'activité le 18 octobre 1929.

ENVIRONNEMENT

Située dans l'Arc volcanique des Petites Antilles, en mer des Caraïbes, la Martinique est classée comme un « hotspot » de biodiversité. Des espaces naturels visent à concilier préservation des milieux et accueil du public. Madinina offre ainsi de nombreuses possibilités d'écotourisme et de beaux terrains de randonnée. L'île aux fleurs est soumise à de nombreux risques naturels, exacerbés par les pressions anthropiques. L'urbanisation et l'agriculture intensive ont notamment contribué à l'artificialisation des sols, et engendré une pollution durable des eaux et des sols. La contamination au chlordécone reste un sujet très sensible. Le phénomène de prolifération des sargasses illustre quant à lui les effets des dérèglements planétaires engendrés par l'Homme. La Martinique pourrait être sous les eaux d'ici la fin du siècle, si rien n'est fait pour limiter le réchauffement climatique. Un défi majeur pour l'île, encore très dépendante des énergies fossiles.

Une île exposée à de nombreux risques et pressions

La Martinique, au carrefour de différentes plaques tectoniques, est soumise à un certain nombre de risques naturels : séismes, inondations, tsunamis, cyclones tropicaux, qui font l'objet d'un plan de prévention. Les activités humaines engendrent également des impacts sur les équilibres naturels. Ainsi, les pressions anthropiques (notamment l'agriculture et l'urbanisation) accentuent l'érosion des sols, la fragmentation des milieux naturels et les pollutions. Les espèces exotiques envahissantes, comme le Miconia, constituent également une menace pour la biodiversité. L'activité touristique contribue elle aussi à la pression sur les ressources (eau, énergie) et à la production de déchets.

© ISABELLE DREZEN

Culture d'ananas.

Des espaces pour protéger les équilibres naturels

La Martinique, qui figure parmi les « hotspots » de biodiversité mondiale, déploie des actions afin de préserver la dynamique évolutive du vivant. La **réserve naturelle nationale de la Caravelle** (p.343), la réserve naturelle nationale des îlets de Sainte-Anne et la réserve marine du Prêcheur-Albert Falco ont été créées à cette fin. Une réserve biologique intégrale existe également sur l'un des versants de la montagne Pelée. Le Parc naturel régional de la Martinique vise quant à lui à concilier protection des milieux et activités économiques, au travers notamment de projets écotouristiques.

Les défis environnementaux de l'agriculture

La colonisation du territoire s'est fondée sur une agriculture intensive (culture de la canne à sucre et de la banane) et une urbanisation qui ont entraîné déforestation, dégradation des sols et pollution des milieux. Les eaux de ruissellement chargées en intrants chimiques ont également contribué à l'eutrophisation du littoral et à la fragilisation des écosystèmes marins. La contamination des milieux au chlordécone reste aujourd'hui un sujet de préoccupation environnemental et sanitaire. Cet insecticide organochloré, considéré comme persistant, fut utilisé de 1972 à 1993 pour lutter contre le charançon bananier. Son utilisation a pollué non seulement les sols mais aussi les nappes phréatiques et l'ensemble de la chaîne alimentaire. L'exposition au chlordécone est aussi un facteur de risque sanitaire. La stabilité de la molécule a pour conséquence sa rémanence dans les sols et nécessite la surveillance des zones contaminées. Une cartographie des zones polluées est mise à disposition par l'Etat. Un « plan IV chlordécone » a vu le jour pour la période 2021-2027, visant à mettre en place des actions de limitation de

La presqu'Île de La Caravelle.

l'exposition des habitants au pesticide incriminé. Le territoire nord-ouest de l'île aurait quant à lui été épargné par le chlordécone. C'est là, sur la commune de Fonds-Saint-Denis, que l'on trouve notamment une agriculture biologique fondée en partie sur des savoirs ancestraux et des espèces locales et adaptées, promue par l'association L'Esprit Lasoté.

L'invasion des sargasses ou le symbole de la pollution planétaire

La Martinique est confrontée de manière épisodique à l'échouage sur ses côtes d'algues, les sargasses : *Sargassum fluitans* et *Sargassum natans*. La prolifération de ces algues brunes a des répercutions économiques directes sur le territoire (activités balnéaires et pêche) mais présente aussi des impacts environnementaux (perturbation de la biodiversité locale), et des risques sanitaires pour les personnes exposées. Ce phénomène serait lié à l'agriculture intensive en Amazonie. En d'autres termes, la déforestation massive et l'utilisation intensive d'intrants - phosphates et nitrates - génèrent un lessivage des sols, dont les effluents se retrouvent ensuite dans le fleuve puis dans l'océan, où ils créent les conditions favorables au développement des sargasses. Les courants entraînent ensuite les algues jusqu'en mer des Caraïbes. Les brumes de sables issues du Sahara contribueraient également au déplacement des sargasses. Le réchauffement climatique, quant à lui, pourrait induire la survenue plus fréquente de ces brumes de sables.

Les défis énergétiques du territoire : sortir de la pétrodépendance

Le mix énergétique de la Martinique en 2019 mettait en exergue une forte dépendance aux énergies fossiles (essentiellement produits pétroliers importés), liées en majeure partie au secteur des transports. Le territoire a cependant commencé sa transition énergétique, conformément à la réglementation française, qui vise l'autonomie énergétique du territoire d'ici 2030. La Martinique entend notamment développer les énergies renouvelables (photovoltaïque, éolien, biomasse) et maîtriser la demande énergétique (l'installation de chauffe-eau solaire et de LED ont permis de faire diminuer les consommations). La mobilité reste un enjeu fort. Il s'agit de décarboner les transports, en favorisant le report modal de la voiture vers les transports en commun et les mobilités actives, mais aussi de développer les véhicules électriques. Parce que chaque geste compte, le voyageur est également invité à participer aux efforts de sobriété énergétique.

La Martinique face au changement climatique

Le réchauffement planétaire en cours pourrait affecter de manière forte la Martinique, notamment avec l'intensification des phénomènes extrêmes (cyclones tropicaux, inondations). La montée des eaux et l'érosion des côtes pourraient menacer non seulement les infrastructures mais l'ensemble des activités humaines, et les ressources (eau et biodiversité).

Pour une « écologie décoloniale »

Conceptualisée par le chercheur martiniquais Malcom Ferdinand, « l'écologie décoloniale » associe selon lui « l'exigence de préservation des équilibres écosystémiques de la Terre et l'exigence décoloniale ». Elle a trait non seulement aux luttes pour le climat mais aussi aux combats sociaux, féministes ou antiracistes. L'idée est d'intégrer dans la pensée environnementale « les destructions humaines ou environnementales » mises en œuvre par différentes formes de domination : impérialismes, colonisations, esclavage. Un concept en résonance avec l'histoire de la Martinique.

HISTOIRE

L'histoire de la Martinique est avant tout liée aux mouvements de population qui ont contribué à modeler sa physionomie et à y faire naître des sociétés pluriethniques, fruits d'un métissage étalé sur plusieurs siècles. Depuis les premiers indiens arawaks en passant par les colons français installés dès 1635, celle que l'on surnomme « l'île aux fleurs », pour son extraordinaire végétation, occupe une position stratégique dans l'ensemble de la Caraïbe qui lui vaut d'être courtisée par les colonisateurs. A partir de 1670, la culture de la canne à sucre entraîne la déportation massive d'esclaves venus d'Afrique. De la période précolombienne jusqu'à la décolonisation et l'assimilation par la République française, la Martinique garde des traces visibles de chaque époque, tant sur le plan culturel que social. Une histoire fascinante mais mouvementée, sur fond de catastrophes naturelles, de tragédies humaines et de luttes pour la liberté.

2 000 AV. J.-C

Premières traces de présence humaine en Martinique

Les fouilles archéologiques ont permis d'estimer les premiers peuplements de l'île à environ 2 000 ans avant J.-C. Il s'agit alors de tribus nomades venues d'Amérique centrale et du bassin de l'Orénoque, en Amérique du Sud.

100 AV. J.-C. – 300 AP. J.-C

Etablissement des Arawaks dans les îles de l'archipel caribéen. Ce peuple de cultivateurs, originaire de l'actuel Venezuela, apporte avec lui de nombreuses espèces végétales. En 295, les Arawaks auraient fui la Martinique suite à une éruption de la montagne Pelée.

700-1350

Des Tainos aux Caraïbes

De nouvelles peuplades, les Tainos, cultivant la terre et pratiquant la pêche et la chasse, s'installent sur l'île. Ils y vivent paisiblement jusqu'à la conquête des Petites Antilles entamée par les Caraïbes, un peuple de navigateurs guerriers, autour de 1350.

15 JUIN 1502

Christophe Colomb débarque au Carbet

Lors de son 4e voyage vers les Indes, le navigateur espagnol atteint les côtes du Carbet. Longtemps, la Martinique va faire office d'escale pour le ravitaillement : les aventuriers français, hollandais et anglais échangent de l'alcool et des outils contre du tabac, de l'eau et des vivres avec les Caraïbes.

15 SEPTEMBRE 1635

Début de la colonisation

Le flibustier Pierre Belain d'Esnambuc débarque à Saint-Pierre avec 150 colons français. Il fonde la première colonie française sur l'île pour le compte de la Compagnie des Isles d'Amérique. Saint-Pierre devient ainsi la capitale des Antilles françaises. L'année suivante, Louis XIII autorise l'introduction d'esclaves dans les Antilles françaises. C'est le début de la colonisation.

1650 La Compagnie des Isles d'Amérique fait faillite. Jacques Dyel du Parquet, neveu de Pierre Belain d'Esnambuc, achète la Martinique, les Grenadines et Sainte-Lucie. A sa mort en 1658, une guerre éclate entre les colons français et les Caraïbes. Ces derniers sont massacrés. Les survivants sont obligés de se réfugier à Saint-Vincent et à la Dominique. Les colons vont alors développer sur l'île la culture de l'indigo, du café puis de la canne à sucre.

AVRIL 1664 Louis XIV rachète la Martinique, les Grenadines et Sainte-Lucie. Il confie à son ministre Jean-Baptiste Colbert la fondation de la Compagnie des Indes occidentales.

1673 La Martinique passe sous l'autorité directe du roi. La traite négrière est désormais ouverte à tous les ports français.

MARS 1685 Promulgation de l'Edit royal « touchant la police des isles de l'Amérique française », appelé Code Noir de Colbert, qui définit en soixante articles la condition des esclaves sur l'île. A partir de la seconde moitié du XVIIe siècle, la France, à l'instar de l'Angleterre et des Pays-Bas, entre dans le commerce triangulaire avec la traite des Africains vers le Nouveau Monde et utilise massivement des esclaves noirs dans les plantations. Le but du Code Noir est d'encadrer les relations entre maîtres et esclaves, quatre fois plus nombreux que les premiers. Ce texte qui fait des esclaves des « êtres meubles » (pouvant être achetés et vendus) réglemente notamment la torture des esclaves, impose aux maîtres des rations hebdomadaires aux esclaves et limite le métissage.

Vagues successives d'occupation anglaise

1759-1814 Jusqu'en 1814, la Martinique est attaquée à plusieurs reprises par les Britanniques. Cette période est marquée par des batailles retentissantes, telle la bataille de la Martinique en 1779 devant Fort Royal qui oppose treize vaisseaux de Hyde Parker à la flotte de La Motte Picquet et qui se solde par la victoire de la France.

SEPTEMBRE 1793 L'île est déchirée entre le pouvoir officiel révolutionnaire et les grands propriétaires blancs, les békés, partisans de la royauté. Ces derniers entament une contre-révolution royaliste. C'est dans ce contexte houleux que les Britanniques envahissent Saint-Pierre en février 1794. Pendant ce temps, l'esclavage, de plus en plus contesté en métropole, est aboli par la Convention. Mais la Martinique, sous occupation anglaise, n'applique pas le décret.

25 MARS 1802 Signature du Traité d'Amiens : les Anglais se retirent de la Martinique. L'île redevient française et l'esclavage y est maintenu par Napoléon.

Reprise des hostilités franco-britanniques

1803-1814 En 1803, la flotte anglaise s'empare du Rocher du Diamant qu'elle fortifie. Sept ans plus tard, les Anglais prennent Fort-de-France. La Martinique ne sera rétrocédée à la France qu'en mai 1814 avec le Traité de Paris.

22 MAI 1848

Abolition de l'esclavage

Soulèvement des esclaves en Martinique qui obtiennent l'abolition immédiate de l'esclavage. L'information du décret rédigé par Victor Schoelcher, qui prévoit de libérer dans un délai de deux mois 250 000 esclaves noirs dans les colonies françaises, se répand rapidement dans les Antilles françaises. Partout dans l'île, l'atmosphère entre maîtres et esclaves est explosive. C'est l'arrestation de Romain, esclave de l'habitation Duchamp au Prêcheur, emprisonné pour avoir continué à jouer du tambour, qui va mettre le feu aux poudres. Dans les rues, les esclaves commencent à s'amasser. Le 22 mai, Romain est relâché mais Huc, le maire du Prêcheur, tire sur la foule, faisant trois morts et dix blessés. Une flambée de violence s'abat alors sur Saint-Pierre. Le 23 mai, le conseil municipal de Saint-Pierre décrète l'abolition immédiate de l'esclavage. Le gouverneur Rostoland publie l'arrêté suivant : « Art. 1er : L'esclavage est aboli à partir de ce jour à la Martinique. Il n'y a plus parmi nous de maîtres ni d'esclaves ; la Martinique ne porte aujourd'hui que des citoyens ». Les « nouveaux libres » deviennent des citoyens à part entière, reçoivent notamment un patronyme, ont le droit de voter, de s'instruire, de travailler. Les colons, eux, seront indemnisés pour la perte de leur main-d'œuvre gratuite. Cette date du 22 mai (fériée en Martinique) est célébrée avec ferveur car elle marque la fin de deux siècles de traite négrière sur l'île mais surtout elle souligne le rôle clef joué par les esclaves pour conquérir leur liberté.

1871

Représentation des colonies à l'Assemblée nationale, à la Chambre des députés, puis au Sénat. Les nombreuses réformes lancées en France (laïcité, gratuité de l'enseignement…) sous la IIIe République trouvent un écho en Martinique.

8 MAI 1902

Eruption de la montagne Pelée

Après plusieurs semaines de pluies de cendres et de grondements souterrains, une nuée ardente s'échappe du volcan de la montagne Pelée. Ce nuage de gaz enflammés dévale à une vitesse de près de 700 km/h (et à une température proche de 1 000 degrés) vers Saint-Pierre. Cette catastrophe, la plus meurtrière du XXe siècle, fait près de 30 000 morts en trois minutes ! La capitale économique et culturelle de l'île est rayée de la carte. Avec elle, c'est toute l'industrie rhumière qui s'effondre. Le 30 août, une nuée ardente tue un millier de personnes au Morne-Rouge.

DE SEPTEMBRE 1939 À JUILLET 1943

An Tan Robè (du temps de Robert)

L'île passe sous le régime de Vichy, représenté par l'amiral Robert. A partir de 1942, un blocus imposé par les Américains vers les îles françaises prive les Martiniquais de vivres.

19 MARS 1946

Adoption de la loi de départementalisation et d'assimilation défendue par le jeune député martiniquais Aimé Césaire. La Martinique devient un département français, administré par un préfet.

MARS 1958

Création du Parti progressiste martiniquais (PPM), par Aimé Césaire et Pierre Aliker, qui se définit comme un parti inspiré de l'idéal socialiste, progressiste et humaniste.

DÉCEMBRE 1959

Les Trois Glorieuses

Fort-de-France est secouée par trois jours d'émeutes suite à un incident raciste. La répression fait 3 morts.

1961 Création du BUMIDOM (Bureau pour le développement des migrations dans les départements d'outre-mer) qui prend en charge l'organisation des flux migratoires des habitants des départements d'outre-mer vers la France métropolitaine.

1973 Alfred Marie-Jeanne, Lucien Veilleur, Marc Pulvar et Garcin Malsa fondent le mouvement « La Parole au Peuple ». Il deviendra cinq ans plus tard le Mouvement Indépendantiste Martiniquais, dont l'objectif était l'indépendance de la Martinique. Il a été dissout le 12 novembre 2019.

1983 Création du Conseil Régional de Martinique, dans le cadre de la décentralisation. L'île devient une Région à part entière. Aimé Césaire en est le premier président.

1996 Vote de la loi de finances qui entérine l'égalité sociale entre la France métropolitaine et les départements d'outre-mer sous la présidence de Jacques Chirac. Le but de cette loi est de réduire les disparités en matière de protection sociale entre les départements d'outre-mer et la métropole. Le SMIC ultramarin est aligné sur celui de la France métropolitaine, et les Martiniquais ont désormais accès aux mêmes aides sociales.

MARS 2001 Election de Serge Létchimy (PPM) à la mairie de Fort-de-France. Il succède à Aimé Césaire qui a passé 56 années à la tête de la capitale foyalaise.

17 AVRIL 2008

Mort d'Aimé Césaire

Le monde entier lui rend hommage lors d'obsèques nationales.

5 FÉVRIER – 14 MARS 2009

Grève générale

L'île est secouée par un mouvement social sans précédent contre la vie chère. Celui-ci débouche sur une baisse des prix d'une centaine de produits de première nécessité.

JANVIER 2010 Les Martiniquais rejettent par référendum l'application de l'article 74 de la Constitution et préfèrent le maintien du système actuel en reconduisant l'article 73. La Martinique devient un DROM, département et région d'outre-mer, soumis au régime d'assimilation législative tel que défini par l'article 73 de la Constitution, qui prévoit pour ces entités un régime d'identité législative, c'est-à-dire que « les lois et règlements sont applicables de plein droit », sous réserve d'une possibilité d'adaptation ou de dérogation des lois et les règlements, afin de tenir compte des caractéristiques et contraintes particulières de ces DROM.

DÉCEMBRE 2015 Fusion des deux collectivités territoriales, le Conseil Régional et le Conseil Général. Alfred Marie-Jeanne devient le premier président du Conseil Exécutif de la Collectivité Territoriale de la Martinique.

MAI 2019 Réhabilitation du musée Franck Perret de Saint-Pierre, rebaptisé Mémorial de la Catastrophe de 1902.

22 MAI 2020

Deux statues de Victor Schoelcher sont arrachées par un groupe d'activistes le jour de la commémoration de l'abolition de l'esclavage. Ces manifestants anti-héritage colonial mettent en avant le fait que les esclaves se sont libérés eux-mêmes et non grâce à Victor Schoelcher, et qu'il faut rendre hommage avant tout aux esclaves et à leur combat.

Le 26 juillet, ce sont les statues de l'impératrice Joséphine de Beauharnais, déjà privée de tête depuis 1991, et de Pierre Belain d'Esnambuc sur la place de la Savane qui sont détruites. Les motivations sont les mêmes : les manifestants disent être entourés de « symboles insultants ».

15 SEPT-EMBRE 2021

La Martinique devient Réserve mondiale de Biosphère

Le programme Homme et Biosphère de l'UNESCO a reconnu l'ensemble du territoire terrestre et marin de la Martinique Réserve mondiale de Biosphère. Cette distinction engage la Martinique à valoriser ses richesses naturelles et culturelles dans une dynamique de développement durable.

NOVE-MBRE 2021

La Martinique accueille la Transat Jacques Vabre

Pour la première fois de son histoire, la Transat Jacques Vabre, qui retrace la route du café qu'empruntaient au XVIIIe siècle les grands navires marchands, s'arrête en Martinique. Le 25 novembre, c'est LinkedOut, représenté par Thomas Ruyant et Morgan Lagravière, qui a atteint en premier Fort-de-France et signé sa première victoire après 18 jours, 1 heure et 21 minutes pour parcourir les 6000 miles qui séparent la Martinique du Havre.

NOVE-MBRE 2021

La révolte gronde en Martinique

Le conflit social, qui touche aussi fortement la Guadeloupe, démarre le 22 novembre, insufflé par l'intersyndicale qui déclenche une grève illimitée et pose des barrages filtrants sur toute l'île, empêchant ainsi toute circulation des habitants. L'origine de cette contestation ? L'instauration par le gouvernement français d'une obligation vaccinale pour les soignants ainsi que le pass sanitaire dans plusieurs lieux publics.

Dès le premier soir, en marge des revendications syndicales, débutent des actes de vandalisme dans tous les points de l'île : barrages, incendies, tirs de projectiles, rançonnement des automobilistes... La Martinique connaît des nuits de violence sans précédent et le préfet instaure un couvre-feu dès 18h pour faire face aux violences nocturnes. Le conflit s'enlise et le 30 novembre le ministre des Outre-mer Sébastien Lecornu annonce le report de l'obligation vaccinale au 31 décembre. Si l'origine de ce mouvement était cette obligation vaccinale pour soignants et pompiers, ce dernier s'est rapidement étendu à d'autres revendications politiques et sociales diverses : la vie chère, une défiance envers l'État, notamment en raison du scandale du chlordécone, ce pesticide qui a empoisonné durant des années les sols antillais et est à l'origine de nombreux cancers.

8 MAI 2022

Saint-Pierre fête les 120 ans de l'éruption de la Montagne Pelée.

JUILLET 2022

Le Tour Cycliste International de Martinique a fait son grand retour en Martinique après deux ans de crise sanitaire. La 41e édition de cet événement très attendu sur l'île a été remportée par le colombien Diégo Armando Soraca Cabezas de la Pédale Pilotine.

TOP 10

PERSONNAGES HISTORIQUES

Personnages connus ou moins connus, ces hommes et ces femmes, natifs de l'île aux fleurs ou simples visiteurs, ont marqué l'histoire de la Martinique par leur destin, leur engagement politique ou leur vocation artistique. Ils illustrent à merveille la diversité culturelle de l'île.

BELAIN D'ESNAMBUC [1585-1637]

Ce navigateur débarque en Martinique en 1635 avec 150 colons français venant de l'île de Saint-Christophe.

AIMÉ CÉSAIRE [1913-2008]

Poète de la négritude, il s'engagea dans la politique en fondant le Parti Progressiste Martiniquais.

JEAN-BAPTISTE LABAT [1663-1738]

Ce missionnaire, fin connaisseur des techniques de distillation, est surnommé le père du rhum martiniquais.

HOMÈRE CLÉMENT [1852-1923]

Maire du François de 1885 à 1923, ce médecin achète l'Acajou, devenue aujourd'hui l'Habitation Clément.

VICTOR SÉVÈRE [1867-1957]

Maire de Fort-de-France pendant 35 ans, il s'opposa au régime de Vichy et entra dans la Résistance.

JOSÉPHINE DE BEAUHARNAIS [1763-1814]

Née aux Trois-Ilets, elle épouse le général Bonaparte en 1796 avant d'être couronnée impératrice en 1804.

© DUNCAN1890 - ISTOCKPHOTO.COM

LOUIS-AUGUSTE CYPARIS [1874-1929]

Emprisonné à Saint-Pierre, il est l'unique survivant de la catastrophe de la montagne Pelée en 1902.

© WIKIMEDIA COMMONS

EDOUARD GLISSANT [1928-2011]

Prix Renaudot en 1958 pour son roman *La Lézarde*, il est l'un des théoriciens de l'identité créole.

FRANTZ FANON [1925-1961]

Ce psychiatre foyalais est l'une des grandes figures de la lutte anticoloniale et de l'antiracisme.

© NATATA - SHUTTERSTOCK.COM

VICTOR SCHŒLCHER [1804-1893]

Ce député est à l'origine du décret de 1848 abolissant l'esclavage dans les colonies françaises.

© INSTANTS - ISTOCKPHOTO.COM

LES ENJEUX ACTUELS

Depuis 1946, date à laquelle la Martinique est devenue département français à part entière, son visage n'a cessé de se modifier. Très attendue, cette loi de départementalisation et d'assimilation a notamment permis de conforter le cadre démocratique et a apporté la stabilité et la paix nécessaires au progrès social sur l'île. Par rapport à ses voisins de l'espace caribéen, la Martinique affiche ainsi un niveau de vie relativement élevé. Comme dans la plupart des terres industrialisées, l'économie martiniquaise se caractérise aujourd'hui par la prédominance du secteur tertiaire, le tourisme en tête, au détriment de l'agriculture, dont l'essentiel de la production repose aujourd'hui sur la banane et la canne à sucre. Si le taux de chômage semble se stabiliser et les inégalités sociales s'amenuiser, de nouvelles problématiques émergent, à commencer par les enjeux environnementaux et la question identitaire.

L'évolution des structures politiques depuis 1946

La départementalisation revêt pour l'île une importance aussi capitale que l'a constituée en son temps l'abolition de l'esclavage. Réclamée depuis longtemps, cette loi d'assimilation qui transforme les anciennes colonies [la Martinique, la Guadeloupe, la Guyane et la Réunion] en départements français est défendue avec vigueur par Aimé Césaire. Néanmoins, dans les faits, la situation économique et sociale et la répression de certains mouvements politiques rendent difficile son application sur place. Il faut attendre 1996 et le vote de la loi sur l'égalité sociale entre la France métropolitaine et les départements d'outre-mer pour que les Martiniquais disposent véritablement des mêmes dispositifs d'aide sociale [allocation, alignement du SMIC ultramarin sur celui de la métropole] et d'une égalité juridique, politique et sociale avec leurs pairs métropolitains.
Si le nouveau statut a sans aucun doute une importance législative, au niveau social la vie ne change pas jusque dans les années 1950 où la Caraïbe va connaître des mouvements de migration. L'Etat prend très vite les choses en main et met sur pied une réglementation : le Bumidom, Bureau des migrations des départements d'outre-mer, est créé en 1961. Le flux s'accélère dans la décennie 1960 pour ralentir à partir des années 1980 : sur la période, ce sont près de 190 000 Martiniquais qui s'élancent vers la métropole pour y travailler ou étudier. La Martinique se voit ainsi privée d'une grande partie de sa jeunesse, ce qui, au fil des années, va accélérer le vieillissement démographique de l'île. On recense aujourd'hui en métropole 365 000 « domiens ».

Une collectivité unique. En janvier 2010 a lieu une consultation sur le statut de l'île. Le référendum doit déterminer l'évolution à donner au cadre politique dans lequel se positionne la Martinique : conserver le département, statut prévu par l'article 73 de la Constitution, ou évoluer vers une collectivité d'outre-mer dotée d'une autonomie élargie en dehors des pouvoirs régaliens de l'Etat et relevée par l'article 74 de la Constitution. Les urnes ont été relativement claires, les électeurs ayant répondu « non » à 79,3 % à la transformation du DOM en collectivité. Les Martiniquais se prononcent en faveur de la « création d'une collectivité unique exerçant les compétences dévolues au département et à la région ». Cette réforme constitutionnelle doit permettre une rationalisation des tâches en évitant les « doublons » et les inévitables chevauchements de compétences entre les institutions. Avec, à la clef, des économies de l'ordre de 185 millions d'euros grâce aux départs en retraite.
Pour Alfred Marie-Jeanne, partisan du oui, la défaite est cuisante et le candidat indépendantiste doit s'incliner face à la liste conduite par Serge Letchimy, farouche partisan de l'article 73. Ce dernier devient alors le nouveau président du conseil régional de la Martinique. En novembre 2015, cependant, renversement de situation : les Martiniquais, appelés aux urnes pour réunir le conseil général et le conseil régional en une seule collectivité dite territoriale, font confiance à Alfred Marie-Jeanne qui est élu président de la Collectivité Territoriale de Martinique.

Autre enjeu politique de taille pour la Martinique : la question de la parité hommes-femmes, ces dernières étant encore trop peu représentées parmi les élus politiques. En 2019, l'Insee a enregistré une légère amélioration de la parité mais il reste encore du chemin à parcourir pour que les femmes parviennent à se faire une place dans la vie politique martiniquaise.

D'évidents progrès économiques et sociaux

L'économie martiniquaise se caractérise par un secteur public particulièrement développé [près de 42 % des salariés]. Secteur numéro un en Martinique, avec plus d'un million de visiteurs annuels, le tourisme connaît actuellement de nombreuses interrogations. La fréquentation a bénéficié depuis ces dix dernières années du regain d'intérêt pour les croisières. Mais les incertitudes liées au contexte actuel laissent les professionnels perplexes.
Par rapport à ses voisins de l'espace caribéen, la Martinique affiche un niveau de vie relativement élevé. La loi d'assimilation a notamment permis

de conforter le cadre démocratique et a apporté la stabilité et la paix nécessaires au progrès social en Martinique. Le système de santé apparaît comme l'un des plus performants de la région. L'espérance de vie moyenne en Martinique a progressé (75 ans pour les hommes, 81 ans pour les femmes), se rapprochant de celle de la métropole. Il en va de même pour l'éducation, la Martinique affichant un taux d'alphabétisation supérieur à 90 %.

Le secteur du logement, quant à lui, a continué de s'améliorer, marqué par une résorption de l'habitat insalubre, en particulier dans des quartiers populaires de Fort-de-France. L'aménagement territorial assure une infrastructure moderne, qu'il s'agisse du volet sanitaire, distribution (électricité et eau), mais aussi communication, aéroport, port, routes.

Pour encourager le développement des départements et territoires d'outre-mer, l'Etat a mis en place une série d'outils. Outre les subventions accordées par l'Union européenne dans le cadre du Fonds Européen de Développement Economique et Régional (FEDER) et du Fonds Social Européen (FSE), la Martinique bénéficie de mesures spécifiques comme une politique douanière, commerciale et fiscale plus avantageuse, des zones franches, ainsi qu'une politique de défiscalisation qui vise à inciter l'investissement en outre-mer et à pallier le surcoût du matériel et les difficultés d'accès au crédit dans ces territoires.

L'agriculture en Martinique

L'économie martiniquaise porte l'empreinte d'un passé colonial profondément marqué par les activités agricoles. L'île a longtemps produit du coton, du tabac, de l'indigo, des épices (cannelle, poivre), du café et du cacao, mais aussi des cultures fruitières, légumières (dachine, piment, igname, manioc) et maraîchères (tomate, melon, concombre). Héritière de ce passé, l'île se trouve aujourd'hui devant une situation assez paradoxale : un secteur agricole développé mais fragile. Si l'agriculture pèse dans les recettes d'exportation, les surfaces consacrées aux terres agricoles sont en recul constant. La Martinique est ainsi dépendante à près de 80 % des importations de l'extérieur afin de satisfaire le marché local. Actuellement, l'essentiel de la production agricole repose sur deux productions principales : la banane et la canne à sucre, destinées essentiellement à l'exportation.

Premier produit d'exportation de l'île, la banane bénéficie d'un ancrage historique et culturel fort. Les producteurs de bananes sont cependant mis à mal par la concurrence de bananes venues d'autres pays et vendues moins cher (la fameuse banane dollar), et les cyclones à répétition. L'agriculture de l'île doit aussi faire face au scandale du chlordécone, un insecticide utilisé massivement pour lutter contre le charançon dans les bananeraies. Interdit aux Etats-Unis depuis 1977 et en France depuis 1989 en raison de sa toxicité avérée, le gouvernement français a toutefois autorisé son utilisation en Martinique et en Guadeloupe jusqu'en 1993, causant la contamination d'un tiers des terres agricoles martiniquaises, notamment au nord-est de l'île, et des nappes phréatiques pour des milliers d'années. Car cette molécule, très persistante dans l'environnement, pourrait être la cause principale des cancers de la prostate en Martinique, qui détient le triste taux d'incidence annuel de cancer de la prostate le plus élevé au monde. Les producteurs de banane décident alors de s'orienter vers une culture bananière durable. Leur objectif est clair : diminuer l'impact de cette culture sur les autres écosystèmes. En dix ans, la filière banane martiniquaise a réussi à réduire de 75 % l'utilisation des produits phytosanitaires.

Après la banane, c'est la canne à sucre qui arrive en numéro deux des productions martiniquaises. 80 % de sa production est dédiée à la fabrication de rhum AOC, et les 20 % restants sont destinés à la fabrication du sucre. Principale activité agroalimentaire de la Martinique, le rhum, deuxième produit d'exportation après la banane, participe à l'émergence d'un spiritourisme à forte dimension culturelle, les distilleries étant devenues de véritables pôles de valorisation du patrimoine martiniquais.

De nouvelles pistes. Cependant, de plus en plus de voix s'élèvent contre le monopole de ces deux monocultures. Pour y remédier, les agriculteurs martiniquais choisissent d'explorer des pistes nouvelles pour produire de manière plus respectueuse et durable, comme la permaculture, l'agroforesterie et l'agroécologie. Des traditions héritées du jardin créole, que pratiquaient les Anciens et qui reviennent au goût du jour en Martinique.

De même, des initiatives privilégiant les circuits courts « lokalvores » (paniers, marchés locaux) se multiplient pour inciter les Martiniquais à consommer en priorité leurs produits, avec le moins d'intermédiaires possible, et surtout la possibilité de rencontrer directement les producteurs.

Depuis quelques années, on observe également le retour de nouvelles cultures à forte valeur ajoutée, telles que le cacao, la vanille et le café. Ces nouvelles filières représentent un potentiel de croissance important pour le territoire, soutenu par une demande internationale forte.

L'agriculture martiniquaise bénéficie en outre du programme européen d'appui aux régions ultrapériphériques : le POSEI (Programme d'options spécifiques à l'éloignement et à l'insularité), qui s'inscrit dans le cadre de la Politique agricole commune (PAC). Le premier volet, intitulé Régime spécifique d'approvisionnement (RSA), est destiné à alléger le coût des intrants. Le second volet comporte des mesures en faveur des productions agricoles locales (MFPAL) qui concernent quatre secteurs d'intervention : la banane, le secteur canne-sucre-rhum, la filière animale et la diversification des productions végétales.

ARCHITECTURE

La Martinique est une île plurielle et son riche patrimoine architectural en est la preuve. Ici séismes, cyclones et incendies dictent leurs lois, charge aux bâtisseurs de s'adapter. L'évolution de la case, habitat antillais traditionnel, en témoigne. Des petites structures de paille aux maisons de bourg, toutes ont été pensées en adéquation avec leur environnement. Des forts militaires à l'architecture métallique, qui s'invita jusque dans les églises, les édifices d'influence européenne témoignent aussi de cette nécessité de s'adapter au milieu. Autre élément clé du patrimoine martiniquais : l'habitation, lieu complexe, symbole d'une modernité industrielle indissociable de l'oppression esclavagiste. Un patrimoine à découvrir et surtout à recontextualiser. La préservation de cette riche identité créole est aujourd'hui le fer de lance de l'île qui n'en garde pas moins un œil tourné vers l'avenir. Bon voyage au cœur de ces inoubliables trésors !

Une île convoitée

La Martinique fut longtemps au cœur de conflits qui façonnèrent son littoral, le jalonnant de défenses militaires. Simples palissades en bois, ces structures se perfectionnèrent sous l'influence de la couronne française et de son célèbre ingénieur Vauban. Ce dernier ne construisit pas directement sur l'île, mais ses disciples y appliquèrent son grand principe : réconcilier l'art de la fortification avec la nature. Les grands forts de l'île tirent ainsi avantage des nombreux éperons rocheux, véritables forteresses naturelles. Chaque fort possède arsenal, batterie, redoute, bastions polygonaux et autres remparts et talus. **Le Fort Saint-Louis à Fort-de-France** (p.122) en est le plus célèbre représentant. A côté des forts, le pouvoir s'exprime aussi dans un urbanisme où règnent ordonnancement et symétrie. C'est l'avènement du plan en damier pour les cœurs de ville qui s'organisent autour de bâtiments clés (église, mairie, places…) comme à Fort-de-France ou Saint-Pierre qui fut longtemps surnommée le petit Paris des Antilles et dont les vestiges du grand théâtre avec ses larges volées de marches et son péristyle très classiques témoignent de cette volonté qu'avait la puissance coloniale d'insuffler ses préceptes urbanistiques et architecturaux.

La case ou l'identité antillaise

La case antillaise trouve ses origines chez les peuples amérindiens, premiers habitants de l'île. Ces derniers s'organisaient en village au centre duquel trônait le *carbet*, grande hutte circulaire en bois et végétaux qui servait de centre politique et religieux, tandis que les *ajoupas* abritaient les chambres. Des constructions plus légères abritaient cuisines et ateliers, témoignant d'un souci fonctionnel déjà très poussé. D'anciens sites d'habitation sont à voir au Vivé (Le Lorrain) et sur la plage

Le Fort Saint-Louis, à Fort-de-France.

DÉCOUVRIR

de Dizac (Diamant). Les premiers colons s'en inspirèrent pour construire leurs cases, abris légers mais parfaitement adaptés aux contraintes du climat. Dans le sud de l'île, notamment sur le site **la Savane des Esclaves aux Trois-Ilets** (p.168), vous pourrez découvrir des cases dites à gaulettes, modèles typiques des débuts de la colonisation. Leur sol est en terre battue, leur toiture en feuille de canne et leur façade faite en palissades de bois tressés (ti-baume, bambou, campêche) souvent enduites d'un torchis réalisé à base de bouse de vache ou de boue végétale mélangée avec de la paille. La case est pensée de façon modulaire et fonctionnelle. Comportant au départ deux pièces, elle s'agrandit en fonction des besoins et moyens de ses habitants. Progressivement, les cases se dotent d'une base cimentée plus résistante à l'humidité, leurs couvertures - originellement en paille ou en palmier - sont réalisées à base d'une tuile ronde locale appelée « tuile-pays » puis plus tard en tôle ondulée, le bois brut se pare de couleurs vives et, au XIXe siècle, la façade de la case se dote d'une galerie ouverte ou véranda. Se transformant au fil du temps en véritable pièce à vivre, cette dernière est devenue le symbole de la culture antillaise faite de convivialité et d'hospitalité. Protégée des assauts de la pluie par un large toit avancé, elle offre une vue sur le jardin, autre élément phare de la case antillaise. A partir du XIXe siècle, la multiplication des cases individuelles entraîne la création de hameaux dont l'organisation est là encore calquée sur celle des villages amérindiens. Grand-Rivière a su garder cette atmosphère des villages d'antan. Au XXe siècle, la création des bourgs a vu naître des cases urbaines appelées « maisons de bourg ». Ces dernières suivent le schéma de la case rurale, mais les terrains en ville étant chers, les maisons de bourg se développent en hauteur, se dotant d'un ou deux étages. Le rez-de-chaussée, construit en ciment pour limiter les risques d'incendie, abrite souvent commerces et ateliers. Les étages, eux toujours en bois, se font plus décoratifs avec des balcons en fer forgé, et surtout des persiennes et jalousies pour assurer la ventilation naturelle de la maison. Là encore, la cuisine est séparée du reste de l'habitation et installée dans une arrière-cour. Les rues du centre de Fort-de-France, en particulier la rue Blénac, en comptent de beaux exemples.

L'habitation : le poids du passé

Typiquement antillaise, l'habitation est une structure complexe, entre exploitation agricole et établissement préindustriel, pensée pour mettre en valeur les terres à des fins spéculatives. Sucre, cacao, tabac, indigo, café puis rhum… : tout y a été produit et transformé. D'un point de vue industriel, ces habitations

© LAURE LAMBERT

Cases traditionnelles, La Savanes aux Esclaves.

sont extrêmement modernes et au cœur d'un système d'infrastructures très étudié. On peut ainsi encore apercevoir les digues et coulisses permettant l'acheminement de l'eau, les tours en moellons des moulins à vent avec leur toiture pivotante et leurs puissantes ailes, mais aussi les hangars à chaudières et alambics, témoins de l'évolution des techniques. Champs de cannes et jardins entourent ces différents éléments, tandis qu'au centre trône la maison de maître. Au départ simple case améliorée, cette dernière va se développer au rythme de la prospérité de ses propriétaires et devenir le symbole du système colonial. Si certaines maisons se basent sur les styles et principes architecturaux venus de la métropole (fortes influences normandes et bretonnes), très vite les maisons de maître vont adopter un style adapté aux contraintes du milieu. Construite toujours légèrement en hauteur pour garder une vue sur les unités de production, la maison de maître est conçue pour permettre une ventilation parfaite de la maison : des galeries ou vérandas bordent toutes les faces de la maison, les fenêtres ne sont pas vitrées mais ajourées et équipées de persiennes et les pièces du rez-de-chaussée n'ont bien souvent pas de portes. Pour préserver la maison des dégâts de la pluie, une toiture en tuiles de terre cuite ou en écailles est privilégiée, suivant souvent un style à la française, tandis que les avancées du toit permettent une évacuation de l'eau dans des jarres maçonnées. Le sol est souvent surélevé et réalisé dans de superbes dallages polychromes. Le deuxième étage, légèrement en retrait, est appelé belvédère et fait la part belle à des décors finement ciselés dans le bois. Ce souci du décor se retrouve dans l'attention portée au mobilier : berceuses, lits à colonnes et grandes dessertes peuplent ces maisons où l'apparat triomphe.

La bibliothèque Schoelcher.

ARCHITECTURE

Rappelant les grandes propriétés coloniales de Louisiane, avec laquelle la Martinique a longtemps entretenu des liens étroits, les maisons de maître antillaises restent plus fonctionnelles et moins ostentatoires. Une beauté stylistique qui ne doit pas faire oublier que la dénomination « maison de maître » ne désigne pas ici simplement une demeure bourgeoise cossue, mais bien une structure composée d'un maître... et d'esclaves. Longtemps ignoré, le patrimoine lié à l'esclavage est aujourd'hui mis en lumière, notamment les « cases-nègres », regroupements de cases alignées, toutes bâties sur le même modèle et installées en contrebas de la maison de maître pour en permettre le contrôle. Ces cases étaient souvent entourées de jardins, dits serviles, permettant aux esclaves de subvenir en partie à leurs besoins. Ce riche patrimoine est à découvrir dans **les habitations Pécoul** (p.355), **Clément** (p.273), Leyritz, ou bien encore **Anse Latouche** (p.300), qui comptent parmi les plus belles et les mieux conservées de l'île.

© PIXELDOM - SHUTTERSTOCK.COM

L'église de Balata.

Patrimoine religieux

La Martinique est peuplée d'un très grand nombre d'églises. Certaines sont directement inspirées des modèles européens à l'image de l'église du Carbet avec son plan en croix latine à trois nefs et son clocher rehaussé d'une flèche et d'un bulbe doré, de l'église du Marin avec son décor baroque tout en volutes et sinuosités ou bien de l'étonnante église de Balata, réplique de la basilique du Sacré-Cœur de Montmartre. D'autres témoignent de l'influence des marins-charpentiers qui réalisèrent de nombreuses charpentes en carène ou coque de bateau renversée. Mais la plupart témoignent de la nécessité d'adapter l'architecture aux conditions climatiques, comme le montre l'église Notre-Dame-de-la-Nativité à Ducos avec l'inclusion dans sa façade d'une des faces du clocher de manière à offrir une meilleure résistance aux vents. Certains clochers seront même séparés de l'édifice. Ce souci culmine avec l'avènement de l'architecture métallique popularisée sur l'île par l'architecte Henri Picq à qui l'on doit la superbe et étonnante **cathédrale Saint-Louis de Fort-de-France** (p.120). Sa nef est entièrement soutenue par des arches métalliques d'inspiration néogothique offrant un sentiment d'espace et de clarté renforcé par la belle luminosité se dégageant des vitraux et verrières. C'est également à Picq que l'on doit la très belle **Bibliothèque Schœlcher** (p.119) avec son lumineux dôme de verre, ainsi que de nombreuses halles. Ce rôle de centre d'expérimentations architecturales se poursuit au XXe siècle avec l'église Saint-Christophe à Fort-de-France. Construite en 1955, elle est le symbole du renouveau de l'art sacré avec son utilisation du béton, ses pavés colorés filtrant la lumière et son beau clocher semi-circulaire.

Evolutions et perspectives

Avant même l'église Saint-Christophe, Fort-de-France a vu naître, dès les années 1930, quelques très beaux exemples de modernisme architectural. La Villa Monplaisir, œuvre de Louis Caillat, grand représentant du modernisme en Martinique, impressionne par sa blancheur et ses formes géométriques élémentaires. La Maison Didier, elle, fait la part belle aux courbes et volumes Art déco. L'ancien immeuble « La Nationale » étonne avec ses hublots et rambardes métalliques directement inspirés du style Paquebot. Autre étonnante particularité, il s'organise autour d'un patio, une structure d'héritage mauresque très rare dans l'île, que l'on retrouve dans un autre bâtiment phare, la Maison des Syndicats, avec ses formes circulaires et son plan en couronne. Mais le béton n'a pas toujours été associé à une modernité de forme, comme en témoigne la Préfecture, directement inspirée... du Petit Trianon. Un mélange pour le moins éclectique. Par la suite, les grandes villes de l'île ont toutes subi une politique d'intense bétonisation avec multiplication d'hôtels, centres commerciaux et lotissements, les grands ensembles y remplaçant les maisons individuelles. Avec sa Tour Lumina de 105,5 m de hauteur, le complexe de la Pointe Simon dénature quelque peu le centre de Fort-de-France alors même qu'il s'en voulait le phare. Mais d'autres réalisations contemporaines tentent de s'intégrer de façon plus harmonieuse avec le bâti existant à l'image du technopôle de Kerlys dont les courbes du toit rappellent celles de l'église Saint-Christophe. Fort heureusement, la ville a su en parallèle conserver sa riche identité grâce aux campagnes de revalorisation de nombreux quartiers où l'habitat antillais est mis à l'honneur !

BEAUX-ARTS

Qu'on se le dise : les Martiniquais ont la fibre artistique. Depuis le milieu du XXe siècle, l'île est le théâtre d'un développement culturel en accéléré. Peintres et sculpteurs rassemblent les tendances les plus marquantes des cent dernières années. Autodidactes, formés ici ou ailleurs, figuratifs, naïfs ou abstraits, en solo ou réunis en associations, les artistes locaux constituent une scène variée. Une chose est sûre, les natifs connaissent le pouvoir de l'échange. Pour preuve, le musée Gauguin (p.297) met en lumière les œuvres peintes et dessinées lors du séjour du maître sur l'île en 1887 mais il présente en parallèle son apport sur la création locale. En Martinique, l'art n'hésite pas à descendre dans la rue, au plus près de son public. Le *street-art* prend sur l'île les formes les plus diverses. Les œuvres plus ou moins éphémères font désormais partie intégrante d'un paysage aux tonalités vibrantes qui reste longtemps en mémoire.

Vers le XXe siècle

Les colons ont longtemps étouffé toute forme d'expression artistique dans les îles. Par conséquent, l'héritage culturel européen a continué de dominer jusqu'au XXe siècle. La peinture se limitait aux traits d'artistes européens de passage en Martinique, tel Gauguin. De rares tableaux conservés au musée de la Marine de Paris, exécutés par des peintres officiels, offrent cependant un témoignage de la vie quotidienne d'alors. Il faut attendre 1937 pour que le lycée de Fort-de-France propose l'enseignement du dessin et de la peinture par l'intermédiaire de Paul Bally. Durant la Seconde Guerre mondiale, les artistes européens immobilisés sur l'île en raison du blocus ouvrent les premiers ateliers artistiques publics. En 1943, la création de l'École des arts appliqués donne l'impulsion à l'éclosion de l'art martiniquais. Après cela, on assiste à l'émergence de la première génération d'artistes locaux. Les mouvements qui se succèdent attestent de la vitalité de la peinture en Martinique.

Fortement marqué par le contexte politique, le premier courant pictural martiniquais se nomme l'Atelier 45. Il réunit les peintres Raymond Honorien (1920-1988), Mystille et Tiquant. A la même époque, Aimé Césaire fonde la revue *Tropiques*.

Groupement des artistes martiniquais

Une sculptrice est à la tête d'un mouvement pictural déterminant formé en 1950 : Marie-Thérèse Julien Lung-Phu. Née en 1908 aux Trois-Îlets, l'artiste-poétesse entreprend d'étudier la sculpture en France. Rentrée en Martinique en 1948, elle réalise une sculpture de Victor Schoelcher qui lui vaut de recevoir les palmes académiques. Elle reste à ce jour une personnalité honorée pour la richesse de son parcours et son attachement à la culture martiniquaise.

Plusieurs tendances cohabitent dans les décennies suivantes. Un art symboliste, et même mystique, représenté par Hector Charpentier ; une peinture naïve aux tons vifs qui privilégie les panoramas et les scènes de pêcheurs ; d'autres combinent artisanat et art par l'emploi de matériaux naturels. Ainsi Joseph, dit Khoko René Corail, mêle bambou et peinture.

De plus en plus d'artistes vont se former en métropole. A leur retour, chacun participe à sa façon à enrichir l'identité de l'art typique de l'île aux fleurs. C'est ainsi qu'apparaissent les courants symbolistes et surréalistes. L'art martiniquais a bien entendu été influencé par le mouvement de la Négritude, sans oublier le Festival des Arts nègres qui s'est tenu en 1967.

En 1983, le GEP, ou Groupement d'expression plastique, est fondé dans le but de promouvoir la peinture et la sculpture martiniquaises et caribéennes sur la scène internationale. Cet élan ne cesse de se confirmer à tel point que l'on assiste à une véritable explosion dans le domaine des arts plastiques.

De nos jours

De nos jours, des expositions sont proposées tout au long de l'année avec un pic en mai et juin. La peinture domine la scène artistique qui laisse la place à tous les styles : figuratif, naïf, abstraction, thèmes liés à l'esclavagisme mais aussi « figurabstraction », genre entre figuratif et abstraction, né sous le pinceau d'Hector Charpentier. La sculpture martiniquaise n'acquiert ses lettres de noblesse que tardivement avec Laurent Valère (1959). Hiératiques et puissantes, ses œuvres appellent à la réflexion. La plus célèbre reste *Le Mémorial de l'Anse Caffard*, érigée en 1998 dans la commune du Diamant. Quinze imposantes statues de pierre tournées vers la mer commémorent le naufrage tragique de 1830, où nombre d'esclaves enchaînés périrent dans les flots, sans avoir la possibilité

© JUDITH LIENERT - SHUTTERSTOCK.COM

Sculptures de Laurent Valère au Mémorial de l'Anse Caffard.

de se sauver. Dans la lignée des grandes sculptures monumentales, le *Lambi* des Anses-d'Arlet et la tête de *Manmand'lo* exaltent la même puissance esthétique. Le *Lambi* (2009) trône dans le bourg des Anses-d'Arlet. Sculpture-fontaine aux lignes élégantes, de sa conque coupée se diffuse une brume liquide rafraîchissante. Quant à *Manmand'lo* (2004), il s'agit d'une tête de femme-sirène monumentale posée à dix mètres de profondeur au large de la baie de Saint-Pierre, comme la réconciliation de l'Homme et de son cocon marin, fragile et magnifique. Sa notoriété attire toujours plus de touristes.

L'année 2013 voit l'ouverture de l'espace d'art contemporain 14°N 61°W à Fort-de-France. L'objectif de ce lieu avant-gardiste est de donner une tribune aux artistes locaux et caribéens pour pouvoir exprimer leur art et leur permettre de le faire découvrir au grand public. Au programme : des expositions et des projets qui conjuguent création artistique et préoccupations sociales, économiques et politiques. Une large part de cette fondation dédiée à toutes les formes de création est consacrée à l'art dans la Caraïbe. Autre foyer artistique important en Martinique : la Fondation Clément, qui met régulièrement à l'honneur les artistes caribéens contemporains.

Spots street-art

Le paysage martiniquais s'est encore embelli ces dernières années avec l'essor de l'art urbain. Cette forme d'expression qui s'adresse directement au plus grand nombre a rapidement trouvé sa place en Martinique. De Fort-de-France à Schoelcher, on retrouve les thèmes chers aux Antilles. Quatre graffeurs se distinguent : Oshea, R-Man, Xän et Moksa. Coup de cœur pour le génialissime portrait de Spike Lee réalisé par Xän sur un mur de la rue du Port. Un gros plan avec cheveux végétalisés ! Dans les rues adjacentes, vous dénicherez quantité de joyaux du *street-art*.

Les plus curieux s'aventureront à Schoelcher. Comptez une heure et demie pour débusquer les pépites qui ornent les ruelles de ce joli bourg. Ici, le sport est le meilleur ami de l'art urbain. La piscine municipale, lieu de rendez-vous des joggers du soir, a bénéficié du projet municipal Art dans la ville. Grâce à ce soutien officiel, les fresques fleurissent dans ce quartier. De même, au Pont Case-Navire, la fresque des Amérindiens signale l'emplacement d'un ancien village d'indiens, aux abords de la rivière. Caruge et Cauquil signent ici une fresque à ne pas surtout pas manquer. Au stade municipal, une autre peinture murale amérindienne joliment colorée vous attend. Ici, un enfant sur sa barque pagaie sur un vaste pan de mur. Le long du parcours sportif aménagé en bord de mer, la place des Arawaks et les terrains de basket accueillent un foisonnement de graffitis en perpétuel renouveau. En redescendant vers le bourg, repérez les œuvres qui se cachent un peu partout en bord de plage. De joyeux visages d'enfants ornent la frise du bien nommé *Mur des sourires*, dans le quartier la Colline. Terminons ce panorama sur une note typiquement antillaise avec une réalisation signée Oshea. Sur les murs d'un transformateur électrique, sa Doudou tend son panier de fruits aux gourmands amateurs d'art.

MUSIQUES ET SCÈNES

Magique pour le regard, à l'oreille la Martinique devient même ensorcelante. Véritable île de musique, on ne passe pas une minute sur place sans être accompagné de rythmes chaloupés. Du zouk, mondialement connu et en pleine résurgence, à la biguine, le swing caribéen par excellence, sans oublier le *bèlè*, cette expression très théâtrale mère de toutes les musiques (ou presque) ici : la Martinique possède plus d'un atout pour faire remuer la tête et les hanches. Très souvent les hanches... Un des moments privilégiés pour goûter à la musique locale demeure bien entendu le carnaval. Vrai concentré de Martinique, il offre un panorama complet – et festif, cela va sans dire – sur l'ensemble des expressions artistiques de l'île, voire même des Caraïbes. En vous rendant sur place, n'oubliez pas de fermer aussi les yeux et laissez la Martinique se raconter au rythme de la mazurka ou de l'incontournable zouk. Un dépaysement pour tous les sens.

La musique traditionnelle

Au même titre que chez sa cousine guadeloupéenne, le carnaval est en Martinique un des emblèmes de l'île. Durant cinq jours de frénésie défilent costumes splendides, musiques, fanfares et tambours au sein de ce qui est la plus grande fête de l'année. Le grand Vaval – gigantesque statue de plusieurs mètres représentant un thème d'actualité –, porté aux nues par la foule, ouvre les festivités puis les ferme avec son enterrement le dernier jour du carnaval (le mercredi des Cendres). Entre les deux, chacun donne libre cours à son imagination et fait la fête parmi les « vidés », ces splendides cortèges et chars carnavalesques que la population suit avec ardeur en se déhanchant.

Autre tradition musicale incontournable de Martinique : le *bèlè*. Mêlant chant, musique, danse et conte, le *bèlè* (ou « bel air ») s'organise autour d'un chanteur qui mène l'ensemble d'une voix imposante tandis que dialoguent les danseurs et le *tambouyé* (joueur de tambour). Le terme « bèlè » désigne d'ailleurs également l'instrument principal, le *tambour bèlè*, membranophone conique recouvert d'une peau de cabri ou de mouton qui se joue en frappant et frottant les mains et les doigts. Si son origine est sujette à débat, on estime que cette musique serait née durant la période esclavagiste, d'une transplantation des traditions musicales africaines et d'influences européennes. Pour se faire une idée plus précise, les albums de grands maîtres du genre comme Ti Émile ou Edmond Mondésir (dans les années 1980) sont d'excellents points de départ.

© T PHOTOGRAPHY - SHUTTERSTOCK.COM

Carnaval à Fort-de-France.

Découlant du cœur rythmique du *bèlè*, on trouve aussi le *chouval bwa*, une musique qui accompagnait les manèges de chevaux de bois traditionnels. Si le genre semble un peu plus marginal, il a connu quelques vraies stars comme Dédé Saint-Prix ou Claude Germany.

Et bien entendu, impossible d'aborder la musique traditionnelle en Martinique sans évoquer la biguine. Forme musicale parmi les plus populaires de l'île, la biguine prend forme à la fin du XIXe siècle, peu après l'abolition de l'esclavage, en se constituant (elle aussi) à partir de *bèlè* et d'influences européennes comme la polka, avant de s'enrichir de jazz dans les années 1970. A l'origine, la biguine était jouée par un orchestre regroupant une flûte, un violon, une clarinette, une guitare, un banjo, un saxophone, une trompette et une batterie, mais les formations sont devenues plus fluides et variables avec le temps. Bien que très protéiforme et touche-à-tout, Malavoi, le groupe iconique de Martinique, a joué de la très belle biguine. Eugène Delouche, superbe clarinettiste des années 1930 (hélas tombé dans l'oubli), ou Alexandre Stellio, vrai dynamiteur de la biguine, furent deux grands acteurs de ce swing des Caraïbes.

Côté concerts, les événements organisés par la **Maison du bèlè** (p.352) à Sainte-Marie sont de très bonnes occasions d'en entendre, l'endroit s'étant fixé pour mission la préservation et la transmission du genre. Autrement, on peut écouter de la bonne biguine le dimanche chez **Tante Arlette** (p.360), restaurant de Grand-Rivière ou au Biguine Jazz Festival, rendez-vous annuel qui égrène sa bonne programmation sur toute l'île. Sinon, le Festival Culturel de la ville de Fort-De-France, organisé chaque année dans les premières semaines de juillet, ouvre une fenêtre intéressante sur les traditions musicales de Martinique.

Musique populaire

Lorsque l'on pense « musique martiniquaise », on pense forcément au zouk. Indissociable des Antilles françaises - dont il est un pilier de l'identité -, le zouk apparaît dans les années 1980, descendant de la kadans (méringue haïtienne populaire dans les Antilles françaises durant les années 1970) et de la cadence-lypso (kadans de la Dominique) tout en conviant de nombreux éléments locaux comme la biguine.

Si le genre est on ne peut plus populaire en Martinique, c'est une icône guadeloupéenne qui va le populariser en France et dans le monde : Kassav. Tout commence en 1979, quand Pierre-Edouard Décimus, membre de l'orchestre phare de kadans Les Vikings de la Guadeloupe, décide avec Freddy Marshall, autre musicien antillais, de renouveler et de moderniser la musique qu'ils ont toujours jouée. Jacob Desvarieux (disparu en juillet 2021) les rejoint alors et le groupe prend forme. Via son premier album, *Love and Ka dance*, ce tout jeune groupe nommé Kassav donne naissance à un nouveau genre musical : le zouk. Avec le second album, *Lagué mwen*, entre en piste Jocelyne Beroard, martiniquaise de naissance. Le groupe s'agrandit alors et Kassav est couronné de succès dans le monde entier : Paris, Cap-Vert, New York... Sous l'impulsion du groupe, le zouk s'exporte et devient vite un carton mondial.

Depuis sa naissance, le genre n'a cessé d'évoluer en incorporant de nouveaux courants. Fin des années 1990, le rythme se simplifie et les paroles tournent au mièvre avec la vague « zouk love » puis au début des années 2000 le zouk se teinte de hip-hop ou de R'n'B et des artistes comme la Martiniquaise Perle Lama connaissent le succès en chantant en français (et non plus en créole).

Bien que beaucoup moins joués aujourd'hui, le compas (Kompa) et la kadans, deux formes distinctes de méringue haïtienne, ont toujours le vent en poupe en Martinique. Les vétérans de La Perfecta, actifs dès les années 1970, en sont un parfait exemple.

L'île regorge d'endroits où écouter du zouk. À Fort-de-France, ce grand complexe qu'est l'Atrium en programme régulièrement. On en entend aussi beaucoup à la Nouvelle Savane, en plein air, autour des petits kiosques ou encore les soirs de concerts au café le **Babaorum** (p.135).

© T PHOTOGRAPHY - SHUTTERSTOCK.COM

Musicien pendant le carnaval de Fort-de-France.

Les musiques actuelles

Amoureuse de musique et attentive à ce que l'ensemble des Caraïbes produit, la Martinique a accueilli à bras grands ouverts le ragga. Produit purement jamaïcain, le ragga (ou *dancehall*) a vite trouvé ses marques en Martinique et de nombreux artistes locaux font et ont fait date : Kalash, qui a collaboré avec le rappeur Booba, Matinda, le pionnier, Paille reconnaissable à son chapeau (de paille...) ou encore X-MAN un temps considéré comme un des meilleurs de sa génération.

Si les concerts ragga se déroulent majoritairement à l'Atrium, de très bonnes soirées avec DJ peuvent avoir lieu dans des clubs comme le Cosmopolite de Rivière-Salée ou (plus chic) le **Kinky Mango** (p.156) du Lamentin. Autrement, poser quelques questions au marché rasta de Saint-Pierre permettra de connaître les meilleurs tuyaux et d'acheter quelques bons albums.

Danse

Autre pan de culture largement connu et développé de l'île : la danse. Entre zouk, *bèlè*, biguine, kalenda, mazurka, les possibilités d'expression physique ne manquent pas et l'île propose aussi à voir quelques formes singulières et typiques. Parmi elles, la *mazouk* (ou mazurka créole), danse où le cavalier enlace sa partenaire au plus près du corps, est l'une des plus sensuelles. Le *ladja*, quant à lui, frappe par sa proximité avec la *capoeira* brésilienne. Cette danse de combat accompagnée de tambour et chant, aussi appelée *danmyé*, fut interdite au moment de la départementalisation avant de connaître un regain dans les années 1980.

Initialement peuplée d'indiens, la Martinique abrite aujourd'hui des habitants issus d'origines différentes, un métissage lié pour partie à l'esclavage imposé par les Français qui se sont emparés de l'île en 1635. Ici, peut-être plus qu'ailleurs, la question de l'identité n'a cessé d'alimenter une littérature qui, plus souvent qu'à son tour, s'est faite philosophie. Après l'abolition, obtenue de haute lutte, les écrivains n'ont cessé d'interroger les conséquences de la colonisation sur l'âme du peuple noir. Ainsi, après le rejet du « doudouisme » qui flattait les fantasmes métropolitains, les écrits sont devenus politiques. René Maran, dès 1921 avec son roman *Batouala*, pointait du doigt les dérives du colonialisme, quelques années plus tard Aimé Césaire définira la notion de négritude, un concept qui ne cessera dès lors d'évoluer et d'inspirer d'autres maintes nuances et diverses pistes de réflexion.

Au temps de l'esclavage

Île aux femmes ou île aux fleurs - ce qui pour un esprit romantique relèverait presque de l'analogie -, la Martinique ancestrale garde encore ses secrets. Tout juste la sait-on habitée depuis des millénaires, mais ce n'est qu'à notre ère que se nomment les peuples qui y vivent : Arawaks, Caraïbes. La légende personnifie l'arrivée inaugurale d'un Européen sous les traits de Christophe Colomb le 15 juin 1502, pourtant l'île figurait déjà sur cartes maritimes antérieures. Enfin, mystère là encore, c'est un auteur dont l'identité reste inconnue, l'Anonyme de Carpentras, qui la cite pour la première fois dans sa *Relation d'un voyage infortuné fait aux Indes occidentales* dans laquelle il raconte ses péripéties entre 1618 et 1620, ses rencontres avec les indiens autochtones, une grosse décennie avant que les Français ne décident de s'emparer de Matinino qui deviendra Martinique.

Dès lors, la conquête par Pierre Belain d'Esnambuc, en ce 15 septembre 1635, augure des différentes vagues d'immigration qui donneront naissance à une population métissée qui s'élève aujourd'hui à 375 000 habitants. Ceux-ci sont pour partie descendants des colons, on leur donne alors le surnom de Béké, mais également des affranchis, car l'île sera aux prises avec l'esclavage qui sévira jusqu'au milieu du XIXe siècle.

Si les peuples se mêlent, parfois contraints et forcés, la littérature s'imprègne de ces influences et la langue à son tour se réinvente en créole. C'est de ce langage que naissent certaines des premières pages écrites en Martinique, là où la tradition orale se gardait jusqu'alors la part belle, s'inventant dans les contes qui mettaient en scène les héros populaires, de Ti-Jean à Compé Zamba, de Misyé Li Wa à Manman Dlo. Le lecteur curieux s'aventu-

Les indiens Arawaks, premiers habitants de l'Île.

© PACKSHOT - SHUTTERSTOCK.COM

Bibliothèque Schoelcher.

rera sur le site Gallica de la Bibliothèque Nationale de France sur lequel il pourra consulter à loisir *Les Bambous : Fables de La Fontaine travesties en patois créole par un vieux commandeur*. Nées au sein d'un groupe d'amis réunis par François-Achille Marbot, ces variations de style furent imprimées en 1846 et initièrent des publications en créole qui n'ont jamais cessé jusqu'à nos jours.

Impossible, néanmoins, d'appréhender la littérature martiniquaise sans prendre en considération un texte antérieur, *Les Amours de Zémédare et Carina*, œuvre d'Auguste Prévost de Sansac de Traversay datée de 1806 qui, bien que boudée depuis sa parution, sert pourtant d'intéressant contrepoint au célèbre *Paul et Virginie* de Bernardin de Saint-Pierre (1788). Dans ce dernier, roman mondialement célébré qui use de l'île Maurice comme décor là où l'auteur aurait pu tout aussi bien camper la Martinique qu'il connaissait pour y avoir voyagé avec son oncle dans sa prime adolescence, naît le fantasme du paradis perdu, vision idéalisée d'un Métropolitain sur les îles du bout du monde et, sans doute, vision en partie utopique sur les colonies et les rapports, pourtant reconnus comme empreints de domination, qu'entretiennent ceux qui y vivent.

Sous ses abords sentimentaux, le roman de Traversay prône un autre idéal, un patriotisme qui s'affirme dans l'union entre les Antilles et la France et s'incarne dans le destin de Joséphine de Beauharnais, née aux Trois-Îlets en 1763, future impératrice de France. Ces deux auteurs, chacun au faîte de son horizon, avaient peut-être envisagé que la situation ne pourrait perdurer sans fracas, et l'histoire leur donna raison. L'abolition ne se fit effectivement pas sans mal : proclamée le 27 avril 1848 lorsque le ministre François Arago apposa sa signature sur les décrets rédigés par Victor Schœlcher, elle devait entrer en vigueur deux mois plus tard mais des émeutes en précipitèrent en Martinique sa mise en application. De cette fracture, et de la réflexion sur l'esclavage puis sur le colonialisme qui s'en suivra, vont découler les grands mouvements littéraires qui s'inventeront ici au cours du XXe siècle.

Le temps de la réflexion

Jusqu'aux années 1920 se dessinent deux courants assez consensuels, la littérature *béké* d'un côté s'inspire résolument des écrivains français tant par la forme que par le fond, de l'autre s'écrivent des textes « exotiques » qui font fi des réalités et leur préfèrent des clichés convenus qui plaisent aux métropolitains. Cette vision tronquée se retrouvera dans tous les territoires d'outre-mer et est désormais désignée par un terme plutôt péjoratif, le « doudouisme », auquel est rattachée par exemple l'œuvre du poète Daniel Thaly qui, durant sa vie, oscilla entre la Dominique anglophone où il était né en 1879 et la Martinique où il occupa le poste de conservateur au sein de la bibliothèque Schœlcher. Mais le mois de mai 1921 allait voir paraître un livre qui fera évoluer cette littérature en lui octroyant un tour autrement plus politique.

C'est sur l'océan que naît René Maran en 1887, élevé successivement en Martinique et à Bordeaux. Devenu administrateur en Oubangui-Chari, territoire français d'Afrique centrale, il délaisse un temps la poésie pour écrire un roman, *Batouala*, qui recevra le prix Goncourt l'année de sa parution aux éditions Albin Michel et fera de Maran le premier auteur noir à être couronné par cette distinction. Sous couvert d'une rivalité amoureuse, dans son histoire se dresse en filigrane une violente dénonciation des excès du colonialisme, ce n'est pourtant sans doute pas par principe que l'auteur finira par quitter l'administration pour laquelle il travaillait, mais pour se consacrer à l'écriture journalistique et littéraire.

Bien que dans sa correspondance privée il lui arrivait de se montrer de temps à autre critique vis-à-vis de la France, l'homme n'en demeurera pas moins patriote. Il aura, de fait, d'autant plus de mal à se reconnaître dans un nouveau mouvement en train d'émerger, celui de la Négritude, qui lui attribuera un rôle de précurseur qu'il refusera d'endosser, se déclarant humaniste et redoutant, avant toute chose, le rejet de l'autre. Autant dire que les conversations auxquelles assistèrent les salons de Paulette Nardal (1896-1985), au 7 de la rue Hébert à Clamart, furent certainement passionnantes quand elle présenta, dans les années 1930, René Maran à un tout jeune homme, Aimé Césaire, né en 1913 à Basse-Pointe et venu en métropole poursuivre ses études.

À la même époque, en 1932, paraît l'unique numéro d'une revue qui allait, quant à elle, véritablement confirmer qu'un nouveau virage avait été pris : *Légitime Défense*. Initiée par un groupe de jeunes intellectuels martiniquais qui se réclamaient du communisme tout autant que du surréalisme, cette publication se voulait manifeste et dénonçait les dangers de l'assimilation, c'est-à-dire la contorsion de « l'âme blanche dans un corps noir », conséquence directe de la colonisation. Parmi les signataires - Étienne Léro, Simone Yoyotte, Thélus Léro ou encore Jules-Marcel Monnerot - se détache le nom de René Ménil (1907-2004) qui, quelques années plus tard, en 1941, se retrouvera fer de lance d'un nouveau projet éditorial, *Tropiques*, en compagnie d'Aimé Césaire et de l'épouse de celui-ci, Suzanne. Aimé Césaire a, en effet, de son côté, poursuivi les idées qu'il avait pu développer dans le cercle littéraire créé par Paulette Nardal. En 1934, entouré notamment de Léon Gontran Damas et de Léopold Sédar Senghor, il fonde le journal *L'Étudiant noir*, dans lequel apparaît pour la première fois le terme de négritude, un concept qui englobe le refus de l'assimilation mais se teinte, en outre, d'une revendication de l'identité noire. Maintes fois repris, en divers points du globe, il deviendra sous la plume de Sartre une formule restée célèbre : « la négation de la négation de l'homme noir », c'est-à-dire la reconnaissance de la tentative d'annihilation, par l'esclavage puis par la colonisation, d'une culture qui désormais compte bien s'imposer.

Frantz Fanon.

C'est à nouveau à la censure que sont confrontés Aimé Césaire et les siens quand le régime de Vichy freine la publication de *Tropiques*, mais l'écrivain est plein de ressources, il est ainsi brillant orateur, et l'après-guerre le voit prendre des responsabilités politiques puisqu'il est en 1945 élu maire de Fort-de-France et, par la suite, député, mandat qu'il occupera jusqu'aux années 1990. Sur ce nouveau terrain, il est soutenu par un jeune Martiniquais, Frantz Fanon (1925-1961), qui se destine à devenir psychiatre. La période où celui-ci vivra en Algérie l'incitera à réfléchir aux conséquences de la colonisation, à cette « dépersonnalisation » qui fait du colonisé un être brimé par les préjugés du colon, et à ce sentiment d'infériorité qui devient névrose à laquelle il faut trouver réponse au temps de la décolonisation. Ses deux œuvres principales, *Peau noire, masques blancs* (1952) et *Les Damnés de la Terre*, paru quelques jours avant sa mort précoce en 1961, offrent toujours matière à réflexion. Un prix littéraire portera son nom et sera décerné en 1994 à un Martiniquais qui, bien que plus discret, est certainement l'un des plus représentatifs de la littérature antillaise : Joseph Zobel (1915-2006) qui fit de son enfance le matériau de son célèbre roman *La Rue Cases-Nègres* paru en 1950.

D'autres écrivains et philosophes poursuivront le cours des réflexions entamées. Ainsi, Édouard Glissant (1928-2011) développera le concept d'antillanité et ouvrira la voie de la relation en élaborant le Tout-Monde, espace de rencontre ouvert aux différences qui rapprochent. Après lui, trois écrivains creuseront la notion de créolité. Ils œuvreront concrètement pour la reconnaissance d'une langue et d'une culture, ainsi Jean Bernabé, linguiste, interviendra pour que le créole entre à l'université et fondera en 1973 le GÉREC (Groupe d'études et de recherche en espace créole), tandis que Raphaël Confiant publiera le premier dictionnaire créole martiniquais et usera de cette langue pour rédiger ses premiers romans. Leur *Éloge de la Créolité* (1989) recueillera tout de même la critique d'être trop élitiste, un argument auquel sera particulièrement sensible le troisième signataire, Patrick Chamoiseau, qui se rapprochera des thèses de son ami Édouard Glissant. Patrick Chamoiseau, né en 1953 à Fort-de-France, a par ailleurs remporté le prix Goncourt en 1992 pour son roman *Texaco*.

TOP 10

LECTURE

Depuis les débuts du XXe siècle, la littérature martiniquaise a vu fleurir de belles plumes dont la réputation dépasse largement les limites naturelles de l'île. Chaque lecteur aura tout le loisir de se plonger dans un roman, un recueil de poésie ou, pourquoi pas, une méthode de langue pour s'initier au créole.

CAHIER D'UN RETOUR AU PAYS NATAL

La réédition attendue du premier texte inaugural du mouvement de la Négritude, ou l'affirmation d'un peuple, et d'une voix.
Aimé Césaire, Éditions Présence Africaine.

LES SINGES ROUGES

Encore une fois la question de l'identité hante le romancier qui s'attache aux pas d'une petite fille entre la Martinique et la Guyane.
Philippe Annocque, *Éditions Quidam.*

IL ÉTAIT UNE FOIS LA MARTINIQUE

Un conte qui séduira les petits et les grands, où la montagne Pelée devient la demeure d'Antan lontan, déesse du feu.
Danièle Fossette et Stéphane Conseil, *Éditions Orphie.*

MARTINIQUE VUE DU CIEL

L'écrivain pose ses mots sur le travail de la photographe et en profite pour faire entendre son admiration autant que son inquiétude quant à l'avenir de son île.
Anne Chopin et Patrick Chamoiseau, *Éditions Hervé Chopin.*

TEXACO

Du drame de l'esclavage aux problématiques de la société contemporaine, l'histoire d'un peuple dans ses petites et grandes histoires.
Patrick Chamoiseau, *Éditions Folio.*

GRAND CAFÉ MARTINIQUE

Au XVIIIe siècle, un jeune mousse décide d'initier à la Martinique la culture du café, une histoire rocambolesque et pourtant véridique.
Raphaël Confiant, *Éditions Mercure de France.*

CYPARIS, LE PRISONNIER DE SAINT-PIERRE

A travers le destin du seul rescapé de la catastrophe de 1902, c'est l'époque faste du « Petit Paris des Antilles » que retrace ce superbe roman graphique.
Lucas Vallerie, *La Boîte à Bulles.*

TOUT-MONDE

En maints portraits, ce roman se décrit comme une « anthologie de toutes les sortes de voyages possibles, hormis ceux de la conquête ».
Édouard Glissant, *Éditions Gallimard.*

JARDINS DE LA MARTINIQUE

L'île aux fleurs est devenue au fil des siècles île de jardins, une nature exceptionnelle à laquelle rendent hommage les illustrations de cet ouvrage.
Isabelle Specht, *Éditions Hervé Chopin.*

BLOGODO !

L'écrivain rend hommage aux onomatopées de Martinique et en dresse l'inventaire avant qu'elles ne disparaissent complètement.
Raphaël Confiant, *Éditions Caraïbéditions.*

À L'ÉCRAN

Si la Martinique est connue pour ses paysages de rêve, son identité antillaise déclinée à travers les vêtements, les danses, la musique et la gastronomie, il ne faut pas pour autant oublier son histoire avec le cinéma. L'île aux fleurs est apparue sur les écrans dans l'Hexagone dans les années 1950, avec la projection notamment de *La Montagne verte* de Jean Lehérissey. C'est à cette occasion que le public découvre un territoire d'une région du monde encore mal connue, mais aussi une histoire mouvementée. Si l'esclavagisme et le colonialisme ont été portés à l'écran à diverses périodes de l'histoire contemporaine, ce sont désormais principalement les paysages paradisiaques de l'île, entre mer et montagnes, qui attirent certains producteurs pour des tournages. Le cinéma est aussi célébré à divers moments de l'année, à l'occasion de festivals qui présentent le 7e art sous toutes ses formes et qui ne cessent d'attirer le public en nombre.

Un cinéma engagé

La Martinique est une île des Antilles à l'histoire complexe, et c'est pour mieux la comprendre que certains réalisateurs ont souhaité la porter à l'écran. Dans la catégorie du cinéma qui se veut engagé, nous pouvons donc citer *La Montage verte* de Jean Lehérissey (1950). Ce documentaire de 35 minutes est un passionnant reportage sur l'abolition de l'esclavage aux Antilles françaises. Il relate notamment la façon dont les esclaves noirs ont été les principaux acteurs de leur sort et de leur histoire. En 1983, c'est le film *La Rue case-nègres,* de la réalisatrice locale Euzhan Palcy, qui se fait remarquer et récompenser d'un Lion d'Argent (en 1983) à Venise, puis du César de la meilleure première œuvre (en 1984). Le film, tiré d'un roman, raconte l'histoire d'un enfant noir que sa grand-mère et son instituteur encouragent à étudier dans la Martinique agricole du début des années 1930. En 2004, le réalisateur martiniquais Guy Deslauriers produit *Biguine*, long-métrage qui prend place à la fin du XIXe siècle et au cours duquel un couple de musiciens abandonne la plantation dans laquelle ils travaillent pour s'installer dans la ville culturelle de Saint-Pierre. Souhaitant vivre de leur passion, ils vont vite se rendre compte que leur musique folklorique de plantation est rejetée au profit de la musique venue d'Occident. En 2009, le même réalisateur produit le film *Aliker.* Celui-ci met en avant l'histoire vraie d'André Aliker, militant communiste martiniquais qui prit la tête de l'organe de presse du parti et n'hésita pas à dévoiler plusieurs scandales, jusqu'à en payer le prix fort.

Saint-Pierre, lieu de tournage du film L'Affaire Thomas Crown en 1999.

La Martinique comme décor de cinéma

Île aux paysages variés, la Martinique sert aussi de décor pour le tournage de films entiers ou de quelques scènes. En 1971, c'est en Martinique que les rescapés du polar *Laisse aller... c'est une valse* de Georges Lautner partagent leur butin. On peut ainsi voir des paysages dans *Promotion canapé*, la célèbre comédie française réalisée par Didier Kaminka et sortie en 1990. En 1999, le remake de *L'Affaire Thomas Crown* s'est déroulé à Saint-Pierre, mais aussi sur l'aéroport de Fort-de-France. Citons aussi *30° Couleur,* réalisé en 2012 par Lucien Jean-Baptiste et Philippe Larue. Ce film pétillant met en scène un historien réputé qui, s'il a oublié ses racines martiniquaises depuis son arrivée en Métropole, part en urgence avec sa fille sur l'île au moment du carnaval pour voir sa mère mourante.

Les festivals de cinéma

La Martinique accueille plusieurs temps forts autour du cinéma, à l'image de l'incontournable Festival international du Film Documentaire de la Martinique, qui prend place en avril dans plusieurs communes et plonge le public au cœur de l'histoire et des luttes martiniquaises (www.revoltesdelhistoire.fr) ; le CinéMartinique Festival se tient lui en octobre aux Tropiques Atrium Scène Nationale et permet de vivre le cinéma dans toute sa diversité (www.tropiques-atrium.fr).

POPULATION

Avec près de 400 000 habitants, la Martinique est constituée d'une mosaïque de communautés pluriethniques, issues d'un métissage qui participe à la singularité de l'île. On y croise des noirs, des métis, des hindous, des békés, des descendants de Syriens fuyant les conflits du Moyen-Orient, des « métros » ou encore des immigrés caribéens en quête d'un avenir meilleur. A l'origine peuplée par des tribus amérindiennes, la société martiniquaise s'est construite sur les ruines du système esclavagiste, faisant se côtoyer sur un territoire cinq fois plus petit que la métropole des populations extrêmement différentes, qui ont appris au fil du temps à cohabiter. Il en résulte l'apparition d'une culture créole, née de la rencontre entre traditions précolombiennes, africaines, européennes et bien sûr caribéennes. Tous parlent ou comprennent le créole, une langue plurielle qui dépasse largement le cadre de la Martinique et des Antilles.

Une terre de métissage

Occupant une position stratégique au cœur de l'archipel des Petites Antilles, la Martinique a été peuplée par vagues d'immigrations successives : d'abord par des tribus amérindiennes provenant d'Amérique du Sud, puis par les colons européens, par les Africains victimes de la traite négrière, et enfin, plus tard, par les Hindous, les Asiatiques, les Moyen-Orientaux et les Caribéens. Dans ce tableau pluriculturel évolue une population plutôt jeune, essentiellement citadine (un quart des Martiniquais vit à Fort-de-France), de confessions religieuses différentes, même si le catholicisme domine largement en Martinique.

Les Amérindiens. Présentes dès 2000 avant notre ère, les différentes tribus amérindiennes (Arawaks, Tainos et Caraïbes) ont toutes été éradiquées par les colons européens ou par les maladies qu'ils apportèrent. Cependant, les pratiques et traditions héritées de ces populations précolombiennes demeurent bien vivaces en Martinique. Fins connaisseurs de la nature, les Amérindiens ont introduit une grande partie des végétaux aujourd'hui consommés sur l'île (mangue, ananas, avocat…). C'est à eux que l'on doit aussi certaines pratiques, comme la culture sur brûlis, l'art de consommer le manioc ou de tresser la vannerie.

Les Noirs et les Métis. Ce sont les descendants des Africains arrachés à leur terre natale pour venir travailler dans les plantations. Ils représentent près de 90 % de la population martiniquaise, un groupe très hétérogène fortement métissé. Quant au terme mulâtre, il désigne au départ les enfants illégitimes des maîtres blancs et des femmes noires. Si le terme est péjoratif et raciste en anglais et très peu usité en métropole (on lui préfère le terme métis, mais qui a une acception plus large), il est courant aux Antilles. Beaucoup de ces mulâtres occupent aujourd'hui des postes à responsabilité et exercent des professions libérales respectées (avocats, médecins…).

Les Békés. Issus des premiers colons européens venus s'installer sur l'île à partir du début du XVIIe siècle au cœur de la traite négrière pour cultiver la canne à sucre, les Békés (ou blancs-pays) sont des Blancs « nés à la Martinique, dont la famille a habité l'île depuis plusieurs générations ». Ils forment aujourd'hui une population d'environ 3 000 personnes. Dans les faits, seule une minorité provient de la noblesse, et la plupart des Békés descendent d'aventuriers ou d'engagés. Au fil du temps, ces colons ont fini par former une certaine aristocratie de propriétaires largement indemnisés au moment de l'abolition de l'esclavage pour compenser à l'époque ce qui était perçu comme la perte d'une main-d'œuvre bon marché.

Martiniquaise du XIXe siècle.

DÉCOUVRIR

La rue de la République à Fort-de-France.

Même s'ils n'ont plus le monopole économique (une grande bourgeoisie noire, métisse, indienne et chinoise a émergé dans les années 1990 et des investisseurs métropolitains se sont installés sur l'île), ils constituent une minorité dominante qui conserve encore de nombreuses exploitations de bananes et de cannes à sucre. Beaucoup se sont reconvertis dans le secteur de la grande distribution (alimentation, concession automobile...) ou font partie des cadres dirigeants dans les grandes entreprises de l'île. Certains se préservent des incertitudes économiques des Antilles en investissant ailleurs, en métropole, aux Etats-Unis, en République dominicaine et au Canada. Les Békés parlent le français mais aussi le créole.

Illustration d'une femme martiniquaise au XIXe siècle.

Les Chinois, les Syriens et les Libanais. Originaires du sud de l'Empire du Milieu, les Chinois sont arrivés en Martinique par trois vagues d'immigration successives. La première dans les années 1860, la deuxième entre 1920 et 1970, et la troisième dans les années 1980. Souvent très pauvres à l'arrivée, ces communautés parfaitement intégrées et parlant le créole ont rapidement délaissé les campagnes pour investir le tissu économique à travers les supermarchés, restaurants ou petites boutiques d'alimentation.

A partir des années 1880, les premiers Libanais et Syriens débarquent en Martinique, s'inscrivant dans le vaste mouvement migratoire en direction de l'Amérique latine et des États-Unis. Majoritairement chrétiens, ils formaient à l'origine une communauté de commerçants ambulants (vêtements, tissus, bijoux…) qui parcouraient les campagnes. Ils se sont finalement sédentarisés dans les grandes rues commerçantes de Fort-de-France.

Les Hindous. L'abolition de l'esclavage en 1848 va entraîner de nouvelles filières d'immigration : la France passe des accords avec le gouvernement anglo-indien et des Indiens, appelés « Coolies » ou « Malabars », s'installent en Martinique. Leur immigration est très réglementée, le gouvernement anglo-indien s'assurant des droits et des avantages des populations qu'il envoie. Les patrons doivent fournir un logement, de la nourriture, des vêtements et un salaire à leurs nouveaux travailleurs. Les premiers moments de l'intégration se font délicats, les Coolies doivent faire face à l'hostilité des Noirs affranchis car ils font baisser les salaires sur le marché du travail. Avec force de temps, ils réussissent cependant à s'intégrer parfaitement à la société antillaise : le colombo, d'origine tamoule, est devenu un plat national antillais, et la langue créole a conquis tous les foyers hindous. Dans les campagnes, les temples indiens se repèrent facilement à leurs mâts multicolores sous lesquels des réceptacles accueillent offrandes, bougies et lampes à huile.

Les « Métros ». Depuis quelques années, les Métropolitains (blancs-France) sont de plus en plus nombreux à venir s'installer en Martinique. Parmi eux, les gendarmes, les militaires et les fonctionnaires forment le gros des troupes, mais pas seulement. Beaucoup de retraités et d'amoureux du soleil viennent tenter leur chance sur l'île aux fleurs tout en cherchant à s'intégrer et se mêler aux autres communautés déjà présentes.

A ces aventuriers pris de passion pour la Martinique s'ajoutent les Martiniquais de métropole, qui reviennent souvent passer leur retraite sur l'île, après des années loin de leur famille.

Les Antillais. Depuis récemment, la Martinique accueille de plus en plus d'Antillais venus de la Dominique, de Sainte-Lucie ou encore d'Haïti. Affichant un niveau de vie plus élevé par rapport à la plupart des îles de l'arc antillais, la Martinique suscite des convoitises chez ces populations espérant y mener une vie plus prospère.

Le créole, symbole du métissage culturel caribéen

Né du besoin de communication entre maîtres blancs et esclaves noirs, le créole est une langue à part entière, dont la portée dépasse les distinctions de classe, de couleur et d'ethnie.

Les origines du créole antillais. Agé de quatre siècles, le créole de la Martinique est un créole antillais (par opposition aux créoles louisianais, guyanais ou bourbonnais). Il est issu des langues maternelles des esclaves africains (qui bien souvent ne se comprenaient pas entre eux, étant originaires de pays différents) et de leur utilisation imparfaite du français, les planteurs ne cherchant pas à leur enseigner la langue et employant un langage rudimentaire pour se faire comprendre. Le créole a également été influencé par l'anglais et l'espagnol, Britanniques et Hispaniques ayant occupé eux aussi la Martinique, et bien entendu par la langue des Amérindiens. La structure grammaticale du créole antillais est africaine, les mots de vocabulaire européens, même si l'on peut reconnaître des mots africains malgré les déformations phonétiques. Pendant des siècles, le créole s'est transmis oralement, de génération en génération, devenant par là même la langue maternelle des descendants d'esclaves. Les plus anciens textes connus en créole remontent au milieu du XVIIIe siècle. Longtemps, le créole a été considéré comme un français mal parlé, simplifié à l'extrême, un vulgaire patois aux intonations étranges, qualifié même de « parler de Nègre »... Sous la Révolution pourtant, un changement s'amorce.

La réhabilitation du créole. Chansons populaires, textes humoristiques et surtout déclarations politiques des envoyés de la Convention écrits en créole voient le jour. On écrit des grammaires, Lafcadio Hearn publie des contes, des feuilletons en créole paraissent dans la presse, comme *Les Mémoires d'un vonvon*, de Tonton Dumoco. Il faut attendre néanmoins la seconde moitié du XXe siècle, grâce notamment au combat d'intellectuels comme Aimé Césaire et Patrick Chamoiseau, pour voir le créole réhabilité : les bandes dessinées créoles déferlent, la pub se transforme, la musique zouk explose. Le combat pour le créole devient un enjeu politique. Fait sans précédent, l'université Antilles-Guyane institue, en 1973, un cours de linguistique créole. Trois ans plus tard est soutenue la première thèse consacrée à la langue créole. En 1981, un institut d'études créoles et francophones s'installe à Aix-en-Provence. Pour fédérer ce courant, chercheurs et pédagogues s'emploient à définir un lexique commun au créole des Antilles, et lancent un nouveau mouvement : Bannzil Kréyôl (Archipel créole). De cette tentative subsiste surtout une fête internationale du créole, le 28 octobre, diversement célébrée. Depuis 2000, les lycéens des académies de Guadeloupe, de Guyane, de Martinique et de Réunion peuvent passer les épreuves obligatoires et facultatives de créole dans leurs académies. C'est le résultat d'un long combat mené par les défenseurs de la langue créole tels Raphaël Confiant, Daniel Boukman, Sylviane Telchid, Hector Poullet et de nombreux autres ardents défenseurs de l'identité antillaise.

© JCH DUSANTER

Marché du Diamant.

DÉCOUVRIR

RELIGIONS

Terre de croyances, la Caraïbe abrite une diversité de communautés et de religions. La Martinique ne fait pas exception, et chacun est libre de pratiquer sa religion comme il l'entend. La ferveur y est très présente, les lieux dédiés au culte sont nombreux, et les célébrations religieuses donnent l'occasion aux familles de se rassembler. Si les croyances rythment la vie quotidienne martiniquaise, il en va de même des traditions qui connaissent un renouveau depuis quelques années. Outre son très célèbre carnaval, haut en couleur, l'île aux fleurs abrite en effet un riche patrimoine immatériel culturel enrichi d'influences amérindiennes, africaines et européennes, à l'origine de pratiques singulières qui se sont transmises oralement au fil du temps : combats de coqs, *bèlè, lasotè*, costumes… Des traditions auxquelles sont très attachés les Martiniquais.

Prédominance du catholicisme

En Martinique, si les confessions religieuses sont nombreuses, c'est la religion catholique qui prédomine. Très présente dans la vie quotidienne, elle joue un rôle fondamental dans la culture martiniquaise. On dénombre une cinquantaine de paroisses à travers tout le territoire et chaque village possède sa propre église. Détruite par un incendie puis reconstruite, la cathédrale Saint-Louis à Fort-de-France est l'une des plus belles des Caraïbes, véritable chef-d'œuvre métallique, destiné à résister à tout jamais aux caprices de Dame Nature.

La messe dominicale attire une foule importante de fidèles qui prennent plaisir à se retrouver et entonner en chœur les chants liturgiques. Outre les pèlerinages et processions, chaque enterrement rassemble toute la commune et les avis d'obsèques sont quotidiennement énoncés après les bulletins d'information.

Fêtes religieuses. Toutes les fêtes du calendrier chrétien sont scrupuleusement célébrées, à commencer par la Toussaint, où tous les cimetières de l'île s'illuminent tandis que, dans les maisons, des bougies sont allumées en souvenir des défunts. L'on vient ainsi en famille trinquer dans les cimetières en mémoire des défunts, en prenant soin de verser une petite goutte de rhum à terre pour faire participer les morts.

De même, la période de restriction liée au carême est particulièrement respectée. La population a l'habitude de se retrouver le dimanche et le lundi de Pâques autour du traditionnel plat, le crabe « matoutou ». Cette tradition est issue de la période esclavagiste : peu friands du crabe pimenté que préparaient autrefois les Amérindiens, les colons obligeaient les esclaves, convertis de force au christianisme, à consommer pendant la période du carême quantité de crustacés plutôt que des viandes grasses. Le dimanche de Pâques, les esclaves célébraient ainsi le « droit » de consommer à nouveau du bœuf et de la volaille en se réunissant autour d'un immense festin destiné à finir les réserves de crabe. C'est ainsi que le crabe « matoutou » est devenu le plat traditionnel pascal en Martinique.

Dès la mi-novembre, c'est toute l'île qui vibre au son des innombrables « chanté Nwel » qui égaient dès la tombée de la nuit les rues et les places publiques, ces chants religieux traditionnels qui célèbrent la naissance du Christ.

Une diversité de confessions

Bien que très pratiqué (plus de 80 % de la population martiniquaise est de confession catholique), le catholicisme coexiste en Martinique avec d'autres religions plus confidentielles, comme les témoins de Jéhovah, les évangélistes baptistes ou les adventistes du septième jour (2e communauté religieuse après les catholiques), qui possèdent leurs propres lieux de culture (le temple Ephèse par exemple). Les Indiens ont également conservé leurs rites, comme la cérémonie sacrificielle de Bon Dié Coolie, où pendant quatre jours se succèdent sacrifices d'animaux et danses rituelles hautes en couleur. Les campagnes martiniquaises recèlent les temples hindouistes, comme à Basse-Pointe, berceau de la communauté tamoule venue entre 1858 et 1885 remplacer la main-d'œuvre esclave. La ville abrite deux temples hindouistes que l'on peut tenter de visiter le dimanche.

Les religions juive et musulmane sont également représentées. Les juifs possèdent même leur synagogue à Schoelcher, et les musulmans, leur mosquée et leur école coranique à Fort-de-France. La Trinité, Saint-Joseph et Sainte-Marie sont les hauts lieux du mysticisme martiniquais où se mêlent et se rejoignent les cultes hindouistes, vaudous, les croyances africaines et européennes. Le mélange est assez détonnant et participe de près à la vie quotidienne, chaque geste, chaque événement ou chaque cérémonie ayant sa part de spiritualité. Quoi qu'il en soit, ce qui compte, c'est avant tout la ferveur religieuse.

« Z'esprits », quimboiseurs et magie noire

En Martinique, les superstitions sont légion. Incontournables de la civilisation antillaise, elles sont le reflet de l'histoire et des composantes diverses de la population. Miracle, magie et autres incantations font partie des croyances fortes, même si les Antillais font souvent semblant de ne rien savoir sur la question.

Les quimboiseurs. C'est ainsi que les « quimboiseurs » ou « gadé z'affaires » locaux sont très populaires en Martinique. Ces sorciers comptent la bonne aventure en interprétant les lignes de vie de la paume de la main, et prescrivent toute sorte de bains corporels, décoctions et amulettes pour éloigner le mauvais sort, assurer bonheur et prospérité, faire revenir l'être aimé ou encore soulager les panaris ! Le quimbois n'est autre qu'un « charme » ou philtre magique qu'administraient autrefois les rebouteux et les guérisseurs. Cette médecine ancestrale, enrichie de savoirs amérindiens et africains, a longtemps été pratiquée sur les habitations et dans les mornes. Sa transmission a été assurée de génération en génération par la personne la plus âgée de la famille, le plus souvent la femme, qui faisait office de thérapeute. Pour trouver la source du mal, les quimboiseurs ont souvent recours à la communication avec les « z'esprits ». Le mythe des « zombis » et « dorlis », ces fameux morts-vivants qui terrorisent les âmes sensibles dans les films de série B, reste toujours bien vivace dans la mythologie antillaise. Il désigne des personnages diaboliques, des défunts qui errent après leur mort et qui surgissent la nuit au détour des routes peu éclairées et des forêts denses.

Les plantes magiques du jardin créole. Fruit d'une tradition héritée des Amérindiens, des Européens et des Africains, le jardin créole, petit écosystème typique des Antilles destiné à la survie de la famille qui le cultive, abrite lui aussi des plantes cultivées pour des raisons mystiques, disposées selon un ordre précis, suivant leur symbolique ou leur usage. Certaines sont censées apporter protection, chance et bonheur (l'ail, le bois bandé, le pois d'Angole), d'autres la santé et sont associées à des prières, d'autres éloignent les mauvais esprits (le roseau des Indes, l'acacia, l'armoise, le persil), d'autres encore favoriseraient le passage d'une âme lors de la mort (la fougère queue de poisson). Opérant un retour en force remarqué en Martinique, le jardin créole est ainsi porteur d'une dimension magico-religieuse très forte. Ce n'est d'ailleurs pas un hasard si c'est à la femme, gardienne des traditions, tout particulièrement dans la société matrifocale martiniquaise, que revient le soin exclusif de ce jardin.

© T PHOTOGRAPHY - SHUTTERSTOCK.COM

La parade du mardi-gras pendant le carnaval.

Le retour en force des traditions

Fidèle à ses traditions, la Martinique possède un patrimoine immatériel culturel fort, qui s'est transmis oralement de génération en génération et auquel la population est très attachée. Ainsi en va-t-il du costume traditionnel, des combats de coqs, et des pratiques solidaires, sans oublier bien sûr le carnaval.

Le costume martiniquais. Fruit de la rencontre entre style indien (le tissu de madras) et style européen (le corsage et les jupons), le costume martiniquais a longtemps été l'apanage des esclaves. Un luxe qui, dans un premier temps, fut mal accepté par l'administration coloniale. D'un tissu brillant, le grand costume de cérémonie se compose d'un corsage froncé et d'une jupe large pincée de côté pour découvrir le jupon. De moins en moins porté, le costume féminin traditionnel a été progressivement abandonné au profit de tenues plus contemporaines. On peut néanmoins encore apercevoir quelques silhouettes joliment parées de bijoux, de coiffe et de jupons de madras dans les grandes occasions ou pour la messe. Quelques modèles anciens sont visibles au musée régional d'Art et d'Ethnographie de Fort-de-France.

Combats de coqs, une tradition controversée. Appelés communément « pitt » selon la diction anglaise, les combats de coqs sont l'un des passe-temps favoris des Martiniquais, ou plutôt d'un certain public généralement masculin. C'est dans l'ambiance brûlante d'un « dimanch bomaten » que, lâchés dans l'arène, deux coqs se livrent un combat parfois très sanglant. Âmes sensibles s'abstenir ! A éviter absolument avec des enfants.

DÉCOUVRIR

Au premier rang, sous la fournaise de la tôle ondulée, les juges et leurs aides font signe aux invités de s'installer dans un bric-à-brac de planches multicolores. Au centre de cette invraisemblable construction, l'arène est d'un diamètre de 4 m à 10 m dans lequel tous les espoirs sont permis. En terre battue, elle est le plus souvent recouverte de moquette rouge, verte ou bleue pour éviter les tempêtes de poussière. Séparé des gradins du public comme il se doit, le cercle est agrémenté d'une ou deux portes d'accès permettant aux patrons, jurés et arbitres de s'affairer aux préparatifs de la joute. Au centre de ce charivari, dans un compartiment hissé d'un coup de corde au plafond, coq « chien » et coq « major » sont enfin libérés. Nourris à grand renfort de sardines mélangées, les coqs, la cape coiffée, attendent leur tour dans des « calojs » (petits boxes) numérotées. Dès lors s'engage un combat sans merci pendant lequel les parieurs, accrochés à la rambarde capitonnée, la gorge déployée, encouragent leur champion. Les paris s'enchaînent et les voix s'élèvent, sur fond d'envolée de plumes, de cris et d'ergots acérés. Parfois une mangouste et un serpent remplacent les deux volailles. L'ambiance frôle l'excitation d'un stade pendant un match de foot.

Cette attraction, même si elle fait partie de la tradition martiniquaise, est sujette à controverse pour des questions évidentes de respect du bien-être animal. Le Conseil constitutionnel a d'ailleurs confirmé l'interdiction d'ouvrir sur le territoire national de nouveaux gallodromes. Cela autorise implicitement ceux existant à poursuivre leurs activités. L'objectif est de les voir disparaître peu à peu et que cette tradition s'essouffle avec le temps. Même s'ils ne ressortent jamais indemnes de ces combats, il est rare que les animaux décèdent (ils valent trop cher !). Les « pitt » se terminent souvent par un *bèlè* improvisé au centre de l'arène qui se mue en piste de danse.

Le *bèlè*. Depuis quelques années en effet, la Martinique se réconcilie avec son passé. Des pratiques longtemps considérées comme honteuses car héritées du temps des colonies refont surface et connaissent un renouveau. C'est le cas du *bèlè*, un ensemble de musiques, de chants créoles et de danses rythmés par le *tambouyé* (le joueur de tambour). Appelé aussi « bel air », le *bèlè* a fait son apparition pendant la période coloniale et permettait de travailler les champs souvent éloignés les uns des autres en musique, tout en racontant l'histoire de l'île et des communautés. Longtemps délaissé, le *bèlè*, symbole d'entraide et de partage, fait aujourd'hui un retour en force en Martinique qui compte trois principaux foyers : au nord caraïbe (Basse-Pointe et ses environs), à Sainte-Marie, et au sud de l'île, aux Anses-d'Arlet.

Le *lasotè*. Même regain de dynamisme pour le *lasotè* (littéralement « à l'assaut de la terre »), une tradition qui a émergé après l'abolition de l'esclavage en 1848, lorsqu'une petite paysannerie à faibles revenus a hérité de terrains pentus difficilement exploitables. On faisait alors appel à ses pairs qui, en cadence, levaient leurs outils en chœur et les écrasaient dans la terre, encouragés par le rythme du tambour pour ne pas relâcher leurs efforts. Cette pratique de labour collectif qui décuple la solidarité et la fraternité s'est étiolée dans la seconde moitié du XXe siècle avec le départ des populations vers les villes, mais à la faveur de quelques passionnés, comme l'association Lasotè à Fonds-Saint-Denis, elle opère un retour remarqué en Martinique, dans un esprit d'échange et de transmission de ces savoir-faire et savoir-être.

Le carnaval de Martinique. Enfin, impossible de parler des traditions martiniquaises sans évoquer le carnaval, la plus grande fête populaire de l'année, véritable liesse qui emporte l'île entière dans son sillon. Venu d'Europe, le carnaval fut introduit sur l'île par les colons français au XVIIe siècle ; les esclaves prirent tout de suite le goût de fêter dans l'euphorie générale les derniers jours avant le carême. Déguisés (parfois en maîtres), les esclaves défilaient en convois (l'ancêtre du vidé) et vivaient ce moment comme une parenthèse de liberté. A partir de la libération de 1848, cette tradition est célébrée chaque année dans l'euphorie générale. C'est dans les rues que vont naître les principaux personnages du carnaval martiniquais (Caroline Zié Loli, Mariann La Po Fig...). A partir de 1950, la place de la Savane ne suffit plus à contenir la foule, toujours plus nombreuse à venir célébrer le carnaval. Du dimanche au mercredi précédant les Cendres, la Martinique est en effet à l'arrêt et ne vit que pour et par son carnaval, symbole de trêve dans la vie quotidienne. L'événement démarre le vendredi qui suit le jour des Rois (l'Epiphanie) et se termine le mercredi des Cendres. Pendant les semaines qui précèdent le carnaval ont lieu les élections des rois et des reines de la manifestation des communes de la Martinique, de certains lycées ou quartiers qui viendront fièrement représenter leurs localités dans les grands vidés (parades dans les rues sur des rythmes de carnaval au son des sonos des chars ou des groupes à pied) de Fort-de-France ou de la Parade du Sud. Au cœur du carnaval, chaque journée est unique : lundi et ses mariages burlesques, Mardi gras marqué d'un rouge et noir diabolique, mercredi des Cendres en noir et blanc en signe de deuil (c'est le jour où l'on brûle Vaval, le roi du carnaval). Jours et nuits se succèdent donc dans une atmosphère de frénésie et de joie, expiatrice avant le carême, très observé.

QUE RAPPORTER ?

Riche d'une culture métisse où convergent de multiples influences, amérindiennes, africaines, américaines, européennes et indiennes, la Martinique peut se targuer d'avoir un artisanat coloré. Les méthodes ancestrales demeurent vivaces. Les artisans conservent jalousement leurs techniques qui se transmettent souvent au sein de la cellule familiale, de génération en génération, comme la fabrication du chapeau *bakoua* traditionnel. Objets en feuilles de cocotier, en calebasse, bijoux, tissus madras, coiffes, épices *péyi*, fleurs coupées, et bien sûr du rhum (blanc, vieux, ambré ou revisité sous forme de liqueur)... Côté souvenirs, vous ne rentrerez pas bredouille de l'île aux fleurs, en plus de vos clichés paradisiaques. Un conseil : prévoyez un peu de place dans votre valise pour pouvoir rapporter l'un des innombrables trésors *made in* Martinique, et surtout beaucoup de soleil, dans votre smartphone mais aussi dans votre cœur !

Le rhum

Impossible de repartir de la Martinique sans lui : le rhum agricole martiniquais fait partie des meilleurs au monde. C'est en effet le seul rhum à bénéficier d'une Appellation d'Origine Contrôlée avec un cahier des charges strict qui garantit la provenance de la canne et surtout le respect d'un processus de fabrication de qualité. Qu'il soit blanc, ambré ou vieux (voire très vieux ou même extra vieux), une bouteille ou un BIB de ce divin breuvage des îles fera forcément plaisir. Sachez que l'on peut transporter dans ses valises au maximum dix litres de rhum par personne.

On peut aussi rapporter l'accessoire qui va avec le rhum : le bois lélé (« bwa lélé »). Ce sont les indiens caraïbes qui utilisaient ce petit bâton pour mélanger les liquides. Issu du *Quararibea turbinata*, un petit arbre qui pousse dans les forêts caribéennes, le bois lélé sert à « léler », c'est-à-dire à touiller les boissons et cocktails à base de rhum. Une habitude exclusivement martiniquaise. On en trouve sur tous les marchés et dans les boutiques d'artisanat. Il s'achète généralement par botte ou à l'unité (environ 2 € pièce).

Douceurs des îles

Peu encombrantes dans les valises, les douceurs créoles, sucrées ou salées, sont des valeurs sûres côté souvenirs. Du panier gourmand rempli de confiseries *péyi* (*filibos, lotchios*) au petit pot de confiture aux fruits exotiques (mangue, ananas, carambole, papaye, gelée de coco ou de goyave), les spécialités locales font toujours le bonheur des papilles.

Chocolat et café. On n'oubliera pas les tablettes de chocolat élaborées à partir de fèves de cacao 100 % martiniquaises. Une prouesse réalisée par l'association Valcaco qui, depuis 2012, œuvre à la relance d'une filière cacao d'excellence en Martinique. Les fèves de cacao de Valcaco ont en effet été inscrites parmi les 18 meilleures mondiales au Concours des International Cocoa Awards au Salon du chocolat de Paris. A retrouver chez les frères Lauzéat.

© PACK-SHOT - SHUTTERSTOCK.COM

Epices sur le marché.

© T PHOTOGRAPHY - SHUTTERSTOCK.COM

Bouteilles de punch sur le marché.

Si vous craignez que les chocolats supportent mal le trajet, vous pouvez toujours vous rabattre sur le bâton de « kako » ou de cacao pur avec lequel on peut préparer le délicieux chocolat chaud servi lors de la première communion avec un pain au beurre, une institution en Martinique. Le bâton *kako* s'utilise râpé en poudre ou fondu pour préparer un délicieux chocolat chaud au coin du feu.

Vous pouvez aussi rapporter du café *made in* Martinique, un Arabica Typica grand cru mondialement recherché, rare et goûteux, aux arômes fins et parfumés. De quoi bien démarrer la journée une fois de retour de vacances !

Epices. Pour mettre un peu de soleil dans vos préparations, misez sur les épices et les piments séchés. Feuilles de gros thym, de bois d'Inde, colombo, piment et sauce chien en poudre, voilà quelques idées de souvenirs peu encombrants pour tenter des recettes antillaises à la maison ! Sans oublier bien sûr de rapporter de la vanille martiniquaise : on la reconnaît à ses énormes gousses noires très parfumées. Pour conserver l'onctuosité des gousses, disposez-les dans un pot avec un fond de rhum. On en trouve sur les marchés (faites-vous bien préciser la provenance, comptez entre 5 et 10 € la gousse). Il y a également la cannelle de Martinique, vendue sous la forme de tuyaux ou d'écorces brunes.

S'il reste un peu de place dans votre valise, embarquez avec vous un livre de recettes créoles, que vous aurez glané dans l'une des librairies de l'île. Ce précieux sésame vous permettra de percer quelques secrets bien gardés de la cuisine créole.

Des trésors de couleurs

Très présent, l'artisanat en Martinique regorge de trésors colorés. Vannerie, peintures, masques, poteries, sculptures inondent les marchés locaux. Quelques boutiques d'artisanat local en proposent également.

Vannerie. Chapeaux *bakoua*, ces fameux couvre-chefs en fibre tressée qu'arborent beaucoup de Martiniquais, paniers de toutes les tailles, corbeilles et bien d'autres objets tressés sont le fruit d'un travail extrêmement minutieux issu d'un savoir-faire ancestral qui se transmet dans les ateliers traditionnels de vannerie, tels que la Vannerie Paille Caraïbe à Morne-des-Esses.

Tissu madras. La Martinique est également célèbre pour ses tenues traditionnelles en tissu madras, cette étoffe en fibres de bananier, de coton et de soie aux couleurs vives, alternant carreaux et rayures. Ce tissu très coloré a été apporté par les Indiens originaires de la ville de Madras, au sud-est de l'Inde, venus vivre en Martinique à la fin du XIXe siècle. Vous trouverez toutes sortes d'articles en tissu madras : masques, casquettes, tabliers, torchons, jupes..., sans oublier les coiffes, nouées, à poser sur la tête. On raconte que la façon dont le tissu était enroulé et le nombre de pointes donnaient une indication sur l'état du cœur de la belle qui le portait autrefois.

Bijoux et artisanat. Moins *flashy* mais tout aussi soigneusement réalisés, beaucoup de bijoux martiniquais sont confectionnés avec des graines de l'île (la graine l'église qui donne des petites perles rouge écarlate, la « Larme de Job » aux reflets nacrés gris bleuté, ou encore la perle couleur caramel de la graine chacha...). Il y en a aussi en coquillages, en pierre de lave ou encore en feuilles de bananier. L'artisanat se décline également à travers des masques en bois, des aquarelles très colorées, sans oublier le *coui*, une demi-calebasse évidée qui peut servir de saladier, une tradition héritée des indiens caraïbes. Nombre d'instruments et de sculptures sont également issus du calebassier, petit arbre tropical réputé pour ses fruits aux parois dures et solides.

« Caribbean touch »

La Martinique est réputée pour ses petits savons artisanaux dont les parfums (ananas, goyave, mangue...) vous rappelleront vos vacances sous les tropiques. À 3 ou 4 € l'unité (ou 10 € la barre), ce petit souvenir « gain de place » fera forcément des heureux et des heureuses. Les plus écolos pourront opter pour des shampoings solides fabriqués localement, ou encore une fragrance à base d'alcool issu de la distillation de la canne à sucre martiniquaise. Fruits d'un savoir-faire précis, ces eaux parfumées exhalent des notes subtiles et gourmandes (le pamplemousse local, le *chadèk*, ou encore la coco). Enfin, vous pourrez toujours emporter avec vous un bouquet de fleurs tropicales : rose de porcelaine, balisier, bec de perroquet, anthurium, acheté et emballé avec le certificat à l'aéroport.

SPORTS ET LOISIRS

Si le football, l'athlétisme ou le cyclisme sont parmi les disciplines les plus populaires en Martinique, les locaux se passionnent aussi depuis des générations pour les courses de yoles, ces bateaux petits et robustes à la curieuse voile carrée. Les combats de coqs sont aussi l'un des passe-temps des Martiniquais, ou plutôt d'un certain public généralement masculin. Mais même faisant partie d'une forte tradition locale, cette attraction est sujette à controverse. Reste que les locaux et les touristes profitent surtout de l'incroyable diversité de la nature martiniquaise. Une nature qui offre de nombreux loisirs : des loisirs bleus comme la mer et ses eaux cristallines, entre balades et croisières, sports nautiques, pêche au gros ou plongée sous-marine, mais aussi des loisirs verts pour profiter d'une nature luxuriante avec ses multiples rivières et cascades et ses sentiers escarpés.

Un paradis balnéaire aux possibilités infinies

Les plages de Martinique ravissent par leur beauté et la diversité de leurs paysages, qu'il s'agisse des plages paisibles du sud caraïbe ou de celles plus tumultueuses de la côte atlantique. Le sable est tantôt d'une blancheur éclatante, tantôt d'un noir intense comme sur les plages volcaniques du nord. A ceux qui n'aiment pas lézarder au soleil et rester inactifs, la mer ouvre ses bras et offre une profusion d'activités nautiques.

Balades en mer. Une journée en bateau à la découverte des côtes martiniquaises ou un peu plus loin, comme vers Sainte-Lucie, l'île voisine située au sud, est un vrai bonheur. Les départs ont lieu principalement de la Pointe-du-Bout (commune des Trois-Ilets), de Sainte-Luce ou de la marina du Marin. Départ le matin vers 9h et retour vers 17h. La journée se déroule généralement en plusieurs temps, avec arrêt baignade et snorkeling et déjeuner à bord, sur une plage ou dans un restaurant.

Les fonds sous-marins en bateau. Cette sortie est conseillée aux personnes accompagnées d'enfants. L'ambiance est familiale et l'excursion permet de découvrir sommairement les fonds marins, les bateaux étant équipés de fond de verre pour admirer la vie sous-marine.

Balades en kayak. La mangrove est une niche écologique pour les oiseaux et pour la reproduction des crustacés, des mollusques et des poissons. Plusieurs zones de mangrove sont accessibles : la Grande-Rivière-Salée, celle du Marin... Sans oublier la côte atlantique du côté du Robert qui vous dévoile les secrets de ses petits îlets cachés. Des prestataires proposent sa visite sous plusieurs formes : en yole ou en kayak. C'est une merveilleuse balade à faire en famille.

Balade à cheval sur la plage de Macabou.

Croisières en voilier. La Martinique est un excellent point de départ pour débuter une croisière dans la Caraïbe, notamment vers les mythiques Grenadines. Si vous prenez quinze jours de vacances, nous vous suggérons de louer un bateau la première semaine et de séjourner à l'hôtel la seconde pour visiter la Martinique. Vous pouvez louer des voiliers avec, en option, un skipper et une hôtesse. Une option vivement conseillée aux marins en herbe pour plus de sécurité. La base de départ la plus courue est la marina du Marin. De nombreuses sociétés de location sont implantées au Marin et à la marina de la Pointe-du-Bout aux Trois-Ilets.

Sports nautiques. Les amoureux des sports nautiques seront comblés ! Ils pourront tous les pratiquer en Martinique : ski nautique, wakeboard, jet-ski, hobbie-cat, planche à voile, kayak de mer, paddle... Les centres proposent la formule « location » à l'heure, à la demi-journée ou en forfait plus long. Certains clubs se trouvent dans l'enceinte des hôtels mais restent ouverts au grand public, d'autres sont des structures indépendantes.

Surf. Le surf a fait son apparition en Martinique il y a plus de trente ans. Le spot de Tartane (commune de La Trinité, côte nord-atlantique) est le mieux servi en vagues grâce à la régularité et la taille de la houle. Deux pics bien distincts permettent aux surfeurs confirmés de s'amuser sur une belle vague et aux surfeurs débutants de s'essayer aux joies de la glisse, sur une vague plus petite. Celui de Grand-Rivière, à l'extrémité nord de l'île (face à la Dominique), est réservé lui aux surfeurs confirmés.

Kitesurf. C'est le dernier-né des sports de glisse, un mélange entre le surf, la planche à voile et le cerf-volant ! Ses adeptes débarquent de plus en plus nombreux en Martinique qui bénéficie de conditions météorologiques très favorables. L'alizé y souffle de décembre à août de façon régulière (15/20 nœuds). La côte sud-atlantique (Cap-Chevalier, Le François) et le plan d'eau de la Pointe-du-Bout (face à Fort-de-France) sont particulièrement prisés pour la pratique de ce sport. Des clubs se sont installés dans ces endroits et offrent des stages d'initiation ou de perfectionnement.

Pêche au gros. Les Antilles sont le paradis des pêcheurs et la région offre des sorties mémorables, vu la taille des poissons. Les professionnels vous indiqueront les bons coins où traquer le thazard, à la chair très estimée, la bonite (toute l'année), le barracuda et le marlin bleu (surtout pendant le second semestre), le lancier (de mars à octobre), le coryphène (de novembre à mai), le voilier (de juin à novembre) et l'espadon (durant les pêches de nuit). En règle générale, le prix de la pêche au gros est d'environ 200 €/personne pour la journée (équipement complet avec, la plupart du temps, boissons et casse-croûte).

Plongée. La plongée sous-marine reste la première activité touristique de l'île. Plongeurs débutants ou confirmés se font plaisir ici dans un décor d'éponges fluorescentes, de gorgones et de poissons multicolores. Pour les plongeurs confirmés, la Martinique dispose de nombreux sites remarquables. Le nord, avec ses tombants vertigineux et ses épaves historiques coulées lors de l'éruption de la montagne Pelée en 1902. Le sud, avec son sable blanc et ses eaux turquoise. Des plateaux coralliens offrant des plongées entre jardin, piscine, mais aussi quelques beaux tombants. Sans oublier le célèbre rocher du Diamant. Vous découvrirez aussi la joie de plonger légèrement, vêtu seulement d'un *shorty* dans une eau à 28 °C d'une visibilité exceptionnelle à toute profondeur. Entre faune et flore, vos yeux vont découvrir des multitudes d'espèces et de couleurs. On a dénombré jusqu'à présent plus de 300 000 espèces vivant dans les eaux de la Martinique. Et le snorkeling (plongée avec palmes, masque et tuba) permet aussi de se faire plaisir un peu partout.

Randonnée dans la Montagne Pelée.

A la découverte des fonds blancs. Ces célèbres fonds sablonneux (et blancs) situés au large entre les communes du Robert et de Sainte-Anne (jusqu'à Cap-Chevalier) sont la grande attraction proposée aux touristes et une célèbre curiosité martiniquaise. Ils permettent de se baigner en pleine mer dans un mètre d'eau. Ces taches blanches (magnifiques vues du ciel mais cauchemar des bateaux à fort tirant d'eau) sont disséminées un peu partout : chaque initié a d'ailleurs son petit coin. Renseignez-vous donc ! Certains y vont tout simplement pour se baigner, d'autres pour y passer une grande partie de la journée. Crème solaire obligatoire !

Un tourisme vert d'exception

L'attrait principal de la Martinique réside dans ses paysages. Ses trésors naturels sont propices à une exploration pédestre ou motorisée partout à l'intérieur de l'île.

Randonnée et trekking. Les sentiers de randonnée ont été balisés par l'Office national des forêts, certains alternant la forêt et la côte dans des paysages de pure merveille. Les randonnées incontournables sont l'ascension de la montagne Pelée ou celle du morne Larcher situé sur la commune du Diamant, la presqu'île de la Caravelle à Tartane ou bien encore la Trace des Jésuites au morne Rouge. Pour les plus endurants, nous suggérons le parcours qui conduit du Prêcheur à Grand-Rivière. De nombreux endroits ne sont accessibles qu'à pied et il peut être dangereux de s'y aventurer seul. Renseignez-vous auprès des offices de tourisme et des structures spécialisées

Canyoning. Le nord de la Martinique offre un prodigieux terrain de jeu aux amateurs de canyoning. Les gorges des rivières sur les contreforts du volcan se prêtent aux descentes à sensation. De la balade quasi familiale jusqu'au canyon plus technique, réservé aux connaisseurs (par exemple un rappel de 70 m !), il y en a pour tous les goûts ! Descentes de cascades en rappel, sauts, toboggans dans des sites exceptionnels, les sensations fortes sont garanties. Plusieurs sociétés proposent des formules « canyoning », en forfaits journée ou demi-journée, toujours accompagnés d'une équipe de moniteurs agréés.

Parcours d'aventure. Les parcours d'accrobranche se sont développés en Martinique ces dernières années. Ils offrent un large choix de balades inédites. Ils permettent également de découvrir la canopée, cette formation végétale la plus complexe au monde. On enfile son harnais et on joue à Tarzan en sautant de liane en liane ! Une activité accessible aux adultes comme aux enfants.

Équitation. Les amateurs d'équitation seront comblés. De grandes balades sur la plage, une promenade plus tranquille dans les bois, une escapade à travers les champs de cannes à sucre… Plusieurs clubs offrent ces prestations aux cavaliers chevronnés comme aux débutants.

© LARWIN - SHUTTERSTOCK.COM

Croisière en bateau à voile, les Anses d'Arlet.

Quad et 4x4. Pour partir à la découverte de l'île, rien ne vaut une excursion à la journée en 4x4. Les prestataires proposent des formules incluant le transport, le guide accompagnateur et le repas de midi. Le quad lui est aussi un moyen de locomotion ludique et accessible et une activité agréable pour découvrir l'île autrement, à travers les champs de canne à sucre, les chemins dans la forêt tropicale ou en traversant des ruisseaux. Que vous soyez un débutant ou un amateur confirmé, les circuits sont adaptés en fonction de votre niveau.

Golf. S'étendant sur 60 ha, le golf de la Martinique est l'une des plus belles réalisations de l'architecte Trent-Jones. Ce Par 71 offre un large éventail de difficultés : bunkers, plans d'eau, collines, mer et de nombreux autres obstacles. Avis aux amateurs !

La Martinique vue du ciel

La Martinique vue du ciel offre un visage différent et des souvenirs inoubliables aux chanceux qui auront la chance d'en profiter !

Vol en autogyre (un aéronef léger à mi-chemin entre l'hélicoptère et l'avion). Le survol touristique vous permet d'apprécier au mieux les merveilles de la côte sud-est : barrière de corail, lagon, fonds blancs, îlets, mangroves. La vue en surplomb de ces joyaux met en évidence les contrastes de couleur entre l'océan profond et le corail. Tout au long des cinquante kilomètres de la barrière de corail, vous admirerez la grande diversité des paysages : ceux de la presqu'île de la Caravelle (baie de Tartane et parc naturel), du petit îlet du Loup-Garou (perdu en plein océan au large du Robert) ou des îlets tropicaux - sauvages ou habités - qui parsèment le lagon. Vous reviendrez de ces vols ébloui ! Bien sûr, cette activité est soumise aux caprices de la météo et il est conseillé de choisir un jour bien ensoleillé pour faire son vol.

GASTRONOMIE

A la croisée des cultures et du monde, la gastronomie martiniquaise s'épanouit dans un mélange de traditions savoureuses. Le climat tropical de l'île permet la culture d'une multitude de fruits et de légumes, alors que dans un même temps les épices originaires d'Asie parviennent dans les Antilles grâce aux travailleurs indiens. C'est ainsi que naquit le colombo, parfumé avec une myriade d'aromates. Dans ce carrefour culinaire, il n'est donc pas rare de croiser acras, boudin, féroce d'avocat, crabe farci et poulet boucané accompagné de riz, lentilles ou haricots rouges. Sans oublier le meilleur de la cuisine internationale dans les nombreux hôtels de l'île. Pour les becs sucrés, le flan au coco, la banane flambée, les fruits savoureux et les sorbets maison sont au rendez-vous. Mais la Martinique, ce sont aussi des rhums agricoles d'excellence, jouissant – chose rare – d'une AOC, un présent idéal à rapporter dans ses valises.

Produits caractéristiques

Les poissons et les fruits de mer sont indissociables de la cuisine de la Martinique. Parmi les espèces les plus appréciées citons la morue, le vivaneau (un gros poisson très commun), le balaou (un poisson long mangé frit), la pissiette (un petit poisson, frit, mangé sans son arête centrale) et enfin le requin, souvent mijoté longuement avec de la tomate et des épices à l'étouffée (*touffé*).

Le lambi est un énorme mollusque recherché tant pour sa chair délicate que pour sa magnifique coquille finement décorée souvent vendue aux touristes. Sa chair à la texture ferme, plus fine que celle du calamar, est un mets très apprécié. La langouste s'impose comme la star des Antilles. Elle fut longtemps considérée comme un plat de pauvre par les pêcheurs, car elle était abondante dans les criques et les lagons, avant que l'engouement occidental ne la transforme en mets de luxe, bien qu'elle reste toujours plus accessible dans les Antilles qu'en France métropolitaine. On la sert grillée, accompagnée de sauce chien à base d'oignon, d'ail, de cive, de piment, de citron vert, de persil et d'huile. La cigale de mer est un crustacé à la carapace plate et à la chair très fine, alors que la *cirique* est un petit crabe. L'*ouassou*, grosse crevette d'eau douce, vit dans les rivières et est consommée à Pâques. Les palourdes (appelées *soudons*) sont directement ramassées dans le sable. Enfin le *chatrou*, un type de petit poulpe, se prépare en ragoût.

Pour accompagner ces nombreux produits de la mer, les Martiniquais utilisent une foule de légumes, comme le *giraumon* (potiron), le *manioc*, le *gombo* (qui a l'aspect d'un piment vert, mais qui est apprécié pour sa chair gélatineuse qui permet d'épaissir les sauces), l'igname, la patate douce et le fruit à pain dont la chair farineuse après cuisson ressemble presque à un pain un peu dense. On peut même en faire des

© MARC BRUXELLE - SHUTTERSTOCK.COM

Accras de morue.

© PAGE FREDERIQUE - SHUTTERSTOCK.COM

Boudin noir créole, accompagné d'une purée de patates douces.

frites. La *christophine* est un légume ressemblant à une poire, mais avec un goût proche de la pomme de terre, souvent préparé en gratin.
Tous ces ingrédients sont assaisonnés avec beaucoup d'épices. Bien sûr impossible de ne pas citer le mélange colombo à base de curcuma, de cumin, de coriandre, de clous de girofle, de poivre noir, de fenugrec [aux graines légèrement amères], de moutarde et de gingembre. Préparé sous forme de poudre ou de pâte, il contient aussi parfois de la cardamome, du fenouil ou de l'anis. En Martinique la cuisine est parfois féroce grâce notamment au piment antillais ou *habanero* ressemblant à un minuscule poivron et au piment oiseau long d'à peine quelques centimètres. Les deux variétés sont particulièrement fortes. Le tamarin est un condiment issu d'un arbre qui possède des gousses remplies d'une pulpe aigre-douce aussi bien utilisée pour le salé que pour le sucré.

Les classiques de la cuisine martiniquaise

On commencera un repas antillais avec des acras, les immanquables beignets à la morue, parfois aux crevettes ou au crabe, voire au giraumon pour le jeûne. Ils sont plus ou moins pimentés selon les cuisiniers. Sans oublier les pâtés salés, de petits chaussons feuilletés farcis de chair à saucisse finement épicée. Le *dombré* est un type de boulettes de farine cuites avec des légumes secs, souvent des haricots rouges. Le *dombré de ouassous*, plus raffinée, est garni de crevettes d'eau douce. Autre soupe, le *calalou* contient gombos, épinards et légumes divers avec du crabe ou du porc. Sinon le pâté en pot est en réalité une soupe épaisse d'abats de mouton et de légumes, typiquement martiniquaise. Plutôt réservée aux habitués, la soupe de pied contient en effet du pied de bœuf qui mijote longuement avec des légumes. La féroce, enfin, se présente sous la forme d'une purée d'avocat, de morue, de farine de manioc, d'oignon vert et de piment.
Recette emblématique, le boudin créole, blanc ou noir, est une spécialité à base de sang [noir] ou de viande [blanc] de porc finement épicée, d'originaire française. On retrouve également des boudins à base de morue ou de lambi. On ne peut pas non plus rater le très populaire poulet boucané. Il s'agit d'un poulet fumé que l'on cuit dans un four fermé aux trois quarts, coiffé d'une cheminée. La viande marinée est placée très au-dessus du foyer et cuit tout doucement, la fumée lui donnant un goût inimitable. Enfin le colombo – de cabri, de poulet ou de porc – est probablement le plat en sauce le plus connu de Martinique, la viande mijotant longuement dans un mélange d'oignon, d'épices et de bouillon.
Le crabe farci, spécialité typiquement martiniquaise également, se compose d'un mélange de chair de crabe, de pain et d'oignon, que l'on utilise pour garnir la carapace de l'animal avant de la faire gratiner au four. Pour les fêtes, on retrouve quelques plats spécifiques, comme le jambon de Noël, caramélisé à l'ananas, les pâtés salés, les boudins créoles et l'igname de Noël.
On observe également des plats plus simples dont certains en-cas comme le *bokit*, un petit pain brioché qui a la particularité d'être frit, puis ensuite garni avec des crudités, de la morue ou du poulet grillé. Sans oublier *l'agoulou*, un pain moelleux, grillé, puis fourré de viande hachée et de légumes. Le *ti-nain-morue*, un plat servi le matin, se prépare avec de la morue accompagnée de banane plantain. Une variante connue sous le nom de *tripe ti-nain* est un mélange de tripes et de viande de bœuf, savamment cuisinées avec des épices, de la tomate, des oignons et une pointe de piment. Le macadam est un riz crémeux à la morue, légèrement pimenté.

Sinon on dégustera le blaff qui contient du poisson ou des fruits de mer cuits au court-bouillon. Testez le blaff d'oursin, que l'on appelle parfois «caviar des Antilles». Munissez-vous d'une cuillère et savourez ce mets délicat avec du citron et des feuilles de laurier. Citons aussi le *matoutou*, une fricassée de crabes, alors que le *souskai* est constitué de morue grillée et émiettée, servie en vinaigrette.

Desserts et boissons

Côté entremets et pâtisseries, ne manquez pas le Robinson ou amour caché, un gâteau à base d'un appareil de quatre-quarts, de pâte brisée et de confiture de goyave, mais aussi le flan coco (ou blanc-manger) à la texture délicieusement soyeuse, couvert d'une croûte de noix de coco bien dorée, sans oublier le classique gâteau retourné à l'ananas. Le saucisson est le surnom local donné au gâteau roulé que l'on fourre de garnitures diverses. Typiquement antillais, le Mont-Blanc coco est une génoise moelleuse garnie d'une crème rhum-coco et couverte de noix de coco râpée. Sinon testez le pudding aux pruneaux, à base de pain généreusement parfumé de rhum, ou encore les pâtes-confiture, de petits chaussons croustillants souvent garnis de goyave.

De fabrication artisanale, les sorbets ici sont à base de lait, le plus souvent aromatisés à la noix de coco, avec un goût prononcé de cannelle ou de vanille. Glacé toujours, le snowball est un gobelet de glace pilée arrosée d'un trait de sirop (grenadine, menthe ou orgeat). Plutôt réservé au matin, le cassave est une galette de farine de manioc, cuite sur une plaque, que l'on agrémente souvent de confiture de coco. Enfin évoquons les doucelettes, des petites friandises communes sur les marchés ou les stands ambulants un partout en Martinique, à base de lait de coco et de lait concentré.

© PACK-SHOT - SHUTTERSTOCK.COM

La banane, fruit emblématique de la Martinique.

Il existe une extraordinaire variété de fruits tropicaux succulents sur l'île. Bien sûr on retrouve les classiques comme l'ananas, la banane (en accompagnement comme la plantain ou en dessert comme la fressinette ou la figue-pomme), l'avocat, la mangue, la papaye, le pamplemousse, la goyave, le fruit de la passion (maracuja) et la noix de coco. Mais il existe bien des espèces plus étonnantes comme la carambole en forme d'étoile quand on la coupe en tranches, l'abricot-pays à la chair orangée et sucrée, le corossol à la pulpe blanche crémeuse et très sucrée ou encore la prune de Cythère à la chair fibreuse riche en vitamine C.

De ces fruits aussi savoureux on extrait bien sûr des jus tout aussi délicieux. Les trois principaux producteurs de jus de fruits antillais sont Caresse Antillaise, Royal et Mont Pelé. Prenez du plaisir en savourant les jus frais de goyave, de mangue et de papaye, peu communs en métropole. Les jus de fruits industriels sont toujours à base de concentré. Vous trouverez, dans les snacks et sur le bord des routes, des bouteilles de jus traditionnels locaux, souvent très savoureux.

Rhums et autres alcools

Le rhum et sa dégustation jouissent d'un véritable culte dans les Antilles. Deux sortes de rhums cohabitent dans le commerce : les rhums agricoles, produits aux Antilles françaises (Martinique, Guadeloupe, Marie-Galante) et les rhums industriels, fabriqués dans le monde entier. Les rhums martiniquais, contrairement aux rhums guadeloupéens, possèdent une AOC.

La fabrication du rhum agricole provient de la distillation directe du vesou (jus de canne à sucre) et de la transformation de son sucre en alcool. Une tonne de canne à sucre permet de produire environ 100 litres de rhum agricole. Le rhum industriel est élaboré à partir de la mélasse – issue du raffinage du sucre – mise à fermenter avec des levures. On retrouve ainsi différents rhums agricoles comme le rhum blanc, base du ti-punch, que l'on peut servir frappé (glacé). Le rhum vieux est issu du rhum blanc placé en fûts de chêne pour une durée d'au moins 3 ans. Certains peuvent atteindre 40 ans d'âge et rivalisent avec les plus grands spiritueux. A Noël on prépare également le shrubb, un rhum arrangé parfumé aux écorces d'orange, que l'on aromatise parfois d'un soupçon de cannelle, de vanille ou de gingembre.

Côté bière, la Lorraine a la prééminence, mais la Carib vient d'arriver de Trinidad et est en passe de détrôner la Corona qui connaît un réel succès auprès des jeunes branchés. Toujours servie avec un quartier de citron... La Corsaire – venue de Guadeloupe – est légère et agréable. Bien sûr il est possible de trouver du vin sur l'île, mais il est importé de l'étranger ou de métropole et on le retrouve à des tarifs prohibitifs.

AGENDA

Réputés pour leur sens de la fête, comme en témoigne le carnaval, l'un des temps forts de la vie sur l'île, les Martiniquais le sont aussi pour leur attachement à la cellule familiale. La famille revêt une importance prépondérante dans la vie quotidienne. Les fêtes sont l'occasion de retrouvailles toujours animées. A Noël, lors du jour de l'an, à la Toussaint, à Pâques, les rassemblements entre parents et amis sont nombreux et s'étalent autour de repas mémorables et toujours très rythmés ! Si la musique sert souvent de prétexte à des fêtes improvisées, il n'en demeure pas moins que les Martiniquais apprécient aussi les manifestations musicales et sportives, ainsi que celles qui mettent à l'honneur leur patrimoine naturel et culturel. Tour des yoles, tournois de pêche, courses cyclistes, mais aussi journées du patrimoine, et rendez-vous aux jardins animent avec panache l'agenda martiniquais.

CARNAVAL DE LA MARTINIQUE

A Fort-de-France et dans toute l'île. En février.

C'est le grand rendez-vous de l'année en Martinique. Cinq jours de fête absolue durant lesquels tout s'arrête sur l'île, qui ne vit plus qu'au rythme des défilés carnavalesques. Cet événement majeur se déroule durant les cinq jours « gras » du dimanche précédent le mardi gras jusqu'au mercredi des Cendres, alternant « vidés » (groupes à pied qui défilent dans les rues), chars, musique et danses en tout genre. Un seul mot d'ordre : tout est permis ! En Martinique, le carnaval se prépare dès l'Epiphanie, avec une succession de fêtes dans les différentes villes : élection de la reine du carnaval, bal *péyi*, parades... Le dimanche gras, la foule se donne rendez-vous sur la place de la Savane pour célébrer, au son des tambours, *ti bwa*, cuivres et percussions, le début des festivités. Le lundi, les rôles s'inversent lors du mariage burlesque. Madame enfile son smoking noir masculin et Monsieur se balade en robe blanche. Le jour de mardi gras, tout le monde est debout avant l'aube. Les rues se peuplent de personnes affublées d'un pyjama et d'une robe de chambre. L'après-midi, le vidé en rouge et noir bat son plein et les diables rouges sont partout ! Le mercredi, le deuil est de mise pour le dernier jour de fête. Vêtus de noir et de blanc, les carnavaliers viennent célébrer la dernière danse du roi Vaval. Chaque année, la réalisation de l'emblème du carnaval est confiée à un ou plusieurs artistes martiniquais. Le lundi a lieu également la très attendue parade du sud, qui a lieu chaque année dans une ville différente du sud.

THE ROUND MARTINIQUE REGATTA

Boulevard Chevalier Sainte-Marthe

FORT-DE-FRANCE ✆ 0596 632 676

www.theroundmartinique.com

En février, à la marina de « l'Etang Z'abricot » à Fort de France

Lancée à l'origine par le Club Nautique Le Neptune, cette régate à la voile qui s'étale sur trois jours propose quatre courses avec une cinquantaine de bateaux engagés. Cette course est ouverte aux monocoques et multicoques, aux amateurs de voile comme aux professionnels. Quatre temps forts rythment cette compétition : le Round Raid, le Round Rallye, le Round Rock et la Round Bay. Un savant mélange entre compétition, découverte et joie de vivre, sur fond de paysages sublimes et de plages de sable blanc typiques de l'île.

SEMAINE NAUTIQUE INTERNATIONALE DE SCHOELCHER

Anse Madame

SCHOELCHER

En février ou mars à Schoelcher.

Organisée par le cercle nautique de la ville de Schoelcher, cette manifestation réunit chaque année tous les grands amateurs de voile. Il s'agit d'une régate internationale de voile légère inscrite au calendrier officiel des grandes manifestations nautiques de la Fédération française de voile. Une centaine de compétiteurs étrangers de haut niveau viennent se mesurer aux régatiers martiniquais. Un rendez-vous sur l'eau à ne pas manquer.

FOIRE EXPOSITION DE LA MARTINIQUE

FORT-DE-FRANCE
✆ 06 96 39 10 67
www.foireexpo-dillon.com
Première semaine de mars, au stade de Dillon à Fort-de-France.

Avec plus de 200 entreprises présentes, ce salon attire à chaque édition près de 40 000 visiteurs. La foire expo accueille des professionnels de différents secteurs : automobile, tourisme, habitat, ameublement, loisirs, prêt-à-porter, gastronomie... Au total, ce sont 10 000 m² d'expositions et d'animations qui sont mis à la disposition des entreprises participantes, avec un pays différent invité venu présenter ses produits artisanaux, sa gastronomie et sa culture.

FOIRE AUX CRABES

LE VAUCLIN
Le samedi qui précède le week-end de Pâques.

Une semaine avant le week-end de Pâques, des milliers de crabes sont vendus lors de cette foire ultra familiale et bon enfant où se réunissent vendeurs de crabes, cuisiniers et cuisinières exposants, et, bien sûr, amateurs de crustacés ! Au programme : dégustation de crabes en sauce, jeux, animations, le tout dans une ambiance conviviale. Cette fête est aussi l'occasion d'en apprendre davantage sur la vie des crabes, où ils vivent et où ils se reproduisent, et de rappeler l'importance de protéger la faune et la flore martiniquaises.

SUR LA ROUTE DU SUCRE

Office de tourisme de La Trinité
LA TRINITÉ
✆ 05 96 58 69 98

Au printemps, la Trinité vous invite à emprunter la Route du Sucre qui vous conduit tout droit jusqu'à l'usine du Galion, dernière unité sucrière de la Martinique. Au programme : visite du village de l'artisanat et du sucre, visite- guidée de l'usine qui produit une large gamme de sucres de canne, balades équestres en quad et randonnées sur les terres du Galion, animations festives, conférences, spectacles, feux d'artifice... Un événement gourmand qui permet de faire découvrir et de valoriser la récolte sucrière « *made in* Martinique ».

LE MAI DE SAINT-PIERRE

Hôtel de ville – Rue Caylus
SAINT-PIERRE
✆ 05 96 78 21 51
Tout le mois de mai

Chaque année, la ville de Saint-Pierre commémore pendant tout le mois de mai plusieurs événements qui ont marqué son histoire : l'éruption de la montagne Pelée du 8 mai 1902 évidemment, lors de laquelle près de 30 000 personnes ont péri, mais aussi l'abolition de l'esclavage le 22 mai 1848 et l'arrivée des premiers Indiens le 6 mai 1853, venus prêter main-forte dans les plantations. Un mois de commémoration pendant lequel se succèdent expositions, spectacles, conférences, randonnées, concerts et marché rasta (à ne manquer sous aucun prétexte !).

SEMAINE GASTRONOMIQUE DE LA VILLE DE SAINTE-MARIE

Place Félix-Lorne
SAINTE-MARIE
✆ 05 96 69 13 83
Se déroule chaque année à la mi-mai.

C'est l'événement culinaire incontournable de la cuisine créole en Martinique. Pendant sept jours, les meilleurs chefs du département sont là pour promouvoir les saveurs du terroir martiniquais, que ce soit sous les chapiteaux ou dans les restaurants de Sainte-Marie. Point d'orgue de cet événement qui rassemble des milliers de gourmands : l'incontournable concours international de cuisine organisé par l'office de tourisme et la municipalité samaritaine.

COMMÉMORATION DE L'ABOLITION DE L'ESCLAVAGE

Le 22 mai est un jour férié dans toute l'île.

Le 22 mai 1848, porté par le député Victor Schoelcher, auteur du décret qui met fin à l'esclavage dans les colonies françaises, l'esclavage est officiellement aboli en Martinique sous l'impulsion d'hommes et de femmes en quête de leur liberté. Chaque année, cette date donne lieu, depuis la veille au soir, à des animations, des rencontres culturelles, des expositions et des spectacles, aux quatre coins de l'île. L'occasion d'en savoir plus sur l'une des pages les plus importantes et les plus tragiques de l'histoire de la Martinique.

RENDEZ-VOUS AUX JARDINS

Du vendredi au dimanche, la première semaine de juin, dans toute l'île.

Coordonnée par la Direction des Affaires Culturelles de Martinique, cette manifestation nationale a pour mission de valoriser pendant trois jours la richesse des différents jardins de Martinique, qu'ils soient privés ou publics (historiques, d'agrément, partagés, fermes agricoles...) et de sensibiliser les Martiniquais au patrimoine exceptionnel de l'île. Les particuliers peuvent ouvrir, eux aussi, leurs jardins aux visiteurs pour leur faire découvrir certains savoir-faire et traditions. Chaque propriétaire de jardin peut d'ailleurs s'associer avec d'autres jardins à proximité, afin de créer des circuits de découverte avec plusieurs types de jardins. Pendant toute la durée de la manifestation, les jardins participant à l'événement proposent des ateliers pour s'initier au jardinage, au compostage, découvrir les techniques permaculturelles, ou encore l'agriculture locale, l'herboristerie créole. Un événement riche d'animations, particulièrement apprécié des familles martiniquaises incitées ainsi à préserver la nature. Un thème différent est choisi chaque année, mettant généralement à l'honneur les pratiques et savoirs immatériels fondés sur l'oralité, dont la transmission a été assurée de génération en génération pendant des décennies. Ces savoirs étant mal connus par les plus jeunes, cette manifestation permet de les faire connaître et de les transmettre pour assurer leur pérennité, qu'il s'agisse de savoirs liés aux jardins, aux pratiques culturales, ou encore à la connaissance de la faune et de la flore locales.

FÊTE DE LA FIN DE LA RÉCOLTE DE LA CANNE À SUCRE

SAINTE-MARIE

✆ 05 96 69 07 33

Berceau de la plantation et des rhums Saint-James, la ville de Sainte-Marie fête chaque année la fin de la récolte de la canne à sucre. Au programme : dégustations de rhum, spectacles, exposition d'artistes, soirées musicales ou encore stands artisanaux de bijoux et de vêtements. Pour l'occasion, des flacons rares de rhum et des vieux millésimes peuvent être commercialisés. À consommer avec modération, bien évidemment. L'événement a lieu au bord de la mer.

FESTIVAL CULTUREL DE LA VILLE DE FORT-DE-FRANCE

FORT-DE-FRANCE

✆ 05 96 60 48 77

www.tourismefdf.com

Gratuité et prix à discrétion de chaque manifestation, concert ou exposition.

Organisé chaque année dans les premières semaines de juillet par la ville de Fort-de-France et l'association le Sermac, ce festival est un incontournable culturel de l'île, riche d'une programmation éclectique aux influences régionales et internationales, avec l'objectif de mettre à l'honneur les cultures noire et métisse. Au programme : concerts (certains sont gratuits), expositions, spectacles de danse, soirées animées par des DJ locaux antillais ou internationaux...

TOUR DE LA MARTINIQUE DES YOLES RONDES

Maison des sports

FORT-DE-FRANCE

✆ 05 96 61 06 03

https://federationyolesrondes.com/

Dernier week-end de juillet.

Depuis des générations, les courses de yoles déchaînent les passions chez les Martiniquais. Très attendu, le Tour des Yoles Rondes représente un vrai moment de fête, presque au même titre que le carnaval. La compétition se dispute entre les différentes communes de la côte atlantique et est suivie par des milliers de spectateurs. La course part de Fort-de-France et se déroule en sept étapes qui font le tour de l'île. Petit bateau robuste à la curieuse voile carrée, la yole tient son nom du néerlandais *jol*, qui désigne « une embarcation légère et allongée, d'un faible tirant d'eau ». Ce sont les premiers habitants de l'île qui transmirent l'art de la navigation aux Martiniquais. Les Indiens caraïbes avaient l'habitude de tailler de longues pirogues dans le tronc des gommiers, des arbres géants de la forêt tropicale, généralement réservés à cet usage. Aujourd'hui construite en bois de cèdre ou de poirier, la fabrication de la yole n'en demande pas moins d'attention. Une ou deux voiles de forme carrée, tendues par une vergue diagonale, lui donnent sa force de propulsion. Lors du Tour des Yoles Rondes, les performances des équipages tiennent souvent de l'équilibrisme, car pour ne pas faire chavirer la yole dépourvue de quille, les membres sont obligés de se suspendre aux rames... à l'extérieur du bateau ! Les équipes les plus réputées sont celles du Robert et du François, mais nombreuses sont les communes martiniquaises habituées à se livrer à ce sport local, particulièrement apprécié des Martiniquais.

Besoin de nature ? Par ici la sortie !
petit futé.com
Avis et conseils rédigés par des auteurs du cru depuis 45 ans
© PILAT666 - ISTOCKPHOTO.COM
SELJALANDSFOSS - ISLANDE
63° 26' 56.243'' N 19° 59' 18.848'' W

TOUR CYCLISTE DE LA MARTINIQUE

FORT-DE-FRANCE

Dans la première quinzaine du mois de juillet.

Saviez-vous que les Martiniquais étaient des aficionados de la petite reine ? Ils sont nombreux à pratiquer le vélo et à suivre avec beaucoup d'enthousiasme le Tour Cycliste, cette course internationale créée en 1965 qui compte chaque année une centaine de participants et se déroule en neuf étapes à travers l'île. Frédéric Delalande est le cycliste le plus titré du Tour, avec trois victoires à son actif. Une course très populaire en Martinique et attendue par les locaux, nombreux à venir féliciter les coureurs à l'arrivée.

MARTINIQUE JAZZ FESTIVAL

FORT-DE-FRANCE

Début décembre, à l'atrium de Fort-de-France.

Ce festival qui a lieu soit la première, soit la deuxième semaine de décembre décline une programmation variée, dense et centrée autour du jazz caribéen. Chaque année, des artistes comme Richard Bona et Alfredo Rodriguez, Omar Sosa & Yilian Cañizares, Thomas Enhco, Hervé Celcal, Marialy Pacheco, Doego El Cigala, se produisent. Avec cet événement, la scène jazz afro-anglaise et la jeune scène martiniquaise sont à l'honneur. Au programme : de nombreux concerts gratuits et en salle un florilège d'artistes martiniquais et internationaux.

BIG IN JAZZ COLLECTIVE

Mi-août, dans différentes communes de l'île.

Créé en 2001 par deux passionnés de jazz caribéen, éduqués sur les notes d'une culture familiale inscrite dans le patrimoine martiniquais, le festival Biguine Jazz métisse le jazz et les musiques caribéennes. Partout dans l'île, des concerts sont organisés et célèbrent ce genre musical, sans oublier les nombreuses révélations issues des Antilles françaises et de toute la Caraïbe ! Le programme est toujours soigné et qualitatif, et l'ambiance est au rendez-vous. Bref, c'est l'un des temps forts de l'agenda musical de la Martinique.

SEMI MARATHON INTERNATIONAL DE FORT-DE-FRANCE

Direction des Sports, de la Jeunesse et de la Vie associative

FORT-DE-FRANCE

✆ 05 96 39 31 02

www.semimartinique.com

Fin novembre.

C'est l'un des événements sportifs de l'année martiniquaise ! Chaque année, le semi-marathon de Fort-de-France accueille des centaines d'athlètes venus de toute la Caraïbe et même de la métropole. Outre les traditionnels 21 km à travers l'île, d'autres courses alternatives de 5 et 10 kilomètres se sont ajoutées pour les moins préparés : on les appelle les Jou Ouvé. Pendant la course, de nombreuses festivités ont lieu dans toute la capitale foyalaise.

LA TOUSSAINT ET LE JOUR DES DÉFUNTS

1er et 2 novembre, partout sur l'île.

Le 1er et le 2 novembre font partie des jours importants du calendrier martiniquais. On se rend au cimetière pour fleurir les tombes des défunts, et pique-niquer près d'eux. A la nuit tombée, les cimetières s'illuminent. On se recueille et on écoute de la musique près des personnes disparues. Aux Antilles et à la différence de la plupart des départements français, la fête des Morts est célébrée partout… Ce culte tient une place considérable dans la vie des Martiniquais.

LA TRANSMARTINIQUE

Association Club Manikou Organisation

✆ 06 96 35 63 27

www.clubmanikou.com

Première semaine de décembre. Inscriptions dès avril.

Superbe épreuve physique et morale, la Transmartinique est une randonnée sportive de près de 134 kilomètres avec pas mal de dénivelé ! Elle rallie Sainte-Anne à Grand-Rivière à travers les mornes, pitons, falaises, chimin chiens, ravines, fonds et lits de rivières qui façonnent le paysage martiniquais. Sportifs chevronnés et amateurs de randonnée s'adonnent avec plaisir à cette plongée unique au cœur du poumon vert de l'île, déclinée du grand sud au haut nord verdoyant. Ne tardez pas, les inscriptions démarrent dès le mois d'avril.

FORT-DE-FRANCE ET SA RÉGION

Nichées au pied des pitons du Carbet, Fort-de-France et sa région jouissent d'une situation stratégique exceptionnelle, au cœur d'une baie protégée qui permettait aux navires de faire escale en toute sécurité. Après avoir longtemps vécu dans l'ombre de Saint-Pierre, Fort-de-France devient la capitale de la Martinique au début du XXe siècle et doit faire face à l'arrivée des habitants rescapés de l'éruption de la montagne Pelée. Dès lors, la population de Fort-de-France et de sa région ne va cesser d'augmenter. Depuis les années 1990, la capitale a fait l'objet de plusieurs restructurations. On vient s'attarder avec plaisir dans ses rues animées, pour profiter de la beauté de l'architecture, des premiers étages colorés et des vérandas en bois, ou encore flâner sur la promenade métamorphosée qui longe la place de la Savane. On s'y restaure, on y danse parfois et on y regarde la vie s'écouler tranquillement.

D 13
L'Enclos
N 9
SCHOELCHER
D 41
N 1
FORT-DE-FRANCE
N 9
Baie de
Fort-de-France
1 KM

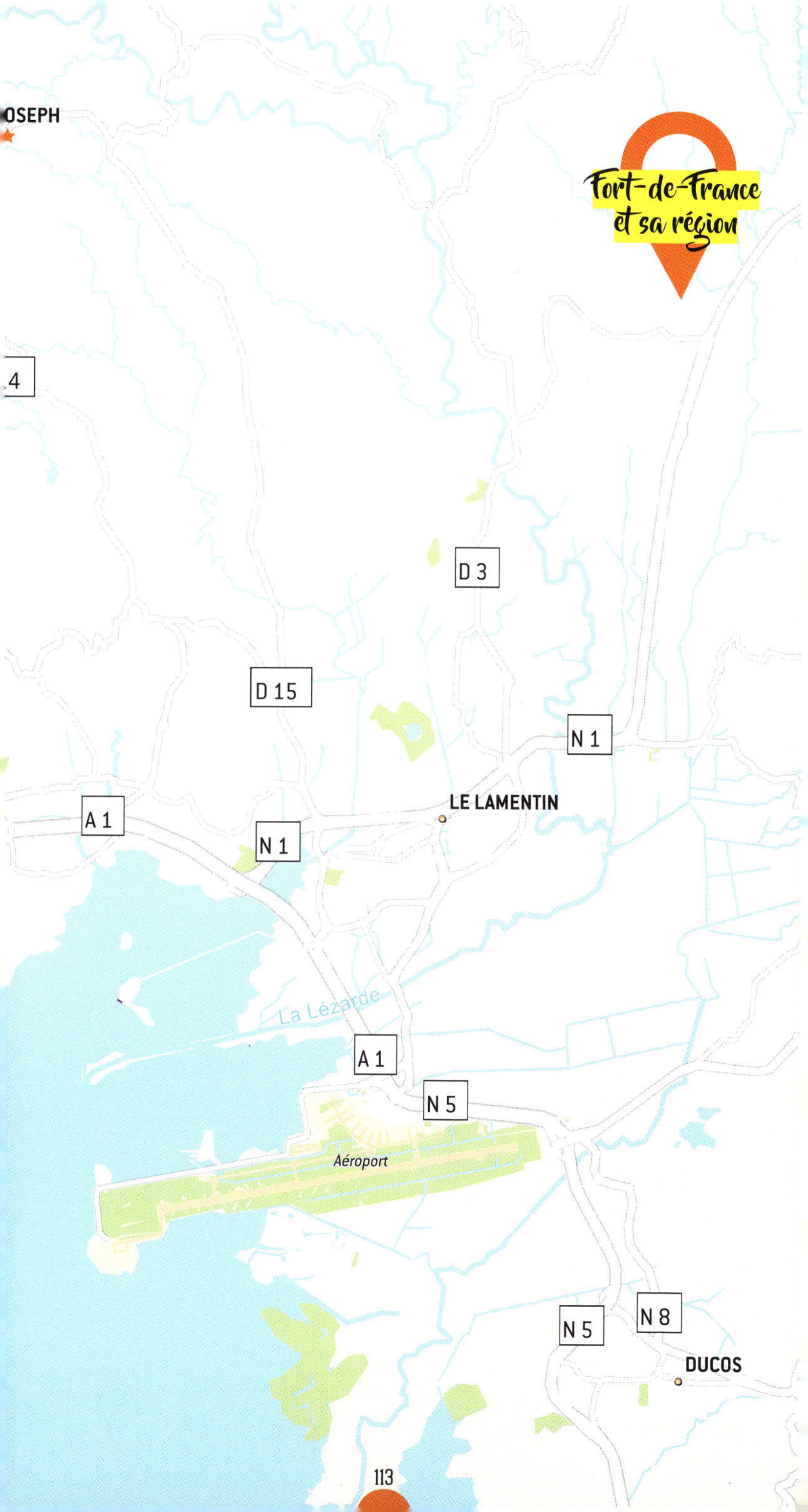

Fort-de-France
et sa région
OSEPH
4
D 3
D 15
N 1
LE LAMENTIN
A 1
N 1
La Lézarde
A 1
N 5
Aéroport
N 8
N 5
DUCOS

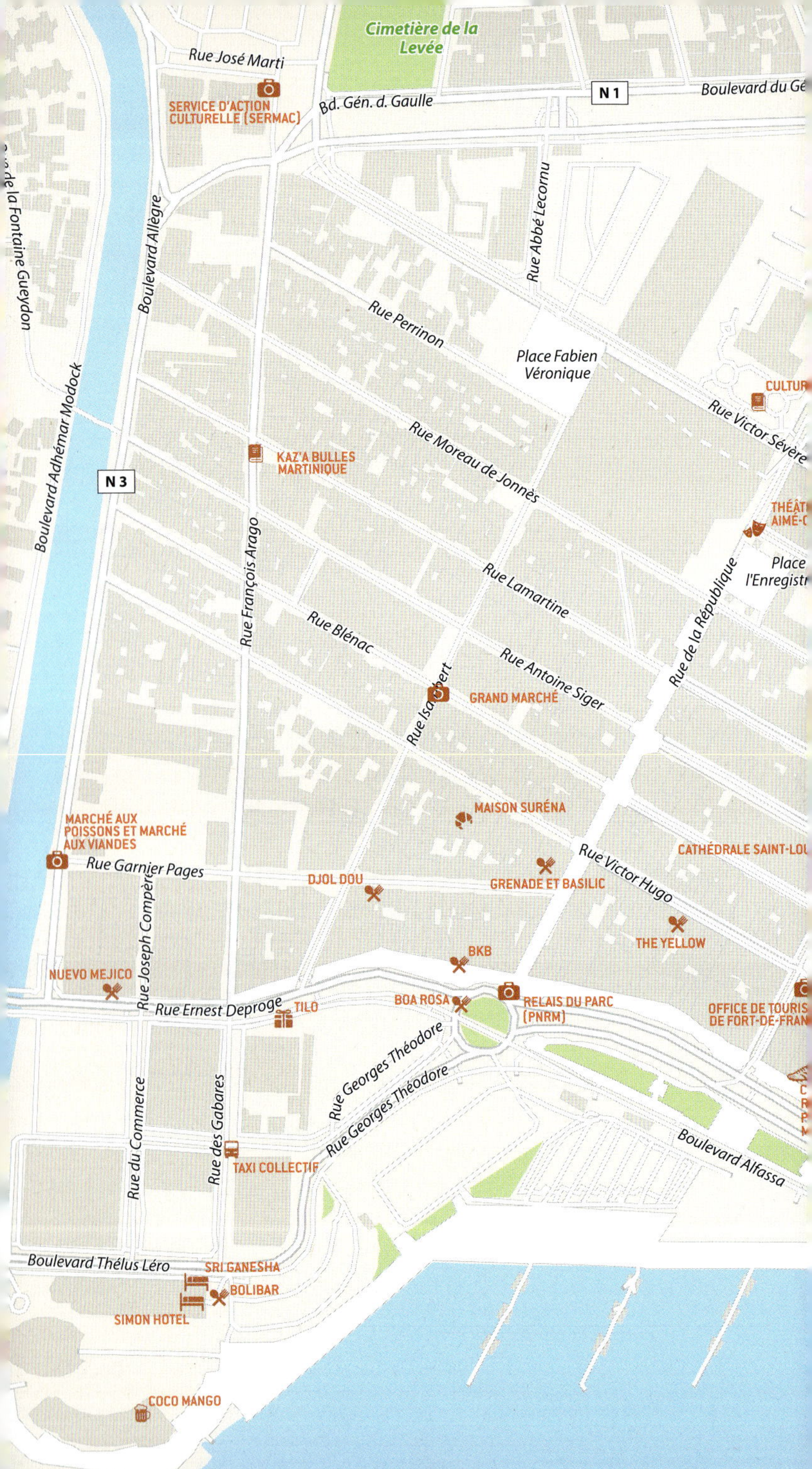
Cimetière de la Levée
Rue José Marti
SERVICE D'ACTION CULTURELLE (SERMAC)
Bd. Gén. d. Gaulle
N 1
Boulevard du Gé
de la Fontaine Gueydon
Boulevard Allègre
Rue Abbé Lecornu
Rue Perrinon
Place Fabien Véronique
CULTUR
Rue Victor Sévère
Boulevard Adhémar Modock
N 3
KAZ'A BULLES MARTINIQUE
Rue Moreau de Jonnès
THÉÂT AIMÉ-
Place l'Enregistr
Rue François Arago
Rue Lamartine
Rue de la République
Rue Blénac
Rue Antoine Siger
GRAND MARCHÉ
MAISON SURÉNA
MARCHÉ AUX POISSONS ET MARCHÉ AUX VIANDES
CATHÉDRALE SAINT-LOU
Rue Victor Hugo
Rue Garnier Pages
DJOL DOU
GRENADE ET BASILIC
THE YELLOW
BKB
NUEVO MEJICO
Rue Joseph Compère
BOA ROSA
RELAIS DU PARC (PNRM)
OFFICE DE TOURIS DE FORT-DE-FRAN
Rue Ernest Deproge
TILO
Rue Georges Théodore
Rue Georges Théodore
Rue du Commerce
Rue des Gabares
Boulevard Alfassa
TAXI COLLECTIF
Boulevard Thélus Léro
SRI GANESHA
BOLIBAR
SIMON HOTEL
COCO MANGO

Fort-de-France
Rue d. la Mutualité
Rue du Pavé
Rue du Calvaire
Rue du Capitaine Pierre Rose
Rue du Capitaine Manuel
Rue d. Lacoste
Route de la Folie
Rue Papin Dupont
MUSÉE D'HISTOIRE ET D'ETHNOGRAPHIE
Cité Clarac
Rue Louis Blanc
Rue Gallieni
Rue du Gouverneur Félix Éboué
D 52
Rue Redoute du Matouba
Rue Jacques Cazotte
PRÉFECTURE CAFÉ
TROPIQUES ATRIUM
Rue Perrinon
Rue Lazare Carnot
FORT SAVANE
Avenue des Caraïbes
TERRASSE FWI
Rue de la Liberté
JOSÉPHINE
IMPÉRATRICE
MUSÉE D'ARCHÉOLOGIE PRÉCOLOMBIENNE ET DE PRÉHISTOIRE
GREEN IS BETTER
BIBLIOTHÈQUE SCHŒLCHER
ATELIERS MARÉ TÉT
Mall de la Savane
La Savane
Boulevard Chevalier de Sainte-Marthe
Allée Décembre 59
PLACE DE LA SAVANE
FORT SAINT-LOUIS
D 42
Boulevard Alfassa
100 M

PAGES

Au cœur d'une baie parmi les plus belles du monde, offrant une faune et une flore marines exceptionnelles, la région de Fort-de-France est une excellente introduction à tout voyage en Martinique, pour sa position stratégique judicieuse, ses marchés et étals colorés qui vous immergeront dans la culture créole, ses musées, ses jardins et son riche patrimoine culturel. C'est aussi dans cette région, cœur économique de l'île, que l'on trouve les zones commerciales, l'aéroport et toutes les commodités utiles à tout séjour.

Surnommée la baie des Flamands, la baie de Fort-de-France est classée parmi les trente plus belles du monde ! Avec ses eaux cristallines et sa biodiversité exceptionnelle, notamment sa mangrove, un écosystème unique, cette région est un excellent point de départ pour sillonner l'île. Le piton du Carbet et les jolies plages de Schoelcher ne sont pas loin, tout comme Absalon et sa nature exubérante.

Schoelcher jouit de sa proximité avec Fort-de-France. Cette petite agglomération formée au cours du XVIIIe siècle devint commune en 1888 et récupéra un an plus tard le nom du héros des Antilles qui obtint et signa l'abolition de l'esclavage. Si son discours sur l'esclavage rencontra un formidable écho et reste vif jusqu'à aujourd'hui, la statue originale de Victor Schœlcher ne connaîtra qu'une brève et furtive carrière, soumise aux aléas de la vie et aux dégradations dès 1991 avant d'être déboulonnée en 2020 par un groupe de militants.

Touchée par la crise depuis les premières difficultés de la canne à sucre, la commune du Lamentin a connu des grandes grèves agricoles et des drames sociaux comme la mort de trois manifestants tués sans sommation par le commissaire de l'époque (1961). C'est aujourd'hui l'une des communes les plus dynamiques de l'île.

FORT-DE-FRANCE ★★★

Surplombée par le Fort Royal, construit pour déjouer les attaques ennemies en 1672 (c'est lui qui donna aux habitants le nom de Foyalais, Fort-Royal en créole se disant Foyal), Fort-de-France est une ville trépidante la journée. Dès l'aube, les rues s'éveillent avec ses marchés aux poissons, aux légumes et aux épices, ses boutiques colorées, d'où résonnent des rythmes de zouk, et ses monuments historiques, qui témoignent de son riche passé. Sous la houlette d'Aimé Césaire, le visage de Fort-de-France a beaucoup changé, tout en conservant le charme de ses quartiers historiques, notamment la célèbre Savane, piquée de ses nombreux kiosques. Aujourd'hui, la ville a su conserver les traces de son passé historique, avec de nombreux monuments et musées rappelant l'époque coloniale. Le fort Saint-Louis, qui a gardé sa fonction militaire, abrite le siège du haut-commandement de la marine nationale.

Balade

Fort-de-France est une cité extrême que l'on aime à la folie ou pas du tout, sans jamais pouvoir se l'expliquer ou s'en passer. Premier impératif avant de vous rendre à « Fort-deuf' » : visualiser le trafic et anticiper les embouteillages. Après 9h, les places de parking libres se font rares, même si le réaménagement récent de la Savane et du front de mer tend à réduire quelque peu ce problème. En cause jusqu'ici : des commerçants, résidents ou touristes qui se lèvent souvent très tôt ! La marche reste donc, de par la concentration du centre-ville, la fraîcheur de ses petites rues et la difficulté d'y circuler en voiture, le meilleur moyen de visiter sereinement Fort-de-France.

Afin d'éviter la chaleur, préférez les premières heures de la matinée pour visiter la ville. Songez à bien lever la tête en direction des premiers étages colorés et des vérandas en bois : la plupart des bâtiments et des maisons du centre-ville ne dépassent pas trois étages. De part et d'autre des rues étroites, vous apercevrez des petits restaurants et de nombreuses boutiques. Et dans les environs proches de la ville, plusieurs points d'intérêt sont aussi à citer. Voici nos immanquables de la ville et ses environs.

- **Le centre historique,** ses ruelles colorées à l'ambiance typiquement créole, ses marchés et ses musées.
- **La place de la Savane** avec ses jolis kiosques qui regardent la mer et la jetée du Malecon, jusqu'à la plage de la Française, chapeautée par le Fort-Saint-Louis.
- **Traversez la grande place de la Savane** pour vous rendre dans l'un des monuments les plus emblématiques de la ville : la bibliothèque Schœlcher, puis direction la cathédrale Saint-Louis classée monument historique. Faites ensuite un tour dans l'un des musées de la ville, avant de vous infiltrer dans le centre, et de vous laisser happer par l'atmosphère unique de ses marchés et de ses ruelles animées. Le centre-ville s'apprécie plutôt le matin. Profitez-en pour déjeuner au grand marché au Djol Dou.
- **Les plages les plus proches de Fort-de-France** se trouvent en direction de Schoelcher après la Rivière Madame. Celles de l'Anse Madame et du Lido sont parmi les plus agréables, bien qu'urbaines. Et sinon, au cœur de Fort-de-France, au pied du Fort-Saint-Louis, se cache la plage de la Française, agréable pour tremper les pieds mais beaucoup moins pour s'y détendre.

La rue de la République à Fort-de-France.

De Fort-de-France au pont de Chaîne, la route de la Trace (RN3) en direction de Morne-Rouge donne à voir une autre facette de la Martinique. La végétation tropicale se fait plus dense et vous enveloppe de sa fraîcheur et de son ombrage.

Ne manquez pas d'admirer quelques belles maisons coloniales de style créole ainsi que le Sacré-Cœur, la belle église de Balata. A la base du dôme, on lit cette inscription : « Au Sacré-Cœur, la Martinique reconnaissante ». En plus de ses vitraux et ses mosaïques murales remarquables, le site offre une vue splendide sur Fort-de-France et sa baie.

On marquera un arrêt dans les superbes jardins de Balata pour admirer la richesse des collections botaniques regroupées en un véritable tableau végétal pour le plaisir des sens.

La Trace s'ouvre ensuite sur de nombreux sentiers au cœur d'une nature luxuriante et offre le point de départ de belles randonnées à travers la montagne. Au niveau du petit pont sur la rivière Alma, prenez le temps d'admirer les paysages superbes qui s'étalent à perte de vue.

Un peu plus loin, on trouve la route forestière de Rivière-Blanche. Celle-ci mène au Cœur-Bouliki où s'écoule une charmante rivière dans un cadre agréable pour pique-niquer. La destination finale ? Fonds-Saint-Denis à 5,6 km.

Pratique

L'office de tourisme de Fort-de-France a conçu un dispositif ludique et interactif appelé Audiopen. Grâce à lui, découvrez les sites les plus remarquables de la capitale en toute autonomie : on le pointe sur un point de la carte-support et on apprend des choses intéressantes sur l'histoire et le patrimoine. Le circuit est composé de 12 étapes. Il est disponible en 4 langues : français, anglais, espagnol et italien. Comptez 3 € la location. Disponible au siège de l'office de tourisme au 76, rue Lazare-Carnot ou au kiosque d'information touristique situé place de la Savane.

Quartiers

Avec ses quelque 100 000 âmes, la capitale de l'île peut paraître tentaculaire au premier abord. Le trafic y est en effet particulièrement dense... Il faut dire que celle qui était autrefois une petite bourgade à vocation militaire, à l'ombre de sa rivale Saint-Pierre, n'a cessé de grandir au fil des siècles, surtout après 1902 et l'arrivée des Martiniquais rescapés de l'éruption de la montagne Pelée. L'habitat s'est ainsi progressivement déplacé vers le nord de l'agglomération et les hauteurs.

Le quartier historique et le vieux Fort-de-France. Il est situé juste derrière le port, bordé à l'est par la place de la Savane, ceinturé au nord par le boulevard du Général de Gaulle au nord (où se trouvent entre autres l'actuel hôtel de ville, la poste, le musée régional), et le Canal Levassor à l'ouest qui se jette dans la mer des Caraïbes au niveau de la Pointe Simon.

Cet ancien quartier colonial se visite à pied. Il est conçu selon un plan quadrillé rigoureux. C'est le poumon de la capitale, où l'animation bat son plein dès 6h du matin (et se termine tôt dans l'après-midi). Il faut y aller de bonne heure, et ne pas manquer le marché de légumes et de viande.

C'est ici que vous trouverez la plupart des administrations et attractions culturelles de la ville : l'ancien hôtel de ville transformé en théâtre, le nouveau palais de justice, la cathédrale Saint-Louis, la rue et la bibliothèque Schoelcher, cette dernière donnant sur la place de la Savane, jalousement gardée par le Fort Saint-Louis qui la domine. Le bord de mer fait l'objet d'une délicieuse promenade à faire en famille : le malecón, très apprécié des Foyalais.

Le quartier Bellevue. La rivière Madame canalisée passée, vous voici arrivé au marché aux poissons ravitaillé quotidiennement par les pêcheurs et très apprécié des locaux. Beaucoup d'administrations se sont installées dans ce quartier, ainsi que les bureaux du parc naturel régional et, un peu plus loin, l'université. Un peu plus au sud, le quartier Texaco du nom du roman de Chamoiseau apparaît comme celui des oubliés de Fort-de-France avec ses bidonvilles.

Le quartier Dillon. A l'est, au-delà du port de commerce et de Sainte-Thérèse, s'impose le quartier très urbanisé de Dillon, où convergent de nombreux commerces, services, un centre d'affaires ainsi qu'un grand stade.

Au sud, la Pointe Sable fait actuellement l'objet de nombreux aménagements qui s'avancent sur la baie : bars, restaurants, logements... Le quartier ne présente pas ou peu d'intérêt pour le visiteur.

Les quartiers Didier et Redoute. Au nord, l'habitat s'est quelque peu étalé sur les hauteurs de l'agglomération. On y rencontre des zones précaires (Trénelle) mais aussi des zones fort prisées avec de jolies demeures coloniales au nord-ouest et au centre : c'est le cas de la route de Didier où se trouve le siège de la Direction des Affaires Culturelles de Martinique, et du quartier attenant de Cluny où sont installés le lycée-collège privé de Cluny, les hôtels des douanes et des impôts et l'hôtel de région.

BIBLIOTHÈQUE SCHŒLCHER

1 rue de la Liberté
✆ 0596 55 68 30
Ouvert lundi 13h-17h30, mardi au jeudi 8h30-17h30, vendredi 8h30-17h, samedi 8h30-12h. Entrée libre.

C'est l'un des bâtiments les plus visités de la capitale. En 1883, Victor Schœlcher fait don d'une partie de sa bibliothèque personnelle à la Martinique (10 000 livres) mais à une condition : celle de créer une bibliothèque qui soit ouverte à tous, en particulier pour l'instruction des anciens esclaves noirs. Le bâtiment – en structure métallique – a été imaginé et construit pour l'Exposition de 1889 à Paris avant d'être minutieusement transporté poutre par poutre à Fort-de-France. C'est l'un des rares édifices de l'île d'un style aussi éclectique, d'influences romaine, byzantine, égyptienne et arabe. Dessinée par l'architecte Pierre Henri Pick (1833-1911) et fidèlement reconstituée suivant les plans de son concepteur, elle est un remarquable monument de la ville capitale. Le bâtiment comme l'éclaire Siméon Petit, conservateur du lieu de 1919 à 1939, « n'a pas été construit en tant que pavillon de la colonie à l'Exposition Universelle de Paris en 1889 et transporté ici pour servir à l'usage auquel il est affecté. C'est plutôt le contraire. Il a été commandé pour loger le généreux don de Schœlcher. Comme on était proche de la date de l'Exposition à laquelle la colonie se disposait à prendre part, ce monument a figuré au Champ-de-Mars, remplissant l'office de pavillon de la Martinique ». Parmi les lieux emblématique de la capitale, la bibliothèque renferme une collection de vieux ouvrages consacrés à l'histoire de l'île ainsi que de précieuses archives. Un endroit idéal pour passer un bon moment, au frais !

Au-dessus de Redoute surgit Balata, et sa fraîcheur tropicale : l'église, modèle réduit du Sacré-Cœur, surplombe tout Fort-de-France. Le jardin de Balata est tout près, de même que l'ancienne station d'Absalon.

Se loger

Résider dans le centre de Fort-de-France conviendra davantage à une clientèle d'affaires plutôt qu'aux vacanciers. L'agitation de la ville et le manque d'attractions en soirée rendent les alentours peu attrayants, sauf la Pointe-du-Bout (20 minutes de bateau), la baie d'en face, préférable pour un séjour de plaisance. L'offre en elle-même est d'ailleurs plus restreinte et orientée vers les professionnels, mais réserve cependant de belles surprises dans la périphérie de la ville, à l'instar de l'historique hôtel L'Impératrice.

Shopping

La majorité des boutiques se trouvent dans le centre-ville, dans les rues Lamartine, Blénac, Moreau-de-Jones, Sévère, Victor-Hugo et Schœlcher. Vous y trouverez quantité des vendeurs de tissus au détail, de chaussures, de prêt-à-porter, d'objets divers, de souvenirs, d'orfèvrerie et bien sûr de restaurants. Le centre commercial Cour Perrinon est idéal pour compléter vos emplettes. En face, la place Perrinon offre de jolies pauses café ou thé, ou de délicieux jus de fruits frais, avec souvent une ambiance musicale improvisée.

Sortir

Bien que les soirées foyalaises ne soient pas des plus animées, la ville essaie de satisfaire la demande... Les concerts fleurissent actuellement grâce aux nouveaux groupes musicaux antillais. Et la Nouvelle Savane s'anime le soir tout au long de la semaine autour de petits kiosques où l'on peut se restaurer. Cependant, nous vous recommandons la plus grande vigilance la nuit dans le centre-ville. Les rues ne sont pas constamment bien éclairées et bien fréquentées. Pour les couche-tard, les boîtes de nuit se situent plutôt du côté du Lamentin... On en trouve quelques-unes le long du canal Levassor. Il est conseillé à la gent féminine d'éviter de se promener seule la nuit dans ce quartier de la ville.

ANCIEN PALAIS DE JUSTICE

Place José Marti

Ancien palais de justice construit au cœur de la ville entre 1905 et 1907, l'édifice abrite aujourd'hui le service municipal de l'action culturelle de Fort-de-France. L'architecture de style académique néoclassique (colonnes, architraves, frontons, pilastres) présente une façade ordonnée sur la partie supérieure sur laquelle sont gravés « Liberté, Egalité, Fraternité ». Devant l'édifice se trouve une statue de Victor Schoelcher, réalisée en 1900 par un sculpteur parisien, commémorant l'abolition de l'esclavage. Reposez-vous dans son parc au rythme de sa fontaine.

CASCADES DE DIDIER

Route de Didier

Une randonnée courte mais sportive... Elle démarre sur le petit chemin qui longe la station d'épuration sur la droite. Après une descente à pic, vous traverserez un tunnel sombre et atteindrez en vingt minutes une première cascade. En traversant la rivière et en empruntant un sentier exigu, vous aborderez ensuite une deuxième chute d'eau cristalline (vingt minutes de marche supplémentaire). N'oubliez pas votre maillot de bain, une lampe torche et surtout le pique-nique ! Déconseillé aux enfants de moins de 8 ans car quelques passages sont très abrupts.

CATHÉDRALE SAINT-LOUIS

Rue Victor Schoelcher

✆ 05 96 73 59 78

Ouvert tous les jours de 6h30 à 11h30. Messes du week-end : le samedi à 17h et le dimanche à 7h et 10h.

C'est l'un des joyaux de Fort-de-France. Plusieurs fois détruite (notamment par le terrible incendie de 1890), l'ancienne chapelle en paille et fourche fut remplacée en 1891 par l'actuelle cathédrale en dur. Son ossature est entièrement métallique afin de pouvoir résister aux tremblements de terre, mais aussi en référence aux techniques employées alors en métropole par Gustave Eiffel. Elle abrite les tombes de plusieurs gouverneurs de l'île dont elle conserve l'emplacement exact scrupuleusement secret. Elle a été classée monument historique en 1989.

DISTILLERIE DILLON

9 route de Châteaubœuf

✆ 05 96 75 20 20

www.rhums-dillon.com

Site industriel fermé au public. Boutique en ligne disponible.

Depuis 1779, la marque Dillon s'inscrit dans l'histoire et le patrimoine de la Martinique. Pour une image de marque et de qualité, la distillerie cultive sa propre canne à sucre pour produire sa large gamme de rhums. Parmi sa riche saga, on retrouve rhums vieux, rhums blancs, punchs et sirops de canne. Aujourd'hui fermé au public, le site industriel continue sa production, développe ses recettes et son savoir-faire à l'abri du public. Rendez-vous pour votre shopping sur la boutique en ligne pour un choix unique de rhums d'exception.

ÉGLISE DU SACRÉ-CŒUR DE BALATA

Route de Balata
✆ 05 96 64 34 18
Entrée libre.

Au détour d'un virage de la route de Balata se profile, au cœur d'un environnement tropical, cet édifice, qui est une réplique de la basilique du Sacré-Cœur de Montmartre à l'échelle 1/5e, œuvre de l'architecte anglais Charles Albert Wulfleff (1929). A la base du dôme, on lit cette inscription : « Au Sacré-Cœur, la Martinique reconnaissante ». En plus de ses vitraux et de ses mosaïques murales remarquables, le site offre une vue splendide sur Fort-de-France et sa baie.

GRAND MARCHÉ

Rue Isambert
Du lundi au samedi de 6h à 15h.

Prenez du temps pour découvrir ce marché traditionnel si haut en couleur : c'est l'un des plus beaux clichés de la ville. Sous la grande halle, les étals débordent de fruits de saison, de légumes (avocats, ignames, christophines), de fleurs (alpinias, anthuriums, roses de porcelaine), d'épices et de condiments (muscade, piment, bois bandé, cannelle, bois d'Inde). Les « doudou, vini-vini » sont les interpellations caractéristiques qui installent une ambiance soudainement familiale. On sympathise rapidement en faisant ses courses. Tutoiement de rigueur !

FORT SAINT-LOUIS ★★

Boulevard Alfassa
✆ 05 96 75 41 44
Du mardi au samedi 9h-12h et 14h-16h. Point de départ au kiosque touristique place de la Savane. Adulte 8 €, enfant 4 €.

Promontoire rocheux de près de 600 mètres de long, creusé, retaillé, habillé de pierres et surélevé par endroits, le Fort Royal, rebaptisé Fort Saint-Louis depuis 1802, est une pièce maîtresse de l'arsenal défensif de la Martinique. C'est l'une des forteresses les mieux préservées des Antilles. C'est elle qui a donné son nom aux habitants de Fort-de-France : les Foyalais, Fort Royal en créole se disant Foyal.

L'histoire du Fort Saint-Louis commence vers 1640, lorsque du Parquet, gouverneur de la Martinique, décide de fortifier la petite péninsule rocheuse qui avance dans le cul-de-sac Royal, baie des Flamands. Ce qui, au départ, n'est qu'une simple palissade en bois devient progressivement, par la volonté de gouverneurs généraux tels que Baas ou Blénac, et avec les subsides octroyés par Louis XIV, un fort «à la Vauban», imposant, solide, robuste, avec son dédale de bastions, de casemates et de chemins de ronde. Le Fort a été édifié à partir de roches volcaniques issues de la montagne Pelée ! L'endroit est d'ailleurs toujours bien gardé ! Toujours actif, il a conservé sa vocation militaire et abrite le siège du commandement de la Marine aux Antilles. L'office de tourisme de Fort-de-France y organise des visites guidées très intéressantes, d'une heure environ, à faire absolument ! Vous croiserez au cours de votre promenade une colonie d'iguanes (dont certains atteignent 1,50 m de long !). Ces reptiles herbivores d'Amérique tropicale sont les témoins du passé zoologique de cette forteresse.

Le Fort Saint-Louis, à Fort-de-France.

JARDIN ATOUMO

Rue Kann Ribanne Cité Dillon
✆ 0596 03 84 03
www.acsionservices.com/
Ouvert du mercredi au vendredi de 9h à 17h, mardi et samedi de 9h à 12h.

Géré par l'association Acsion Services, le jardin Atoumo (du nom de la plante qui guérit «tous les maux») abrite plus de 250 variétés de plantes médicinales endémiques de la Martinique. Inauguré en 2015, il met en valeur l'utilisation traditionnelle des plantes médicinales et permet de transmettre ce savoir aux futures générations. Outre les scolaires et les habitants du quartier qui viennent suivre les ateliers pour apprendre à cultiver quelques plantes médicinales, ce jardin accueille aussi le grand public et vend des plants à mettre en terre directement.

JARDIN DE BALATA

Km 10, route de Balata ✆ 05 96 64 48 73
www.jardindebalata.fr
Tous les jours de 10h à 18h. Adulte 15 €. Enfant 10 €. Billet combiné avec le zoo. Adulte 29,50 € et enfant 19 €.

Avec plus de 3 000 espèces de plantes, Balata est le jardin le plus célèbre de l'île. Plusieurs dizaines de milliers de visiteurs s'y pressent chaque année pour découvrir l'incroyable richesse botanique de ce jardin créé de toutes pièces par Jean-Philippe Thoze, horticulteur amoureux de la nature.

Cette propriété, le paysagiste la connaît bien : sa grand-mère y avait fait construire une maison de campagne, dans laquelle il entreposait les plants rapportés de ses innombrables voyages et les semences trouvées sur place, en Martinique. Au milieu des années 1980, Jean-Philippe Thoze a l'idée de réunir sa collection de plants et semences dans cet écrin de verdure autrefois entièrement recouvert par la forêt pour donner naissance à un jardin unique. Dans cette vallée surplombant Fort-de-France, une nature tropicale exubérante et sauvage s'épanouit librement depuis des siècles. Il baptise ce jardin Balata, du nom de ce quartier situé au nord de l'agglomération foyalaise, autrefois peuplé de balatas, un arbre qu'affectionnaient les Amérindiens, et devenu aujourd'hui très rare. Commencé en 1982 autour de l'habitation familiale, l'endroit ne cesse de s'enrichir : palmiers royaux, balisiers, hibiscus, broméliacées, roses de porcelaine, anthuriums et orchidées sauvages.

Pour compléter cette découverte, la balade « à la cime du jardin botanique », à plus de 15 mètres de haut, entièrement sécurisée par des filets et accessible à tous (dès 8 ans), offre un panorama à couper le souffle sur la baie de Fort-de-France et les pitons du Carbet.

DILLON OU UN CONTE EN RACCOURCI

C'est en 1777 à l'âge de 28 ans que le jeune colonel d'origine irlandaise Arthur Dillon, ou plus précisément Arthur comte de Dillon, s'embarque vers les Amériques pour combattre les Anglais. Victorieux sur l'île de Grenade et remarqué pour sa bravoure lors du siège de Savannah, il s'illustre pendant la guerre d'Indépendance des Etats-Unis d'Amérique. Deux ans plus tard, il débarque en Martinique suite à l'entrée de la France dans le conflit. Il est hébergé chez une Créole, Laure de Girardin de Montgérald (1764-1816), cousine de l'impératrice Joséphine de Beauharnais. En 1784, la guerre terminée, Dillon revient en Martinique, renoue avec Laure, et l'épouse. Elle est alors veuve et héritière d'une riche exploitation. De cet heureux mariage naît une fille baptisée Elisabeth France Dillon. L'habitation Girardin devient alors la plantation puis la distillerie Dillon. En 1789, il rejoint la France en tant que député de la noblesse des colons de la Martinique et participe aux Etats Généraux où il défend surtout les intérêts des colonies. Accusé de complot sous la Révolution, il est condamné le 13 avril 1794 à être guillotiné sans sommation, ne laissant de ce comte défait qu'un nom gravé sur le verre du flacon d'un rhum si bien en bouche...

JARDIN PARTAGÉ DE TRENELLE CITRON

Jardin Urbain Partagé De Trenelle

✆ +596 696 10 97 20

Ouvert du lundi au samedi de 8h à 14h.

Sur les pentes du morne Garnier pousse une mini-jungle urbaine où vivent en harmonie plantes potagères, plantes médicinales et arbres fruitiers. C'est ici que le Centre de Culture Populaire Ypiranga de Pastinha Martinique (CCPYPM) a développé un jardin urbain expérimental dans une ancienne carrière qu'il a fallu entièrement déblayer et réaménager.

Un projet un peu fou au départ, mais qui porte ses fruits puisque l'association s'est vu confier le développement d'un écolieu, situé cette fois à Tivoli.

Il faut dire que l'association CCPYPM a de l'énergie à revendre. Une dizaine de personnes, salariés, services civiques et bénévoles, œuvrent au quotidien pour reconnecter les habitants à la nature et utiliser le jardin comme support d'éducation à l'environnement.

A travers le travail de la terre, l'idée est de transmettre des valeurs comme le partage, sensibiliser aux problématiques écocitoyennes (recyclage des déchets, sauvegarde du patrimoine local) et apprendre à manger sainement. Ici, une partie des parcelles est gérée par l'association et les jeunes du quartier ; l'autre partie est mise à la disposition des habitants pour cultiver leurs légumes.

Des événements sont régulièrement organisés. On vient ici pour apprendre à jardiner, regarder fonctionner les bassins d'aquaponie et nourrir les lapins et les poules du jardin. L'association a également développé une boutique solidaire qui livre des paniers aux personnes isolées, ainsi qu'un mini-marché chaque premier samedi du mois.

MARCHÉ AUX POISSONS ET MARCHÉ AUX VIANDES

Boulevard Allègre

Ouvert du lundi au samedi de 6h à 15h.

Typique du développement de l'architecture métallique, le marché aux viandes date du début du siècle dernier. Erigé la même année que le grand marché couvert, il se distingue par de magnifiques ferronneries. Les stands sont tenus par des hommes plutôt discrets, mais son ambiance unique tient aux ménagères qui, dans un fracas verbal, décident du cours de la boucherie ! Même ambiance assurément créole au marché aux poissons, qui, lui, se tient le long du canal.

MUSÉE D'ARCHÉOLOGIE PRÉCOLOMBIENNE ET DE PRÉHISTOIRE

9 rue de la Liberté

✆ 05 96 71 57 05

Ouvert le lundi de 13h à 17h. Du mardi au vendredi de 8h à 17h. Le samedi de 9h à 12h. Tarifs : adulte 4 €, enfant 2 €.

C'est l'un des rares endroits consacrés à la préhistoire antillaise. Situé près de la place de la Savane, dans un ancien immeuble de l'intendance militaire du XIXe siècle, le musée détaille l'histoire du peuplement amérindien des Petites Antilles. Les collections rassemblent plus de 2 000 pièces de l'époque précolombienne, en particulier des céramiques et des outils en pierre ou en coquillages datant des Amérindiens jusqu'à 4 000 ans avant J.-C. !

MUSÉE D'HISTOIRE ET D'ETHNOGRAPHIE

10 boulevard du Général De Gaulle
✆ 05 96 72 81 87
Du lundi au vendredi de 8h30 à 17h et le samedi de 8h à 12h. Fermé le mardi matin. Adulte : 3 €.

Situé au cœur de Fort-de-France à l'ombre de manguiers, poiriers et mahoganys, le musée régional d'Histoire et d'Ethnographie est l'une des plus anciennes villas bourgeoises (1887) du centre-ville. A travers les différentes pièces de la maison, reconstitution d'un intérieur typique de l'époque, vous découvrirez une collection de costumes traditionnels créoles, de bijoux, de tableaux, de livres anciens et de documents retraçant quelques grands épisodes historiques de la Martinique.

MUSÉE DU PÈRE PINCHON

33 rue du professeur Raymond Garcin
✆ 05 96 59 80 46
Ouvert lundi, mercredi, jeudi et vendredi de 8h à 17h, mardi de 14h à 17h et samedi de 8h à 12h. Entrée libre.

Ce musée donne à voir toute la passion et le travail du père Pinchon, grand amoureux de la nature et précurseur dans la connaissance de la biodiversité martiniquaise, à travers des panneaux et vitrines d'animaux de l'île organisés par type de milieu. Il abrite aussi une exposition de planches d'herbiers : les fougères, une passion du père Pinchon, et les petites bêtes de notre jardin créole en collaboration avec Martinique Entomologie. Différents ateliers et expositions y sont organisés toute l'année, une visite passionnante pour toute la famille.

COMITÉ MARTINIQUAIS DU TOURISME

5 Avenue Loulou-Boislaville
✆ 05 96 61 61 77
www.martinique.org
Ouvert lundi, mardi et jeudi de 8h à 16h30, mercredi et vendredi de 8h à 13h.

Avec son site bien illustré, empli d'une mine d'informations pratiques, le Comité Martiniquais du Tourisme offre une superbe introduction à tout séjour sur l'île. Photos enivrantes, calendrier des manifestations, le site complète une offre digitale visant à répondre à tout type de besoin pour tout type de clientèle. Et pour les moins connectés, rendez-vous directement dans l'immeuble situé sur le front de mer de la capitale pour dénicher plans et autres conseils précieux.

PLACE DE LA SAVANE

Longtemps, la Savane ne fut qu'un vaste champ d'instruction militaire sur lequel s'exerçaient les soldats de la garnison du Fort-Saint-Louis.

Cette zone gagnée sur la mangrove par le gouverneur de Blénac a été aménagée au XIXe siècle pour devenir le « Jardin du Roy », flanqué d'une place d'armes. Elle est alors plantée d'une multitude d'essences indigènes : palmiers royaux, bakouas, figuiers et fromagers. Ces arbres séculiers seront dévastés par le cyclone Dean en 2007.

Point d'orgue de la restructuration du front de mer de Fort-de-France au début des années 2010, cette vaste esplanade verte de 5 hectares a été entièrement réhabilitée avec, au centre, une mini-forêt de palmiers royaux, ornée de bougainvilliers et d'arbres du voyageur. Tout autour, des kiosques abritant terrasses de snacks et boutiques de souvenirs bordent la place qui s'ouvre sur la jolie Plage de la Française. Elle était autrefois jalonnée des statues de Joséphine et de Pierre-Belain d'Esnambuc, qui s'installa sur l'île juste avant l'arrivée des colons français en 1635, mais ces dernières ont été déboulonnées et renversées en juin 2020 par un groupe d'activistes.

La Savane est aujourd'hui l'un des sites emblématiques de Fort-de-France et l'un des lieux de promenade favoris des Foyalais : elle y accueille la plupart des manifestations et devient chaque année le centre névralgique de l'île lors du carnaval. Pour les Martiniquais, outre son rôle historique, la Savane est aussi un lieu de rencontre : c'est ici que se donnaient rendez-vous autrefois les amoureux.

DIRECTION DES AFFAIRES CULTURELLES DE MARTINIQUE

54 rue du Professeur Raymond Garcin
✆ 05 96 60 05 36
Lundi, mardi et jeudi de 8h à 12h30 et de 14h à 17h, mercredi et vendredi de 8h à 12h30.

Créée en 1984, la Direction des Affaires Culturelles de Martinique est le service déconcentré du ministère de la Culture. Ses missions sont de plusieurs ordres : encourager l'implantation d'infrastructures culturelles sur le territoire, démocratiser l'accès à la culture à tous, valoriser le patrimoine martiniquais, positionner la Martinique comme un acteur majeur de l'action culturelle de la zone caribéenne et faire de la culture un vecteur de croissance économique.

OFFICE DE TOURISME DE FORT-DE-FRANCE

29 rue Victor Hugo
✆ 05 96 80 00 70
www.tourisme-centre.fr
Ouvert du lundi au vendredi de 8h à 16h et le samedi de 8h à 13h30.

L'office de tourisme organise des visites guidées de Fort-de-France hors des sentiers battus. Nous vous conseillons la « visite audioguidée du cœur de ville » qui permet de découvrir les sites les plus remarquables de Fort-de-France en toute autonomie. Le circuit est composé de 12 étapes. Disponible en 4 langues : français, anglais, espagnol et italien. Faites un tour aussi sur le site www.tourisme-centre.fr, véritable vitrine de l'office de tourisme truffée d'informations.

RELAIS DU PARC (PNRM)

Avenue Desproges
✆ 05 96 64 56 45
www.pnr-martinique.com
Ouvert du mardi au samedi de 9h30 à 14h.

Le Parc Naturel Régional de la Martinique propose des «relais» à différents points de l'île. Ces lieux sont dédiés à l'information et à la sensibilisation du public sur des thématiques liées au patrimoine, à la culture et à toutes les activités de pleine nature proposées par le PNRM sur l'ensemble du territoire. Vous trouverez également des informations sur les visites de sites, les randonnées et les balades à faire dans les communes avoisinantes, ainsi qu'une boutique qui propose une large variété de produits locaux et artisanaux.

SERVICE D'ACTION CULTURELLE (SERMAC)

Place José-Marti
✆ 05 96 59 60 00
www.fortdefrance.fr
Ouvert lundi, mardi et jeudi de 7h15 à 13h et de 14h30 à 16h. Mercredi et vendredi de 7h15 à 13h.

Bien plus qu'un centre d'action culturelle, ce pôle d'activités reçoit les jeunes talents martiniquais pour leur faire découvrir la danse, la musique ou encore le théâtre et les arts plastiques traditionnels. Les implantations du SERMAC s'épanouissent au coeur du parc floral et culturel qui abrite aussi la salle de spectacle Le Grand Carbet, haut lieu du festival culturel de Fort-de-France. C'est aussi un bel espace de verdure au cœur de la ville basse.

KARAMBOLE TOURS

✆ +596 696 316 313
www.karamboletoursmartinique.com
Tous les jours de 8h à 18h. Tarifs à partir de 49 € pour le circuit «Glouglou Flech».

Amoureuse de son île natale, Christelle adore partager sa culture avec les visiteurs de passage. L'idée est de vous immerger dans le cœur de la Martinique authentique et de vous conter son histoire, agrémentée d'anecdotes. Le fil conducteur est de partager la gastronomie, les saveurs et spécificités locales. Plusieurs types de circuits sont proposés : le best-seller est le « Pile ou face » qui retrace l'histoire de Saint-Pierre à travers la forêt tropicale. On aime aussi le « RockSandSip » qui vous transporte à l'époque des Amérindiens.

TÉTÉ DWÈT

✆ 06 58 65 09 93
www.tetedwet.com
Sur RDV uniquement les samedis, durée 2h30 environ. Tarif : 35 € par personne. RDV à 7h45 pour un départ à 8h.

Tété Dwèt est une jeune structure qui propose des visites guidées gourmandes à travers un circuit dans le centre-ville de Fort-de-France. Cette promenade vous permet de découvrir la capitale sous un angle gastronomique, grâce aux différentes spécialités culinaires traditionnelles que vous découvrez et goûtez, mais aussi sous un angle culturel, à travers le marché, ses petits commerces foyalais et les diverses communautés (indienne, amérindienne, asiatique) qui composent la Martinique. Cette visite sera à coup sûr «Tété Dwèt» (délicieuse).

Capucine
Agence de Communication Monaco
L'agence de communication qui vous accompagne dans votre
TRANSITION DIGITALE
CRÉATION DE SITE WEB
La Création de votre site Internet
Sa mise en place et la gestion régulière de son contenu, sa maintenance technologique et l'optimisation de son référencement sur les moteurs de recherche.
E-RÉPUTATION
"Ma meilleure publicité c'est le bouche à oreille
OUI mais il est devenu DIGITAL !
Nous vous apprenons à la gérer et non pas à la subir.
COMMUNITY MANAGEMENT
Booster votre communication sur les réseaux sociaux
MARKETING DE CONTENU & STORYTELLING
PRODUIRE- ÉDITER - DIFFUSER-
du contenu éditorial
RACONTER VOTRE HISTOIRE
+33 6 62 76 95 20
www.capucine-agency.com

R.CAR MARTINIQUE

17, Route de Châteauboeuf
✆ 06 96 94 20 81
www.location-voituremartinique.com
Disponible du lundi au vendredi de 8h30 à 17h. Samedi et dimanche : une astreinte est assurée.

R.Car Location est une agence de location de voitures en Martinique. Grâce à son emplacement proche de l'aéroport de Fort-de-France, elle vous prend en charge directement à l'aéroport, au port inter-îles ou croisiéristes. Les tarifs très concurrentiels de cette agence ainsi que ses véhicules récents rendront votre séjour agréable. A noter que RCar dispose à présent de voitures automatiques et de 9 places. Vous pouvez réserver votre voiture de location sur le site Internet clair et précis, ce qui facilite une réservation rapide.

LOCATION DES ILES

Aeroport
✆ 06 96 21 11 79
www.locationdesiles.com/
Du lundi au samedi de 7h à 21h.

Location des îles est un loueur local solidement implanté en Guadeloupe, en Martinique et à Marie-Galante depuis plusieurs années. La structure dispose de véhicules récents et climatisés, avec kilométrage illimité et assurances tous risques, à des tarifs attractifs. Elle propose un pack 2 îles avec un seul contrat, sans frais d'abandon dans une autre agence. Une carte de fidélité valable en Martinique, en Guadeloupe et à Marie-Galante est disponible. Possibilité également de réserver des billets de bateau à tarif réduit pour Marie-Galante.

BUS MOZAÏK

Terminus Pointe Simon
✆ 0800 802 972
www.mozaik.mq
A partir de 1,45 € pour un ticket valable 1h. Carte pass possible pour circuler.

Mozaïk est le service de bus urbain qui dessert les quatre communes de la Communauté d'agglomération du Centre de la Martinique : Fort-de-France, Schoelcher, le Lamentin et Saint-Joseph. Le réseau est géré par la Compagnie foyalaise des transports urbains. Le terminus se situe le long du port à la Pointe Simon. Les arrêts en ville sont signalés par des petits abris en verre. Renseignez-vous auprès du chauffeur ou des kiosques pour connaître la direction car la destination n'est indiquée que sur le bus même. Horaires, plans et itinéraires en ligne.

L'EXPRESS DES ÎLES

Quai ouest - Bassin de Radoub
✆ 05 96 42 04 05
www.express-des-iles.com
Call center (anglais et français) tous les jours de 7h à 19h.

L'Express des Îles dessert au départ de Fort-de-France la Guadeloupe, la Dominique mais aussi Sainte-Lucie, Marie Galante et les Saintes sur des catamarans ultra modernes tous équipés d'un pont supérieur à l'air libre. La durée du trajet pour la Guadeloupe est de 3h sans escale et 3h45 avec escale à la Dominique, 1h20 pour Sainte-Lucie, 1h30 pour la Dominique et 2h45 pour les Saintes. De nombreuses réductions (bébé, enfant, jeune, personne âgée, abonné) sont régulièrement proposées. Vous pouvez voyager avec votre véhicule d'une île à l'autre.

LUXIANE CAR

11, rue des Arts et métiers
✆ 06 96 24 86 30
www.luxianecar.com
Tarifs dégressifs à partir de 7 jours.

Une agence de location de voitures inédite en Martinique : la location de prestige et le service personnalisé. Luxiane Car s'est orienté vers la location sur-mesure. Ici, on vous livre votre voiture quel que soit le lieu, le jour et l'heure. L'accueil est personnalisé et le service haut de gamme : vos désirs sont des ordres, « Pani Pwoblem». Les véhicules sont de catégories supérieures, la plus petite voiture proposée est une Peugeot 208 (en version automatique également) et la gamme se développe sur du 4x4 et des BMW (manuelles et automatiques).

ECO TAXI 972

✆ 06 96 82 56 36
www.ecotaxi972.com
Excursion : 55 €. Départ : 9h, retour : 15h30.

L'écotaxi, c'est tout nouveau à Fort-de-France : voilà une façon agréable et écologique de visiter le centre-ville de la capitale martiniquaise. Pas de stress, bien installé à l'arrière de votre éco-taxi et à l'ombre, vous allez vous laisser guider par votre conducteur expérimenté de ce vélo calèche jaune aux allures de *tuk-tuk* et d'une capacité de 2 à 3 places adultes ! On vous propose deux types d'excursions de 40 ou 90 minutes, ainsi qu'une formule libre comme un taxi classique, avec tarif à la minute. Une nouveauté fun et sympa !

TCSP

C'est le transport collectif en site propre ! Tarifs : Ticket 1 voyage à 1,45 € ou A/R à 2,70 €.

Il se présente sous la forme d'un grand bus ayant sa propre voie de circulation. Géré par la collectivité territoriale, il assure les liaisons entre Fort-de-France et le Lamentin à l'instar d'un tramway, avec de multiples arrêts jusqu'à l'aéroport. Le but est de limiter les embouteillages très fréquents sur ces portions de routes qui regroupent une forte activité économique et commerciale. Les tickets s'achètent dans des distributeurs automatiques situés à chaque station. Consultez le site Web pour accéder au plan du réseau.

TAXI COLLECTIF

Pointe-Simon
Service actif de 5h à 17h environ. Entre 1,50 € et 10 € selon la destination.

Cette solution originale appelée « taxi-co » ressemble à un service de taxi ordinaire, à la différence près que vous ne serez pas seul dans la voiture mais plusieurs dans une sorte de minibus. Le tarif affiché à bord est conventionné selon la destination. La fréquence des taxis-co reste régulière et fiable garantissant une liaison pour chacune des communes. Notez que les retours sont assurés par les mêmes taxis avec des descentes et des montées possibles sur le trajet. Seul bémol : le taxi ne part qu'une fois rempli. L'attente peut donc parfois être longue...

CARIB HÔTEL €

9 Rue Redoute-de-Matouba
✆ 05 96 60 19 85
Chambre double à partir de 85 € la nuit. Supplément petit déjeuner 8 €.

L'un des points forts de ce petit hôtel, c'est son emplacement : il est situé en plein centre-ville, à côté de la place de la Savane, à deux pas de la plage de la Française et du Fort Saint-Louis, tout près de l'animation de la capitale foyalaise. Autre atout non négligeable : l'hôtel dispose d'un parking. Les quinze chambres sont sans prétention, propres et convenables pour une première nuit à peine débarqué de l'avion. Elles sont toutes dotées d'une TV à écran plat et d'une connexion wifi et d'un réfrigérateur. Certaines sont même agrémentées d'un coin salon.

TAXIS

Rue de la Liberté
✆ 05 96 63 52 78
www.taxi.fr

Autant le dire : le taxi est un moyen de transport relativement onéreux en Martinique. Mais il demeure néanmoins très utile pour ceux qui désirent plus d'indépendance. Pour les longues distances, n'oubliez pas de négocier le prix à l'avance. D'une manière générale, vérifiez bien que la voiture dispose d'un taximètre. A titre indicatif, il faudra compter de 40 à 60 € pour un trajet depuis Fort-de-France vers Saint-Pierre, au nord de l'île, ou encore de 60 à 80 € pour un trajet entre Fort-de-France et Sainte-Anne, tout au sud.

CENTRE INTERNATIONAL DE SÉJOUR MARTINIQUE €

Rue Ernest Hemingway ✆ 05 96 39 09 09
www.cis-martinique.com
Chambre simple à partir de 71 €, double à partir de 88 €. Petit déjeuner compris. Tarif réduit -25 ans.

Dans un esprit de tourisme social, le CIS se rapproche des auberges de jeunesse sans réellement en être une. Initialement destiné aux jeunes, il accueille tous les publics pour de courts séjours. Les 66 chambres de 2 à 4 lits sont simples et propres. Elles disposent toutes d'une salle de bain, de la climatisation, d'une télévision, d'un téléphone et du wifi. Une vraie bonne adresse pour les petits budgets. A conseiller vivement si vous êtes en transit sur un vol (aéroport proche).

HÔTEL B&B €€

Rue Cadastre Zac étang z'abricots,
✆ 05 96 42 02 50
Chambre double à partir de 145 €, chambre familiale (1 à 4 pers) dès 175 €.

Situé à la pointe de l'Étang Z'Abricots, face à la baie de Fort-de-France et des Trois-Ilets, cet hôtel moderne dispose de 71 chambres qui vous plongent dans l'ambiance des îles dès votre arrivée (couleurs gaies, cartes postales XXL de Martinique…). A quelques minutes seulement des marinas et de l'aéroport Aimé Césaire, l'hôtel bénéficie d'un emplacement idéal pour visiter l'île. Autre atout : son bar lounge qui abrite des pépites de rhum *made in* Martinique, que l'on peut siroter au bord de la jolie piscine en libre accès. Très bon rapport qualité-prix.

RÉSIDENCE HÔTELIÈRE POSÉIDON CARAÏBES €€

ZAC Etang Z'Abricots
✆ +596 596 39 02 30
www.poseidon-caraibes.com/

Sur la marina de l'Etang Z'abricots, la résidence hôtelière Poséidon Caraïbes occupe une position stratégique pour visiter le nord et le sud de l'île. Cet appart'hôtel 4 étoiles est composé de 45 appartements spacieux (de 35 à 110 m²) offrant une vue magnifique sur la baie foyalaise. Ils sont tous aménagés avec terrasse et espace cuisine, lit *king size*, TV, connexion wifi, climatisation, douche à l'italienne et toilettes séparées. Cerise sur le gâteau : le spa urbain Bod'Lanmé.

L'IMPÉRATRICE €€

15, rue de la Liberté
✆ 05 96 63 06 82
www.limperatricehotel.fr
A partir de 95 € pour une chambre double standard hors petit-déjeuner.

Face au superbe parc de la Savane, cet hôtel classé Monument historique est dirigé depuis 1957 par la famille Glaudon. Son architecture moderniste de style paquebot a su séduire les adeptes d'hôtels de charme et chargés d'histoire. Il est composé de 21 chambres décorées avec goût : parquets aux teintes acajou, rideaux de taffetas, lits sculptés, mobilier de collection dont certains en bois de Mahogany. Son restaurant, Le Joséphine, propose une cuisine créole traditionnelle. Une situation idéale proche de la plage, des bateaux de croisières et des commerces.

APOLLINE €€€

61, rue Marie-Thérèse-Lung-Fu
✆ 05 96 10 82 62
www.apollinemartinique.com
Chambre double à partir de 190 €, suite à partir de 240 € et grande suite à 350 € la nuit. Piscine extérieure.

Dominant Fort-de-France et sa baie, cet élégant hôtel particulier créole, au beau milieu d'un parc boisé de 7 000 m² décline une véritable prestation haut de gamme. Dès votre arrivée, les terrasses de bois rouge vous invitent jusqu'à la piscine à débordement d'où la vue est à couper le souffle. La demeure entièrement rénovée, à la décoration Art déco tropical, originale et raffinée, abrite trois suites et une chambre climatisées, très bien équipées. Pour une occasion spéciale, vous pouvez demander à bénéficier d'un accueil personnalisé.

REDOUTE PARADISE €€

41 bis Rocade du Bel Horizon
✆ 06 96 85 59 15
www.redouteparadise.com
Ouvert toute l'année. Chambre double dès 270 €. Appartement dès 290 €. Tente supérieure dès 230 €.

Coup de cœur pour cette adresse intime et chic, nichée dans un jardin tropical luxuriant. Cette structure familiale, tenue par Patrick et son épouse, propose des logements particulièrement réussis, de la chambre d'hôtes au T2, en passant par des tentes de luxe et suites dispersées dans le parc. Les prestations sont de qualité : piscine, bain bouillonnant, espace massage, sauna et salle de sport, billard, bibliothèque, enceinte *bluetooth* au bord de la piscine… sans oublier le petit déjeuner, fait sur place, où l'on vous fait découvrir les produits du terroir.

FORT SAVANE €€€

5, rue de La Liberté
✆ 05 96 80 75 75
www.fortsavane.fr
Chambre double à partir de 110 €, studio à partir de 130 € et suite dès 180 €.

Face à la place de la Savane, cet hôtel à la décoration résolument contemporaine allie matériaux nobles, équipement et confort de grand standing. 14 luxueux logements (4 chambres doubles, 8 studios avec kitchenette et 2 suites), dont certains disposent d'un large balcon donnant sur une cour intérieure aménagée, offrent de beaux volumes. Côté aménagement, on apprécie le lit *queen size*, l'espace bureau, le mini-bar et le plateau de courtoisie avec thés et cafés. Un service conciergerie est disponible 24h/24. Un excellent rapport qualité-prix.

MAISON CLÉMENTINE €€€

22, route de l'Union
✆ 05 96 64 96 00
www.lamaisondeclementine.com
Chambre double avec petit déjeuner à partir de 155 € la nuit.

Rare dans la région, cette charmante maison d'hôtes se situe dans le quartier chic de Didier sur les hauteurs de Fort-de-France. La villa dispose de 5 chambres décorées avec goût, avec vue sur parc ou sur mer, dont une avec piscine et terrasse privative. Chaque matin, le petit-déjeuner aux saveurs tropicales vous sera servi sur la grande terrasse extérieure remarquablement décorée. A votre disposition : une piscine et une petite salle de sport. Si vous souhaitez dîner sur place, il faut réserver. Une adresse idéale pour les week-ends en amoureux.

SIMON HOTEL €€€

1, avenue Loulou-Boislaville,
✆ 0596 50 22 22
https://hotel-simon.com
Chambres à partir de 135 € la nuit et la suite à partir de 212 € la nuit.

Ce City Hotel s'érige élégamment face à la baie de Fort-de-France dans un quartier en pleine évolution. L'architecture est très contemporaine, le mobilier design et fonctionnel. Le complexe offre 95 chambres spacieuses, décorées dans un style trendy qui tranche totalement avec ce qu'on a l'habitude de voir sur l'île. L'établissement se veut expressément urbain et propose une vie à l'intérieur de ses murs : un restaurant, un lounge bar avec terrasse extérieure pour siroter un cocktail en admirant la vue. Un établissement idéal pour le tourisme d'affaires.

FOYAL SUITES €€

136 Rue Victor Hugo
✆ +596 696 08 15 15
www.foyalsuites.fr
Chambre double à partir de 105 €.

Foyal Suites est une résidence de standing gérée par un couple de jeunes Martiniquais, bien rompus au métier lié à la conciergerie. Ils proposent plusieurs appartements au cœur de Fort-de-France, proches du marché, de la baie de Fort-de-France et des navettes pour les Trois-Ilets. Tous offrent de beaux volumes, sont dotés d'équipements de grand standing, voire même high-tech pour certains, et arborent une décoration très contemporaine. C'est une solution idéale pour les voyageurs indépendants. Accueil charmant et professionnel à la fois. On aime !

BKB €

66 rue Ernest Deproge
✆ 09 76 61 41 02 – https://bokayburger.com
7j/7 11h-22h. Addition moyenne 13 €. BKB Deproge salle, BKB Dillon salle et drive, BKB Balata et Cluny à emporter.

Envie d'un burger *made in* Antilles ? Bienvenue chez BKB, le spécialiste des «burgers de chez nous», réalisés avec du pain provenant de boulangeries artisanales, des steaks 100% pur bœuf, et relevés d'une délicieuse sauce BKB, dont le secret est jalousement gardé. L'enseigne compte actuellement 9 établissements en Martinique dont 4 à Fort-de-France : BKB rue Deproge, BKB Bardinet Dillon, BKB Balata et BKB Cluny au CC la Véranda. Les 4 proposent la vente à emporter. Deux nouvelles enseignes devraient voir le jour bientôt, au François et au Carbet.

LA FAVELA €€

7 Rue De La Libération
✆ +596 596 79 41 72
https://favelamartinique.com
Ouvert du lundi au samedi : 12h à 14h30 et de 19h à 22h30. Menu enfant 12 €. Addition moyenne 20-30 €. Terrasse vue mer.

© FAVELA FACEBOOK

Embarquement immédiat pour le pays de la samba avec la Favela. Ce restaurant coloré et sympathique offre une vue époustouflante sur la baie de Fort-de-France mais surtout propose une cuisine brésilienne typique. Goûtez la fameuse feijoada, le cassoulet brésilien servi avec des haricots noirs et du porc, ou la muqueca, des crevettes et du poisson mijotés dans du lait de coco. Les carnivores se laisseront tenter par les délicieuses grillades (entrecôte, côte de bœuf) et les amateurs de poisson par la pêche du jour. La carte des cocktails est alléchante. On aime !

SUSHI TORII €

25 rue Raymond Garcin
✆ 0596 582 903
https://torii.fr
Ouvert du lundi au samedi. En livraison et à emporter de 11h30 à 14h et de 18h30 à 21h30.

© TORII SUSHI

Au cœur du quartier chic de Didier, Sushi Torii et sa cuisine fusion allient inspirations japonisantes et saveurs antillaises. On y retrouve les immanquables sushis, makis, sahimis, algues marines, poke bowls, temakis et autres tempuras, mais aussi des créations originales : des sushis chauds (cheddar, naruto), froids (rolls…) et des choses inédites 100% péyi : le Torii Bokay (thon ou marlin et banane flambée) et le Torii boat (combinaison de différents sushis). C'est frais, c'est bon, et ça change du traditionnel poulet colombo !

GREEN IS BETTER €

5 rue Antoine-Siger
✆ 05 96 62 30 88
www.greenisbetter.fr
Du lundi au vendredi de 11h30 à 15h30. Commandes possibles à partir de 9h30 jusqu'à 11h30 sous réserve de disponibilité.

Situé à deux pas de la place de la Savane, ce concept international de bar à salades et à soupes a choisi le cœur de la capitale foyalaise pour s'implanter. Ici, on vient composer son assiette gourmande et saine parmi plus d'une vingtaine d'ingrédients ultra frais. Des tartes salées faites maison, des soupes, des desserts sur mesure sont proposés dans deux beaux espaces climatisés. On s'y régale à petits prix. L'accueil est jeune et sympathique. Une adresse à noter sans hésiter dans ses carnets, pour une pause rapide et gourmande.

DJOL DOU €

27 Rue Garnier Pagès
✆ 05 96 63 10 84
Ouvert du lundi au vendredi de 12h à 17h.

Envie de déguster des plats typiques de la gastronomie créole ? Direction Djol Dou, un établissement tenu par la charismatique Françoise-Pierrette Guioubly, surnommée « Mamie Djol Dou ». Les recettes, elle les tient de sa mère qu'elle adorait accompagner au marché pour choisir les produits les plus frais. Légumes péyi tout droit venus du marché tiennent une place importante dans ses plats. De l'entrée au dessert, tout est fait maison : blaff de poisson, souris d'agneau au curcuma… Une cuisine d'émotions qui vous plongera dans vos souvenirs d'enfance.

GALANGA FISH BAR €

31, Route de l'Union
✆ 06 96 24 51 26
Ouvert du lundi au vendredi de 12h à 14h. Vendredi soir de 19h à 20h30, réservation obligatoire.

Dans un lotissement résidentiel situé sur les Hauts de Fort-de-France, rien ne laisse présager que derrière ce petit portillon, où il faut sonner, se cache un petit bijou de restaurant 100 % bio et local. Le concept est simple : déguster du poisson frais dans toutes ses déclinaisons possibles mais surtout en bowl. Zami le chef et propriétaire confectionne chaque jour trois spécialités au choix, accompagnées de légumes, racines et fruits, toujours du pays, travaillés de toutes les façons. La petite case et sa terrasse sont mignonnes à souhait. Un coup de cœur !

LE NUEVO MEJICO €

108 rue Ernest-Deproge
✆ 05 96 60 60 21
Du lundi au vendredi de 12h à 14h30 et de 19h à 23h30, vendredi et samedi de 19h à 00h30. Addition moyenne 30 €.

Un restaurant tex-mex à découvrir absolument ! Ici, l'ambiance est latino, et la carte est variée, aux saveurs épicées. Coup de cœur pour les *fajitas*, le *chili con carne*, les *enchiladas* au lambi ou encore les *tapas del mare*. La décoration colorée est une réussite, la salle climatisée est très agréable à l'heure du déjeuner comme en soirée. L'accueil chaleureux est rythmé en fin de semaine par une animation mariachi ! Bref, un endroit au cœur de Fort-de-France qui vaut le déplacement ! Nouveauté : un Mojito Bar et un billard au dernier étage.

LA PRÉFECTURE CAFÉ €

12 rue du Gouverneur Félix Eboué
✆ 06 96 31 29 00
Ouvert du lundi au vendredi de 7h à 15h30, le samedi de 18h30 à 23h. Prix moyen à la carte : 12 €.

A deux pas de la bibliothèque Schoelcher et de la préfecture, ce petit restaurant vous réserve un accueil chaleureux et une cuisine maison, étonnante de fraîcheur, variée et aux saveurs créoles, le tout pour un prix raisonnable. La carte change tous les jours, suivant les produits du marché. Le bonus : un bar à salades et une formule avec tarte du jour. En semaine, possibilité de livraison dans les environs du centre de la capitale. Le samedi soir, rendez-vous pour un karaoké dans la bonne humeur. Une adresse sympathique à venir tester sans modération.

LE TI SAINT-LOUIS €

29 rue Blénac
✆ 0596 96 33 52
www.letisaintlouis.com
Ouvert du lundi au vendredi de 9h à 17h.

Marc, bourguignon et cuisinier hors pair, a ouvert, avec sa « doudou », ce « ti » restaurant ultra-central (la terrasse fait face à la cathédrale Saint-Louis, d'où son nom) où l'on se régale d'une cuisine authentique qui fait la part belle aux spécialités françaises et créoles. Au menu : pizzas, bœuf bourguignon revisité, moules (à emporter si on le souhaite, bien qu'il soit dommage de se priver de l'ambiance de la capitale foyalaise), sans oublier les desserts maison. Le tout accompagné d'une jolie sélection de vins (bourguignons mais pas que !).

BOA ROSA €€

66 rue Ernest Desproges
✆ +596 596 504 922
www.boarosa.com
Ouvert lundi de 11h45 à 15h, de mardi à jeudi de 11h45 à 00h, vendredi de 11h45 à 02h et samedi de 19h à 02h.

C'est le nouveau lieu de rendez-vous des noctambules foyalais. Ouvert en juillet 2022, ce restaurant situé à l'étage sur plusieurs niveaux arbore une déco ultra-moderne et branchée. Son credo : de l'assiette à la fête ! Car ici c'est simple, on vient se régaler d'une cuisine fusion, mais aussi faire la fête entre amis ! Des DJ locaux comme internationaux se relaient régulièrement aux platines pour mettre l'ambiance. Côté cuisine, les spécialités mêlent saveurs traditionnelles et asiatiques. Jolie carte de cocktails. On adore !

LE BABAORUM €€

42, route de Châteaubœuf
✆ 05 96 75 03 32
www.lebabaorum.com
Ouvert du lundi au vendredi de 12h à 14h30 et de 19h à 22h.

Dans la case créole pimpante, entièrement rénovée, le Baba est depuis plus de 25 ans un incontournable de l'île ! La carte offre une cuisine métissée alliant les saveurs créoles et la tradition culinaire française ; elle change d'ailleurs toutes les semaines selon l'humeur du chef. Côté bar, les banquettes bigarrées vous accueillent pour siroter un mojito ou un cocktail «création» du Baba. On se partage de grandes assiettes pour picorer quelques tapas maison pour accompagner votre boisson. On aime l'ambiance conviviale et la générosité dans les espaces des salles.

© BABAORUM

© BABAORUM

COMTESSE DU BARRY €€

41 route de Cluny
✆ 05 96 64 30 06
www.comtessedubarry.mq
Ouvert du lundi au samedi de 10h30 à 22h.

La fameuse enseigne réputée pour ses produits d'épicerie fine, et notamment son foie gras, est représentée en Martinique de façon inédite à travers ce restaurant éponyme. C'est un peu un établissement « pilote ». Niché dans une jolie villa dans un cadre élégant et lumineux, le restaurant offre une cuisine gourmande, concoctée par un chef qui met en valeur les produits de la marque et imagine des recettes à base de produits locaux. Les suggestions se déclinent à l'ardoise chaque semaine. Epicerie fine sur place pour dénicher des produits gastronomiques d'exception.

LE JAGUAR RESTAURANT €€

8 route de cluny
✆ 596596578089

A la fois restaurant et bar lounge à chicha, c'est le nouveau lieu de sortie très prisé des Foyalais branchés. Au choix : la sympathique salle à l'intérieur à la déco contemporaine ou la terrasse extérieure pour boire un verre avec des banquettes colorées. Le chef revisite des plats traditionnels métissés. Belle sélection de vins. Le Jaguar est aussi réputé pour ses animations et ses soirées à thème : le lundi caïpi, le mardi des copines, le mercredi happy hour (un cocktail acheté, un offert), le vendredi c'est DJ… Superbe carte de cocktails.

LES FINES BOUCHES €€

41 rue du Professeur Raymond Garcin
✆ 0596 71 07 10
www.lesfinesbouches.com
Ouvert le lundi de 10h30 à 17h et du mardi au samedi de 10h30 à 22h.

Dans une jolie villa créole, les Fines Bouches offrent un panel d'excellents produits frais et bio, importés de tous les coins du monde. Cette épicerie fine est aussi un restaurant très prisé, où l'on déguste sur la terrasse extérieure, des suggestions à l'ardoise : tartare de thon au coco, focaccia à la Provençale pour les amateurs de saveurs italiennes. Les amateurs de cuisine italienne seront comblés ! C'est frais, savoureux et le service est très professionnel. On y déniche des vins et des produits de grande qualité. Un conseil : réservez !

LE JOSÉPHINE €€

15 rue de la Liberté ✆ 05 96 63 06 82
www.limperatricehotel.fr
Ouvert du lundi au samedi de 12h15 à 14h30 et de 19h15 à 21h30. Menu à 28 € et 32 €, buffet créole 35 € hors boissons.

Véritable lieu culte de Fort-de-France, l'Hôtel l'Impératrice abrite une table de qualité dans son restaurant le Joséphine. Sa carte pourrait vous faire tourner la tête tant sa gastronomie créole est savoureuse. La salle s'ouvre sur un mobilier local en bois précieux, avec, au sol, un magnifique parquet et des couleurs pastel sur les murs. Une décoration sobre et élégante. Vous dégusterez une cuisine raffinée aux accents créoles, tout en vous réjouissant du spectacle de la Savane. Ne manquez pas le buffet créole du jeudi midi. Réservations vivement conseillées.

GRENADE ET BASILIC €€

4, rue Garnier Pages
✆ 06 96 82 55 10
www.grenadeetbasilic.fr
Ouvert lundi 19h-22h. Mardi, mercredi, dimanche 12h-15h et 19h-22h. Jeudi, vendredi, samedi 12h-15h et 19h-22h30.

Dans une ruelle pittoresque de Fort-de-France, ce restaurant est une divine surprise. Aux fourneaux, Michel, le chef propriétaire, a posé ses valises en Martinique après avoir exercé ses talents dans de grands établissements gastronomiques en France et au Canada. Il décline une cuisine de qualité, qui sublime les saveurs locales. En entrée il faut absolument goûter son mini tartare de poisson qui est un vrai délice ! Côté plats, testez la fricassée de lambi et dorade au lait de coco, le magret de canard au miel ou encore le tartare de bœuf. Un vrai coup de cœur !

KAY ALI €€

145 avenue Condorcet
✆ 05 96 50 17 72
Ouvert du mardi au vendredi à midi et pour le dîner jeudi, vendredi et samedi.

Situé sur l'ancienne route de Schœlcher, ce restaurant, installé dans une magnifique maison créole aux allures coloniales, dans un cadre idyllique, décline une cuisine martiniquaise de qualité, signée les frères Alivon. Amoureux de leur île, tous deux ont confectionné avec amour une carte proposant deux entrées, deux plats et deux desserts, un choix justifié pour une cuisine d'exception. Vous pourrez aussi choisir parmi les quiches, soupes et tartines du brunch. Charles et Vincent ne négligent rien et vous feront voyager à travers leurs créations respectives.

LE PALM €€

2 Av. des Arawaks
+596 596 31 06 70
www.lepalm.mq
Du lundi au mercredi : 6h30-16h, vendredi : 6h-00h, samedi : 17h-00h.

Ouvert en novembre 2022, le Palm est un tout nouveau restaurant bistrot bar lounge. Entouré d'un jardin tropical, il est niché dans un écrin de verdure au cœur de Fort-de-France. Il propose deux concepts en un : la snackonomie (snack de luxe avec un plat du jour) le midi et la bistronomie le soir. Ainsi, du petit déjeuner au dîner, la carte est signée par le chef étoilé Marcel Ravin. Il surfe sur la tendance art et culture en accueillant régulièrement des expositions. Un nouvel endroit qui promet de faire du bruit et de faire parler de lui…

SRI GANESHA €€

2 boulevard Thelus Lero
+596 596 75 74 08
www.tablebig.com
Ouvert tous les jours de 11h à minuit.

C'est un énorme coup de cœur ! Accueilli dès l'entrée par une statue XXL de Ganesh, célèbre dieu hindou à tête d'éléphant, le décor est planté : vous voici télescopé au pays des mille senteurs, le Sri Lanka ! La salle à la décoration originale participe au dépaysement. Quant à la cuisine, elle est tout simplement divine : chaque plat est une invitation au voyage, dosant avec subtilité épices et tradition. Biryani, curry et tandoori explosent en bouche. Mention spéciale pour les naans, cuits dans de grandes amphores tout droit venues d'Asie. Une belle adresse !

LE SUNSET €€

60, rue du Petit Pavois
05 96 39 21 37
Ouvert du mardi au vendredi de 12h à 15h et de 19h à minuit. Samedi de 12h à 2h du matin et dimanche de 10h à minuit.

Situé à 10 minutes à pied du centre-ville, le Sunset satisfait les curieux du monde de la nuit caribéenne. Restaurant de bord de mer à son ouverture, votre dîner se transforme vite en soirée avec l'apparition de DJ locaux dans un style métissé ou électro. Côté culinaire, l'équipe en cuisine propose des plats d'inspiration française et caribéenne qui sortent de l'offre martiniquaise, comme l'agneau glacé au tamarin ou encore le poisson frit à la farine de manioc. Régalez-vous dans une ambiance lounge avant de dépenser ces calories sur la piste de danse.

THE YELLOW €€

51 rue Victor-Hugo
05 96 75 03 59
www.the-yellow.fr
Du lundi au vendredi midi de 12h à 14h30. Du lundi au mercredi soir de 19h à 22h. Du jeudi au samedi soir de 19h à 23h.

Trois entrées, trois plats, trois desserts ! Le bar-restaurant The Yellow propose une petite carte volontairement réduite et en mouvement perpétuel pour une qualité de produits exceptionnelle. Dans vos assiettes, on retrouve les classiques français adaptés aux produits locaux : velouté de patate douce au lait de coco, marlin au basilic accompagné de légumes frais. Ici, même le pain est fait maison à la farine de manioc. Une fois par mois, ne ratez pas les soirées à thème lors de la pleine lune ! En amoureux ou entre amis, une halte à faire absolument.

LE BOLIBAR €€€

1 rue Loulou Boislaville
0596 50 22 22
Ouvert tous les jours de 12h à 14h et de 19h à 22h.

Situé dans l'enceinte de l'hôtel Simon, le Bolibar propose une cuisine aux influences résolument créoles, délicieusement réinventée. On aime (re) découvrir les recettes de grand-mère revisitées avec raffinement. Le cadre de la salle intérieure est contemporain, à l'image de l'hôtel. Si vous êtes pressé, le Bolibar propose une carte sur le pouce qui rivalise de fraîcheur et d'originalité. Ne manquez pas le fameux brunch du dimanche. La vue sur la baie depuis la terrasse panoramique à 360° est époustouflante. Une pause idéale pour le déjeuner notamment.

LE BABAORUM

42, route de Châteaubœuf
05 96 75 03 32
www.lebabaorum.com
Le bar du Baba est ouvert du lundi au vendredi de 12h à 14h30 et de 19h à 22h.

Après s'être offert un lifting pour ses vingt ans, avec un grand bar central réunissant l'espace terrasse bar et les carbets du restaurant, cette célèbre institution martiniquaise innove en soutenant la création locale. Elle accueillera désormais régulièrement des expositions Bab'Art dédiées aux artistes péyi. Le cadre demeure idéal pour l'apéro avec ses cocktails maison inimitables comme le Ginger ou le Rihana. On apprécie la carte de grignotage pour ceux qui ne veulent pas dîner au resto. Côté nouveauté, on retrouve chaque jour 8 suggestions en plus de la carte.

LE CLOUD

Rue Ernest Hemingway Etang Z'Abricots
www.cloudrooftopbar.com
Ouvert du lundi au dimanche à partir de 17h.

C'est l'endroit où sortir en soirée. En semaine comme en week-end, ce magnifique bar lounge avec sa vue incroyable sur le port de Fort-de-France propose dans une ambiance musicale, champagnes, cocktails et spiritueux dans une atmosphère raffinée. Sur des ardoises suspendues, tapas, planches de foie gras, fromages ou charcuteries et vin au verre s'apprécieront en regardant le soleil couchant sur la baie. Résolument urbain, ce lieu design, dont le bar central appelle à l'épicurisme, est décidément l'un des coups de cœur des noctambules foyalais.

MAISON SURÉNA

83 Rue Victor Hugo
✆ 05 96 70 28 42
https://patisserie-surena.fr
Ouvert du mardi au vendredi de 7h à 14h et le samedi de 7h à 13h.

C'est une institution à Fort-de-France. Depuis 1906, la Maison Suréna régale les Martiniquais avec ses gros gâteaux à la crème ou à la confiture, ses pains au beurre, ses pâtés sucrés et d'autres douceurs pays. Mais le produit phare de la pâtisserie, c'est bien le «Robinson», une pâte brisée garnie de confiture et agrémentée d'une douce saveur de fruit des îles… On peut savourer l'une des divines créations de la maison sur place ou à emporter afin de pouvoir déambuler dans les rues colorées et animées de l'agglomération foyalaise.

COCO MANGO

1 Rue Loulou Boislaville
✆ +596 696 69 73 69
Ouvert tous les jours de 7h30 à minuit.

C'est le tout dernier-né des lieux de sortie favoris des Martiniquais. Le Coco Mango a ouvert ses portes en octobre 2022. Ce pool bar (jolie piscine avec vue) à l'ambiance chic et décontractée jouit d'une vue à couper le souffle sur la baie de Fort-de-France. La carte est simple et sans prétention : bruschettas, sushis, tapas et planches pour accompagner les cocktails création, tous plus étonnants les uns que les autres. Il faut goûter le cocktail signature dont le barman a le secret ! Accueil sympathique. Ambiance festive le week-end !

LA TERRASSE FWI

Immeuble Galeries Lafayette,
10 Rue Victor Schoelcher
✆ 0596 74 33 17

L'atout numéro un de la Terrasse FWI : son rooftop en plein cœur de Fort-de-France ! Depuis le toit-terrasse, vous avez une vue plongeante sur la cathédrale Saint-Louis. L'ambiance est cool : on y croise une belle clientèle mélangée, issue de tout horizon. Le service est sympathique et souriant. On vient ici pour se rafraîchir d'un cocktail tout en admirant la vue sur les alentours… Le chef propose également une cuisine emplie de saveurs et de textures. Shows, concerts et animations ont lieu souvent donc suivez son actualité.

LA FÉE SYLDA €

rue de Morne Morissot ✆ 05 96 50 28 65
www.lafeesylda.com
Ouvert du lundi au samedi de 6h à 18h30, dimanche de 6h à 12h30. Addition moyenne 7 €. 6 établissements en Martinique.

C'est le paradis des gourmands ! Avec désormais 6 boutiques à travers toute l'île (2 à Fort-de-France, 2 au Marin, et 2 au Lamentin), la Fée Sylda poursuit sa belle aventure démarrée par un trio de passionnés. Leur objectif : confectionner des produits de qualité, mêlant savoir-faire et typicité locale. Au menu : des pains artisanaux, des gato péyi (Amour Caché, chou cacao, macaron coco, gwo gato coco, pâté banane ou goyave, Robinson…), des pâtisseries traditionnelles (cœur coulant chocolat, amandine, clafoutis, cookie, crumble…), des viennoiseries et des pizzas.

LE ZEST BAR

Rue Cadastre
✆ +596 596 54 28 16
https://lezestbar.com/

Dans l'enceinte de l'hôtel B&B, le Zest Bar fait face à la magnifique baie de Fort-de-France. Ce bar se positionne comme une cave à rhums. Vous y trouverez une sélection inédite de rhums blancs, vieux, ambrés, de Martinique mais aussi de toute la Caraïbe. La déco est splendide, avec une belle terrasse en teck et la piscine de l'hôtel attenant. La carte est simple et moderne. Mais surtout on vient au Zest pour ses cocktails incroyables, tous plus inédits les uns que les autres : originaux, classiques, avec ou sans alcool, il y en a pour tous les goûts !

ATELIERS MARÉ TÊT

✆ 06 96 28 05 47

Possibilité d'organiser des ateliers à domicile et sur l'ensemble de la Martinique sur rendez-vous.

Emmanuelle Soundjata met son talent de styliste au service du «Maré Têt», l'art de nouer des turbans sur sa tête. Fière de ses origines, elle souhaite transmettre, valoriser et diffuser ce savoir-faire unique afro-caribéen auprès de toutes les femmes du monde. Entre ses doigts, les turbans de coton se transforment en œuvres d'art. La styliste éco-designer propose ainsi des ateliers pour apprendre à changer de look à travers l'art de nouer le turban, un art qui exige une certaine technicité et permet de sublimer les femmes de tout âge et de toute origine.

KAZ'A BULLES MARTINIQUE

135-137 rue Lamartine

✆ 05 96 71 10 08

www.kazabulmartinique.fr

Ouvert du mardi au samedi de 9h à 18h sans interruption.

Cette librairie générale indépendante, qui a fait des émules également en Guyane, est l'un des hauts lieux fréquentés par les familles martiniquaises. On y trouve une sélection variée de romans, d'essais et de livres jeunesse... Sa grande spécialité reste néanmoins la bande dessinée et les mangas japonais. La librairie vous accueille dans un espace spacieux avec plus de 13 000 ouvrages référencés. A l'étage, la Kazajeux est dédiée aux jeux de société et de stratégie pour adultes, adolescents et enfants avec plus de 600 références.

BOUTIQUE SATURNE

5 rue Victor Hugo

✆ 05 96 63 29 62

www.boutiques-saturne.fr

Ouvert du lundi au vendredi de 9h à 16h30 et le samedi de 9h à 13h.

En balade au centre-ville de Fort de France, allez visiter la Boutique Saturne de la rue Victor Hugo, c'est une boutique prestigieuse de vins, spiritueux et cadeaux par excellence, et ce depuis plusieurs années. Vous trouverez à coup sûr le cadeau idéal, une large gamme de vins, spiritueux et surtout de prestigieux rhums martiniquais. En plus de l'accueil, des conseils avisés vous sont réservés pour vous permettre de choisir le cadeau parfait, également parmi les coffrets cadeaux, art de la table, caves à cigares, accessoires pour femme et homme, décorations...

NOMADE

28 RUE DE CLAIRIERE

✆ 05 96 62 44 89

https://nomade.eproshopping.fr/

Dans son concept-store lové dans le cadre enchanteur de la Villa des Lucioles, Suzanne propose des produits uniques réalisés par des créateurs dénichés aux quatre coins du monde. Dans cette caverne d'Ali Baba, digne des plus beaux bazars des *Mille et une nuits*, on prend plaisir à chiner et dénicher des choses qui sortent de l'ordinaire car c'est bien le credo de cette boutique qui se veut résolument atypique. Sacs, coussins, bijoux, mais aussi articles de décoration (poufs, tabourets), et bien sûr vêtements, maillots..., tous uniques !

CULTURA

Centre Commercial Perrinon

✆ 05 96 60 05 62

https://www.cultura.mq/

Ouvert du lundi au samedi de 8h à 18h.

Nouvellement arrivé sur l'île, le leader de la librairie et de la papeterie propose un large rayon littérature, beaux livres, bandes dessinées, tourisme et livres scolaires, ainsi qu'un rayon loisirs créatifs très développé (jeux éducatifs, fournitures de bureau, papeterie...). Des activités autour du livre (dédicaces et rencontres avec des auteurs), mais aussi des concours et des ateliers créatifs sont régulièrement proposés. Une nouvelle enseigne qui complète merveilleusement l'offre culturelle déjà présente en Martinique.

TA NOU

53 Blvrd de la T.S.F

✆ +596 696 88 35 04

www.ta-nou.bio

Ti panyé bio 15 €, panyé bio 30 €.

Ta Nou est le premier circuit court de l'île de produits exclusivement bio. L'objectif est de permettre aux consommateurs de s'approvisionner en produits bio et aux agriculteurs martiniquais de bénéficier de cette vitrine pour valoriser leurs produits. La structure s'engage également dans la création de fermes agroécologiques et biologiques sur des sols non pollués en Martinique. Pour commander son panier, rien de plus simple : il suffit de se rendre sur le site réapprovisionné deux fois par semaine avec les récoltes des producteurs et de composer son panier.

TILO

26 Rue E. Deproge ✆ 05 96 60 31 31
www.tilo.fr
Ouvert du lundi au samedi de 9h à 18h.

Situé en plein cœur du centre-ville, face à la mer, Tilo reste le plus emblématique des magasins de souvenirs. Pourquoi Tilo ? Tout simplement parce que le propriétaire s'appelle Laurent, d'où son surnom de Ti-Laurent. On y trouve un très grand choix de madras, la plus importante collection de T-shirts ornés de dessins caraïbes, des vêtements pour enfants, des casquettes, des cartes postales et des hamacs. On peut même y faire personnaliser son T-shirt ! Sans oublier de nombreux objets d'artisanat local, liqueurs et paréos, pour vos cadeaux-souvenirs.

COMITÉ DE LA RANDONNÉE PÉDESTRE DE MARTINIQUE

30 rue Ernest-Deproge
✆ +596 596 70 54 88
martinique.ffrandonnee.fr

Cet organisme propose une série d'activités en lien avec la randonnée en Martinique. On y apprend à lire une carte d'orientation, on se renseigne sur une série de balades encadrées par des accompagnateurs professionnels… Des randonnées thématiques sont proposées, comme la découverte de réserves naturelles ou des sorties « Sport et Santé ». La protection de l'environnement et l'accompagnement des personnes en situation de handicap sont également au programme.

CANAL DE BEAUREGARD

✆ 05 96 55 62 21
www.cg972.fr
Tarif : gratuit. Durée : 1h30. Difficulté : facile.

Aussi appelé « canal des esclaves », le canal de Beauregard est érigé à la fin du XVIIIe siècle pour produire de l'énergie et irriguer la vallée. Il accueille aujourd'hui les randonneurs aventureux qui peuvent le remonter sur 3,5 km en marchant sur sa margelle. Le chemin pavé est très étroit, alternant passages en forêt dense et à flanc de colline. En file indienne, il faudra être discipliné pour ne pas faire de faux pas, et le premier aura pour mission de dénicher les petits crabes jaunes qui ont élu domicile dans les eaux du canal.

HARLEY TOURS MARTINIQUE

10 Avenues des Arawaks
✆ 06 96 52 79 23
https://harley-tours-martinique.com
Location de Harley et Ducati. Le permis A2 est requis.

Vous êtes fan de la mythique Harley Davidson et vous désirez vivre une expérience hors des sentiers battus ? Harley-Tours-Martinique vous propose de chevaucher une de leurs motos pour partir à la découverte des plus beaux spots de l'île. Balade accompagnée d'une journée entière vers le sud au départ de Fort-de-France avec une pause déjeuner à Sainte-Anne suivi d'un arrêt baignade et d'une visite de la distillerie Trois-Rivières. Tout le matériel est fourni : casque, blouson et gant. Il faut évidemment être titulaire du permis moto, sauf pour les passagers.

IOÜANACERA EXCURSIONS

70 route de Châteauboeuf

✆ 06 96 20 60 82

www.iouanaceraecoexcursion.com

Réservation en ligne.

Tenu par Raymonde et Bruno, deux passionnés de nature et de leur île, la Martinique, Ioüanacera Eco Excursion propose des randonnées accompagnées à la journée avec brunch et goûter créole. Plusieurs excursions sont disponibles : les Salines, le Cap Macré et l'Anse Grosse Roche, l'Anse Caritan ou encore la balade en «remontée de rivière» à la découverte de la faune et de la flore locales. L'équipe d'Ioüanacera a repéré des lieux originaux, bénéficiant d'un cadre idéal pour des activités telles que la balade, la découverte, la détente et le bien-être.

DISCOTHÈQUE LE SKY CLUB

Zac de Rivière Roche

Une discothèque comme on les aime ! A peine la porte passée, ambiance assurée. La salle principale donne sur une terrasse extérieure aménagée pour le début de soirée. Ici, point de musique zouk ou de rythmes caribéens. Non, les DJ résidents qui se succèdent aux platines misent sur l'électro. Le Sky club invite aussi une tête d'affiche tous les mois. Le club est plutôt select, avec une belle clientèle. La carte des cocktails, des champagnes et des vins est très alléchante. Bref, un endroit où il fait bon s'éclater jusqu'au bout de la nuit.

KAIRIDREAM

✆ 06 96 02 14 82

https://www.kairidream.com

Mickaël et Gaby organisent au départ de Fort de France ou des Trois Ilets, des balades en mer, à bord de leur bateau *Revs Mwen* (« Mes rêves » en créole). Mickaël, pêcheur de métier, adore partager sa passion pour la mer. Côté Nord Caraïbes, l'excursion vous amène à la découverte des dauphins, voire des baleines quand c'est la saison. Côté Sud, vous découvrirez les fonds coralliens, les tortues, la grotte aux chauves-souris et bien d'autres merveilles de la nature. Ici on privilégie l'intimité car le bateau dispose d'une capacité de 12 personnes seulement.

THÉÂTRE MUNICIPAL AIMÉ-CÉSAIRE

Rue Victor Sévère angle rue de la République

✆ 05 96 59 43 29

Cet ancien hôtel de ville transformé en charmant petit théâtre offre chaque saison une programmation diversifiée de qualité. Inauguré le 21 septembre 1901, après 15 ans de travaux, le bâtiment a été rebaptisé Aimé Césaire, suite au décès du grand écrivain en 2008, qui a longtemps tenu ses quartiers généraux dans ses murs. Son style néoclassique et sa façade frappée aux armes de la ville (laurier, couronne, hache et faisceaux des licteurs) font la fierté des Martiniquais.

TAÏMA MASSAGE

✆ 06 96 21 79 06

www.taimabienetre.fr/home

Massage à domicile ou au salon.

Experte du massage, Klelia vous accueille dans son institut au cadre sobre et élégant, bercé par les alizés. Vous êtes un peu un VIP car l'unique cabine de soin fait de vous une personne privilégiée. Klelia se déplace aussi jusqu'à vous, dans votre villa ou votre hôtel. Le forfait inclut un gommage du corps et un modelage d'une heure. Possibilité également d'opter pour un massage en plein air, dans un cadre exceptionnel, à BouliкiBio, au cœur de la forêt de Saint-Joseph (mercredis, vendredis et samedis). Il est indispensable de prendre rendez-vous en amont.

TROPIQUES ATRIUM

6 rue Jacques-Cazotte

✆ 05 96 60 78 78

www.tropiques-atrium.fr

Complexe inauguré en 1998, Tropiques Atrium s'appuie sur une programmation pluridisciplinaire ouverte sur la Caraïbe, l'Europe et le monde. Cet EPCC (Établissement Public de Coopération Culturelle) accueille des spectacles, des expositions, des festivals mais également des animations ou des congrès. Doté de deux salles polyvalentes et de nombreux espaces dédiés, il est né de la fusion du CMAC et de l'Atrium et bénéficie du label Scène nationale du ministère de la Culture. La structure programme environ 160 représentations très diversifiées par saison.

SCHOELCHER ★★

Autrefois baptisée Case Navire car sa magnifique baie protégeait les embarcations des colères de la mer, cette petite agglomération fut l'un des lieux préférés des premiers colons français attirés par la beauté de sa baie. Depuis les années 1960, celle qui a hérité du nom du député qui signa l'abolition de l'esclavage, se développe rapidement, profitant des atouts de la montagne qu'elle occupe jusqu'à Fonds-Saint-Denis et aux pitons du Carbet. Les mornes les plus élevés comme la Colline ou la Démarche constituent des sites résidentiels privilégiés, tandis que le bord de mer de Schœlcher constitue un lieu de promenade des plus agréables en famille.

Tourisme

Schœlcher s'impose comme le premier centre nautique de la Martinique. La commune est d'ailleurs classée station balnéaire depuis 1969 et bénéficie d'un label Station-Voile qui certifie la qualité de ses installations en matière de tourisme nautique et notamment de son Cercle Nautique. La ville s'étale sur le littoral caraïbe, le long d'une côte alternant falaises rocheuses et criques abritant de discrètes plages de sable noir souvent prisées des nageurs réguliers. A seulement cinq kilomètres de la capitale, Schœlcher possède un très bon niveau d'équipement et une vie culturelle et sportive intense abritant notamment le pôle Martinique de l'université des Antilles.

LES ARBRES DE LA LIBERTÉ

A Schoelcher, une sculpture monumentale est venue depuis 2001 sublimer la place des Arawaks, ne formant plus qu'un avec la nature alentour. Réalisés par l'artiste martiniquais Henri Guédon, homme de paix, engagé contre le racisme, *Les Arbres de la Liberté* représentent huit ornements hérités des écritures Abakua des indiens caraïbes : ils symbolisent l'Homme libéré. Ces cinq sculptures en bronze forment des statues à mi-chemin entre l'Homme et le végétal, évoquant la fraternité et la symbiose qui liait la nature aux premiers habitants de l'île.

BUREAU D'INFORMATION TOURISTIQUE DE SCHOELCHER

5 Emilius Lovince
✆ 05 96 61 83 92
www.mairie-schoelcher.fr
Ouvert toute l'année du mardi au samedi de 8h à 13h.

L'office de tourisme de Schoelcher accueille et informe les touristes sur l'actualité, notamment les manifestations et événements organisés par la ville. Le site assure la promotion touristique de la commune, sur bien des plans : nautisme, patrimoine, culture, hébergement, sorties ou encore gastronomie. Vous pourrez également réserver directement sur place certaines excursions et sorties touristiques. Pas mal d'informations à destination des familles.

Côte de Schoelcher.

© GILLES MOREL

Les Arbres de la Liberté.

TOURCRIB

25 avenue Klebert Catherine
✆ 06 96 77 55 26
www.tourcrib.com

Tourcrib est une plateforme en ligne pour réserver des activités lors de votre séjour en Martinique. Son crédo ? Des expériences 100 % locales, proposées par des guides professionnels passionnés. L'accent est mis sur le partage, la relation humaine afin de vivre la Martinique comme des locaux, de façon authentique. Quelles que soient vos envies, vous trouvez le prestataire dédié sur le site : activités sportives, culturelles, culinaires, santé, bien-être, les excursions en nature, les excursions en mer, balade en nature, artisanales… Réservation online.

LE PÉLICAN €€

13 bis Rue Joseph Shympho
✆ 06 96 33 69 26
www.hotelpelican.fr

Ouvert toute l'année. Accueil jusqu'à 21h30. 25 chambres. Chambre double dès 99 €. American Express. Qualité tourisme.

Il se dresse fièrement face à la mer, lové dans un bâtiment moderne récemment transformé en hôtel. L'accès à la plage de Case Navire est direct. 25 chambres joliment décorées dans un style moderne et coloré. Elles bénéficient d'une terrasse extérieure avec vue sur mer et d'une petite kitchenette pour se faire à manger. On apprécie le beau volume des pièces (entre 30 et 65 m^2) et leur luminosité. Une piscine et ses transats vous tendent les bras pour une «bronzette» ou un plouf. Accueil charmant de tout le personnel. Un très bon rapport qualité-prix.

RAPID AUTO

41, rue Camille Junkere
✆ 06 96 25 73 97
www.rapidautolocation.com

Le slogan de cette agence est clair : « Visitez la Martinique en toute sécurité ». Jugez-en par vous-même… L'agence dispose d'une flotte de véhicules propres et en bon état de marche. Sur la base d'une Hyundai Getz, un véhicule trois portes équipé de la climatisation, en haute saison, vous pouvez faire le calcul directement sur leur site. Rapid Auto vous accorde 20 % de remise toute l'année selon la durée de la location. Livraison à l'aéroport gratuite (pensez à ajouter le coût du parking). Nombreuses offres régulières et réductions ponctuelles.

BOULE DE NEIGE €

Boulevard du front de mer
✆ +596 596 64 23 70

Sur le joli front de mer de Schoelcher, Boule de Neige est une adresse parfaite pour faire une pause entre deux baignades ou deux visites. Ce snack est surtout connu pour ses assiettes glacées (gaufres et glace ou sorbet et chantilly), ses crêpes sucrées (mention spéciale pour la Bokaï avec 3 boules de glace, topping et coulis au choix, chantilly). Large choix de glaces aux saveurs locales (cerise péyi, maracudja, goyave) et plus traditionnelles (barbe à papa, spéculoos). Petite restauration rapide également : sandwichs club, crêpes salées…

ANBA FEY TOL LA €€

Residence Madiana Plage Schoelcher

✆ 0596 59 66 19 484

Dans un joli cadre verdoyant, à deux pas de la jolie plage de Schoelcher, ce restaurant aux allures de cabane de pêcheur propose une cuisine locale typique de qualité. Ici, tout est fait maison, sauces et accompagnements compris, et les produits sont 100% péyi. La carte est simple mais efficace. Mention spéciale pour le mi-cuit de thon, le steak de marlin, la brochette de daurade, ou encore le lambi grillé avec sa sauce chien. L'accueil est souriant et le personnel aux petits soins. Un très bon rapport qualité-prix. On recommande !

L'AROBASE €€

Casino Batelière Plazza

✆ 0596 61 73 23

Ouvert du mardi au samedi de 12h à 15h et de 19h à minuit.

Après de long mois de travaux, le restaurant du Casino La Batelière fait peau neuve. Décoré avec goût, l'ArObase affirme son orientation résolument tournée vers l'art et accueillera un week-end par mois un show cabaret. Tous les vendredis et samedis soir, ce seront des dîners-concerts avec une programmation de qualité. Les saveurs seront aussi au rendez-vous avec une carte moderne : soupe de poisson maison et rouille, crème brulée au foie gras de canard, magret de canard à la plancha... Réservation conseillée et mineurs acceptés (au restaurant uniquement).

BATELIÈRE BEACH CLUB BBC FWI €€

20 Rés les Alizés de Batelière,

✆ 0596 10 64 26

www.bateliere-beach-club.fr

Dans une magnifique anse abritée, ce restaurant de plage est une halte idéale à tout moment de la journée : de 11h30 à 15h, pour un cocktail et un déjeuner sur le pouce autour de produits du terroir, de 15h à 19h, pour savourer depuis son transat une glace, un smoothie ou une mignardise salée (boulettes de lambis, cornets de balaous frit) accompagnée d'un thé péyi, et bien sûr après 19h pour se régaler d'une cuisine créole simple mais de qualité : viande ou poisson grillé...

CALYPSO CROISIÈRES

www.calypso-croisieres.com

Départ du ponton du bourg de Schoelcher à 8h. Possibilité de privatiser le bateau le soir pour des événements.

Déjà présent aux Anses d'Arlet, Calypso Croisières, signataire de la charte AGOA qui protège les cétacés, propose aussi au départ de Schoelcher des sorties écoresponsables.

Vous avez une envie personnelle d'une sortie en mer ? Possibilité de privatiser le bateau le soir pour un coucher de soleil, une soirée concert entre amis, une dégustation avec des amateurs de rhum ou un lancement de produit ! Appelez Calypso pour découvrir les offres du moment ou réaliser vos rêves.

LINA ASIA SPA

57 Les Sommets de Terreville

✆ 0696 53 81 64

https://linaspa.fr

Du lundi au samedi de 8h à 18h30. Fermé le dimanche.

Formée dans son pays d'origine en Asie, Lina propose des soins 100 % dédiés aux femmes, en utilisant les meilleurs produits de la luxueuse gamme Pure Altitude qui respecte l'environnement, sans matière première animale et qui prône la phytothérapie. Elle propose dans son institut une large gamme de massages bien-être (à l'huile, aux pierres chaudes, à la ventouse), des épilations et des manucures : pose, dépose, décoration, vernis. Professionnelle avertie, Lina offre au client l'assurance d'une expérience sur mesure et personnelle.

CASINO BATELIÈRE PLAZZA

Rue des Alizées ✆ 05 96 61 73 23

www.casinobateliereplazza.com

Machines à sous de 9h à 3h du dimanche au jeudi et 4h vendredi et samedi. Jeux traditionnels à partir de 20h.

Après de longs mois de travaux, le Casino la Batelière s'offre une cure de jouvence, arborant une décoration à la fois moderne et branchée. L'établissement emblématique s'affirme comme un complexe multi-loisirs, avec restaurant, terrasse, bar, salle de spectacles, espaces de jeux traditionnels et électroniques. Avec une belle programmation musicale les vendredis et samedis soir, l'ambiance promet d'être au rendez-vous ! L'accès aux salles de jeux reste interdit aux mineurs qui pourront néanmoins profiter de la programmation musicale du restaurant et du bar.

LE CLUB SEVEN - CASINO BATELIÈRE PLAZZA

Rue des Alizés
✆ 05 96 61 73 23
http://www.casinobateliereplazza.com

Dernier-né du lifting du Casino Batelière Plazza, le bar du club Seven arbore une décoration tendance et moderne. On y vient en *afterwork* pour décompresser après le travail, s'offrir un verre sur la magnifique terrasse extérieure *new look*, ou encore assister à un match car l'endroit est connu pour être un haut lieu des retransmissions sportives. La carte des cocktails est alléchante. Le Seven propose une petite restauration *snacking* à toute heure (panini, hot-dog).

MADIANA CINÉMA

Palais des congrès de Madiana
✆ 05 96 72 15 15
www.madiana.com

Ouvert tous les jours à partir de 11h, dernière séance à 22h30.

Un concept réunissant dans un même lieu un centre de congrès high-tech, un multiplexe entièrement repensé et ultra-design de cinéma, avec pléthores de restaurants, de la restauration rapide (Snack Elize), un salon de coiffure… Ici, tous les ingrédients sont réunis pour passer une belle soirée entre amis ou en famille. Le palais des Congrès de Madiana est un lieu très prisé des locaux, surtout les vendredis et dimanches soir. A noter la présence d'un distributeur de billets à l'intérieur. Si possible, prenez l'option lunettes 3D, ça vaut le coup d'œil !

THÉÂTRE DU FLAMBOYANT

Espace A'zwel
✆ 05 96 66 25 81

Sur rendez-vous.

Centre de recherches pour la création et la diffusion d'œuvres théâtrales, le Théâtre du Flamboyant propose des ateliers (thématiques, sessions intensives et masterclass) pour les enfants, les adolescents, les adultes et les seniors animés par des comédiens professionnels… Clown, conte, comédie, écriture dramatique, théâtre gestuel, mise en scène… Une bonne manière de développer sa créativité et sa confiance en soi via l'expression orale. Orienté jeune public, le théâtre peut également se louer et propose des spectacles à partir de 5 ans.

LA BATELIÈRE €€

20 rue des Alizés
✆ 05 96 61 49 49
www.la-bateliere.com

Chambre double standard à partir de 140 €, petit déjeuner buffet inclus.

Composé de 185 chambres spacieuses et de 8 suites, cet imposant bâtiment de charme conserve une qualité indéniable. Avec son emplacement idéal face à la mer en bordure d'une petite plage préservée de la houle, l'établissement se situe à cinq minutes à peine de l'agitation de la capitale foyalaise. Côté loisirs, profitez d'une belle piscine avec vue plongeante sur la mer, du restaurant le Bleu Marine, des boutiques, d'un espace fitness, d'un centre de soins corporels, sans oublier le parc de 5 hectares ainsi qu'un excellent club de plongée.

© HÔTEL LA BATELIÈRE

© HÔTEL LA BATELIÈRE

LE LAMENTIN

Située au centre de la Martinique, la commune du Lamentin s'étend sur le territoire le plus vaste de l'île. La ville conserve dans son nom le souvenir des lamantins – avec un a –, des animaux aquatiques aujourd'hui disparus en Martinique, car traqués par les colons européens à cause de leur peau. La voisine de Fort-de-France est l'une des communes les plus dynamiques et les plus peuplées de l'île. Ce succès ne lui vient pas de ses plages ou d'autres atouts touristiques, mais de son aéroport (l'un des plus modernes de la Caraïbe), de sa situation géographique et surtout de ses zones commerciales qui la rendent incontournable dans l'économie de l'île.

Histoire

La paroisse du Lamentin, riche de sa mangrove et de ses pays noyés, reste au XIXe siècle le grenier de la Martinique. A cette époque, le territoire de la commune, inhabité à cause de ces nombreux marécages, y héberge toutes sortes d'espèces fluviales, et notamment le fameux lamantin. La lézarde courant sur 35 kilomètres y abritait cet étrange animal qui tire son nom de ses lamentations.

Pourvu d'un buste généreux, ce dernier était souvent confondu avec la sirène par des marins perturbés par un trop long séjour au large. Cette vache de mer, mesurant entre 2,50 et 4,50 m et pesant jusqu'à 600 kg, n'avait rien en commun avec ces belles de mer… si ce n'est leur large queue ! A l'arrivée des colons, la chasse fut ouverte : en moins d'un siècle le lamantin disparut de la rivière laissant les Lamentinois à leurs rêves siréniens. Depuis la nuit des temps, ce légendaire mammifère, au déplacement lent et maladroit, reste ce que l'on a trouvé de mieux pour brouter les plantes aquatiques bouchant les canaux d'irrigation.

La ville aujourd'hui

Aujourd'hui, et au-delà de son aéroport et de ses nombreuses zones commerciales, le Lamentin possède aussi un centre-ville très animé, entre concerts, manifestations culturelles et vie commerçante. Ses vastes champs s'étendent de toutes parts, vers Fort-de-France, le Robert ou Ducos, et témoignent eux aussi du large dynamisme de la deuxième commune de l'île.

DISTILLERIE LA FAVORITE

D13 - ancienne route du Lamentin
✆ 05 96 50 47 32
www.rhum-lafavorite.com

Ouvert du lundi au vendredi de 9h à 16h sans interruption (et le samedi de 9h à 12h de novembre à mai).

Fondée en 1842, La Favorite est l'une des deux dernières distilleries familiales de l'île. Elle produit chaque année environ 500 000 litres de rhum de façon traditionnelle et artisanale grâce à sa machine à vapeur datant de 1906. Elle fête cette année sa 180e récolte et sort ainsi de nouvelles cuvées inédites ! Régulièrement primés aux concours de dégustation nationaux et internationaux, les rhums blancs, vieux et hors d'âge ravissent le palais des amateurs du monde entier. La visite de la distillerie est libre, on peut y flâner à son aise.

LA FERME DE PERRINE

Habitation Carrère ✆ 05 96 42 20 52
https://fermeperrine.com

Ouvert du mardi au dimanche de 9h à 17h et jusqu'à 22h le samedi. Mini-marché le dimanche matin de 8h à 13h.

Cette ferme d'élevage créée en 1993 abrite des jardins, un restaurant, une boucherie, une poissonnerie, une salle de concert, ainsi qu'un parc animalier, à travers une collection permanente de végétaux locaux. Ici, les locataires ne sont autres que des perroquets aras, des ibis, des flamants, des paons, sans oublier les animaux de la basse-cour. Un parc d'activités ludiques pour les enfants avec tyrolienne, balançoires, bateau des pirates complète le tableau… Tous les samedis, un marché de producteurs labellisés bio de la région y prend place.

OFFICE DE LA CULTURE DU LAMENTIN

26 rue P. Zobda Quitman
✆ 05 96 51 75 55

Ouvert du mardi au jeudi de 9h à 17h. Les cours se déroulent d'octobre à juin.

Organisateur du Lamentin Jazz Project, des Lamantins de la Mode, de Danmyé Samdi Glorya, de Mad'Akoustik, de Bitasyon, ou encore de la Nuit du Conte en mars, ce centre culturel très actif compte de nombreux talents. Pour le plaisir de tous, ténors et jeunes prodiges vous font partager leur amour pour des instruments un peu négligés et danser sur des rythmes ensorceleurs. D'autres spectacles et événements tout au long de l'année à retrouver sur leur page Facebook.

La Ferme de Perrine
Labellisée
Jardin remarquable
Animaux Exotiques
Basse Cour
Restaurant
À visiter
Du Mardi au Dimanche
De 9h00 à 17h00
La Ferme de Perrine
0596 57 17 16
jardin
remarquable

AÉRODREAM

Aeroport-zone aviation générale
✆ 06 96 29 85 60
www.aerodream972.com
Tarifs : baptême 80 € les 15 min et 30 € les 10 min supplémentaires. Tarifs des circuits de 125 € à 170 €.

© AERODREAM

Osez l'air libre ! C'est la devise de Sophie, qui vous propose une expérience volante exceptionnelle à bord de son autogyre, un drôle d'oiseau ancêtre de l'hélicoptère. Celui-ci permet d'observer au plus près cette belle nature qu'offre la Martinique. Plusieurs circuits commentés vous sont proposés, du nord au sud, pour découvrir la Martinique vue du ciel autrement. Car à 300 mètres d'altitude, vous ne pourrez jamais voir la Martinique et ses trésors cachés aussi bien. Et vous rendre compte à quel point il est important de préserver cette nature unique...

LE JARDIN DE BEL AIR

Sur la nationale 2 entre le Lamentin et le François.
✆ 0596 51 59 70

Situé à Morne Pitault, le Jardin de Bel Air s'étire sur un site fortement pentu, qui témoigne de l'activité volcanique très ancienne de l'île. La création de ce havre de paix n'a pas été une tâche facile mais Jean-Louis Marie-Rose et sa femme ont réussi le défi fou de mettre en culture toutes les parcelles de ce terrain au relief tourmenté. Il leur aura fallu neuf années de dur labeur pour permettre à cette nature plutôt rebelle de s'exprimer librement. Aujourd'hui, le Jardin de Bel Air déroule ses presque 4 000 m^2 d'arbres fruitiers, fleurs tropicales et plantes médicinales en escaliers. Une foule de végétaux s'épanouit ici : des broméliacées, des orchidées, des calebassiers, des pruniers de Cythère, des cacaoyers, des cocotiers, des dracénas, des balisiers, des rosiers et bien d'autres plantes tropicales.

Toutes les plantes du jardin ont été introduites par les propriétaires. Mais toutes semblent vivre dans une symbiose parfaite. Il faut dire qu'elles sont cultivées dans le plus grand respect de la nature et de l'Homme, sans pesticides ni engrais, mais avec des techniques culturales ancestrales, chères à Jean-Louis Marie-Rose. On y croise une étonnante collection de fruits (pomme-liane, barbadine, pomme cannelle, cerise péyi…), de légumes racines (dont l'igname coco bourik), des rimed razié, plusieurs variétés de canne à sucre… A l'issue de la visite, allez faire un tour au petit musée Antan Lontan avec sa belle collection de machines à coudre puis allez nourrir les animaux de la ferme.

CŒUR DES ÎLES

ZI La Jambette
✆ 05 96 50 28 86
www.coeurdesiles.travel
Bureau d'accueil à l'aéroport, par téléphone et sur le site web.

Né de la fusion en 2014 des activités de l'agence martiniquaise Carib Recept et de l'opérateur guadeloupéen Karukera Tours, Cœur des Iles est le tour-opérateur leader des Antilles françaises et propose un panel d'excursions et d'activités sur mesure entre accueil et assistance, transferts, location de voitures, visites guidées thématiques de l'archipel (patrimoine, culture...), croisières, traversées maritimes, canyoning, séjours à Sainte-Lucie, randonnées équestres ou VTT… Vous pouvez acheter en ligne vos excursions directement.

AIR ANTILLES

Agence Aréoport Aimé Césaire
✆ 05 96 42 18 07
www.airantilles.com

La compagnie se positionne sur le créneau des prix. Elle effectue des rotations régulières au départ de la Martinique vers la Guadeloupe, Saint-Martin, Sint Maarten, Saint-Barthélemy, Cayenne, Saint-Domingue, Porto Rico, Miami, la Barbabe. Les destinations d'Antigua et de la République dominicaine (La Romana et Punta Cana) font l'objet de rotations uniquement en saison. Vous pouvez réserver en ligne en quelques clics en temps réel et 24h/24 votre billet d'avion. La compagnie effectue la continuité régionale dans le cadre d'un partenariat avec Air France.

MARTINIQUE
RÉSERVEZ
MAINTENANT
PASSEZ DE
L'AUTRE CÔTÉ
DE L'ÉCRAN !
ET PLUS DE 22 DESTINATIONS
À DÉCOUVRIR SUR
airantilles.com
Antigua - Barbade - Bonaire - Cayenne - Curaçao
Dominique - Guadeloupe - Martinique - Miami
Punta Cana - St-Barth - St-Domingue
San Juan - Ste-Lucie - St-Martin...
Interreg
Caraïbes
Caribsky
20 ANS
airantilles
Caribbean United

AÉROPORT MARTINIQUE AIMÉ CÉSAIRE ✈

A 9 km de Fort-de-France.
✆ 05 96 42 16 00
www.martinique.aeroport.fr

Plusieurs bureaux d'agences touristiques se trouvent dans l'aérogare ainsi que des distributeurs d'argent. Sur place également : un bureau de change, une pharmacie, des bureaux de location de voitures, des boutiques et des restaurants. L'aéroport du Lamentin est accessible aux PMR. Lors du débarquement à l'arrivée, il propose un service aéroport dédié : n'oubliez pas d'en faire la demande lors de l'enregistrement de vos bagages au départ de votre voyage.

ALWEGO - SAINT-PIERRE LOCATIONS

43 Rue Emmanuel Courant
✆ 05 96 78 35 58

Consultez les offres et profitez du code promo «petitfute -15% MQ GP». Location de véhicules automatiques également.

#AlwegoAnNouAy - Le credo de l'agence est clair : une communication pétillante et dynamique à l'image de son équipe. On apprécie cette agence locale, implantée depuis 1989 aux Antilles. Alwego loue tous types de véhicules, de la petite citadine au minibus de neuf places. Les catégories intermédiaires comme les SUV et berlines sont également proposées à des tarifs attractifs. Livraison aéroport et port par navette. Réservez en ligne sur leur site Internet, c'est plus efficace et rapide.

AIR CARAÏBES MARTINIQUE ✈

Aéroport Aimé Césaire ✆ 0820 835 835
www.aircaraibes.com

Sur son réseau régional, Air Caraïbes dessert la Martinique (Fort-de-France), la Guadeloupe (Pointe-à-Pitre), Saint-Martin (Grand Case), Sainte-Lucie et la République dominicaine (Saint-Domingue). La destination de Saint-Barthélemy est aussi proposée avec une desserte opérée par St. Barth Commuter. Au départ de Paris-Orly, la compagnie propose plusieurs départs par jour. A cela s'ajoute un partenariat avec la SNCF qui permet de relier les grandes villes de métropole (Marseille, Toulouse, Bordeaux...) avec la capitale et de bénéficier d'un billet tout compris.

AVIS

Aéroport Martinique Aimé Césaire
✆ 05 96 42 11 00
www.avis-antilles.fr
Ouvert du lundi au samedi de 7h30 à 21h. Dimanche de 9h à 21h.

Avis propose un choix varié de véhicules, tous climatisés, de la petite voiture économique au 4x4 familial 7 places, en passant par les berlines, les cabriolets et les véhicules tout terrain. Nouveauté depuis peu : la gamme Prestige composée de Jaguar et Range Rover Evoque. La livraison est possible dans tous les points de l'île. Avis dispose également de deux agences sur place : aux Trois-Ilets et au Lamentin. C'est la valeur sûre en matière de location de véhicules, grâce au choix proposé, composé de véhicules récents, et à la qualité du service.

BUDGET MARTINIQUE

Rond-point de l'aéroport
✆ 05 96 42 04 04
www.budget-martinique.com
Ouvert tous les jours de 7h à 21h30.

La société Budget est présente en Martinique depuis plus de 25 ans. Budget dispose également de trois agences sur l'île basées à l'aéroport, à Fort-de-France et aux Trois Ilets (pointe du bout). De l'Opel Corsa à la Kia Sorento en passant par l'Audi A3 cabriolet, un 4x4 Nissan Pathfinder... jusqu'au minibus de 9 places : vous trouverez forcément votre bonheur ! Tous les véhicules sont récents, équipés de la climatisation (indispensable en Martinique), et la livraison se fait directement sur votre lieu de vacances. A votre guise !

CORSAIR

Agence Aréoport Aimé Césaire
✆ 08 20 04 20 42
www.corsair.fr

Corsair assure des vols directs durant toute l'année de Paris Orly en direction de Fort-de-France et vers le reste des Antilles françaises. Possibilité de départ depuis la province (18 villes) avec connexion à Paris avec TGV. Le site web de la compagnie offre la possibilité de s'enregistrer 24 heures à l'avance, de choisir son siège, d'éditer sa carte d'embarquement et même de commander des repas « à thème ». Le client peut aussi réserver en ligne les produits qu'il souhaite acheter en duty free à bord de l'avion avec des réductions pouvant atteindre les 40 %.

LE PETIT TRAIN DE BELFORT

Quartier Soudon
Chemin Belfort
97232 **LE LAMENTIN** (Martinique)
✆ 06 96 25 25 89
www.visitebelfort.com
resa@visitebelfort.com
Consulter le site Internet pour les jours et horaires de visite. Adulte 15 €, pass famille 35 €. Forfait duo Savane des Esclaves : 13 €.

Il est impensable de séjourner en Martinique sans s'intéresser à la banane, première production de l'île. Implantée depuis plus de 30 ans, Belfort est une exploitation agricole de plus de 65 ha située en pleine campagne. La visite se fait entièrement à bord d'un petit train ; elle dure environ une heure et s'achève par une dégustation des produits du terroir. Réservation obligatoire en ligne ! Pour tout billet acheté à la Savane des Esclaves ou à Belfort, obtenez une réduction de 2 €.

© HABITATION BELFORT

© HABITATION BELFORT

EUROPCAR LAMENTIN

Quartier Aéroport
✆ +596 596 42 42 42
www.europcar-martinique.com

On ne présente plus Europcar, l'un des leaders de la location de véhicules de tourisme. L'agence de l'aéroport Aimé Césaire propose des véhicules de toutes catégories et de toutes marques (van, berline, économique, 4x4, sans oublier les traditionnelles Twingo et Clio). Essence ou diesel au choix, certains véhicules avec possibilité de GPS, de boîte automatique ou encore de siège bébé. Tous sont évidemment climatisés ! Réservez sur le site Internet (www.europcar-martinique.com) pour éviter une trop longue attente à la sortie de l'avion.

UCAR

Habitation Union ✆ 06 96 56 99 63
www.ucar.fr/martinique
Ouvert du lundi au vendredi de 7h30 à 17h30, le samedi de 8h30 à 12h30.

Spécialiste de la location, UCAR propose un large choix de véhicules de tourisme récents. Une enseigne de proximité à votre service, où vous serez accueilli chaleureusement. Ce loueur propose une flotte variée entre modèles citadines 3 portes parfaits pour les courts trajets, les économiques 5 places, les familiales plus puissantes et les utilitaires (de la camionnette de 4 m^3 jusqu'au fourgon 11 m^3). À votre disposition également, un service sur mesure avec la navette UCAR gratuite qui vient à votre rescousse partout dans le Lamentin en cas de besoin.

HOTEL LA GALLERIA €€

Centre Commercial La Galleria
✆ 05 96 50 94 00
www.hotel-lagalleria.com
Chambre double à partir de 105 € (petit-déjeuner inclus).

Idéalement situé, à proximité des zones d'activité, l'hôtel est intégré au centre commercial la Galleria. Ses atouts ? L'accueil personnalisé, le confort raffiné et l'ambiance chaleureuse. Affaires, tourisme ou shopping, tout a été pensé pour que votre séjour soit agréable. L'hôtel est constitué de 23 chambres (en single, double ou triple), d'une suite et de 2 appartements, équipés de télévision câblée, du téléphone, de la climatisation, d'un réfrigérateur et du wifi. Les chambres sont spacieuses, harmonieusement décorées et parfaitement équipées.

KAY SANDWICH €

17 rue Léon Gontran Damas, Place d'Armes
✆ 06 96 01 35 95
Ouvert du lundi au vendredi de 6h à 14h30. Addition moyenne 8 €.

200% fraîcheur, 100% local : c'est la devise de cette toute nouvelle sandwicherie qui met en avant les saveurs d'antan. Kay Sandwich vous régale du petit déjeuner au déjeuner, en passant par la collation de 10h. Chaque lundi, on attend impatiemment le sandwich de la semaine qui met à l'honneur les produits locaux : le sandwich fricassé de lambi, le sandwich aux accras de titiris (petits poissons de rivière), mais aussi les omelettes revisitées façon locale (chiquetaille de morue). La plupart des produits sont directement issus du potager familial.

LA FERME DE PERRINE €

Habitation Carrère ✆ 05 96 42 20 52
https://fermeperrine.com
Ouvert du lundi au samedi le midi, vendredi et samedi soir.

Le restaurant de ce parc animalier offre à ses gourmands et gourmets des plats typiquement locaux (fricassés, ragoûts, grillades) élaborés avec des ingrédients du terroir, de la viande fraîche issue de sa propre boucherie et des fruits et légumes de son marché mis en valeur par la maîtresse des lieux sans oublier les produits de la mer, les acras et le boudin antillais, ti Punch et planteur, du nectar de fruits frais de saison du jardin. A noter aussi l'ouverture le soir du Grill By Night pour déguster les grillades les vendredis et les samedis soir dès 20h.

CHURRASCO STEAK HOUSE €

Zone Jambette Village ✆ 09 76 62 08 52
https://churrasco.fr
Ouvert du lundi au samedi de 12h à 15h et de 19h à 23h. Addition moyenne : 25 à 30 €.

© CHURRASCO FACEBOOK

Au cœur de Jambette Village, Churrasco Steak House marie à merveille les saveurs caribéennes. Au menu, des spécialités de viandes marinées, servies dans la plus pure tradition brésilienne, directement découpées à table : brochettes de poulet au lard, carré d'agneau, entrecôte… Mention spéciale pour le délicieux Black Angus burger. Un buffet à volonté (en 3 passages), froid et chaud. Pour les petites faims, optez pour le Salade Bar en libre-service (crevettes, légumes cuisinés, crudités…). Une adresse incontournable pour les amateurs de viande !

KAY NÉMO €

Quartier Brière de l'Isle, Gondeau
✆ 05 96 42 59 43
www.rsma-martinique.com
Réservation obligatoire. Ouvert les mardis et jeudis uniquement. Service et menu uniques à 20 € tout compris.

Un bon plan pour un déjeuner quasi « gastro » au tarif d'un snack. Kay Némo est le restaurant d'application du RSMA, le Régiment du service militaire adapté de la Martinique. C'est un centre militaire de formation et d'insertion socioprofessionnelle pour les jeunes de 18 à 25 ans. Résultat ? Un menu complet entrée-plat-dessert qui n'a rien à envier à certaines tables de l'île ! La salle est climatisée, les tables nappées et le service courtois. Attention, il faut réserver car, bien entendu, les plus futés connaissent déjà le bon plan !

TORII SUSHI €

Zone Jambette
✆ 0596 67 28 47
https://torii.fr
Ouvert du lundi au samedi. En livraison et à emporter de 11h30 à 14h et de 18h30 à 21h30.

Un peu las du traditionnel poulet colombo et du marlin à la tahitienne ? Essayez Torii Sushi et sa cuisine fusion alliant inspirations japonisantes et saveurs antillaises. On y retrouve les immanquables sushis, makis, sahimis, algues marines, poke bowls, temakis et autres tempuras, mais aussi des créations originales : des sushis chauds (cheddar, naruto), froids (rolls…) et des choses inédites 100% péyi : le Torii Bokay (thon ou marlin et banane flambée) et le Torii boat (combinaison de différents sushis). C'est frais et très bon !

FORT-DE-FRANCE ET SA RÉGION

L'EPHÉMÈRE €€

Habitation Belfort
+596 696 25 25 89
www.visitebelfort.com
Soirées thématiques un jeudi par mois.

L'Éphémère est un concept unique de restauration à thème au sein des jardins de l'habitation Belfort. Un jeudi par mois, la cheffe Micheline Zie convie ses aficionados à (re) découvrir sa cuisine inventive et métissée et partager un moment inoubliable. Les thèmes évoluent au gré de l'inspiration de la cheffe (Rimed Razié, grand large, gourmet street food…) qui concocte alors un repas complet inspiré des jardins créoles. On peut même passer récupérer sa commande en drive. Une expérience à vivre ! Suivez les actualités sur les réseaux pour connaître les dates.

LE RESTAURANT DU CHÂTEAU €€

Quartier Lareinty 05 96 42 13 13
www.lechateau.mq
Restaurant ouvert le midi du lundi au vendredi. Service de 12h à 15h.

Tout nouveau, tout beau : voici le restaurant du Château new look ! Après plusieurs semaines de travaux, le petit point de restauration à l'étage de la boutique phare a fait peau neuve et s'est agrandi. Outre la déco raffinée et son ambiance de bistrot parisien, il accueille désormais une jolie terrasse sur laquelle il fait bon se régaler de plats préparés avec simplicité et talent par le chef. Les produits sont frais et de qualité. La carte est simple mais efficace : salades gourmandes et autres plats du marché. Le tout avec une belle sélection de vins au verre !

Ô VIN SUR VINGT €€€

centre d'affaire de la Martinique
09 74 56 67 63
Ouvert du lundi au vendredi de 12h à 14h. Le vendredi soir de 19h30 à 22h.

Ce petit restaurant gastronomique fait partie des meilleurs de la Martinique. Si la finesse de ses plats n'est plus à garantir, ce qu'on aime surtout, c'est l'accueil amical et l'attention du service. La salle de restauration ne dispose que de 40 places assises pour le confort du client et éviter un service de masse. La carte truffée de bonnes saveurs françaises varie quotidiennement selon les produits de saison et arrivages pour vous assurer une cuisine de qualité. Très belle sélection de vins également ! Chaque plat est méticuleusement préparé et décoré.

LA BODEGUITA

100 Impasse Lareinty
+596 696 09 36 84
Ouvert du lundi au jeudi de 8h à 12h et le vendredi de 8h à 17h. L'après-midi sur rdv.

Avis aux amateurs de pata negra ! ! Epicerie spécialisée dans le haut de gamme, la Bodeguita se positionne comme l'ambassadeur de l'art de vivre espagnol à travers une sélection rigoureuse de produits de qualité 100 % latinos ou espagnols : jambons, saucissons, chorizos, tomates et poivrons séchés, vins, mousseux, conserves, confitures et autres plaisirs sucrés tout droit venus de la péninsule Ibérique. L'épicerie propose aussi des apéros tapas afterwork tous les jeudis à partir de 18h30. Un bon moyen de finir la semaine en douceur !

LA BOUTIQUE FRENCH TOUCH

A l'aéroport Aimé Césaire - Zone tout public à l'étage.
05 96 42 18 16
https://www.laboutiquefrenchtouch.fr
Ouvert tous les jours de 6h à 21h.

Dans ce lieu unique, tout est pensé pour prolonger votre voyage créole… Dans une décoration digne des petites épiceries d'antan (lampes à pétrole et meubles rustiques), c'est tout un monde d'épices, de gourmandises, de fins chocolats, de délicieux fruits confits, de cafés d'exception ou de rhums millésimés qui s'ouvre à vous. Art de la table et objets rares complètent à merveille vos envies de cadeaux. La Boutique est agréée pour la vente de produits réglementés en cabine. Une adresse séduisante qui pourrait bien vous charmer.

CENTRE COMMERCIAL LA GALLERIA

Quartier Acajou
05 96 50 66 63
www.galleria.mq
Ouvert du lundi au jeudi de 9h à 20h30. Vendredi et samedi de 9h à 21h.

Le paradis des aficionados du shopping ! Récemment agrandi, ce centre commercial regroupe sur 40 000 m^2 boutiques et services. De nombreuses enseignes de prêt-à-porter, de chaussures et de parfumerie, ainsi que des restaurants y proposent leurs services. S'y ajoutent une agence de voyages, des banques, une pharmacie, un opticien, la Librairie antillaise, un hypermarché et une salle de fitness. L'accès wifi est gratuit. Des animations habillent le lieu tout au long de l'année.

DISTILLERIE LA FAVORITE

D13 - ancienne route du Lamentin
✆ 05 96 50 47 32 – www.rhum-lafavorite.com
Ouvert du lundi au vendredi de 9h à 16h sans interruption et le samedi de 9h à 12h de novembre à mai.

La Favorite a créé un espace de plus de 100 m² dédié à la vente de ses rhums. Cette boutique marque le point final de la visite de la distillerie. Préparez-vous à être happé par les odeurs de vanille, de café torréfié et de rhum tandis que le bruit des machines, lui, vous ramènera 150 ans en arrière. Certaines sélections confidentielles, prisées par les amateurs, sont attendues : les *Cuvées Spéciales* comme Rivière Bel'air en rhum blanc ou la Flibuste en rhum vieux. Une sympathique dégustation menée par Emmanuelle et Célina, dans ce cadre industriel et chaleureux.

LE CHÂTEAU

Zone de Lareinty
✆ 05 96 42 13 13
www.lechateau.mq
Ouvert du lundi au samedi de 9h à 18h.

Inédite en Martinique, cette épicerie fine qui vient d'être entièrement relookée propose des produits gourmands sélectionnés pour la qualité de leur fabrication et l'originalité de leurs saveurs : épicerie Fauchon, caviar Petrossian, saumons fumés, huiles d'olive, vinaigres, foies gras, chocolats, confitures, thés Kusmi Tea et épices des meilleures marques. A la cave, une sélection de grands crus et de champagnes d'exception complète la liste de produits qui satisfera les plus gourmets. Le Château propose également la livraison de ses produits frais de qualité.

CAP CRÉOLE

zone de la Jambette ✆ 0596 73 81 29
www.capcreole.com
Ouvert du lundi au samedi de 9h à 19h et le dimanche de 9h à 13h.

Depuis plus de vingt ans, Cap Créole est spécialisé dans la production de poissons fumés des Caraïbes (rillettes, marinés, fumés). La maison mère est installée en Guadeloupe dans un lieu privilégié de pêche des poissons de haute mer : marlins, thazards, thons et daurades, directement approvisionnés par les pêcheurs locaux. Les espèces sont sélectionnées pour leur saveur, avant d'être transformées en poissons fumés selon les méthodes traditionnelles de saumure et de fumaison. Cette petite boutique est le premier point de vente de la marque en Martinique.

LE COMPTOIR DES VIANDES

Bois Quarré
✆ +596 596 51 30 47
Ouvert mardi 8h30-15h, mercredi 8h30-16h, jeudi et vendredi 8h30-18h, samedi 8h30-14h.

Avis aux carnivores ! Voici une adresse qui devrait séduire les non végétariens. Sur 350 m², cette boucherie concept-store propose le meilleur de la viande locale. Bœuf, mouton, volaille, porc, veau, charcuterie et pâtés : tout est 100 % martiniquais et d'une qualité triée sur le volet par la CODEM, la Coopérative des éleveurs bovins de la Martinique. L'idée est de valoriser le savoir-faire des éleveurs martiniquais et d'encourager les circuits courts. La boucherie propose également des plats traiteurs et accueille le corner de spécialités de Prisca Morjon.

CULTURA

Centre Commercial La Galleria
✆ 05 96 50 66 44
www.librairieantillaise.com
Ouvert du lundi au jeudi de 9h à 20h30, vendredi et samedi de 9h à 21h.

Nouvellement arrivé sur l'île, le leader de la librairie et de la papeterie propose un large rayon littérature, beaux livres, bandes dessinées, tourisme et livres scolaires, ainsi qu'un rayon loisirs créatifs très développé (jeux éducatifs, fournitures de bureau, papeterie...). Des activités autour du livre (dédicaces et rencontres avec des auteurs), mais aussi des concours et des ateliers créatifs sont régulièrement proposés. Une nouvelle enseigne qui complète merveilleusement l'offre culturelle déjà présente en Martinique.

EXCELLENCE GLACES

21 rue des Ecoles
✆ 05 96 52 55 10
www.glaces-martinique.fr
Ouvert du lundi au vendredi de 9h à 17h30 et le samedi de 9h à midi. Atelier de fabrication et vente sur place.

Ici, tout est fabriqué de façon artisanale. Artisan glacier passionné par son métier, Pascal Feval travaille les fruits de saison et les ingrédients locaux. Plus de 60 parfums se déclinent entre crèmes glacées, sorbets, gâteaux et desserts glacés. On aime évidemment les saveurs péyi comme la cannelle, le gingembre, la groseille Pays, la prune de Cythère, le piment doux, la goyave ou bien le corossol et la mangue. Mais l'originalité passe également par des parfums insolites comme la glace à l'oursin, aux patates douces ou bien encore au foie gras !

FRÈRES LAUZÉA

Habitation Bois Carre,
✆ 05 96 50 50 18
https://fpereslauzea.fr
Ouvert du lundi au samedi de 9h à 14h15 et de 15h à 18h.

Les artisans chocolatiers Thierry et Jimmy Lauzéa font aujourd'hui partie des 20 meilleurs chocolatiers du monde. Fidèles à leurs racines créoles, ils vous reçoivent dans un cadre aux couleurs chaudes. Dans un souci d'authenticité et d'arômes tropicaux, nos créateurs de saveurs ont su se tailler une réputation à la hauteur de leurs douceurs. Ganaches, rochers, fondants ou « Neg'Marron » mais aussi toutes sortes de tablettes nature et aux éclats de caramel et de fruits secs n'ont été inventées que pour le bonheur des gourmands.

FLEURS LOINTAINES

Aéroport Aimé Césaire ✆ 05 96 42 17 17
https://fleurslointaines.com
Boutique de l'aéroport ouverte tous les jours de 9h30 à 19h30. Commande en ligne sur le site livraison en 24h en France.

Depuis plus de 40 ans, Fleurs Lointaines produit des fleurs exotiques et les livre en métropole. En 1976, Édouard des Grottes, producteur de bananes, souhaitant valoriser les richesses de son île, plante toutes sortes de variétés au pied de la montagne Pelée : anthuriums, héliconias, balisiers, alpinias, roses de porcelaine… De la coupe à la réception des fleurs en métropole, moins de 24h s'écoulent ! Les fleurs sont récoltées le jour même de leur expédition et conduites à l'aéroport. L'entreprise, emmenée par le petit-fils d'Édouard, livre dans toute la France.

TILO

Route du Robert, quartier Pelletier et Aéroport Aimé Césaire Zone tous public à l'étage
✆ 05 96 51 25 25
www.tilo.fr
Ouvert du lundi au samedi de 9h à 18h et jusqu'au dernier vol, pour la boutique de l'aéroport.

Tilo reste le plus grand magasin de souvenirs de la Martinique. Pourquoi Tilo ? Tout simplement parce que le propriétaire s'appelle Laurent, d'où son surnom de Ti-Laurent. On y trouve un très grand choix de madras, la plus importante collection de T-shirts ornés de dessins caraïbes, des vêtements pour enfants, des casquettes, des cartes postales et des hamacs. On peut même y faire personnaliser son T-shirt car l'atelier possède son propre matériel de sérigraphie. Sans oublier de nombreux objets d'artisanat local, liqueurs et paréos, pour vos cadeaux-souvenirs.

FORT-DE-FRANCE ET SA RÉGION

HIPPODROME MAURICE BRUÈRE-DAWSON

Quartier Carrère
✆ 05 96 51 76 49
http://hippodromedecarrere.fr/

Le terrain et les aménagements de ce site sont destinés principalement aux courses hippiques. D'autres activités de plein air comme l'enseignement de l'équitation et des concours hippiques y sont organisés. Chaque année, environ 15 réunions se déroulent le dimanche après-midi à raison de 5 ou 6 courses de 10 à 12 partants. Le Grand Prix de la Caraïbe, moment fort de la saison hippique qui attire des jockeys de la métropole et de l'arc antillais, est très disputé.

KINKY MANGO

Hauts de Californie
✆ 06 96 41 39 85
Ouvert du mardi au samedi à partir de 18h.

Une nouvelle adresse un peu cachée à ajouter à vos carnets. Dans une ambiance chic ethnique, le Kinky Mango s'inscrit dans l'annuaire des bars de nuit pour une offre distinguée et toujours rythmée. Parmi les invités, des DJ tournés vers la caribbean music, house music ou encore afro beat. Deux salles, deux ambiances : une terrasse extérieure avec cocktails et tapas, et une salle fermée pour se déhancher devant le DJ. Au programme, cocktails et sushis le mercredi, *after work africain flavor* ou *bohemian chic* le jeudi et *tropical vibes* le vendredi.

SAINT-JOSEPH ★★

Situé au centre de l'île, Saint-Joseph est pour les Martiniquais une ville de campagne, en quelque sorte le poumon vert de l'île, voire son grenier, où prospèrent ananas, canne et banane. Lovée sur le passage de nombreuses sources, la ville a longtemps servi de réservoir d'eau à toute la région. Sa nature généreuse a attiré depuis fort longtemps de nombreux horticulteurs qui aujourd'hui proposent à divers points de l'île de très belles fleurs à rapporter chez soi. Les alentours offrent une bonne alternative à la plage (au frais en plus !), recélant les belles promenades dans les forêts aux essences rares et sur les nombreux sentiers de randonnées.

HERBORISTERIE CRÉOLE

Chemin de la Haut
www.herboristeriecreole.com

Depuis 2012, Séverine et Rémi Asensio se sont lancés avec succès dans la culture et la transformation des plantes médicinales martiniquaises. Ils cultivent sur l'exploitation familiale certifiée bio des plantes avec des techniques issues de la permaculture. Ces plantes, élevées sans aucun intrant, sont récoltées manuellement chaque semaine, séchées le jour même pour préserver leurs principes actifs, puis transformées en « rimed razié ». Ces derniers sont ensuite commercialisés sous forme de tisanes, infusions, thés, épices et huiles végétales.

OFFICE DU TOURISME

Rue Séphora Louis Félix ✆ 05 96 57 88 95
www.saintjoseph-martinique.fr
Lundi, mardi, jeudi de 8h à 16h30, mercredi 8h à 13h, vendredi 8h à 14h. Fermé samedi et dimanche.

Malgré une importante population de plus de 17 000 habitants répartie sur 4 329 hectares, Saint-Joseph reste un lieu authentique représentatif de la Martinique profonde. La beauté sauvage de ses sites naturels fait de Saint-Joseph un véritable havre de paix et un joli point de départ pour de multiples balades alentour : forêts aux essences rares, rivières et jardins aux fleurs variées, spectacle incomparable d'une végétation luxuriante parcourue par de magnifiques cours d'eau. L'office de tourisme saura vous indiquer les itinéraires incontournables.

BKB €

Station CAP Saint-Joseph
https://bokayburger.com
Ouvert 7j/7 de 11h à 21h. Addition moyenne 13 €. Drive et terrasse.

Un hamburger 100% Martinique, avec des produits locaux : poulet maison assaisonné aux épices locales, pilons, ailes et tenders vous régaleront, tout comme les délicieux burgers servis avec des frites de patate douce. BKB signifie Burger Bokay, autrement dit le burger de chez nous ! Laissez-vous tenter par le Mastok œuf, l'Otentik, ou encore le Bokay Bacon. Ce point de vente situé à la station Cap Saint-Joseph propose uniquement de la vente à emporter au drive. D'autres enseignes existent sur l'île. Et deux nouvelles verront le jour bientôt !

BRÉDAS, L'ATELIER DU BRISCARD €€

A l'entrée de Presqu'île
✆ 05 96 57 65 52
Ouvert le soir du mardi au samedi, et le dimanche de 12h à 16h.

Au cœur de la Martinique, le Brédas tient son nom de son propriétaire, le chef Jean-Charles Brédas, dont la réputation n'est plus à démontrer et qui est un poète en matière culinaire. Ce « maestro du goût » jongle avec les traditions gastronomiques d'ici et d'ailleurs. Dans son restaurant ouvert le soir (et le dimanche midi), il vous transporte au royaume des cinq sens dans lequel la carte change au gré du temps et des saisons. L'accueil est au diapason et le service de prestige.

ENTRE NOUS €€

Bois neuf Gondeau
✆ 05 96 50 24 71
Ouvert du mercredi au samedi de 12h à 15h et de 19h à 22h.

Cadre calme et verdoyant pour ce restaurant logé dans une grande maison créole où l'on peut se restaurer en terrasse ou au bord de la piscine. Le chef propose une cuisine gastronomique moderne et raffinée, avec des produits frais et de saison, où tout est fait maison. Mélange de plats français et créoles, l'accueil est au rendez-vous avec Marc et ses précieux conseils en matière de vin. La carte, très gourmande, est renouvelée tous les mois. Une belle adresse conviviale et délicieuse à découvrir, sur réservation de préférence.

BOULIKI BIO

3686 Quartier Bahuaut
✆ 06 96 16 11 88

Au sein de la forêt de Cœur Bouliki, bienvenue dans un véritable havre de paix éco-friendly. C'est au cœur d'une nature paisible que se cache ce petit Eden, qui abrite un bain chaud (qui est en réalité une sorte de tisane géante), un «saun'hammam», la douche cascade, un espace de détente hamac, la plage bouliki, la fish pédicure et en option un massage à 2 ou 4 mains ! Ce cadre exceptionnel est l'œuvre de David, qui possède aussi une ferme bio où il vend sa production. On peut également déguster sur place la délicieuse cuisine de ses produits.

HARMONIA INSTITUT ET SPA

103 chemin Deslauriez
✆ 05 96 39 29 62
Du mardi au samedi de 9h à 17h.

L'institut Harmonia propose un large panel de prestations, généralement certifiées bio. Coup de cœur pour le soin découverte Harmonia bio qui allie gommage du corps, massage du dos et des jambes, et 30 minutes de balnéothérapie. On aime aussi le « voyage bien-être » sur mesure qui associe soin, massage et espace détente à la journée selon vos besoins. Harmonia s'occupe également de vos manucures et pose de vernis, là encore biologiques. Possibilité d'accéder à l'espace détente piscine, bain bouillonnant et solarium-terrasse.

DUCOS

La commune qui tient son nom de Théodore Ducos (1801-1855), ministre de la Marine et des Colonies de Napoléon III, s'appelait auparavant Trou-au-Chat. Elle connaît à l'époque industrielle de violents affrontements politiques lors des élections tragiques du 24 mai 1925 : les conseillers généraux socialistes, Charles Zizine et Louis des Etages, sont abattus par un gendarme en pleine ville. Passant en quelques années d'une économie agricole et artisanale à une économie industrielle et commerciale, la ville de Ducos est désormais considérée comme une commune dynamique et une terre d'accueil et de vie pour de nombreux travailleurs du centre.

LE BUNGALOW DES BOUGAINVILLIERS €

44 impasse des Anges
✆ 05 96 56 39 62
Tarif : 60 € la nuit. 350 € la semaine. Table d'hôtes le soir, du mercredi au samedi, sur réservation.

Ce joli bungalow, voisin de la maison principale, est idéalement conçu pour accueillir 2 à 3 personnes. Il bénéficie d'un beau et vaste jardin fleuri. Sa pièce à vivre, climatisée, est dotée d'un côté de la chambre et de son lit double avec armoire et TV, et de l'autre d'un séjour, coin salle à manger, cuisine équipée, salle d'eau avec WC, et d'une petite terrasse. Une table d'hôtes offre une carte traditionnelle, créative ou à thème le soir, uniquement sur réservation.

LINA'S €€

Zone industrielle Champigny
✆ 05 96 50 30 30
Ouvert tous les jours de 7h à 18h et le samedi jusqu'à 16h.

Le Lina's, ce sont aujourd'hui cinq enseignes en Martinique, de Fort-de-France à Ducos en passant par le Lamentin. Sa devise ? Le bien-être est bon pour la santé ! L'endroit est élégant et agréable tant pour une pause café qu'un déjeuner ou un goûter. Les sandwichs et les salades sont originaux et délicieux tandis que les verrines et les gâteaux sont à craquer. Ici, on vient petit-déjeuner, déjeuner, goûter, mais également partager entre collègues ou amis avec le service traiteur By Lina's. Un concept healthy qui fait des émules.

L'OLIVIER €€

ZI Petite Cocotte
✆ 05 96 37 48 74
Ouvert tous les midis du lundi au vendredi.

A L'Olivier, la cuisine se veut simple mais raffinée, dans une décoration de bois clair qui vous transporte, à mille lieues de la circulation et des activités de la zone industrielle de Petite Cocotte. La carte, agréable pour cette pause déjeuner, propose des spécialités provençales, antillaises ou du Sud-Ouest. L'œuf de caille gratiné à la mozzarella, la cuisse de canard et son chutney de figues pochées au miel n'ont rien à envier à la délicieuse tarte Bourdaloue. La carte change au gré du marché. Jetez un œil sur leur page Facebook, mise à jour régulièrement.

HELLO BEYROUTH €

Centre commercial hexagone
✆ +596 696 44 16 40
www.hello-beyrouth.com
Du lundi au samedi de 11h30 à 15h et du jeudi au samedi de 19h à 22h.

Envie de changer un peu du colombo de poulet et des accras ? Situé dans une zone commerciale de Ducos, Hello Beyrouth propose une cuisine libanaise authentique autour de plats réalisés par Hassan, le chef libanais. Houmous, boulette kebbeh, brochette de viande hachée agrémentée de persil et d'oignon, kebab de poulet… et pour finir les fameux baklavas et gâteaux de semoule. Bref, le temps d'un déjeuner sur le pouce ou le soir en terrasse, Hello Beyrouth promet une escale dépaysante au Moyen-Orient. Le restaurant propose aussi des plats à emporter.

LE DEPOT DE BACCHUS

Zone du Bac
✆ +596 696 41 62 18
www.ledepotdebacchus.com
Ouvert de 13h30 à 18h30 du mardi au vendredi et de 10h à 18h le samedi.

Tenue par de véritables passionnés et amoureux des vins, cette cave à vins et à merveilles propose différents crus venus du monde entier. La sélection est rigoureuse et soignée : grands crus du Rhône et du Bordelais, blancs de Bourgogne, rosés de Provence, champagnes de renom et de vignerons moins connus. Le Dépôt de Bacchus organise également des événements à thème régulièrement, le vendredi ou le samedi soir, autour du vin et du champagne avec dégustation de charcuterie ou fromage. Bref, un endroit sympathique à découvrir !

NAGOYA €€

ZI Petite Cocotte
✆ 05 96 75 40 07
https://nagoya972.fr
Ouvert lundi de 11h à 15h, du mardi au samedi de 11h à 15h et de 18h30 à 22h. Addition moyenne 25-40 €.

Une adresse très remarquée dans le panorama des restaurants martiniquais. La cuisine japonaise et thaïlandaise du Nagoya amène une bouffée d'air frais du côté de la zone industrielle de Ducos. Les tons verts et gris minimalistes du décor apaisent l'esprit, tandis que les mets japonisants réjouiront tous vos sens : marmite coréenne, yakitori, tempura de crevettes ou encore bœuf au curry japonais. Les recettes sont savoureuses et préparées de manière traditionnelle à partir d'ingrédients choisis avec soin. Embarquement immédiat pour l'Asie !

KAYAK AVENTURE MANGROVE

Quartier Cocotte Canal
✆ 05 96 48 22 45
https://kayakaventuremangrove.com

Fun Kayak propose de découvrir la magnifique mangrove de Martinique en kayak, l'une des plus belles des Caraïbes. Comptant mille hectares, celle-ci s'étend sur les communes de Ducos, Rivière-Salée et les Trois-Ilets.

Deux circuits sont possibles, encadrés par des moniteurs diplômés. Le premier consiste en un parcours dans la forêt de Vatable, à côté de la maison de la Canne. Le circuit n° 2 (depuis Ducos, durée 3h) est une balade paisible au fil de l'eau pour découvrir la richesse de la mangrove, de ses palétuviers et de sa faune colorée.

SUD CARAÏBE

Avec ses plages de sable blanc bordées de cocotiers et ses eaux chaudes toute l'année, le Sud Caraïbe est à l'image de ces cartes postales idylliques illustrant les tropiques. Entre les Trois-Ilets, haut-lieu touristique, que l'on rejoint aisément par des navettes maritimes depuis Fort-de-France, les Anses d'Arlet, le Diamant et ses vagues écumeuses qui déferlent avec puissance, Sainte-Luce et son marché coloré, le Marin et sa marina animée (la plus grande de la Caraïbe) d'où partent la plupart des croisières, jusqu'à Sainte-Anne et ses célèbres plages de rêve, le sud s'impose comme un incontournable balnéaire qui saura séduire les amateurs de fonds blancs et de farniente. Mais la région propose aussi de la verdure et conduira les aventuriers au détour d'un sentier, au sommet d'une montagne ou au frais d'un fond abrité. N'hésitez pas à aller vous perdre dans les hauteurs, à sillonner les mornes. La vue y est souvent époustouflante.

Sud Caraïbe
Vers FORT-DE-FRANCE
SAINT-ESPRIT
Vers LE FRANÇOIS
LE VAUCLIN
Anse-Mitan
Marina
Gros Ilet
Baie de Génipa
Anse-à-l'âne
LES TROIS-ILETS
Rivière salée
RIVIÈRE-SALÉE
Anse-Noire
Anse-Dufour
Desmarinières
Rivière pilote
Macabou
Grand-Anse
Grande-Anse d'Arlet
LES ANSES-D'ARLET
RIVIÈRE-PILOTE
LE DIAMANT
Trois-Rivières
Morne Larcher 471 m
Anse-Céron
SAINTE-LUCE
LE MARIN
Petit-Anse
Petite-Anse d'Arlet
Désert
Baie du trou-Au-diable
Grande-Anse du Diamant
Anse-Mabouyas
Anse-Corps de Garde
Rocher du Diamant
Piton Crève
Cap Chevalier
SAINTE-ANNE
Ilet Chevalier
Mer des Caraibes
Océan Atlantique
Grande-Anse des Salines
Ilet Cabrits
Canal de ste-lucie
5 KM

PAGES

162

● ● SUD DE LA CÔTE CARAÏBE

Au cours d'un itinéraire dans le sud de la côte Caraïbe, on ne manquera pas de visiter la Maison de la Canne aux Trois-Îlets. Construite sur les ruines de l'ancienne distillerie sur un domaine de 2 hectares, ce lieu rassemble une mine d'informations sur la transformation de la canne à sucre et propose une balade à travers l'histoire de l'île. Le cadre est enchanteur et le domaine entretenu au cordeau ! Côté plage, on pourra jouer au Robinson sur la plage de l'Anse noire de préférence en semaine. Sable noir, eau transparente, tortues et poissons colorés se méritent, car il vous faut descendre (et donc remonter) une centaine de marches pour y accéder. On ira également flâner dans les ruelles du charmant bourg des Anses-d'Arlet pour découvrir ses petites cases créoles colorées. Plonger avec masque, palmes et tuba autour des deux rochers dans les eaux face à l'église immanquable à droite du ponton. Ici, on appelle cet endroit l'Aquarium : tous les poissons de la mer des Caraïbes semblent s'y être donné rendez-vous.

Sur la route qui va de Petite Anse au bourg du Diamant, on jouira de l'une des plus belles vues de l'île. Pour profiter des eaux qui entourent le rocher du Diamant et y plonger, il vous faudra emprunter un bateau et posséder déjà un certain niveau (faille à 18 m). Pour se remettre de tout ça, on pourra déguster une langouste au bord de l'eau ou écoutez un concert le week-end à Sainte-Luce, l'une des bourgades les plus charmantes de l'île. Terminez par Sainte-Anne et la plage des Salines pour son décor de carte postale et sa douceur de vivre. Au programme : sieste dans un hamac, baignade ou balade dans la réserve ornithologique...

162

RIVIÈRE-SALÉE ★

LES TROIS-ÎLETS ★★★

164

Les Trois-Ilets se composent de trois zones distinctes aux ambiances très différentes : le paisible bourg où les canots dorment sur la petite plage bordée d'anciennes bâtisses de brique, la Pointe-du-Bout et l'Anse Mitan, haut lieu touristique, et, plus à l'ouest, le quartier de l'Anse-à-l'Ane.

LES ANSES D'ARLET ★★★

195

Commune de prédilection des pêcheurs, le bourg n'a rien perdu de son authenticité créole. La petite commune aux nombreuses anses coule des jours heureux, avec ses maisons colorées et ses fonds marins magnifiques.

205

LE DIAMANT ★★★

SAINTE-LUCE ★★★

216

Il règne à Sainte-Luce une ambiance charmante et authentique, le bourg ayant su garder son cachet avec ses cases colorées et ses bateaux de pêcheurs.

230

RIVIÈRE-PILOTE ★★

LE MARIN ★★★

234

Lové au fond d'une magnifique baie, qui a attiré de multiples convoitises au fil des siècles, l'ancien petit bourg parsemé de toits rouges s'impose comme la plus grande base nautique de la Caraïbe. Le port du Marin, propice au mouillage des bateaux de plaisance, est le point de départ numéro un des croisières dans la mer des Caraïbes.

SAINTE-ANNE ★★★

248

La région connaît une présence amérindienne dès le IVe siècle. Des sites comme Anse-Trabaud ou Pointe-Baham en gardent de nombreuses traces. D'un relief moins accidenté que le Nord, Sainte-Anne attire très tôt les colons dont la culture principale est alors la canne à sucre. Ils exploitent également le sel des marais situés entre l'actuel bourg et la plage des Salines.

RIVIÈRE-SALÉE ★

Aux abords de la route qui relie Fort-de-France au Sud caraïbe, serti d'immenses champs de canne verdoyants, ce carrefour incontournable se donne des airs d'un bourg plutôt résidentiel. Difficile de parler d'un charme réel. Pour le trouver, il faut s'aventurer davantage à l'intérieur des terres, notamment vers la belle route de Desmarinières dont les hauteurs offrent de jolis panoramas. Rivière-Salée est au centre de l'une des rares plaines paisibles de l'île. L'économie sucrière domine entièrement la région. Attention aux embouteillages en période de récolte ! La mangrove de la baie de Génipa, proche, accueille de nombreuses variétés d'oiseaux.

MARCHÉ

rue Jean Jaurès

Du lundi au samedi de 6h à 13h.

C'est l'un des marchés les plus authentiques et animés de l'île (surtout le samedi matin où de dix marchands en semaine on passe à une trentaine !). On y croise des Saléens mais aussi des Iléens qui se plaisent à se retrouver et partager dans ce lieu haut en couleur, carrefour d'échanges. Au milieu des effluves de fleurs et de boudin noir, les étals colorés proposent toutes sortes de produits *péyi* : fruits, légumes, épices, poissons fraîchement pêchés, viande, mais aussi farine de manioc, eau de coco. On y trouve également un peu d'artisanat local.

TROPIC PROMOTION IMMOBILIER €€

6 rue Jospeh Lagrosillière

✆ 06 96 25 91 18

www.agencetropic.com

Ouvert du lundi au vendredi de 8h30 à 12h et l'après-midi sur rdv. Possibilité de visite virtuelle.

Cette agence immobilière familiale propose des biens à la vente, de la maison de vos rêves à l'appartement idéalement situé, pour vivre quelques mois de l'année au soleil ! Vous pouvez aussi le mettre en location en profitant des conseils avisés d'un spécialiste et d'une gestion adaptée et sécurisée. Réactive et efficace, l'équipe de Tropic vous conseille dans la réalisation de vos projets : un achat, une location à long terme ou une défiscalisation.

LES SAVEURS DE WAËL

80 Rue Victor Schoelcher

✆ 06 96 38 57 19

Ouvert du mercredi au vendredi de 10h à 19h et le samedi de 8h à 19h.Paniers entre 20 et 30 €.

Waël fait partie de cette génération qui cherche à réconcilier les Martiniquais avec la production locale. Dans son épicerie fine, elle propose des produits de l'exploitation familiale sous forme de paniers et s'est associée à d'autres producteurs pour pouvoir étoffer son offre. Surtout, elle livre une cuisine authentique, à base de bons produits du terroir martiniquais, jonglant avec des recettes créoles traditionnelles savamment revisitées. Avec une dimension éthique : les viennoiseries sont fabriquées à partir de farines locales, sans gluten et sans lactose.

BAGUET SHOP €

Imm. Leader Price, ZI La Laugier

✆ 05 96 65 78 23

www.baguet-shop.com

Du lundi au samedi de 5h45 à 19h30 et le dimanche de 5h45 à 13h.

Leader de la boulangerie aux Antilles, Baguet Shop compte une quinzaine de points de vente en Martinique. L'enseigne propose à tout moment de la journée de bonnes petites choses à déguster, à emporter ou à consommer sur place. Dès le matin, pain frais, viennoiseries et pâtisseries vous attendent. Pour déjeuner, on a le choix entre de délicieux sandwichs confectionnés sous vos yeux avec des ingrédients frais et cinq variétés de pains. Sans oublier les plats cuisinés, les tartes salées, les wraps, ainsi que des salades composées et variées.

RANCH DE TRENELLE

12 Général-de-Vassoigne

✆ 05 96 48 07 20

www.ranchdetrenelle.fr

Amateurs de chevaux, de nature et d'aventure, direction le centre équestre de Trénelle. Le site propose une panoplie d'activités et de belles randonnées à cheval à travers la campagne saléenne, en harmonie avec les cultures environnantes (la canne à sucre notamment). Implanté sur le domaine d'une ancienne sucrerie, on en visite encore les vestiges. On prend ainsi le temps d'observer au rythme régulier de sa monture : rivières aux eaux limpides, campagnes, plages… Initiation à l'équitation pour les débutants et randonnées plus longues pour les plus aguerris.

LA VILLA MARTINIQUAISE €€

37 chemin de la Sagesse
✆ +590 690 276808
www.villa-martiniquaise.com

Location d'une villa privée pour 10 pers. 5 chambres climatisées, 4 salles de bains. De 1 500 à 2 400 € la semaine.

Un véritable coup de cœur pour cette superbe villa créole, située dans un lotissement calme. Elle est en totale autonomie énergétique grâce à ses panneaux solaires. On apprécie ses espaces extérieurs et son deck qui entoure la piscine. Les carbets offrent 100 m² d'espace de vie. La vue sur le rocher du Diamant et la mer est fabuleuse. La propriété est très spacieuse, composée de deux bâtisses qui se réunissent autour de la piscine. Une architecture parfaite pour une grande famille. Prestations soignées, équipement au top. Accueil charmant du propriétaire, David.

LES TROIS-ÎLETS ★★★

La légende raconte que trois petits îlets (Thébloux, Charles et Sixtain) voulaient se réunir pour faire la fête. Ce sont eux qui ont donné son nom à la ville, dont le destin est intimement lié à celui de Joséphine de Beauharnais qui y a vu le jour en 1763. Face à Fort-de-France et sa baie, avec un relief moins vallonné et des côtes moins escarpées qu'ailleurs, les Trois-Ilets se composent de trois zones distinctes aux ambiances très différentes : le paisible bourg où les canots dorment sur la petite plage bordée d'anciennes bâtisses de brique, la Pointe-du-Bout et l'Anse Mitan, haut-lieu touristique, et, plus à l'ouest, le quartier de l'Anse-à-l'Ane.

Histoire

L'ancienne paroisse du Cul-de-Sac-à-Vaches, dont les Jésuites avaient la charge depuis 1683, devint les Trois-Ilets au XVIIe siècle. Son nom étrange n'était pas dû au hasard puisque certains colons y élevaient des vaches à cette époque... D'abord simple quartier de la commune des Trois-Bourgs, créée en 1837 avec Rivière-Salée et Petit-Bourg, Trois-Ilets devint une commune à part entière en 1849.

Quartiers

Le bourg des Trois-Îlets. La commune des Trois-Ilets peut se targuer d'être animée durant l'année. Terre de sport, d'associations et de culture, elle propose de nombreuses activités. Le soir venu tout est calme, surtout dans son bourg où vous trouverez seulement quelques rues tranquilles avec des petits restaurants. Pour une vie nocturne plus agitée, optez pour la pointe du Bout où ses restaurants et bars plus nombreux diffusent une douce ambiance festive. A voir aux Trois-Ilets : le bâtiment de l'office de tourisme place Gabriel-Hayot : le 9 mai 1827 y fut célébré le mariage de Léon Papin Dupont, surnommé le « saint homme de Tours », né en 1797 et mort à Tours en 1876. Faites un tour ensuite au marché dans la halle puis sur le port en descendant après l'église. A 5 minutes en voiture, la Savane des Esclaves et le Village de la Poterie font partie des incontournables.

La Pointe-du-Bout. Presqu'île rattachée à la commune des Trois-Ilets, la Pointe-du-Bout est l'un des premiers quartiers touristiques de l'île. Situé juste en face de la capitale administrative, ce secteur constituait un emplacement stratégique et faisait naturellement partie d'un imposant ensemble militaire défensif allant jusqu'aux Anses-d'Arlet. Son objectif était simple : renforcer la protection de la baie des Flamands et celle du Fort Saint-Louis. Aujourd'hui la Pointe-du-Bout héberge une grande partie des hôtels de la Martinique, si bien qu'elle est parfois considérée par certains comme un « parc à touristes ». Il est plus juste de la qualifier de station balnéaire, car l'émulation créée par les boutiques, hôtels, restaurants lui confère une ambiance estivale et dynamique. D'ailleurs, beaucoup de résidents martiniquais fréquentent ce quartier le week-end et durant les vacances scolaires. Le Village Créole a nettement contribué depuis sa création au développement du quartier. Ses petites cases colorées fraîchement construites lui donnent des faux airs de parc d'attractions. On y vient boire un verre ou grignoter un morceau sur l'une de ses nombreuses terrasses.

Une petite marina, un ponton desservi par des navettes maritimes (connexions avec l'Anse-à-l'Âne et Fort-de-France), un golf de 18 trous proche de la côte sauvage du sud-ouest (route des Anses, soit de l'Anse-à-l'Âne au Diamant), de nombreux services regroupés autour des hôtels et quantité d'activités et de loisirs (excursions nautiques, clubs de plongée...) s'y rassemblent.

Non loin de là, la plage de l'Anse-Mitan opère comme une jonction entre la Pointe-du-Bout et le continent, forte de plusieurs paillotes et restaurants les pieds dans le sable. Elle est reliée à Fort-de-France par la mer, notamment grâce aux vedettes Madinina. Sa plage, prisée des écoles et cours de natation, n'est pas la plus idyllique de l'île mais accueillera volontiers un plongeon rafraîchissant.

L'Anse-à-l'Âne. Bien connu pour sa plage et pour son ponton d'où des navettes maritimes partent en direction de la Pointe-du-Bout et Fort-de-France, le petit quartier de l'Anse-à-l'Âne se trouve sur la route des Anses. Offrant une imprenable vue sur la baie de la capitale, les eaux calmes permettent un bain agréable et tout en farniente. Attention cependant à l'affluence et aux familles nombreuses qui l'investissent et la transforment en joyeux brouhaha les week-ends.

Transports

La ligne 1 du réseau de bus SUDLIB dessert la commune des Trois-Ilets via Fonds Mulâtres, La Ferme, l'Anse-à-l'Âne, la Pagerie et Anse-Mitan. Correspondances avec les lignes intercommunales C-D-E.

SUD CARAÏBE

FORÊT VATABLE

Quartier Vatable

✆ 05 96 77 47 27

Peu après la maison de la canne, sur la route qui mène au bourg des Trois-Ilets, la forêt Vatable offre une jolie balade ombragée et familiale pour changer de la plage et découvrir la mangrove. Le long du sentier aménagé (qui fait une boucle d'une heure), vous croiserez un ponton de bois pour ceux qui voudraient tenter de se baigner dans la mangrove, des tables de pique-nique, un amphithéâtre décoré de lave émaillée, et surtout de magnifiques points de vue sur la mangrove et la baie de Fort-de-France. Départ pour des balades en kayak également.

© ISABELLE DREZEN

Les Trois-Îlets.

ÎLET RAMIERS

Petit volcan de type strombolien de quelques centaines de milliers d'années, cet îlet fut rapidement muni d'une pièce d'artillerie et fortifié au point de devenir un dispositif essentiel pour la défense de la baie de Fort-de-France. De 1703 à 1739, plus de 200 canons sont aménagés en Martinique ! Le fortin, simple batterie vers 1728 jusqu'au projet de fortification en 1746, interdit toute intrusion dans la baie, en s'alignant avec la Pointe-des-Nègres. L'Ilet Ramiers (ou Ilet-à-Ramiers) constitue la porte d'entrée de Fort-de-France en venant de la côte Sud et la Pointe-des-Nègres se caractérise comme l'entrée de Fort-de-France en arrivant de la côte Nord Caraïbe. Cet îlet, quasiment imprenable, est niché sur un rocher escarpé. Les assaillants ne pouvaient l'aborder que par un seul endroit : un débarcadère protégé par un corps de garde. Au sommet se trouve un plateau plat – uniquement accessible par une échelle à 70 pieds au-dessus de la mer – composé de trois batteries côtières, d'un logement pour les militaires et d'un magasin à poudre ; plusieurs de ces bâtiments sont classés monuments historiques. Le rocher joua un rôle défensif jusqu'en 1876 puis servit de lazaret et d'hôpital militaire pendant de brèves périodes en complément du fortin de la Pointe-du-Bout. Centre de repos militaire dans les années 1960, cet îlet de 3 hectares est aujourd'hui un site protégé par le conservatoire du littoral pour sa flore et sa faune, en particulier les iguanes des petites Antilles, espèce endémique. Il est interdit d'y pénétrer.

MAISON DE LA CANNE

Sur la D7, en direction de Rivière-Salée.

✆ 05 96 68 32 04

Mardi à jeudi 8h30-17h30, vendredi 8h30-12h, samedi 8h30-12h et 14h-17h, dimanche 9h-17h. Adulte 3 €, enfant 0,75 €.

Installée dans les bâtiments rénovés de l'ancienne distillerie de Vatable aux Trois-Ilets, la Maison de la Canne propose un large panorama des multiples et complexes rapports qui se sont établis entre : une terre, une plante, un peuple. Le site relate les grandes lignes de l'histoire de la canne à sucre (*Saccharum officinarum*, une plante de la famille des graminées), de la machine à vapeur, du moulin au navire négrier, jusqu'à la coupe de la canne vers 1900. A travers des documents, des maquettes et des gravures d'époque, plus de trois siècles d'économie sucrière depuis la fin du XVIIe jusqu'au XXe siècle en Martinique sont présentés. L'occasion de revenir sur ce grand roseau originaire d'Asie qui a très tôt intéressé les cultivateurs pour sa capacité à emmagasiner dans sa tige, via le processus de la photosynthèse, le saccharose. Une fois récoltée puis broyée dans de grands moulins, la canne donne un liquide, le vesou, que l'on transformera en sucre après cristallisation, ou en rhum après distillation. De la plantation de la canne à la fabrication du rhum, en passant par l'extraction du sucre, toutes les étapes sont fidèlement décrites. L'histoire de la canne est aussi directement liée à celle de la colonisation et de l'esclavage : particulièrement exigeante en main-d'œuvre, la culture de la canne dans les colonies entraînera en Martinique la déportation massive de populations d'Afrique pour parvenir à couvrir les besoins dans les exploitations. Ne partez pas sans avoir lu le *Code noir*.

SUD CARAÏBE

LE MUSÉE DE LA MER

village de la poterie
✆ 05 96 69 70 98
Ouvert 7j/7 de 9h à 18h. Entrée : adulte 5 €, enfant 3 €.

C'est d'une passion poursuivie depuis l'enfance et de nombreuses années de collection qu'est né ce musée du Monde marin, créé par Mickael Tosato. Pendant des années, Mickael ne cesse d'enrichir sa collection, qu'il expose au sein de l'hôtel familial l'Ecrin bleu au Diamant. Sa passion pour les coquillages, Mickael l'a depuis sa plus tendre enfance : dès l'âge de quatre ans, il s'est mis à collectionner les coquillages, notamment les lambis. Il y a quelques années, il a dû quitter la Martinique et a ainsi laissé les rênes à son frère Fabien pour faire partager cette fabuleuse collection. C'est début 2018 que Fabien installe ce lieu unique dédié à la mer et ses habitants, au village de la poterie. Plus de 2 000 espèces différentes, dont 700 originaires des seules Antilles, y sont référencées sur 250 mètres carrés d'exposition, dans un lieu qui met l'accent sur une mise en scène des plus soignées.

Découvrez-y la grande variété de coquillages, étoiles de mer, oursins, crustacés, mais aussi requins et mâchoires de requins naturalisés (mako, citron, marteau...) des côtes caraïbes, sans oublier une série impressionnante de rostres de marlin bleu et de poissons scies. Les coquillages sont classés par familles. Un peu plus loin, une superbe galerie des poissons complète votre visite. Une belle balade à la découverte de ce monde du silence. Terminez votre visite par un passage par la boutique pour vous offrir un joli souvenir parmi les coquillages, étoiles de mer et autres merveilles des eaux profondes.

MUSÉE DE LA PAGERIE

Quartier Pagerie
✆ 05 96 68 38 34
Ouvert du mardi au samedi de 9h à 16h. Adulte 5 €. Enfant 1,50 €.

Berceau de l'Impératrice Joséphine, cette ancienne sucrerie (XVIIIe siècle) est un lieu de mémoire dont on vous recommande vivement la visite. D'abord pour le site naturel qui lui sert d'écrin : un très beau jardin où butinent des colibris... Ensuite pour la balade historique qu'il propose au gré des lettres, souvenirs et objets rares d'époque, mobilier ancien ayant appartenu à Joséphine. Sous la conduite d'un guide, vous découvrez le destin de Marie-Joseph-Rose de Tascher de la Pagerie (1763-1814), qui épousa, le 9 mars 1796, Napoléon Bonaparte (1769-1821).

PÉPINIÈRE CHÂTEAU GAILLARD

Domaine Château Gaillard, Route des Trois-ilets
✆ 05 96 68 15 68
www.domainechateaugaillard.fr
Ouvert tous les jours de 9h à 18h.

Avec plus de 1 500 variétés de plantes, cette pépinière est l'une des plus grandes de l'île. On y trouve de tout : des arbres fruitiers, des agrumes, des plantes vertes, à fleurs, aromatiques, aquatiques, grasses, dépolluantes, des cactus. Les plants, vendus en pots, sont destinés aux professionnels et aux particuliers. Pour toute question, l'équipe de spécialistes est là pour vous aider à planter et entretenir au mieux vos progénitures végétales.

© JCH DUSANTER

La Pointe du Bout vue du ciel, Les Trois-îlets.

© CHÂTEAU GAILLARD

© CHÂTEAU GAILLARD

DOMAINE CHÂTEAU GAILLARD

Route des Trois-Ilets ✆ 05 96 68 15 68
www.domainechateaugaillard.fr
Ouvert 7j/7 de 9h à 18h. Entrée gratuite. Instagram : @domainechateaugaillard

Ici, on trouve la plus grande pépinière de Martinique, mais aussi des boutiques (artisanat d'art et prêt-à-porter, bouquinerie, fleuriste, torréfacteur de café), des services (agence de voyages, location de voitures, expert immobilier, agence de communication, école de pilotes de drones, orthoptiste, ostéopathe, masseuse, clinique du cheveu), des activités ludiques (escape game, salle de sport, une base de loisirs avec wakepark, hydroclimb) et aussi des commerces de bouche (restaurant culinaire local, burgers maison, espace d'œnologie, chocolatier…).

© CHÂTEAU GAILLARD

© CHÂTEAU GAILLARD

PLAGE DU BAKOUA

En face de l'embarcadère pour Fort-de-France, à la Pointe du Bout, longez le petit chemin. La plage publique est sur votre droite.

La petite plage du Bakoua se niche dans une anse calme de la Pointe-du-Bout. C'est un lieu privilégié pour se faire une journée de douceur, tranquillement installé sur le bar à pilotis, le fameux Coco Bar, surplombant une eau turquoise, à ne surtout pas manquer à l'hôtel Bakoua.

Il arrive que cette plage ne soit plus accessible au public et soit réservée uniquement aux clients de l'hôtel. Longez alors le chemin à l'opposé du Coco Bar : plusieurs petites anses ombragées et publiques vous tendent les bras ! Une petite épave est même cachée au fond des eaux.

BUREAU D'INFORMATION TOURISTIQUE

Place Gabriel Hayot
✆ 05 96 28 09 99
www.trois-ilets.com

Ouvert du lundi au vendredi de 8h à 13h et de 14h à 17h, le samedi de 9h à 13h.

Sur la place du bourg, le bureau d'information touristique vous propose de multiples informations sur les événements aux Trois-Ilets, mais aussi les offres de logement, les randonnées, les horaires des bus, les activités proposées, etc... C'est une mine d'informations pour tout visiteur qui souhaiterait organiser son séjour. Rendez-vous également sur le site Internet martinique.org qui propose de nombreuses brochures d'information téléchargeables.

LA SAVANE DES ESCLAVES

Quartier La Ferme ✆ 05 96 68 33 91
www.lasavanedesesclaves.fr

Du lundi au samedi de 9h à 18h, dimanche 9h-13h. Tarifs : adulte 12 €, senior 11 €, jeune 8 € et enfant (3-12 ans) 5 €.

Située dans un parc de 3 hectares en lisière de forêt, la Savane des Esclaves a été créée par Gilbert Larose, un Martiniquais passionné par l'histoire de son île qui voulait faire connaître le mode de vie, les savoirs et les traditions de ses ancêtres. Le village Antan Lontan ne cesse d'évoluer au fil des années : construction d'un village Kalinago dédié au mode de vie des Amérindiens avant l'arrivée des Européens, création d'un musée, d'une place de l'Esclave Romain, programmation d'ateliers (fabrication et vente de cassaves, de baton kako...). A ne pas manquer.

LE MANTOU, VISITE DE LA MANGROVE

Place Paul-Thevenard
✆ 05 96 68 39 19
www.decouverte-martinique.fr

Départs tous les jours du bourg des Trois-Ilets de 9h30 à 12h ou de 14h30 à 17h. Tarif : 35 € (20 € enfant 3-12 ans).

Une excursion agréable à faire en famille. Vous embarquez à bord d'une yole aménagée pour découvrir la mangrove des Trois-Ilets et de Rivière-Salée, flâner au milieu des palétuviers et rencontrer les crabes « mantous »... Un guide professionnel vous explique tout ce qu'il y a à savoir sur la faune et la flore. Un pot et une petite collation vous sont servis à bord. La durée de l'excursion est de 2h30. Réservation vivement conseillée sur place ou par téléphone.

LE VILLAGE DE LA POTERIE ★★★

Route des Trois-Îlets
✆ 05 96 68 24 64
www.poterie-village.fr

Le Village de la Poterie vous accueille tous les jours de 9h30 à 18h, le dimanche de 10h à 13h.

Osez emprunter le chemin carrossable en brique rouge et vous débarquerez dans une autre époque, celle d'un village à taille humaine où œuvrent des dizaines d'hommes et de femmes. Le Village de la Poterie est un authentique village, autrefois habité, un lieu unique qui rassemble en un même site 45 ateliers et métiers différents : une briqueterie et des artisans potiers depuis le XVIIIe siècle, des créateurs (mobilier, mode, déco, savons...), des artistes (bijoutiers, peintres), des boutiques de souvenirs et de produits locaux (chocolats) et quelques restaurants.

AVIS

Village créole, Pointe-du-Bout
✆ 05 96 42 11 00
www.avis-antilles.fr

Ouvert de 7h30 à 12h et de 15h30 à 18h. Le dimanche de 8h à 12h.

De renommée mondiale dans la location de voitures, Avis propose un choix varié de véhicules, tous climatisés, de la petite voiture économique au 4x4 familial 7 places, en passant par les berlines, les cabriolets et les véhicules tout-terrain ! Une belle nouveauté, la gamme Prestige, où l'on vous propose la très classe Jaguar ou encore la toute nouvelle Evogue cabriolet de chez Range Rover... La livraison est possible dans tous les points de l'île. Une équipe accueillante et un service de qualité pour répondre à tous vos besoins.

HABITATION DESROSIERS €€

17 rue du Dauphin ✆ 05 96 68 33 87
www.habitationdesrosiers.com

A partir de 85 € la nuit pour le studio. Climatisation. Cuisine équipée. Accessible aux personnes à mobilité réduite.

Ce charmant boutique-hôtel est composé d'appartements entièrement rénovés, avec literies neuves, décoration intérieure et terrasses embellies. Les appartements (4 T2 pour 2 à 4 personnes, 1 studio pour 2 personnes et un duplex de 55 m² avec 2 terrasses), clairs et ventilés par les alizés, sont tout confort et tout équipés. Sandrine et Cyril, les propriétaires qui connaissent l'île sur le bout des doigts, vous conseilleront pour les excursions et visites. La plage de l'Anse-à-l'Âne est à 5 minutes à pied. Un excellent rapport qualité-prix. Location de voitures.

SUDLIB

www.sudlib.fr

Voyage à l'unité à partir de 1,50 € urbain et interurbain 2,10 €. Carte sans contact rechargeable à volonté.

Avec le réseau SudLib, voyagez dans tout le sud de l'île. Créé en janvier 2016, le réseau SudLib est chargé d'organiser tous les transports à l'échelle du territoire, tant le transport routier de voyageurs que le transport maritime. 1 700 000 passagers annuels voyagent sur ce réseau, dont 7 500 élèves chaque jour. Les lignes intercommunales desservent les voyageurs, du Marin à Sainte-Anne, et du François aux Trois-Îlets. Les lignes locales, elles, desservent le bourg et chacune des communes alentour : les Anses d'Arlet, Rivière-Salée et le Diamant.

VEDETTES TROPICALES

✆ 05 96 63 06 46

www.vedettestropicales.com

Horaires du lundi au dimanche de 5h30 à 22h30. A partir de 5 € l'aller simple, 7 € l'aller-retour.

Depuis 2014, les Vedettes Tropicales assurent des liaisons maritimes régulières entre les Trois-Ilets et Fort-de-France. Une excellente alternative pour éviter les désagréments des embouteillages pour se rendre jusque dans la capitale. Les départs se font depuis le bourg, l'Anse Mitan, la Pointe du Bout et l'Anse-à-l'Ane. En moins de vingt minutes, vous vous retrouvez au cœur de la capitale foyalaise, au pied du Fort Saint-Louis. Départs également vers et depuis Case-Pilote. Se renseigner sur le site Internet pour connaître les horaires.

SUN BOAT CARAIBES

Marina Pointe du bout

✆ 06 96 10 70 01

www.sunboatcaraibes.fr

Sun Boat Caraïbes propose à la location ses bateaux à moteur pour découvrir la Martinique côté Caraïbes en demi-journée ou journée complète, au départ de la Pointe du Bout aux Trois-Ilets. On fait son choix parmi la flotte de 8 bateaux dont 7 disponibles pour la location avec permis et un mini-yacht avec skipper qui offre la possibilité de faire divers parcours. Possibilité également de louer pour des événements : anniversaire, enterrement de vie de garçon ou de jeune fille, séminaires d'affaires. Possibilité également de passer une nuit à bord.

DOMAINE DE L'ANSE RAMIER €

Lieu dit Le Chalet ✆ 05 96 68 77 47

www.anseramier.com

A partir de 71 € par nuit pour 2 personnes selon la saison. Wifi gratuit.

Implanté dans une forêt tropicale luxuriante bordée d'une plage, le Domaine de l'Anse Ramier propose 6 studios et 2 chambres offrant une vue panoramique sur la mer des Caraïbes. Corossol, Sapotille, Maracudja et Cannelle : à vous de choisir le logement qui vous convient le mieux. Dans tous les cas, le confort est au rendez-vous et la tranquillité y est assurée. Un chemin ombragé mène à une plage, peu fréquentée, d'où partent d'autres sentiers de randonnée pour découvrir la côte sud caraïbe de l'île, après une petite marche de 15 minutes.

HÔTEL BAMBOU €€

Quartier Anse-Mitan

✆ 05 96 66 01 39

www.hotelbambou.fr

Chambre double à partir de 191 €. Petit déjeuner buffet et dîner buffet inclus.

Tout près de la plage de l'Anse-Mitan, l'Hôtel Bambou offre un très bon rapport qualité-prix dans ce quartier touristique : bungalows colorés en bois, jardin créole et décoration authentique. Les 193 chambres avec vue sur jardin distillent un air de vacances : terre de rhum, îles aux fleurs, mer des Caraïbes, promenade tropicale, culture créole. Labellisé Clef Verte grâce à son implication en faveur de l'environnement, l'hôtel abrite 22 chambres équipées pour recevoir les personnes en situation de handicap. Personnel avenant. Piscine magnifique.

LE PANORAMIC €€

15, rue du Dauphin

✆ 05 96 68 78 48

www.lepanoramic.fr

Chambre double à partir de 160 €. Petit déjeuner : 12 €.

Vue imprenable sur la baie de Fort-de-France, mer bleue, jardin exotique, sable fin… L'Hôtel Panoramic est un endroit de rêve récemment rénové avec un réel engagement pour le développement durable. Le bois, notamment le mahogany, est omniprésent dans toutes les mini-suites de 36 m² qui disposent d'une terrasse avec vue mer. La nouvelle décoration décline les couleurs chatoyantes des Antilles dans un style résolument contemporain tout en respectant les codes de l'habitat traditionnel martiniquais. Raffinement, charme et accueil impeccable sont ici les maîtres mots.

© LA PAGERIE

© LA PAGERIE

© LA PAGERIE

HÔTEL LA PAGERIE €€€

La Pointe-du-Bout ✆ 05 96 66 05 30
www.hotel-lapagerie.com

Chambre double à partir de 140 € (basse saison) hors petit-déjeuner. Très bon rapport qualité-prix. Bar. Piscine.

A l'entrée de la Pointe-du-Bout, cet hôtel intégralement rénové abrite 97 chambres spacieuses avec un balcon donnant, pour majorité d'entre elles, sur un jardin luxuriant ; deux suites au style contemporain cosy et chaleureux. On adore son bar les pieds dans l'eau qui s'ouvre sur la piscine de 220 m². La décoration allie modernité confort, matériaux nobles, avec des meubles d'inspiration tropicale. Un restaurant semi-gastronomique sur place, le Pitaya. Le buffet du petit déj est riche et varié. Une adresse proche de tout qui allie tranquillité et convivialité.

© LA PAGERIE

© LA PAGERIE

HÔTEL BAKOUA MARTINIQUE €€€

Pointe-du-Bout
✆ 05 96 66 02 02
www.hotel-bakoua.fr
Chambre double à partir de 150 € la nuit en basse saison.

Dans un écrin le long d'une plage de sable fin, au cœur de la station balnéaire des Trois Ilets, entouré de jardins luxuriants. Son impressionnante architecture coloniale est renforcée par la vue majestueuse sur la mer des Caraïbes. 138 chambres et 6 suites spacieuses et élégantes vous accueillent pour un séjour détente. Le restaurant La Sirène se dresse face à la mer. Une piscine à débordement offre une vue admirable sur l'horizon ; l'accès à la plage est direct. Deux bars : le Coco Bar placé sur un ponton, les pieds dans l'eau, et le Gommier près de la piscine.

© HOTEL BAKOUA

© HOTEL BAKOUA

TI' GRAIN €€

Allée Alezan
✆ 06 96 80 71 65
https://tigrain.com/
Adultes seulement. A partir de 90 € la nuit avec petit déjeuner (3 nuits minimum).

Sylvie et William viennent de lancer leur concept de chambres d'hôtes (assez peu répandu dans l'île) dans leur jolie maison avec piscine située sur les hauteurs de l'Anse à l'Ane. Ils y ont aménagé deux chambres, Grain de café et Grain de sable, dotées chacune d'une salle de bains et de toilettes indépendantes, décorées avec beaucoup de goût. Le matin, un petit déjeuner bien garni, concocté par William, est servi au bord de la piscine. Les deux hôtes sont aux petits soins et connaissent bien les recoins de l'île. Vacances de rêve garanties !

TANGARANE €€€

Rue du Balisier
www.tangarane.com/fr
Deux villas de 3 chambres + studio indépendant ; des appartements panoramiques avec vue mer de 2 à 3 chambres.

Une nouvelle résidence extraordinairement luxueuse surplombant la baie de Fort-de-France. La vue est à couper le souffle ! Deux villas et des appartements de très haut standing conçus dans un style créole chic et contemporain. La décoration est élégante et épurée, les équipements sont d'excellent niveau (piscine avec vue mer, mobilier de jardin design). Les deux villas (236 m^2) disposent de 3 chambres et d'un studio indépendant de 50 m^2 accessible par la terrasse. Un véritable havre de paix offrant des prestations sur mesure à une clientèle exigeante. Magnifique !

MADIKEYS €€

Domaine du Fort d'Alet
✆ +596 696 26 15 80
www.madikeys.com
Ouvert 24h/24.

Une jeune équipe qui sélectionne des locations de vacances situées principalement dans le sud de l'île, dans le triangle Trois-Ilets, Anses-d'Arlet, Diamant. De l'appartement les pieds dans l'eau à la villa de luxe, les logements sont haut de gamme et les services personnalisés en fonction de vos envies. On peut vous remplir votre frigo avant votre arrivée, réserver votre voiture, des restaurants, des activités de loisirs… Une vraie conciergerie qui répond à vos besoins lors de votre séjour en Martinique pour vous faire vivre de belles expériences.

© SUITE VILLA

LA SUITE VILLA €€€

Route du Fort d'Alet
✆ 05 96 59 88 00
www.la-suite-villa.com
A partir de 240 € la nuit pour la suite.

L'une des plus belles adresses de la Martinique ! Sur les hauteurs des Trois-Ilets, cet hôtel d'exception surplombe la baie de Fort-de-France. Les 6 suites et 9 villas indépendantes bénéficient d'un bain bouillonnant privatif. Ici, on vise le haut de gamme : cadre privilégié, matériaux nobles, équipements de standing, espace farniente avec piscine à débordement… A noter la délicieuse carte métissée du restaurant Le Zandoli et le splendide spa L'Occitane en Provence. A noter : des offres «séjours» incluant la nuit et un soin, ou la nuit et un repas.

© SUITE VILLA

© SUITE VILLA

VILLAGE CRÉOLE €€

Pointe-du-Bout
✆ 05 96 66 03 19
www.village-creole.com
Accueil du lundi au vendredi 8h-17h et le week-end 8h-16h. Location du studio au 3-pièces.

© LE VILLAGE CRÉOLE

Au cœur du Village Créole, la résidence se compose de 22 appartements entièrement rénovés, à la décoration colorée (vert anis, taupe, marron, bleu outremer...) qui contraste avec le bois. Les hébergements peuvent accueillir de 2 à 6 personnes. Chaque logement dispose d'une cuisine équipée, de la climatisation et d'une télévision. Le linge de maison et de toilette est fourni. Nombreux services : ménage, lit bébé... Une belle situation géographique : la résidence est toute proche des commerces, plages, animations et de la marina de la Pointe du Bout.

MADIN'CONCIERGERIE €€

✆ +590 690 47 13 09

Amoureuse de son île, Hedwige vient de lancer son agence de conciergerie dans le sud spécialisée dans la prestation de services et le gardiennage. De l'entretien du logement à l'accueil des locataires en passant par les conseils déco, Hedwige s'occupe de tout ! Du studio cosy à la maison créole, elle propose des logements atypiques de charme. Comme elle connaît la Martinique comme sa poche, c'est à elle qu'il faut s'adresser si vous êtes en quête d'un bon plan ou d'une adresse confidentielle. Elle travaille avec un réseau de prestataires bien achalandé.

RÉSIDENCE KAOUANNE €€

9 rue des Amandiers
✆ +596 596 66 03 19
www.kaouanne.com

Dernière-née des résidences iléennes, Kaouanne offre 13 logements avec terrasse privative qui font face à la mer, à quelques pas de la plage de l'Anse Mitan et de l'animation du Village Créole. Car c'est bien là l'atout numéro un de Kaouanne : sa vue mer exceptionnelle sur la baie des Trois-Ilets et de Fort-de-France. Véritable havre de paix niché au bout d'une impasse, la résidence hôtelière abrite des studios pour 2 personnes, des T2 tout confort (1 à 4 personnes), et des T2 privilège vue mer. Les logements sont entièrement équipés.

VILLA CANOPÉE €€

2 lot Privilege Qtier Passe Mon Temps
✆ 0768604310
https://www.villa-canopee.com
2 appartements classés 4 étoiles par Atout France. Wifi, TV écran plat (TNT et Netflix), enceinte connectée Alexa.

Prenez un peu de hauteur dans un quartier coquet de l'Anse-à-l'Âne et profitez d'une vue magnifique sur la mer. Vos hôtes, Evelyne et Jean Luc, vous accueillent dans un nid douillet composé de 2 appartements flambant neufs, situés en rez-de-jardin. Ils sont aménagés pour 2 personnes. Le confort est impeccable, la décoration, raffinée, et les espaces bénéficient de beaux volumes (86 m² avec la terrasse extérieure). On apprécie le spa privatif aménagé sur la terrasse. Une attention fort appréciée pour se ressourcer avec vue sur la mer !

AL DENTE €

Face au Casino
✆ 05 96 38 71 23
Ouvert tous les jours de 10h à minuit. A partir de 5,50 €.

Avec ses couleurs vives, impossible de rater Al Dente ! Le snack est sur la route en allant sur la Pointe du Bout. Il vous propose, sur place ou à emporter, différentes spécialités telles que des pâtes fraîches cuisinées minute, des plats créoles, des paninis, mais surtout ses fameuses pizzas, copieuses et savoureuses. Un bon concept pour un déjeuner sur le pouce avant d'aller à la plage de l'Anse Mitan à côté ou pour un petit creux en milieu de journée, et même le soir si le temps vous manque. Produits frais et de qualité. Accueil sympathique.

CARAYOU HOTEL & SPA €€

La Pointe-du-Bout
✆ 05 96 66 04 04
www.hotel-carayou.com

Chambre double à partir de 152 €. Piscine extérieure. Accessible aux personnes à mobilité réduite. Sports nautiques.

Avec son spa, son restaurant le Boucaut aux spécialités antillaises et internationales, et son bar la Paillote à l'ambiance boisée situé au-dessus de la piscine, l'hôtel Carayou promet un séjour des plus agréables. Les 133 chambres climatisées (à la décoration turquoise et chocolat) disposent d'un balcon ou d'une terrasse. La plage est très agréable car bien protégée de la baie. Quant aux passionnés de glisse, ils seront aux anges avec planche à voile, kitesurf, kayak, stand-up paddle et scooter des mers. Animations en journée et spectacles en soirée.

LA MARINE €€

Marina Pointe-du-Bout
✆ 05 96 66 02 32
www.restaurantlamarine.eu

Ouvert tous les jours de 10h à 23h. Excellent rapport qualité-prix.

Idéalement situées sur les quais de la marina de la Pointe du Bout, les terrasses de ce restaurant-pizzeria-bar-glacier ont pignon sur rue et accueillent une clientèle fidèle et hétéroclite. La carte est riche et variée : grillades, poissons ou viandes, nombreuses salades, pâtes, pizzas, plat du jour et plateau de fruits de mer. L'accueil avenant et l'addition convenable renforcent l'enseigne… Le petit plus : la Marine propose une animation musicale tous les samedis soir. C'est une institution à la marina qui perdure grâce à sa régularité exemplaire !

© LA MARINE

© LA MARINE

BEACH BREAK €€

20 rue des Bougainvilliers
✆ 05 96 48 55 58

Ouvert de 8h à 19h du mardi au samedi, dimanche de 8h à 13h.

Tenu par un sympathique couple du sud-ouest de l'Hexagone, Beach Break est un petit point chaud qui propose, du petit-déjeuner au goûter, viennoiseries, sandwiches, salades, pâtisseries et glaces. On peut manger sur place sur l'une des deux tables en extérieur. Les propriétaires tiennent également la boutique de presse, tabac, jeux de loterie à gratter, souvenirs et articles de plage à deux pas de la plage de l'Anse Mitan. Une adresse sans prétention pour se restaurer sur le pouce sans se ruiner ou dénicher un article de plage.

LA CASE À GLACES €

Plage de l'Anse-à-l'Ane
✆ 06 96 45 58 64

Ouvert toute l'année 7j/7. Repas à partir de 10 € et 15 €.

Face au départ de la navette maritime qui mène à Fort-de-France, la Case à Glaces est bien plus qu'un glacier : c'est un petit restaurant de plage aux couleurs acidulées où l'on aime venir se prélasser les pieds dans l'eau avec une vue imprenable sur la baie de Fort-de-France. A la carte, des menus créoles, des langoustes mais également des viandes et poissons. Tous les produits sont frais, de saison et faits maison. Quand le soleil tape trop fort, les brumisateurs apportent leur petite dose de fraîcheur bienvenue ! L'accueil y est convivial.

CRÊPERIE LES PETITES ENVIES €

Village de la Poterie
✆ 06 96 71 08 83

Ouvert le mercredi de 9h à 18h et du jeudi au dimanche de 11h à 18h. Fermé lundi et mardi.

Au cœur du village de la poterie, voici une nouvelle halte gourmande bienvenue entre deux séances de bronzage. La spécialité des Petites Envies, en plus d'un service souriant et sympathique ? Les crêpes ! Il y a les classiques (sucre, confiture…) mais surtout les spéciales : « Promenade aux Iles » (doucelette avec glace vanille pays), la Suzette flambée au Shrubb, la Mazurka Créole (ananas rôti, rhum vieux) ou encore la Biguine (bananes flambées au rhum vieux, sauce chocolat).

O'COUP D'CŒUR €

Village de la Poterie ✆ 05 96 69 70 32
www.ocoupdcoeur.com
Ouvert tous les jours de 9h30 à 18h (15h le dimanche).

Dans ce salon de thé aux vitrines alléchantes, on vient se régaler des pâtisseries revisitées par Franck et Anaïs, élaborées essentiellement à partir de produits locaux : tartelette goyave-fraise, Paris Poterie, tarte aux fraises et basilic-citron. Le tout accompagné d'un p'tit café, thé, jus de fruits pressés, ou d'une boule de glace artisanale. On trouve aussi de très bons pains spéciaux et des viennoiseries. Le midi, la terrasse ombragée est l'endroit rêvé pour une pause déjeuner en douceur (sandwichs, salades, pizzas, quiches…). Un vrai coup de cœur assuré !

SNACK GWOZILÉ €

Front de mer du bourg
✆ 06 96 804 450

Situé sur dans le bourg, face à l'embarcadère, le snack Gwozilé propose, dans une ambiance bon enfant, des paninis, des croque-monsieur, des frites… Mais la spécialité du lieu, c'est incontestablement le bokit. Cette boule de pâte frite, que l'on retrouve dans de nombreuses îles caribéennes, est garnie de viande et de fromage. Le snack décline des bokits au jambon, au poulet, à la morue… Bref, il y en a pour tous les goûts ! Chaque dernier vendredi du mois, on organise une séance de cinéma en plein air. Un lieu sympathique sans prétention.

CRÉOLE AVENUE €

Rue des anthuriums
✆ 0696 92 51 46
Ouvert du mercredi au dimanche, de 12h à 22h. Buffet à volonté en semaine 20 €, le week-end 25 € hors boissons.

Vous recherchez un resto pour découvrir la cuisine créole ? Vous êtes au bon endroit ! Dans une salle aérée, largement ouverte, le Créole Avenue offre toutes les déclinaisons de la cuisine martiniquaise sous la forme d'un buffet à volonté : accras, boudins, légumes «péyi», fricassée de crevettes, colombo de poulet, ou ragoût de porc combleront à coup sûr les appétits d'ogres ! Quelques pâtisseries créoles concluent le repas. Snacking à toute heure (bokit, pizza, burger) à déguster sur place ou à emporter. Pratique : grand parking sur place.

HAVANA CAFÉ €

Rue Chacha
✆ 05 96 66 15 93
www.havana-cafe-martinique.fr
Ouvert tous les jours dc 9h à 23h30 (le week-end jusqu'à minuit).

Salades, galettes salées ou sucrées, burgers, fajitas, grillades, sans oublier l'excellent tartare de poisson (la spécialité de la maison !) et les coupes glacées à tomber, la carte de ce restaurant-crêperie-glacier est généreuse. Tout comme les assiettes ! Le Havana Café est le seul établissement de la Pointe du Bout à assurer des créneaux horaires aussi souples. Et toujours avec le sourire ! L'adresse est belle, le service efficace et les gourmands sont ravis : très belle carte de desserts maison. Excellent rapport qualité-prix.

© HAVANA CAFE

© HAVANA CAFÉ

SUD CARAÏBE

MANGORESTO €

Forêt Râteau

06 96 18 81 98

Ouvert tous les jours de 10h à 23h.

Dans l'enceinte du parc Mangofil, voici MangoResto, un restaurant niché dans un cadre naturel exceptionnel. On adore la terrasse en bois qui s'ouvre largement sur la forêt et sa végétation très dense. La cuisine est simple et composée de pizzas, burgers (viande ou poisson), salades. Un plat du jour complète la carte. Agréable pause snack pour grignoter un croque-monsieur, un panini ou un hot-dog. Le site est très prisé pour l'organisation d'anniversaires ou autres événements privés. Des soirées musicales sont régulièrement organisées le samedi.

LE HANGAR €€

Marina de la Pointe du Bout

05 96 635 217

Ouvert tous les jours de 9h à 22h30. Fermé lundi et mardi.

Sur la Marina de la Pointe du Bout, ce nouveau restaurant fraîchement ouvert est déjà connu pour son accueil et son ambiance fort sympathiques. La carte des cocktails est alléchante. Côté cuisine, c'est simple, frais et 100 % maison. La carte fait la part belle aux produits locaux : tartare de marlin à la tahitienne avec frites de patate douce, carpaccio de bœuf, belles pièces de boucher, thon mi-cuit, mais aussi la planche du hangar à partager avec son assortiment de charcuteries et de fromages. Une bonne adresse que l'on recommande !

LE RESTAURANT PRISCA MORJON - TRAITEUR GOURMAND €

Place Paul Thévenard

+596 696 01 71 31

www.macuisinecreole.fr

Ouvert mardi, mercredi, jeudi : 8h-14h30. Vendredi : 8h30-21h30.

Au bourg, la blogueuse culinaire Prisca Morjon propose ses bons plats péyi élaborés à partir de produits locaux. Encas sur le pouce (féroce d'avocat, accras, tartelettes), sandwichs chauds, spécialités créoles (bœuf bourguignon créole, fricassée de ouassous aux petits légumes, dombrés de lambi...) dont Prisca a le secret : venez découvrir les talents de cette talentueuse chef autodidacte. On peut manger sur place ou emporter sa commande. Petit-déjeuner dès 8h. Une valeur sûre !

KREOL K FE €€

Plage de l'anse à l'ane

ANSE A L ANE

0596655531

Ouvert de 10h à 19h tous les jours (23h vendredi et samedi).

Dans un décor de rêve paradisiaque, lové au cœur de la plage de l'Anse à l'Ane, les pieds dans l'eau, le Kreol K fé vous accueille dans la bonne humeur pour vous faire découvrir sa carte aux accents créoles. Au menu : féroce d'avocat, accras, pêche du jour et bien d'autres spécialités alléchantes. Le tout avec le sourire et un accueil des plus conviviaux ! On vient ici aussi pour admirer le coucher du soleil (l'Anse à l'Ane est l'un des plus beaux spots romantiques) en sirotant un ti-punch. Soirée plancha chaque premier samedi du mois.

LE CLUB DU GOLF €€

Golf des Trois-Ilets

05 96 48 20 84

www.clubdugolf.com

Ouvert tous les jours 10h-18h, restauration 12h-14h30, vendredi et samedi soir 19h-21h30. Brunch le dimanche 9h-12h.

Cadre agréable et décontracté, rendez-vous des golfeurs, mais aussi des amateurs de bonne cuisine, le restaurant du Golf est un endroit que l'on vous conseille. La salle s'ouvre sur une terrasse semi-couverte. Un coin lounge face au bar vous attend pour l'apéritif. Le chef aime travailler les produits frais et mêle spécialités créoles et cuisine traditionnelle. L'accueil sympathique est des plus appréciés. Une pause toujours agréable dans un cadre zen et verdoyant, avec pour supplément d'âme une vue imprenable sur la baie de Fort-de-France.

LA MANDOLINE €€

village de la poterie

0596694838

www.la-mandoline.fr

Ouvert du mardi au jeudi de 12h à 15h et vendredi et samedi de 12h à 14h et de 19h30 à 22h.

Dans un écrin de verdure, la Mandoline distille sa douceur de vivre au cœur du village de la Poterie. Ici le temps semble s'être arrêté. Mais pas le service ! La carte change régulièrement, les produits sont frais, locaux et sélectionnés avec soin. La cuisine est une fusion créole et française qui marie à merveille les légumes péyi, méditerranéens et les épices créoles. Dans cette carte métissée, cohabitent foie gras maison, croustillant de crevettes à la citronnelle, magret de canard mariné, panna cotta coco et sauce chocolat, ou encore champagne gourmand.

LE JARDIN DES ENVIES €€

Village de la poterie ✆ 05 96 38 23 32
www.restaurantlejardindesenvies.com

Ouvert lundi, jeudi, vendredi, samedi et dimanche de 11h30 à 14h30. Et vendredi et samedi de 18h30 à 21h30.

Installé en terrasse à la fraîcheur de son carbet et sous les brumisateurs, c'est la pause idéale pour les amateurs de cuisine colorée ! Dans un cadre bucolique et coloré, on déguste un burger de la plantation, une souris d'agneau confite à l'ananas au nom évocateur, « la montagne Pelée ». Pour les amateurs de fruits de mer, nous vous conseillons le plat tendance «coquillages et crustacés». Le soir, la barmaid vous concocte l'un de ses fameux cocktails maison qui vous fera patienter jusqu'au dîner. N'oubliez pas de réserver ! Une très belle adresse.

LE PITAYA €€€

Pointe du Bout
✆ 05 96 66 61 54
www.restaurant-lepitaya.com
Dîner servi tous les jours de 19h à 22h. Label Tourisme & Handicap + marque Qualité Tourisme. Maître Restaurateur.

© LE PITAYA

Le Pitaya est un agréable restaurant niché au cœur de l'hôtel La Pagerie. Il s'ouvre face au jardin intérieur et à la piscine. Ici, vous viendrez découvrir une cuisine métissée à l'image de la Martinique et une carte des mets à tendance bistronomique. Le cadre du restaurant est tropical, l'atmosphère détendue, et les recettes rivalisent d'originalité. On apprécie ce voyage de saveurs dans un cadre enchanteur. Des dîners thématiques sont régulièrement organisés. Suivez leur actualité sur leur page Facebook : @Restaurant.LePitaya.

O'TI ZANDOLI €€

Route du Fort d'Alet
✆ +596 596 59 88 00
Ouvert tous les jours de 12h à 14h et de 19h à 22h. Addition moyenne 40 €.

Un concept bistronomique pensé et créé par le directeur de l'établissement, Nicolas Magie, qui vous propose une expérience culinaire unique en Martinique ! Dans un esprit de convivialité, vous dégustez des plats à partager ainsi que des propositions à la carte. On adore le brasero permettant de saisir les viandes et poissons pour leur apporter un goût unique. La terrasse où l'on savoure un cocktail offre une vue imprenable sur la baie, qui s'illumine lors du coucher du soleil. Un instant magique pour profiter de ce cadre admirable.

PIGNON NOUVELLE VAGUE €€

Anse-à-l'Ane
✆ 05 96 38 30 60
www.pignonnouvellevague.com
Ouvert mardi, jeudi, vendredi, samedi de 12h à 14h et de 19h à 21h30. Ouvert le midi uniquement mercredi et dimanche.

Eddy, le chef, né dans la restauration (sa famille tient le restaurant à côté, le Pignon sur Mer), a œuvré à Paris et à Londres dans de belles maisons, afin de parfaire ses techniques. Le voici de retour au pays pour le plus grand bonheur des épicuriens. La carte est résolument tournée vers la mer. Parmi les spécialités de poissons et de fruits de mer, on vous conseille la salade de lambis au citron vert, selon les arrivages, le délice du pignon ou les ravioles de fruits de mer à la crème de crustacés. Un endroit simple et authentique.

RESTAURANT L'ANNEXE €€

Village créole
✆ 06 96 40 28 22
lannexedestroisilets.zenchef.com
Ouvert tous les jours de midi à minuit. Addition moyenne 25 €.

Située dans l'enceinte du Village Créole, l'Annexe est une valeur sûre, un lieu convivial, dans un esprit bar avec son kiosque central et ses quelques tables décorées dans des tonalités rouge et verte. Mais on y vient surtout pour son concept culinaire atypique : ses grillades sur pierre (viandes ou poissons ou les deux), ainsi qu'un vaste choix de grandes salades, tartines savoureuses et pizzas. A noter : un excellent camembert rôti. C'est frais, simple et bon. Le service est efficace. Des soirées musicales sont régulièrement organisées.

LA SIRÈNE €€

C/O Hôtel Bakoua
✆ 05 96 66 02 02
Ouvert tous les jours midi et soir. Addition moyenne 30/45€. Buffet BBQ tous les dimanches midi à 45 €.

Dans l'enceinte de l'Hôtel Bakoua, cette adresse agréable surplombe la plage et bénéficie d'une vue magnifique sur la baie de Fort-de-France. La cuisine est fraîche et d'inspiration créole. On déguste des grandes salades composées le midi, des poissons et des viandes grillées. Les suggestions se succèdent toute la semaine : lundi colombo de poulet, mardi fricassée de chatrou, mercredi porc à la citronnelle, jeudi brochette de poisson, vendredi curry de marin, samedi blaff de poisson, dimanche fricassée de cabri. Après ça, une sieste sous un parasol s'impose !

SUD CARAÏBE

LE KANO €€

31 rue des Bougainvilliers
✆ 05 96 78 40 33 – www.lekano.fr
Ouvert lundi 16h-23h30, vendredi et samedi 16h-1h30 et dimanche de midi à 23h30. Accessible aux fauteuils roulants.

Un décor de rêve, les pieds dans l'eau. Dans un cadre design qui s'ouvre sur la plage, les tapas sont reines (« souskay » de crevettes au rhum vieux, féroce d'avocat). La carte se scinde entre « Yo Rivé, Sé péché » (pour les poissons) et « Yo pa trouvé pwason » (pour les viandes), sans oublier les desserts maison : la savoureuse tarte maracudja sur sablé manioc ou le traditionnel gâteau de patate douce. Le lieu se prête à merveille aux soirées les plus festives : musiques caribéennes et internationales font monter la température tous les week-ends jusqu'à 2h.

TI CASE €€

19 rue des anthuriums

✆ 05 96 51 20 64

Ouvert tous les jours de 12h à 14h et de 19h à 22h.

Une nouvelle adresse à découvrir ! A l'Anse Mitan, Ti Case vous attend avec son expérience culinaire bistronomique métissée. On y déguste des plats qui sortent des sentiers battus et d'une finesse rare tels que le saumon et son risotto à l'encre de seiche et émulsion de lait de crustacés, le magret de canard, purée de patates douces à l'orange amère, ou encore les brochettes de bœuf mariné façon thaïe. Coup de cœur pour les ravioles de lambi, émulsion curry vert ! Les pizzas (à emporter uniquement) sont divines. On recommande ! Accueil très souriant de Sylvie.

TI TAURUS €€

28 rue des Anthuriums

✆ 05 96 76 33 39

Ouvert 7j/7 de 9h à 22h. Carte avec des plats de 17 € à 35 €.

Situé au bord de la mer, les pieds presque dans le sable, face au ponton de l'Anse Mitan, ce restaurant créole distille une bonne cuisine métissée pleine de saveurs et de couleurs. Laissez-vous tenter par leurs brochettes ou le poisson frais du jour. La carte est à l'ardoise car les produits sont frais ; elle varie donc souvent suivant l'arrivage. Les plats sont copieux. On peut aussi s'arrêter à Ti Taurus pour boire l'un de leurs délicieux cocktails ou une bière locale bien fraîche tout en admirant le coucher de soleil sur la baie.

CARTE BLANCHE BY HAROLD €€€

Domaine Château Gaillard

✆ 05 96 97 43 86

Ouvert mardi et mercredi de 12h à 15h. Jeudi, vendredi et samedi de 12h à 15h et de 19h à 22h30.

Le chef Harold Jeanville et son équipe se sont installés au Domaine Château Gaillard, dans un cadre calme et verdoyant, pour proposer une cuisine locale, originale, réalisée à base de produits frais, souvent bio, venant directement des producteurs locaux. La décoration chic et simple, l'ambiance chaleureuse et surtout la cuisine innovante et savoureuse font de cet établissement un lieu exquis. La carte est créative (plantes aromatiques et médicinales, légumes oubliés...). Un conseil : testez les accords mets et rhums. Pensez à réserver.

LE ZANDOLI €€€

Route du Fort d'Alet

✆ 05 96 59 88 00

www.la-suite-villa.com

Du mercredi au samedi de 19h à 21h30 et le dimanche de 12h à 14h. Accessible aux personnes à mobilité réduite.

Niché sur les hauteurs des Trois-Ilets avec une vue panoramique sur la baie de Fort-de-France, le Zandoli décline une carte originale et raffinée perpétuellement renouvelée, qui fait la part belle aux produits frais le plus souvent locaux. C'est désormais le chef Luidgi Coutépéroumal qui officie en cuisine. Son objectif : sublimer les produits locaux et allier saveurs métissées et mets traditionnels. Belle sélection de vins, notamment bio et nature. Une très belle adresse où il fait bon se rendre en amoureux pour un dîner gourmet en tête-à-tête !

COCCO BELLO

Village créole

✆ 0696 83 90 10

www.coccobello.store

Ouvert lundi, mercredi, jeudi de 15h à 19h, samedi et dimanche de 14h à 19h30. Fermé le mardi.

Un artisan glacier comme on n'en fait plus. Voilà quatre ans que la Martiniquaise Sana Nicolas a repris ce laboratoire à gourmandises spécialisé dans les glaces à l'italienne artisanales. Formée à Bologne en Italie, pour acquérir le tour de main exceptionnel des glaces à l'italienne, elle décline des parfums classiques mais aussi locaux : giraumon, patate douce… et surtout originaux, violette et rose notamment qui font fureur. Nouveauté de Cocco Bello : les Coco gaufres. Mention spéciale pour le parfum vanille sacane, aux amandes caramélisées. A tomber !

LE KANO

31 rue des Bougainvilliers

✆ 05 96 78 40 33

www.lekano.fr

Ouvert du dimanche au jeudi de 17h à minuit et vendredi et samedi de 17h à 2h.

Imaginez un cadre qui mêle design et espace *cosy*… plusieurs petits salons se répartissent et s'ouvrent sur la plage. L'atmosphère de ce lieu porte à la détente et à la bonne humeur pour… siroter un cocktail accompagné de tapas entre amis. A noter une belle carte de rhums vieux d'exception. Le lieu se prête à merveille aux soirées plus festives : musiques caribéennes et du monde font parfois monter la température. Un DJ anime l'ambiance tous les soirs. Petites tapas succulentes et modernes pour égayer vos soirées. Une belle adresse !

© VENUS CREATION

© VENUS CREATION

© 5 OCTOBRE

VENUS CRÉATION

Village créole
✆ 06 96 41 01 68
Tous les jours de 9h30 à 19h30.

Une ravissante boutique de bijoux de créateurs, tenue par la charmante Béatrice de Bruyckere. Passionnée par son métier, elle y déniche des exclusivités de créateurs de bijoux précieux. Des marques incontournables (Redline, Djula, Vanrycke…) ou moins connues… Des bijoux de joaillerie au petit cadeau à prix attractif. Vous trouverez votre bonheur parmi une large sélection pointue, chic, rock, ethnique… de plus de 80 créateurs ; et pourrez dénicher dans cette boutique toutes les tendances portées actuellement par les célébrités ! Inédit en Martinique.

© DJULA

© VENUS CREATION

LE COFFRET

Village de la Poterie
✆ 05 96 51 38 12
www.lecoffret.fr
Ouvert du lundi au samedi de 9h30 à 13h et de 13h30 à 18h, dimanche 10h-13h.

© LE COFFRET

Installée au cœur du village dans un joli petit kiosque vert, rond comme un petit coffret, cette ravissante boutique décline un large choix de bijoux à des prix très raisonnables. Tous les produits présentés sont le plus souvent issus de l'artisanat local ou sont des créations originales du Coffret : le plaisir d'un cadeau unique pour elle et lui. Sandrine, la propriétaire de la boutique, fabrique ses bijoux en céramique raku, une technique d'inspiration japonaise, avec des perles en terre cuite de couleur émaillées par ses soins.

AGUACLARA

Village Créole Pointe du Bout
✆ 06 96 76 49 71
Du mardi au dimanche de 10h30 à 19h30.

Au cœur du village créole, AguaCla est la boutique officielle de la marque éponyme péruvienne. Créée par deux stylistes, Liliana et Jorge Villalobos, AguaClara propose des maillots de bain haute couture pour femmes avec des imprimés inspirés de l'Amazonie et une philosophie éthique : tout est à la main. Maillots 1 pièce, 2 pièces, trikinis, grandes tailles, couvrants ou échancrés, gainants ou push up... : il y en a pour tous les goûts. Belle collection également de sacs et cabas de plage, et de bijoux, pour être la plus belle sur le sable !

ART ET NATURE

Village de la poterie
✆ 06 96 62 59 19
Du lundi au dimanche aux horaires des boutiques du village de la poterie.

Ecarquillez les yeux et découvrez tout un patrimoine géologique martiniquais à travers une étourdissante mosaïque de couleurs offerte par Dame Nature elle-même. 227 sables et plus de 339 couleurs de terre naturelle, tous ramassés exclusivement sur l'île, sont utilisés pour la réalisation de tableaux magnifiques inspirés du patrimoine local. L'artiste, intarissable sur le pays, n'hésitera pas à vous renseigner sur les matières utilisées, mais aussi sur la réalisation des tableaux... des tableaux solides et originaux à rapporter de son périple antillais.

LE BOCAL CONCEPT STORE

Domaine Château Gaillard
✆ 06 75 67 68 67
Ouvert du jeudi au samedi 10h à 18h.

Il s'agit d'un *concept store* consacré aux accessoires de décoration, aux objets du quotidien, de fabrication artisanale, et dans un esprit «caribbean craft». Les créations sont uniques et en série limitée, l'idéal pour des petits cadeaux et les souvenirs originaux à ramener ! Petit mobilier, vaisselle, sacs, bijoux, céramique, macramé... Le tout est *made in* Martinique (ou Caraïbes) et évidemment 100% *handmade* : le nom de l'artisan et/ou de l'artiste est toujours bien mis en valeur. Retrouvez-le sur Instagram (@lebocal_conceptstore).

LA BOITE À ÉPICES

Domaine Château Gaillard
✆ +596 696 80 10 90
Ouvert du mardi au samedi de 9h à 13h.

A Château Gaillard, le petit corner de la Boîte à épices abrite une sélection d'épices issues de Martinique rigoureusement sélectionnées : curcuma, cannelle, bois d'Inde, massalé, mélange 5 baies… Le tout est offert dans un format original : le ballotin. L'épicerie a également sélectionné des sirops des îles élaborés à base d'épices locales (épices typiques, curcuma et gingembre, bois d'Inde…), parfaits pour agrémenter cocktails, tisanes et ti-punch. Il y a aussi des vinaigres, des huiles, tout le nécessaire pour emporter quelques saveurs de Martinique avec soi.

LA BOUQUINERIE DE RSP

Route des Trois-Ilets
✆ 05 96 68 42 78
www.rspmartinique.org
Ouvert le lundi 10h à 13h, du mardi au samedi de 10h à 17h. A partir de 2 € l'unité et 5 € les 3 livres.

Créée en janvier 2005, l'association RSP (Respecter Soigner Protéger) a fait du bien-être des animaux son principal combat. Leur librairie de livres d'occasion est sympathique et toutes les recettes des ventes financent la nourriture des animaux recueillis au chenil RSP. Si vous êtes en manque de lecture pendant votre séjour, cette bouquinerie propose un large choix de polars, romans, essais et même des ouvrages pour enfant. A noter que chaque 2e dimanche du mois, RSP organise un vide-greniers de 9h à 13h sur les pelouses du Domaine.

BOUTIQUE SATURNE

rue Chacha
✆ 05 90 98 08 34
www.boutiques-saturne.fr
Ouvert du lundi au dimanche de 9h à 13h et de 14h à 19h30.

La Boutique Saturne de la Pointe du Bout est une référence en Martinique et ce, depuis plusieurs années. En franchissant la porte de cette élégante boutique, vous trouverez un très large choix de produits d'exception : une large gamme de vins, spiritueux et surtout de prestigieux rhums martiniquais. Mais aussi champagnes, grand choix de chichas et de narguilés. Les conseils avisés des gérants vous aideront à choisir le cadeau idéal parmi le panel de coffrets, art de la table, caves à cigares, accessoires, décorations... Une caverne d'Ali Baba !

LES CHOCOLATS DE BALATA

Village de la Poterie
✆ +596 696 28 97 15
www.les-chocolats-de-balata.com
Ouvert du lundi au samedi de 9h30 à 18h.

Des chocolats *made in* Martinique (sans OGM ni huile de palme) : c'est ce que propose cette délicieuse boutique située tout au bout du Village de la Poterie (la gourmandise se mérite !). Ici le chocolat est roi, bien sûr, mais pas seulement : il cohabite avec des biscuits aux farines locales, pâtes de fruits, nougats et bien d'autres douceurs produites en Martinique. Une gamme de macarons aux saveurs de noix de coco, rhum vieux, fruit de la passion, mandarine, caramel, cacahuète, et bien d'autres parfums. Possibilité de visiter le laboratoire de production.

PARFUMS DES ÎLES

Village créole
✆ 05 96 67 29 41
www.parfums-des-iles.com
Ouvert 7j/7 de 9h30 à 13h30 et de 14h30 à 19h30.

Veronicka Cormouls-Houles, artisan parfumeur et savonnier, vous fait découvrir ses eaux de toilette, parfums, parfums d'ambiance, savons, chantilly et huiles corporelles. Tous les produits sont issus de fragrances des Caraïbes et fabriqués sur place. Inédit : un atelier de création de parfum tropical sur mesure. Chaque personne dispose d'un orgue à parfums lui permettant de réaliser son parfum personnalisé sur les conseils du parfumeur. Si, après votre séjour, vous êtes en rupture de stock, vous pouvez commander via le site Internet. De belles idées à petits prix.

© PARFUM DES ILES

© PARFUM DES ILES

COLIBRI SOUVENIRS

Rue du Chacha
✆ 05 96 66 12 82
Créations artistiques de Marie-Noëlle Rinaldi.

Un magasin de souvenirs original offrant un large éventail d'articles uniques et créatifs. La propriétaire, Marie Noëlle, est une aquarelliste expérimentée et ses œuvres ornent de nombreux produits de la boutique. Des pochettes colorées aux superbes trousses de maquillage, en passant par les mugs, les éventails, les tasses, les bougies, les thermos et les dessous de verre ornés, il y en a pour tous les goûts. Pour les enfants, on aime la sélection de vêtements et de tongs colorés. Une véritable caverne d'Ali Baba pour dénicher le cadeau à ramener dans vos valises.

DOUCEURS PÉYI

Village de la Poterie ✆ 06 96 61 88 98
Ouvert du lundi au samedi de 10h à 18h.
Punch, rhum, confitures, confiserie, chocolat, café, thé, épices, artisanat.

Nichée au cœur du village de la poterie, cette ravissante boutique ravira les gourmets en quête des saveurs du terroir de l'île. Ici, tout est fabriqué localement afin de vous laisser découvrir les «douceurs péyi» 100% fabriquées en Martinique. Pour les amateurs de saveurs sucrées ou salées, le choix est large : de délicieuses confitures, des confiseries, des épices, des cafés, thés et cacao… Sans oublier la fabrication maison de punch exquis ! On y trouve de beaux coffrets cadeaux à ramener dans ses valises. Joli choix d'artisanat caribéen.

LES ÎLES GOURMANDES

76 avenue de l'impératrice Joséphine
✆ 05 96 51 82 54
www.lesilesgourmandes.fr
Boutique-atelier ouverte tous les jours de 10h à 12h30 et de 14h à 19h. Une autre boutique se trouve au Village Créole.

Les Îles Gourmandes, c'est d'abord une aventure familiale. A la tête de cette marque de produits exclusivement fabriqués sur l'île : Emmanuelle, cheffe de formation, qui aime marier les saveurs, entourée de son fils et de sa fille qui l'aident à développer cette gamme de recettes originales inspirées des traditions culinaires martiniquaises. Dans ce palais de la gourmandise, on déniche biscuits, liqueurs, punchs, pâtes de fruits… aux parfums des Antilles. La confiture framboise litchi est déjà un best-seller sur l'île, tout comme la crème de rhum vieux au caramel.

JOY BIJOUX

Village Créole ✆ 06 96 41 63 62
www.joybijoux-martinique.com
Ouvert tous les jours de 10h à 13h et de 15h à 19h30.

Joy, c'est la boutique incontournable du Village Créole… Un écrin plein de douceur qui offre dans une atmosphère épurée, un large choix de bijoux « seconde peau »… On se croirait dans un «boudoir» coquettement orné, où élégance et ambiance intimiste sont les maîtres mots ! Des collections et des produits dans l'air du temps, avec des marques qui font référence dans le milieu : Claverin, Gresy's, Layone, Nayla Arida, Atelier Paulin, Abis, Baya… La bijouterie idéale pour dénicher le cadeau inédit en Martinique. Un vrai coup de cœur !

KANN D'Ô

Rue Chacha
✆ 05 96 66 6148
www.hotel-lapagerie.com

A deux pas du Village Créole, l'Hôtel la Pagerie vient d'ouvrir une jolie boutique lifestyle remplie d'objets insolites pour trouver le cadeau idéal à ramener dans la valise. Ce concept-store contemporain et chic abrite des produits naturels ou issus de l'artisanat local. Cosmétiques pour hommes et femmes, décoration, accessoires de puériculture, bijoux, sacs, gourmandises locales, épicerie fine (paillettes de cola, farine de fruit à pain), tisanes péyi, beaux livres..., cette boutique fourmille d'idées qui font la part belle à l'artisanat.

LA SAVONNERIE ANTILLAISE

Village de la poterie
✆ 06 96 06 40 61
www.lasavonnerieantillaise.com
Ouvert tous les jours de 9h30 à 18h30. Boutique en ligne.

Avec ses savons artisanaux de toutes les couleurs et de tous les parfums, ses produits de bien-être et de soins, ses shampooings solides et son savon à raser, la Savonnerie Antillaise est un incontournable de votre passage au Village de la Poterie. La fabrication est 100 % locale et artisanale avec des huiles essentielles, huiles végétales et plantes locales, le tout présenté dans ce décor typique et coquet de la case créole. De superbes idées cadeaux et de quoi se faire plaisir même à petit prix. Retrouvez tous les produits sur la boutique en ligne.

TI' KAFE

Domaine Château Gaillard
✆ 06 96 52 66 70
Ouvert du mardi au samedi de 8h à 15h.

Dans la brûlerie de Château Gaillard, l'atelier de production de Ti Kafé ne désemplit pas. Ici, on vient boire un café mais aussi regarder les artisans torréfacteurs griller les grains verts du café pour en libérer les arômes. Les cafés issus du bassin caribéen et d'Amérique centrale sont sélectionnés avec soin. Ti Kafé continue d'innover : après avoir sorti une gamme de café certifiée 100 % origine Martinique issue de petits producteurs de l'île, il lance la capsule Nespresso que l'on remplit de café moulu artisanal. Une idée géniale ! Belle sélection de thés.

TOA BOUTIK

Village de la Poterie,
✆ +596 696 61 88 99
Ouvert du lundi au samedi de 10h à 18h.

Lors de votre passage au Village de la Poterie, une halte s'impose dans cette jolie boutique reconnaissable par sa façade jaune colorée et avenante. C'est un petit paradis pour dénicher le cadeau original à offrir à votre retour de Martinique. On y trouve des objets d'artisanat local : vêtements, bijoux, figurines, poupées en tissu, mugs, pochettes, sacs…

Pour les petits enfants les idées ne manquent pas ! Tee-shirt, bavoir, body, sac, doudou, robe, sortie de bain… De quoi remplir les valises sans se ruiner car les tarifs sont abordables !

SCHÉHÉRAZADE

Rue Chacha
✆ 06 96 39 45 55
www.scheherazade-excursions.com
Départ de la Marina Pointe du Bout.

© SHÉHÉRAZADE

Et si vous embarquiez à bord de *Schéhérazade* ou de *Millénium*, basés sur la marina de la Pointe du Bout ? Plusieurs formules de balades sont proposées à la demi-journée ou en journée complète : « Sur la route des dauphins » (Schéhérazade est signataire de la charte d'approche des mammifères marins depuis 2013), ou encore « Découverte du Sud-Caraïbe » ; observation des tortues, villages de pêcheurs et anses sauvages, grotte aux chauves-souris. Il est également possible de privatiser complètement les bateaux : devis disponible sur demande.

ACRO'KART

Village de la Poterie
✆ 05 96 51 85 07
www.acrokart.fr
Ouvert du mardi au dimanche de 15h à minuit. 1 session adulte 25 €. Enfant seul dès 11 ans ou accompagné d'un adulte.

Faire le plein de sensations à bord d'un kart dans un cadre insolite ? C'est le pari d'Acro'Kart, qui a déployé sa piste de 530 m, intégrée dans d'anciens containers réaménagés à cet effet, dans le cadre atypique du village de la Poterie. Débutant ou chevronné, on prend place (à partir de 11 ans) dans l'un des karts d'une puissance 4-temps de 270 cm^3 pour enchaîner virages, freinages et accélérations. Sur place, on trouve un point de restauration rapide, le Damier, et un bar. Formule anniversaire et privatisation de la piste sur demande.

BAZ'NOTIK LE CARAYOU

Rue des Flamboyants
✆ 05 96 66 19 06
www.kitesurf.mq
Ouvert tous les jours de 9h à 17h.

Toute une équipe vous accueille à la base nautique de l'hôtel & spa Carayou Martinique. Le club, ensoleillé et ventilé, est idéal pour la pratique du funboard, du hobbie-cat, du wakeboard, du windsurf, du ski nautique, du canoë-kayak, du stand-up paddle, très prisé (à faire sur la mangrove !), de la bouée tractée et surtout du kitesurf et du jet-ski. Dans un environnement ultra sécurisé, l'encadrement est très professionnel avec des moniteurs diplômés d'Etat. Tout pour vous amuser et profiter des loisirs nautiques en famille, de 7 à 77 ans !

LA CRÉOLE CATA

Marina de la Pointe-du-Bout
✆ 05 96 66 10 23
www.lacreolecata.com
Départ 9h et retour 17h.

© CRÉOLE CATA

Du long de ses 17,50 m, l'impressionnant catamaran vous embarque pour une navigation le long de la côte caraïbe, avec un cap vers le rocher du Diamant, découverte des villages de pêcheurs aux Anses-d'Arlet, arrêt baignade et déjeuner à bord à la Pointe Burgos, un lieu idyllique inaccessible par la terre, suivis d'un arrêt aux anses Noire et Dufour et visite de la fameuse grotte aux chauves-souris. Le déjeuner du midi est un régal, un vrai moment de gastronomie antillaise ! Une merveilleuse journée qui allie convivialité et découverte.

COCOFLY

Ponton de la plage de l'anse mitan
✆ 06 96 07 78 80
cocofly.fr
Bouées tractées à partir de 20 € par personne pour 15 minutes ; parachute ascensionnel en solo 50 €.

Ces engins gonflables très à la mode vous apporteront un divertissement à sensations de glisse inoubliable. Un large choix de bouées, de la balade modérée à la sportive pour des sensations de glisse extrêmes. En résumé : 15 minutes de pur amusement ! Pour ceux qui veulent prendre de la hauteur en douceur pour découvrir les Trois Ilets et la magnifique baie de Fort de France vue du ciel, nous vous conseillons le parachute ascensionnel en solo ou en famille (6 personnes max.) à partir de 3 ans. Vous l'avez compris, une activité incontournable en famille.

ESPACE PLONGÉE MARTINIQUE

quai de la marina ✆ 05 96 66 01 79
www.espaceplongee-martinique.com
Baptême de plongée (un moniteur par personne). Randonnée palmée. Forfaits à partir de 3 plongées, consulter le site.

Espace Plongée Martinique change sa base en 2023 pour mieux vous recevoir ! Le club propose des plongées tous niveaux, deux fois par jour en demi-journée sur la côte Sud Caraïbe et une fois par semaine une journée complète sur la côte Nord Caraïbe. Des plongées de nuit et des « two tank dive » sont organisées sur demande. Une superbe sortie (Hermès) pour découvrir les tortues en snorkeling. École proposant des formations, du baptême au monitorat d'État.

LE BOUDOIR DE NELLY

Le village de la Poterie
✆ 05 96 76 37 34

Le nom de ce salon cosy à souhait lui va à merveille ! Ce boudoir est bien caché dans une petite ruelle du Village de la Poterie et pourtant il affiche souvent complet. Nelly est spécialisée dans la coupe de cheveux, les soins capillaires, les chignons et les extensions de cheveux naturels. Si vous avez envie de changer de tête, vous êtes à la bonne adresse pour votre « coupe transfo ». Mais son boudoir est aussi une boutique incroyable pour dénicher un tas d'objets et accessoires, de bijoux fantaisie. Un vrai coup de cœur à vous recommander vivement.

FITNESS TROPIK

Domaine Château Gaillard
✆ 0596741298
Ouvert du lundi au vendredi de 7h30 à 20h30 et le samedi de 8h à 12h. Instagram : @fitnesstropik.

Dans un environnement totalement tropical, à ciel ouvert même pour certaines zones, cette salle de sport de 400 m² abrite plusieurs espaces équipés d'appareils de musculation et de cardio-training de très bonne facture. Des cours collectifs sont également proposés et vous pouvez profiter d'une grande piscine extérieure pour la pratique de l'aquagym. L'ambiance est conviviale, pas du tout «m'as-tu vu» et au contraire très familiale. Pour plus de renseignements, rapprochez-vous de Fitness Tropik, toujours disponible pour répondre à vos questions.

MANGOFIL MARTINIQUE

Forêt Râteau
✆ 05 96 68 08 08
www.mangofil.fr
Ouvert du mercredi au dimanche de 9h à 17h et 7j/7 durant les vacances scolaires.

Au cœur de la forêt tropicale, ce parc d'accrobranches propose un parcours Bigmango qui regorge de tyroliennes, passerelles, ponts de singe, ou zouk-balançoires... Le Parcabout, avec ses 7 000 m^2 de filets de trampoline géants permet d'évoluer en sécurité au milieu des arbres. Un minigolf est implanté au cœur du parc ; des balades en quad et moto organisées par Trial Caraïbe. Egalement des jeux géants (échecs, mikados...), un babyfoot humain, une tyrolienne tire-fesses et le baby kid, un parcours accrobranche à 40 cm du sol (à partir de 18 mois sans matériel).

KATA MAMBO

Marina de la Pointe-du-Bout

✆ 05 96 66 11 83 – www.kata-mambo.com

Plusieurs formules sont proposées. Restez connectés sur le site et les réseaux pour les nouveautés !

© KATA MAMBO

Les programmes de Kata Mambo proposent différentes formules de sorties en catamaran à la journée ou à la demi-journée. Mention spéciale pour la sortie découverte Nord Caraïbe à la rencontre des dauphins. Sachez que Kata Mambo est signataire de la charte d'approche des mammifères marins. Engagé écologiquement, le croisiériste dispose depuis peu du premier catamaran entièrement électrique de la Martinique : excursion Zéro CO2, propre, silencieux, écoresponsable, il sera idéal pour les sorties dauphins. Ambiance conviviale à bord.

GOLF DE L'ESPÉRANCE

Quartier de la Pagerie

✆ 05 96 52 04 13

Ouvert du lundi au dimanche de 8h à 18h. Tarifs : 9 trous 32 €, 18 trous 45 €.

S'étendant sur 60 ha, le golf de la Martinique est une belle réalisation de son concepteur, l'architecte Trent-Jones. Ce Par 71 offre un large éventail de difficultés : bunkers, plans d'eau, collines, mer et de nombreux autres obstacles. Il comblera les joueurs confirmés aussi bien que les débutants. Le centre sportif du golf propose aussi trois courts de tennis avec professeur et une académie des arts. Enfin, un restaurant sur place offre une cuisine de qualité et un service de bar l'après midi. Une halte agréable pour boire un verre après votre parcours.

GUELORD NAILS

✆ +596 596 51 24 96

www.guelordnails.com

Lundi, mardi, mercredi, vendredi et samedi : ouvert de 9h à 18h.

A l'étage du Village Créole, dans son petit salon très *cosy*, Delphine offre tous les soins des mains et des pieds, de la simple pose de vernis traditionnel ou semi-permanent en passant par la pose de gel, ou l'extension d'ongles au *Chablon*. Elle utilise des marques de qualité comme l'inégalable OPI ou encore les produits Shellac. Elle se fait un point d'honneur à travailler avec des produits bio comme des vernis à la kératine qui permettent la repousse des ongles abîmés en moins de 15 jours. Ajoutez à cela son accueil très sympathique.

L'INSTITUT PERLE ZEN ET BIO

Village Créole

✆ +596 596 71 87 53

https://institutperle.fr

Ouvert du lundi au samedi de 9h à 18h. Fermé mardi et dimanche. Sur rendez-vous.

Esthéticienne énergéticienne diplômée, Sylvie a installé son havre de zénitude au cœur du Village Créole. Elle y propose des soins énergisants et, depuis peu, elle a ouvert une 2e boutique avec une gamme de produits de beauté issus de produits naturels 100% français. Elle pratique également la lithothérapie et prodigue les bienfaits des pierres et des minéraux. Essayez le massage intuitif « Soin de soi » et « L'Instant » (1h30 d'un massage destiné à faire circuler les énergies).

JUMP IN WATERSPORTS

Plage Anse à l'Âne

✆ 0696 60 09 72

www.jumpin972.fr

Ouvert 7j/7 de 10h à 17h (vacances scolaires). Fermé le lundi. Bouée 15 €, flyboard 70 €, paddle 15 €, kayak 15 €.

Situé sur la grande plage de l'Anse à l'Ane, sur une eau turquoise et limpide, Jump In Watersport vous propose de goûter aux joies de la glisse sous toutes ses formes : bouées tractées, jet-ski, flyboard, kayak, paddle... Encadré par une équipe expérimentée, vous vous initierez au plaisir de la glisse sur la mer des Antilles. Pensez à réserver votre séance. Les activités sont accessibles dès l'âge de 5 ans. En famille ou entre amis, Jump In Watersports propose de nombreuses formules avec des activités originales et variées. Sensations fortes garanties !

SUD CARAÏBE

KAYAK NATURE ÉVASION

Village de la Poterie
© 05 96 68 27 10
www.kayak-nature-evasion.com
Ouvert du lundi au samedi de 8h à 16h et le dimanche de 8h à 12h.

Avec l'équipe de Kayak Nature Evasion, Ludovic guide expert, et Robert, à la tête de sa petite flotte, l'émerveillement est garanti. Les palétuviers, la faune et la flore n'auront plus de secrets pour vous. Les kayaks se louent à la journée et de nombreuses excursions (également possibles en bateau) sont vivement conseillées. Mieux vaut réserver : les places peuvent être rares. Il faudra choisir parmi plusieurs options : le petit parcours, visite de la Mangrove des Trois-Ilets (environ 2h) ; le grand parcours, visite de la Mangrove de Rivière-Salée et collation.

KOKOUMDO

Départ du ponton de l'Anse Mitan
© 06 96 30 21 20
www.kokoumdo.com
Tarifs adultes : 85 € incluant le repas et 65 € sans. Enfants : de 40 à 50 €.

Mike est un skipper confirmé, connu et aimé de tous à la Pointe du Bout. Le *Kokoumdo* est un cata très confortable avec ses 47 pieds habitables. Ce qui fait l'excellente réputation de Mike ? Certainement sa joie de vivre et la convivialité à bord. Apprêtez-vous à passer une journée de rigolade dans une ambiance très familiale ! Deux parcours s'offrent à vous : Cap au Nord pour naviguer à la recherche des dauphins ou Cap sur le Sud et le Rocher du Diamant pour une baignade entre les tortues. Un excellent déjeuner est servi à bord avec des produits du terroir.

LA SUITE VILLA & SPA

Route du Fort d'Alet
© 05 96 59 88 00
Ouvert tous les jours sur rendez-vous.

Lové dans l'un des plus beaux hôtels de l'île, ce spa, accessible aux résidents et non résidents de l'hôtel, est un véritable havre de paix offrant une vue imprenable sur la baie de Fort-de-France. Tous les soins sont proposés avec les produits L'Occitane, dans un cadre vraiment dépaysant : massages sportifs ou bien-être, réflexologie plantaire, massages habillés, soins du visage, esthétique... Après votre soin, détendez-vous dans le bain bouillonnant et plongez dans les bulles de plaisir pour oublier, le temps d'un instant, votre quotidien.

PLANÈTE DAUPHINS

Plage de l'Anse à L'âne
© 06 96 78 95 15
www.planetedauphins.com
Tarifs : 60 €/personne, 40 €/enfant de 3 à 10 ans et 15 € pour les moins de 3 ans. Possibilité de tarif de groupe.

Laurent vous propose, à bord de ses bateaux de 12 places, d'aller à la rencontre des dauphins, tortues et autres animaux marins qui peuplent les eaux turquoise de la Martinique. Il vous suffit de réserver (n'attendez pas le dernier jour) une des excursions : «Dauphins», «Tortues» ou «Rocher du Diamant». Ces sorties sont de très beaux moments à partager en famille ou entre amis ; à noter que cette structure respecte les règles d'observation «responsable» des mammifères marins. Et surtout n'oubliez pas votre appareil photo ! Départ de la plage de l'Anse-à-l'Ane.

© PLANETE DAUPHINS

© PLANETE DAUPHINS

SUD CARAÏBE

TRIAL CARAIBE

Chemin Rateau
© 06 96 94 64 41
www.trialcaraibe.com
Ouvert 7j/7 sur réservation uniquement.

Une adresse inédite pour tous les amateurs de sports mécaniques, que vous soyez débutant ou confirmé, Francis et son équipe diplômée sont aux petits soins. A proximité de Mangofil, sur la route entre Rivière-Salée et Trois-Ilets, à Sainte-Anne ou encore à Basse-Pointe, ils proposent aux audacieux trois activités : randonnée en moto tout-terrain, en quad ou en buggy. Lancez-vous : les parcours et les activités s'adaptent à chacun, quels que soient votre niveau et vos attentes. De très belles balades à découvrir dans le sud ou le nord de l'île.

© TRIAL CARAÏBES

© TRIAL CARAÏBES

LAND & SEA

Place Paul Thevenard,
© +596 696 32 20 50
www.landandsea.fr
Service de location de bateaux à moteur aux Trois-Îlets. Location à la journée de 350 à 450 €.

Jeanne et William ont quitté les embruns de leur Bretagne natale pour s'installer dans le bourg des Trois-Ilets après un vrai coup de cœur commun pour Madinina. Ils proposent de la location de bateaux à moteur (avec permis) à la journée voire plus, à bord de Cap Camarat de 9 mètres ou d'un Beneteau Flyer 8. Les bateaux disposent d'une cabine, ce qui permet une escapade de quelques jours pour profiter des côtes de la Martinique en cabotage. Accueil sympa, les bateaux sont neufs. Vous pouvez réserver en ligne directement sur leur site web.

MARTINIQUE WAKE-PARK (MWP)

Route des Trois-Îlets
© 06 96 69 46 21
www.martiniquewakepark.com
Ouvert tous les jours de 10h à 18h. Tarifs : à partir de 22 €/h (sans matériel).

Unique en Martinique ! Située dans un site totalement écologique sur le domaine de château Gaillard, cette installation permet la pratique du wakeboard sur un plan d'eau. La traction, au lieu d'être faite par un bateau à moteur, est assurée par un système à câbles. Une buvette sur place vous propose des boissons et un burger maison à Liloburger. Pensez à réserver votre session ! Une activité divertissante et originale à essayer sans plus tarder !

MER ET NATURE

© 06 96 00 25 20
http://excursionmermartinique.com
Départ du ponton de l'anse Mitan à 9h30.

Réputé au François, où il organise des excursions « fonds blancs », Captain Alex est désormais présent côté Caraïbe. A bord de son bateau *Le Flipper*, on prend le cap vers le Nord Caraïbe pour aller à la rencontre des dauphins. Certains préfèrent descendre vers la côte Sud Caraïbe pour découvrir le fameux rocher du Diamant et sa réserve naturelle, véritable refuge des oiseaux marins.

A noter qu'Axel propose aussi des sorties « pêche sportive » pour venir affronter les marlins, espadons, thazards ou autres belles pièces qui foisonnent dans les eaux martiniquaises.

MAXI CATAMARAN DIAMOND ROCK

✆ 06 96 31 19 11
www.catamaran-diamond-rock.com

Embarquement au ponton privatif de l'hôtel Carayou à la pointe du Bout, pour une visite de la côte caraïbe à la voile.

A bord du *Diamond Rock*, un maxi catamaran de 23 mètres, découvrez la façade maritime de la côte caraïbe. Sortie Sud Caraïbes : navigation au plus près du rocher du Diamant, des criques de Grande Anse, Petite Anse, Anse Dufour... Vous finirez la journée par la visite de la grotte aux chauves-souris. Si vous optez pour la sortie Nord Caraïbes, vous pourrez observer les dauphins, visiter de la ville de Saint-Pierre, ses ruines et son marché coloré. Arrêts baignade au programme.

BLUE DREAM CROISIÈRES

✆ 06 96 61 00 16

www.bluedream-croisieres.com

Par téléphone tous les jours de 6h30 à 19h. Sortie journée 100 € par personne et 50 € enfant (-12 ans).

© BLUE DREAM CROISIERES

Larguez les amarres grâce à ce superbe catamaran de croisière et partez admirer les côtes de Martinique, celles du sud avec leurs petites criques et le rocher du Diamant, ou encore la très belle baie de Saint-Pierre dominée par la montagne Pelée. A bord, tout est fait pour votre confort : salon, détente sur bain de soleil, trampoline, sans oublier l'espace repas et son déjeuner buffet. L'équipage du *Pelagia* vous attend pour vous faire vivre une journée inoubliable. «Vivez une vraie croisière le temps d'une journée». En plus, leur planteur est au top !

LE SPA JOSÉPHINE

Hôtel Carayou

✆ 05 96 66 19 04

www.spajosephine.fr

Ouvert tous les jours de 10h à 19h.

Lieu à la déco contemporaine, source d'harmonie et de tranquillité, ce spa de 380 m², entièrement dédié au bien-être et à la relaxation, offre une gamme de soins raffinés et variés pour s'évader. Bains hydromassants, enveloppement d'algues, gommage du corps, massages à deux ou quatre mains, sauna, hammam... Des forfaits journée et autres formules sont régulièrement proposés. L'ambiance apaisante et sereine sera le refuge rêvé pour vous ressourcer et retrouver l'équilibre parfait du corps et de l'esprit, loin du stress et des tensions.

TROPIC 4X4

Pointe du Bout

✆ 06 96 71 01 35

www.tropic4x4.com

Journée complète à p. de 85 € repas compris, 60 € pour enfant de -12 ans. Uniquement sur réservation, minimum 4 pers.

Eric est un guide expérimenté. Il propose une journée découverte du Nord de l'île en 4x4 : la forêt tropicale et sa végétation luxuriante, la visite d'une plantation de bananes, des passages de gués, points de vues imprenables sur les hauteurs de la Route des Crêtes, arrêts dans les champs de cannes à sucre et les cultures d'ananas. Une occasion en or de découvrir la Martinique profonde. Arrêt déjeuner chez l'habitant, pour partir à la découverte de la gastronomie créole, visite de la Rhumerie Saint James et son musée. Réservation obligatoire.

CASINO DES TROIS ILETS

24 rue des Bougainvilliers

✆ 05 96 66 00 30

www.casinotroisilets.com/

Salle des jeux de table ouverte 7j/7 de 20h à 3h. Machines à sous et bar de 11h à 3h. Restaurant à partir de 20h.

Ce complexe de loisirs propose restaurant, bar, en plus des espaces de jeux traditionnels et électroniques, 40 machines à sous, roulette américaine, blackjack, stud poker. Le Casino de Trois-Ilets vous plonge dans un univers d'innovation et de divertissement pour de véritables moments de convivialité. Toute l'année, les équipes du casino créent des occasions de se retrouver en famille ou entre amis pour partager des émotions toujours plus intenses. Attention, prévoyez une petite veste car la climatisation est souvent à fond et il fait un peu frais !

L'ESCAPE GAME - LES SECRETS DU TEMPS

Domaine Château Gaillard ✆ 06 96 28 43 59

https://lessecretsdutemps.com

Au 1er étage du bâtiment principal. Pour connaître les horaires d'ouverture, rapprochez-vous de l'équipe.

Avec ce jeu d'évasion grandeur nature, vous serez immergé dans l'histoire de la Martinique. Un mélange d'énigmes, de codes, de mécanismes à découvrir dans des décors qui vous plongent dans d'autres époques à travers quelques épisodes basés sur l'histoire réelle de la Martinique. En équipe de 8 à 99 ans, enquêtes, fouilles et cohésion vous seront indispensables pour réussir votre mission en une heure. Une aventure ludique à vivre en famille, entre amis ou entre collègues.

LES ANSES D'ARLET ★★★

C'est l'un des plus beaux villages de France. Avec son ponton mythique s'avançant sur la mer turquoise, surmonté d'un clocher de bois, la petite commune aux nombreuses anses coule des jours heureux, avec ses maisons colorées et ses fonds marins magnifiques.

Au nord, Grande Anse et sa longue plage bordée de petits bars et restaurants ne désemplissent pas, tandis qu'au sud du bourg, la paisible Petite Anse est le repaire des pêcheurs.

Entre les Anses-d'Arlet et les Trois-Ilets, la côte escarpée offre au promeneur parmi les plus beaux panoramas de l'île. La baie édénique, la plage brillante, les palmiers couchés sur la mer et les bougainvillées qui bordent la route attirent Martiniquais et vacanciers dans une ambiance familiale. Au programme : baignade dans les eaux calmes et transparentes, compétition de plongeons du ponton, découverte avec masque et tuba du petit spot surnommé l'Aquarium à quelques brasses de la plage. On y croise un bel échantillon de poissons et coraux martiniquais. Après la baignade et le farniente, baladez-vous dans le village et allez boire un verre dans l'un des nombreux lolos sur la plage près du cimetière. Tout est si charmant ici : le très beau clocher de l'église Saint-Henri, les cases créoles qui hébergent la bibliothèque Aimé-Césaire ou le commissariat (à ne pas manquer à l'entrée du village)...

Histoire

Elle s'épanouit entre mythe et légende murmurant parfois l'histoire d'un chef indigène fier et rusé, Salomon qui régnait sur la région bien avant la colonisation. À leur arrivée des années plus tard, c'est avec deux frères que les européens eurent à traiter : ils imposent alors que Pilote s'installe dans l'actuelle Case-Pilote tandis que son frère Arlet s'installe en maître sur la future commune qu'il commande de 1635 à 1648. La légende raconte que celui-ci aurait même aidé les jésuites à s'installer et qu'il aurait pris part aux négociations pour le partage des territoires, soutien qui lui valut de rester maître de sa terre jusqu'en 1648. A mesure de l'arrivée et de l'installation de nouveaux colons, la présence indigène se réduit. Peu à peu, stratégiquement installée dans la continuité de la Pointe-du-Bout et disposant de belles anses, la commune devient l'un des maillons de la chaîne de protection de la capitale. Place stratégique forte, l'anse protégée des Anses-d'Arlet profita à la sauvegarde de la flotte française dans la baie de Fort-de-France lors des affrontements entre Français et Britanniques. Ces derniers incendièrent même le bourg en 1762. Au XIXe siècle, la ville des Anses-d'Arlet, devenue commune en 1862, s'enrichit par la culture du café et de la canne à sucre.

Transports

A noter que les routes qui mènent au bourg sont sinueuses et qu'il faut pratiquement une demi-heure en voiture pour rejoindre l'axe principal (N5), que ce soit en passant par le Diamant ou par les Trois-Ilets.

© JC DUSANTER

Ponton.

SUD CARAÏBE

ANSE DUFOUR ET ANSE NOIRE

L'anse Dufour est une petite crique préservée, où l'on croise quelques pêcheurs tirant leurs filets. Avec un masque et un tuba, plongeurs et simples baigneurs pourront admirer les tortues à demeure dans cette baie. A la droite du sable doré de l'Anse-Dufour, derrière un promontoire rocheux, on découvre Anse Noire, son sable noir et sa frange de cocotiers. Avec son ponton en bois et ses eaux translucides, c'est sans aucun doute l'une des plages les plus spectaculaires de l'île.

DLO FERRÉ

Des panneaux indiquent le chemin qui serpente jusqu'aux sources cachées au pied du Morne Jacqueline. A Petite-Anse, garez-vous en face de chez Fredo et suivez le panneau pour un léger quart d'heure de marche. Au bout du sentier, on se baigne dans le petit bassin où l'eau coule à plus de 35 °C. Cette source ferrugineuse fréquentée par les anciens depuis des milliers d'années proviendrait d'un réservoir profond dont la température serait de l'ordre de 180 °C. Elle est supposée soulager rhumatismes, douleurs et autres maux. Petit bémol : vous serez rarement seul...

ÉGLISE SAINT-HENRI

Elle est la star de l'un des paysages les plus célèbres de la Martinique. L'église catholique Saint-Henri est située dans l'alignement exact du ponton de la plage de l'Anse-d'Arlet qui plonge dans les eaux turquoise. Cet édifice construit durant la seconde moitié du XVIIe siècle a été détérioré par de nombreux cyclones et reconstruit dans différents styles architecturaux. Son clocher de bois notamment a été rénové pour la dernière fois en 2008. Elle accueille de nombreuses chorales. Ne manquez pas la messe dominicale, haute en couleur et en chants.

HABITATION LA SUCRERIE

www.fondation-clement.org

Fermé au public. Se visite pendant les journées du patrimoine.

L'habitation la Sucrerie, appelée château par les Arlésiens, a été acquise en 1788 par Jean-François Hayot ; elle était alors l'habitation la plus importante de la commune. Edifiée sur 200 m², elle a été construite durant la seconde moitié du XVIIIe siècle. Son architecture est particulièrement originale. Elle se caractérise par une galerie au nord et au sud, un étage plus étriqué que son rez-de-chaussée et, le plus original, une entrée située du côté de la cuisine en gaulettes. Comme il se doit, elle domine le bourg. Une centaine d'esclaves participait chaque jour à la bonne tenue du lieu. Un vestige de moulin à bêtes, réhabilité en four à charbon, le bassin d'une source déjà connue par les Amérindiens, la maison du géreur en contre-bas sont les témoins muets de la vie rude d'antan. Une tradition familiale court le long des vieilles pierres de la distillerie et susurre qu'Arlet lui-même y aurait vécu. Dieu seul le sait… Construite dans la seconde moitié du XVIIIe siècle, la bâtisse, entièrement faite de bois et de briques, semble endormie par un méchant coup du sort. Pourtant, dans une dépendance attenante à l'ancienne, mais non moins célèbre cuisine du Père Labat, une communauté d'anges blancs préserve l'endroit. Ici le potager, formé d'un bloc maçonné, espace de rangement pour les « potins » (récipient de fonte pour retenir la braise). Là, le puits carré datant de 1914, un peu plus loin un crucifix de pierre et, au cœur d'un Ave Maria peint en bleu, une grotte fleurie où se repose Notre-Dame de Lourdes.

Plage des Anses d'Arlet.

MORNE CHAMPAGNE

Cette jolie promenade relie, en une heure de marche, le bourg des Anses-d'Arlet à Grande-Anse. Le départ au niveau du cimetière du bourg monte un peu sur le flanc du Morne Champagne. La promenade se poursuit à travers la savane, en direction de la plage de Grande-Anse. Le promeneur profitera avec joie des beaux points de vue sur le village et la côte Caraïbe, et du foisonnement de la forêt tropicale, entre gommiers et balisiers. Une superbe promenade de niveau facile à faire sans hésitation. Munissez-vous toutefois de bonnes chaussures.

PETITE ANSE

Située entre Le Diamant et Les Anses-d'Arlet, Petite-Anse ne déroge pas à la règle : sable très fin, cocotiers, terrain de volley et petits restaurants sont prisés par de nombreux visiteurs. Pour y accéder, il suffit de longer le front de mer et ses bateaux de pêche. La route du Diamant à Petite-Anse est très plaisante et découvre quelques panoramas de choix sur le rocher du Diamant et la baie, à ne pas manquer. Les lieux sont assez préservés du tourisme, offrant des capacités d'hébergement réduites, mais d'excellente qualité.

O FIL DE L'EAU

35 allée des raisiniers - Ti sable
✆ 06 96 50 85 04
https://ofil-deleau.fr/
Ouvert tous les jours de 8h à 17h. Baptême départ plage ou bateau (50 €/65 €). Plongée d'exploration à partir de 40 €.

© O FIL DE L'EAU

Centre de plongée affilié FFESSM, ANMP et SSI, disposant d'un bateau tout confort. Vous pourrez découvrir la Crique Abricot ou la Petite Sirène, le sublime rocher du Diamant et la mythique épave du *Nahoon*. Que ce soit pour de la découverte (baptême), de l'exploration ou de la formation (jusqu'au niveau 4), le tout se passe avec convivialité et professionnalisme. Le centre propose une palette très complète d'activités : location de kayaks et paddles transparents, de kit de snorkeling ou encore randonnées palmées guidées à la rencontre des tortues vertes.

SENTIER DU CAP SALOMON

Prendre à droite après le restaurant Ti Sable.

Au nord de Grande Anse, un sentier s'engouffre à travers les fourrés avant de longer la mer. Après une heure de marche facile, on parvient au sentier sous-marin mis en place par le Conservatoire du Littoral. Armé d'un masque, d'un tuba et de palmes, on plonge à la découverte des 5 bouées sous lesquelles résident une faune et une flore sous-marines uniques : herbiers, fonds rocheux, massifs coralliens, poissons de toutes les couleurs... Hors de l'eau, un carbet avec des panneaux pédagogiques indique les animaux et végétaux que l'on est susceptible de rencontrer.

SENTIER SOUS MARIN « LAKAY »

À quelques brasses de la plage du bourg se trouve un sentier sous-marin, parmi les plus beaux de la Martinique, accessible à tous avec un simple masque et un tuba. On le repère aux quatre bouées pédagogiques positionnées en mer afin de matérialiser le sentier. Ce parcours, au cœur d'un site de 2 600 m^2, a pour but de sensibiliser aux écosystèmes marins qui font partie intégrante du patrimoine naturel de l'île. Une balade sous-marine, pour toute la famille, à ne pas manquer.

SUD CARAÏBE

LES TRACES D'ARLET

Complexe polyvalent de la Batterie
✆ 05 96 48 33 12
www.ansesdarlet-martinique.fr

Au départ du quartier de Gallochet, la trace d'Arlet vous mène jusqu'à la plage de Grande Anse. Le sentier de sept kilomètres commence par longer la ravine de l'Anse Noire pour remonter jusqu'à la plage de sable noir du même nom. Vous rejoindrez ensuite sa voisine, l'anse Dufour, avant de repartir dans les terres pour contourner le Morne Réduit. En chemin, vous aurez accès à de beaux points de vue sur la côte. Enfin, vous redescendrez en direction de la plage de la Grande Anse, où s'achève la balade. Comptez 2h. Niveau facile.

TERRE TURQUOISE

✆ +596 696 78 39 18
www.terre-turquoise.com
Tarifs couple, famille, groupe. Privatisation.

Spécialiste de l'écotourisme, Agathe a monté son agence d'excursions et d'activités insolites, sportives ou culturelles. Favorisant les sorties en petits comités, les capitaines et moniteurs avec lesquels elle travaille partagent leur passion en toute intimité, loin des ambiances «baptême du rhum et musique à fond». Une sortie voile en famille ou en amoureux, une croisière farniente sur un catamaran de voyage, une descente au cœur de la rivière, une balade dans la mangrove, une rencontre avec dauphins et baleines... Votre seule limite ? Votre imagination !

ELEK'TRIPS

✆ 06 96 90 40 25
www.elektrips.com

Elek'trips vous permet de bouger branché ! Louez un scooter électrique e-trax 125. Il a un look moderne, il est bien équipé et bénéficie d'une autonomie d'environ 130 km pour aller et venir au gré de vos envies ! Il faut évidemment un permis. Pour les plus courageux, le e-Nomad est un vélo électrique pour se déplacer en toute autonomie : ce fatbike juché sur ses gros pneus est très confortable, stylé et pliable. Une autre façon de découvrir notre belle Martinique ! N'hésitez pas à essayer le vélo sur l'eau, l'hydrofoiler, pour pédaler sur les eaux de Grande-Anse.

LE DOMAINE DE ROBINSON €

Anse Dufour ✆ 05 96 68 62 82
www.domainederobinson.com
Studio ou bungalow dès 85 €/nuit. Cabane dans les arbres : 150 €/nuit. Big Bung : 170 €/nuit.

On arrive dans ce petit lieu paradisiaque par la mer ou en descendant la centaine de marches qui mènent à la plage de l'Anse Noire.... Claude propose 3 bungalows, 3 studios ainsi qu'une cabane insolite, très confort, dans un abricotier-pays gigantesque. Du sol au plafond, Claude a tout fabriqué en bambou, calebasses, noix de coco et pierre du pays. Toutes les chambres sont équipées d'une kitchenette et d'une terrasse extérieure avec barbecue. Ce jardin d'Eden au bord de l'eau se réserve bien en avance et n'est pas autorisée aux enfants de moins de 7 ans.

AVENTURE, BY ATAO €€

✆ 06 21 20 92 97
www.atao-plongee.fr
Location du bateau Aventure au mouillage à Grande Anse. 40 pieds. 109 € la nuit pour 2 personnes.

Une idée de séjour insolite dans un cadre idyllique ! Que diriez-vous de dormir à bord d'un voilier de 40 pieds, ancré paisiblement dans la baie de Grande Anse face à la plage ? C'est le rêve que vous offre le club de plongée Atao. Pas besoin d'être un marin expérimenté, aucune compétence nautique n'est requise, le bateau reste au mouillage. C'est comme un hôtel sur l'eau. On vous accueille au ponton puis vous êtes en totale autonomie pour vivre une expérience de Robinson à bord. Un canoé est à disposition pour se promener dans la baie et rencontrer les tortues !

TI BAKOUA €€

Rue case coco
✆ 06 96 27 28 38
www.tibakoua.fr
8 chambres. Basse saison : studio à partir de 420 € la semaine. Bungalow à partir de 720 € la semaine.

Ti Bakoua est une résidence hôtelière nichée dans le quartier de Petite Anse. Envie d'un moment insolite qui ne ressemble à nul autre ? Réservez donc le Ti Bao, une confortable cabane juchée en haut d'un majestueux Baobab. La résidence offre aussi de vastes bungalows à partager en famille ou entre amis et de beaux appartements en rez-de-jardin. Enfin, vous pourrez aussi opter pour le haut de la villa créole Ti Bibou entourée d'une végétation luxuriante avec une magnifique vue sur la mer des Caraïbes et le Morne Larcher. Piscine, wifi.

VILLA GALERIE €€

Morne Bigot
✆ 05 96 68 62 50

A partir de 65 €/nuit selon la chambre, le nombre de nuitées et la saison.

Sur les hauteurs du morne Bigot, cette ravissante maison d'hôtes de charme à la décoration soignée et raffinée se mérite, mais elle offre une vue magnifique sur la baie de Fort-de-France. Déployée sur deux étages, elle propose trois chambres doubles, avec salle de bains privative, qui répondent aux doux noms de «Balisier», «Bambou» et «Cocotier»... Tout un programme ! Ici on oublie le quotidien et on remplit ses yeux de magie. Seul impératif : pour profiter de l'ambiance cosy du lieu, il faut rester un minimum de trois jours.

WELCOME BOAT €€

Ancré dans la baie de Grande-Anse
✆ +596 696 32 93 43
www.welcome-boat.com

Tarifs : 180 € la nuit pour 2 personnes. Minimum 2 nuits requis. 2 cabines.

Un nouveau concept qui fait des émules... Vivre une expérience inédite en dormant sur un bateau au mouillage plutôt qu'à l'hôtel ! Eh oui, cela existe, à bord d'un monocoque de 32 pieds ancré en face de Ti-Sable. Maeva vous accueille sur le ponton et vous accompagne à bord par annexe avant de vous briefer pour la prise en main du voilier. Vous n'avez pas besoin de savoir naviguer, vous restez au mouillage ! Possibilité de se faire livrer un brunch par un traiteur. Une forme d'hébergement intimiste et originale pour vivre différemment la Martinique. A découvrir !

VILLA INDIANA €€€

17 Allée du Canéficier
✆ 06 15 26 15 14

2 villas en location sur le même site : Indiana et la Métisse. Tarifs : 283 € en moyenne par nuit. 7 nuits au minimum.

La Villa Indiana se dresse en hauteur face à baie des Anses d'Arlet, à 500 mètres environ du village. Elle dispose de 3 chambres avec vue mer L'architecture contemporaine s'intègre à merveille dans l'environnement : de larges espaces extérieurs, une cuisine ouverte équipée, un coin salon ventilé par les alizés... La décoration raffinée est de très bon goût et l'équipement remarquable, le moindre détail a été intelligemment pensé. La piscine en pierres naturelles et sa terrasse-solarium face à la Caraïbe offrent un cadre idyllique pour se ressourcer.

INFINITUDE, BY DREAMLAND

✆ +596 696 28 18 24
https://infinitude-caraibes.com

Location d'un catamaran pour une croisière, en excursion à la journée, en combiné avec bateau + villa. Capacité 12 pers.

© INFINITUDE BY DREAMLAND

Et si le vrai luxe c'était de s'évader à bord d'un catamaran de 12 mètres très spacieux pour découvrir la Caraïbe autrement dans un écrin de confort ? Infinitude vous offre cette opportunité en vous laissant le choix du sur-mesure en fonction de vos envies : une journée d'excursion sur les côtes martiniquaises, un séjour de 3 jours ancré au mouillage des Anses-d'Arlet ou dans la baie de votre choix, une croisière en direction des Grenadines ou de la Guadeloupe ou bien un combiné conjuguant la location d'une villa de rêve au Diamant et celle du bateau.

ARLET LOCATION €€

4, 7et 14 rue du Calvaire
✆ 06 18 87 44 16
www.arlet-location.com

Villa blanche (2 studios) à partir de 609 €/semaine. Villa jaune (6 personnes) dès 1 106 €/semaine.

Arlet Location propose plusieurs villas situées en hauteur face à la mer entourées de jardins fleuris et soignés. La villa «blanche» est composée de 4 appartements pouvant accueillir entre 2 et 5 personnes. Chaque villa est décorée avec goût et équipée (linge fourni, machine à laver, climatisation, wifi). La «jaune» est une maison de type créole indépendante avec une grand jardin fleuri et vue sur la mer : conçue pour 4 adultes et 2 enfants, elle est aussi entièrement équipée. Accueil souriant des propriétaires, Carole et Clovis, très aimables et disponibles.

LES HAUTS DE PETITE-ANSE €€

Petite-Anse ✆ 06 96 60 13 97
www.villas-martinik.fr
Dès 455 €/semaine les villas F2, dès 490 €/semaine la villa F3, selon la saison.

Un vrai coup de foudre ! Perchées sur les hauteurs de Petite-Anse, deux villas F2 de 45 m^2 chacune, Colibri et Kawan, et une villa F3, Zamana, de 55 m^2 avec en plus 60 m^2 de terrasse, dominent la mer (15 minutes à pied de la plage). La vue est à couper le souffle. Tout est conçu pour passer un superbe séjour : salle de bains séparée, kitchenette équipée donnant sur la mer des Caraïbes, douches, machine à laver, télévision, accès wifi, bain bouillonnant privatif, plancha et chaises longues. Accueil irréprochable d'Annie, la maîtresse des lieux.

LA PALOMBIÈRE €€

Morne Jacqueline
✆ 05 96 68 63 38
www.gitesdelapalombiere.com
Appartements du F2 au F4 de 400 à 1 100 € et villas de 550 à 1 150 € la semaine selon saison.

Ce complexe familial géré par Suzanne Colombe surplombe la baie des Anses-d'Arlet, à flanc de morne. Entourée d'un beau jardin, la résidence propose quatre F2, trois F3 un F4, et deux villas naturellement aérés, très bien équipés avec terrasse, offrant une vue sur mer avec jardin et joliment décorés. Lave-linge et barbecue à disposition. L'accueil est aux petits soins ! Le F2 à l'étage de la villa est particulièrement cosy (vue époustouflante !). Un bon rapport qualité-prix dans ce coin. Nouveauté : toutes les chambres sont climatisées et il y a des points wifi.

LOCATION OUKAÉ €€

7, allée des Raisiniers ✆ 06 96 38 74 43
www.locationoukaemartinique.com
Studio dès 550 € la semaine en basse saison, bungalow dès 600 € la semaine. F2 à partir de de 950 €.

Situation exceptionnelle sur la plage de Grande-Anse pour ces 8 studios de 2 personnes et 2 F2 avec vue sur la mer pour 2 à 4 personnes, le tout joliment aménagé. Les studios se composent d'une chambre, WC et d'une terrasse avec kitchenette et coin repas. Les deux-pièces disposent eux d'une chambre climatisée, d'un cabinet de toilette et d'un séjour avec 2 couchages ouvrant sur une terrasse face à la mer avec kitchenette et coin repas. Dans le jardin, directement sur la plage, vous pourrez profiter des hamacs, des transats et du barbecue dans un cadre privilégié.

RÉSIDENCE BATTERIE €€

Rue de la batterie
✆ 06 96 29 22 10
F2 à partir de 400 € la semaine en basse saison et de 500 € en haute saison.

A 200 mètres du centre-bourg, et de la magnifique plage des Anses d'Arlet, s'est ouverte une nouvelle résidence composée de sept gîtes parfaitement équipés : six appartements T2 pouvant accueillir de 2 à 3 personnes (Cannelle, Sapotille, Carambole, Muscade, Merise, Caïmite) et un T4 Vanille d'une capacité de 6 à 8 personnes. Tous disposent d'un séjour avec cuisine américaine équipée, d'une salle d'eau, d'une télévision et d'une terrasse couverte. A la disposition des locataires : barbecue, douche extérieure et local avec lave-linge gratuit.

MAISON ANTILIA €

Villa n° 4 Lotissement Oxygène
✆ 05 96 68 65 96
www.maison-antilia.fr
A partir de 55 € par nuit, pour 2 personnes, selon la saison.

Située sur une petite colline dans le bourg des Anses-d'Arlet, cette maison abrite des appartements confortables et spacieux, entourés d'un jardin tropical, d'une piscine et d'un coin « grillades et pique-nique ». Chaque appartement est constitué d'un séjour-terrasse, d'une TV, d'une cuisine entièrement équipée, d'une salle de bains avec douche et WC, d'une chambre à coucher avec un lit double + climatisation. Anne et Erik, installés depuis plus de 20 ans en Martinique, se feront un plaisir de vous accueillir avec un planteur dès votre arrivée.

RÉSIDENCE LA CLÉMENT €€

Morne Jacqueline
✆ 05 96 72 28 62
www.martinique-la-clement.com
Studio à partir de 450 €/semaine. T1 420 €. Grand T2 470 €. F3 610 €. Villa 1 300 €.

Cette résidence, entièrement climatisée, offre une vue imprenable sur la baie. La piscine est en contrebas de la maison, avec vue sur la mer. La résidence se compose d'une villa confortable, de deux F3, d'un F1, d'un studio et d'un bungalow. Le tout décoré de façon simple mais colorée. La villa, d'une superficie de 200 m^2, comprend 3 chambres, un grand séjour, une cuisine et un cellier équipé, deux vérandas dont une très vaste avec vue sur la mer. Les appartements F3 (80 m^2) dotés d'une kitchenette et bar américain font face à la mer.

LA VILLA HARMONIE €€

17 chemin Rural de Cassière
✆ 06 10 63 74 85
www.location-vacances-martinique.com
A partir de 113 € par nuit et de 750 € la semaine.

Cette très jolie villa située au-dessus de la mythique plage de Grande Anse a été conçue pour se retrouver entre amis ou en famille afin de se détendre au cœur de la nature tropicale. Dans un cadre magnifique piqué d'arbres fruitiers centenaires et de nombreuses fleurs, cette villa sur deux étages offre tout le confort pour faire de vos vacances un moment inoubliable. Pour plus d'évasion, le site propose également des logements insolites, la «Cabane Rêve d'Enfant» et le «Nid d'Amour», coquets, apaisants, romantiques à souhait.

SNACK CHEZ FREDO €

Rue de la Chapelle
✆ 06 96 31 53 56
Ouvert tous les jours midi et soir. Addition moyenne 15 €. Fermeture du 15 juin au 15 juillet.

Ce petit snack, niché dans une case colorée, face à la mer et les pieds dans le sable est incontournable... Sans prétention mais très sympathique, il propose au menu : acras, crudités, poisson frais, colombo et Ti'Punch bien évidemment ! Ambiance locale et détendue. Les vendredi et samedi soir, concert créole et dimanche midi piano-bar. Renseignez vous sur le programme qui ne connait pas de dates régulières. On vous conseille d'appeler avant pour connaître les jours d'ouverture et aussi de réserver. Un excellent rapport qualité-prix dans les alentours.

ATAO PLONGÉE

Départ tous les jours du ponton de Grande Anse pour 8h30. ✆ 06 21 20 92 97
www.atao-plongee.fr
Club de snorkeling et plongée sur l'eau en catamaran. Journée catamaran snorkeling et/ou plongée à partir de 89 €/pers.

A bord de son catamaran, ATAO Plongée propose d'arpenter en petit comité les magnifiques anses de Madinina, d'admirer les tortues et poissons tout en profitant de tout le confort et des services à bord : barbecue, paddles, plongée avec bouteilles avec les moniteurs en option (baptême, passage de niveau, exploration...). L'occasion de plonger dans une eau turquoise. Autre avantage, il est possible de privatiser le bateau rien que pour votre groupe (2 à 14 pers.). ATAO Plongée propose également un hébergement insolite à bord d'un voilier au mouillage (max 5 pers.).

LE BIDJOUL €

Grande-Anse
✆ 05 96 68 65 28
Ouvert tous les jours midi et soir de 10h à 22h.

Voici un établissement ultra accueillant situé en bordure de plage. Le patron, Féfèn, est très sympathique, ce qui augmente le charme de ce petit restaurant. Vous pouvez manger sur la terrasse extérieure abritée du soleil ou à l'intérieur. Au menu : poulet boucané, chatrous, poissons ou bien encore une bonne fricassée de langouste toute fraîchement sortie du vivier. Profitez des animations musicales nocturnes régulières et enivrantes, pour vous immerger dans la culture populaire de l'île ! Petit bémol : le service est lent et les places sont chères !

MAN NITA €

Bd des Glycéridias
✆ 05 96 68 71 38
Ouvert du mardi au dimanche de 10h à 17h.

Venez vivre Grande Anse autrement, loin des restaurants habituels aux sound systems assourdissants. Partez au bout de Grande Anse pour un moment authentique « de bout du monde » aux côtés des pêcheurs et rastas locaux. Un restaurant les pieds dans l'eau pour une cuisine créole de qualité, et aussi un moment d'apéritif privilégié où vous alternerez entre baignades paradisiaques et dégustations de pina colada et de savoureux boudins et accras sur les fameuses tables parasols mange-debout immergées dans la mer. Un service sympathique et rapide.

ALIOTIS PLONGÉE

Ponton de grande Anse
✆ 06 96 90 40 25
www.aliotis-martinique.com
Sur réservation. RDV à 8h30 et 13h30 sur le ponton de Grande-Anse. 3 appartements climatisés, piscine, barbecue, wifi.

© ALIOTIS

A bord de leur catamaran Laurent moniteur MF2 et son équipe vous embarquent pour une sortie dauphins, une excursion dans le nord ou le sud, une plongée tout niveau... A recommander aux amateurs de données scientifiques au-delà de l'aspect loisirs et balade. C'est une sortie pédagogique admirable ! On apprend beaucoup grâce à une collaboration avec un bureau d'étude scientifique. Aliotis a signé la charte «Observation cétacés sanctuaire AGOA» qui protège les espèces. Hébergement possible à l'Equinoxe à cinq minutes de la plage de Grande Anse.

L'OASIS €€

19, Allée des Arlésiens
✆ 05 96 48 00 69
Du mardi au samedi de 12h à 23h. Le dimanche de 12h à 16h.

Ce petit restaurant *cosy* et chaleureux porte bien son nom. L'Oasis, avec son cadre verdoyant à deux pas de la plage, propose une cuisine française alliant le savoir-faire créole avec une carte fraîche et pleine de pep's qui change selon l'arrivage des produits frais. Nicole, la sympathique chef de cuisine, est très à l'écoute : elle saura vous séduire par la délicatesse de ses mets. L'assiette asiatique vous ouvrira l'appétit tandis que vous succomberez au tartare de thon rouge et terminerez par un délicieux dessert. Le rapport qualité/prix est très convenable.

LE LITTORAL €€

7 rue de la Batterie
✆ 05 96 71 58 98
Ouvert toute l'année. 7 jours sur 7.

C'est dans le joli et typique bourg des Anses-d'Arlet, que vous trouverez Le Littoral, restaurant créole avec sa terrasse les pieds dans l'eau. L'équipe de Joël ne manquera pas de vous recevoir dans la tradition créole (vous serez accueilli par un ti-punch revigorant) et vous régalera avec sa carte et ses menus variés, conçus pour toutes les bourses. Nous vous recommandons le menu «Langouste « (fraîche évidemment) d'un très bon rapport qualité prix et bien sûr les fameux *balaous* frits, le plat typique de ce petit coin de Martinique.

LE PELICAN BLEU €€

Plage de grande Anse
✆ 05 96 66 01 36
Addition moyenne 25 €/30 €. Ouvert du mercredi au dimanche de 10h à 21h (22h le week-end).

Un petit resto de plage pour déjeuner une bonne grillade de poissons et viandes les pieds dans l'eau sur la jolie plage de Grande Anse. L'équipe du Pélican vous accueille en toute simplicité et convivialité et à toute heure de la journée, à partir du petit déjeuner. Une pause agréable pour grignoter à tout moment un panini sucré ou salé, une salade, des tapas. Le site est superbe pour admirer des couchers de soleil à couper le souffle. Chaises-transats à disposition sur la plage. A noter : soirée musicale tous les vendredis.

TI PAYOT €€

1 allée des Raisiniers
✆ 05 96 69 07 38
Ouvert tous les jours jusqu'à 19h.

C'est l'un de nos lieux préférés sur l'île. Un bar-restaurant les pieds dans l'eau, une ambiance très conviviale avec une vue splendide sur la mer. Côté gastronomie, c'est un savant mélange de saveurs créoles et françaises. La spécialité de la maison, c'est la pêche locale : marlin ou thon frais en tartare, mais aussi *tataki* de thon au sésame grillé ! Sans oublier le fameux colombo de poulet, les copieuses salades, la fricassée de chatrou... Et lorsque l'on est bien repu, direction les transats sur la plage pour bouquiner sous la paillote ou siroter un jus frais.

SUD CARAÏBE

TI SABLE €€

Allée des Raisiniers

05 96 68 62 44

http://www.tisablemartinique.com

Ouvert tous les jours de 9h à 18h et vendredi, samedi et dimanche de 19h à 22h.

Sur l'une des plus belles plages de Martinique, dans un cadre idyllique les pieds dans l'eau, à l'ombre des petits carbets, Ti-Sable est un restaurant que l'on ne présente plus. Au programme : bar à cocktails (maison), vivier à langoustes, plage aménagée de transats et parasols, terrain de pétanque et accès wifi gratuit. Ici, on déguste des spécialités caribéennes comme la daurade crue marinée à la tahitienne. Le dimanche soir, concert à partir de 19h. Nouveauté : un club de plongée O'fil de l'eau se situe dans l'enceinte de l'établissement.

L'ESCALE €€€

1 rue des cocotiers

05 96 71 52 77

Ouvert le soir du mercredi au samedi de 19h à 22h, et le midi du vendredi au dimanche de 12h à 14h.

Pour un déjeuner en amoureux ou une soirée entre amis, l'Escale déroule son cadre charmant et raffiné, à deux pas de l'agitation de Grande Anse. Le service est efficace, tout comme la carte, simple mais de qualité. Ici la cuisine se veut résolument bistronomique. On aime le mi-cuit de thon, le ceviche de daurade ou encore le filet de bœuf. Les desserts ne sont pas en reste. Les saveurs sont au rendez-vous et le personnel est aux petits soins. Jolie carte de cocktails. Menu à l'ardoise le midi vendredi et samedi. Une adresse coup de cœur !

L'ARBRE À PAIN

Avenue Robert Deloy

05 96 68 72 29

Ouvert tous les jours de 10h30 à 14h et de 16h30 à 18h30.

Si L'Arbre à Pain est un restaurant de cuisine créole assez classique, on vous conseille surtout son bar très sympa sur la plage de Grande Anse. Une très bonne ambiance le soir au coucher du soleil. Vous y rencontrerez quelques passionnés de navigation à la voile aux Antilles. Côté resto, la spécialité de la maison, contrairement à ce que son nom laisse penser, ce n'est pas le fruit à pain mais la langouste grillée ! Un régal qui se mérite : seulement 30 couverts ici, donc pensez à réserver, surtout que les lieux sont pris d'assaut au coucher du soleil.

PANIER MADRAS

05 96 68 72 80

Ouvert tous les jours de 9h à 20h. Fermé le lundi.

Dans la petite ruelle qui longe l'église Saint-Henri, au cœur du bourg des Anses-d'Arlet, Panier Madras est une jolie case créole jaune et verte située à deux pas de la mer. La boutique propose une sélection de fruits, légumes et graines péyi (issus de Martinique essentiellement et parfois d'ailleurs), mais également des boissons et autres grignotages avant de se rendre à la plage toute proche. Le dimanche, on peut même acheter des boudins maison dont la réputation a fait le tour du village. On vous les recommande vivement.

ALPHA PLONGÉE

avenue Robert Deloy

06 96 81 93 42

www.alphaplongee.com

Ouvert tous les jours. RDV à 7h, 10h et 14h sur la plage de Grande Anse d'Arlet. Baptême 60 €.

© ALPHA PLONGÉE

Fabrice, Ingrid et leur équipe, tous diplômés d'Etat, gèrent cette structure où professionnalisme rime avec bonne ambiance. Pour les débutants, une première initiation en bord de plage est proposée avant de les emmener sur le site de plongée réaliser leur baptême. Une initiative rassurante et souvent oubliée par les clubs de plongée ! Alpha Plongée propose aussi des randonnées palmées pour admirer les tortues de mer qui se promènent souvent devant la plage. Baptêmes, explorations, formations PADI et école de plongée française. L'un de nos clubs préférés.

CALYPSO CROISIÈRES

33 Avenue Robert Deloy
✆ 06 96 51 90 54
www.calypso-croisieres.com
Ouvert tous les jours de 8h à 17h. Accessible aux personnes à mobilité réduite. Aménagements pour malentendants.

© CALYPSO CROISIÈRES

Calypso Croisières, signataire de la charte AGOA, vous propose des sorties pleinement écoresponsables.

Partez à la découverte des dauphins et de leur habitat dans le respect de la biodiversité. Entre la Martinique, Sainte-Lucie et les Grenadines, optez pour la formule de votre choix ou pour du sur-mesure et vivez des week-ends évasion, des croisières longue durée. Testez une formule 24h sur un catamaran ! Départ de Grande Anse pour une petite navigation, de la baignade, un coucher de soleil autour d'un repas et une nuit à bord. Un véritable coup de cœur !

BUBBLE DIVE

Rue des cocotiers
✆ 06 96 53 51 52
www.bubbledive.fr
Ouvert tous les jours, RDV à 9h et 14h. Baptêmes 55 €/personne. Exploration 48 €/personne. Formations FFESSM/ANMP.

Bubble Dive est un petit club à taille humaine. Embarquez à bord d'une jolie yole créole avec Thomas, moniteur diplômée d'Etat, mais surtout un professionnel passionné, et partez à la découverte des plus beaux spots de plongée de la Martinique. Thomas connaît le coin par cœur et saura adapter et personnaliser chaque plongée en fonction de vos envies. Il vous fait découvrir également la baie de Grande-Anse en stand-up paddle. Petit plus, la plongée se termine en détente avec un cocktail sans alcool offert par la maison. On aime !

CARIBBEAN YACHTING

Plage de Grande Anse
✆ 06 96 97 21 44
Sur réservation uniquement du mercredi au dimanche de 10h30 à 16h30.

Sur cette base nautique située sur la plage, Jean Jacques propose des loisirs nautiques très fun ; il faut absolument tester le SeaBob si vous ne connaissez pas. C'est un engin submersible qui vous permet de vous mouvoir tel un dauphin pour découvrir les fonds sous-marins et observer les tortues dans la baie de Grande-Anse ! Vous pouvez rester en surface ou descendre jusqu'à 2 mètres à une vitesse de 18 km/h. Jean-Jacques propose d'autres activités nautiques : wakefoil (pour voler sur l'eau), bouée tractée, wakeboard, subwing, ski nautique...

DEEP TURTLE PLONGÉE

108 avenue Robert-Deloy ✆ 06 96 29 29 11
www.deepturtleplongee.fr
Ouvert 7j/7 toute l'année. 3 rotations par jour : 7h, 9h et 14h. Accessible aux personnes à mobilité réduite.

Deep Turtle, c'est l'histoire d'un passionné : Nico, moniteur de plongée expérimenté. C'est autour d'un repas au bord de l'eau à Grande Anse que naît ce projet, sur un site exceptionnel pour la plongée avec ses eaux limpides et ses tortues vertes. Les moniteurs sont des professionnels aguerris et sérieux avec, en priorité, votre sécurité et votre confort, mais toujours dans une bonne ambiance conviviale. Que vous soyez débutant ou confirmé, ils ne manqueront pas de vous faire découvrir des merveilles sous-marines à bord du *Turtle Rain*, leur bateau de plongée.

KAYAKS DE L'ANSE NOIRE

Plage de l'Anse Noire
✆ 06 96 34 86 36
Ouvert tous les jours sauf le mardi de 9h à 17h.

S'il y a un endroit en Martinique où s'adonner aux plaisirs du kayak, en toute sécurité, c'est bien ici, sur la plage de l'Anse Noire, avec comme décor le sable noir et les eaux cristallines. En compagnie de David, votre guide, vous aurez sans doute la chance d'apercevoir un pélican ou de croiser une tortue dans ces eaux scintillantes. A bord de votre kayak, partez découvrir la grotte aux chauves-souris, nager aux côtés des tortues et faire le plein d'ondes marines des Caraïbes. Petites excursions courtes (une heure généralement) hors du commun.

NAUTITAN

8, Lotissement Batterie
✆ 06 96 31 81 38
www.nautitan.com
Location bateaux avec matériel nautique à partir de 150 €. Balade en mer avec capitaine à partir de 60 €.

Venez découvrir les sensations Nautitan. Equipé d'une flotte de 7 bateaux (tout confort douchettes, bain de soleil, tour de wake, bimini), Tristan vous propose la location d'un bateau moteur, du coaching wake, des balades vers le Rocher du Diamant jusqu'à la rencontre avec les dauphins. Au programme : sites de rêve, sensations fortes et moments inoubliables. Pour (re) découvrir la Martinique de façon insolite, rien de mieux que de se jeter à l'eau et prendre le large, que ce soit pour une belle sortie plongée ou une excursion en bateau sur le littoral.

PLONGÉE PASSION

Plage de Grande-Anse
✆ 05 96 68 71 78
www.plongeepassion.com
Ouvert toute l'année tous les jours.

C'est l'un des clubs pionniers en matière de tourisme écoresponsable. Avec le soutien de POEMM (Protection Observation Etude du Milieu Marin), il met à disposition gratuitement du matériel (palmes, masque et tuba) nécessaire à une observation respectueuse des nombreuses tortues nageant dans la baie. La contrepartie ? Leur communiquer vos observations qui serviront au CNRS. Engagé en faveur de l'environnement, Plongée Passion propose des ateliers de sensibilisation pour les scolaires. Un club que l'on recommande chaudement pour son engagement et son accueil !

QUAD'AUTRES

Palmiste
✆ 06 96 20 52 55
www.quadautres.fr
Ouvert tous les jours sur réservation uniquement. Fermeture annuelle en septembre.

Sur la base de loisirs située au cœur d'un domaine de 14 ha, Benoît propose des balades en quad et du paint-ball. Le quad est accessible à partir de 6 ans pour les 50 cm³ et à partir de 16 ans pour les Kymco 150. Après une initiation à la conduite, on part en balade accompagnée à la découverte de la flore et de la faune. Quant au paintball ce n'est peut-être pas l'activité typiquement touristique, mais si vous êtes un groupe d'amis et voulez jouer au « Rambo » dans un cadre tropical, amusez-vous et établissez votre meilleure stratégie pour battre vos ennemis…

LE DIAMANT ★★★

Dominée par la « Femme couchée » (le Morne Larcher), le Diamant doit son nom à son célèbre rocher, un ancien volcan sous-marin planté au milieu de la mer, qui fut le théâtre de bien des convoitises. Le lieu est chargé d'histoire : peuplé par les Arawaks dès le IVe siècle, puis par les Caraïbes au Xe siècle, avant d'être chassés par les colons français à la fin du XVIIIe siècle qui se le disputèrent avec les Anglais. Outre sa magnifique plage balayée par les vagues déferlantes, le Diamant est une ville des plus agréable. Montez jusqu'au Morne Larcher pour profiter d'une vue splendide sur le sud de la Martinique, le Rocher et l'île de Sainte-Lucie.

ÉGLISE SAINT-THOMAS

Rue Justin Roc
✆ 05 96 76 40 87

Ce très bel édifice d'inspiration baroque inauguré en 1829 et classé monument historique est particulièrement marquant par sa situation : immaculée de blanc, l'église fait face à la mer et au Diamant avec ses vagues déferlantes qui viennent claquer contre la plage. Maintes fois rénovée et détruite par des catastrophes naturelles, cette église arbore une splendide charpente, refaite en 1983 par les Compagnons de France, à la manière d'une coque de navire renversée. Fabriquée en métropole, elle a été démontée et remontée sur l'église en 1983.

ESPACE MUSÉOGRAPHIQUE BERNARD DAVID

39 rue Justin Roc
✆ 05 96 66 07 36
Ouvert du lundi au vendredi de 9h à 17h. Le samedi de 9h à 12h.

Cet espace muséographique sans prétention retrace l'histoire de la ville du Diamant à travers la collection (constituée entre 1958 et 1998) d'un ancien prêtre, Bernard David qui légua à la commune sa collection d'objets archéologiques précolombiens et ses fonds documentaires après avoir passé trente années de sa vie au Diamant. Une intéressante visite pour les amateurs d'art et d'histoire. Accueil très souriant et sympathique. Un petit musée qui a son charme.

Mémorial de l'Anse Caffard.

HABITATION O'MULLANE - MAISON DU GAOULÉ

A l'évocation du passé colonial de la région, c'est la « maison du Gaoulé » qui surgit dans la mémoire populaire : mécontents de « l'exécutif commercial royal » – obligation de commercer avec la France – les habitants organisent la première rébellion ouverte contre la tutelle métropolitaine, en 1717. A l'issue d'un repas servi dans la maison du Gaoulé, au quartier O'Mullane, les planteurs séquestrent le gouverneur La Varenne et l'intendant Ricouart, représentants du roi Louis XV.

MÉMORIAL DE L'ANSE CAFFARD ★★

Anse Caffard

Une quinzaine de statues regardent la mer et le rocher du Diamant, les épaules tombantes et le regard perdu. Cet ensemble monumental en forme de triangle (évoquant le commerce triangulaire) a été réalisé en 1991 par le sculpteur Laurent Valère à l'occasion du 150e anniversaire de l'abolition de l'esclavage. Il évoque le naufrage d'un bateau négrier en 1830 aux larges de la baie du Diamant. Les esclaves enchaînés ne purent se sauver et les rescapés furent envoyés au bagne...

MAISON DU BAGNARD ★★

D37

Au détour de l'un des lacets reliant le Diamant aux Anses d'Arlet, prenez le temps de plonger dans l'histoire de Médard Aribot, sculpteur talentueux et bagnard à ses heures. A son retour de Guyane, il s'éprend de cette langue de terre perchée au-dessus des eaux, à l'ombre du Morne Larcher et y érige une maisonnette aux proportions terriblement réduites. Il passera le reste de sa vie à la sculpter, la décorer et l'habiter avant de disparaître silencieusement en 1973. Malgré des campagnes de restauration, la maisonnette est menacée par le temps et les vandalismes.

DIAMANT BEACH €€

Ravine Gens-Bois

✆ 05 96 76 16 16

www.diamant-beach.com

Studio mezzanine dès 85 € ; T2 (4 personnes) dès 111 € ; T3 duplex (6 personnes) dès 140 €.

Les 49 appartements très spacieux (entre 47 et 72 m²) sont harmonieusement répartis dans un jardin tropical et bénéficient tous d'une terrasse avec vue sur la mer. Service hôtelier à la demande comme le ménage (une fois par semaine) dans les appartements. La piscine à débordement est très sympa : la vue sur le rocher du Diamant y est splendide. Prêt de planches de bodyboard, de VTT, cours d'aquagym et plongée en piscine selon saison. Restaurant le Carré bleu. La résidence a été reprise par un nouveau propriétaire qui fourmille d'idées.

MORNE LARCHER

Le morne Larcher, c'est le gardien, mouvant, discret, inaltérable de la baie du Diamant. Élimé, fatigué, rongé, il semble bien fragile lorsqu'on le distingue, depuis les hauteurs de la commune, avant de dévaler vers le centre-ville. Il est perché au loin, toujours présent du coin de l'œil, mais il s'efface souvent face à l'effervescence qui agite la longue langue de sable de la plage du Diamant. Et pourtant, quelques kilomètres plus loin, au pied du colosse, c'est l'inversion des normes : l'on se sent minuscule, face à la trace qui serpente et s'accroche au morne jusqu'à son sommet (402 mètres). Le Morne Larcher n'est autre qu'un ancien volcan aujourd'hui éteint.

De là, deux options s'offrent à vous : se reposer sur la plage de l'anse Cafard, à l'ombre protectrice du Larcher, ou se lancer à l'assaut du flanc de la montagne. Dans le second cas, prévoyez beaucoup d'eau et de bonnes chaussures : l'ascension est courte mais intense, accentuée par la chaleur, l'humidité et le chemin parfois très accidenté ou abrupt. Au bout d'une heure d'effort, vous voilà maître d'une vue imprenable sur l'ensemble du Diamant et le sud de l'île. Vous serez peut-être décoiffé par un parapente raseur, mais toujours heureux de ce spot inédit ! Coté pratique : la redescente peut se faire du coté des Anses d'Arlet, sur un chemin moins perché mais un peu plus rocailleux. Comptez ensuite 4 km de lacets côtiers pour retrouver le point de départ à l'Anse Caffard. Une autre solution peut être de venir à deux véhicules.

KAZ O'ROCHER €€

Quartier Mare Poirier O'Mullane
✆ +596 696 20 07 76
www.kaz-o-rocher.com
Équitation. Sports nautiques. Motards. Eau potable. Lave-linge, laverie. Ventilateur. Piscine extérieure.

© KAZ O ROCHER

Sur les hauteurs du Diamant, la résidence Kaz O'Rocher propose 4 appartements entièrement rénovés de 60 m² tout confort et parfaitement équipés. Leur point fort : leur vue exceptionnelle sur le rocher du Diamant, le Morne Larcher et même Sainte-Lucie par grand beau temps. Et ce n'est pas tout : tous donnent sur une grande piscine de 40 m², agrémentée d'un bar extérieur, d'espaces salons et d'un grand spa. De là, le spectacle sur le soleil couchant est saisissant. Accueil souriant d'Agnès votre hôte, qui connait l'île à merveille !

DOMAINE DIAMANT CARAÏBES €€

Anse Caffard
✆ 06 11 29 39 28
www.domaine-diamant-caraibes.com
A partir de 1 400 € la semaine.

Le Domaine Diamant Caraïbes est composé de deux villas indépendantes avec vue sur mer panoramique et situées dans un vaste jardin paysager, à seulement 200 mètres de la plage du Diamant. Les Villas Madinina (10 personnes) et Diamantine (8 personnes) possèdent chacune une piscine et sont parfaitement équipées (lave-linge/sèche-linge, wifi, cuisine équipée, plancha, télévision...). Les chambres sont climatisées tandis que tout est décoré avec goût aux couleurs de la Caraïbe. Nous vous invitons à vous rendre sur le site Internet pour plus d'infos.

HOTEL DIAMANT LES BAINS €€

✆ 0596764014
www.diamantlesbains.fr

Véritable havre de paix entre mer des Caraïbes et jardin luxuriant, ce célèbre hôtel construit en 1945 est l'un des plus anciens de l'île et il a vu défiler de nombreux écrivains, tels que Césaire, Chamoiseau et Glissant. Il a été entièrement rénové en 2018. La nouvelle structure à la décoration contemporaine abrite désormais 28 studios de 25 m² et 5 bungalows plage de 40 m², avec vue sur le rocher du Diamant, très bien équipés et pensés avec un réel souci de confort pour vous permettre de passer d'agréables moments, les pieds dans l'eau.

SUD CARAÏBE

Rocher du Diamant.

BLACK DIAMOND MAJESTY KEYS €€

Majesty Center Pointe de la Cherry
✆ 0596 02 02 96
https://blackdiamond.site

Studio pour 2 à 4 personnes à partir de 90 € la nuit. Location de 4 jours minimum.

Surplombant la magnifique baie du Diamant, le Black Diamond offre un cadre exceptionnel grâce à son Pool & Beach et ses nombreux partenaires : boutique, restaurant et bar, espace wellness. Ce complexe se transforme ponctuellement en lieu évènementiel de référence sur la Martinique avec ses nombreux carbets et baldaquins disposés autour de l'immense piscine. Pour profiter d'un accès privilégié à la piscine, la conciergerie Majesty Keys propose des hébergements directement sur site.

ROCHER DU DIAMANT ★★★

Sur la route de l'Anse Cafard, la mer jette ses tourbillons au-dessous de la falaise. Dessus, l'herbe jaune, haute, se courbe sous le joug du vent. Etreint dans la Grande Bleue, surgit le rocher du Diamant. Remarquable de beauté, le joyau si souvent convoité par la couronne d'Angleterre donne son nom à ce qui n'est alors qu'un quartier… Ce roc volcanique forme un promontoire à 175 m de hauteur. Effectivement, en raison de sa position avancée et des courants qui l'environnent, le bastion longtemps disputé joue un rôle important pour le contrôle du canal de Sainte-Lucie. En 1804, les Britanniques le baptisent sur leurs cartes marines comme un vaisseau de leur flotte. Après plusieurs tentatives infructueuses, Her Majesty Ship (le HMS Diamond Rock), défendu par quatre puissants canons, est repris à l'abordage, en mai 1805, par l'amiral de Villeneuve, – appuyé par d'importantes forces navales et de débarquement. Aujourd'hui, il s'offre comme un joyau de plongée sous-marine et de la baignade. Les plongeurs confirmés se régaleront, car les poissons et les espèces marines sont très nombreux à s'épanouir contre ses flancs immergés. Les aventuriers ne seront pas en reste, et devront affronter quelques fortes émotions dans le lourd roulement des vagues, fréquentes et violentes. Cependant, il est formellement interdit de s'aventurer sur le rocher, véritable refuge de ce redoutable serpent : le trigonocéphale. Le site est protégé par l'ONF ; les « pailles-en-queue », des oiseaux, viennent y nicher.

HABITATION DIAMANT €€

rue Osman Durand ✆ 06 96 24 66 06
www.habitation-diamant.fr

A partir de 55 € nuit F2, minimum 7 jours. Laverie. Supérette. Plats cuisinés à emporter. Piscine extérieure.

Ce nouvel hébergement de charme créé par Fabrice, qui dirige «Alpha plongée» aux Anses-d'Arlet, se trouve au Morne Blanc C'est une petite résidence toute neuve sur un étage, entourée d'un jardin tropical clos de 2 000 m² avec piscine et parking. Ce petit complexe comprend un F2 pour 2 pers, trois F3 pour 4/5 pers et un F4 pour 6/8 pers. Tous les appartements sont bien isolés les uns des autres, possèdent une terrasse avec un spa ou un jardinet privatif. Chaque chambre climatisée a sa salle de bains privative. Nouveauté 2022 : un carbet sous les arbres fruitiers.

KAY TI CANNELLE €

Rue Dereck Walcott
✆ 0696 00 98 19
www.kayticannelle.com

Logements à partir de 60 € la nuit.

Céline et Thierry ont aménagé sur leur propriété du Diamant plusieurs logements atypiques bénéficiant d'une belle vue sur mer. Ici le bois est le roi et la déco est conçue avec goût à partir de matériaux de récup' comme des palettes. Chaque studio est composé d'une chambre et d'une terrasse extérieure d'un beau volume avec cuisine équipée. Le couple propose également d'autres logements sélectionnés par ses soins aux Trois-Ilets. Pour toute question, reportez-vous aux conseils avisés des propriétaires qui aiment partager leur amour pour la Martinique.

VILLA INDIES €€

Morne Pavillon,
✆ 06 96 24 23 21
www.villa-indies.com

Location à la semaine de 1 200 à 1 400 € sauf aux vacances de Noël (1 600 €). Villa d'architecte 2 chambres + 2 sdb.

Une admirable villa d'architecte au style résolument contemporain dominant la baie du Diamant. On grimpe tout en haut du morne Pavillon et là…. : la vue est grandiose ! Toutes les pièces sont orientées vers la mer. La déco est très soignée (la propriétaire est architecte) et conjugue art de vivre créole et mobilier et équipements de standing. Les deux chambres s'ouvrent sur la terrasse extérieure où l'on profite pleinement du deck et de la piscine. Une très belle adresse intimiste à souhait. Il est indispensable d'être véhiculé.

BKB €

Station Cap Taupinière
https://bokayburger.com

Ouvert 7j/7 de 11h à 22h. Vente à emporter. Addition moyenne 13 €.

Le royaume du burger *made in* Martinique ? C'est ici, chez BKB, la franchise Bokay Burger qui propose des burgers bien de chez nous comme l'Otentik ou le Bokay Bacon. Mais surtout elle revendique le fait d'utiliser des produits de qualité au goût caribéen. Quant aux frites, elles sont fabriquées à partir de patate douce. Le poulet, lui, est assaisonné sur place, tous les jours et dans chaque établissement BKB. L'enseigne BKB compte actuellement une dizaine d'établissements en Martinique. Au Diamant, Cap Taupinière propose uniquement la vente à emporter.

DREAMLAND CARAÏBES €€€

✆ +596 696 28 18 24

https://dreamland-caraibes.com

Villa à partir de 1 800 € en basse saison jusqu'à 2 800 € la semaine. T4 dès 1 000 € la semaine.

Ce mini-complexe de luxe se compose de 2 magnifiques villas indépendantes et d'un très grand F4, conçus de façon à ce qu'aucun des logements n'ait de vis-à-vis : seule la splendide plage du Diamant compose la vue ! La déco est soignée dans un style résolument balinais. Le tarif reste raisonnable compte tenu des prestations haut de gamme : accès plage direct, piscine privée, superbe terrasse en teck avec transats, petit carbet couvert au bord de l'eau. Grande table et coin salon en terrasse extérieure et cuisine équipée qui s'ouvre sur un bar. Demandez Philippe !

PAM SNACK €

place des fêtes
✆ 06 96 78 71 23
Ouvert tous les jours de 9h à 15h.

C'est le cliché du petit snack roulotte local sur la plage, typiquement créole, qui vous propose toute une variété de plats caribéens. Colombo de cabri, brochettes de lambis, poulet boucané, pêche locale savamment préparée... sont à déguster les pieds dans le sable en admirant le rocher, la magnifique plage du Diamant et ses eaux turquoise toujours changeantes et tourmentées, le tout dans une bonne ambiance à l'antillaise, comme chez maman, avec en bonus un petit air de zouk qui passe en boucle. Rapport qualité-prix imbattable.

LE CHILL €€

Route de l'Anse Caffard
✆ 0696 22 14 45
https://www.chill-martinique.com
Ouvert tous les jours de 11h à 22h.

C'est le nouveau beach bar-restaurant « tendance » du Diamant, face au fameux rocher éponyme. Un décor tropical de rêve, avec des transats sur la plage, un grand bar central et un espace restaurant. Le Chill se décline au gré de vos envies : une halte pour boire un verre, lézarder au soleil, déjeuner ou dîner les pieds dans l'eau ! Côté cuisine, la carte affiche un positionnement international. On savoure un tartare de poisson frais, une langouste grillée, une côte de bœuf, un magret de canard… Un lieu inédit à découvrir ! Service efficace.

LE POISSON ROUGE €

Quartier Taupinière
✆ 05 96 76 43 74
Ouvert tous les midis de 12h à 15h sauf le mercredi. Ouvert vendredi et samedi de 19h à 22h.

Rendez-vous des vieux loups de mer, ce restaurant n'a pas le droit à l'erreur en ce qui concerne la fraîcheur de ses produits ! Parmi les spécialités : le court-bouillon de poissons frais cuisiné à la créole, les crabes farcis maison, les langoustes fraîches choisies dans le vivier accompagnées d'un gratin de légumes du pays ou les fricassées de crevettes. Et quand Monsieur Cantinol reçoit des oursins, les habitués traversent toute l'île pour venir les déguster ! Pour ceux qui préfèrent déguster ces petits plats chez eux, un service à emporter est possible.

LE GRAND BLEU €€

Hôtel Diamant Beach
✆ 06 96 50 57 17
Ouvert du mercredi midi au dimanche de 11h30 à 17h.

Le Grand Bleu se cache dans l'enceinte de l'hôtel Diamant Beach et s'ouvre telle la proue d'un bateau face à la mer et au majestueux rocher du Diamant. Le cadre est intimiste et la piscine attenante très avenante. Liaura et son époux Hervé (le chef) offrent une cuisine du monde métissée à certains produits locaux. Hervé est un chef issu du monde de la vraie gastronomie et cela se voit dans le soin apporté à ses assiettes. Faites-vous plaisir et plongez sans hésiter dans cette remarquable adresse, sans doute l'une des meilleures tables du Diamant.

LA TERRASSE €

92 rue Justin Roc
✆ 05 96 76 40 14
www.diamant-les-bains.fr

Le restaurant de l'hôtel Diamant les Bains propose une cuisine créole bistronomique, conçue à partir de produits frais issus des circuits courts. Le restaurant avec terrasse pouvant accueillir 50 couverts est ouvert sur le jardin. La carte est courte, gage d'une belle qualité de produits. On aime le retour de pêche, les légumes d'ici et d'ailleurs, l'aile de raie confite sauce vierge, l'œuf fermier et son crumble au parmesan, l'espuma de patate douce au curry vert, et, en dessert, la pavlova aux fruits exotiques. La piscine et la plage sont à proximité immédiate.

JO'Z LE GOURMET €€

Quartier Palmiste
✆ 05 96 53 99 61
Ouvert du mardi soir au dimanche midi.

Dans l'écrin de verdure du domaine Diam Arlet, le Jo'z le gourmet vous transporte dans une ambiance cosy et jazzy pour un voyage culinaire. La cuisine gourmande et métissée du chef Joël Bidard vous fait vibrer chaque semaine au gré des produits du marché et du jardin du chef. Ses plats sont raffinés et présentés avec beaucoup d'élégance. Le service est attentionné et très professionnel. Une belle découverte que nous vous conseillons sans hésiter ! Un véritable coup de cœur. La nouveauté du domaine c'est une grande salle de réception pour vos événements privés.

© DOMAINE DE LA PALMERAIE

© DOMAINE DE LA PALMERAIE

© DOMAINE DE LA PALMERAIE

DOMAINE DE LA PALMERAIE €€€

Quartier Thoraille ✆ 06 96 50 24 40
www.domainedelapalmeraie.com

Un concept différent d'un hôtel traditionnel et bien plus qu'une simple location.

Nichée au cœur d'un jardin tropical sur les hauteurs du Diamant, au sud de l'île, la propriété se fond dans la végétation luxuriante au cœur d'un sublime parc de 7 000 m². L'architecture est inspirée de l'Asie, avec ses gazébos en bois et ses statues de Bouddha. Chacune des villas dispose de sa propre terrasse tropicale avec piscine privée, vous offrant la liberté, l'intimité et le repos dont vous rêvez. Sourires, surprises et moments partagés, l'équipe est disponible et à l'écoute et saura faire de votre séjour une belle escapade.

© DOMAINE DE LA PALMERAIE

© DOMAINE DE LA PALMERAIE

© JCH DUSANTER

Marché du Diamant.

LITTLE ROCK BEACH RESTAURANT BAR €€

36 rue Justin ROC
✆ 05 96 65 04 99
Ouvert tous les jours : dimanche et lundi de 12h à 17h, du mardi au samedi de 12h à 21h.

Dans le bourg du Diamant, situé face à la mer, le restaurant Little Rock vous propose une cuisine éclectique aux vibrations antillaises à déguster tout en admirant la baie et le rocher du Diamant. Ribs caramélisés, fricassée de lambis, accras, féroce d'avocat... Mais le gros point fort des lieux, outre sa cuisine soignée, c'est son emplacement : les pieds dans l'eau. On y trouve également un bar à cocktails. Bref, un lieu où vous passerez assurément un bon moment !

LE NEW CAP €€

Anse-Caffard
✆ 05 96 76 12 99
Ouvert du mercredi au lundi de 10h à minuit. Fermé le mardi.

Est-il meilleur endroit pour déjeuner ou dîner les pieds dans l'eau face au joyau de la commune ? La grande terrasse, le deck, le bar lounge et l'accueil festif sont une invitation au bonheur. Au menu, la salade de camembert frit, la côte de veau Rossini, le tiramisu aux fruits rouges maison... Puis le soleil empourprant l'horizon, les cocktails et les tapas sont au rendez-vous. Le vendredi soir, c'est karaoké endiablé ou concert. Alors, pour vos moments festifs, de farniente ou simplement gourmands, mettez le cap sur cette adresse de qualité.

XO BISTRO €€

34 Bis rue des Arawaks
✆ 05 96 63 38 01
https://xobistro.fr
Fermé le dimanche. Du lundi au samedi de 17h à 22h.

Dans ce restaurant de cuisine fusion et d'influences caribéennes, françaises, méditerranéennes et orientales, tous les plats sont faits maison, à base d'ingrédients frais et de qualité. Au menu, un plat du jour le midi, poissons frais et langoustes en saison, des viandes de qualité origine France, tout le monde y trouvera son compte : burger, frites fraîches maison, et les trois poke bowls du chef selon ses inspirations. Les desserts aussi sont à tomber ! Le personnel est souriant et attentionné. Détail qui a son importance : le service est rapide.

BLACK DIAMOND MAJESTY KEYS €€€

Majesty Center Pointe de la Cherry
✆ 0596 02 02 96
https://blackdiamond.site
Restaurant, Bar lounge, Pool & Beach. Beach club avec des animations et des DJ tous les week-ends.

Dans le cadre idyllique d'un complexe agrémenté d'une majestueuse piscine avec vue mer, le Black Diamond offre l'occasion de vivre une expérience unique de détente et de farniente. Le chef étoilé (à Monaco) Marcel Ravin est originaire du Diamant et il signe la carte, offrant un concept original appelé « snackonomie » : un snacking chic pour une carte évolutive, basée sur l'esprit de partage. On aime particulièrement le Black Burger Angus et les brochettes dans le *fouyé diffé* (BBQ).

AUX COULEURS LOCALES

4 rue des arawaks
✆ 05 96 68 65 54
www.claude-henry.fr
Ouvert tous les jours de 9h à 18h. Fermé le lundi et le jeudi matin.

Dans ce petit bungalow bleu en bord de route, l'artiste-peintre Claude Henry expose et vend ses tableaux d'art naïf : scènes pittoresques de la vie martiniquaise, paysages chatoyants, combats de coqs... L'artiste les décline également en cartes postales. La visite de l'atelier se termine souvent sur la dégustation d'un savoureux jus de fruits frais concocté par l'hôte de ce lieu. N'hésitez pas à faire une halte dans cet atelier : Claude est intarissable sur sa belle île ! C'est une mine d'informations, en plus d'avoir un sacré coup de pinceau.

MARCHÉ DU DIAMANT

Rue Justin Roc

Du lundi au samedi de 6h à 13h.

Juste à côté du cimetière, en bord de mer, une nouvelle structure agréable, une grande halle couverte, accueille quotidiennement le marché du Diamant et ses producteurs locaux. Outre les fruits et les légumes, quelques petites échoppes proposent de l'artisanat local pour rapporter quelques cadeaux péyi : bijoux, bibelots, paréos, punch et rhum arrangé, tissus madras, poupées, tableaux, sans oublier les délicieuses pâtisseries martiniquaises. Trois petits restaurants accolés au marché, côté mer, proposent une cuisine créole de qualité.

YLANG BOUTIK

Rue Edouard Glissant

✆ 05 96 76 89 77

Ouvert du mardi au samedi 10h à 13h et de 16h à 19h.

Avis aux *fashion victims* : cette boutique de prêt-à-porter implantée à l'entrée du bourg du Diamant propose toute sorte de petites choses sympathiques. Vous la reconnaîtrez à sa devanture bleue et blanche et la trouverez en remontant vers les anses d'Arlet (à droite au rond-point). Toutes les dernières collections se bousculent chez Ylang Boutik : Kaporal, Little Marcel, Caramboles, Téri et bien d'autres combleront vos envies de shopping parce que, quoi qu'il arrive, même sur une île, on ne résiste pas à l'appel de la mode !

ALOHA & ZEN

Lot La Michele

✆ +596 696 41 64 76

https://www.aloha-et-zen.com

Ouvert de 9h à 18h du lundi au samedi, sur rendez-vous uniquement.

Emilie est spécialisée en massages bien-être. Outre la « lympho-énergie », une méthode qui associe mouvements de relance lymphatique à des points d'énergie chinoise pour se détoxifier, elle pratique l'abhyanga, le plus ancien massage du monde qui aboutit à un lâcher prise total, grâce à des pressions ciblées et des étirements. Il y a également le massage femme enceinte et le massage bébé pour apprendre à masser bébé. Dans tous les cas, pensez à réserver en amont. Emilie, très pro et à l'écoute, se déplace aussi à domicile. On recommande vivement !

LA PISCINE €€

Allée de l'Azur

✆ 05 96 71 74 89

Dimanche, lundi, mardi de 11h30 à 19h. Vendredi et samedi de 11h30 à 22h. Fermé mercredi et jeudi.

Dans un cadre agréable au bord d'une belle et grande piscine, ce n'est pas seulement un restaurant qui vous ouvre ses bras, mais un lieu de détente pour y passer la journée seul, en amoureux, entre amis ou en famille. L'accueil est au top ; on s'occupe de vous pour que vous passiez une journée inoubliable dans un cadre à l'ambiance tropicale. Le restaurant vous propose une carte originale et sympa ; il y en a pour tous les goûts. Des soirées musicales qui ne manquent pas d'intérêt y sont régulièrement organisées (consultez leur page Facebook).

© LA PISCINE

© LA PISCINE FROU

AVENTURES CARAÏBES

Rue Des Arawaks

© 06 96 48 59 98

www.fatbike-caraibes.com

Location, rando VTT électriques et Fat bikes.

Au départ du Diamant, Alan propose un panel très complet de balades découverte à travers le sud de l'île. Vous n'avez pas besoin d'être entraîné comme un professionnel du cyclisme… le vélo électrique est une invention merveilleuse qui permet de découvrir de façon ludique et sans trop se fatiguer, les trésors de Madinina ! On adore le Fatbike et ses grosses roues tout terrain qui roulent partout, même sur la plage. Vous pouvez parcourir près de 100 km grâce à l'assistance électrique (avec les VTT à assistance) sans ressentir la moindre douleur dans vos mollets !

DAUPHINS EMOTION EXCURSION

Place du Marché couvert

© 06 96 94 45 22

www.dauphins-emotion.com

Ouvert tous les jours de 9h à 18h. Bureau de vente d'excursions sur toute la Martinique.

Vous êtes en quête d'activités à programmer lors de votre séjour ? Faites appel à Yesenia, fondatrice de ce bureau d'excursions. Cette jeune Cubaine d'origine offre un panel complet d'activités sportives, de loisirs ou culturelles : journée en catamaran, location de bateau semi-rigide, sortie dauphins, découverte de la mangrove, plongée, balade en buggy, sortie aux fonds blancs ou visite de distilleries… Yesenia a sélectionné des prestataires de qualité et vous oriente selon vos goûts.

DSC PLONGÉE

O'Mullane bas

© 06 96 39 54 55

www.dscplongee.com

Du lundi au dimanche de 8h à 17h. Baptême 60 €, plongée autonome 40 € accompagnée niveau 1, 50 €.

Seul club de O'Mullane bas situé au Diamant, Max vous propose, dans une ambiance familiale et conviviale, à quelques minutes seulement de bateau, des plongées sur le site merveilleux du rocher du Diamant. Moniteur de plongée expérimenté et diplômé d'État, Max et son équipe vous proposent des sorties pour tous les niveaux, cinq spots de plongées au Diamant, ainsi que des formations et passages de niveau. La nouveauté : tous les jeudis, c'est plongée de nuit au Rocher du Diamant… une expérience inédite à recommander vivement !

SAINTE-LUCE ★★★

Il règne à Sainte-Luce une ambiance charmante et authentique, le bourg ayant su garder son cachet avec ses cases colorées et ses bateaux de pêcheurs dans sa baie qui fait face à Sainte-Lucie. Le matin, une agréable agitation berce le front de mer. S'y balader, arpenter les ruelles animées, flâner autour des étals du marché et rencontrer les pêcheurs a quelque chose de magique. Ici, les restaurants sont nombreux et la plupart posent leurs tables au bord de l'eau. Outre la forêt sauvage de Montravail, la commune abrite de jolies plages plutôt prisées : Gros Raisins, Anse Pont-Café, Anse Corps-de-Garde, Anse Désert, Anse Mabouya et Anse-Fond-Banane…

Histoire

On peine à dater le passé amérindien de Sainte-Luce. Le quartier de Montravail, connu pour ses pétroglyphes, laisse penser qu'il s'agissait d'un lieu sacré. Les insulaires virent débarquer les premiers Français en 1635. Au XVIIe siècle, les colons s'installent notamment au lieu-dit « Trois-Rivières », en raison de sa fertilité et de son accès aisé. Une situation avantageuse, certes, mais qui ne manque pas d'attirer à plusieurs reprises les incontournables Anglais qui ravageront la localité en 1693.

Transports

▸ **Taxi collectif.** Liaisons régulières avec Fort-de-France, gare routière, place des cocotiers à l'entrée du bourg. Lignes de bus de l'Espace Sud avec desserte de la région sud.

▸ **Transports en commun.** Le réseau de bus SUDLIB permet de se déplacer dans les communes du sud de l'île : la ligne C relie Rivière-Pilote et les Trois-Ilets via le Pont de Sainte-Luce et la Médiathèque, la ligne D1 relie le Marin et les Trois-Ilets via Rivière-Salée, la ligne P5 relie Rivière-Pilote et Sainte-Luce.
Lignes SUDLIB (https://sudlib.fr), transports en commun de Sainte-Luce :
La ligne 20 au départ de la gare routière de Rivière-Pilote relie Sainte-Luce via Pierre et Vacances, Corps de Garde et Trois-Rivières (arrêt à l'Habitation Trois-Rivières).
La ligne 21 relie la gare routière de Sainte-Luce et Epinay-Bas via la Médiathèque, Bellay et Croisée-Baron.
La ligne 22 relie la gare routière de Sainte-Luce et Montravail via la Mairie, Pierre et Vacances et la Gendarmerie.

Vue sur la baie de Anse Galet.

ANSE-CORPS-DE-GARDE

A 2 kilomètres du bourg, l'Anse-Corps-de-Garde est l'une des plus grandes plages de Sainte-Luce. Cette plage de sable blond piquée de cocotiers offrant de belles zones d'ombre est très agréable pour les familles. Les eaux sont calmes et limpides. Un centre nautique permet de louer kayaks et paddles. Vous trouverez de nombreux snacks, lolos et restaurants à proximité. Attention aux mancenilliers signalés au bout de la plage ! En revanche, les amateurs de tranquillité risquent de repartir bredouilles et se rabattront vers des lieux plus paisibles.

ANSE-MABOUYA

Ce tout petit bout de plage réservé aux connaisseurs, car on ne le voit pas de la route, se mérite ! Pour vous y rendre, il faut prendre la direction Mabouya, continuer vers la mer sur une route qui ressemble davantage à une piste et enfin traverser un lotissement. Encore dix petites minutes de marche et vous y voilà ! La mer est belle et calme. La vue sur le Morne Larcher est époustouflante. Le soir, nombre de Martiniquais s'y donnent rendez-vous pour admirer les couleurs chatoyantes du coucher du soleil sur la mer. Un très bel endroit.

ANSE-DESERT

Lovée entre les anses Mabouya et Fond-Banane, cette belle plage de sable blanc, digne des plus belles cartes postales, s'étire sur plusieurs centaines de mètres. Elle recèle de coins d'ombre, ce qui en fait un lieu propice aux pique-niques en famille. Fréquentée par les clients des hôtels les Amandiers et Caribia, elle reste relativement peu bondée curieusement. Les eaux sont plutôt calmes, attention néanmoins à la propreté parfois douteuse. Enfin, pour les petits, quelques baignoires naturelles le long de la plage invitent à la baignade.

BOURG DE SAINTE-LUCE

Sainte-Luce reste l'une des villes les plus authentiques de l'île. Pour la découvrir, rien de tel qu'une balade matinale, le long du boulevard Kennedy qui suit la mer, à l'heure où les premiers étals du marché couvert se dressent et où les pêcheurs reviennent au port avec leur butin du jour. Les nombreuses terrasses de cafés et de restaurants, elles, s'animent un peu plus tard jusque dans la soirée. Après le marché, continuez en direction de la rue Schoelcher pour aller jusqu'à l'église Sainte-Luce, entourée de maisons anciennes, puis revenez par la mairie.

Vue sur le bourg de Sainte-Luce.

© TROIS RIVIÈRES

© TROIS RIVIÈRES

PLANTATION TROIS RIVIÈRES ★★★

Quartier Trois-Rivières ✆ 05 96 62 51 78
www.troisrivieresrhum.com
Du lundi au samedi 9h-17h30, le dimanche de mi-décembre à fin avril. Visite guidée : 8 €/adulte, 4 €/enfant (4-12 ans).

Reconnaissable à son moulin à vent, Trois Rivières compte parmi les distilleries réputées. Vous découvrirez les méthodes traditionnelles d'élaboration des rhums agricoles avant de déguster les prestigieux millésimes et cuvées. Nouveauté 2022 : la maison propose une animation immersive, qui permet de se plonger dans le processus de fabrication du rhum. On voit les fûts prendre vie. Inédit en Martinique ! Tout autour, les boutiques offrent un beau panel de l'artisanat local.

© TROIS RIVIÈRES

© TROIS RIVIÈRES

LES CAYALINES €

Quartier Désert
✆ 05 96 66 28 13
www.cayalines.com
Studio à partir de 77 € la nuit selon le type, la saison et la durée du séjour (tarifs dégressifs).

© CAYALINES

Une très belle situation géographique pour cette résidence hôtelière dotée d'une grande piscine à débordement, d'un barbecue, d'un très grand jardin et d'un ponton en bois qui vous conduit jusqu'à la mer en sillonnant la mangrove. Transats et paillotes agrémentent votre confort. Les appartements sont climatisés, propres et spacieux. Ils disposent de la TV, d'une salle de douche et d'une kitchenette bien équipée. Possibilité de déguster un petit déjeuner concocté maison. Une adresse bien futée à vous recommander sans hésiter.

FORÊT DE MONTRAVAIL

Quitter la N5 à hauteur de la Distillerie Trois-Rivières. Poursuivre sur la D36 en direction de Monésie.

Ce superbe domaine tropical s'étend sur 75 hectares au nord de Sainte-Luce. Le fromager géant est roi au bord des sentiers balisés : l'un d'entre eux atteint même 5,50 mètres de circonférence. L'originalité du lieu réside dans la présence de roches gravées datant de l'époque précolombienne. Le site fut en effet l'un des emplacements d'installation des Amérindiens. Le sentier Anoli de 900 mètres et le sentier de la Mangouste de 1,6 km vous emmènent à la rencontre des espèces végétales et animales de cette forêt si mystérieuse.

PLAGE DE GROS-RAISINS

C'est l'une des plages les plus proches du bourg de Sainte-Luce. Très fréquentée par les familles (zones d'ombre idéales pour les pique-niques, mer calme, douches et toilettes propres, sans oublier quelques snacks et restaurants çà et là), la plage de Gros-Raisins est très accessible et idéale pour un bain de soleil rapide ou un moment de détente aquatique. Seul bémol : vous n'y serez pas seul ! Les lieux sont prisés par nombre de résidences et d'hôtels situés à proximité. Néanmoins, la halte y demeure très agréable. Grand parking pratique.

SENTIER D'INTERPRÉTATION BOTANIQUE DE DÉSERT

✆ 06 96 07 14 53
Visite libre. Ouvert tous les jours de 6h à 18h.

Ce sentier-jardin privé est situé sur un espace naturel littoral humide. Des panneaux pédagogiques jalonnent le sentier en présentant les plantes ou arbres remarquables du site, où s'épanouissent palétuviers et amandiers péyi. Avec ce sentier, l'objectif de Pascal Fardin, le propriétaire, est de faire découvrir au grand public la mangrove, ainsi que la faune et la flore locales. Un plan d'eau peuplé de tilapias et inspiré de l'étang des Salines traverse le site sur environ 200 mètres.

GOODLY LOCATION

57 rue Schœlcher
✆ 06 96 25 82 92
https://www.goodly-location.fr/
Ouvert tous les jours de 8h30 à 12h. L'après-midi ouvert uniquement sur rendez-vous.

Vous serez accueilli par le sourire de Nathalie, surtout si vous venez de la part du *Petit Futé* ! Le parc est composé de véhicules récents de catégories A, B et C, tous climatisés avec possibilité de location de siège bébé… Livraison gratuite à l'aéroport à partir de 7 jours de location. Le conducteur additionnel est gratuit et le kilométrage illimité. Location de voitures à partir de 30 € par jour en basse saison et 38 € en haute saison. Assurance tous risques avec franchise à des prix attractifs. Une flotte de 22 voitures.

TRANSPORT EXPRESS CARAIBES

43 boulevard Kennedy - 97228 **SAINTE-LUCE** (Martinique) ✆ 06 96 43 76 68
www.transports-express-caraibes.fr
resas.caporosso972@gmail.com
Départs mercredi, vendredi, samedi et dimanche. 100 € adulte, 60 € enfant (jusqu'à 12 ans). Gratuit pour les moins d'un an

Dans la marina du Marin, le capitaine Gilbert et son bateau rose, un ferry de 95 places, ne passent pas inaperçus ! Lui et son équipe s'occupent des transferts entre le Marin et la marina de Rodney Bay à Sainte-Lucie. Il faut moins de 2 heures, à bord d'une mer parfois agitée mais peuplée de dauphins, pour relier les deux îles. Pour réserver, envoyez un message par whatsapp. Les formalités sont très rapides. Accueil souriant, bonne humeur et surtout ponctualité : on recommande !

LES CRÉOLINES €

Résidence Les Moubins
✆ 05 96 62 59 02 – www.creolines.com
Studio à partir de 65 €/nuit suivant la saison et la durée du séjour. Doubles studios et appartements à partir de 110 €.

Dominique et Nicola vous accueillent dans cette résidence proche du bourg de Sainte-Luce et près de la plage. Les 26 studios climatisés offrent une décoration en bois clair avec des touches de couleurs modernes ; ils sont équipés d'un lit confortable, de la télévision, d'un coin cuisine et d'une salle d'eau. Modulables, certains appartements communiquent entre eux pour le confort des plus grandes familles. Un espace groupe peut accueillir jusqu'à 50 personnes. Une belle piscine et des espaces barbecue sont également à disposition.

EDEN RESIDENCE €€

Bellevue Ladour
✆ 06 96 52 20 49
https://eden-martinique.com
6 appartements de grand standing ; studio, F2 et F3 à partir de 80 € la nuit.

Pour accéder à ce paradis, on grimpe sur les hauteurs de Sainte-Luce. La résidence est bâtie à flanc de colline et elle surplombe la mer. La vue est inouïe et le site exceptionnel. Seul au monde, tel pourrait être le slogan ! Elle offre 6 appartements et une villa entière. La déco est contemporaine, colorée, et chaque logement a évidemment une vue sur la mer. Tout est conçu avec beaucoup de raffinement dans le moindre détail. On apprécie l'espace et les équipements de qualité, notamment la literie. Une piscine commune est en cours de construction.

DOME NATURE LODGE €€

18 route de la plage
✆ 06 96 17 09 81
https://domnaturelodge.com/
Ecolodges et bungalows à partir de 180 € la nuit (2 nuits minimum). Dômes à partir de 270 € la nuit.

Le paradis du glamping (comprenez le «camping glamour»), c'est par ici ! Vous dormirez à la belle étoile dans un dôme transparent avec en bonus, le bain à remous et une piscine privée avec sa vue panoramique sur le Rocher du Diamant. Pour animer vos soirées, un télescope est à la location pour vous initier à l'astronomie... Si vous ne souhaitez pas être dérangé par les premiers rayons du soleil levant, vous pouvez louer le Moon Lodge, admirer les étoiles et fermer son toit panoramique pour la nuit. Le bungalow écologique Bwaflo est aussi en location.

© DOME NATURE

© DOME NATURE

TI VERGER €€

Quartier Trois Rivieres
✆ 0696 06 96 04
A partir de 120 € la nuit (basse saison).

© TI VERGER

Située dans un quartier paisible de Saint-Luce, cette toute nouvelle résidence hôtelière promet à ses hôtes un séjour des plus tranquille. Elle abrite huit cottages intimistes, parfaitement équipés et surtout décorés avec beaucoup de goût, dans un esprit à la fois moderne et cosy. Le plus : la résidence possède un joli jardin tropical, un bar ainsi qu'une piscine d'eau salée où il fait bon lézarder. Le tout à proximité des plus belles plages de Sainte-Luce et du Diamant. Le service est attentionné. A découvrir sans plus attendre.

ILOMA €€

Quartier Anse Mabouya
✆ 05 96 62 11 01
www.iloma-martinique.com
Chambre Deluxe à partir de 160 € la nuit (3 nuits minimum).

L'hôtel Corail fait peau neuve et devient Iloma, un complexe de charme rénové avec goût et agrémenté d'une extension. Il abrite désormais 39 hébergements de standing offrant pour la plupart une vue sur la mer des Caraïbes : 10 chambres deluxe, des T2 et T3. Parmi les nouveautés également : un spa, une salle de sport, deux piscines nichées au cœur d'un jardin tropical, une salle de réunion, ainsi qu'un restaurant, le Kanawa. Le principal atout de l'hôtel : l'une des plus belles vues de l'île sur l'Anse Mabouya, le Rocher du Diamant et la femme couchée. On aime !

KAWAIDA €€

Rue Mapou
✆ 06 96 03 05 85
www.kawaida-peyi.com
Ouvert toute l'année. En moyenne 175 € la nuit, avec petit déjeuner de courtoisie inclus.

Dans une ambiance chic africaine, cette tente tipi de 12 m², installée sur une terrasse en bois, est équipée d'un lit double, d'une petite commode, d'une table et de deux chaises, ainsi que d'un ventilateur avec brumisateur. L'espace de vie se compose d'un salon extérieur avec canapé balançoire, d'un espace cuisine équipée et d'une salle de bains en bois et galets pour garder le charisme brut du glamping. Ici on savoure son petit-déjeuner maison devant une magnifique vue sur la mer et la montagne. En bonus : le bain bouillonnant privé ! Une expérience unique !

RÉSIDENCE BRISE-MARINE €€

Gros-Raisins
✆ 05 96 62 46 94
www.brise-marine.fr
Bungalow 2 personnes dès 550 € la semaine. Bungalow 5 personnes dès 875 €. Bungalow Suite dès 1 015 €.

Brise Marine est une ravissante résidence hôtelière située dans un jardin bien soigné et entièrement clôturé face à la plage de Gros-Raisins avec accès direct, les pieds dans l'eau ! Les treize bungalows de plain-pied se déclinent en studios (25 m²) et F2 (52 m²), coquets et bien équipés (clim, wifi, téléphone, coffre-fort, TV, linge fourni et changé régulièrement), une cuisine américaine avec plaques vitrocéramiques, micro-ondes/gril, un coin salon confortable. Tous donnent sur la mer et disposent d'une belle terrasse privative. Une adresse futée à souhait !

VILLA BAUHINIA BY TERRES D'Ô MARTINIQUE €€

www.terresdomartinique.com
Magnifique éco-lodge, à 800 m de la plage de Corps de Garde. Piscine et vue mer. Capacité : 2 adultes et 2 enfants.

C'est une ravissante petite maison individuelle neuve construite en mode 100% écologique et bioclimatique. Elle jouit d'une vue panoramique à 180° sur la mer des Caraïbes et est entourée d'un jardin tropical de 2 000 m², sans aucun vis-à-vis. Idéale pour un séjour en pleine nature agrémenté par le chant des oiseaux. Une chambre indépendante avec 1 grand lit 160x200 et un couchage dans le salon 140x190. La cuisine est totalement équipée. Petite piscine de type « Bac à punch ».

VILLAGE PIERRE ET VACANCES €€

Pointe Philippeaux
✆ 05 96 62 12 62
Du studio 2/3 personnes au 3 pièces 6 personnes. Classification village 4-soleils.

A la sortie de Sainte-Luce, ce village fait partie du fleuron des villages Pierre & Vacances. Pouvant accueillir de 2 à 6 personnes, les appartements, récemment rénovés, offrent une très belle décoration d'inspiration créole, avec de beaux matériaux en bois et des équipements de qualité. L'intérêt du village repose aussi sur ses loisirs. L'espace nautique est inédit en Martinique. De même que la base nautique et le club de plongée. Activités dédiées pour enfants et ados. Animations.

ARCHIPEL ÉVASION €€€

134 B allée des Begonias - Lotissement les Moubins
✆ +596 596 351 410 – www.archipelevasion.com
Agence de voyages, spécialisée dans la location de villas, excursions, services en villa et conciergerie.

Laura Chollet a crée Archipel Évasion en 2008. Son crédo : accompagner ses clients dans la création de leur voyage individuel personnalisé. Basée à Sainte-Luce, l'agence vous propose un catalogue d' une soixantaine de villas de standing et de luxe, des excursions privatives et un panel de services personnalisés : accueil aéroport, livraison de courses, chef à domicile, ménage, cérémonie de mariage, croisières... Des loisirs et du bien-être complètent ces services de conciergerie de luxe : massage dans votre villa, cours de cuisine créole et d'artisanat local.

DOUCE-VAGUE €€

1 rue de la Plage
✆ 05 96 62 47 47
www.douce-vague.fr
F2 vue mer à partir de 95 € la nuit et de 560 € la semaine.

La Résidence Douce Vague se dresse toute de bleue vêtue face à la mer dans ce petit coin préservé en bordure de plage, les pieds quasiment dans l'eau. Elle abrite 12 F2 intégralement rénovés et 4 suites de 40 m². Climatisation, ventilation, équipements de qualité. Pour la détente, le jardin est aménagé façon « zen » et on peut même se faire masser (masseuse professionnelle sur demande) dans l'enceinte du petit carbet face à la mer. Ajoutez à cela la gentillesse des propriétaires, un bon rapport qualité-prix et vous passerez à coup sûr un excellent séjour.

LA VILLA FLAU €€

16 lotissement filao
✆ 06 83 48 48 38
www.lavillaflau.com/
Studio à partir de 80 € la nuit.

© VILLA FLAU

Sur les hauteurs de Sainte-Luce, Laurence et Franck sont tombés amoureux de cette villa située dans le quartier Lavison et qui bénéficie d'une vue imprenable sur le Diamant et la femme couchée. Ils l'ont retapée et réaménagée pour l'équiper de deux studios en rez-de-chaussée, climatisés et bien ventilés, ainsi que d'un T3 pour 4 personnes. Tous les logements, parfaitement équipés et bien décorés, bénéficient d'un accès à la piscine avec vue sur mer, mais aussi d'un accès au jardin tropical et au barbecue ! Possibilité de privatisation de la villa pour 8 personnes.

KASA VANILLE €€

Grand Fleur
✆ 06 96 17 63 70
www.kasavanille.fr
4 appartements du T2 au T3.

Cette petite résidence, située sur les hauteurs de Sainte-Luce à Monésie, vient d'avoir l'agrément meublé tourisme 2 étoiles. Elle propose des bungalows confortables pouvant accueillir jusqu'à 6 personnes. Les voyageurs apprécient surtout l'esprit convivial insufflé par leur hôte Florian. Tous les appartements sont climatisés, avec accès à une belle piscine. Agréable carbet sous un magnifique avocatier pour prendre ses repas. Il est fortement conseillé de louer une voiture, avec le Pack (prise en charge à l'aéroport, location de voiture et l'hébergement).

LE CHICHE €

51 boulevard Kennedy
✆ 05 96 38 42 56
www.restaurant-chiche-martinique.com
Ouvert de lundi à samedi de 8h à 23h, et dimanche de 10h à 15h. Cuisine ouverte de 12h à 15h et de 19h à 22h.

Situé en face de la mer avec une terrasse ombragée au bord de l'eau, les habitués ont plaisir à s'y retrouver autour d'un petit café avant de partir travailler. Depuis cet endroit pittoresque et authentique, l'on peut observer les pêcheurs partir sur leur yole colorée pêcher à la senne. Le midi et le soir, vous pourrez déguster quelques petites spécialités créoles. A ne pas rater, leur lambi grillé, sur place ou à emporter, qui vous ravira à coup sûr ! La carte est soignée et variée pour un snack. Une adresse à conseiller vivement.

© LE CHICHE

© LE CHICHE

LES VILLAS MÉTISSÉES €€

Quartier Epinay
✆ 06 96 45 75 45
http://lesvillasmetissees.fr/
2 F2 type villas créoles à partir de 545 € la semaine et 2 studios à partir de 395 € la semaine pour 2 personnes.

Les Villas Métissées ont suivi une belle évolution et une montée en gamme grâce à l'énergie et à l'investissement de Geoffrey et Marion. Rénovés dans un style plus contemporain, les 4 hébergements déclinent chacun une thématique : Bwa Tropikal (T2) : pour les amoureux d'ambiance tropicale tout en nuances ; Bwa Wax (T2) : pour les amateurs de couleurs ethniques alliées à la modernité ; Bwa Lélé (studio) : pour les passionnés de rhum martiniquais ; Bwa Floté (studio) : pour les inconditionnels de l'ambiance marine tout en subtilité. Piscine commune chauffée.

MADINASIA €

✆ +596 696 35 10 83

Un traiteur asiatique aux saveurs créoles ? C'est ce que propose ce nouveau food-truck qui sillonne le sud de la Martinique. Au menu : nems de banane jaune ou de poulet, ravioli Wantan au porc, banane jaune et champignons parfumés, Bo Bun royal, sushi cake au thon rouge (l'un des succès du food-truck), sans oublier le célèbre sushi donut (12 cm de gourmandise !). Madiniasia change d'adresse tous les soirs : le mardi à Petit Bourg, le mercredi et le vendredi à Sainte-Luce (rond-point Céron), le jeudi et le samedi au Lamentin (rond-point de la place d'Armes).

LE PALMIER SNACK CHEZ SUZETTE €

Rue Jean Jaurès
✆ 05 96 62 44 24
Ouvert du mardi au vendredi de 7h à 15h. Samedi et dimanche de 7h à 13h.

A l'entrée de Sainte-Luce, voilà un petit snack qui ne paie pas de mine mais que l'on vous recommande vivement avec ses sandwichs locaux, ses acras, ses boudins noirs, ses poulets fumés et ses bons petits plats créoles... On peut manger sur place, mais il faut aimer le soleil car le lieu n'est pas très abrité. Ici tous les plats peuvent être emportés, l'idéal pour pique-niquer sur la plage ou en forêt. Un incontournable et surtout un rapport qualité-prix imbattable !

SNACK OCÉANE €€

Plage de 2e Anse
✆ 05 96 62 33 91
www.facebook.com/oceanemartinique/
Ouvert tous les jours de 8h à 16h. Fermé le mercredi.

Situé sur la plage, à l'ombre, ce petit restaurant en bord de mer, les pieds dans le sable, propose des repas organisés (fêtes, affaires, incentive...), des menus enfants et des plats à emporter d'inspiration créole. Au menu : langouste, lambris grillés, pêche du jour... Ici, tout est fait maison. Les plats du jour y sont variés et l'ambiance est aussi colorée que leurs chaises. Stationnement réservé, sur la plage. Soirées et événements lounge régulièrement organisés avec DJ pour mettre l'ambiance. Une sympathique adresse qui bouge !

CHEZ VÉRO €

2eme fenetre au fond du Marché de Sainte Luce côté mer
Ouvert tous les jours de 7h30 à 13h30 sauf mardi et jeudi.

Envie de goûter à la cuisine typique de l'île, sur le pouce ou à emporter, avant de filer à la plage ? Arrêtez-vous chez Véro sur le marché de Sainte-Luce. Vous trouverez l'adresse facilement : il y a foule ! Véro, toujours souriante, et sa fille sont aux fourneaux. Ici, on se régale de boudins créoles, d'accras, de gratins de papaye ou de banane, de crabes farcis, de cuisses de poulet, de flans coco, mais aussi de jus de fruits frais locaux. Tout est préparé par Véro elle-même. Le service peut être un peu long mais ça en vaut la peine ! Prix imbattables.

LA BARAQU'OBAMA €

Front de mer
✆ 06 96 80 78 75
Fermé le lundi et le dimanche soir.

Un endroit dont la réputation n'est plus à faire... Cette institution martiniquaise a été entièrement reconstruite après un incendie. On s'installe sur la jolie terrasse en bord de mer, les pieds dans le sable de préférence. La carte est simple, les produits frais et les portions généreuses. Le chef propose une cuisine créole (le colombo de poulet, la fricassée de chatrou, l'assiette du pêcheur avec marlin, ouassous et chatrou, ou encore le vivaneau grillé...) mais la spécialité des lieux, c'est incontestablement la langouste !

LE MYA MOH €€

61 Bd Kennedy
✆ 06 96 22 73 31
Ouvert lundi, jeudi et dimanche à midi, et vendredi et samedi midi et soir. Menu à 35 €.

Ce nouveau restaurant en front de mer est une jolie découverte. De la cuisine au service, tout en passant par le cadre, le Mya Moh se prête à toutes les occasions : déjeuner en famille, dîner entre amis, afterwork ou afterbeach ! Ici, tout est fait maison. Le chef propriétaire Gary attache beaucoup d'importance aux produits de saison et locaux. A découvrir sans plus attendre : le Mya-Moh, un cocktail servi avec votre prénom dessiné dans la glace ! Un délice ! Aurélie, son épouse, organise régulièrement des soirées musicales. Une adresse sympathique.

© LE MYA MOH

© LE MYA MOH

SUD CARAÏBE

LA CASE MAHI MAHI €

Pointe Philippeau

✆ 05 96 62 12 60

Ouvert tous les jours pour le service du midi.

La Case Mahi Mahi domine la petite plage de Pont Café, située en contrebas du village de Pierre et Vacances. Le cadre ventilé de la terrasse est idéal pour une petite pause gourmande le midi. On y mange des salades, des grillades (poissons et viandes), des hamburgers, des sandwichs… Mais surtout de belles langoustes bien garnies à petit prix ! La formule proposée inclut l'entrée à l'hôtel pour la journée si vous n'y séjournez pas, ainsi qu'un menu complet au restaurant. Pensez à téléphoner avant car la réservation est obligatoire.

GRAIN DE SABLE €€

Gros raisin, RD7

✆ 06 96 388 290

Ouvert lundi 11h à 15h, du mardi au samedi 11h à 22h service continu. Le dimanche de 11h à 21h.

A l'entrée du bourg de Sainte-Luce, ce charmant restaurant donne directement sur la mer. Sa jolie terrasse ventilée sous les amandiers ajoute un côté chaleureux qui se prête bien aux repas avec de jeunes enfants. Ici, les produits de la mer sont rois : lambi, chatou grillé, sans oublier la spécialité, la parrillada, demi-langouste, lambi, chatrou, gambas et tartare de thon.

A découvrir également, les plateaux de tapas : fingers, toasts, verrines. Mention spéciale pour le plateau signature : tempura de langoustes, salade de ti-nain, toast de boudin lambi.

KABANANOU €

Plage Fond Larion - Anse Desert

✆ 06 96 38 33 84

Ouvert de 8h30 à 17h du vendredi au mardi. Fermé le soir.

Ce nouveau restaurant de plage à deux pas de la magnifique plage de l'Anse Désert ne désemplit pas ! C'est bien simple : il vaut mieux réserver si l'on veut être sûr d'avoir une table. Ici la cuisine est métissée, fraîche avec des produits locaux et de saison. Au menu : écrevisses, langoustes, tartare de thon frais, chatrou en persillade, brochette de thazard… Quelques plats végétariens et végans également. La carte est simple mais efficace. Les enfants ne sont pas en reste avec accras et frites maison. Le rapport qualité-prix est plutôt sympa. Une bonne adresse !

LE KANAWA €€

Anse Mabouya

✆ 05 96 62 11 01

www.iloma-martinique.com

Le Mabouya devient le Kanawa, fleuron du nouvel hôtel Iloma. Ce bar-restaurant ouvert aux clients extérieurs a lui aussi fait peau neuve, offrant toujours sa vue époustouflante sur le Diamant et la femme couchée. L'inventive cuisine du chef est d'inspiration caribéenne. Les produits de la gastronomie locale y sont sublimés : raviole ouverte de crevette et son bouillon coco gingembre coriandre, tentacule de chatrou chorizo, pastèque grillée. Les desserts sont sublimes : tarte maracudja et sa meringue déstructurée, chocolat coco et sa mousse chocolat blanc…

POIVRE ET SEL €

3 Rue Victor Schœlcher

✆ 05 96 69 49 05

https://www.poivresel972.com/

Ouvert de 12h à 14h et de 18h à 22h sauf le jeudi (toute la journée) et le dimanche midi.

Le paradis de la pizza, c'est ici ! A la tête de Poivre & Sel, Stéphane est un cuisinier et également un pizzaiolo passionné, qui veut valoriser ses plats et prouver qu'une pizza peut être gastronomique (tout en restant abordable) ! Les ingrédients sont soigneusement sélectionnés, de la farine de blé italienne bio aux tomates locales, mais aussi la mozzarella di bufala AOP et d'autres produits 100 % péyi. Outre la vaste carte de pizzas artisanales, on peut déguster : risotto, thon frais, pierrades et salades, le tout à base de produits frais et maison.

LA MAUVAISE RÉPUTATION €€

Entrée Hôtel Panoramic Trois Rivières

✆ +596 596 97 10 96

Fermé lundi et mardi. Ouvert mercredi et jeudi de 11h à 18h, vendredi et samedi de 11h30 à 23h et dimanche 11h30-17h.

Dans un cadre sympathique, avec vue sur le Diamant, la Mauvaise Réputation n'a de mauvaise que son nom. L'accueil est souriant. La carte, quant à elle, est inventive, alliant plats traditionnels, saveurs antillaises et vietnamiennes : phô bo (soupe au bœuf), tataki de thon et ses makis, filet mignon rôti sauce champagne, parmentier de canard aux deux patates, chorizo flambé, burger déstructuré au black tigers et coleslaw, sans oublier l'assiette de chinoiseries. L'énorme plus : la piscine à disposition des clients. Idéal pour chiller…

LA PERLE BLEUE €€

Plage de l'anse Mabouya
✆ 05 96 71 40 75
Addition moyenne : de 25 € à 40 €. Menu à partir de 28 €.

Dans un cadre raffiné, avec une décoration tout en bois et une vue plongeante sur le Morne Larcher, ce restaurant tenu par Hector est un petit bijou. Ici, vous goûterez à l'authentique cuisine créole : cassolette de lambis, filet de volant farci aux oursins, roulé d'écrevisses au lard fumé, filets de sarde à la vanille et au citron vert, blaff océan pour la mer, médaillons de veau à la crème d'oursin, mignon de porc flambé au rhum pour la terre. Et pour finir sur une note sucrée, optez pour le blanc-manger au fruit de la passion ou un sorbet péyi maison.

O'CALEBASSIER €€

Quartier Désert

✆ 06 96 84 34 84

Ouvert du lundi au samedi le midi de 12h à 14h et de 19h à 22h.

A 100 m de la plage de fond Larion à Sainte-Luce, O'Calebassier est, sans hésitation, un restaurant familial à fréquenter sans modération. La décoration, l'implantation à deux pas de la plage, la jolie terrasse en teck, l'accueil et la cuisine métissée aux connotations sénégalaises et créoles sont un plaisir pour les sens. Au menu : dombrés de crevettes, féroce d'avocat, salade de malin, gratin de fruit à pain, tentacules de chatrou.. Le tout pour un prix tout à fait correct. Une belle adresse à noter dans votre carnet des gourmets.

ANACAONA

37 rue Schoelcher

✆ 0696 98 61 79

Du lundi au samedi de 9h à 12h et de 16h à 19h. Le dimanche de 9h à 12h.

Anacaona est une petite galerie située en plein centre de Sainte-Luce qui s'avère être l'une des plus importantes galeries d'art caribéen de la place avec un grand choix de toiles issues du talent de divers artistes caribéens connus ou non, pour toutes les bourses et toutes les occasions. Photographies, toiles, sculptures, aquarelles, toujours aux couleurs et aux accents caribéens. Des idées cadeaux pour remplir sa valise, à faire voyager. A noter que la galerie a reçu le label d'accessibilité aux personnes souffrant de handicaps.

PURA VIDA €€

Gros Raisins

✆ 05 96 53 89 35

www.puravidarestaurant.fr

Ouvert le midi et le soir. Horaires de services : de 12h à 14h et de 19h à 22h. Fermé le lundi.

La Pura Vida est un établissement gourmand à découvrir sans plus tarder, installé au cœur du quartier de Gros raisins. La déco joue résolument la carte ethnique avec des objets chinés au cours de voyages : le bois est de rigueur avec un large deck qui s'ouvre sur une terrasse avec un espace salon *lounge* pour boire un verre. Côté cuisine, le Chef aime associer les saveurs et propose une cuisine saine métissée. Exigeant sur la qualité des produits et sur les cuissons, il impose une carte qui évolue en fonction des trouvailles du marché. Accueil charmant.

BÉBÉ VADROUILLE

26 Lotissement Les Filaos

✆ 05 96 696 40 49 44

https://bebevadrouille.com/

Livraison à l'aéroport possible.

Bébé Vadrouille propose la location de matériel de puériculture nécessaire à votre bébé et votre enfant pendant votre séjour en Martinique. Des articles récents, de qualité, en parfait état et répondant aux normes de sécurité : poussettes, sièges auto, lits parapluie, transats, cosy, baignoires, tables à langer et autres articles de puériculture. Le matériel est soigneusement désinfecté et nettoyé entre chaque location… Bébé Vadrouille loue aussi de grosses malles de jouets éducatifs adaptées à l'âge et aux envies des petits bouts de chou...

CASE COCO €€€

58 rue Schœlcher

✆ 05 96 62 32 26

www.restaurant-case-coco.fr

Ouvert du mercredi au dimanche de 12h à 14h et 19h à 22h.

La Case Coco est un restaurant de charme au cadre agréable aménagé d'un joli patio ombragé avec vue sur la mer. Pour les amateurs de poissons et de viandes, c'est toujours une explosion de saveurs, quel que soit le budget. Les plats revisitent les saveurs antillaises avec la technicité de la gastronomie française et la créativité du chef. Au menu : farandole créole, filet de lambis à la plancha sauce chien, tartare de thon frais minute, sans oublier la langouste fraîche que vous choisirez dans le vivier. Tout est frais et fait maison, jusqu'au pain du hamburger !

EQUILIBRE ET BIEN ETRE

2 Rue Jean Jaures

✆ +596 696 16 67 57

www.equilibre-et-bien-etre.com

Praticienne formée et certifiée en massages bien-être, également titulaire d'un diplôme de sophrologue, Sophie Thezenas propose à son cabinet, à domicile, à la plage ou en entreprise tout type de massages (bien-être, sportif, antistress, femme enceinte) en fonction de vos besoins. L'objectif : effacer les tensions, lâcher prise, relâcher le corps et le mental. Sophie intervient également en entreprise au cours de la pause déjeuner pour des séances de massage sur chaise ergonomique (15 minutes), habillé, pour relâcher le dos et les épaules mis à mal par le stress.

© PARFUM DES ILES

© PARFUM DES ILES

© PARFUM DES ILES

PARFUMS DES ÎLES

A 21 Gros Raisin, Départementale 7
✆ 05 96 62 22 90
www.parfums-des-iles.com

La maison du parfum tropical est ouverte du lundi au samedi de 9h à 18h.

Veronicka Cormouls-Houles, artisan parfumeur et savonnier, invite à la découverte olfactive et exotique des Caraïbes à travers de belles eaux de toilette, parfums, parfums d'ambiance, savons, chantilly et huiles corporelles. Tous les produits sont issus de fragrances tropicales et fabriqués sur place. Deux ateliers de création de parfum tropical sur mesure vous accueillent dans les boutiques-ateliers de Sainte-Luce et du Village Créole, chaque personne ayant à sa disposition un orgue à parfums lui permettant de réaliser son parfum personnalisé.

© PARFUM DES ILES

© PARFUM DES ILES

JET ET VACANCES

Plage publique de Pont-Café
✆ 06 96 25 96 06
Ouvert tous les jours de 8h à 18h. Excursions en jet-ski à la carte à partir de 130 €.

Jet et Vacances est situé sur la plage du village de Pierre & Vacances. La spécialité ? La location de scooter de mer et de jet-skis en Martinique. Si vous désirez visiter la Martinique par la mer, hors des sentiers battus, c'est la solution idéale. Vous partirez en petit groupe, accompagné d'un moniteur diplômé d'État, et découvrirez des endroits inaccessibles autrement : la mangrove avec sa flore étonnante et sa faune bigarrée, petits îlots au fond blanc… et vous pourrez même apercevoir, si la chance vous sourit, des bancs de dauphins.

PLANETE QUADS

Plantation Trois-Rivières
✆ 06 96 93 45 21
Tous les jours de 8h30 à 16h30 sur rendez-vous.

Pour tracer votre chemin à travers champ, rendez-vous à la Plantation Trois-Rivières à Sainte-Luce, avec les quads de 300 cc ! Vous vous y familiariserez avec des machines modernes et faciles à conduire, avant de vous lancer à l'assaut de la terre, des pierres et du sable. Sensations fortes garanties pour tous, même les plus frileux ! Planète Quad vous propose des randonnées en Buggy, à la demi-journée à la découverte d'une vue exceptionnelle à la fois sur la Côte Atlantique et la Côte Caraibes depuis la montagne du Vauclin.

KAWAN PLONGÉE

43, boulevard Kennedy
✆ 06 96 76 58 69
www.kawanplongee.com
Ouvert 7j/7. Plongées à 7h45 pour les plongeurs certifiés. Plongées à 9h30 et à 13h45 pour tous. Baptême : 60 €.

Accueilli par Christophe, Natacha et leur charmante équipe, vous embarquez depuis le petit port de pêche de Sainte-Luce dans le sud de l'île. Les bouteilles de plongée vous attendront sur le bateau de 11 mètres d'une capacité de 20 personnes, ainsi que des boissons non alcoolisées et des fruits frais pour l'après-plongée. Une structure orientée confort et convivialité ! Selon la saison, de 2 à 4 moniteurs diplômés vous encadrent. La carte des niveaux ainsi qu'un certificat médical vous seront demandés pour toute exploration.

SPA DE L'EDEN PARADISE ECOLODGE

Villa Volcart
✆ 05 96 58 23 46
www.edenparadisespa.com
Ouvert tous les jours de 9h30 à 18h30 sur réservation.

L'une des adresses préférées des amateurs de spa. Il offre une gamme de massages et de soins prodigués au beau milieu de jardins luxuriants, où les paniers gourmands sans gluten et le bar à thé finissent de vous happer dans un nuage de bonheur. On y passe une journée à se faire « chouchouter » entre massage, sauna, enveloppement et gommage.... On succombe avec volupté dans ce lieu hors du temps, situé au milieu des arbres, dans un cabanon à ciel ouvert.

PÊCHE AVENTURE MARTINIQUE

✆ 06 96 38 16 11
Tarifs : 130 €/pers. départ à 5h et retour à midi. 110 €/pers. si vous êtes deux. Le matériel de pêche est fourni.

Vous êtes un fan de pêche côtière ? Romain est un moniteur diplômé de pêche de loisirs (BP Jeps). Il propose des sorties pêche à bord de kayaks à pédalo ou à pied. Découvrez les plus beaux spots côtiers de la Martinique comme les mangroves ou les baies abritées. Que vous soyez néophyte ou expert, Romain partage son savoir et vous guide pour vous initier ou vous perfectionner ! Il accompagne même des groupes d'enfants. Une autre façon de découvrir la Martinique !

RIVIÈRE-PILOTE ★★

C'est l'une de ces communes du sud qui restent encore sauvages. A mi-chemin entre Sainte-Luce et le Marin, Rivière-Pilote conserve un charme pittoresque et une nature verdoyante. Avant 1660, les cartes françaises témoignent d'une Martinique partagée : le nord-ouest appartenait aux Français, le sud-est aux Caraïbes. D'ailleurs, leur plus éminent représentant qui traita avec les colons marque encore le territoire de son influence : au nord, c'est Case Pilote qui rappelle le chef Pilote. Au sud, il s'installe près d'un cours d'eau puissant que l'on connaît dès lors comme la « Rivière-Pilote ». Pour autant et malgré ce partage avec le poids de Pilote, les colons progressent vers le sud où ils s'installent de plus en plus durablement.

Couchersde Soleil sur Anse-Figuier.

LE PARADIS €€

Anse Figuier
✆ 05 96 65 21 89
www.paradisdelanse-residence.fr
Ouvert tous les jours de 12h à 15h et de 19h à 22h. Formule «Dîner + chambre» possible.

Un restaurant situé dans l'enceinte de la résidence hôtelière éponyme, accessible aussi à la clientèle extérieure. La salle s'ouvre sur la végétation tropicale et surplombe la baie de l'Anse Figuier, offrant 80 couverts face à la mer. La carte offre des suggestions créoles : l'assiette « Paradis », la fricassée d'écrevisses, de lambis ou la fameuse langouste grillée. Goûtez absolument les palourdes marinières, gratinées ou en blaff. On finira par la brochette de fruits frais ou un moelleux au chocolat. L'addition reste sage et le service est courtois.

© DR

© DR

En 1671, c'est essentiellement à l'embouchure de la rivière que se concentrent ces installations des colons. C'est dans la deuxième partie du XVIIIe siècle que Rivière-Pilote prend vraiment son essor comme bourg colonial.

Transports

- Bus SUDLIB : la ligne P5 relie Rivière-Pilote et Sainte-Luce. La ligne C relie Rivière-Pilote et les Trois-Ilets via le Pont de Sainte-Luce et la Médiathèque. La ligne F relie Rivière-Salée et Ducos via Petit-Bourg. La ligne H relie Rivière-Pilote et Ducos via Petit-Bourg. La ligne L relie Rivière-Pilote et le Vauclin via La Baume. La ligne 20 relie Rivière-Pilote et Sainte-Luce via Pierre et Vacances et Corps de Garde.

ÉCOMUSÉE DE LA MARTINIQUE

Anse-Figuier
✆ 05 96 62 79 14
Mardi, mercredi, jeudi : 8h30-17h30. Vendredi : 8h-17h. Samedi : 8h30-13h et 14h-17h. Dimanche : 9h-13h et 14h-17h.

Erigé sur les ruines d'une ancienne distillerie faisant partie d'un site archéologique amérindien en bord de plage, ce joli musée expose l'histoire vivante d'une communauté, de la préhistoire amérindienne à nos jours à travers diverses collections : terres cuites, costumes, instruments, distillerie réhabilitée, présentation d'un intérieur créole des années 1950. Une plongée dans la mémoire collective, dans un très beau cadre naturel. A visiter absolument !

PLAGE DE L'ANSE FIGUIER

Récemment réaménagée avec du sable venu de la Guadeloupe, cette plage est très fréquentée par les familles. Eaux turquoise calmes, cocotiers et grande pelouse pour une véritable carte postale. On trouve quelques jeux pour enfants (toboggan, balançoires), des tables de pique-nique et des carbets pour s'abriter du soleil. Les fonds sous-marins sont très beaux avec ses colonies d'oursins, ses grandes étoiles de mer et ses poissons tropicaux et colorés. Pensez à prendre votre masque et votre tuba. Et en partant, faites un tour à l'Ecomusée à côté.

SUD CARAÏBE

© LA MAUNY

© LA MAUNY

© LA MAUNY

DOMAINE MAISON LA MAUNY

Domaine La Mauny ✆ 05 96 62 18 79
www.maisonlamauny.com

Ouvert du lundi au samedi de 9h à 17h30. Tarifs : 8 €/adulte, 4 €/enfant de 4 à 12 ans, gratuit pour les moins de 4 ans.

Sillonnez en petit train le domaine implanté depuis 1749 dans la verdoyante campagne de Rivière-Pilote, le guide vous commentera les différentes étapes de l'élaboration des rhums agricoles. La dernière étape, rythmée par la visite du chai, vous permet de comprendre l'art de l'assemblage et du vieillissement des rhums vieux. Enfin, l'équipe de la Cabane à Rhum vous accompagne lors de la dégustation des différents rhums et liqueurs. Restaurez-vous à Kay Mimi situé au pied de la distillerie avant de vous rendre à la jolie plage de l'Anse Figuier à 10 min.

© LA MAUNY

© LA MAUNY

KAÏ COLIBRI €€

Quartier Bas Mangot
✆ 05 96 38 36 55
www.kaicolibri.fr
Bungalow et chambres d'hôtes. Table d'hôtes ouverte toute l'année sur réservation.

Nicole Talba, chef du restaurant Marin Mouillage depuis 20 ans, vous propose un séjour paisible dans son bungalow climatisé aux 2 chambres pouvant accueillir 2 à 4 personnes. Si vous voyagez seul ou un couple, optez pour une des 2 chambres d'hôtes qu'offre la maison de vacances. Profitez des petits déjeuners faits maison avec vue sur la montagne. Paniers déjeuner sur demande. Cuisinière hors pair, Nicole dresse la table sur réservation et fait saliver vos papilles avec ses plats martiniquais fraîchement préparés selon les produits du jour sélectionnés au marché.

CERISE PÉYI

Quartier La Renee
✆ +596 696 05 34 33
https://cerise-peyi.com
3 formules : panier de fruits (15 €), panier de légumes (5 €) et panier de la semaine (25 €).

Créer un jardin créole à portée de clic ? C'était le pari de Heltsy et Nahomy, deux sœurs qui ont grandi au milieu des fruits, légumes et œufs fermiers que produisaient leurs grands-parents, avant de partir faire carrière en métropole. De retour en Martinique, elles ont eu envie de proposer des produits sains et savoureux, cultivés sans chlordécone, en circuits courts. Une douzaine de producteurs ont rejoint l'aventure et proposent leurs produits sur leur site. Cerise Péyi propose des produits issus de sa production située sur les hauteurs de Rivière-Pilote.

FROMAGERIE MARJOLAIT

Concorde
✆ +596 696 84 34 95
www.marjolait.com
Vente directe à la fromagerie du mardi au jeudi de 14h à 17h.

Depuis 2014, Marjolait est l'unique lieu de production fromagère de l'île. Amatrice de fromages et native de la Martinique, Magali Cléry, à la tête d'un élevage de vaches, de chèvres et de brebis, fabrique de manière artisanale ses fromages péyi (frais, à pâte molle...), mais aussi des yaourts nature, sucrés ou aromatisés. Le tout en privilégiant les circuits courts, avec une vente directement sur les marchés (Rivière Pilote le 1er samedi du mois, le Lamentin le 3e samedi, Case Pilote le dernier vendredi du mois, le MANA le samedi) et dans quelques épiceries fines.

LE MARIN ★★★

C'est probablement sa formidable baie qui a attiré les Amérindiens (dont on n'a pas encore retrouvé de traces) et les colons. Ces derniers la baptisent d'abord Cul-de-Sac-de-Saint-Etienne-du-Marin. Comme la plupart des points maritimes stratégiques, le Marin s'expose à une attaque anglaise en 1673 : le bourg est alors ravagé. La reconstruction du site ne s'achève qu'en 1700, consolidant le commerce autour du port. D'autres conflits suivront jusqu'au XIXe siècle. Devenu commune en 1839, le bourg du Marin reçoit une usine centrale (1869) qui rythme l'activité économique de la région, mais qui ferme ses portes en 1969. La commune devient une sous-préfecture en 1974
Devenue sous-préfecture en 1974, la ville, aujourd'hui très dynamique, accueille de nombreux visiteurs, charmés par ses plages immaculées et son passé. N'hésitez pas à vous éloigner de la marina touristique pour jouir des vues magnifiques sur la baie ou à plonger dans ses eaux claires pour en admirer les fonds. La ville du Marin a obtenu le label « Station nautique ». Très animée en été, elle accueille plusieurs manifestations et festivals.

Pratique

▸ **Pensez à l'avitaillement de votre bateau en amont de votre croisière.** Vous partez en croisière en bateau ? Evitez les galères de l'avitaillement dans les supermarchés ! Cela vous fera perdre plus d'une demi-journée de vacances. Des sociétés proposent de vous livrer directement à bord le jour de votre départ. Les produits sont sélectionnés et vous pouvez vous-même effectuer vos commandes via Internet.

Transports

▸ **Voiture.** A 44 km de Fort-de-France par la N5.

▸ **Taxis collectifs.** L'arrêt des taxis-co se trouve à l'angle entre la rue Victor Schoelcher et le boulevard François Mitterrand.

▸ **Bus SUDLIB.** La ligne A relie le Marin et Sainte-Anne (via le centre culturel, l'hôpital et la sous-préfecture), la ligne BKJ relie le Marin et Ducos via le Vauclin et le François, la ligne D1-D2 relie le Marin aux Trois-Ilets en passant par Sainte-Luce et Rivière-Salée, la ligne M relie le Marin et Rivière-Pilote (via Carrefour Market), et le centre culturel du Marin.

LE PARADIS DE L'ANSE €

Anse Figuier ✆ 05 96 62 90 60
www.paradisdelanse-residence.fr

Studio dès 66 €/nuit, 415 €/semaine. Bungalow dès 74 €/nuit, 502 €/semaine. Appartement dès 88 €/nuit, 578 €/semaine.

Un nom évocateur pour définir ce ravissant complexe composé de 18 logements dominant la mer, ventilé par le doux souffle des alizés. La plage de l'Anse Figuier est en contrebas avec accès direct par un petit chemin. Trois types d'hébergement sont proposés : studio, bungalow ou appartement, tous de bon confort (salle d'eau, kitchenette équipée, cafetière, micro-ondes, plaques de cuisson, réfrigérateur, climatisation, terrasse aménagée avec vue sur la mer). Certains entourent la piscine. Bon rapport qualité-prix, un cadre authentique et un budget maîtrisé.

Navigation à la yole sur les eaux du Marin.
© ISABELLE DREZEN

AN MAO HERITAGE

✆ 05 96 74 60 04
www.anmao.biz
Visites sur RDV.

Au Morne Gommier, Pierre-Yves Panor a conçu un jardin sur les lieux où vivaient ses ancêtres au temps du marronnage alors qu'ils avaient fui l'esclavagisme puis ensuite une fois devenus libres alors qu'ils étaient à la recherche d'une nouvelle destinée.

Au détour d'un parcours offrant des panoramas à couper le souffle, on traverse plusieurs jardins thématiques qui abordent avec beaucoup de pudeur et de connotations fortes l'agriculture et la pharmacopée sur les mornes, le combat pour la liberté, et surtout le traumatisme de l'esclavage. Un moment fort en émotions.

BOURG DU MARIN

Le bourg du Marin se développe à flanc de colline autour de la baie de la marina. Une balade dans les rues Duquesnay et Zola vous permettra de contempler quelques beaux exemples d'architecture créole du début du XXe siècle. Sur la route du sud, n'hésitez pas à bifurquer et vous perdre dans les ruelles du bourg ancien. Côté mer, c'est au gré de l'entrelacement savant des pontons, quais et caillebotis que vous laisserez vos pas vous mener, à la découverte des navires au mouillage, certains particulièrement impressionnants, et de la marina, très moderne.

ÉGLISE SAINT-ÉTIENNE

C'est l'une des plus belles et des plus anciennes de Martinique. Construite à la fin du XVIIIe siècle, avec son clocher dressé au centre du bourg, la structure dédiée à saint Etienne, patron de la commune, reprend les codes esthétiques jésuites et présente deux ordres de colonnes toscanes superposées. La voûte en carène de bateau renversée rappelle que l'édifice a été bâti par les marins charpentiers. Le remarquable maître-autel aurait été initialement destiné à la cathédrale de Lima, au Pérou. Le naufrage du navire qui le transportait arrêta son voyage au Marin.

CAP MACRÉ

Avançant en pointe vers la mer, le Cap Macré est bordé sur toute sa longueur de deux très jolies plages (au nord, l'Anse Grosse Roche) qui se rejoignent à l'extrémité du Cap.

Plusieurs randonnées ponctuées de magnifiques plages sont situées entre le Marin et Sainte-Anne.

Depuis le Marin, suivez la direction Sainte-Anne puis, au rond-point, à gauche vers le cap Macré, passez devant la résidence Cap Evasion, location d'appartements meublés au mois ou à la semaine. La route, bordée de douces collines à la végétation méridionale, est idéale pour les cyclistes comme pour les randonneurs. Une fourche invite à choisir entre Grand-Macabou à gauche (arrêtez-vous au joli point de vue sur la mer un peu plus loin) et cap Macré à droite. Traversez la roche pour descendre sur le cap, environné de maquis. Le Conservatoire de l'espace littoral et des rivages lacustres assure la protection du site naturel du domaine du Grand-Macabou. Il se trouve au cap Beauchêne : pas de plage, juste un départ de randonnées pédestres. Une petite église en pierre, au bout du cap, en bordure de falaise, domine la mer.

On peut suivre le sentier pédestre n° 29, la trace des Caps, qui traverse la pointe sud de l'île du cap Macré à l'Anse-Caritan. Pensez à emporter une bouteille d'eau. Une promenade superbe, sans difficulté majeure, si ce n'est sa longueur. Comptez environ 5 km du Petit-Macabou jusqu'au cap Macré, 7 km entre le cap Macré et Cap-Chevalier, 6,5 km entre Cap-Chevalier et la baie des Anglais (Anse-Trabaud), 5 km entre l'Anse-Trabaud considérée comme la plus belle plage de la Martinique et les Salines, et 4,5 km des Salines à l'Anse-Caritan. Ce qui fait donc un total de 28 km du Petit-Caribou à l'Anse-Caritan (le panneau indique 12h environ mais les bons marcheurs la feront en 6h sans problème).

Du cap Beauchêne à Cap-Chevalier. En revenant vers Sainte-Anne, on rejoint à gauche Cap-Chevalier par une jolie route envahie par les chèvres et bordée de petites maisons blanches. La plage de Cap-Chevalier, plus jolie sur sa partie gauche (sable plus présent et fonds immaculés), est ouverte face à l'Atlantique. Sa bande de sable étroite est parsemée d'algues, de radeaux et de quelques barques de pêcheurs, auprès desquels viennent se fournir les restaurants des alentours. On peut plonger avec simplement un masque, des palmes et un tuba, pour découvrir la barrière rocheuse. En choisissant la route à droite, on parvient au bord de mer, face à l'îlet Chevalier, un bon prétexte à une belle balade marine. On y accède par une navette appelée « taxicap ».

JARDIN CRÉOLE ÉCOTOURS

Quartier Pérou
✆ 06 96 40 72 97
https://jardincreoleecotours.fr/
Tarif visite guidée : 6 €, visite libre : 4 €. Gratuit -12 ans. Ouvert du lundi-vendredi 8h30-16h, sur RDV le week-end.

Monique, la propriétaire est une passionnée de jardins. Elle vous accueille chez elle dans son domaine situé sur les hauteurs du Marin. Le point de vue est exceptionnel avec la côte atlantique en panorama. C'est une visite guidée à la découverte des plantes médicinales, arbres fruitiers, épices, fleurs et essences rares. On compte près de 200 espèces répertoriées. Un véritable petit coin de paradis qui a d'ailleurs été primé de nombreuses fois. A découvrir absolument lors de votre séjour pour tout savoir sur la flore martiniquaise.

PLAGES

cap Macré

La côte atlantique de Grand-Macabou au cap Macré est sauvagement belle. Elle est bordée par deux très jolies plages, notamment l'Anse Grosse Roche au nord, frangées de raisiniers bord de mer. Bien que la mer soit souvent un peu agitée (c'est l'océan), la baignade reste tout à fait possible et la couleur de l'eau oscille entre bleu profond et turquoise. Au sud, la côte caraïbe de la Pointe Borgnèse, à l'entrée de la baie du Marin, offre une mer plus tranquille. Pensez à prendre masque et tuba : les fonds aux abords de la Pointe Borgnèse sont magnifiques.

PARC ETHNO-BOTANIQUE

✆ 05 96 71 73 95

© GILLES MOREL

Ce jardin emmené par l'association Sud Botanique déploie plusieurs missions : pédagogiques, en accueillant tout type de public pour le sensibiliser à la préservation de l'environnement, botaniques car il abrite une pépinière avec des arbres tropicaux et des essences rares, et enfin sociales, via un chantier d'insertion d'ouvriers paysagers. Un sentier pédestre balisé offre une jolie balade à travers les végétaux présents. Le parc propose également des ateliers pour apprendre à réaliser et entretenir son jardin créole. Une chouette balade à faire en famille.

RHUMERIE BRAUD & QUENNESSON

Habitation Grand Fonds
✆ +596 596 74 10 01
Visites et dégustations du lundi au samedi de 9h à 17h.

Il est désormais le rhum le plus au sud de la Martinique. Avec le lancement de Braud & Quennesson, la famille des rhums agricoles martiniquais s'agrandit. L'arrivée de cette nouvelle rhumerie marque la renaissance d'un site emblématique : l'ancienne usine du Marin fondée en 1866 par les aïeux Braud et Quennesson, ancrée dans la mémoire martiniquaise, et fermée depuis les années 1970. Planté de cannes enclavées entre les mornes, ce site exceptionnel qu'est l'habitation Grands Fonds bénéficie d'un terroir unique et d'un microclimat particulièrement chaud et humide, qui confère au rhum des qualités exceptionnelles : arômes, fraîcheur et douceur. Les cannes affichent en effet une des teneurs en sucre les plus élevées de l'île, selon la maître de chai Stéphanie Dufour. Cette année, seuls 100 000 litres de ce rhum blanc élixir ont été produits et déclinés en 3 séries limitées, rondes et gourmandes : 59, 55 et 50 degrés. Dans trois ans, la gamme viendra s'agrandir de rhums vieux. En attendant, ce site chargé d'histoire promet de devenir un haut lieu du spiritourisme, doté d'une belle boutique et d'un jardin botanique complanté de caféiers, calebassiers, fromagers, manguiers… dans lequel il fait bon flâner. Les ruines de l'ancienne usine sucrière sont encore bien visibles. Les cannes sont actuellement distillées à l'habitation du Simon, mais la famille De Gentile, à la tête du projet, espère lancer dans quelques années sa propre distillerie. Une nouveauté futée prometteuse !

BUREAU D'INFORMATION TOURISTIQUE DU MARIN

Boulevard Allègre
✆ 05 96 74 63 21
www.marin-martinique.fr
Haute saison : du lundi au samedi 8h-18h, dimanche 8h-13h. Basse saison : du lundi au vendredi 8h-18h, samedi 8h-13h.

Un office de tourisme très actif et impliqué pour vous informer des actualités, sorties, événements, excursions, croisières, logements, résidences hôtelières, sports à pratiquer... Classée commune touristique en 2012, la ville, station nautique, bénéficie aussi de nombreux autres atouts notamment historiques et patrimoniaux avec son église du XVIIe siècle, l'une des plus anciennes de la Martinique, et une richesse floristique et faunistique dense.

VPM YACHTCHARTER

Port de plaisance
✆ 05 96 74 70 10
www.vpm-yachtcharter.com

Avec l'objectif d'offrir à tous la possibilité de goûter au plaisir de la navigation, VPM propose plusieurs formules de croisières : la location sans équipage, idéale pour les navigateurs confirmés ou la location avec équipage. Au départ de la Martinique (Le Marin), l'une d'elle se dirige vers les Grenadines en monocoque ou en catamaran (15 jours, 14 nuits). Parmi les locations proposées : catamarans et monocoques de 10 à 24 mètres de long, croisières à la cabine, ou encore croisières d'une journée sur catamarans avec espace jusqu'à 100 personnes.

ZAGAYA

✆ 06 96 96 07 81
Départ tous les jours y compris dimanche et jours fériés. Prix indicatifs : 30 €/adulte, 18 €/enfant (3-12 ans).

A bord d'un bateau couvert, partez découvrir le cul de sac du Marin avec un guide naturaliste expert de l'écosystème de l'île, qui vous commentera les spécificités de la mangrove et ses interactions avec le récif corallien. La sortie dure 2h30 au total, dont 45 minutes de visite de la mangrove et 40 minutes de plongée libre dans une réserve marine (masques et tubas fournis), sur un petit catamaran à moteur stable, abrité et confortable, d'une capacité agréée de 12 personnes. Collation offerte durant l'excursion. Une visite très pédagogique.

LOKIZY

Résidence La Cédalise Rond-point Annette
✆ 596 696 37 40 80
https://lokizy.fr/
Ouvert de 7h à 22h tous les jours y compris dimanche et jours fériés.

Une sympathique compagnie de location de voitures en Martinique basée au Marin. Ici pas de mauvaise surprise, tout est clair, net et précis. Les véhicules sont tous très récents. Vous êtes assuré de conduire un véhicule fiable, bien équipé et garanti : climatisation, radio CD, bluetooth... Conducteurs additionnels gratuits, sièges enfants et réhausseurs gratuits, kilométrage illimité. L'assurance est tous risques. De même, le véhicule que vous réservez est celui que vous aurez : pas d'équivalence de dernière minute ! Possibilité aussi de location de deux-roues.

© LOKIZY

© LOKIZY

SUD CARAÏBE

GD LOCATION

Marina du Marin
✆ 06 96 30 09 30
www.gdlocation.fr

Ouvert du lundi au vendredi de 8h30 à 12h. Le dimanche sur rendez-vous. Livraison sur toute l'île.

Cette agence de location à taille humaine et à la réputation sérieuse a été créée par une Martiniquaise, Gladys Yolande Gros Desormeaux, qui connaît bien le secteur et les lieux. Elle est installée dans la nouvelle marina du Marin, sur le port de plaisance. Si vous débarquez en bateau et avez besoin d'une voiture pour quelques jours, GD pratique des tarifs qui ne sont vraiment pas élevés et particulièrement attractifs. Les voitures sont récentes, fiables, propres. Le parc est très limité, il est donc prudent de réserver, surtout en haute saison.

LUXIANE CAR

✆ 06 96 24 86 30
www.luxianecar.com

Réservation par mail ou par téléphone. Règlement par CB, chèques selon conditions, espèces, virement.

Luxiane Car allie prestations de conciergerie de luxe et location sur mesure. Le véhicule de votre choix vous est livré au moment et au lieu qui vous sied le mieux. La réservation se fait sur internet et la livraison, directement sur la marina au ponton de votre bateau. Le contrat est rédigé et le gain de temps assuré... Les véhicules sont de catégorie supérieure, de la Peugeot 208 aux 4x4 et BMW en boîte manuelle ou automatique. Pour les familles nombreuses, Luxiane Car dispose aussi de 7 places. La qualité du service est au cœur des prestations de l'agence.

ALTERNATIVE SAILING

Marina du Marin
✆ 05 96 52 31 20
www.alternative-sailing.com

Location de voiliers avec ou sans skipper (monocoques et catamarans).

Compagnie spécialisée dans la location, la gestion et la vente de voiliers, Alternative Sailing dispose d'une belle flotte de catamarans (Lagoon 380 - 400 - 450 - Lagoon 42) et de monocoques (Oceanis 31 / Solaris 50). Au départ du Marin, embarquez pour Sainte-Lucie, les Grenadines ou encore Grenade, la Barbade ou la Dominique. Les croisières sont disponibles avec ou sans skipper, du week-end à la semaine. Un service de qualité et des solutions sur-mesure en fonction de vos besoins. A noter : la compagnie propose aussi de la conciergerie.

AUTREMER CONCEPT

Bassin Tortue
✆ 05 96 74 79 11
www.autremerconcept.com

Ouvert de 8h à 16h45, samedis et jours fériés sur rendez-vous.

Ici, on vous oriente selon vos goûts, votre budget... La société dispose de 17 bateaux habitables de 3 à 5 cabines (2 à 12 personnes), catamarans (Fountain Pageot, nautitech) de 35 à 45 pieds, monocoques de 36 à 47 pieds et même trimaran : impossible de ne pas trouver bateau à son pied ! En plus des croisières, vous pouvez opter pour une sortie découverte à la journée en catamaran. Possibilité de navigation sans skipper selon votre CV nautique. Pour les croisières plus longues, à partir de 7 jours ou plus, construisez votre voyage grâce à des devis personnalisés.

COOK AND SAIL

blue working
✆ 06 96 89 61 19
www.cookandsailcaraibes.com

À partir de 149 € la journée et par personne en all inclusive (sur la base de 8 personnes).

Cook and sail propose un concept original qui allie la découverte des saveurs du monde à la voile. Si vous êtes un épicurien passionné de mer et de catamaran, voilà une nouveauté qui vous ravira : une croisière bistronomique à bord d'un luxueux catamaran de 4 cabines (Lagoon 450). Plusieurs destinations sont proposées dans la Caraïbe avec à chaque fois un plaisir gustatif autour des spécialités caribéennes mais aussi du monde entier. La cheffe est à bord. Elle n'hésite pas à solliciter les pêcheurs locaux pour travailler la pêche fraiche. A découvrir !

DREAM YACHT CHARTER

Boulevard Allègre, Port du Marin
✆ 06 96 92 62 47
https://croisiere-cabine.com

Location à la cabine dès 900 €/personne sur la base de 2 personnes en cabine double, pension complète.

Créé en 2001, Dream Yacht Charter, expert de la location de bateaux, propose une flotte de catamarans très récents et confortables. La société s'est spécialisée dans le concept « croisière à la cabine » qui vous permet de réserver une croisière comme vous le feriez pour un hôtel. Chaque équipage se compose du capitaine, en charge de la conduite et de la responsabilité du navire (formalités administratives, relations avec les autorités), et d'une hôtesse cuisinière qui gère les approvisionnements, le ménage, les repas et le service.

TOURISME - UTILITAIRE
LOUER AU MEILLEUR PRIX, C'EST UN CHOIX !
À PARTIR DE
19€
PAR JOUR*
AUTO-DISCOUNT.fr LOCATION
0696 972 000
0696 972 000
AUTO-DISCOUNT.fr LOCATION
« Pensez à covoiturer #SeDéplacerMoinsPolluer »

MARINA DU MARIN

Port de plaisance
✆ 05 96 74 83 83
www.marina-martinique.fr
Ouvert du lundi au samedi de 8h à 17h (16h30 en basse saison) ; dimanche et jours fériés de 8h à 13h.

La Marina du Marin est une infrastructure phare, séduisant 55 000 plaisanciers par an et générant 460 emplois directs et 200 emplois indirects. Le port de plaisance compte 830 places à quai et une centaine de mouillages. Il offre également tout un panel de services dans l'enceinte de la Marina comme l'avitaillement, la réparation et la maintenance des navires, une laverie, un centre médical, la capitainerie, ou encore une station-service dernière génération (pompes au débit, 12 000 l/h). Une équipe au savoir-faire reconnu dans toute la Caraïbe.

PUNCH CROISIÈRES

Port de plaisance du Marin
✆ 06 96 74 89 18
www.punch-croisieres.com
Voiliers et catamarans avec ou sans skipper.

Une société de location implantée sur les Antilles depuis 1995. La flotte est récente et comprend 17 monocoques et catamarans. L'équipe est sympa et à taille humaine ; ici on assure un suivi individuel du client et on le conseille avec le sourire ! Punch Croisières offre des locations de courte durée (week-end, semaine) mais aussi sur des périodes plus longues pour ceux qui rêvent de congés sabbatiques en mer ! Les tarifs indiqués n'incluent pas l'avitaillement, les frais de douanes, de bouées et de quai sur les îles parcourues lors de la croisière.

SAIL PARADISE

Marina du Marin
✆ 06 96 80 99 10
www.sail-paradise.fr

Jacky est un vrai marin breton qui a posé ses valises dans la Caraïbe depuis plus de 20 ans. Il connaît le moindre rocher dans toutes les îles. Depuis 2013, ce passionné de la mer (l'un des meilleurs skippers de la région) a réussi à concrétiser son rêve : proposer des croisières à la carte dans la Caraïbe. Aujourd'hui, ce sont 3 bateaux qui vous emmènent : un cata, un lagoon 450 et un lagoon 380. Sécurité et discrétion sont ses maîtres mots. A bord, retrouvez de nombreuses activités en option : kayak, paddle, planche à voile, bateau à moteur...

SIDERAL CROISIÈRES

Port de plaisance. Ponton n°3
✆ 06 96 43 32 84
www.voiliersideral.com

A bord de leur superbe voilier de 17 m, doté de 4 cabines doubles, Monica et Philippe proposent des petites croisières pour voguer au gré des vagues du sud, avec snorkeling et plage au programme.
2 formules : Aventure (sans service cuisine) une formule économique et conviviale quand vous voyagez en famille ou entre amis, ou Confort (pension complète), c'est l'équipage qui s'occupe de l'avitaillement et de la cuisine et vous vous n'aurez qu'à vous préoccuper de l'organisation de vos journées de vacances : plongées, balades à terre, baignades, siestes....

RÉSIDENCE CAP EVASION €

Cap Beauchêne
✆ 06 96 45 31 25
www.residence-cap-evasion.fr/
A partir de 70 € la nuit le studio pour 2 personnes et 90 € la nuit la villa T2 pour 4 personnes.

Cette charmante résidence saisonnière privée et calme est composée de quatre villas T2 et de huit studios. Les parties communes disposent d'un grand parc et d'une piscine sécurisée. Les studios sont spacieux et lumineux et tous possèdent une terrasse, de même que les «villas». Située sur la commune du Marin à Cap bois neuf avant la route du Cap Macré, la résidence est à proximité des plages, des bases nautiques, et des chemins de randonnée. Mais il est indispensable de louer un véhicule pour se déplacer. Une très bonne adresse à retenir.

LES BOUGAINVILLÉES DU CAP €€

✆ 05 96 74 24 63
www.villa-bougainvillees.com

Conçue par un architecte, la villa Les Bougainvillées du Cap de style créole surplombe la sauvage baie du Cap Macré. Son joli bardage jaune et son toit en tuiles rouges lui confèrent un charme renforcé par l'omniprésence de la mer toute proche. Elle est visible depuis les 4 chambres, et surtout du salon qui offre une continuité directe avec la terrasse couverte à travers une large ouverture sans baie vitrée. Splendide piscine entourée de fleurs tropicales.

RÉSIDENCE DES ÎLES

Mondésir

✆ 05 96 74 02 34

www.residence-des-iles-martinique.fr

Studio à partir de 80 € la nuit. F2 : à partir de 115 € la nuit. F2 avec mezzanine pour 6 personnes dès 155 € la nuit.

Cette sympathique résidence, à 300 mètres de la marina, se révèle être très pratique pour les plaisanciers. En plus de la vue exceptionnelle, l'intérêt est de pouvoir se rendre sur la marina à pied. Elle se compose de 17 appartements avec terrasse, du studio au F2. Chaque appartement est aménagé avec goût. Bien équipés (TV, téléphone, chambre climatisée, cuisine aménagée, salle de bains), ils disposent d'une vue sur la baie du Marin et sur le port de plaisance. La résidence dispose également d'une piscine en pierre naturelle et d'un carbet pour barbecues.

AQUALODGE €€€

Baie du Marin

✆ 05 90 901681

www.aqualodge.fr

Superficie de 78 m2, 2 chambres + salle de bains + toilettes. Pour 4 personnes max.

Vous avez toujours rêvé d'une croisière sur les eaux turquoise de la Caraïbe mais nous n'avez pas du tout le pied marin ? Aqualodge est la solution idéale pour exaucer votre rêve impossible ! Ce concept innovant et écolo offre à la fois l'évasion d'un catamaran et le confort d'une chambre d'hôtel : ce sont des villas flottantes arrimées au large du Marin dans un mouillage très calme. Equipées de deux chambres, d'une cuisine aménagée, d'une terrasse et d'un solarium, elles sont conçues pour être autonomes. Une annexe permet de vous rendre à terre aisément.

LES LOGIS DU CUL DE SAC €

Rue Victor Lamon

✆ 069 6 40 76 80

Tarifs : 150 € le week-end, 420 € pour 7 jours, 600 € pour 10 jours et 825 € pour 15 jours.

Ces deux studios de standing, admirablement bien situés, sont proches de la marina, des plages et des activités de la commune. Le grand studio, «Tortue Luth», de 40 m^2 avec terrasse, est intégralement équipé, climatisé et élégamment décoré. Le second appartement, «Tortue verte», propose les mêmes équipements. Pour les petits plus, le wifi est inclus, ainsi que la place de parking, non négligeable au Marin où il est souvent compliqué de trouver une place. Accueil très chaleureux de Lucie, la propriétaire, qui connaît la Martinique comme sa poche !

BKB €

Station CAP Rond-point Du Cap Macré

https://bokayburger.com

Ouvert 7j/7 de 11h à 22h. Drive, salle, terrasse. Addition moyenne 13 €.

Envie d'un burger 100% martiniquais ? Rendez-vous chez BKB avec ses burgers *made in Madinina* : l'Otentik, le Bacon Bokay... Les burgers sont réalisés avec du pain artisanal, des steaks 100% pur bœuf, relevés d'une délicieuse sauce BKB, dont le secret est jalousement gardé, et servis avec des frites de patate douce. L'enseigne compte une dizaine d'établissements en Martinique et deux nouvelles franchises devraient voir le jour prochainement au François et au Carbet. Au Marin, un drive ainsi qu'une salle avec possibilité de manger sur place sont proposés.

SNACK TI-GRILL €

✆ 05 96 74 84 86

Ouvert tous les jours de 10h à 16h30, dimanche de 8h à 14h.

Rôtisseur, traiteur, sur place ou à emporter : Ti-Grill, c'est la halte obligatoire avant de se rendre sur les plages du sud de l'île. Vous y trouverez une bonne sélection de plats à emporter, alliant cuisine créole et française : poulets grillés (l'un des meilleurs de l'île) ou à la basquaise, ribs, colombo de poulet, paella royale, sauté de porc, couscous, boudins, accras… Ici, on vous propose 8 plats du jour ! Bon et pratique. Service rapide et efficace dans une bonne ambiance. Ti-Grill vous aide également à organiser vos soirées, devis sur demande.

L'ANNEXE €

✆ 05 96 38 84 77

Ouvert tous les jours de 8h à minuit. Addition moyenne : 15 €.

L'Annexe des Trois-Ilets a déjà sa petite sœur dans la nouvelle marina du Marin. Convivialité et bonne humeur, cuisine simple et fraîche, tels sont les maîtres mots de cette adresse. Des tables colorées en bois, un grand bar central ouvert avec vue sur les bateaux. La carte s'articule autour de cuissons à la pierre (viande ou poisson), de pâtes, de grandes salades et des tartines et pizzas. Vous aimerez leurs frites maison, leurs wraps et leurs nombreux cocktails : le bar est ouvert non-stop et des concerts en *live* sont régulièrement organisés.

MANGO BAY €

Boulevard Allègre

✆ 05 96 74 60 89

https://le-mango-bay.business.site

Ouvert tous les jours de 7h à 23h. Addition 25-30 €, restauration en continu. Wifi. Happy hour 17h à 19h en semaine.

Le Mango Bay s'est fait un lifting ! La cuisine s'ouvre à présent sur la salle, toujours sur pilotis, face aux voiliers de la Marina. Il y règne une ambiance nautique très agréable. Le matin, les travailleurs de la marina et les plaisanciers se retrouvent autour d'un café. Côté cuisine, la carte s'oriente vers des grillades (viandes, poissons et crustacés) de qualité, des brochettes et burgers de toute sorte. Le Mango Bay est également agréable pour une pause «glace» au retour de la plage. Bref, une adresse animée à toute heure de la journée.

KOKOARUM €

Nouvelle marina du Marin
✆ 05 96 48 02 21
Ouvert de 8h à 23h30. 7j/7. Addition moyenne 20 € et 25 €. De 18h à 19h, happy hour.

A la fois grill, glacier et rhumerie, ce lieu 3 en 1 est un endroit convivial et coloré à l'image des Antilles. Une restauration simple, fraîche et de qualité qui fait la part belle aux grillades de viandes et de poissons, mais aussi aux grandes salades. Des suggestions du jour se dévoilent à l'ardoise. On aime les burgers maison concoctés avec du bon pain artisanal. Les coupes de glaces font aussi la réputation de l'établissement. Côté rhumerie, on trouve tous les rhums de la Martinique et d'ailleurs avec des « perles » qui raviront les connaisseurs.

LE DOUBLE V €€

Boulevard Allègre
✆ +596 596 66 02 84
Ouvert 7j/7 de 12h à 15h et de 18h à 24h.

C'est le nouveau restaurant-bar-lounge situé à l'étage de la Marina du Marin. Sa spécialité : la viande ! La cuisine est moderne, originale et 100 % maison, elle fait la part belle aux produits locaux et de saison : os à moelle rôti sur canapé, effiloché de confit de canard, filet de bœuf sauce marchand de vin, pâté en croûte à la Richelieu… Sur la terrasse ombragée et ventilée qui offre une vue panoramique sur le Marin et ses multiples bateaux, on sirote l'un des succulents cocktails à la carte. La carte des vins est sympathique.

LE PUNCH €

Marina du Marin
✆ 06 96 51 87 53
Ouvert du lundi au vendredi de 11h à 14h et de 19h à 22h. Plat du jour 13 €. Addition moyenne 25 €.

Embarquement immédiat pour un lieu à l'ambiance caliente ! Ce restaurant-bistrot organise régulièrement des soirées (concerts, blind tests). Et quoi qu'il arrive, il n'est pas rare de croiser des convives en train de danser sur le trottoir. La cuisine se veut bistronomique : tartare de thazard frais accompagné de mousseline de brocolis, gratin de bananes jaunes peyi et gombo, velouté de giraumon peyi au lait de coco et ses crevettes, ou encore demi-langouste rôtie et flambée au rhum vieux. C'est délicieux et très sympathique !

INDIGO FACTORY €€

Port de plaisance
✆ 05 96 74 76 74
Ouvert tous les jours de 11h30 à 15h et de 17h30 à minuit. Fermé le dimanche soir.

Dans ce restaurant flottant, unique en Martinique, tenu par Franck et son équipe, on se croirait sur un bateau ! Dans un cadre vraiment sympa avec vue sur le port, vous dégusterez de délicieuses langoustes grillées sorties du vivier, la fameuse «brochettes partie» à partager ou encore l'un de leurs burgers au pain artisanal, à la langouste ou au bœuf. Ne manquez leur célèbre cocktail XXL à base de bonbons, à déguster avec une assiette Asia concoctée maison, le tout dans une ambiance musicale agréable où vous pourrez danser si vous le souhaitez.

SOUS LE MANGUIER €€

boulevard allègre
✆ +596 596 53 16 10
Ouvert du lundi au samedi de 11h45 à 14h et vendredi et samedi de 19h à 21h.

A deux pas de la Marina, venez-vous prélasser sous le magnifique manguier, et savourer la cuisine raffinée de Jean-Jacques. Le restaurant est composé d'une grande terrasse couverte et ventilée et d'une petite terrasse en hauteur à l'abri sous le manguier. La carte fait la part belle aux produits frais et respecte la saisonnalité : salade belle créole, filet de dorade choucroute de papayes crémeux d'ail, foie gras de canard au bois d'Inde… Les desserts sont sur le même registre : brioche perdue, charlotte rhum-raisins déstructurée. Belle carte de rhums vieux.

MARIN MOUILLAGE €€

Boulvard Allègre
✆ 05 96 74 65 54
www.marinmouillage.com
Ouvert du lundi au samedi de 10h à 15h, vendredi et samedi soir de 19h30 à 23h. Le 1er dimanche du mois : 10h-15h.

Face à la Marina du Marin, ce restaurant créole dynamique vous propose, principalement à l'étage, plus au calme, un large choix de plats créoles, mais aussi une formule « showroom et tapas» qui allie exposition de créateurs locaux dans une ambiance détendue, avec tapas à tous les prix et une carte de desserts. N'hésitez pas à consulter leurs pages Facebook et Instagram pour avoir un aperçu de la carte. L'accueil y est très chaleureux, un petit resto bien sympa qui vous propose tous les premiers dimanches du mois un brunch créole.

LA TERRASSE TURQUOISE €€€

Route de Cap Macré ✆ 05 96 63 52 61
http://terrasseturquoise.free.fr/
Ouvert tous les midis sauf le lundi. Le soir sur réservation uniquement.

Jean Claude Edmond, le chef propriétaire, est une figure de la gastronomie locale. Il a œuvré dans de nombreux restaurants du monde entier. C'est ici, dans ce paysage grandiose avec vue sur tout le Cap Macré qu'il a posé ses valises et a créé la « Terrasse Turquoise ». Pas besoin de mots pour expliquer le choix de ce nom ! Sa cuisine est élaborée et fait la part belle aux produits du terroir. Il privilégie le bio, sélectionne ses viandes au Cap Macré, et travaille avec les produits maraîchers. On vous conseille de réserver surtout le week-end.

TI'TOQUES €€€

Port de plaisance
✆ 05 96 74 72 32
www.restaurant-titoques.fr
Ouvert tous les jours, sauf le lundi et le mardi, service non-stop de 9h30 à 23h30. Addition moyenne 25 €.

Restaurant-brasserie situé face au club nautique, tout en teck et aux formes qui ondulent telle une vague. Une seule et grande terrasse ouverte. On découvre le menu sur une grande ardoise posée au sol : capellinis aux Saint-Jacques et queues de crevettes, crumble de lambis, crème brûlée de foie gras, côte de bœuf au grill... Egalement des suggestions du jour variées et appétissantes joliment servies dans de belles assiettes. Pour les déjeuners ou dîners rapides, salades, pizzas ou crêpes tiennent la vedette. En bonus : la rapidité du service et le goût !

ZANZIBAR €€€

11, boulevard Allègre
✆ 05 96 74 08 46
www.restaurantzanzibar.com
Ouvert du mardi au samedi midi et soir. Dimanche le midi seulement. Fermé le lundi. Menu Héritage 50 €.

Un nom évocateur d'îles lointaines qui est devenu en quelques années une halte obligatoire du sud de l'île. Il faut dire que le décor est avenant : terrasse face à la mer, atmosphère raffinée avec de larges sofas, lumières tamisées le soir... Ce restaurant au charme métissé regorge de plats raffinés concoctés avec des produits frais et de qualité. Le menu Héritage fait voyager vos papilles rien qu'à sa lecture ! Quant au bar, *cosy* et confortable, il reste un *must* pour se poser et savourer un cocktail, un rhum d'exception (une cave à rhums extraordinaire).

LE SEXTANT €

Centre de carénage ✆ 05 96 38 30 29
https://restaurantsextant.fr
Ouvert du lundi au samedi 12h-16h. Concert live le samedi soir (préférable de réserver). Addition moyenne 30 €. Wifi.

© LE SEXTANT INSTAGRAM

Le Sextant se trouve à l'entrée du Marin, près du centre commercial Carrefour Market. Pas très « sexy » comme indication... mais n'ayez crainte, vous serez surpris, en arrivant, par une chouette décoration tout de bois vêtue (sol et tables en teck) et une très belle ambiance bateau. Le restaurant a changé de lieu et s'est renouvelé côté décoration, le bois naturel allié au noir et au voilage blanc donne une ambiance chic. Le chef offre une carte qui évolue tous les 2 mois. Cuisine métissée avec une prédominance pour les plats à base de poissons frais.

LE LIV'BAR

19, boulevard allègre
✆ 06 69 37 76 53
Ouvert le lundi et du mercredi au samedi de 18h à 1h. Fermé le mardi et le dimanche. Cocktails à partir de 7 €.

Le Liv'Bar est un bar lounge ambiance du monde avec ses petits salons et sa terrasse avec vue sur la mer à deux pas de la Marina du Marin. C'est l'endroit idéal pour prendre un verre en fin de journée ou passer une soirée dans une ambiance unique en Martinique. Les délicieux cocktails, qu'ils soient classiques ou originaux, avec ou sans alcool, ne manqueront pas de vous surprendre. Pour accompagner ces rafraîchissements, on vous propose un choix de burgers gastronomiques et autres encas. Nombreuses soirées live, concerts et animations.

APPRO ZAGAYA

17 Cité Diaka
✆ 05 96 74 39 75
www.appro-zagaya.fr
Récupération des denrées : de 8h30 à 18h30 du lundi au samedi.

Depuis plus de dix ans, Appro Zagay propose les produits les plus adaptés à votre croisière. Le principe : faites vos courses en amont sur le site internet. L'accent est mis sur les produits frais, nombreux (légumes et fruits) qui privilégient les producteurs locaux. Ils vous sont livrés au dernier moment pour garantir leur fraîcheur. Coté livraison, plusieurs formules : la tout confort, où l'on organise pour vous le garde-manger sur le bateau avant votre arrivée, ou la plus sportive, avec des chariots à disposition pour récupérer votre commande.

MARCHÉ COUVERT

✆ 05 96 74 90 02
Ouvert du lundi au samedi de 8h à 13h.

Face au port de plaisance, voici une halte colorée et très animée pour faire ses provisions de fruits et de légumes du pays, selon la saison, dans une ambiance 100 % créole et conviviale. La place fournit naturellement du poisson fraîchement rapporté par les pêcheurs matinaux, mais fait tout de même la part belle aux viandes et bien sûr au boudin. Beau choix également de liqueurs, de shrubs, d'épices locales et d'artisanat. Vous y retrouverez l'animation typique d'un bourg du sud de l'île. Une escale incontournable lors de votre séjour.

LE MILLÉSIME

boulevard Allègre
✆ 05 96 38 74 12
Ouvert du lundi au vendredi de 9h à 13h et de 14h à 17h, le samedi de 9h à 17h.

Voici une véritable caverne d'Ali Baba pour épicuriens. Vous la dénicherez sur la marina du Marin, face au Mango Bay. Cave à vins, à cigares, épicerie fine et locale mais surtout cave à whiskys, à rhums et à champagnes, le Millésime est le lieu idéal pour gourmets. Huiles et vinaigres d'exception, confiseries : rien ne manquera désormais pour vos festins de rois, vous trouverez ici tout ce qu'il faut pour (vous) faire plaisir. Dégustation d'alcool dans de beaux verres une fois par mois, consultez la page Facebook pour connaître la date.

AQUABULLE

Port de plaisance ✆ 05 96 74 69 69
www.aquabulle.com
Circuit du matin (9h et 10h45) : 26 € (enfant 13 €). Circuit après-midi avec baignade (14h45) : 30 € (enfant 15 €).

En route pour la découverte des fonds marins coralliens de la Martinique, à bord d'un mono coque spécialement conçu à cet effet. Le spectacle est magique ! Des poissons de toutes les couleurs, des coraux inaccessibles pratiquement à portée de main, le tout commenté. Le circuit du matin (2 départs en saison) est constitué d'une promenade vision sous-marine. Celui de l'après-midi propose en plus une baignade. La promenade dure entre 1h30 et 2h si on inclut la baignade. Une excursion dans les profondeurs des Caraïbes à ne pas manquer si vous avez des enfants.

AVENTURE TRIKE MARTINIQUE

12 route du Cap Macré
✆ +596 696 39 17 05
www.aventuretrikemartinique.com

A bord de son véhicule insolite, Alain vous emmène explorer les routes du sud. Ce n'est pas une moto, ni une voiture. Ce véhicule atypique s'appelle un « trike ». Il s'agit d'un Rewaco RF1 ST3, équipé d'un moteur à 4 cylindres en lignes et d'une boîte automatique à 7 vitesses, offrant une puissance totale de 110 CV. Ses atouts : le trike est très confortable et souple sur la route et il offre un maximum de sécurité. Alain propose aussi des circuits à la demande.

BBQ DONUT BOAT

Quai N°4
✆ 06 96 56 62 99
www.bbqdonutsboat.fr
Du dimanche au vendredi 8h30-17h30. Location d'une carte d'orientation et d'un GPS.

Le BBQ Donut Boat est une activité en pleine effervescence qui allie organisation d'un pique-nique aux plaisirs de la plaisance. Cette embarcation insubmersible (sans permis bateau) est en forme de donut pouvant accueillir 10 personnes, au centre un barbecue (avec charbon de bois et ustensiles de cuisson), une sono hifi avec USB, jeux de lumières, bac à glaçons. C'est une solution amusante pour partir à la découverte des fonds blancs de la baie du Marin. Plusieurs formules vous sont proposées y compris nocturne, apéro, brunch, ou soirée love.

CLUB NAUTIQUE DU MARIN

Bassin Tortue
✆ 05 96 74 92 48
www.clubnautiquedumarin.com
Du mardi au samedi de 8h30 à 12h30 et de 13h30 à 16h30. Ouvert le lundi pendant les vacances scolaires.

Le club vous offre la possibilité de s'initier, de pratiquer (en stage ou en activité libre) ou de se perfectionner dans toutes les activités nautiques : catamaran, planche à voile, canoë-kayak, que vous soyez adulte ou enfant, débutant ou confirmé… Il propose également des stages multiactivités pendant les vacances scolaires, ainsi que des entraînements régate tout au long de l'année. Il est également possible de passer son permis bateau (carte mer, permis côtier et hauturier) ! Des vacances studieuses et nautiques en perspectives.

PARADIS PLONGÉE

Bassin Tortue
✆ 06 96 34 56 16
www.paradisplongee.com
Fermé le dimanche. Certificat médical demandé.

Paradis Plongée est un club de plongée très professionnel pour partir à la découverte des fonds marins de Sainte-Luce, de la baie du Marin et du rocher du Diamant. Le club accueille tous les plongeurs, du débutant au confirmé, et vous propose également des sorties snorkeling guidées. Dans l'infrastructure du club, il est mis à disposition vestiaires, douches et sanitaires. Après votre plongée, on vous offre un petit planteur dans le coin détente pour débriefer sur votre dernière plongée en bonne compagnie et mieux faire connaissance !

JET'7

boulevard Allegre
✆ 0696 11 33 66
www.jet7martinique.fr
Randonnée en jet-ski, bouée tractée, bi-ski, mono-ski, wakeboard, kneeboard.

JET7 est une base de loisirs nautiques installée en Martinique depuis 2015. Brigitte et Pascal proposent pas moins de sept activités de glisse ! Le jet-ski randonnée, le jet-ski en baptême, la bouée tractée de glisse ou version « canapé », le ski nautique, le wake-board et le Knee-board. L'équipe est composée uniquement de moniteurs diplômés d'Etat ce qui assure une réelle sécurité. Particulièrement pédagogues avec les enfants, toute l'équipe assure l'initiation des sports de glisse aux plus petits qui repartent même avec un diplôme en poche !

PARAPENTE CARAIBE

Boulevard Allègre
✆ 06 96 61 11 60
www.caraibe-parapente.com
Tarif indicatif : 80 €/personne pour environ 20 minutes de vol.

Olivier, moniteur breveté d'Etat, vous propose de survoler quatre des plus beaux sites du sud de l'île. Le Cap Chevalier et son lagon, l'Anse Grosse-Roche avec atterrissage sur la plage de cocotiers, le Morne Larcher pour admirer sa forme curieuse qui ressemble à une femme allongée, le Morne Gommier d'où avec un peu de chance, vous aurez même la possibilité de monter jusqu'aux nuages et de les toucher de vos propres mains ! Les points de vue sont à couper le souffle, le décollage et l'atterrissage s'effectuent en toute douceur et sécurité.

MARIN PLONGÉE

Bassin-Tortue
✆ 05 96 74 05 31
www.marinplongee.com
3 départs par jour. Rendez-vous à 8h, 10h et 14h sur réservation. Photos sous-marines offertes, pensez à votre clé USB.

Agrée Fédération française et PADI, le club est un centre de plongée familial qui propose des baptêmes de plongée pour adultes et enfants (dès 5 ou 6 ans). Les sorties se font avec 3 ou 4 plongeurs en moyenne... Au programme : le plateau corallien de la pointe Borgnèse pour les débutants et les moins à l'aise ; les plongeurs confirmés se dirigeront, eux, vers le rocher du Diamant. Sortez et découvrez avec Matthieu, le moniteur du club, à bord du petit bateau moderne et confortable qui vous emmènera sur les plus beaux spots de plongée !

PRESTIGE

Marina du Marin
✆ 06 96 73 70 27
www.prestigecatamaran.com
Excursion en catamaran à la journée, demi-journée. Journées à Sainte-Lucie, à partir de 125 € par personne.

Le maxi catamaran *Prestige* est né d'un coup de cœur d'un visiteur américain. Ce voilier très spacieux avec ses 75 pieds de long (28 personnes à bord) offre des prestations résolument haut de gamme, tout en respectant un excellent rapport qualité-prix. Différents circuits le long des côtes martiniquaises sont proposés (plages du sud, Anses-d'Arlet..)… On aime aussi la sortie « Happy Hour » (open bar avec rhums locaux premium) pour profiter du coucher de soleil. Prestige propose également une excursion à la journée sur l'île de Sainte-Lucie.

SAINTE-ANNE ★★★

Situé dans l'extrême sud de l'île, Sainte-Anne est un village typique mais très fréquenté. Ses plages de rêve n'y sont pas étrangères : Anse-Caritan, Anse-Meunier, les Salines, Anse-Trabaud, Anse-Michel… Certaines sont très fréquentées, d'autres plus familiales ou sauvages. Non contente d'offrir une telle variété de plages, Sainte-Anne est également connue pour sa réserve ornithologique et ses îlets dont le plus célèbre est Cap-Chevalier (canoë, kayak, planche à voile, sortie en bateau). Avec ses complexes et structures tout confort, elle est le lieu idéal pour qui veut passer des vacances carte postale les pieds dans l'eau et la tête ailleurs.

Tourisme

- **Les plages.** Club Med, Pointe-Marin, Caritan, Grande-Anse-Salines, Anse-Trabaud, Cap-Chevalier, Anse-Grande-Roche, des plus domptées et touristiques aux très sauvages et naturelles… Les touristes et les guides vous le diront, la plage des Salines est incontournable en Martinique, et indiscutablement très agréable hors saison. Dès que l'affluence se précise, la plage ressemble vite aux Saintes-Maries, entre les tentes des campeurs, les barbecues improvisés merguez-brochettes et les soirées zouk. Aussi, vous n'hésiterez pas à poursuivre la balade en faisant le tour du cap pour trouver des plages plus confidentielles, tout aussi belles et beaucoup moins fréquentées. En particulier celle de l'Anse-Trabaud, plébiscitée par les résidents connaisseurs, également accessible en voiture à travers les champs de melon, moyennant un droit de passage modique.

Transports

- **Voiture**. 50 km de Fort-de-France par la N5 jusqu'au Marin. Poursuivre sur la D9 pendant 6 km.
- **Taxis collectifs**. Liaisons quotidiennes avec le Marin et Fort-de-France. Gare routière face à l'office de tourisme.
- **Bus SUDLIB** : la ligne A relie le Marin et Sainte-Anne, la ligne P1 le François et Sainte-Anne et la ligne P2 Ducos et Sainte-Anne en passant par Rivière-Salée, Sainte-Luce et le Marin.

ANSE CARITAN

Anse Caritan

C'est l'un des plus beaux sites de la Martinique : sur fond de cocotiers, qui apportent la bonne dose d'ombre salvatrice, l'eau y est cristalline, et le sable immaculé. Et la vue sur le Morne Larcher et le rocher du Diamant est splendide. Une fois garé, prenez sur la gauche, longez la plage les pieds dans l'eau et, au bout de 10 minutes, vous atteindrez l'un des endroits les plus photographiés de l'île : la balançoire en bois de l'Anse Caritan. A quelques brasses des bateaux au mouillage, celle-ci semble flotter dans l'eau…

ANSE DES SALINES ★★★

Habitation Fond Moustiques

Eau turquoise, cocotiers, sable blanc : la plage des Salines est l'une des plus belles de la Martinique. Située à 5 km au sud du bourg, elle s'étire sur 1 km. Elle est divisée en trois sections : la Grande Anse des Salines, la partie la plus grande et la plus connue, la Petite Anse des Salines à l'ouest et enfin, la Grande Terre des Salines à l'est.

Sa partie boisée appartient à la Forêt domaniale du Littoral et se trouve sous la houlette de l'Office National des Forêts. Elle fait partie sans nul doute l'un de nos plus beaux clichés.

ÉGLISE NOTRE-DAME

Elle donne son unité au bourg, et prolonge son clocher au delà de son parvis, jusqu'à un charmant ponton qui plonge dans l'eau. Chaque année, le 19 septembre, 5 000 pèlerins viennent accomplir le pèlerinage de la Salette. C'est le 13 février 1870 qu'une croix est portée au sommet de la colline derrière l'église. Le Vendredi saint de la même année, on y place un Christ. C'est alors que vint l'idée du calvaire. La chapelle qui s'y trouve a subi plusieurs passages de cyclones et des incendies. Elle a été restaurée en 1994 par la municipalité.

© JLAZOUPHOTO - SHUTTERSTOCK.COM

Anse des Salines.

ÎLETS DE SAINTE-ANNE

Classés réserve naturelle, les îlets de Sainte-Anne accueillent des espèces rares d'oiseaux marins qui viennent s'y reproduire. Quatre de ces îlets représentent l'un des plus importants sites de nidification des Antilles avec le rocher du Diamant. Les excursions en kayak ou en bateau permettent aux visiteurs de s'en approcher, de découvrir en même temps la mangrove de la baie des Anglais, et de profiter de la baignade dans les eaux claires de l'îlet Chevalier. Interdiction formelle cependant de débarquer sur ces cocons précieux de la biodiversité caribéenne !

MARCHÉ DE SAINTE-ANNE

Le marché de Sainte-Anne est le parfait endroit pour dénicher des fruits et légumes locaux, ainsi que des souvenirs originaux et élégants. Venez découvrir et goûter des bananes, ananas, confitures, rhums arrangés, punchs aux fruits, gousses de vanille, cacao… A l'issue de votre shopping entre les étals, accordez-vous une pause à la Terrasse, sur la place. De la baie, on voit la Pointe-Marin et en arrière-plan, la petite ville du Marin. Circulation un peu compliquée, car l'artère principale est en sens unique alors attention aux embouteillages aux heures de pointe.

LE MOULIN DE L'HABITATION VAL-D'OR

Route de l'Habitation Val d'Or
✆ 05 96 64 42 59
Visites sur rendez-vous uniquement.

Datant probablement du milieu du XVIIIe siècle, ce moulin, classé patrimoine historique, vous permet de découvrir les anciennes techniques de broyage de canne à sucre. Il produisait du sucre, jusqu'à environ 1880, pour l'usine du Marin. Si la maison du maître n'a pas résisté au temps, les magasins, la purgerie et les puits existent encore. La plus grande richesse de Val-d'Or est le moulin à étage, unique en Martinique. Une impressionnante structure à visiter sans plus tarder.

SAVANE DES PÉTRIFICATIONS

A quelques encablures de la plage des Salines, une étendue désertique de 10 hectares étend son décor surprenant. Située à l'emplacement d'un ancien volcan, elle était autrefois parsemée des vestiges d'une forêt engloutie par la lave. On pouvait y trouver des blocs de bois pétrifiés, des agates, des jaspes polychromes, des opales et des calcédoines, pillés par des collectionneurs peu respectueux. Il ne reste plus que le site dépouillé, qui se prête néanmoins à la promenade.

PITON DE CRÈVE-CŒUR

Dans un environnement de choix, à quelques kilomètres des plus belles plages de la Martinique, partez à l'assaut du piton de Crève-Cœur en empruntant la D9 vers Sainte-Anne sur environ 3 km. Tournez au Cap-Chevalier et roulez sur 1 km. Prenez à droite sur 2 km et suivez le chemin non asphalté. Laissez votre voiture sur l'aire dédiée.

Le Piton de Crève-Cœur est un ancien volcan (apparu il y a 18 millions d'années...), bien plus ancien que la Montagne Pelée, qui culmine aujourd'hui à 200 mètres d'altitude et offre un point de vue époustouflant sur le sud de la Martinique.

Votre marche débute sur votre droite, avec un sentier qui grimpe en faisant un crochet par d'anciennes ruines : ce sont celles de la maison principale de l'Habitation Crève-Cœur. Rapidement, vous gagnez un très beau point de vue sur la presqu'île sud de l'île. Plus loin, toujours en direction de Sainte-Anne, un chapelet de petites anses vous invite à déplier votre serviette de bain et à faire le plein d'énergie. Le Cap-Chevalier propose des programmes de planche à voile et de kayak. L'Anse-Michel, la baie des Anglais, les Salines, anses et plages de sable fin, disposent aussi de toute une petite infrastructure commerciale (boutiques de ravitaillement, restaurants) et sportive (jet-ski, planche à voile). N'oubliez pas les prérequis de ces randonnées du sud : protection solaire, vêtements légers et beaucoup d'eau, le soleil peut être féroce, notamment en milieu de journée ! Comptez une heure et demie aller-retour, avec un dénivelé d'environ 150 mètres.

OFFICE DU TOURISME

Avenue Franz-Fanon
✆ 05 96 28 09 99
www.sainteanne-martinique.fr
Ouvert de 8h30 à 13h30 en semaine. Fermé samedi et dimanche.

Chaque année au mois de décembre, l'office organise une semaine artisanale et du commerce tandis que chaque premier week-end du mois, un grand marché avec exposition de produits locaux et un podium d'animation avec danses et musiques traditionnelles vous ravira. Si vous séjournez en Martinique pendant les vacances de Noël, l'office met en scène une crèche vivante. A la fin du spectacle, vous dégusterez les spécialités locales des fêtes de Noël (jambon de Noël, pâtés en croûte) et vous serez certainement entraîné dans un torride « *chanté nwel* » tout en créole !

LES BALADES DE BÉBÊCHE

Cap-Chevalier
✆ 06 96 91 32 34
www.balade-en-mer.fr
Balade en yole, excursion en mer à partir d'une heure et pêche au gros. Restauration comprise. Ouvert de 9h à 20h 7j/7.

Comment découvrir l'Anse-Chevalier, l'Anse-aux-Bois, l'Anse-Esprit, l'Anse-Noire, l'île aux Chiens, les fonds blancs du cap, la baie des Anglais, la réserve naturelle des oiseaux et la mangrove ? Ces lieux ne vous disent peut-être rien encore... Mais vous pouvez les visiter grâce à Christian, dit « Bébèche », un gaillard fort sympathique avec un grand cœur qui vous fera filer sur l'eau à bord de sa yole de pêche. Vous n'échapperez pas aux savoureux accras et à l'incontournable ti-punch, le tout partagé dans la bonne humeur et au son du zouk bien sûr !

EUROPCAR SAINTE-ANNE

Domaine de Belfond et Agence au sein du Club Med
✆ 05 96 76 59 48
www.europcar-martinique.com
Ouvert de 7h30 à 11h30 du lundi au samedi ainsi que les jours fériés.

Dans cette agence, vous traiterez notamment avec Marthe-Elizabeth, la responsable, très à l'écoute, qui sera aux petits soins. Europcar Saine-Anne propose des véhicules toutes catégories et toutes marques (Van, Berlines, 4x4 sans oublier Twingo et Clio), essence ou diesel, possibilité de GPS ou de siège-auto, et tous climatisés bien sûr. Réservez dès maintenant sur le site www.europcar-martinique.com pour profiter des meilleurs tarifs. Possibilité de mise à disposition de votre véhicule dans l'une des nombreuses agences de l'île.

AIRSTREAM PARADISE €

La Pointe-Marin
✆ 05 96 58 45 19
www.airstreamparadise.com
De 1 à 5 personnes. Tarifs à partir de 130 € la nuit selon la saison. Semaine dès 595 € en basse saison.

Airstream, vous connaissez ce nom ? Mais oui, il s'agit bien de ces mythiques caravanes *made in USA* aux formes arrondies et au fuselage d'avion tout en aluminium. Confortablement installées sur la plage de la Pointe-Marin, ces caravanes sont spacieuses et offrent un véritable confort de vie (cuisine, couchage avec linge de lit et serviettes fournis, climatisation, TV et wifi). Et pour profiter du soleil, rien de tel qu'une terrasse de 50 m² privative adossée à la caravane avec un bain à remous, une véritable salle de bains et un coin barbecue.

Cimetière de Sainte-Anne.

RÉSIDENCE ORCÉA ECOFRIENDLY & SPA €

51 domaine de Belfond
✆ 05 96 76 81 67
www.location-orcea.com

Studio à partir de 131 € la nuit (16h-10h) ou la journée (10h-17h).

Depuis 2008, Jessica et Kader ont été parmi les premiers à imaginer cette petite structure composée de 5 écolodges, 3 studios et 2 T2, nichés dans un jardin tropical avec piscine, terrasses privées et barbecue, dans laquelle la nature est souveraine. L'objectif : se reconnecter à la nature, observer les oiseaux, regarder la nature s'éveiller. Les logements peuvent être réservés pour la journée. Pour parfaire cette déconnexion, rendez-vous au spa de Jessica. Une parenthèse de bonheur.

ANOLI LODGES €€

✆ 05 96 76 80 56
www.anoli-lodges.com

A partir de 80 € par jour pour 2 personnes, minimum 5 nuitées. Blanchisserie, climatisation, piscine extérieure.

Coup de cœur assuré pour l'Anoli Lodges, cette petite résidence propose une vingtaine d'appartements à la location, du studio au 4-pièces ainsi que deux villas. Les logements sont tous climatisés et dispersés sur un morne ventilé. Tous disposent d'un balcon avec une vue exceptionnelle sur la baie de Sainte-Anne. La décoration est soignée, d'inspiration balinaise. Le petit plus : le très joli jardin et la piscine dentelée d'un grand deck bénéficiant d'une vue mer. En bref, une adresse sérieuse que l'on recommande pour ses prestations et son accueil chaleureux.

LA DUNETTE €€

Rue Jean-Marie Djibaou
✆ 05 96 76 73 90
www.ladunette.com

Dès 90 € en basse saison, petit déjeuner buffet inclus. Possibilité de demi-pension.

Equipées de la climatisation et de la télévision, les 18 chambres ont une vue exceptionnelle et jouissent d'un emplacement très privilégié dans le bourg de Sainte-Anne. Rénovées et repeintes aux couleurs des Caraïbes, les chambres sont spacieuses et leur emplacement est idéal : face à la plage et dans le centre du bourg. L'hôtel dispose d'un restaurant-bar lounge réputé. A noter : des offres week-end, valables du vendredi au dimanche avec cocktail de bienvenue et petit déjeuner buffet euro-caribéen, ouvert à la clientèle extérieure.

RÉSIDENCE SHAMBALLA €€

Quartier Bareto
✆ 06 96 06 62 36
www.shamballa-martinique.fr

Appartement T2 à partir de 60 € la nuit, T3 à partir de 90 € la nuit pour 4, villa à partir de 100 € la nuit jusqu'à 5.

Après plus de 20 ans à la tête d'un très joli camping situé en Charente-Maritime, Nathalie et Franck sont venus s'installer en Martinique. Les voilà maintenant ici pour vous accueillir dans leur petite structure de location construite autour d'une piscine, de son pool house et d'un joli carbet où il fait bon se retrouver. A Shamballa, il y a comme un air de Bali : la propriété est arborée et entièrement clôturée. Elle se compose de 2 appartements en rez-de-jardin (F2 et F3) et 2 villas F3 duplex, décorés avec beaucoup de goût et le charme de l'Indonésie.

LES BOUCANIERS - CLUB MÉDITERRANÉE €€€

✆ 05 96 76 72 72
www.clubmed.com

Un village de 291 chambres, uniquement en bungalows. Trois catégories de confort : Deluxe, club ou suite. Avec sa vaste cocoteraie, sa plage d'une blancheur immaculée et sa piscine d'un bleu envoûtant, c'est l'un des plus beaux lieux de séjour de la Martinique. Formules de restauration et de loisirs vous sont proposés : ski nautique, fitness, plongée, planche à voile, tennis, Spa, massage, deux restaurants, discothèque. Possibilité de pratiquer le kitesurf.

CAP CABARET KRÉOL'LODGE €€€

Lieu dit Cap Cabaret, Le Belvédère
✆ +33 9 72 54 82 05 – www.cap-cabaret.com

Villas de type T4 (6 pers), T3 (4 pers) et suites pour 2 pers à partir de 155 € la nuit. Minimum de 2 nuits.

Ce tout nouveau complexe touristique à taille humaine niché sur les hauteurs de Cap Chevalier dispose de 4 lodges et 2 suites au style résolument créole. La décoration est contemporaine, les équipements et matériaux choisis de qualité. Cerise sur le gâteau : le « carbet », un espace piscine de 300 m² qui bénéficie d'une vue remarquable sur la mer. A noter que l'établissement est équipé (wifi, matériel audio) pour organiser des événements professionnels avec espaces privatisés. De très belles prestations à quelques minutes des plus belles plages…

TERRES D'Ô MARTINIQUE €€

Chemin Ladour ✆ 06 96 03 83 07
www.terresdomartinique.com

Locations de maisons et d'appartements de vacances en Martinique. Service de conciergerie et prestations touristiques.

A 800 mètres de la plage de la Pointe Marin, et des commodités, Karine propose à la location saisonnière 2 appartements et 1 villa, situés dans le quartier de Beauregard.

Les deux T2 joliment décorés peuvent accueillir jusqu'à 4 personnes, et sont situés dans une résidence de vacances, sécurisée, avec une grande piscine à débordement.

La Villa d'Ô (9 pers) se compose de 3 chambres, 2 salles de bains, terrasse, jardin et grande piscine. Les 3 logements bénéficient de la climatisation, du wifi, d'un environnement calme et propice aux vacances en famille ou entre amis.

ANTILLES LIBERTÉ €

5, lotissement le domaine de Belfond
✆ 05 96 76 99 76
www.antilles-liberte.fr

A partir de 300 €/semaine le studio sur la base 2 personnes en basse saison.

Antilles Liberté, professionnel de la location saisonnière depuis 1999 (agence FNAIM), propose une vaste gamme de logements au domaine de Belfond à Sainte-Anne. Le quartier est résidentiel, calme et fleuri. Les commerces et les plages sont à proximité. Pour 2 à 14 personnes, les différentes formules d'hébergement vous sont proposées avec ou sans piscine, du studio à la villa. Ils sont sélectionnés par l'agence et conviennent à tous les budgets. L'agence dispose d'un point d'accueil et d'information à l'entrée du domaine et se mettra en quatre pour vous !

CARAÏBES HOLIDAYS LOCATION SAISONNIÈRE €€

Résidence Tobago
✆ 06 82 62 56 94
www.caraibes-holidays.com

Appartement en duplex à partir de 55 € la nuit en basse saison.

Sandrine et Géraldine vous accueillent dans leur petit appartement en duplex dans une résidence calme de particuliers. Pouvant accueillir jusqu'à 4 personnes, il est entièrement équipé pour répondre à tous vos besoins : bureau, TV, cuisine équipée, pharmacie, coffre-fort, glacière pour vos pique-nique et bien d'autres. La cuisine ouverte sur la terrasse donne vue sur le jardin et la piscinc. Agréé Meublé de Tourisme France en 2018, il est parfaitement situé sur la route des plages.

HABITATION BELLEVUE €€

Quartier Bellevue
✆ 06 96 77 29 16
www.habitationbellevue.fr

A partir de 80 € pour le studio/T1, 105 € pour les T2.

Valérie et Lionel proposent des appartements modernes (du studio au F2) en location saisonnière. L'Habitation domine la mer et se niche sur le morne Bellevue, dans un quartier très tranquille et pittoresque de Sainte-Anne. Pour autant, le site est à quelques minutes à pied du village et des plages. Les trois appartements sont confortables et aménagés avec goût. Ils disposent d'une belle terrasse avec table en teck et vue plongeante sur la baie de Sainte-Anne. Une belle adresse qui perdure au fil du temps et qui s'améliore avec une piscine hors sol.

L'ŒIL DANS LE BLEU €€

Cap-Chevalier ✆ 06 96 11 89 61
www.loeildanslebleu.com

Location de studios et appartements à partir de 60 € la nuit. Repas et petit déjeuner sur commande. Excursions.

Une situation géographique idyllique avec une vue à couper le souffle sur toute la baie de Cap Chevalier. Cette petite résidence à taille humaine est gérée en famille par Jonathan et ses parents. L'accueil est personnalisé et chaleureux à l'image des propriétaires. La structure se compose d'appartements avec vue mer qui s'ouvrent sur le jardin. Chacun bénéficie d'une terrasse privative. La cuisine est complètement équipée. Bar, piscine et espace barbecue commun à disposition des convives. Une adresse vraiment agréable et un excellent rapport qualité-prix !

MARTINIQUE LOCATION VACANCES €€

34 Lotissement Beauregard
✆ +596 696 37 49 33

Du bungalow pour 6 personnes à la villa paradisiaque pour 22 personnes, ainsi que des voitures.

Une agence à taille humaine de location de villas. Mike et Christelle gèrent leurs propres biens immobiliers, situés principalement sur la commune de Sainte-Anne, à quelques pas de la mer. Les villas en location bénéficient d'une très grande capacité d'accueil : de 4 à 24 personnes. Les prestations sont haut de gamme : équipements de qualité, décoration moderne et des services sur mesure, notamment la location de voitures (parc de 23 véhicules). Accueil charmant et professionnel.

RÉSIDENCE COCO €

31 domaine de Belfond
✆ 06 96 31 47 38
www.residencecoco.com

Studio dès 54 € la nuit, 77 € pour un F2 4 personnes et 82 € pour un F3 6 personnes. Laverie. Piscine extérieure.

Cette petite résidence, entièrement rénovée et idéalement située à 500 mètres de la plage du Club Med, est dotée d'une piscine et de 6 appartements (2 studios, 2 F2 et 2 F3). Tout y est : l'accueil, la convivialité, sans compter que tous les appartements sont très bien agencés (cuisine équipée, lave-linge, TV, wifi…). Chacun possède également une terrasse ou un carbet pour profiter de la douceur des Antilles. En plus d'être située dans une zone touristique très prisée en Martinique, cette adresse propose des services à la demande (laverie, ménage…).

© MADININA

© MADININA BREIZH

© MADININA

MADININA BREIZH €€

barrière la croix
✆ +596 696 23 19 09
https://madinina-breizh.webnode.fr

Ouvert tous les jours midi et soir sauf le lundi et le mardi.

Le drapeau Breizh flotte fièrement à l'entrée... Bienvenue dans le petit trésor tropical caché de Norbert, un chef breton au caractère affirmé avec un grand cœur. Il conjugue avec talent les produits de la pêche locale (les poissons sont livrés tous les matins) et ses recettes bretonnes dont il a le secret. Ici tout est fait maison et avec passion. La carte est réduite volontairement pour garantir la fraîcheur : langouste rôtie, poissons du jour, une viande. On adore son planteur pour commencer le repas et ses petits piments végétariens farcis. Un coup de cœur !

© MADININA BREIZH

© MADININA BREIZH

A MA TABLE €

✆ +596 696 109 370

Passionnée de cuisine, Maeva a créé ce concept de traiteur et cheffe à domicile. Elle concocte des box (lunch box, burger box...) à partir de légumes et de poissons marinés ou grillés parfaitement relevés grâce aux épices locales et provenant de la pêche locale : crevettes caramélisées au soja, marlin frais mariné, steak de crevettes, tacos de confit de morue, lambis grillés... Tout est fait maison et tout est local. C'est très bon et beau ! Maeva livre dans le sud et le centre de l'île. Prestations pour événements particuliers sur devis.

LE CHATROU €

Pointe Marin

✆ 0596 76 77 16

Ouvert tous les jours sauf mercredi de 12h à 15h. Cuisine créole familiale. Menu à 18 €. Addition entre 18 et 25 €.

Une petite table créole située à côté du Club Med, tenue avec soin par Gabi. Table en madras et pieds quasiment dans le sable, le décor est planté, la mer n'est pas loin ! Côté saveurs, les amateurs de cuisine locale seront ravis : le fameux » chatrou » en fricassée, les accras, coq au rhum vieux avec du riz ou un gratin d'ananas, ou un excellent colombo de poisson. Débutez votre repas par un cocktail à base de rhum et de fruits locaux. L'accueil est charmant. Une adresse sympa et sans chichi avec une addition qui reste sage.

SNACK LA NINA €

Route de Cap Chevalier

✆ 06 96 51 05 58

Ouvert midi et soir.

Voici une adresse 100 % locale réputée pour la qualité de ses recettes, ses assiettes astronomiques et son accueil légendaire. Nina ne se sépare jamais de son large sourire et de sa bonne humeur, quels que soient l'heure et le jour. N'hésitez pas à goûter ses délicieux acras. Les prix sont très corrects et la qualité est assurée. Le seul inconvénient : l'Anse Michel qui, selon les périodes de l'année, déborde d'algues sargasses... Mais quand les temps sont bons et la météo clémente, il serait vraiment dommage de passer à côté !

CHEZ GRACIEUSE €

Cap-Chevalier

✆ 05 96 76 93 10

Ouvert du lundi au dimanche midi et le vendredi soir à partir de 20h. Compter 20 €/personne.

C'est l'une de nos adresses préférées dans le coin, un lieu incontournable depuis des décennies pour tous ceux qui aiment les produits de la mer et les spécialités créoles. Gracieuse prépare avec amour un délicieux « féroce d'avocat », de la langouste au lait de coco, des colombos de poulet et de cabri, des lambis en fricassée ou la provocante banane flambée Gracieuse ! Ne manquez pas, tous les vendredis les soirées-grillades avec un orchestre *live*. Une escale gourmande bien connue des gourmands qui à elle seule justifie le déplacement jusqu'au Cap Chevalier.

ZANZI BEACH €

Plage des Salines

✆ 06 96 18 44 45

Ouvert tous les jours en saison de midi à 16h. Hamburgers à emporter, paninis, acras de morue...

Le Zanzi Beach est un snack de plage situé à l'entrée de la plage des Salines. La cuisine est simple : paninis, hamburgers, accras, sandwichs, salades... Quelques spécialités locales également. L'endroit est très pratique pour déjeuner sur le pouce et retourner rapidement profiter de la mer. Les pieds dans le sable, service continu. On peut choisir de manger sur place ou à emporter sur le sable. Aux commandes du Zanzi Beach : Maryse et son large sourire ! Nombre d'habitués viennent là pour sa bonne humeur ! Une adresse simple et conviviale.

LE COCOTIER €

sur la plage de l'Anse-Michel

✆ 06 96 19 01 27

Ouvert du vendredi au mercredi de 9h à 17h sauf quand il pleut trop : il est donc préférable de téléphoner avant.

C'est les pieds dans l'eau, dans le site paradisiaque de l'Anse Michel, qu'est installée cette jolie petite cabane colorée. Ici, vous dégusterez des plats du jour locaux et originaux : grillades variées, salades et accras (en particulier ceux aux légumes) à emporter ou à apprécier directement sous le petit kiosque. C'est une équipe sympathique et dynamique qui vous accueille dans ce que l'on peut appeler un vrai restaurant de plage posé sous les cocotiers. Prévoyez néanmoins un plan B car s'il pleut ou s'ils n'ont pas envie, le Cocotier reste porte close.

LA COUR CRÉOLE €

15 rue Jean-Marie-Tjibaou
✆ 05 96 62 59 18
Ouvert tous les jours, sauf lundi, de 10h à 16h. Sur place ou à emporter. Entrées dès 6 €. Plats dès 15 €.

Dans une charmante petite cour, bien abritée grâce à un auvent et décorée avec goût, ce petit restaurant sans prétention au cœur du village offre une jolie vue sur la mer des Caraïbes. L'accueil est chaleureux. On peut y manger à n'importe quelle heure des plats délicieux et bien cuisinés, comme leur fameux ragoût de porc, poulet curry coco, ou encore déguster un de leurs inoubliables sandwichs en terminant par un dessert fait maison. Petit plus bien sympa : on vous sert dans des plats biodégradables en feuilles de palmiers !

KAY MARCEL €

Plage pointe Marin
✆ 06 96 53 37 34
Addition moyenne 12 à 20 €.

Si vous recherchez de l'authenticité, Kay Marcel est à votre service ! Niché à droite du Bao Beach sur la plage du Club Med, Marcel propose dans son food-truck BBQ des saveurs caribéennes à prix doux. On y déguste des balaous, des ribs, du vivaneau (poisson local) ou encore de délicieuses gambas. A emporter ou à savourer directement sur place sur sa petite terrasse. Ajoutez à ce délicieux repas la gentillesse de Marcel conjuguée à une ambiance sympathique haute en couleur et le tour est joué ! Vous êtes assuré de passer un moment convivial.

LE RENDEZ-VOUS €

Rue du Bord de mer
✆ 05 96 76 90 36
Ouvert tous les jours ainsi que vendredi et samedi soir.

Une vue incomparable sur la baie de Sainte-Anne, un accueil familial et chaleureux : voici ce que vous propose ce restaurant typiquement local niché au cœur du bourg. Nous vous conseillons les délicieuses assiettes «Beach» et «Rendez-vous», le colombo de poulet, ainsi que son incontournable couscous de poisson du vendredi midi. Pour terminer ce repas, laissez-vous tenter par une petite douceur maison : le célèbre blanc-manger coco ou alors le moelleux au chocolat accompagné de sa boule de glace. Une adresse locale incontournable.

BASILIC BEACH €€

Plage de Sainte Anne, Pointe Marin
✆ 06 96 32 86 50
Ouvert tous les midis de 11h30 à 17h et le soir sur réservation. Addition de 25 € à 30 €. Parking Pointe Marin.

© BASILIC BEACH

Une petite guinguette au bord de l'eau sur la plage de Sainte-Anne. On aime la décoration intérieure en teck ainsi que de nombreuses tables les pieds dans le sable. Côté saveurs, on vous suggère de débuter par un mojito au basilic accompagné de quelques accras, toujours au basilic. Les tartares de poissons frais (notamment thon) et les « chatrous » à la plancha sont excellents, ainsi que les mijotés créoles. Terminez votre déclinaison de basilic par une glace colonel. A noter l'accueil toujours sympathique de l'équipe du Basilic.

BAO BEACH €€

Pointe Marin
✆ +596 696 21 30 05
Ouvert toute l'année. Tous les jours et les jours fériés de 10h à 18h (dernier service à 15h). Réservation recommandée.

Avec sa trentaine de transats sur la plage et ses mange-debout installés directement dans l'eau turquoise de la baie, il est difficile de trouver mieux en matière de restaurant de plage. L'idéal est d'y passer la journée, afin de profiter au maximum de ce petit coin de paradis, suivi d'un cocktail les pieds dans l'eau, en attendant de passer à table pour se régaler d'une salade exotique, d'un thon mi-cuit ou une belle langouste grillée. Après la sieste une belle glace rafraîchissante pour attendre le coucher du soleil et finir en beauté par un cocktail à l'apéro.

LA DUNETTE €€

Rue Jean-Marie Djibaou
✆ 05 96 76 73 90
www.ladunette.com
Ouvert toute l'année. Addition moyenne : 25 € à 35 €.

Situé sous l'hôtel du même nom, le restaurant de la Dunette propose des saveurs gastronomiques mariées à de délicieuses senteurs exotiques, servies sur un ponton ventilé, avec pour toile de fond des voiliers dansant sur la mer des Caraïbes. Son bar lounge installé sur un deck face à la mer est le lieu idéal pour se rafraîchir en regardant s'empourprer l'horizon, et pour passer à table afin d'y découvrir de nouveaux plaisirs.

Puis la nuit venue, la Dunette se métamorphose en scène ouverte et s'anime chaque fin de semaine sous la voûte étoilée. Une belle adresse.

PAILLE COCO €€

Rue du bord de mer
✆ 05 96 76 75 43
https://paillecocorestaurant.com/
Ouvert tous les jours de 11h30 à 15h et de 19h à 22h, le week-end 23h. Label Qualité Tourisme.

Véritable institution, Paille Coco a décidé de prendre une nouvelle orientation depuis l'arrivée en cuisine du jeune chef Sébastien Birba ancien disciple de Jean-Charles Bredas et Marcel Ravin. Sa cuisine semi-gastronomique marie avec subtilité saveurs caribéennes et créativité.

Filet de perroquet, igname façon risotto, trio de gambas flambées minute au rhum vieux, souris d'agneau braisée… La carte change régulièrement au gré de l'inspiration sans limite du chef. Nouvelle cuisine mais aussi nouvelle décoration plus épurée. Une table prometteuse.

PIRATES BEACH €€

Plage de l'Anse Caritan
✆ 05 96 67 07 56
Ouvert du mercredi au dimanche de 12h à 18h, vendredi et samedi aussi de 19h à 21h30. Carte : 25 € environ.

On y accède par la route et par la mer, grâce à un accès par le ponton. Restaurant, bar, plage avec transats, le concept associe les trois, avec une belle petite ambiance pour égayer le tout ! La restauration allie plats locaux et une cuisine plus traditionnelle : salades, grillades, burgers... Les végétariens ne sont pas oubliés avec des suggestions qui leur sont dédiées. Le service est très avenant et l'addition reste sage. Quoi de plus pour passer en famille ou entre amis une journée dans le cadre paradisiaque de cette anse au bout du monde !

LE RAMEAU DE CHAMPFLEURY - CHEZ LOUISE €€

Cap Champfleury
✆ 05 96 74 03 63
Ouvert mardi, mercredi, jeudi et dimanche de 11h à 15h et vendredi et samedi midi et soir.

Louise a fait ses armes au restaurant Chez Gracieuse (sa maman) au Cap Chevalier avant d'ouvrir sa propre affaire. Les recettes créoles se déclinent avec beaucoup de saveurs : blaff de poissons, poissons à la « tahitienne », boudin créole… Idem pour les spécialités : le Ti régal de la mer (demi langouste, écrevisses, brochette de poisson), la Marmite de Louise, le plateau du Rameau (demi-langouste, accras, boudin et crabes farcis). Accueil irréprochable et cadre verdoyant.

DÉLICES DES CAPS - GLACES BO KAY

Route du Cap Chevalier
✆ 06 96 40 59 53

A Crève Cœur, sur la route du Cap chevalier, Simone est connue depuis plus de 20 ans comme l'une des grandes prêtresses de la glace ! Sa spécialité : les sorbets et glaces avec des fruits et des plantes médicinales 100% péyi. Les parfums et saveurs sont surprenants : fleurs d'atoumo, mangue gingembre, feuilles de moringa… En témoigne sa dernière trouvaille : un sorbet à base de raisin « bodlanmé » qu'elle cueille elle-même. Les glaces peuvent être consommées sur place ou à emporter.

L'Ô BEACH LOUNGE

Club Med Les Boucaniers
✆ +596 596 76 72 72
www.clubmed.fr/r/les-boucaniers/y

Après plusieurs mois de travaux, le bar et restaurant principal du Club Med les Boucaniers à Saint-Anne s'offre une beauté et devient l'Ô Beach Lounge. Dans une ambiance à la fois chic et décontractée, ce restaurant snack de plage propose une petite restauration snacking, quelques spécialités locales créoles phares, ainsi qu'un corner healthy avec de nombreuses options végétariennes. Le must : la cave à rhum qui propose une expérience authentique inspirée des distilleries locales. Le tout dans le décor paradisiaque de la Pointe Marin.

CARIBBEAN ELIXIR

Cap ferré
✆ 06 96 25 17 75
www.caribbeanelixir.com

Caribbean Elixir est une marque de fabrication artisanale et locale de cosmétiques. Créée par un jeune couple de Martiniquais, Kenji et Coralie, la mission est de mettre en avant les richesses de l'île grâce aux fruits, fleurs, graines et « rimed razié » (remèdes maison) avec des recettes héritées de leurs grands-mères. Parmi les produits phares, on retrouve ceux de la gamme Dousè composés de beurre, d'huile très nourrissante. Le coup de cœur est certainement l'huile de soin solaire réparatrice qui aide à avoir un joli bronzage.

CATHY MELIN

Rond Point Salines Anse Trabaut
✆ 05 96 76 86 92
www.cathy-melin.odexpo.com
Horaires lundi, mercredi, jeudi et samedi 10h à 18h, mardi 10h à 14h et après au Club Med.

Peintre autodidacte, arrivée en Martinique en 1986, Cathy Melin mêle émotions et réalités sur des toiles dominées par la couleur. Emoi pour la richesse de la nature, trouble pour l'évolution de son monde. Techniques mixtes, dynamisme de la couleur et de la vie, ses œuvres sensibles sont à découvrir dans son atelier, à l'abri du Moulin Val D'Or. Son credo : la peinture tropicale. Même si Cathy l'avoue volontiers : tout l'inspire ! Scènes de vie, carnaval, fleurs, nature en couleurs... : Cathy puise son inspiration dans son île.

OZ'AR

rue du capitaine Constant
✆ 05 96 38 44 07
Ouvert du lundi au samedi de 9h à 13h30 et de 16h30 à 19h30. Le dimanche de 9h à 13h30. Accès PMR.

Cette boutique de créateurs et d'artistes se situe dans une maison au milieu d'un jardin. C'est dans ce lieu d'art magique qu'Anne et Yves vous reçoivent. Une vraie caverne d'Ali Baba de créateurs qui propose un grand choix d'objets et accessoires de créateurs locaux (bijoux, décoration...), mais également beaucoup de tableaux d'artistes caribéens, dignes d'une galerie d'art : bracelets en perles de verre tissés main, foulards, bijoux entièrement faits main avec du cuir, de l'os, de la gorgone et de l'inox... Bref, une boutique qui vaut le détour !

LES DÉLICES DE LA MER €€

Pointe des Salines
✆ 05 96 76 71 34
https://www.delices-de-la-mer.com/
Ouvert tous les jours de 10h à 18h. Addition moyenne 25/30 €. Spécialités de la mer. Parking, terrasse couverte.

Ce restaurant aux spécialités antillaises vous accueille les pieds dans l'eau au bout de la pointe des Salines. De là, la vue sur l'ensemble de la plage et ses cocotiers est sublime. C'est une affaire familiale qui perdure depuis 50 ans. Les poissons et crustacés sont issus de la pêche locale et tout est fait maison. Au menu : poissons et langouste grillés, crabes farcis, et la fameuse salade de langouste à l'avocat. Le tout avec une animation musicale. Transats à disposition sur une plage et surtout un grand parking privé. Un vrai coup de cœur d'authenticité !

© ANDRE TOMBEUR LES DÉLICES DE LA MER

© ANDRE TOMBEUR LES DÉLICES DE LA MER

ALIZÉ FUN

Plage de Cap-Chevalier
✆ 06 96 91 71 06
https://www.alizefunkitemartinique.com
Ouvert tous les jours de 9h30 à 17h. Sur rendez-vous.

Un plan d'eau aux couleurs turquoise, protégé par la barrière de corail, sur l'une des plus belles plages de l'île, l'Anse-Michel. C'est dans ce cadre paradisiaque qu'Alain Blotière, responsable et moniteur diplômé de l'école française de *kite* et spécialiste de la planche à voile sur l'île a installé sa base : Alizé Fun. La pratique du *kite* se fait sur le plus beau spot de l'île, la baie des Anglais, accessible uniquement en bateau. Un matériel performant est renouvelé chaque année, possibilité de le louer ou stages d'initiation et de perfectionnement.

BLUELIFE CARAÏBES

Pointe Marin
✆ 05 96 76 73 27
Bureau ouvert tous les jours de 8h à 16h.

A bord du *Touloulou*, vedette ouverte de 10 mètres, un skipper professionnel vous fera goûter, en toute sécurité et avec tout le matériel de pêche nécessaire et de qualité, à la pêche dans les Caraïbes. Vous pourrez taquiner thons, thazards, dorades coryphènes, barracudas et autres marlins. Bluelife Caraïbes vous propose également une journée détente du Sud Caraïbe jusqu'aux salines et retour pour un déjeuner sur la plage, avec après-midi kayak, snorkeling et baignade. Plusieurs formules : initiation à la pêche côtière à la traîne, journée de pêche hauturière...

LA CABANE À L'Ô

Plage des Salines
✆ 06 50 01 00 78
Massages sur la plage. 60 € l'heure. Ouvert de 9h à 17h tous les jours.

Bruno et Laurence installent chaque jour, sur la belle plage des Salines, leur petit nid douillet, agrémenté de voilages, pour vous accueillir en toute confidentialité. Ils pratiquent tous les deux des massages de relaxation, utilisant plusieurs techniques qu'ils adaptent en fonction de vos goûts. A noter qu'ils sont diplômés et exercent de façon officielle et déclarée. Le cadre est sublime et leurs mains presque magiques ! On adore cette halte délicieuse. Laurence est experte en réflexologie plantaire. A conseiller vivement !

JENNYFLEUR, BIEN-ÊTRE

Route des saline
✆ 07 71 80 67 72
Massages et soins à votre domicile. De 60 à 160 € selon les prestations. Possibilité de massage en espace naturel.

Besoin d'un moment de détente, rien que pour vous... et sans vous déplacer ? Nous avons déniché la perle rare... Jennyfleur, bien-être. Elle se déplace à votre domicile (dans le Sud de la Martinique seulement) et vous offre un panel d'admirables massages dans un décor fleuri et coloré qu'elle scénarise sur-mesure à votre domicile ou dans votre villa de location ! Massages détente - Massages en Duo - Soin du corps & visage - Réflexologie. Jennifer utilise uniquement des huiles locales & bio. Possibilité de massage en espace naturel (plage, rivière...) On adore !

KALINAGO PLONGÉE

Plage de la Pointe Marin
✆ 05 96 76 92 98
www.kalinagoplongee.fr
Ouvert tous les jours de 8h30 à 18h, sauf le dimanche. Deux sorties en mer par jour à 8h15 et à 13h15.

Les propriétaires vous accueillent, vous informent et vous prodiguent leurs conseils avisés ainsi que les normes de sécurité à respecter avant de vous jeter à l'eau. Les baptêmes sont effectués dans la baie de Sainte-Anne. A votre retour, un verre de ti-punch dans la main et votre diplôme dans la poche, vous raconterez et comparerez vos exploits. Pour les plongeurs confirmés, direction le rocher du Diamant et même de nuit. Des formations professionnelles sont assurées, des niveaux I à III. L'ambiance est chaleureuse. Centre agréé Sea Scuba Pro.

LAGON ÉVASION

Route de Sainte-Anne
✆ 06 96 90 95 74
Prix indicatifs : location du matériel à partir de 8 €/heure. Excursions en bateau à la journée avec repas.

L'aventure est incontournable, puisqu'il vous faudra absolument voir la réserve naturelle ornithologique de l'îlet aux Oiseaux lors de votre séjour. Les canoës-kayaks se révèlent les alliés idéaux pour cette promenade. Les caissons sont fournis et bien utiles. Roger et son équipe de guides et de moniteurs diplômés d'Etat vous proposent des excursions à la journée avec le déjeuner. Vous pourrez également songer à des sorties en bateau, paddle, pirogue (amérindienne) kanawha, catamaran et, tout nouveau, la partie de pêche en kayak.

MADININA KITESURF

Pointe Marin
✆ 06 96 76 98 00
www.madinina-kitesurf.com
Ouvert du lundi au vendredi de 9h à 16h30 et le dimanche de 9h à 12h et de 14h à 16h30.

Depuis 2015, Madinina Kitesurf est une école de kitesurf basée au Marin et à Sainte-Anne, dans l'enceinte du Club Méditerranée Les Boucaniers. Les moniteurs diplômés proposent des cours pour tous les niveaux allant de l'initiation au perfectionnement. L'école propose également la location de matériel et la navigation surveillée, des cours de foil et de foil tracté. L'école est ouverte à tous, que vous soyez clients du Club Med ou pas. En longeant la belle plage de la pointe Marin, l'école est située sur la base nautique du Club Med.

MAYA BEACH CLUB

Anse Caritan
✆ 05 96 97 36 45
www.mayabeachclub.com
Ouvert tous les jours de 9h à 17h30. Fermé de septembre à début décembre.

Dans cette base de loisirs, il y en a pour tous les goûts et pour tous les âges. Parc aquatique gonflable, excursions en mer à la journée ou à la semaine à bord des catamarans, randonnées en scooter de mer, découverte des écosystèmes protégés de la mangrove en canoë-kayak, bouées tractées, ski nautique, bar flottant, murs d'escalade, volley, raquettes, espace bien-être. Pour les tout-petits, le club a même prévu des cours de bébé-nageurs et un mini parc. Les enfants sont entre les mains d'animateurs diplômés et donc en toute sécurité.

ORCEA SPA NATURE ET BEAUTE

51 Domaine de Belfond
✆ 0696 44 33 85
https://app.kiute.com/orcea/home
Ouvert de 9h à 13h et de 14h à 19h tous les jours. Sur rendez-vous.

Besoin de déconnecter ? C'est dans ce spa nature, au sein de la résidence Orcea Ecofriendly, que vous pourrez vous y essayer. Le rituel démarre ainsi : douche, piscine, « bin dans la riviè », sauna. Puis, entre les mains de Jessica et de ses masseuses, on choisit son soin, son huile 100% naturelle puis on s'abandonne. Dans de petites huttes tressées en bois nichées au milieu de la mangrove, toute la nature est mise à contribution pour vous offrir un pur moment de détente ! On adore !

TAXI CAP

✆ 05 96 76 93 10
www.taxi-cap.com
De 9h45 à 16h lundi, mercredi et vendredi pour la sortie journée. Pour la visite des îlets tous les jours de 8h à 17h30.

Le Taxi Cap est la seule compagnie de bateau touristique à accéder aux fonds blancs du Cap Chevalier. Au programme des réjouissances si l'on choisit la formule à la journée : départ à 9h45, découverte de l'îlet Chevalier, présentation des coqs de combat sans mise à mort, baptême du rhum dans les fonds blancs, visite de la barrière de corail, punch en musique, bain, animation et copieux repas de chez Gracieuse. Retour à 16h. Vous pouvez également faire la traversée pour passer la journée sur l'îlet Chevalier à bord d'une yole de pêche.

LA TRACE DES CAPS

Avec ses 28 km, la Trace des Caps est également la randonnée la plus longue de l'île. Elle peut se faire en plusieurs étapes distinctes en raison de sa longueur : Petit Macabou - Cap Macré (5 km - 2h30) ; Cap Macré - Cap Chevalier (7 km - 3h) ; Cap Chevalier - Baie des Anglais (6,5 km - 3h) ; Anse Trabaud - Salines (5 km - 2h) ; Salines - Anse Caritan (4,5 km - 1h30). Ce sentier côtier, ponctué de magnifiques points de vue, traverse des sites absolument superbes ! Une randonnée incontournable en Martinique, qui alterne entre plages sauvages et espaces boisés.

UNDERSEA WALKING MARTINIQUE

Domaine de l'anse Caritan
✆ 06 96 17 60 91
www.uwm-reservation.com
Sur réservation par téléphone. 55 € par personne (boissons incluses).

Avez-vous déjà rêvé de marcher sous la mer, comme en apesanteur sur le fond de la mer ? Equipé d'un mini-scaphandre, la tête bien au sec, vous voilà parti pour une petite balade d'environ 30 minutes sur le site remarquable de la Pointe Borgnèse, réputé pour ses eaux calmes et peu profondes. Il n'est pas nécessaire de savoir nager, un maillot de bain suffit, la marche se fait à une profondeur de 2,50 à 5 m accompagné d'un moniteur de plongée diplômé d'Etat.

PASSPORT

CÔTE ATLANTIQUE

Sur la côte Atlantique ou « côte sous le vent », les vagues en fureur creusent les roches volcaniques du nord. Cette région incarne parfaitement le mythe du paradis tropical sauvage et inexploré… C'est ici que, à l'écart des regards indiscrets, se nichent les plus belles propriétés de l'île et que, le long de la côte, s'égrènent des petits îlets isolés, tous plus paradisiaques les uns que les autres, bien protégés par la barrière de corail. Indomptables, l'océan et la nature règnent en maîtres dans cette zone, jusqu'au Robert où le calme et la sérénité retrouvés semblent rimer avec le charme des îlets. La commune du François, elle, rivalise de beauté en dévoilant ses fonds blancs et sa légendaire « Baignoire de Joséphine ». Ce n'est qu'arrivé au Vauclin que l'Atlantique prend fin, offrant déjà ses embruns à la mer des Caraïbes.

Côte atlantique
5 KM
GROS-MORNE
Vert-Pré
LE ROBERT
SAINT-JOSEPH
Baie du françois
LE FRANÇOIS
LAMENTIN
FORT-DE-FRANCE
DUCOS
SAINT-ESPRIT
LE VAUCLIN
Barrage
De la manzo
Baie du
Vauclin
Baie de
Fort de France
N4
N1
D1
D3
D29
D28
D15
D30
N6
N3
N5
D5

PAGES

●● CÔTE ATLANTIQUE

La côte Atlantique incarne parfaitement le mythe du paradis tropical sauvage et inexploré… C'est ici que, à l'écart des regards indiscrets, se nichent les plus belles propriétés de l'île. On accède à la mer par des chemins caillouteux, de petits îlets isolés au large s'égrènent le long de la côte, du Vauclin au Robert, bien protégés par la barrière de corail. Entre les grandes plages sauvages au sud et les fonds blancs au large du François et du Robert, les amateurs de farniente et les sportifs seront comblés.

LE VAUCLIN ★★★

Flâner parmi les différents étals du marché au retour d'une baignade dans les fonds blancs de la Pointe-Faula, se laisser séduire par une pêche ultra fraîche, parcourir la plage de Macabou au galop, s'essayer au kitesurf ou à la planche à voile, randonner sur la route des caps, admirer le panorama de la baie des Mulets et prendre un second souffle dans les jardins de la montagne…

SAINT-ESPRIT

LE FRANÇOIS ★★★

Découvrir les fonds blancs et la mangrove en bateau ou en kayak, profiter du spectacle de sa faune et de sa flore sauvages, et expérimenter le baptême du rhum ! La tradition veut en effet que le bateau qui vous emmène aux fonds blancs vous offre un ti-punch ! Visiter l'Habitation Clément avec son imposante maison de maître de style créole, son ancienne distillerie et ses arbres centenaires.

LE ROBERT ★★★

Partir à la découverte des îlets du Robert, avec leurs exceptionnels fonds blancs, mais sans oublier de prendre le temps de faire un tour du bourg pour admirer l'église Sainte-Rose-de-Lima (1743) et les cases colorées qui s'élèvent le long des ruelles.

Le Vauclin.

LE VAUCLIN ★★★

Lové au pied de la montagne du Vauclin qui tient son nom du seigneur de Vauquelin, ce petit village s'éveille au début du XVIIIe siècle. Il devient, au départ des Amérindiens, un lieu privilégié pour les premiers colons qui y produisent l'un des meilleurs cafés, avant que ne s'impose la canne. Mais la crise sucrière du XIXe siècle entraîne la fin d'une époque prospère. Le Vauclin vit désormais au gré de ses filets, de ses cultures vivrières et d'un nautisme très apprécié des touristes et sportifs de l'île. Avec ses fonds blancs, ses plages immaculées, ses promenades nombreuses, le Vauclin distille une douceur de vivre hors du temps.

Le Vauclin est un charmant village de pêcheurs où la vie s'écoule tranquillement au rythme des arrivées des gommiers revenant de Miquelon. Le temps semble s'être arrêté dans cette petite commune bercée par l'océan Atlantique, même si les récents aménagements du front de mer viennent apporter une touche de modernité au paysage. Ne manquez pas le marché aux fruits, aux légumes et aux poissons qui se tient dans des halles en bois, au bord de la mer en plein cœur du village, ainsi que la statue de Louis-Joseph Landa, chevalier de la Légion d'honneur, maire du Vauclin.

Tourisme

Tout au long de l'année, plongez dans la vie de la cité, jalonnée d'activités et de convivialité :

- **Février ou début mars :** élection des reines, vidés et carnaval dans les rues.
- **Mars ou avril :** grande fête du crabe ; organisée le samedi précédent la Semaine sainte, elle met le crabe à toutes les sauces et le célèbre en expositions, concours et ballets...
- **24 juin :** ouverture de la Fête patronale, qui rassemble sur la place des fêtes les Vauclinois pour de longues soirées de jeu et de danse.
- **Juillet :** pour la foire agricole, ce sont les exploitations et produits du terroir qui sont mis à l'honneur !
- **Octobre :** les associations de personnes âgées viennent interpréter des chansons créoles et françaises qui ont bercé leur jeunesse.

JARDIN DE LA MONTAGNE

Quartier coq Vauclin
✆ +596 696 35 75 62

Sur la montagne du Vauclin s'épanouit un jardin créole complanté d'une grande variété de fleurs, de plantes vivrières, d'arbres fruitiers jouissant d'une vue imprenable sur la baie de Fort-de-France. Installé sur un terrain pentu à flanc de montagne, ce jardin est agrémenté de sentiers qui permettent de se plonger pleinement au cœur de cette nature luxuriante, gorgée de cordylines, crotons, reines de Malaisie, balisiers, fougères, alpininas et roses de porcelaine. Une balade revigorante à faire en famille. Vente de fleurs tropicales sur place.

Le Vauclin.

LE JARDIN SECOND SOUFFLE

✆ 06 96 28 98 47

Ouverture au public : vendredi, samedi et dimanche 8h-18h. Entrée 5 €.

Un voyage dans la culture profonde de la Martinique, c'est ce que propose le jardin Second Souffle situé au Vauclin : « *sa sé jadin pay la ki la* ». Au programme : découverte de la flore locale et de pratiques traditionnelles ancestrales, ateliers de jardinage ou de confection de bijoux à base de graines péyi (graine Job, graine l'Eglise, graine Chacha), la transmission des savoirs est au cœur des missions de ce joli jardin, cultivé dans le respect de la terre. Une halte que nous vous recommandons de faire en famille ou en solo !

LES JARDINS DE MACABOU

Grand Macabou

✆ 06 96 51 03 02

Dans cette ferme permacole en plein essor, Tommaso et Céline ont fait le pari fou de transformer la broussaille épineuse du Grand Macabou en forêt fruitière. L'objectif : tendre vers l'autonomie agricole et alimentaire et encourager les gens à produire leurs propres ressources. Au pied du verger, constitué d'une cinquantaine de variétés d'arbres fruitiers, poussent des espèces maraîchères et des tubercules (giraumon, tomate, concombre, manioc). Ce couple de passionnés propose également des stages d'initiation aux pratiques permaculturelles et agro-écologiques.

MONTAGNE VAUCLIN

Route de Saint-Esprit

Randonnée de 2 km avec 150 m de dénivelé. Un beau chemin de croix à découvrir. La montée est raide, le sol peut-être humide et glissant mais la promenade est magnifique. Les choux de Chine, balisiers et bambous jalonnent le parcours. Au point culminant vous découvrirez une petite chapelle rouge et blanche et un panorama de toute splendeur s'ouvrant sur le Sud-Est de la Martinique, de la Caravelle à Sainte-Anne. Le retour peut s'envisager par le même chemin ou par le flanc est jusqu'au quartier Ensfelder (mais dans ce cas, mieux vaut laisser une seconde voiture).

PLAGE DE PETIT MACABOU

Lovée dans une anse immaculée de sable blanc, la plage de Petit Macabou, ourlée de raisiniers bord de mer, garde jalousement son authenticité et son aspect sauvage. On s'y promène à cheval, on y randonne, on s'y endort au soleil, on s'y baigne avec prudence car les herbiers marins, abondants au large, déposent souvent d'épais tas d'algues. A mi-chemin entre le Marin et le Vauclin, ce trésor naturel se débusque après avoir dépassé un magnifique moulin à vent, vestige de l'époque coloniale, et avoir parcouru les 2,5 kilomètres d'un chemin pierreux.

POINTE-FAULA ★★

En longeant le bord de mer, on passe devant le port de pêche et ses cases colorées. Après environ 300 m de piste le long de la côte, vous voilà à la Pointe-Faula, une jolie plage bordée de fonds blancs. Parsemé de cocotiers et prisé par les amoureux de la voile, ce spot accueille planches à voile et fly-surf. C'est aussi un coin baignade privilégié pour les enfants qui ont pied sur 300 m et se baignent dans une eau turquoise à couper le souffle. Sur place : des petits restaurants typiques, des roulottes, et des manifestations culturelles comme Jazz à la pointe.

BUNGALOWS CASES MABOUYA €€

Quartier Pointe Faula 1 ✆ 06 96 96 14 10

www.cases-mabouya.com

Location villa entière à partir de 1 990 pour 7 nuits. Bungalows avec 2 terrasses de 40 m² de 140 à 190 € pour 2 nuits.

A deux pas de la Pointe Faula, haut lieu de la voile, du windsurf et du kitesurf, ce complexe résidentiel est composé d'une villa classée 5 étoiles comprenant 4 chambres avec salles de bain privatives, une salle home cinéma, un grand séjour avec bar et billard. Sans oublier de charmants bungalows tout confort (2 à 4 personnes) articulés autour d'une piscine avec climatisation, barbecue, cuisine équipée, terrasse privative et douche balnéo, le tout à 100 m de la plage de la pointe Faula. La décoration est très jolie, tout de bois et tomettes.

CÔTE ATLANTIQUE

Pointe Faula.

HÔTEL CAP MACABOU €€

Lot. Petit Macabou
✆ 05 96 74 24 24
www.capmacabou.com

Chambre double à partir de 120 €. Location de studio minimum 7 nuits pour 2 personnes dès 350 € en basse saison.

Composé de 48 chambres coquettes, ce complexe hôtelier ne manque pas de charme. Il se situe au bout de la pointe Macabou, un petit chemin accède directement à la plage. Trois catégories : Jardin, Panoramique et Cupidon. Chaque chambre est climatisée, décorée avec goût et dispose d'une salle de bains, de la télévision, d'Internet et d'une belle terrasse. Des studios tout équipés sont disponibles à la location. L'hôtel dispose également d'une piscine, d'un deck en bois magnifique pour votre bronzette sur le transat et d'un accès direct au bord de mer.

LE DOMAINE DES BULLES €€€

Propriété Benguette ✆ 05 96 74 69 54
www.ledomainedesbulles.com

A partir de 150 € la nuit pour 2 personnes ou en formule package dès 280 € pour 2 personnes.

Le Domaine des Bulles est un hébergement insolite et unique en Martinique, face à la superbe baie du Vauclin. Vous trouverez 3 bulles aux univers différents : bulle d'eau avec son étang et son bain à remous, bulle minérale et sa piscine privée, bulle air avec son ponton et son spa. Toutes sont très bien équipées (climatisation, wifi gratuit, mini-bar, machine à café, produits de douche bio, peignoirs et pantoufles). Il est possible d'y passer une seule nuit ou de choisir une des formules à thème proposées sur le site (romantique, lune de miel ou bien-être).

PALM VILLAS €€€

Anse Balahou ✆ 06 96 80 68 11
www.villasmartinique.fr

A partir de 1 500 €/semaine pour la plus petite catégorie. Villas classées 5 étoiles « Meublés de Tourisme »

Palm Villas est une solution idéale pour les voyageurs indépendants à la recherche d'authenticité et de prestations de qualité. La situation géographique conviendra aux amateurs de nature et de randonnées, de kitesurf et de sports nautiques notamment. D'une tranquillité absolue, ce petit complexe comprend 8 villas haut de gamme récentes. Elles sont orientées différemment, avec vue mer ou vue campagne. Elles disposent d'un jardin tropical et d'une piscine privée, chacune avec terrasse extérieure de 40 m^2. Les espaces sont vastes et la décoration est épurée.

VILLA ALBATROS €€

57A Lotissement Macabou ✆ 0696384880
https://albatros-villa.com/

Dès 425 € la semaine en basse saison. Bungalows indépendants à partir de 300 € en basse saison pour 2 couchages.

Nichée dans un jardin luxuriant au cœur du Vauclin, la résidence Albatros offre une sérénité saisissante. La propriété dispose d'un grand loft et de 2 bungalows indépendants de type 2 : «La Frégate» qui offre deux couchages et «Pélican» avec une piscine hors sol. Dans son intégralité, la propriété peut accueillir jusqu'à 11 personnes qui profiteront pleinement de l'atmosphère conviviale qu'offre la demeure intégrée dans son environnement. Francis et Brice, heureux propriétaires d'Albatros, sont à votre écoute pour vous garantir l'assurance d'un agréable séjour.

VILLAGE DE LA POINTE €

Plage de Pointe Faula ✆ 09 88 77 66 66
www.villagedelapointe.fr
Prix indicatifs : à partir de 80 €/nuit pour 2 personnes en cottage ; 260 €/nuit pour 10 personnes en villa.

Le Village de la Pointe, c'est un concept totalement inédit en Martinique : 80 bungalows en bois et 6 villas adaptés au climat tropical, nichés au cœur de la plus belle palmeraie de l'île. Le site est magnifique : la plage s'étend sur un fond sableux jusqu'aux fonds blancs au beau milieu du lagon. Les cottages et les villas sont dispersés sur un parc de 2 hectares. L'un des points forts : de spacieuses terrasses couvertes conçues pour partager de bons moment en toute intimité ! Une résidence qui combine charme, authenticité et activités nautiques à proximité.

BAIA BY A €€

✆ 07 87 23 12 61
Carte : 19 € environ. Menu enfant : 12 €. Plat du jour : 16 €. Terrasse.

Une nouvelle et belle adresse ! Arnaud et Annie ont créé ce petit bijou de restaurant avec le chef Mathieu Brugger à la pointe Faula. Une carte resserrée autour de créations originales (on a craqué pour les sucettes au chèvre, camembert ou les deux en duo !) et aussi autour de standards revisités tel que le mi-cuit de thon frais, ou l'assiette Madinina. Tout est frais et les assiettes sont magnifiquement composées. La décoration du restaurant est au diapason des assiettes avec une jolie terrasse ombragée. Coup de cœur garanti !

LE K'BANA €

Pointe Faula
✆ 05 96 74 32 08
Ouvert du mardi au dimanche le midi. Ouvert pour le service du soir le vendredi et le samedi.

Au K'bana, la décoration est soignée, la carte alléchante et l'accueil chaleureux. Dans cette maison colorée à l'architecture créole, la salle ventilée et la terrasse en bois aérée s'ouvrent sur le magnifique site de la Pointe Faula. Au programme : cocktails, glaces, pizzas maison, salades colorées, mais aussi viandes et poissons frais grillés ou en tartare (selon arrivage). Ici, les produits sont frais et la priorité est donnée aux produits locaux. Service un peu lent mais accueil très souriant et convivial. Une bonne adresse.

AIR FLY

✆ 05 96 76 25 31
www.airfly972.com
Ouvert 7j/7 (sauf lundi en basse saison) de 9h à 18h. Cours de kitesurf : une session de 3h à 115 €.

Air Fly est une école de kitesurf qui propose des cours et des stages de perfectionnement et la location de matériel de glisse. Un endroit incontournable pour les accros de sensations fortes ! Air Fly est aussi le rendez-vous des passionnés des sports de glisse sur le spot exceptionnel de la pointe Faula où Yves et son équipe vous réservent un accueil et un professionnalisme sans failles. Un surfshop spécialisé représentant les plus grandes marques de la discipline. N'hésitez pas à demander des infos sur son autre activité « Bike and sea ».

LE TITIRIS €

Pointe Faula
✆ 05 96 74 40 01
Ouvert tous les jours de 11h30 à 16h30. Addition à partir de 15 €.

Les titiris sont de succulents petits poissons qui se dégustent frits principalement dans les accras. C'est le nom de ce restaurant les pieds dans l'eau où l'on apprécie une cuisine traditionnelle, des jus de fruits maison, une ambiance aussi conviviale qu'authentique. Aux Titiris, il n'est pas rare de rencontrer les pêcheurs qui reviennent de Miquelon avec, dans leurs filets, de quoi déguster un bon blaff de poisson frais en buvant un ti-punch avec le patron. Une adresse conviviale et authentique que l'on recommande chaudement.

BIKE & SEA

✆ 05 96 76 25 31
www.bike-and-sea.com

Envie de découvrir la Martinique autrement, un appel aux riders de tous horizons ! Yves, déjà connu pour son école de kitesurf Airfly, a créé Bike & Sea à la Pointe Faula. C'est avec des motos magnifiques «Royal Enfield 650 Interceptor» que les amateurs apprécieront ces pépites vintage qui s'avèrent particulièrement maniables et accessibles à tous les motards. Des randonnées encadrées hors des sentiers battus grâce à ce guide amoureux de la Martinique et des deux-roues pour parcourir des kilomètres inoubliables. Permis moto indispensable !

CENTRE ÉQUESTRE MACABOU

Macabou ✆ 05 96 74 33 34
www.macabouequitation.fr

Tarifs indicatifs : 1h de balade 20 € (- de 10 ans), 1h30 30 € (+ de 10 ans). La journée : 60 €. Baptême poney : 10 €.

Que vous soyez débutant ou confirmé, le centre équestre Macabou offre un grand nombre de possibilités : des balades de quelques heures, des balades-baptêmes pour avoir un premier contact avec les chevaux ou les poneys, celles d'une journée avec déjeuner sur la plage et même des randonnées équestres la nuit sous la pleine lune (2h). Le centre équestre organise également des stages sur plusieurs jours. C'est encadré par des professionnels expérimentés et dans la convivialité d'un centre familial que vous vivrez l'expérience au galop de la superbe nature du Vauclin.

CLUB NAUTIQUE DU VAUCLIN

Pointe Faula
✆ 05 96 74 50 83
www.clubnautiquevauclin.fr

Ouvert tous les jours de 9h à 12h et de 14h à 17h en période scolaire. Tous les jours pendant les vacances.

Situé sur la plage de la Pointe Faula, le club nautique du Vauclin est le lieu idéal pour la pratique des sports nautiques. Le club est labellisé « Ecole française de voile ». Sa formule découverte propose de vous initier au *power kite* en milieu marin, mais également des stages de deux demi-journées à quatre demi-journées. Le club organise aussi des randonnées en kayak pour partir à la découverte de la mangrove en passant par la baie de Massy-Massy. Location de matériel disponible (paddle, planche à voile, kite, kayak et funboard).

LION'S PARC

Domaine de Sigy
✆ 06 96 79 95 60
https://www.lionsparc.fr

Ouvert 7j/7 pendant les vacances scolaires de 10h à 18h, petit snack.

Envie de jouer à Tarzan ? Ce domaine verdoyant, le paradis de l'accrobranche, propose trois parcours : pour les tout-petits, le parcours Bout' chou (de 18 mois à 5 ans) développe sens de l'équilibre et de l'agilité. Pour ceux âgés de 6 à 10 ans, c'est un parcours autonome sous la surveillance d'un moniteur, qui comporte 16 ateliers nécessitant baudrier, poulie, crochet. Et enfin le parcours Tout-Moun a été pensé pour les adolescents et les adultes. Un parc qui promet de beaux moments en famille. Nouveauté : la tour d'escalade et le BMX parc.

O PETIT SPA

Route Cocotte
✆ 06 96 54 35 32

Dans une magnifique villa privée au Vauclin, Thierry, masseur depuis 13 ans, propose toutes sortes de soins relaxants : santi kow bien (massage californien), force du mont (massage à base d'huile de menthe poivrée), bet a fe (massage à la bougie), fraicheur des bois (soin des jambes), réflexologie plantaire thaïe... Massage spécifique future maman et massage à deux. A côté du salon de massage se trouve aussi un espace détente privatif avec jacuzzi, sauna infrarouge et hammam. Thierry exerce aussi à domicile partout en Martinique.

S'PAS COMME LES AUTRES

Quartier Ravine Plate
✆ 06 96 45 42 45

Tarifs : massage 1 heure 50 € ; Douss'Thaï 90 € ; formule 2 heures de soins à 130 €. Massages à domicile ou sur place.

Carole est notre coup de cœur absolu dans la catégorie «massage bien-être». Elle s'est formée à Chiang Mai en Thaïlande, épicentre des écoles de massage traditionnel. Outre sa solide formation, elle est surtout surdouée et n'applique pas des protocoles appris par cœur, elle ressent votre corps et adapte ses techniques en fonction de vos besoins. Elle vous accueille dans son petit centre très nature où elle offre également des soins annexes, conçus avec des produits naturels uniquement. Entre ses mains, c'est sûr, vous oublierez tout !

SAINT-ESPRIT

Anciennement baptisée Les Coulisses en référence à la rivière qui l'irrigue, la commune de Saint-Esprit a longtemps vécu dans l'ombre de Rivière-Salée avant de devenir indépendante en 1837. Cette petite commune à vocation agricole offre des paysages riches et variés, propices à la promenade. Le bourg du Saint-Esprit jouit d'un cachet historique certain grâce à son église et à sa mairie typiques. A l'écart de l'agitation alentour, c'est un village tranquille dont l'authenticité saura vous charmer. Seul bémol : fruit d'un microclimat spécifique, la pluie s'invite souvent à Saint-Esprit, ce qui explique l'incroyable végétation qui s'y déploie allègrement.

ÉGLISE DE SAINT-ESPRIT

Rue Joliot Curie

Fondée en 1758, l'église d'inspiration baroque domine le bourg de Saint-Esprit dont elle est le premier monument historique. Ses beaux volumes furent remaniés à plusieurs reprises suite aux cyclones de 1951 et 1962. Elle abrite une cloche russe dite Sébastopol rapportée de la guerre de Crimée à laquelle avait participé un contingent de Martiniquais. Pour remercier la Martinique, l'Amiral Bruat, ancien gouverneur de l'île, avait rapporté des cloches. Depuis, la paroisse est animée par de nombreuses messes dominicales et chorales.

BKB €

Station Total Morne Lavaleure

https://bokayburger.com

Ouvert du lundi au samedi de 11h à 21h. Addition moyenne 13 €. Vente à emporter, quelques mange-debout à disposition.

Le royaume du burger *made in* Martinique ? C'est ici, chez BKB Martinique. La franchise Bokay Burger propose des burgers bien de chez nous comme l'Otentik ou le Bokay Bacon. Mais surtout elle revendique le fait d'utiliser des produits de qualité au goût caribéen. Quant aux frites, elles sont fabriquées à partir de patate douce. Le poulet, lui, est assaisonné sur place, tous les jours et dans chaque établissement BKB. L'enseigne BKB compte actuellement une dizaine d'établissements en Martinique. A Saint-Esprit se trouve un drive avec quelques mange-debout.

LE DÉLICE SPIRITAIN

15 rue Schoelcher

✆ 05 96 56 76 78

www.le-delice-spiritain.com

Ouvert du lundi au samedi de 6h à 19h30 et le dimanche de 6h à 12h.

Au Délice Spiritain, la spécialité de la maison, c'est la pièce montée ! Il y en a pour tous les goûts, de toutes les tailles et pour tous les événements. Quant aux autres pâtisseries traditionnelles, elles se dégustent sans fin : viennoiseries, mousses, éclairs, choux, religieuses, mille-feuilles, maréchal, amours-cachées, robinsons, gros gâteaux coco... Et, à l'heure du déjeuner, les sandwichs froids ou chauds et les salades variées sont aussi de la partie. Bref, un temple de la gourmandise où l'on peut se réfugier à tout moment de la journée.

LE FRANÇOIS ★★★

Historiquement, Saint-François possède la particularité d'être l'un des derniers bastions de la population amérindienne repoussée progressivement par le mouvement colonial. Cela n'empêche pas les colons à la fin du XVIIe siècle de porter le coup fatal en décidant de prendre possession des lieux. Donnant sur la côte atlantique et protégée par la barrière de corail, la commune du François (elle fut l'un des derniers bastions de la population amérindienne) est aujourd'hui le principal fief de la communauté béké. Ces Blancs créoles cherchent à conserver leur statut d'aristocrates et mènent ici leurs affaires comme des chefs. Le François ne manque pas de charme avec ses célèbres îlets, ses fonds blancs, ses belles criques, sa mer calme, ses yoles, son centre-ville animé et sa célèbre Habitation Clément. Un petit havre de paix auquel on vous conseille d'accéder par la route qui vient du Lamentin bordée de bananeraies et de champs de cannes à sucre.

Tourisme

Le François est un bourg important et vivant, plus authentique que touristique. A l'Anse-du-François, on découvre un joli paysage, mais pas de plage... On devine au loin la barrière de corail, sur laquelle se brisent les vagues. On ne manquera pas ici de :

- **Se balader au marché aux poissons,** où les pêcheurs viennent vendre leur marchandise qu'ils découpent à même la table, sous des abris en tôle. En poursuivant la route du front de mer, on arrive au fond de l'anse à un petit port de pêche, un des lieux typiques de la ville. On peut lire sur un panneau : « Défense de jeter de vieilles voitures » ! Un adage qui n'est malheureusement pas écouté ni suivi à la lettre…

CÔTE ATLANTIQUE

© ISABELLE DREZEN

Le François vue sur les Îlets.

- **Contempler les bananeraies**, au sortir du François, qui constituent un décor naturel typique. On suit la direction du Vauclin (à 12 km), puis on tourne pour prendre la D16 vers Bois-Soldat. De la route, le panorama sur les îlets d'un côté et la montagne de l'autre est incomparable.
- **Visiter l'Habitation Clément**, élément majeur du patrimoine architectural et industriel martiniquais.
- **Découvrir les célèbres fonds blancs** qui font la réputation du François. Beaucoup d'excursions sont proposées, attention à ne pas choisir n'importe qui car votre escapade en bateau avec option dégustation de punch peut être idyllique ou calamiteuse.

Transports

- **Voiture.** A 26 km de Fort-de-France, on y accède par la N6.
- **Taxi-collectif.** Liaisons avec Fort-de-France et le Robert. Arrêt face au syndicat d'initiative.
- **Bus SUDLIB :** la ligne P1 relie le François et Sainte-Anne via le Vauclin et le centre culturel du Marin. La ligne I relie Rivière-Salée et le François via Saint-Esprit et Petit-Bourg. Le réseau de bus SUDLIB, transports en commun du sud de la Martinique, dessert le François via les lignes 50 à 63, et les lignes intercommunales B, K, J et I.

BALADE AU FRANÇOIS

Le François est un bourg important et vivant, plus authentique que touristique. Ici pas de plage... mais on devine au loin la barrière de corail sur laquelle se brisent les vagues. Allez vous balader au marché aux poissons, où les pêcheurs viennent vendre leurs marchandises qu'ils découpent à même la table, sous des abris en tôle. Dans le centre-bourg, outre l'église face à la mairie, remarquez les cases alignées rue Perrinon : elles ont été construites par les ouvriers de l'usine centrale d'Emile Bougenot.

- **En poursuivant la route du front de mer,** on arrive au fond de l'anse à un petit port de pêche, un des lieux typiques de la ville. On peut lire sur un panneau : « Défense de jeter de vieilles voitures » ! Un adage qui n'est malheureusement pas écouté ni suivi à la lettre...
- **Partez ensuite contempler les bananeraies,** au sortir du François, qui constituent un décor naturel typique. On suit la direction du Vauclin (à 12 km), puis on tourne pour prendre la D16 vers Bois-Soldat. De la route, le panorama sur les îlets d'un côté et la montagne de l'autre est incomparable.
- **Allez enfin faire un tour du côté de la Frégate,** ancienne demeure coloniale au lieu-dit Bonnaire. Poursuivez votre route vers le Cap Est Lagoon Resort : le complexe offre une plage accessible à tous, faite de sable blanc, aux eaux limpides, idéale pour les familles. C'est la seule plage à proprement parler du François. Pour vous baigner dans les eaux turquoise, il vous faudra rejoindre les fameux îlets du François et du Robert.

ARBORETUM VILLAGE D'ANTAN

Route N6

✆ 06 96 08 58 69

https://villagedantan.wordpress.com/

Ouvert tous les jours de 8h30 à 18h. Tarif adulte 6 €, enfant 3 €.

Dans ce jardin, ce sont plus de 400 espèces d'arbres et de plantes vivrières, médicinales, ornementales et magiques qui distillent leur douceur de vivre, chez Suzelle, heureuse propriétaire des lieux. Elle propose de nombreux ateliers de découverte et d'animation ouverts à tous les publics : initiation à la naturopathie à travers l'aromathérapie et la phytothérapie caribéenne, cuisine végétalienne et spécialités martiniquaises. Pensez à réserver vos ateliers.

DISTILLERIE A1710

Habitation du Simon

✆ 05 96 50 58 42

www.rhum-a1710.com

Visite commentée et dégustation sur réservation. Formule sur mesure avec le maître de chai.

Créée en 2016 par la famille Assier de Pompignan (1710 correspond à la date d'arrivée sur l'île de leur aïeul), la distillerie A1710 produit des rhums agricoles de haute qualité, authentiques et artisanaux. Les rhums s'inscrivent dans le respect de l'île, de son environnement et de ses traditions. La recherche permanente de l'excellence et de l'innovation guide au quotidien l'équipe de passionnés qui y officie. La preuve : les rhums A1710 sont déjà des produits d'exception. N'hésitez pas à venir découvrir l'univers A 1710, à l'Habitation du Simon.

HABITATION CLÉMENT ★★★

Domaine de l'Acajou ✆ 05 96 54 62 07
www.habitation-clement.fr

Ouvert tous les jours de 9h à 18h30 sans interruption. 13 € par adulte et 8 € par enfant (de 7 à 17 ans).

Située au sud du François, l'Habitation Clément est célèbre pour ses rhums AOC, sa Fondation d'art contemporain mais aussi pour son splendide parc botanique labellisé Jardin remarquable en 2015. Elle représente un élément majeur du patrimoine architectural et industriel de la Martinique. C'est une visite incontournable si vous êtes de passage sur l'île !

L'Habitation Clément comprend l'ancienne distillerie aménagée en Centre d'interprétation des Rhums Clément, des chais de vieillissement où maturent les célèbres rhums vieux Clément, une maison créole classée au titre des monuments historiques de France et un parc botanique.

Depuis près de vingt ans se côtoient ici trois activités : la production de rhum agricole, la visite du domaine et les expositions d'art contemporain. On se balade dans un grand parc arboré de seize hectares, qui abrite plus de 300 espèces végétales originaires des différentes régions tropicales du monde, notamment une remarquable collection de palmiers du monde entier.

On visite également la maison créole du XVIIIe siècle avec ses meubles d'époque et ses photos anciennes. Dans l'espace dégustation, on peut apprécier et acheter le fameux nectar.

Pour accompagner sa politique axée sur la promotion des artistes caribéens, l'Habitation Clément s'est dotée d'une Fondation. Elle accueille régulièrement des expositions, soutient la création locale et abrite un centre d'archives et de recherche documentaire sur l'histoire de la Martinique. Enfin, l'espace dégustation permet de découvrir les rhums du domaine.

Arc en ciel au François.
© ISABELLE DREZEN

© DENIS EXCURSION

© DENIS EXCURSION

© DENIS EXCURSION

DENIS EXCURSION

La Marina du Francois ✆ 0696 44 46 46
www.denisexcursions.com

Tarifs : 70 € par personne pour la journée complète de 7h. Excursion demi-journée de 3h30 à 50 €. Langouste en option.

Denis est un pêcheur au grand cœur qui arbore 365 jours par an un sourire radieux, à l'image de sa bonne humeur. Depuis près de 25 ans, il fait découvrir à bord de sa yole à moteur les splendeurs de la fameuse baignoire de Joséphine et ses fonds blancs. Davy, son fils, a rejoint l'équipe et un second bateau vient désormais compléter l'offre. C'est parti pour une journée inoubliable de détente, dans une ambiance conviviale autour de délicieux apéros, d'un repas créole succulent et les explications avisées du capitaine sur les trésors naturels de son île natale.

© DENIS EXCURSION

© DENIS EXCURSION

LES HAUTS DU CAP €€

73 rue des Fleurs
✆ 06 96 17 41 78
www.leshautsducap.com
Chambres doubles et suites de 135 à 270 € la nuitée selon la saison. Petit déjeuner inclus.

© LES HAUTS DU CAP.

Une splendide chambre d'hôtes lovée dans un écrin de verdure face à la mer, gérée par Aymeric et Aurélie. Les chambres sont cosy, fraîchement et joliment décorées. Elles s'ouvrent sur le jardin ou la mer et disposent d'une terrasse privative. La piscine, chauffée, rivalise avec le bain bouillonnant côté température ! On adore la convivialité du lieu et son style intimiste propice au repos. Tous les détails ont été intelligemment pensés, marque d'un savoir-faire hôtelier indéniable. Une halte très plaisante, loin de l'agitation, pour une déconnexion garantie !

ÎLETS DU FRANCOIS ★★★

On y arrive par la descente de la Chopotte. La baie du Robert apparait, magnifique dans son habit émeraude. Sa côte, comme déchiquetée par une main invisible, offre sans pudeur au pèlerin l'indicible spectacle d'un chapelet d'îlets... Situés à l'est de l'île, les îlets du François sont très appréciés et donc fréquentés par les touristes. Il en existe huit : îlet Frégate, îlet Lapin, îlet Lavigne, îlet Long, îlet Métrente (appelé aussi l'îlet Anonyme), îlet Oscar, îlet Pelé, îlet Thierry. Ils sont une destination idéale pour une excursion en bateau d'une journée. De nombreuses excursions partent de la commune. La concurrence est rude entre les bateaux. Le programme reste le même pour tous : baignade dans les fonds blancs, où le rhum coule à flots, déjeuner sur les îlets, activités nautiques... C'est surtout l'ambiance à bord qui les différencie. L'initiateur de cette excursion s'appelle Albert Mongin. Parmi les plus célèbres de ces fonds blancs, il y a bien sûr la fameuse Baignoire de Joséphine, où vous évoluerez (vous ne serez pas seul) dans une eau transparente jusqu'au nombril. Pour rejoindre les îlets, les options sont nombreuses : en yole (la meilleure façon selon nous), en bateau (le moyen le plus confortable), avec un pêcheur (le moyen le plus sûr), en vedette, avec un guide, en catamaran ou encore en kayak. Sachez que ces îles font l'objet d'un arrêté de protection et d'une réglementation spécifique visant à préserver la faune et la flore de ces écosystèmes, dont certains sont considérés comme très rares.

ÉGLISE SAINT-MICHEL

Cette église récente est l'héritière d'une succession d'édifices antérieurs. Les plans d'une église avant-gardiste, imaginée par Federico Genovèse et Olivier Dubosq, après avoir attendu une quarantaine d'années, ont enfin été réalisés. Les ouailles peuvent de nouveau entendre sonner les cinq cloches gravées des noms de leurs patrons (les saints Joseph, Michel Archange, Laurent, Philomène et Notre-Dame la Grande) – elles ont été bénites le jour de Noël 2009. Les matériaux utilisés pour sa construction et la façade sont semblables à ceux du bâtiment détruit en 1973.

KALBANAT PRODUCTION

✆ 06 96 84 14 67

Raymond Rijo a imaginé un jardin créole où se mêlent cultures maraîchères, fruitières, plantes aromatiques et médicinales : cacao, goyave, banane, canne à sucre, bois d'Inde, calebasse... et surtout manioc, le produit star de la ferme. L'agriculteur propose des ateliers pédagogiques à thème, pour apprendre à lutter contre les prédateurs, à fabriquer du compost ou encore des carillons en bambou et bien sûr pour fabriquer des cassaves, les fameuses galettes à base de manioc. Un haut lieu de conservatoire des savoir-faire traditionnels martiniquais à découvrir.

SCOOTER EVASION

41 quartier petite France
✆ 06 96 32 08 39
www.scooter-evasion.com
Ouvert le lundi de 9h à 12h et du mardi au samedi de 8h à 18h. Location 50cc et 125cc à 45 €/jour. 23 ans minimum.

Vous êtes fan de deux-roues ? Cela tombe bien car eux aussi ! Cette petite structure a été créée récemment par deux jeunes passionnés. Location de scooters de 50 cc à 125 cc ; plusieurs gammes de type Peugeot Django, Sym Orbit (sans permis) ou Yamaha N max. Il n'y a pas d'agence physique, la réservation se fait en ligne et vous être livré où vous souhaitez. Ils ont par ailleurs plein de bonnes idées de circuits à vous conseiller pour votre roadtrip en Martinique. La location se fait à partir d'une journée avec des tarifs dégressifs.

DOMAINE DE L'HABITATION DU SIMON €€€

l'Habitation du Simon,
✆ 06 96 09 02 91
www.rhum-a1710.com
La maison d'amis (8 pers.) : location de 285 à 500 € la nuit selon saison.

N'avez-vous jamais rêvé de passer quelques nuits dans un endroit d'exception ? Nous avons déniché un bijou, niché dans son écrin, au cœur d'une plantation de canne à sucre. C'est une admirable bâtisse du XVIIIe siècle qui vit au rythme des récoltes : on y fabrique l'excellent rhum A1710. La maison d'amis accueille 8 personnes et peut être associée (ou pas) à la « Suite du Paon ». Une véritable expérience à vivre pour une totale immersion dans l'univers secret du rhum.

DOMAINE DES FONDS BLANCS €€€

Pointe Cerisier ✆ +596 0 696 42 11 11
www.domainedesfondsblancs.com
Tarifs à la semaine de 7 000 à 24 000 € selon l'occupation et la saison.

C'est l'une des plus belles villas disponibles à la location saisonnière. Un luxe inédit pour une clientèle aisée souhaitant découvrir la Martinique autrement. Nichée au cœur d'une propriété de 17 000 m² au bord du lagon du Cap Est, la villa Isabelle offre des prestations de très haut standing. Côté conciergerie, rien n'est laissé au hasard : chef à domicile, promenade en bateau à partir du ponton privé, salle de sport et personnel à disposition 24h/24. Si vous êtes une grande famille, un groupe d'amis, le séjour reste honnête eu égard aux prestations proposées.

HOTEL LA FRÉGATE BLEUE €€

Quartier Frégate Est 4 (en direction du Vauclin)
✆ 05 96 54 54 66 – www.fregatebleue.com
Prix indicatifs : chambre double à partir de 120 €.

Petit hôtel de charme, la Frégate Bleue a bénéficié d'une rénovation intégrale et c'est une très belle réussite architecturale. 16 chambres : évanouissez-vous dans le vert du jardin depuis les chambres rez-de-parc ; plongez-vous dans l'horizon des suites ouvertes sur l'ensemble de la baie, ressourcez-vous dans les cocons des lofts sous les combles. Presque toutes embrassent l'horizon de l'Atlantique et de ses îlets. Un restaurant sur place, à la gastronomie créole revisitée. Nombreuses activités à proximité : une base nautique et une plage.

VILLA CERISIER - HOLIDREAMRENTALS €€€

Pointe Cerisier, Cap Est
✆ 59 06 90 76 19 04
Location d'une villa de 380 m² (dont 150 m² de terrasse). 5 chambres et 5 salles de bains. A partir de 321 € la nuit.

Une magnifique villa située face à la mer dans un cadre très privilégié. On adore son atmosphère élégante avec sa décoration épurée mais colorée, conjuguant admirablement le charme des villas antillaises avec tout le confort moderne. De très beaux espaces avec un jardin tropical magnifique. Sa grande capacité d'accueil séduira les familles (5 chambres) et les groupes d'amis. Le ponton au bout du jardin vous invite à louer un bateau pour accéder aux fameux fonds blancs.

LE FLAMANT ROSE €€

Quartier Frégate Est 4

✆ 05 96 54 54 66

www.fregatebleue.com

Ouvert du mercredi au samedi soir de 18h à 22h et le dimanche midi. Entrée, plat et dessert à partir de 35 €/personne.

© LE FLAMAND ROSE

Le Flamant Rose est situé au bord de la piscine de l'hôtel la Frégate Bleue. Damien, le maître des lieux, a redonné au restaurant ses lettres de noblesse : la décoration a été revue et l'atmosphère est très chaleureuse, surtout le soir avec ses lumières tamisées et colorées. La cuisine se veut résolument créole avec une touche de modernisme qui revisite les recettes traditionnelles martiniquaises. Les assiettes sont joliment décorées et le service avenant. A noter que des événements sont régulièrement organisés au restaurant.

CHEZ MILO €

Quartier Presqu'île

✆ 05 96 54 65 70

www.restaurantchezmilo.com/

Du lundi au samedi de 10h à 19h. Addition entre 15 € et 30 €.

A deux pas de la mer, voilà un restaurant où il fait bon se poser tenu par Francine, la maman (en cuisine), et Manuéla, la fille (en salle). Milo ? C'est le nom du papa de Francine. Ici tout est fait maison, les fruits de mer et poissons frais sont leurs spécialités et la chef fait des miracles. On vous conseille notamment sa soupe z'habitant aux écrevisses du début de semaine ou son blaff de poissons (et même d'oursins, selon la saison). Ne manquez pas non plus le blanc manger coco en dessert. Terrasse aérée et jolie décoration. Un de nos coups de cœur.

RESTAURANT KAI NONO €

Route du Club Nautique

✆ 05 96 54 32 76

Ouvert du mardi au dimanche de 12h à 22h (16h le dimanche). Addition moyenne 20 €.

Un bel emplacement pour ce restaurant, face au joli petit port du François. On y déjeune en regardant les bateaux bercés par la houle. On peut y déguster une cuisine de spécialités locales (acras, blaff de poisson, fruits de mer, fricassée de crevettes...) ainsi qu'un excellent menu langouste et les grillades du vendredi. Les plats sont savoureux et copieux ; l'accueil y est très sympathique. Si l'attente est parfois un peu longue, prenez votre mal en patience et sirotez un ti-punch ou un cocktail maison en attendant le service !

KRÉ' YOLES CAFÉ €

Rue de la gare

✆ +596 596 39 28 09

Ouvert du lundi au samedi de 6h à 16h.

Au Kré' Yoles Café, la cuisine est savoureuse, locale et saine. On s'y régale de mets créoles authentiques : poulet farci aux lambis, colombo de poulet ou poisson, paella Kréyol, fricassée de chatrou, poissons et fruits de mer de la pêche du jour... avec en accompagnement des légumes vapeur du jardin créole (giraumon, gombo...), des gratins de légumes, ou encore une soupe fraîche. Les gratins sont élaborés avec du lait végétal, les douceurs ne contiennent pas de gluten ni d'œufs... Bref, une cuisine saine qui n'en oublie pas pour autant les saveurs. Accueil sympathique.

LA FERME DES ORCHIDÉES €€

Lieu-dit Le Simon

✆ 05 96 54 10 85

Ouvert tous les soirs de 18h à 22h. Réservation conseillée.

Dans ce cadre magique, la Ferme des Orchidées met l'accent sur la fine fleur de la gastronomie française. Un bar lounge, cosy et discret, ambiancé par des lumières tamisées, deux grands carbets tout de bois meublés séparés par un joli bassin donnent le ton... La carte vit au gré du marché et change chaque semaine. Ici, le foie gras est fait maison, le saumon fumé sur place, le filet de bœuf fondant à souhait et leur spécialité, les potences de poissons ou de viandes avec flambage au choix ! Une adresse à noter dans vos carnets gourmands.

© HÔTEL PLEIN SOLEIL

© HÔTEL PLEIN SOLEIL

© HÔTEL PLEIN SOLEIL

PLEIN SOLEIL €€€

Pointe Thalémont
✆ 05 96 38 07 77
www.hotelpleinsoleil.fr

Chambres Guest dès 185 €, Master Pool avec deck et piscine privative dès 270 €, suites duplex et jardin 295 €.

Cet établissement est un vrai coup de cœur. Récemment rénovée, avec un soupçon de modernité et des couleurs - blanc et beige - qui invitent au calme et à la sérénité, la résidence abrite 16 chambres (climatisation, télévision à écran plat, téléphone direct et accès wifi) réparties dans 5 villas. En contrebas, la piscine et de petits salons sont à disposition. Possibilité de se faire masser dans sa chambre (sur réservation). Accueil et convivialité de rigueur : vous aurez le sentiment d'être reçus comme des princes. Le dépaysement, lui, est total !

© HÔTEL PLEIN SOLEIL

© HÔTEL PLEIN SOLEIL

LILI AU LAGON €€

Plage de l'ancien hôtel Cap Est
✆ +596 596 51 44 38
https://www.facebook.com/LiliAuLagon
Restaurant de plage. Ouvert du mercredi au dimanche de 11h45 à 16h. Vendredi et samedi jusqu'à 23h.

Un resto de plage comme on les aime, bien caché et loin de l'agitation touristique. Lili se trouve dans l'enceinte des «Villas du Lagons», un ensemble anciennement nommé le Cap Est Resort. Si vous ne connaissez pas le coin, laissez-vous guider par Waze, ce sera plus facile ! Le cadre est idyllique, la cuisine est simple mais inventive, concoctée avec de bons produits frais et locaux... Les cocktails sont délicieux. L'ambiance est très agréable. Un conseil : pensez à réserver, surtout le week-end car l'endroit est vite pris d'assaut.

TABLE D'HÔTES PLEIN SOLEIL €€

Pointe Thalémont ✆ 05 96 38 07 77
www.hotelpleinsoleil.fr
Menu complet à 55 € hors boissons. Ouvert vendredi, samedi et dimanche midi et tous les soirs sauf le dimanche.

Dans un site magnifique donnant sur la baie, superbe, Plein Soleil, cette grande maison créole tenue par Jean-Christophe, dispose de 16 chambres joliment décorées et réparties dans 5 villas. La table d'hôtes n'est pas en reste. Le chef Rudy Réclair cultive une remarquable créativité et allie les saveurs métissées aux produits frais locaux. Des menus aux mille et une saveurs sans cesse renouvelés, avec, toujours, un choix entre poisson ou viande. Une adresse incontournable.

BIKINI BRAZIL

Centre espace bio bis
✆ 05 96 70 35 39
Ouvert du mardi au samedi de 9h30 à 17h30.

Dans sa jolie boutique colorée, Valérie vous propose une belle collection de maillots de bain (femmes, hommes et enfants), de tongs et d'accessoires de mode (bijoux, sacs, ceintures...). Dnud, Acquarossa, Havaiana, Achile, Les Cakes de Bertrand, Louison, Jeff Winter : de nombreuses marques sont ici représentées. Découvrez la toute nouvelle collection Majestic Filatures, le *must* pour la plage, ainsi que les colliers, bracelets, pendentifs, sautoirs, bagues et boucles d'oreilles Gigi Flowers ! Un instant shopping à ne pas délaisser.

LA COMPAGNIE DU RHUM

Habitation du Simon
✆ 05 96 66 96 95
www.lacompagniedurhum.com
Ouvert du mardi au samedi de 9h à 17h.

La Compagnie du Rhum est implantée aux Antilles depuis 2008 et comprend un site e-commerce spécialisé dans la vente de rhums de la Caraïbe et du monde entier. Marika et Philippe de Pompignan ont eu la bonne idée de créer un showroom sur place en Martinique. Il est situé au François symboliquement face à la distillerie du Simon. Le site internet est très agréable, bien réalisé et largement fourni ! Cette boutique en est le prolongement et propose plus de 1000 rhums des Caraïbes à la vente en ligne. Les livraisons se font à travers le monde, sauf aux Etats-Unis.

LE PARADIS DU BAKWA

Immeuble Rénov Tout - ZA deTrianon
✆ 06 96 17 29 23
Ouvert de 9h à 16h du mardi au vendredi et le samedi de 9h à 13h.

Cette boutique est sans nul doute unique en Martinique. Le Paradis du Bakwa vous présente toute une collection de chapeaux et accessoires fabriqués en feuille de bakwa, un arbre tropical dont les feuilles séchées sont idéales pour le tressage, pour la vannerie principalement. Sandra vous propose ses créations et peut même faire des réalisations sur commande. C'est une véritable artiste aux doigts de fée. Dans sa boutique, vous trouverez des chapeaux traditionnels comme des créations originales et plus encore. Allez y faire un tour !

LES SÉLECTIONS D'ELODIE

Route Perriolat
✆ 06 96 36 35 41
Possibilité de réserver son panier jusqu'au mardi soir pour une livraison le vendredi.

Envie de manger sain ? Engagée dans une démarche respectueuse de la nature, Elodie cultive au François de multiples produits selon les principes de l'agro-écologie et de la permaculture : arbres fruitiers, plantes maraîchères et aromatiques, vanille... Il y a aussi des poules pondeuses et des moutons. La ferme vous accueille à la campagne, dans un environnement entouré d'une nature généreuse et de rivière. Tous les vendredis, Elodie propose des paniers qu'elle livre de Schoelcher à la Trinité, agrémentés de ses produits sains et certifiés bio.

LES BALLADES DU DELPHIS

Au départ du François
✆ 06 96 90 90 36
www.catamaran-martinique.com
Prix indicatifs : 95 €/adulte, 60 €/enfant (de 2 à 12 ans) à la journée avec repas créole.

A bord de l'Elphis et du Delphis, vous serez accueillis par un skipper, une hôtesse et un marin qui vous invitent à une véritable découverte des plus beaux sites naturels de la Martinique. Navigation exclusivement à la voile sur un catamaran de 50 pieds. Au programme : départ dans un dédale d'îlets entre la baie du François et celle du Robert. L'îlet du Loup-garou : vierge et perdu sur la barrière de corail... Escale à l'îlet Chancel pour une approche respectueuse des iguanes. Plusieurs arrêts baignade à la rencontre de petits poissons. Repas créole à bord.

ZENERGIE

Cap Est Pointe Jacob
✆ 0696 30 56 56
www.zenergie-martinique.com
Ouvert tous les jours sur rendez-vous uniquement. Possibilité de déjeuner sur place. Tarifs massage : 1h – 70 €.

Géraldine vous accueille dans une villa située au bord de la mer, dans le quartier de la Pointe Jacob. Diplômée de médecine traditionnelle chinoise, elle pratique les massages de toutes sortes : massage suédois, californien, massage japonais facial *kobido* pour lisser les traits et repulper la peau, réflexologie plantaire mais aussi le drainage *shen* pour relancer les énergies. Après le soin, vous pouvez déjeuner sur place, autour de la piscine et profiter du cadre sublime des lieux. Une halte relaxante pour prendre soin de vous le temps d'une escapade.

© ZENERGIE

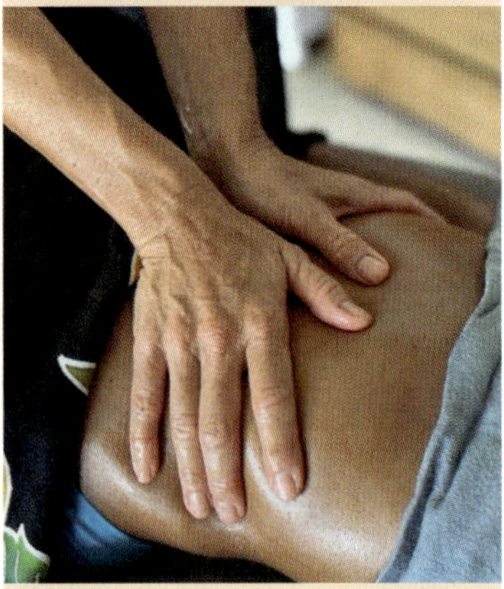
© ZENERGIE

ALTERNATIVE ZEN

1 allée des Filaos
✆ 06 96 45 12 15
www.alternativezen.fr
Sur rendez-vous exclusivement.

Dans cet institut situé au Cap Est avec vue sur la mer, Laure Henry pratique les massages dans les règles de l'art. Cette praticienne autodidacte s'est formée pour maîtriser de multiples techniques de massage : californien aux pierres chaudes, ayurvédique, réflexologie plantaire, massage pré natal, chinois Tuina Anmo, massages en duo. Nouveauté : Laure s'est formée à une discipline appelée *Atma Janzu* qui se pratique dans la piscine, chauffée à 33 °C. Il s'agit d'une séance aquatique de relaxation profonde, de méditation et d'éveil.

FUN CARAÏBES

Domaine de la Prairie
✆ 06 96 45 45 22
www.funcaraibes.com
Location à la demi-journée à partir de 70 €. Session découverte 3h/90 €. Cours particulier 150 € (2h30).

Que diriez-vous de pratiquer ce sport de glisse dans le plus grand lagon de la Martinique ? C'est ce que vous propose Fun Caraïbes, une école agréée par la FFVL. Que vous soyez néophyte ou initié, plusieurs formules vous sont offertes : stages, location ou achat de kitesurf. Les stages ont lieu tous les jours sauf le lundi et le dimanche. Les moniteurs diplômés encadrent un maximum de trois stagiaires par cours ce qui est un gage de réussite, vous pouvez également réserver un cours particulier. Compte tenu de cette faible capacité, pensez à réserver !

KAYAKS DES ÎLETS DU FRANÇOIS

Baie du François
✆ 06 96 77 22 17
Prix indicatifs : 25 € par adulte et 20 € par enfant pour la journée de 9h à 17h.

Au terme d'un long chemin de terre, vous débarquez à la base de Magalie et Hervé, qui vous indiqueront les différents parcours à emprunter pour vous balader suivant votre rythme et partir à la découverte des magnifiques fonds blancs. En vous laissant porter par la houle, vous découvrirez la barrière de corail, la faune (les étoiles de mer…) et la flore, sans oublier la baignoire de Joséphine, où l'on vous rejoindra à l'heure de l'apéritif avec jus, punch et accras !

LE ROBERT ★★★

Coulant des jours paisibles, ce joli village de pêcheurs tire sa fierté de son histoire industrielle (liée à la construction navale), de sa ferme aquacole et de sa marina. La commune s'enorgueillit d'une dizaine d'îlets témoins d'une ancienne activité volcanique, qui protègent sa baie. La présence des fonds blancs, profonds de 70 cm, se prête à de belles escapades maritimes en kayak ou en bateau. L'origine du nom Le Robert, appelé autrefois Cul-de-Sac-Robert, est incertaine. La région mène une vie tranquille depuis l'époque coloniale. Excepté quelques cyclones et le débarquement des Anglais en 1809, sa destinée a rarement été perturbée.

AN GRIYAV LA

Lotissement Moulin à Vent
✆ 05 96 65 21 17
Bienvenue à la Ferme. Ouvert de 9h à 12h le samedi et de 15h à 17h le mercredi.

Cette exploitation agricole de 16 hectares, érigée sur le site de l'ancienne Habitation Moulin à Vent, produit essentiellement des goyaves pour la fabrication de jus locaux. Emile Rosalie, le propriétaire, remet au goût du jour d'anciennes variétés végétales. A travers un parcours guidé, vous saurez tout sur la goyave, et pourrez aussi découvrir la ferme, le verger d'agrumes, les élevages de vaches, de chèvres et de poules. La visite est agrémentée de différentes essences, d'arbres fruitiers, de fleurs tropicales et d'un herbier aromatique.

KAYAK NATURE & RANDO ★★

Pointe Savane
✆ 05 96 65 77 86
www.kayaknaturerando.com
Location de kayaks sans guide : journée (9h-17h) 22 € ; 1/2-journée (9h-13h ou 13h-17h) adulte 15 €. Balades avec guide.

Plusieurs formules vous sont proposées par Luc, le maître des lieux. Il vous donne une carte plastifiée détaillée des parcours, un caisson étanche pour protéger vos affaires et c'est parti pour la découverte des îlets et de la faune et la flore exceptionnelles de ce petit coin de paradis. À votre retour, vous pourrez disposer des douches et du vestiaire mis à disposition. Et pour terminer cette journée en beauté, petite collation locale. Luc propose aussi des balades combinant randonnée pédestre et kayak avec un guide expérimenté.

EXCURSION MER ET NATURE

Port de pêche du François
✆ 06 96 00 25 20
www.excursionmermartinique.com
Journée découverte : 75 € adulte (formule all exclusive). Tarif demi-journée : 50 € adulte. Baignoire de Joséphine.

Captain Axel, originaire du François, aime faire découvrir à ses invités les petits coins cachés des îlets du Robert et du François. Le bateau accueille un nombre limité de passagers, ce qui garantit une balade plus intimiste. Le départ se fait le matin du port de pêche du François : c'est parti pour une époustouflante journée en mer à la découverte des îlets du Robert, des iguanes de l'îlet Chancel, des fonds blancs, de la Baignoire de Joséphine, de la mangrove et des milles et uns autres trésors dont regorgent les côtes martiniquaises.

© MER ET NATURE

© MER ET NATURE

Détente au bord de la côte Atlantique

ÎLETS DU ROBERT ★★★

Un collier de onze îlets volcaniques orne la baie du Robert, qui est l'une des plus belles de la Martinique. Riche d'une faune et d'une flore exceptionnelles, elle compte plus de 180 espèces de poissons dans ses eaux. Petits domaines de Robinson, les îlets tentent de résister à l'invasion touristique qui risquerait de perturber leur écosystème fragile. En voici quelques-uns des plus célèbres.

- **Îlet Loup-Garou.** Cette fine bande de sable se compose d'une crique paradisiaque et d'un gouffre, jadis très craint par les navires. Ses seuls habitants sont quelques crabes. Son accès est interdit, tout comme celui de l'îlet Boisseau.

- **Îlet Madame.** Le plus fréquenté de la baie. Son eau aigue-marine et sa plage de sable blanc attirent de plus en plus de visiteurs, qui peuvent s'abriter sous des abris en bois spécialement aménagés et venir y passer la journée, pique-niquer, profiter des lieux.

- **Îlet Chancel.** Le plus grand de la Martinique (2 km de long et 850 m de large), l'îlet était au XVIIIe siècle propriété des dominicains qui y installèrent une purgerie. On observe encore les vestiges du four à chaux où l'on brulait coquillages et madrépores. Habité par une grande variété d'espèces, l'îlet est un véritable conservatoire naturel. Iguanes, manikous (oiseaux) et chauves-souris se font timidement apercevoir par les touristes. C'est en voiture à cheval que M. du Parquet, gouverneur de la Martinique, se rendait, lorsque cela lui plaisait, sur une pièce de terre au large du Robert qui lui appartenait. Pour y accoster et n'ayant plus qu'un petit bras de mer à traverser, il laissait son attelage à l'écurie, ce qui valut à cet endroit le nom de pointe de l'Ecurie qu'elle conserva depuis. En plein XVIIe siècle, cet îlet Ranville, hier, ou Chancel, aujourd'hui, s'appelle tout bonnement l'îlet Monsieur ou de Monsieur... Du Parquet. Celui-ci décédé, le site est légué aux moines dominicains. Les années s'écoulent contre vents et marées et le lieu, qu'affectionnent les iguanes, devient celui des Dubuc de Ranville. Moultes légendes courent les mornes sur l'îlet... l'endroit regorge de secrets, de disparitions en mer ou de sultanes. Il est pour une fois encore rebaptisé et adopte de manière définitive le nom de son nouveau propriétaire, Lagrange Chancel (maire du Robert en 1851)...

- **Îlet à Eau.** Entouré par une eau couleur émeraude, cet îlet est peut-être un peu moins fréquenté que les autres. Il sera particulièrement apprécié par les amoureux de la nature qui auront peut-être la chance d'apercevoir quelques tourterelles à queue carrée.

ÎLET CHANCEL EN CALÈCHE ★★

Départ du port du Robert ✆ 06 96 22 30 00

A partir de 49 € par personne, transfert inclus au départ du port du Robert. Réservation obligatoire.

C'est une idée de balade complètement hors du temps, inédite. A faire en famille ou en petit comité.

Michel Bally vit seul sur l'île Chancel et il a imaginé de faire partager ce lieu fabuleux à l'occasion d'une excursion complètement atypique : la visite de l'îlet en calèche, commentée par lui-même.

Le départ pour l'île se fait du port du Robert ; Michel Bally vient vous chercher personnellement avec sa fidèle monture, dénommée Colibrette ! Tout le monde monte à bord de l'attelage et c'est parti pour 2h30 de balade au rythme cadencé du cheval. A faire !

MATT EXCURSIONS NAUTIQUES

Pointe la Rose

✆ 0696929491

Excursion à la journée aux îlets du François et du Robert. 80 € pour la journée all inclusive.

Embarquez à bord de l'*Angel of the Seas* avec Matthieu pour une balade en mer sur mesure autour des îlets et dans les fonds blancs du Robert et du François. C'est une visite commentée, agrémentée par des moments de baignade dans les fonds blancs, un apéro pour le baptême du rhum bien évidemment ! Matt vous accueille ensuite chez lui à son domicile en bord de plage pour déguster un repas local créole en famille. Une journée ensoleillée personnalisable au gré de vos envies.

HIBISCUS LOCATION

Hameau de Pointe Lynch

✆ 05 96 65 78 18

www.hibiscuslocation.com

Hibiscus Location est une entreprise familiale chaleureuse qui existe depuis plus de 25 ans. Votre véhicule climatisé est disponible à l'agence ou dès la sortie de l'aéroport afin de ne pas perdre une minute pour commencer vos vacances (pas de navette). Nathalie et Vincent vous proposent une large sélection de véhicules : Kia Picanto, Dacia Sandero et Stepway, Dacia Lodgy, Dacia Duster, Peugeot 5008... Vous trouverez forcément le véhicule idéal pour votre séjour. Les tarifs sont très attractifs et le petit plus : vous payez votre location le jour de votre arrivée.

VILLA EDENGIL & SPA €

Quartier Sable Blanc

✆ 05 96 65 25 40

Tarifs : gîte pour 4 dès 85 € la nuit ; le bungalow les pieds dans l'eau à 60 € ; l'appartement à 48 € pour 2.

La villa Eden Gil est un havre de paix, perdu au bout d'un chemin qui vous amène directement à la mer. Le quartier Sable blanc porte d'ailleurs bien son nom et vous avez un accès direct à une petite plage de galets. Vous serez accueilli par Lyna dans ses hébergements au cœur d'un jardin fleuri au bord de l'eau : un grand gîte en rez-de-jardin (4 personnes), un bungalow sur la plage (2 personnes) ou un petit studio situé à l'entresol (2 personnes). Un espace bien-être sur place agrémente l'endroit : esthétique, massages, hammam, bain bouillonnant.

LES VILLAS OCÉANES €€

Fonds Sable Blanc

✆ +596 696 29 72 25

Location de la villa en totalité pour 12 pers. Location des gîtes pour 2 à 6 pers. (à partir de 680 €/semaine pour 2).

Les Villas Océanes sont lovées dans un havre de paix, les pieds dans l'eau dans le quartier de Sable Blanc au Robert. Cette ancienne maison de famille a été rénovée en bungalows de vacances. On peut y loger dans les 3 gîtes individuels ou louer la villa dans son intégralité (capacité de 10 adultes + 2 enfants). La décoration et les équipements sont de qualité et les logements sont intelligemment agencés afin de conserver toute son intimité. Le cadre superbe offre de multiples idées de balades en mer à la découverte des îlets du Robert et de son patrimoine naturel.

L'APÉRO AU ROBERT €

52 rue du courbaril

✆ +596 696 88 79 79

Ouvert tous les jours de 18h à 22h. Sur place et à emporter.

L'Apéro au Robert, c'est un restaurant, une pizzeria, une crêperie mais également un bar à pâtes. Le principe est simple : ici on crée soi-même sa pizza, sa crêpe (salée ou sucrée) et sa pasta box en choisissant sa garniture (fromage, viande, fruit de mer, légume, sauce, coulis…). Parmi les toppings, on peut opter pour de la langouste ou du lambi ! Quelques suggestions végétariennes également à noter. Certains soirs, le restaurant revêt ses habits de fête et accueille des concerts et shows musicaux. Un lieu sympathique et ultra convivial à découvrir !

LA VOILE €€

Marina du Robert

✆ 05 96 65 76 16

Ouvert du lundi au samedi de 12h à 15h. Tous les soirs du jeudi au samedi de 19h à 22h.

Situé au bord de la mer, on y sert une très bonne cuisine locale et traditionnelle française. L'accueil est agréable et la vue imprenable. L'endroit propose aussi d'excellents cocktails que vous dégustez accompagnés de tapas. C'est également un charmant espace pour vous rafraîchir et savourer une glace tout en regardant les bateaux de la marina. Les noctambules apprécieront particulièrement les concerts ou les soirées karaoké pour un super moment en musique. Retrouvez les infos sur @lavoilerestaurantbar. Une adresse recommandée pour son bon rapport qualité-prix.

CATAMARAN BWA DRÉSÉ

✆ 06 96 26 26 46

www.bwadrese.com

Départ à 9h et retour à 16h30. Tarif : 90 € adulte, 60 € enfant. Réservation indispensable.

Envie de découvrir les fameux « fonds blancs » de la Martinique autrement ? JD et son équipage de « Bwa Drésé » offrent une journée de rêve à bord d'un superbe catamaran. Départ le matin à 9h du port du Robert. La navigation se fait d'îlet en îlet le long de la barrière de corail, avec des arrêts baignades. Le matin, place à la culture martiniquaise avec la visite guidée de l'"îlet Chancel et ses iguanes. L'après-midi, cap vers l'îlet Madame. On vous initie alors à l'élaboration du sorbet coco ou goyave et de quelques recettes de goûter « maison »…

MADININA KAYAKS

Pointe Savane

✆ 06 96 39 80 27

www.kayak-martinique.com

Ouvert tous les jours à partir de 8h30 jusqu'à 17h.

Voilà une adresse futée à souhait ! Eric et sa chaleureuse équipe sauront vous mettre à l'aise pour vous faire partager un moment de détente inoubliable, à bord d'un kayak (solo, duo, trio et familial) pour partir à la découverte des iguanes, des fonds blancs et des plages sur les magnifiques îlets du Robert. Plusieurs circuits, de la demi-journée à la journée entière, sont proposés. Le matériel est de qualité et spécialisé (Rotomod) afin de vous accueillir dans les meilleures conditions. Une adresse que l'on recommande pour son professionnalisme !

© PHOTOSZAM - STOCK.ADOBE.COM

La baie du Robert.

LA ROSE BAY

Chemin Pointe La Rose
✆ +596 696 36 86 52
Départ depuis la Pointe-la-Rose.

Et si vous deveniez, le temps d'une journée, le capitaine d'un bateau et partiez à l'assaut de la baie du Robert et du François, à la découverte de leurs îlets et de leurs fonds blancs ? Au Robert, la Rose Bay loue des bateaux pour 4 personnes, sans permis et propose des parcours à la découverte des merveilles de la côte atlantique, avec, au programme, baignades, détente et évasion. Dépaysement garanti. Ajoutez à cela un accueil des plus sympathiques et vous passerez à coup sûr une merveilleuse journée en famille ou entre amis !

TURQUOISE EVASION MARTINIQUE

Ponton ADAM Chemin de l'îlet, Lotissement Pointe Savane ✆ +596 696 80 43 64
Tarif journée : 450 à 550 € (320 € la demi-journée). Sortie voilier à la journée (9h-16h30) pour 2 à 6 pers : sur devis.

David est un skipper professionnel. Il organise, au départ du Robert, des excursions à bord de son bateau à moteur ou de son voilier monocoque. Il s'agit d'une privatisation intégrale du bateau avec son capitaine. Vous partez entre amis (10 max.) à la découverte des splendides îlets du Robert. Activités à la carte : natation, snorkeling, fonds blancs, la mangrove, les iguanes… La sortie en voilier est plus pédagogique car David apprend aussi à ses convives la navigation à la voile.

TI CANOTS

Départ Petit Sable blanc
✆ 06 96 01 26 93
www.ticanots.com
Ouvert tous les jours de 8h à 17h. Demi-journée : 80 € de 8h à 12h ou de 12h30 à 16h30. Journée : 140 € de 9h à 16h30.

Et si vous deveniez le capitaine de votre propre navire ? Ti Canots est une jeune société créée par 3 amis : Claire, Vincent et Bruce. Le concept est unique dans le coin. Ils proposent de la location de bateaux moteur sans permis pour découvrir en toute liberté les îlets du Robert. Les bateaux disponibles (marque Whaly de 4,35 m) sont équipés de moteur 6CV accessible à tous. Si vous n'êtes pas un marin confirmé, pas de crainte : il ne vous arrivera rien si vous respectez quelques règles de sécurité élémentaires ! Une console de navigation est installée à bord.

VILLA EDENGIL & SPA

Quartier Sable Blanc
✆ 05 96 65 25 40
Massage 1h à partir de 60 €. Soins du visage 65 €. Il est possible d'associer séjour bien-être et hébergement sur place.

Si vous aimez prendre soin de vous, vous faire « chouchouter » et conjuguer vacances et bien-être, nous avons déniché l'adresse intimiste qu'il vous fallait ! Ce spa à taille humaine est situé dans l'enceinte d'une villa au bord de l'eau, dans un cadre complètement naturel et zen. Plusieurs types de massages : relaxant – c'est d'ailleurs la signature du spa –, thaï, balinais, shiatsu (soins Gemology Paris)… L'institut de beauté offre tous les soins classiques : épilation, soins visages et corps. Une adresse géniale, gérée par la charmante Lyna.

PASSPORT

NORD

Marqué par la présence de la grande Dame du Nord, la montagne Pelée, qui culmine à 1397 mètres d'altitude, le nord de l'île est un paradis tropical pour les amoureux de végétation luxuriante, de nature sauvage et de tourisme vert. Dans un environnement exceptionnel, entre cours d'eau, montagnes, jardins, champs de bananes et forêts tropicales, le nord offre une exceptionnelle diversité de paysages. Ici, les plages n'ont rien à envier à leurs sœurs du sud : volcaniques et lunaires, immaculées de sable noir, elles se laissent apprivoiser volontiers par ceux qui prennent le temps de les découvrir. Quant aux plus sportifs, ils seront servis entre les multiples randonnées (tentez l'ascension de la montagne Pelée !), les canyons dans les gorges (celles de la Falaise à Ajoupa Bouillon) et les spots de plongée. Doux et parfois révolté, sauvage mais préservé, le nord, d'une nature discrète, surprend et enlève indéniablement.

Nord
5 KM
Océan Atlantique
MACOUBA
GRAND-RIVIÈRE
BASSE-POINTE
Réserve Biologique Intégrale du Prêcheur Grand'rivière
Réserve Biologique Intégrale de la Montagne Pelée
AJOUPA-BOUILLON
MONTAGNE PELÉE
LE PRÊCHEUR
LE LORRAIN
LE MARIGOT
SAINTE-MARIE
Anse-Azerot
MORNE-ROUGE
MORNE-DES-ESSES
SAINT-PIERRE
FONDS-SAINT-DENIS
GROS-MORNE
LA TRINITÉ
TARTANE
Réserve Naturelle de la Presqu'île de la Caravelle
LE CARBET
LE MORNE-VERT
Vers CASE-PILOTE
D10
D21
D12
N1
N3
D22
D15 C
D15
D23
D24 BIS
D24
N2
D11
D25
D25 A
D2
D1
N4
D3
D62
D20

PAGES

293 ## ●● NORD CARAÏBE

Profitant d'une nature sauvage généreuse et d'eaux cristallines paisibles, la « côte sous le vent », protégée des alizés, s'étend le long des pentes escarpées des massifs de la Montagne Pelée et des Pitons du Carbet qui plongent dans la mer des Caraïbes. C'est ici, dans cette région historique à la végétation luxuriante, que Christophe Colomb accosta en 1502, marquant le début de la colonisation de l'île. Si la visite de Saint-Pierre s'impose, le Nord-Caraïbe saura vous envoûter avec ses charmants villages de pêcheurs, ses anses sauvages, ses randonnées verdoyantes et ses couchers de soleil aux couleurs chatoyantes.

293 ### CASE-PILOTE ★

294 ### BELLEFONTAINE ★

296 ### LE MORNE-VERT ★

LE CARBET ★★★

297 Le visiteur en quête de traces d'architecture jésuite trouvera matière ici : l'église actuelle, à la voûte de bois et au fin clocher, déploie généreusement ses trésors au détour des rues écrasées de soleil. La commune est connue pour avoir hébergé le peintre Paul Gauguin en 1887. C'est ici également que l'on trouve le « zépol carré « du rhum Neisson, référence pour les amateurs de ti-punch.

SAINT-PIERRE ★★★

308 Il se dégage de Saint-Pierre une certaine mélancolie lancinante, qui peut plaire ou déranger. Malgré tout, Saint-Pierre demeure l'une des villes les plus attachantes de la Martinique, marquée par son lourd passé et son histoire. Laissées à l'abandon pendant près d'un siècle, les façades des habitations en ruine vont enfin connaître une phase de rénovation qui ne pourra que leur faire du bien !

LE PRÊCHEUR ★★★

324 Le Prêcheur n'a pas toujours baigné dans une atmosphère de tranquillité. Théâtre de l'affrontement entre colons et indiens Caraïbes, c'est ici qu'est né le mouvement de revendication des esclaves qui aboutira à l'abolition de l'esclavage en Martinique. Durablement marquée par l'éruption de la montagne Pelée en 1902, le Prêcheur est aujourd'hui l'une des communes les paisibles de l'île.

330 ## ●● NORD INTÉRIEUR

C'est un vieux chemin, une voie qui ne ressemble en rien à une autre et qui, à l'orée de la forêt, sans crier gare, vous avale. Vous voici sur la Trace en direction des pitons sur la Nationale 3, qui relie Foyal au milieu tropical. Appelé le vieux chemin ou grand chemin de la rivière des hauteurs, on raconte que le prince Charles Bonaparte, en escale sur l'île en 1864, visita ce chemin et en fut si bouleversé qu'il en tomba de son cheval ! Bouleversé par cette nature généreuse et indomptable qui s'y épanouit.

Aujourd'hui, cette petite route pas plus large qu'un sentier mène le voyageur féru de nature dans la trépidante aventure des premiers qui la foulèrent, au départ de superbes randonnées. Dans ce poumon vert, on s'évade dans la forêt tropicale, avec sa faune et sa flore uniques, on se baigne dans les cascades revigorantes et on tente avec prudence l'ascension de la montagne Pelée.

330 ### FONDS-SAINT-DENIS ★★

MORNE-ROUGE ★★

332 La localité se trouve au bout de la route de la Trace, qui s'enfonce dans le cœur montagneux de l'île à partir de Fort-de-France. Dans cet écrin de verdure, l'agriculture est reine. Chaque année, le 30 août, la commune accueille un important pèlerinage en l'honneur de Notre-Dame de la Délivrande, sainte-patronne de la Martinique.

336 MONTAGNE PELÉE ★★★

338 AJOUPA-BOUILLON ★★

339 ●● NORD ATLANTIQUE

Plus sauvage et moins touristique, le nord Atlantique, baigné par l'océan tumultueux, est aussi appelé la côte au vent. Les plages paradisiaques font place aux côtes découpées et aux falaises déchiquetées qui attirent les surfeurs chevronnés et les visiteurs en quête d'authenticité. C'est aussi dans cette région que se trouve l'un des patrimoines les plus riches de l'île. De Macouba au Marigot, on sillonne les anciennes habitations dissimulées au milieu des champs de banane et de canne à sucre, jusqu'à Sainte-Marie, berceau des traditions martiniquaises : le bèlè, le Centre Culturel de Fonds-Saint-Jacques, le musée du Rhum de la distillerie Saint-James, ainsi que le musée de la Banane. Et puis, il y a la presqu'île de la Caravelle, joyau de l'île, où prospèrent les ruines du Château Dubuc classé Monument historique, et Tartane, quartier de pêcheurs réputé pour sa gastronomie, ses activités touristiques et nautiques.

LA TRINITÉ ★★★

339 Aller à la rencontre des Trinitéens à l'hospitalité légendaire (on trouve ici de nombreuses chambres chez l'habitant, une expérience que l'on vous recommande), visiter la dernière usine de fabrication du sucre, le Galion, partir en randonnée, plonger au coeur de l'exceptionnelle nature de la presqu'île de la Caravelle et tenter le spot de surf de l'Anse Bonneville pour les amoureux de la glisse.

TARTANE ★★★

342 La presqu'île de la Caravelle dessine une pointe dans l'Atlantique. Etant assez éparpillé, il est difficile d'utiliser le terme de bourg pour Tartane mais toujours est-il que son côté pittoresque et village de pêcheurs s'en ressent aisément.

348 GROS-MORNE ★★

350 MORNE-DES-ESSES ★★

SAINTE-MARIE ★★★

351 Admirer l'îlet Sainte-Marie relié à la ville par un *tombolo*, petite langue de terre, déambuler sur le marché, surtout le samedi matin lorsque les agriculteurs du MANA investissent les lieux (il y a du monde !), visiter le musée du rhum à la distillerie Saint-James, puis le musée de la banane et ses champs de bananes à perte de vue, s'imprégner des traditions samaritaines (tambour *bèlè*...)...

LE MARIGOT ★

354 « Un marais inondé » : détermination de cette commune qui vit tranquillement au rythme des lames de l'Atlantique sur une côte accidentée. Avantage de la situation : le Marigot se destine progressivement à une forme de tourisme vert qui ravit les amateurs de calme et de retour à la nature.

354 BASSE-POINTE ★

356 MACOUBA ★

358 GRAND-RIVIÈRE ★★

CASE-PILOTE ★

Son nom est une association d'un héritage amérindien : case (maison) et pilote, un chef caraïbe apprécié des Français. Proche de Saint-Pierre, la ville s'est trouvée au cœur de tous les conflits qui ont jalonné l'histoire coloniale de la Martinique. De cette période agitée, elle ne réussit à sauver que son église du XVIIe siècle. Le cœur du bourg conserve quelques souvenirs de son passé, marqué du sceau des antiques cités coloniales : les ruelles perpendiculaires, agencées autour d'une place centrale, se croisent en bordure de mer. Fraîchement restaurée (marché couvert, place de l'église et bords de plage), la petite commune est charmante.

PLACE GASTON MONNERVILLE ★★

La place principale du village dédiée à Gaston Monnerville, fils du maire de la commune Pierre Monnerville, à la tête de la ville à partir de 1876, est entourée d'un ensemble d'édifices des XIXe et XXe siècles bien conservés. Remarquez les moulures et le balcon en fer forgé de la mairie et l'ancienne école où enseignaient les frères de l'instruction chrétienne Ploërmel. Au centre, la fontaine en fonte et céramique bleue, couleur du blason communal, est ornée de coquilles Saint-Jacques rappelant le rôle joué par les dominicains dans la fondation de la paroisse.

HABITATION L'ENCLOS

5553 L'Enclos

Vestige d'architecture des premiers colons, cette construction est sans doute plus ancienne que l'église du village. Elle faisait peut-être partie d'une sucrerie de Case-Pilote au tout début du XVIIe siècle. La demeure privée actuelle mentionnée dès la fin du XVIIIe siècle comprend aujourd'hui une maison principale et ses dépendances avec les écuries, une chapelle et même un cachot. Aujourd'hui classée aux Monuments historiques, l'Habitation fait l'objet depuis quelques années, et encore actuellement, d'importantes rénovations qui rendent sa visite interdite.

VEDETTES TROPICALES

✆ 05 96 63 06 46

www.vedettestropicales.com

Départ de Case Pilote vers Fort-de-France dès 5h30 ; rotations toute la journée.

Cette ligne maritime proposée par les Vedettes tropicales permet de rejoindre Fort-de-France depuis Case Pilote après une balade de 20 minutes le long de la côte Caraïbe. Arrivé à Fort-de-France, vous pouvez monter depuis le même quai à bord d'une autre vedette maritime pour aller visiter le bourg des Trois-Ilets, vous prélasser sur les plages de l'anse Mitan ou celles de l'Anse à l'Ane ou encore faire du shopping à la Pointe du Bout et au village créole. Un bon moyen d'éviter les embouteillages, assez nombreux sur ces axes routiers.

NOTRE-DAME DE L'ASSOMPTION-ET-DE-SAINT-JOSEPH ★★

Rue Allègre

Œuvre des dominicains, cette église classée monument historique est l'une des plus anciennes de l'île. Datée de 1640, elle fut reconstruite en 1762 après un incendie lors d'une bataille entre forces armées. A gauche de la porte d'entrée, une mosaïque a été réalisée à partir de tessons de céramiques retrouvés à Saint-Pierre après l'éruption de la montagne Pelée. Remarquez la coquille Saint-Jacques en bois sculpté sur la façade et la voûte en berceau décorée de rinceaux et d'arabesques.

ECOLIBRY €€

✆ +596 696 70 81 83

C'est dans un coin gardé secret, à l'abri des regards indiscrets, au cœur de la campagne à Case-Pilote, qu'Ecolibry a installé sa tente de luxe tout confort. La jeune entreprise fourmille de projets visant à valoriser les richesses de l'île en proposant des hébergements durables, en lien avec la nature, les agriculteurs, les artisans et commerçants de chaque site de glamping. Car, après Case-Pilote, Ecolibry souhaite ouvrir d'autres sites de glamping un peu partout sur l'île et va même jusqu'à vous proposer de camper dans votre jardin ! Une affaire à suivre…

L'AJOUPA2GROS €

Fond Bellemare

✆ 05 96 61 60 34

Ouvert tous les jours de midi à 15h et de 20h à 22h30. Ticket moyen 20 €.

Le chef propriétaire de l'Ajoupa, table gastronomique réputée de l'île, décline son talent dans une version bistro située face à la plage. Le cadre est *cosy*, la salle et la cuisine sont ouvertes sur la mer et abritées sous un carbet. La carte affiche des produits frais du marché travaillés simplement et dans le respect des règles de l'art par le chef. Une pause déjeuner idéale pour savourer poissons frais grillés, thon, marlin ou thazard, des plats du jour savoureux à petit prix et des salades composées copieuses. Service attentionné. L'addition reste sage.

MADISAIL

2 rue Gambetta

✆ 06 96 01 00 63

www.madisail.com

Baptême en trimaran : 50 € TTC. Journée Découverte Zen à 100 €.

Passionné de voile, Pol est instructeur de plongée et skipper. Il propose des balades en mer à bord d'un trimaran. Pas de moteur, tout se fait à la voile ! Le trimaran bénéficie d'une stabilité étonnante qui ravit les plus timorés, et impressionne les plus aguerris. Les départs s'effectuent au ponton de l'Hôtel Batelière. En formule demi-journée ou journée entière, baptême d'une heure et demie en trimaran, balade écologique en demi-journée, journée découverte en «all inclusive», ou bien encore week-end Robinson à la Dominique ou dans une autre île voisine.

SHELL'S €€

Rue de la Plage

✆ 0596 66 37 91

www.shells-martinique.com

Ouvert du lundi au vendredi de 12h à 23h et le dimanche de 12h à 19h.

En arrivant ici, on se croirait dans une véritable petite maison de Robinson Crusoé. Installé en bordure de plage, le restaurant le Shell's n'est fait que de bois. Son bar central domine la salle de restaurant et s'entoure d'espaces *lounge* fort agréables pour savourer des cocktails entre amis. L'ambiance y est paisible et décontractée. La cuisine à base de produits frais (tartare de poisson à la tahitienne, steak de marlin...) fidélise les habitués avec ses assiettes généreuses. Un endroit idéal pour un après-midi farniente sur la plage.

AMPHITRITE

4 Rue Perrinon ✆ 06 96 07 82 65

www.amphitrite-martinique.com

Tarifs à partir de 50 €/adulte et 30 €/enfant de moins de 12 ans. Pêche sportive départ à 6h30 et retour vers 14h.

Engagé dans le respect de la charte d'approche des mammifères marins en Martinique, Benoît vous invite à bord de son bateau spécialement conçu pour l'observation des cétacés et la pêche. La balade « dauphin » se fait tous les jours. Les dauphins sont souvent visibles dès la sortie du port. Sinon, on croise en route d'autres espèces de cétacés comme des baleines à bosses, des cachalots et des tortues… Pour la sortie « pêche », le rendez-vous est à 6h30 au ponton. En fonction de la pêche du jour, vous repartez avec votre poisson dans la limite de 2 kg par pêcheur.

BELLEFONTAINE ★

Accroché au sein d'une large falaise, cet authentique bourg s'allonge sur le flanc de la côte nord Atlantique. Il tient son nom d'un colon du XVIIe siècle qui l'aurait habité... Ce village de pêcheurs est une véritable invitation au repos et à la contemplation. Si pêcher à la senne, ces filets de pêche typiques de l'île, relève davantage aujourd'hui du folklore local, vous serez néanmoins fasciné par le spectacle des gommiers multicolores qui voguent tranquillement sur les eaux profondes de la commune. Partez faire un tour sur les hauteurs de Bellefontaine où sont installés de nombreux agriculteurs. Le panorama sur la falaise et la baie est unique. À l'heure du ti-punch, le bourg de Bellefontaine s'habille pour la nuit. La commune, accrochée au sein d'une large falaise, s'allonge sur le flanc de la côte nord-atlantique, authentique. Séculaire, la pêche à la senne, tradition fortement ancrée à Bellefontaine, utilise un filet de plusieurs centaines de mètres. Elle est effectuée dans les anses aux fonds calmes et turquoise pour la capture des poissons blancs dès les premières ou aux dernières heures du jour. L'instrument est déployé en arc de cercle sous la houlette du maître senneur. A son signal, chacun tire l'inexorable piège dans lequel frétillent déjà coulirous, maquereaux ou balaous. Le fruit de cette récolte parfois miraculeuse est fraternellement partagé à même le sable avant d'être fièrement apporté comme un trophée dans son foyer.

Histoire

La commune tient son nom d'un colon du XVIIe siècle qui l'aurait habitée… ou plutôt de son sobriquet. Guillaume Michel, propriétaire des terres du dessus et dont la famille fait l'offrande d'un terrain pour la construction de l'église, ne nous livrera jamais le secret de ce surnom pourtant à point nommé puisque la centrale électrique dont il est doté inonde l'île tout entière. On raconte bien volontiers qu'au hameau de Fond-Lafayette auraient débarqué L'Olive et Duplessis, éclairés par l'idée de fonder la compagnie des îles d'Amérique ! Parmi les immanquables, la tombe du peintre Jules Marillac (1888-1950) qui s'est beaucoup inspiré de la falaise avec ses belles et surprenantes juxtapositions de couleurs. C'est également dans son habitation à Fond-Capot que se fit enterrer le lieutenant-général marquis Jean-Charles de Baas, l'un des bâtisseurs de Fort-Royal devenu depuis Fort-de-France.

ÉGLISE SAINT-PIERRE-AUX-LIENS

Le Bourg
✆ 05 96 55 00 96

Construite en bois et pierre brune, l'église de Bellefontaine date de 1962. Ses cloches sont classées. Edifice à l'architecture originale (son clocher est en effet séparé du corps principal), sa construction est le fruit des efforts conjoints des Bellifontains. Voyant que l'ancienne église n'était plus apte à accueillir les fidèles, la population rassembla des fonds pour en construire une nouvelle. Saint-Pierre-aux-Liens conserve six statues en fer forgé signées Joseph René-Corail.

MAISON-BATEAU TORGILÉO

Rue du Bateau

Sur les hauteurs de Bellefontaine, une étrange proue de navire domine le bourg. L'histoire raconte qu'un certain Monsieur Dubois est à l'origine de cette étrange habitation inspirée de l'architecture moderniste de l'époque. Achevée en 1948, cette résidence secondaire prend le nom de Torgiléo formé à partir des prénoms de la famille Dubois (Victor le concepteur, Virginie sa femme, Léo leur fils). L'intérieur est aménagé comme un navire avec des cabines et s'agrémente d'un pont de promenade. Si cette maison privée ne se visite pas, elle promet de jolis clichés !

OFFICE DU TOURISME BELLEFONTAINE

Cour Tamarin
✆ 05 96 96 12 99
www.bellefontaine-martinique.fr

Visites guidées, offres de logements, activités... : cet office de tourisme fort sympathique est en mesure de vous aiguiller sur toutes vos recherches. De quoi combler votre curiosité. De nombreuses activités vous attendent comme découvrir et participer à la pêche à la senne le temps d'une matinée, une technique de pêche ancestrale typique à la Martinique qui marquera votre passage chez les Bellifontains. Renseignez-vous : des agences proposent des initiations.

RAPHAËL CONCEPT

Rue du Père Marchand
✆ +596 696 01 31 08
https://raphaelconcept972.com/

Jeune agence orientée vers l'écotourisme, RaphäeL Concept a pour objectif de valoriser le patrimoine martiniquais (culture, tradition, nature, gastronomie, histoire) en proposant des activités autour de la pêche et de l'agriculture. On peut notamment découvrir la technique ancestrale du coup de senne, passer un moment avec les pêcheurs et repartir avec son lot de poissons que l'on a courageusement hissés hors de l'eau ! Chaque activité se termine toujours par un moment de convivialité autour d'un ti-punch ou d'un blaff de poisson.

CARIBBEAN HOUSE €€

40 Fond Boucher
✆ +596 6 96 38 90 81
À partir de 650 € pour une semaine.

Dans le lotissement de Fond-Boucher, à l'entrée sud de la ville, tout près d'une très belle plage de galets, cette location saisonnière a des atouts à revendre ! La ville, entre mer et montagne, qui jouit d'une vue à couper le souffle sur la falaise de Bellefontaine, abrite des appartements tout confort et très bien équipés. Décorés avec goût, modernes et spacieux, ils promettent de passer de beaux moments en famille ou entre amis. La vaste piscine n'y est pas étrangère ! De même que la localisation dans cette zone particulièrement agréable de Bellefontaine.

NORD

LE MORNE-VERT ★

Un nom évocateur pour ce havre de paix et de verdure. Frais et agréable en toute saison, le Morne-Vert jouit d'une végétation exubérante et d'une vue magnifique sur la mer et sur les pitons du Carbet : piton Lacroix (1 196 m), piton Boucher (1 070 m), Morne-Piquet (1 160 m), piton Dumauze (1 190 m) et piton de l'Alma (1 105 m). Un détour obligé pour les amoureux de la nature qui savoureront le calme de cette petite Suisse des Tropiques. Un abribus semblable à un petit chalet d'été, une trace courant à travers la campagne et, dans le lointain, la vision d'un troupeau de bovins broutant l'herbe grasse du Morne-Vert, vous voici arrivé en Helvétie !

Balade

Le Morne-Vert est le point de départ de plusieurs randonnées pour partir à la découverte des pitons du Carbet (morne Piquet et piton Lacroix), de leur faune (lézards et oiseaux) et de leur flore altimontaines. Renseignez-vous auprès des bureaux des offices de tourisme de Bellefontaine et du Carbet pour obtenir la carte des sentiers et pour connaître les conditions météorologiques.

Histoire

L'histoire relate qu'un certain Aspell, vaillant Alsacien fuyant l'invasion des casques à pointe pendant la guerre de 1870, serait venu se mettre au vert de l'autre côté de l'Atlantique… Ayant pris pour habitude d'explorer les sentiers au pied des pitons du Carbet, l'homme fut saisi par la beauté de ces paysages caribéens semblant pourtant sortir tout droit d'un cliché alpin. Séduit par la sérénité et la tranquillité des Verdi-Mornais, il s'y installa.

Le Morne-Vert.

ÉGLISE SAINT-MARTIN

La traversée du tout petit centre du Morne-Vert ne serait pas complète sans avoir admiré le tabernacle en marbre sculpté de l'église Saint-Martin de la fin XIXe siècle et sa vue imprenable sur la «petite Suisse» tropicale. Remarquez la plaque qui rend hommage à l'abbé qui a permis par ses généreux dons de commander l'autel (sans qui l'église ne serait pas totalement achevée !). Sur la gauche, le point de vue sur les environs est superbe. Jetez un œil au presbytère à l'intérieur. Une église sans prétention mais qui a son charme.

BUREAU DE LA RANDONNÉE ET DU CANYONING

Quartier Jolimont ✆ 05 96 55 04 79
www.bureau-rando-martinique.com
Canyoning à partir de 50 € la demi-journée. Randonnées : 30 € la demi-journée et à partir de 45 € la journée.

Depuis plus de 20 ans, Ophélie, Guy et Sophie, accompagnateurs en montagne diplômés d'Etat, aiment faire découvrir la faune, la flore, l'histoire, les rivières et les traditions de la Martinique. Randonner intelligemment, en faisant découvrir les innombrables richesses naturelles de l'île, est le maître mot de cette équipe de choc. Les sorties proposées se font à la journée ou à la demi-journée, en petits groupes de 4 à 12 participants, afin d'offrir un maximum de convivialité.

BWA MONDONG'

✆ 05 96 55 11 11
https://bwamondong.com

Accompagnateur de montagne chevronné, René Dersion part à la découverte des plus belles traces de la Martinique. Loin des sentiers battus, il propose des excursions dans le Nord Caraïbe axées sur la découverte du patrimoine naturel et culturel, en prenant le temps de regarder, de respirer, de sentir, de toucher : randonnées pédestres ou aquatiques avec remontées de rivières, bivouac avec nuit en forêt tropicale… Une expérience à vivre en famille ou entre amis le temps d'un week-end pour dormir à la belle étoile sous la tente ou dans un hamac.

LE CARBET ★★★

Les plages du Carbet restent connues pour avoir vu débarquer un certain Christophe Colomb en 1502. Un mémorial représentant les mâts du bateau du navigateur espagnol a été édifié en 2017 à la sortie du Carbet.

Sa proximité avec la capitale économique, Saint-Pierre, va jouer pleinement en faveur du Carbet, comme en témoigne son économie fructueuse jusqu'à la crise sucrière et l'éruption de la montagne Pelée en 1902, qui vont mettre un terme brutal à cette prospérité.

Depuis, la commune coule une existence paisible, même si elle s'anime quelque peu en soirée. Elle jouit d'une anse particulièrement belle et agréable qui attire nombre de baigneurs. Une ambiance agréable avec de nombreux pêcheurs tout au long de cette grande plage très typique du Nord-Caraïbe et ses nombreuses cases créoles traditionnelles rénovées ou non. On peut également découvrir l'espace Aimé-Césaire, ses commerces et son jardin ombragé de grands manguiers, entre autres.

Le tout nouveau marché aux poissons, tous les jours en fonction de la pêche, est sur la route n° 2 face à la pharmacie. Les trésors géologiques du Carbet se situent dans le secteur de la rivière Blanche. Les roches éboulées des pitons du Carbet sont formées de quartzite, de biotite (de couleur noire) et d'hypersthène (baguettes rectangulaires de couleur rouille) particulièrement spectaculaires.

Histoire

Le Carbet est un haut lieu historique puisque c'est ici que débarqua Christophe Colomb en 1502, lors de sa quatrième expédition. L'île porte alors le nom de Madinina (ou Matinino selon les versions des historiens). Une stèle, juste à côté, rappelle une conséquence moins plaisante pour le développement de l'île : elle est à la mémoire du peuple des Indiens caraïbes chassés de leur terre par les colons ; il est raconté qu'ils se seraient suicidés du haut de la falaise plutôt que de se rendre.

Mandatées par la Compagnie des Isles d'Amérique afin de coloniser de nouvelles îles habitées par « les sauvages », les expéditions (1635) de Jean Duplessis, sieur d'Ossonville, et de Charles Liénard, sieur de L'Olive, débarquent dans cette localité bien après Christophe Colomb (1502). Même s'il nous est difficile de le croire au vu de son paisible paysage, les témoignages précisent pourtant que les nouveaux arrivants sont découragés devant les pénibles obstacles : innombrables serpents et indigènes belliqueux. Après que l'île a été désertée, Pierre Belain d'Esnambuc, très méfiant, prend la situation en main et débarque ici à son tour, quelques semaines plus tard. Le gouverneur du Parquet, neveu et successeur d'Esnambuc, construisit une maison en brique près de la rivière et une chapelle consacrée à saint Jacques vers 1645. Plus tard, Paul Gauguin a séjourné à proximité, dans une case de l'Anse-Turin pendant cinq mois, en 1887. Le Centre d'interprétation du Patrimoine Paul-Gauguin retrace ce passage.

ANSE TURIN

Anse Turin

De Saint-Pierre, on y parvient par un tunnel en découvrant d'abruptes falaises ocre percées par les boulets de canon des navires anglais au XIXe siècle, qui pensaient attaquer Saint-Pierre. C'est ici, sur cette plage de sable noir, que Gauguin résida de juin à octobre 1887. Peu de personnes le savent mais cette plage abrite de belles épaves facilement accessibles car près du bord, elles gisent à peu de profondeur. Elles sont matérialisées par des bouées jaunes. Pour repartir, on longe de nouveau la mer en admirant le vol des pélicans.

CENTRE D'INTERPRÉTATION DU PATRIMOINE PAUL-GAUGUIN

Anse Turin

✆ 06 96 80 80 96

www.paulgauguinmartinique.fr

Ouvert du mardi au samedi de 9h30 à 17h. Entrée 8 € adultes, 5 € enfants.

Le Centre d'interprétation du patrimoine Paul-Gauguin en Martinique, ouvert en juillet 2017, œuvre à la diffusion des créations martiniquaises des peintres Paul Gauguin et Charles Laval. On y découvre l'épopée caraïbe des deux peintres durant leur passage en Martinique, à travers les reproductions de leurs lettres et de leurs œuvres. Une balade unique à travers les tableaux de Paul Gauguin grâce à la réalité virtuelle. Des ateliers dessin et peinture, entre autres, sont proposés.

ZOO DE MARTINIQUE

Habitation Latouche ✆ 05 96 52 76 08
www.zoodemartinique.com

Ouvert tous les jours 9h-18h. Adulte 16,50 €. Enfant 9 €. Billet combiné avec Balata 28,50 € (adulte) et 15 € (enfant).

C'est dans l'une des plus anciennes habitations de l'île que se cache le zoo de Martinique. Fondée en 1643, l'habitation Latouche s'étendait sur une surface de 15 ha. Dès 1664, le sucre est sa production principale puis suivront celles de rhum, de cacao, de manioc et d'indigo. Lors de l'éruption de la montagne Pelée, la plupart des bâtiments ont été détruits, mais des vestiges magnifiques sont encore présents (maison d'habitation, indigoterie, manioquerie, sucrerie, aqueduc, etc.).

Sous les mains de Jean-Philippe Thoze, créateur du célèbre jardin de Balata à Fort-de-France, l'habitation Latouche s'est transformée en un endroit unique, sublimé par des compositions botaniques de toute beauté, qu'il faut absolument visiter.

Pas seulement pour y croiser les résidents qui sont en semi-liberté et coulent des jours plus tôt paisibles : singes, jaguars, pumas, loriquets, grands fourmiliers, ratons-laveurs mais aussi les plus insulaires mangoustes, crabes touloulous, tortues, iguanes et évidemment serpents. Mais surtout pour son atmosphère unique et sa nature sauvage savamment mise en scène par le magicien Thoze.

Témoin précieux d'une faune locale et subtropicale, ce bestiaire exotique est pédagogiquement rassemblé au cœur de l'habitation Latouche ; les visiteurs badinent et suivent un parcours didactique spécialement aménagé pour non seulement découvrir des animaux inattendus mais également pouvoir interagir avec eux. Au sein de l'une des volières d'immersion du zoo, c'est un spectacle singulier qui attend le visiteur avec les loriquets qui viennent se poser sur vous et vous manger dans la main. Ces vestiges coloniaux, nichés au creux de la vallée, se font désormais les marqueurs d'un pan entier de l'histoire de l'île, fait d'économie agricole et d'industrialisation progressive. À travers la visite du zoo, c'est toute l'habitation qui se révèle : la maison principale évidemment, qui répond aux différents bâtiments agricoles et d'exploitation ; vous noterez par ailleurs le riche réseau aquatique, dont l'aqueduc ou la roue à aube se font encore les vivants témoins. A la fin de la visite, une grande exposition sur la piraterie ravira les spectateurs de tout âge et rappellera un autre trait de l'histoire de l'île : Madinina accueillait de nombreux flibustiers. Le parcours comme les installations du zoo ont été pensés pour le bien-être des animaux et le confort des visiteurs : en pénétrant dans l'habitation Latouche, c'est un voyage riche qui vous attend dans ce que l'on peut appeler désormais un zoo nouvelle génération.

DISTILLERIE NEISSON

Le Coin
✆ 05 96 78 03 70
www.neisson.com
Du lundi au vendredi de 8h30 à 12h45 et de 13h30 à 17h. Samedi matin de 8h30 à 12h. Entrée libre.

Créée en 1932, la Distillerie Neisson est l'une des dernières distilleries familiales en Martinique à cultiver sa propre canne à sucre. La terre volcanique sur laquelle pousse la canne est sans nul doute le facteur qui donne une saveur si particulière à ses rhums. Les amateurs de rhum blanc prétendent que le « zepol karé » est le meilleur et le plus doux de l'île. Outre le premier rhum agricole A.O.C. bio du monde, Neisson vient de lancer la cuvée «Nonaginta» issue d'un assemblage de rhums mis en vieillissement en 2004, 2000 et 1997. Visite explicative sur place.

ÉGLISE SAINT-JACQUES DU CARBET

Rue Perrinon

Voici l'une des plus belles églises de l'île. Flanquée de son cimetière, elle rayonne dans son habit d'un jaune éclatant. Elle est dédiée à saint Jacques en souvenir de Jacques du Parquet, premier gouverneur de la colonie. Le mélange de styles baroque et néoclassique du XVIIIe siècle, avec un intérieur sobre qui ne manque pas de charme, est plutôt intéressant. A l'intérieur, le chœur est orné d'effigies de saint Jacques le Majeur. Faites le tour et allez voir le presbytère.

PLACE DU DÉBARQUEMENT DE CHRISTOPHE COLOMB

RN 2

Le 15 juin 1502, lors de son quatrième voyage vers les Amériques, le navigateur espagnol Christophe Colomb débarque en Martinique et pose le pied sur la plage du Carbet. Avec ses trois mâts en bois représentant ceux du bateau de Christophe Colomb, un mémorial flambant neuf rend hommage à ce fait historique. Il est situé à la sortie du Carbet, le long de la RN2, en direction de Saint-Pierre, au bord de la mer, contigu à la paillote du bourg, face à la mer.

MADI CRÉOLES €€

Anse-Latouche
✆ 05 96 78 26 75
www.madicreoles.com
Tarifs à la nuitée ou semaine. Wifi gratuit. Piscine extérieure. Accessible aux personnes à mobilité réduite.

Sympathique complexe situé en face de la plage de l'Anse-Latouche, avec vue mer et entouré d'un jardin exotique. La résidence comprend 20 studios et deux F2 pouvant accueillir 4 personnes. La belle piscine à débordement est le cœur de vie du complexe. Tous les logements sont climatisés et équipés d'une kitchenette en terrasse. La décoration se décline dans les tons marins, bleu et blanc. Un logement est prévu pour les personnes à mobilité réduite. Excellent rapport qualité-prix. De beaux projets sont prévus courant 2023, à suivre...

© DR

© DR

NORD

HABITATION LATOUCHE

Anse Latouche

Ouvert 7 j/7 de 9h à 18h. Adulte 16,50 €. Enfant : 9 €. Billet combiné avec Balata 28,50 € /adulte, 15 € /enfant.

C'est dans l'une des plus anciennes habitations de l'île que se cache le zoo de Martinique. Fondée en 1643, l'habitation Latouche s'étendait sur une surface de 15 ha. Dès 1664, le sucre est sa production principale puis suivront celles de rhum, de cacao, de manioc et d'indigo. Lors de l'éruption de la montagne Pelée, la plupart des bâtiments ont été détruits, mais des vestiges magnifiques sont encore présents (maison d'habitation, indigoterie, manioquerie, sucrerie, aqueduc, etc.).

Sous les mains de Jean-Philippe Thoze, créateur du célèbre jardin de Balata à Fort-de-France, l'habitation Latouche s'est transformée en un endroit unique, sublimé par des compositions botaniques de toute beauté, qu'il faut absolument visiter.

Pas seulement pour y croiser les résidents qui sont en semi-liberté et coulent des jours plus tôt paisibles : singes, jaguars, pumas, loriquets, grands fourmiliers, ratons-laveurs, mais aussi les plus insulaires mangoustes, crabes touloulous, tortues, iguanes et évidemment serpents. Mais surtout pour son atmosphère unique et sa nature sauvage savamment mise en scène par le magicien Thoze.

Témoin précieux d'une faune locale et subtropicale, ce bestiaire exotique est pédagogiquement rassemblé au cœur de l'habitation Latouche ; les visiteurs badinent et suivent un parcours didactique spécialement aménagé pour non seulement découvrir des animaux inattendus mais également pouvoir interagir avec eux. Au sein de l'une des volières d'immersion du zoo, c'est un spectacle singulier qui attend le visiteur avec les loriquets qui viennent se poser sur vous et vous manger dans la main. Ces vestiges coloniaux, nichés au creux de la vallée, se font désormais les marqueurs d'un pan entier de l'histoire de l'île, fait d'économie agricole et d'industrialisation progressive. A travers la visite du zoo, c'est toute l'habitation qui se révèle : la maison principale évidemment, qui répond aux différents bâtiments agricoles et d'exploitation ; vous noterez par ailleurs le riche réseau aquatique, dont l'aqueduc ou la roue à aube se font encore les vivants témoins. A la fin de la visite, une grande exposition sur la piraterie ravira les spectateurs de tout âge et rappellera un autre trait de l'histoire de l'île : Madinina accueillait de nombreux flibustiers. Le parcours comme les installations du zoo ont été pensés pour le bien-être des animaux et le confort des visiteurs : en pénétrant dans l'habitation Latouche, c'est un voyage riche qui vous attend dans ce que l'on peut appeler désormais un zoo nouvelle génération.

OFFICE CARBÉTIEN DU TOURISME (OCARTOUR)

11, rue Morne-Charlotte

✆ 05 96 76 61 42

Ouvert du lundi au samedi de 8h à 12h.

Un office de tourisme très dynamique, géré avec la belle énergie de Patricia, sa pétillante directrice. Consultez sa page Facebook pour être informé des événements de la commune... car il se passe toujours quelque chose au Carbet ! Vous souhaitez connaître tous les bons plans du Nord Caraïbes ? C'est ici que l'on vous renseigne... Où se passe la pêche à la senne, les manifestations sportives, les spots avec les plus beaux points de vue pour épater vos amis sur Instagram...

MARTINIQUE ACCESS 'ÎLE

17-19, chemin des Pavillons ✆ 05 96 55 11 71

www.handicaptourisme.net

Accessible aux personnes à mobilité réduite. Aménagements pour handicapés mentaux, malentendants et malvoyants.

L'Association Martinique Access'île offre au travers du site Handicaptourisme.net une sélection d'adresses labellisées Tourisme & Handicap afin d'aider les personnes en situation de handicap à mieux découvrir la Martinique. Elle est présidée par Noël Cicalini, expert dans le domaine des voyages accessibles et référent handitourisme en Martinique. C'est une véritable agence de voyage sociale et solidaire. Basée au Carbet, l'association dispose d'un fauteuil Tiralo pour la baignade. Elle propose également un véhicule avec rampe-navettes et des activités encadrées.

KAYLIDOUDOU €€

Rue de la Croix

✆ +596 696 95 29 93

https://kaylidoudou.business.site

4 studios. Tarifs : 70 € la nuit avec 4 nuits au minimum.

Une petite structure à taille humaine, gérée par Dominique, jeune retraité qui l'a aménagée de toutes pièces. On aime la vue admirable sur la mer. Les hébergements se nichent à 700 mètres sur les hauteur du Carbet. Le coin est tranquille, idéal si vous êtes randonneur. Les équipements sont simples et coquets, les logements sont tous climatisés ; on apprécie la petite piscine et son deck, le barbecue mis à la disposition des clients et la végétation luxuriante du jardin. Ajoutez à cela les conseils avisés de Dominique, un véritable guide touristique à lui seul !

L'IMPRÉVU €

Rue du Professeur Judes Turiaf
✆ 05 96 78 01 02
Ouvert du mardi au samedi 11h-15h ; jeudi, vendredi, samedi : 19h-22h ; dimanche : 11h-16h. Label Tourisme & Handicap.

Dans ce joli restaurant aux couleurs marines, la cuisine créole est bonne et sans prétention. Ici, la spécialité, c'est incontestablement le poisson, frais, livré par les pêcheurs locaux et les fruits de mer. Les carnivores ne sont pas oubliés avec le carpaccio de bœuf et le magret de canard. Quelques plats végétariens également à signaler. Tout est frais et fait maison. L'accueil est chaleureux. En fin de semaine, superbe ambiance musicale en perspective ! Le dimanche, place un brunch aux couleurs créoles à déguster au bord de l'eau, les pieds dans le sable.

EFFET MER €€

Plage du Coin
✆ 06 96 35 44 84
http://effetmer972.com
Ouvert tous les jours de 11h à 22h ; fermé le mardi. Addition moyenne 25 €.

Une jolie plage aménagée de transats et parasols borde ce sympathique restaurant de plage situé à l'entrée du Carbet. La salle de restaurant est spacieuse et entièrement dirigée vers la mer, on s'y sent tout de suite à l'aise, le lieu est très ventilé et la vue sur la mer imprenable. La carte est variée et fait la part belle aux produits locaux frais. Ici, vous pourrez déguster certainement l'un des meilleurs lambis frais de la côte caraïbe, accompagné de légumes pays cuisinés de façon originale et pleins de saveurs. Une bonne adresse !

RESTAURANT 1643 €€€

Anse Latouche
✆ 05 96 78 17 81
www.restaurant1643.com
Ouvert midi et soir, de mercredi à samedi ; dimanche midi uniquement. Addition moyenne 50 €.

C'est dans une ambiance chaleureuse que Serge, le nouveau propriétaire, et son équipe vous accueillent au 1643. En cuisine, le chef distille une cuisine créative aux accents créoles et aux saveurs du terroir. La carte est audacieuse et originale : poisson du jour à la tahitienne, écrevisse bleue rôtie laquée, ou encore magret de canard farci au foie gras. On savoure ces assiettes copieuses sur la grande terrasse face au jardin. Le soir, l'ambiance se fait plus romantique, à la faveur des lumières tamisées. Une belle adresse !

BEACH GRILL €€

Plage de la Grand Anse
✆ 05 96 78 34 02
restobeachgrill.com
Du mardi au dimanche midi : de 12h à 14h30. Vendredi et samedi soir : de 19h à 22h30. Addition moyenne 30/35 €.

Grande terrasse aérée, déco colorée, brumisateurs, mobilier confortable et les eaux cristallines de la mer en toile de fond. C'est sur le deck ou sur le sable que l'on choisit sa table. Une équipe jeune et sympa, dirigée par Violène, digne successeur de Franco, le créateur du Beach Grill. Les grillades ont fait la réputation de l'établissement. Les produits de la mer proviennent tout droit des pêcheurs du coin. Ambiance, cadre, cuisine, service : tout est réuni pour passer un moment très agréable. Une excellente adresse que l'on vous recommande !

© BEACH GRILL

© BEACH GRILL

NORD

Plat de poissons en bord de mer.

LES ARÔMES €€

13 Avenue du Général-de-Gaulle
✆ 05 96 62 43 22
www.lesaromes.fr

Ouverts de 11h30 à 14h30 du lundi au samedi, et le vendredi et le samedi soir. Fermé le dimanche. Addition : 25-30 €.

Vous ne pouvez pas manquer ce délicieux restaurant à la façade orange vif en passant dans le bourg du Carbet. Sa jolie carte attrayante évolue au fil des semaines. Ici, il n'y a que du frais dans les assiettes, le chef faisant appel aux producteurs locaux, dans le respect des saisons et des produits. Vous y dégusterez un délicieux tartare de poisson et chaque semaine on vous propose un plat végétarien, le tout bien installé sous la charmante terrasse ombragée côté jardin. L'équipe est très chaleureuse, un agréable moment de détente et de découverte culinaire.

WAHOO CAFÉ

Plage de grande Anse
✆ 05 96 74 69 95
Ouvert 7j/7 de 10h à 23h (2h le week-end). Concerts réguliers le week-end. Carte de petite restauration.

Le Wahoo s'est fait une beauté, la déco a été intégralement repensée. Lieu de rendez-vous de nombreux locaux pour l'apéro, l'ambiance est conviviale, c'est *The place to be* sur la plage du Carbet. Une restauration simple et authentique complète désormais l'offre avec une sympathique carte de snacks, composée de balaous, accras, rillettes de poisson frais, fish and chips et son fameux burger avec son pain fait maison aux piments végétariens. Un lieu idéal pour assister au soleil couchant en sirotant un cocktail confortablement installé les pieds dans le sable.

TCHÈK SA

Espace Aimé-Césaire
✆ 06 96 03 17 56
Ouvert du mardi au dimanche de 9h30 à 18h.

Quand on prend la route pour aller à Saint-Pierre, c'est la boutique à ne pas manquer au Carbet, dans l'espace Aimé-Césaire. Au bord de la route, dans une jolie case créole abritée d'arbres majestueux, vous trouverez des créations d'artisans locaux, des pièces uniques à tous les prix, mais aussi des produits cosmétiques naturels fabriqués dans les Caraïbes. C'est Edhéna, propriétaire de la boutique et créatrice, qui vous reçoit et vous conseille ; elle est la créatrice de la plupart des modèles de sa boutique ainsi que d'une gamme naturelle de cosmétiques.

ZIOUKA GLACES

1, place Jules-Grévy
✆ 05 96 78 49 40
Ouvert du mardi au dimanche de 15h à 18h.

C'est LE glacier incontournable du Nord Caraïbe ! Dans son petit espace de dégustation tout de vert d'eau décoré, Claude Ziouka, artisan glacier et créateur de saveurs, distille une palette colorée de sorbets et de crèmes glacées à faire fantasmer n'importe quel palais. Ici, la qualité est la priorité et les produits locaux sont une obligation. Corossol, goyave ou mombin, basilic, litchi, mangue ou citronnelle rivalisent avec la délicieuse glace au piment végétarien, ou avec celles à la pulpe de giraumon, de manioc ou de barbadine.

ALEX CROISIERE GRENADINES

✆ 06 96 53 19 72
Croisière all inclusive de 10 jours sur une base de 6 passagers, à 16 400 € tout compris, transferts inclus.

Alex et Hélène forment un duo skipper et hôtesse très pro, toujours de bonne humeur. Ils connaissent les îles Grenadines, St-Vincent et Ste-Lucie et vous amènent dans les meilleurs spots, à bord de leur catamaran, un Hélia 44 tout confort, baptisé *L'Incroyable* (capacité de 6 passagers). Les séjours sont à la carte : croisière long séjour, à la journée pour naviguer sur la côte nord caraïbe, ou pour un week-end. (en basse saison). Possibilité d'initiation à l'efoil lors de la croisière.

FRAÎCHEUR DES PITONS

Rue des délices, 50 Lajus
✆ 06 96 20 31 49
www.fraicheurdespitons.com
Ouvert du lundi au samedi de 10h à 12h30 et les lundis, mardis, jeudis et vendredis de 14h à 16h30, 18h15 les vendredis.

C'est Armelle, créatrice et maîtresse des lieux, qui vous reçoit dans cette jolie boutique accolée à son laboratoire de fabrication de poissons fumés : uniques en Martinique, ces derniers sont issus de la pêche locale puis fumés avec la bagasse de canne à sucre, de la sciure de mahogany et du sel de Guérande, le tout à froid. Ne manquez pas de lui rendre visite, elle se fera un plaisir de vous expliquer son travail. Puis repartez avec un de ses fameux morceaux ou encore des tranches de thon ou marlin, souskay ou rillettes fumés, le tout fait maison !

CAPTAIN TOCH

Accessible en voiture.
✆ 06 96 34 08 88
Trois catégories de balades en mer : découverte cétacés en demi-journée, pêche sportive ou «sur mesure».

Envie de naviguer ? De partir à la découverte des dauphins, tortues, cachalots et autres baleines à bosse ? Réservez vite votre excursion sur le *Miss Tais* avec le Captain Toch ! Il vous fera découvrir, au fil des anses sauvages du Nord Caraïbe, des eaux turquoises à en perdre la tête ! Un petit creux ? Une collation fraîche et locale est comprise dans la formule (ananas, melon, maracuja frais) accompagnée de rillettes de poisson, accras, sans oublier le fameux ti-punch martiniquais ! Découvrez aussi la pêche sportive pour ceux qui ont le pied marin...

© PETIBONUM

© PETIBONUM

© PETIBONUM

PETIBONUM €€

Plage du Coin ✆ 05 96 78 04 34
www.petibonum.com

Ouvert 7j/7 à partir de 10h. Cuisine ouverte en continu. Addition moyenne 35 €. Ambiance musicale le vendredi soir.

La célèbre plage d'irréductibles ! Victime d'un incendie il y a quelques mois, le Petibonum a été reconstruit et aujourd'hui ce mauvais souvenir n'a pas empêché le patron Guy Ferdinand, et son légendaire short, de revenir encore plus fort. Ici vous êtes en « péyi matinik ». Les produits sont majoritairement locaux : les écrevisses proviennent du Carbet, la dorade coryphène et le marlin sont pêchés au large. Le service et la déco sont toujours aussi soignés, et l'ambiance, unique ! Mention spéciale pour le bar à rhum où l'on déguste les meilleurs AOC de l'île.

© PETIBONUM

© PETIBONUM

Plage du Carbet.
© ISABELLE DREZEN

YEMANJA €€

Plage du Carbet ✆ 0596 38 93 69
https://yemanjamartinique.com/
Resto et plage. Toute l'année 7j/7 11h-23h. Carte 30 € environ. Happy hour 17h-19h du lundi au vendredi. DJ le dimanche.

Yemanja est la déesse de la mer, adulée en Amérique latine. Ce restaurant situé au bord de l'eau lui rend hommage. On est en premier lieu attiré par une déco contemporaine très soignée, toute de bleu et de bois vêtue. La carte fait la part belle aux poissons issus de la pêche locale comme le délicieux « croustillant de marlin aux graines de sésame ». Les cocktails sont délicieux, à siroter au moment du coucher du soleil sur la plage. Ambiance musicale très sympa le dimanche soir avec animation de DJ, sans doute pour attirer les belles sirènes venues du large ?

SAINT-PIERRE ★★★

La « capitale » oubliée, l'ancien « Petit Paris » des Antilles, la rivale de Fort-de-France, la ville du mont Pelé… Les appellations ne manquent pas pour qualifier Saint-Pierre, fondée en 1635, ancien centre de l'activité économique et culturelle de la zone caraïbe, dont l'existence s'est brutalement arrêtée le 8 mai 1902. Durablement marquée par l'éruption de la montagne Pelée, répertoriée comme l'une des catastrophes naturelles les plus meurtrières du XXe siècle, Saint-Pierre, classée Ville d'Art et d'Histoire, semble sortir doucement de sa longue torpeur, notamment grâce au tourisme et aux plongeurs qui sillonnent sa magnifique baie.

La statue de Frank Perret, vulcanologue américain, vous accueille à l'entrée de Saint-Pierre. En face, la montagne Pelée domine majestueusement la contrée, à condition que le soleil soit au rendez-vous. Elle affirme son autorité et sa puissance, terrible sentinelle que les Antillais d'aujourd'hui savent respecter. Coincée entre la montagne et la mer turquoise au-delà du sable gris, Saint-Pierre se présente sous l'allure fleurie d'un bourg martiniquais comme un autre : des bougainvillées, des cocotiers, une animation insouciante dans les rues. Seules quelques ruines rappellent un lourd passé, aujourd'hui englouti. Il flotte un parfum de nostalgie ici. La circulation se fait par deux routes distinctes, en sens unique. Les touristes, qui investissent le bourg par myriades d'autocars, contemplent, entre deux verres de jus frais, cette ville qui leur sourit en cherchant vainement ce qu'il n'y a plus à voir. Le marché aux poissons, entièrement refait récemment, donne sur le front de mer, adossé au marché couvert. Sur les hauteurs de la ville, de très belles villas jouissent d'un panorama d'exception. A proximité du 8 à Huit, des bouis-bouis où l'on trouve un peu de tout.

Pour retrouver l'histoire locale et se familiariser avec le monde des volcans, rendez-vous au Mémorial de la Catastrophe de 1902 pour une visite guidée personnalisée de la célèbre éruption meurtrière de la montagne Pelée. Pour les vestiges, la visite de l'ancien théâtre s'impose. Dans les ruines, une superbe statue semble interroger le ciel et symboliser *Saint-Pierre renaissant de ses cendres* à la manière du Phénix. A quelques mètres de là, derrière vous, l'ancienne prison de Saint-Pierre avec le cachot du prisonnier Cyparis qui fut protégé miraculeusement du souffle de l'enfer. A cause d'une bagarre avec un ami, il se retrouva enfermé dans la prison de Saint-Pierre lorsque la catastrophe survint. Il fut le seul rescapé reconnu, le seul à ne pas avoir respiré le gaz mortel. Il aurait pu figurer dans le *Livre des Records*. Comme cela n'existait pas, il entra au cirque Barnum, où on l'exhibait comme une bête curieuse.

Histoire

Le 8 mai 1902, alors que les élections législatives battent leur plein, le volcan retentit et il s'en émane une épaisse fumée noire. La ville est alors la cible d'une pluie de roches et de boue à la chaleur démentielle. L'éruption détruit et submerge les 2 985 habitations réparties dans 103 rues, ses 26 000 habitants et les navires présents dans la baie. Saint-Pierre couvre alors une superficie de 75 ha, la capitale de la Martinique est plongée dans l'obscurité. Le volcan montrait des signes d'activité depuis avril 1902, un mois avant son explosion. Dès lors le ministère aurait dû faire évacuer la ville, témoin de son réveil. Un seul survivant, un miraculé : Louis-Auguste Cyparis, qui doit son salut au fait d'avoir été emprisonné pour une rixe. Les ruines de son cachot sont encore visibles.

Se loger

Tout comme la grande majorité des communes du nord, le choix de Saint-Pierre comme lieu d'hébergement relève rarement du hasard. A ceci près que nombreux sont les plongeurs et randonneurs qui se rendent spécialement dans cette région ou à proximité. Les amateurs de plages de cartes postales devront s'orienter vers le sud.

Sports / Loisirs

La rade de Saint-Pierre, le plus grand sanctuaire marin de la Caraïbe !

La rade de Saint-Pierre constitue l'un des spots de plongée les plus célèbres au monde : elle abrite en effet une douzaine d'épaves qui ont sombré lors de l'éruption de 1902. Accessibles aux plongeurs amateurs et expérimentés, elles témoignent d'un patrimoine maritime encore méconnu et attirent nombre d'initiés et de plongeurs débutants.

Sans elles, la vie sous-marine n'aurait pas connu le même développement : la rade de Saint-Pierre était autrefois constituée d'une vase fine peu alléchante. Rapidement colonisées par les poissons et autres espèces sous-marines, les épaves ont permis d'attirer une faune et une flore jusqu'ici peu présentes au large de Saint-Pierre.

La nuée ardente n'a pas seulement détruit la ville, elle a fini sa course au large, engloutissant au passage toute la flotte qui mouillait le 8 mai 1902 dans la baie. Certains ont avancé le chiffre d'une centaine de bateaux au mouillage le jour de l'éruption. Outre les épaves du *Roraïma* et du *Tamaya*, les plus célèbres et dont l'exploration est réservée aux plon-

geurs aguerris, beaucoup demeurent encore à ce jour introuvables et reposent dans les profondeurs de Saint-Pierre. D'autres sont toujours non identifiées.
Parmi les épaves historiques les plus accessibles, il y a le *Biscaye* (entre 30 et 40 mètres de profondeur), et le *Diamant* (entre 20 et 30 mètres), une vedette qui assurait la liaison entre Saint-Pierre et Fort-de-France.
Découverte par Michel Météry dans les années 1970, l'épave du *Roraima* est l'une des plus belles de la baie. Ce cargo de 120 mètres de long a brûlé trois jours avant de s'enfoncer bien à plat dans la mer des Antilles. Elle gît à 50 mètres de fond et est donc réservée aux plongeurs de niveau 2. De très nombreux poissons et coraux ont colonisé l'épave. Plus bas encore, entre 85 et 105 mètres de fond, le *Tamaya*, voilier trois-mâts en provenance de New York, a pu être identifié grâce à l'une de ses cloches, que l'on peut admirer au musée Frank A. Perret.
Dans les années 1990, Saint-Pierre a accueilli le premier sous-marin utilisé à des fins touristiques. Une expérience qui a malheureusement dû être interrompue. Peut-être sera-t-elle un jour remise au goût du jour pour permettre de rendre ces épaves accessibles au plus grand nombre ?

Tourisme

Des visites guidées pour découvrir Saint-Pierre autrement

Dans le cadre de sa politique de valorisation de son patrimoine, le service patrimoine/tourisme de la ville de Saint-Pierre propose toute l'année des visites guidées thématiques (Saint-Pierre, ville d'Art, premier port marchand, l'eau et les fontaines, la religion...). Elles sont réalisées par des guides conférenciers, s'adressent à l'ensemble du public et peuvent être adaptées aux scolaires et aux groupes sur demande. Selon la thématique, ces balades durent entre 1h et 3h. Elles permettent de mieux comprendre l'histoire de Saint-Pierre et de saisir l'importance de cette ville et surtout de son port, du XVIIe jusqu'en 1902. A noter également : le rallye découverte, un atelier de 2 à 3h avec des énigmes et des points de géolocalisation, à faire en groupe ou en solo. Le service du patrimoine propose également des ateliers de trois sortes: les volcans, la mallette du céramologue ou encore Masques et culture traditionnels du carnaval martiniquais. Après une visite de Saint-Pierre, on poursuit la balade par une activité créative : création d'un volcan pour comprendre le fonctionnement de la Montagne Pelée, fabrication d'une céramique amérindienne et de masques traditionnels. Renseignez-vous auprès du service du patrimoine pour connaître les modalités de ces visites et leur prix (à partir de 8 € par personne, pour un adulte. Tarifs réduits et prix dégressifs pour les groupes). Pensez à réserver !

Ruines du théâtre de Saint-Pierre.

ANCIEN THÉÂTRE

Rue Victor Hugo

Aussi appelée Salle de la Comédie, le théâtre de Saint-Pierre est au XVIIIe siècle une célèbre scène aux Antilles où se produisent des troupes de renom. Il accueille les pièces les plus prisées de l'époque comme *Le Barbier de Séville, Le Mariage de Figaro* ou encore *Le Déserteur* de Michel-Jean Sedaine. Comme le reste de la ville, le théâtre a été emporté par la catastrophe de 1902. Ses ruines sont aujourd'hui relativement bien conservées et suscitent de nombreuses visites. Une très belle balade avec la Montagne Pelée en arrière-plan.

ANCIENNE ÉGLISE DU FORT

Ouvert tous les jours mais sans horaires précis.

Au départ simple petite église en bois, construite en 1640 sur un soubassement de pierre, dans les débuts de la colonisation, elle fut reconstruite par le père Farganel en 1678, dotée d'une magnifique charpente en carène de navire, et d'un clocher séparé du corps central, sur une petite place pavée. Après avoir perdu son toit lors du cyclone de 1891, elle fut anéantie par l'éruption de 1902. Elle était alors remplie de fidèles. Aujourd'hui il ne reste plus que des vestiges de l'église du Fort mais le lieu est saisissant d'émotion.

ANCIENNE PRISON

Rue de la Prison

L'ancienne Prison de Saint-Pierre est célèbre pour avoir abrité le cachot de Cyparis, «l'unique survivant» de l'éruption de la Montagne Pelée. Lorsque le volcan est entré en éruption, Louis-Auguste Cyparis qui y était alors prisonnier pour avoir agressé un camarade au couteau, a été blessé par la fumée brûlante dégagée du volcan mais grâce à son enfermement, a survécu à la catastrophe. Il a été retrouvé 3 jours après par les sauveteurs du Morne-Rouge. Aujourd'hui, le cachot accessible aux visiteurs figure comme l'un des lieux historiques de la catastrophe.

BUREAU DU GÉNIE ET DES PONTS ET CHAUSSÉES

Rue Levassor

Situés à l'extrémité est de la rue Levassor dans le quartier du Fort, les bureaux du Génie et des Ponts et chaussées occupent l'emplacement d'une maison privée construite en 1810, après le démembrement à la fin du XVIIIe siècle d'une partie de l'habitation Larochetière. En 1855, le lieu devient le siège du Génie et des Ponts et chaussées. L'éruption de 1902 a détruit les ouvrages à l'exception des terrasses et du mur de soutènement ; les autres constructions sont en ruine. Le site abritait ainsi plusieurs bâtiments répartis suivant une construction étagée sur plusieurs terrasses reliées par des escaliers. Au milieu de la terrasse supérieure se trouvait le bâtiment principal qui abritait les bureaux du Génie et des Ponts et chaussées. Le mur de fond de ce bâtiment rectangulaire était percé d'une double cascade qui alimentait un bassin construit à son pied. La terrasse intermédiaire, elle, était agrémentée de deux grands bassins circulaires. Sur la terrasse inférieure se trouvaient deux bâtiments : un local de garde et des écuries.

Le site frappe par l'ingénieux système hydraulique qui permettait d'alimenter, via le canal du Fort, le Bureau du Génie et des Ponts et chaussées ainsi que la Maison coloniale de Santé située en face. Cette omniprésence de l'eau est typique du Saint-Pierre d'avant 1902 : maîtrise des eaux de ruissellement, jaillissement des cascades, fontaines et bassins à jets d'eau d'agrément, bassin fonctionnel, eau courante à l'étage.

CATHÉDRALE NOTRE-DAME-DE-L'ASSOMPTION

Rue Percée

✆ 05 96 78 13 83

Ouverte tous les jours sans horaires précis.

Appelée aussi Notre-Dame-du-Bon-Port, la cathédrale de Saint-Pierre, inscrite aux monuments historiques, avec ses deux clochers, domine la rade. Edifiée au XVIIIe siècle et remaniée vers la moitié du XIXe siècle, elle n'échappa pas à l'éruption de 1902 et fut détruite. Grâce au soutien financier de Victor Depaz, la façade fut relevée. Les vitraux réalisés par l'artiste martiniquais Victor Anicet datent de 2006. Des travaux sont actuellement en cours.

© DEPAZ

© DEPAZ

© DEPAZ

© DEPAZ

HABITATION DEPAZ

Plantation de la Montagne Pelée
✆ 05 96 78 13 14
www.depaz.fr

Ouverture de la boutique et du château du mardi au samedi 10h-13h et 14h-16h30. Site + château + dégustation : 2 heures.

Avec ses espaces verts et sa vue sur la mer, la distillerie Depaz s'impose comme une belle halte incontournable, empreinte d'histoire. La plantation, détruite en 1902 et reconstruite sept ans plus tard par Victor Depaz, se tient à l'écart de la ville, surveillée par l'impressionnante montagne Pelée. Le climat et l'environnement apportent au rhum une grande richesse aromatique, renforcée par un savoir-faire dont le secret se transmet de génération en génération. La visite de la distillerie Depaz permet aux visiteurs d'appréhender tous les stades de la fabrication du rhum d'appellation contrôlée de Martinique, grâce à un circuit libre avec panneaux.

En flânant à travers les allées du domaine, on parvient au château Depaz, qui surplombe un magnifique parc de cinq hectares avec ses arbres majestueux et centenaires. Après la visite du château (payante), une pause désaltérante à la Case à Louisette sera la bienvenue. La case porte le nom d'une des premières ouvrières de Victor Depaz, aujourd'hui tenue par sa petite-fille, qui y perpétue la tradition de sa grand-mère et propose une gamme de sirops péyi et de gâteaux faits maison. A côté se trouve le musée du rhum. La visite s'achève par la boutique.

Depuis 2019, la distillerie Depaz a instigué un projet global pour devenir, à terme, une marque respectueuse de l'environnement. C'est dans ce cadre qu'elle a récemment obtenu la certification ISO 14001, qui acte ses engagements pour des procédés de fabrication propres et la maîtrise des impacts de son activité sur l'environnement.

MÉMORIAL DE LA CATASTROPHE DE 1902 - MUSÉE FRANK A. PERRET

169, Rue Victor-Hugo ✆ 05 96 78 15 16
www.memorial1902.org
Ouvert tous les jours de 9h à 18h. Tarif : 8 € adultes, 6 € pour les 7-17 ans. Gratuit pour les moins de 7 ans.

Le plus ancien musée de la Martinique, fondé en 1933 par le volcanologue et philanthrope américain Frank A. Perret et propriété de la ville de Saint-Pierre, a été entièrement rénové en 2019 par la Fondation Clément. Ce nouveau bâtiment ultra moderne en béton abrite les vestiges de l'éruption du 8 mai 1902. La nouvelle façade en bois brûlé est un symbole à la fois sobre et puissant au cœur de la ville. La collection présentée dans l'exposition permanente témoigne des éruptions de la montagne Pelée et de la destruction de Saint-Pierre en 1902. Le parcours, organisé en trois séquences, permet de découvrir la ville à la veille de l'éruption, de revivre l'enchaînement des événements autour du 8 mai 1902 et de comprendre les conséquences de cette catastrophe qui fit près de 30 000 morts et raya Saint-Pierre de la carte. L'exposition présente les objets portant les traces de l'éruption, des photographies et des films anciens sur la ville vers 1902 tandis que des audioguides dispensent aux visiteurs des témoignages des habitants et des rescapés. Enfin, le mémorial dresse la liste des 7 000 victimes identifiées à ce jour sur les 28 000 disparus estimés. La collection de verres déformés par la forte température ainsi que deux cloches montrent l'impact de l'incendie qui s'est abattu sur la ville après la nuée ardente. Cette visite est une expérience forte. Elle apparaît comme une très belle introduction à la découverte de la ville et des ruines de Saint-Pierre.

CENTRE DE DÉCOUVERTE DES SCIENCES DE LA TERRE

Quartier La Galère
✆ 05 96 52 82 42
Ouvert du mardi au dimanche de 9h à 17h.Durant les mois de juillet et août : 10h-18h. Tarif 5 €, réduit 3 €.

A travers ses expositions permanentes et temporaires, le centre offre dans ce lieu symbolique du souvenir de l'éruption de 1902 de la montagne Pelée, un outil pour découvrir et mieux connaître les sciences de la Terre. Dans un bâtiment conçu selon des techniques parasismiques novatrices, il propose des expositions sur des thèmes d'actualité, concernant notamment les risques naturels majeurs. On y projette également plusieurs films dont Volcans des Antilles, émouvant et instructif.

LE FROMAGER DE SAINT-PIERRE

Route de Fonds-Saint-Denis (D1) Croix Louisy

L'arbre fait partie des rares survivants de l'éruption de 1902. Enraciné depuis plus de deux siècles, le fromager de Saint-Pierre se dresse majestueusement au bord de la départementale qui va à Fonds-Saint-Denis. Complètement brûlé par la nuée ardente, il n'en subsiste qu'un morceau de tronc calciné, mais 50 ans après la catastrophe, des bourgeons et des feuilles apparaissent sur le tronc brûlé. Aimé Césaire était fasciné par le destin de cet arbre qu'il venait voir souvent.

NORD

Le village de Saint-Pierre au pied de la montagne Pelée.

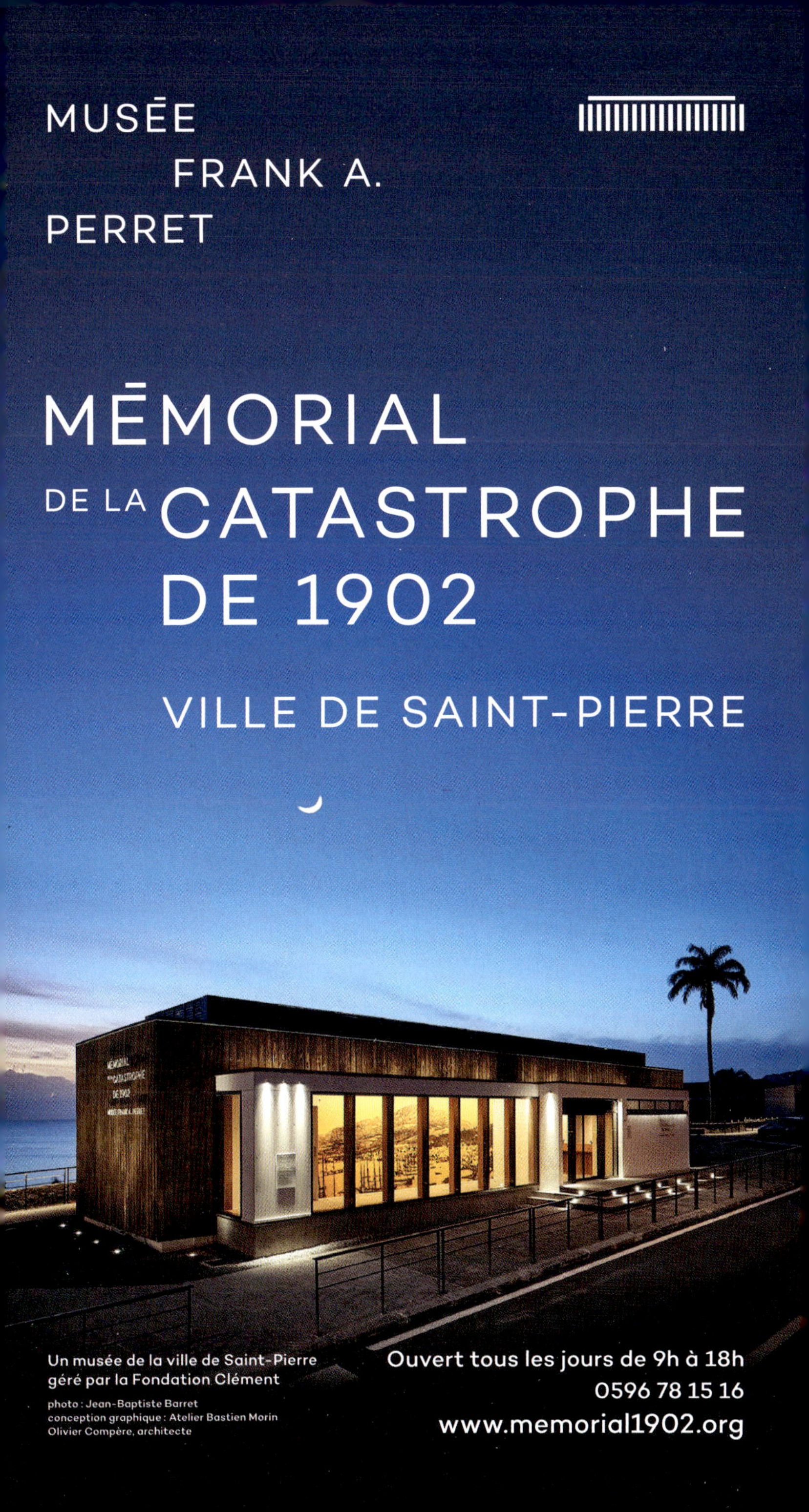
MUSÉE
FRANK A.
PERRET
MĒMORIAL
DE LA CATASTROPHE
DE 1902
VILLE DE SAINT-PIERRE
Un musée de la ville de Saint-Pierre
géré par la Fondation Clément
photo : Jean-Baptiste Barret
conception graphique : Atelier Bastien Morin
Olivier Compère, architecte
Ouvert tous les jours de 9h à 18h
0596 78 15 16
www.memorial1902.org

MAISON DE LA BOURSE

✆ 05 96 78 10 39

Un espace municipal affecté au service patrimoine – Ville d'art et d'histoire.

Située sur la place Bertin, là où transitaient les marchandises embarquant ou débarquant des navires amarrés dans le port de Saint-Pierre, la Maison de la Bourse était l'ancienne chambre de commerce de Saint-Pierre.

Détruit par l'éruption de 1902, le bâtiment actuel, reconstruit à l'identique par Gérard Jacqua, ancien Architecte des Bâtiments de France, apparaît ainsi comme un véritable archétype de l'architecture créole, témoin du raffinement et de la prospérité de Saint-Pierre à la fin du XIXe siècle. Il accueille aujourd'hui l'office de tourisme.

VIERGE DES MARINS

Morne d'Orange

Au sommet du Morne d'Orange, la Vierge des Marins, également appelée Notre-Dame du Bon Port, veille depuis 1870 sur la ville. Son socle fut détruit par la nuée ardente du 8 mai 1902 ; la statue de 4 tonnes, elle, fut précipitée plusieurs mètres plus bas mais, miracle, sortit indemne de l'éruption ! Pour la voir, il faut prendre la route qui croise la D1 (direction Fonds-Saint-Denis). Au sommet, tourner à droite. On gare sa voiture et on termine les quelques mètres restants à pied. De là-haut, le point de vue sur la baie de Saint-Pierre est époustouflant.

MAMANDLO ET YEMAYA

Prévoir masque et tuba.

Juste avant d'arriver à Saint-Pierre, un panneau indique leur présence. Réalisées par l'artiste martiniquais Laurent Valère, *Manman Dlo* et *Yémaya* sont deux sirènes monumentales qui reposent par neuf mètres de fond dans la baie de Saint-Pierre. Elles sont situées à une cinquantaine de mètres du rivage et leur présence est signalée par une bouée jaune. Au fil des années, un récif s'est créé autour d'elles et elles attirent aujourd'hui une faune et une flore sous-marines importantes. Elles sont accessibles à tous et s'observent avec un masque et un tuba.

OFFICE DU TOURISME

Maison de la Bourse – Place Bertin

✆ +596 696 41 74 84

www.saintpierre-mq.fr

Ouvert lundi, mardi, jeudi et vendredi de 8h à 16h ; le samedi de 8h à 13h (horaires sujets à modification).

Ce petit office de tourisme au cœur de Saint-Pierre est abrité par la Maison de la Bourse, qui a accueilli la première chambre de commerce de l'île. Elle rassemble de nombreuses informations, brochures et indications pour visiter la ville d'Art et d'Histoire, et les environs. Elle propose aussi des visites thématiques de la ville, organisées sur réservation et en petits groupes. Les ruines n'étant pas fléchées, on vous conseille de vous les faire indiquer, ce serait dommage de passer à côté ! Une belle mine d'informations sur Saint-Pierre.

MARCHÉ DE SAINT-PIERRE

Place Bertin

C'est l'un des plus beaux et authentiques marchés de la Martinique. Réédifiée en 1923, cette grande halle en fer s'inspire des pavillons Baltard. Sa conception favorise une bonne ventilation, permettant aux odeurs de ne pas stagner. Haut en couleur, avec ses étals de fruits, de légumes, d'épices mais aussi ses artisans, il est réputé pour son délicieux macadam, une spécialité pierrotine à base de riz, de morue et de tomates, une recette dont seule la célèbre Marie-Claire, propriétaire de la petite échoppe gourmande à l'étage du marché couvert, a le secret.

RELAIS DU PARC (PNRM)

Rue Victor Hugo

✆ +596 596 64 42 25

www.pnr-martinique.com

Ouvert du mardi au samedi de 9h à 14h.

Le Parc naturel régional de la Martinique propose ses relais à différents points de l'île afin d'apporter toutes les informations sur les visites de sites, randonnées et balades à faire dans les communes avoisinantes. Une boutique propose également une large variété de produits issus des savoir-faire locaux et artisanaux. Des visites guidées sont disponibles sur réservation et des audioguides pour des visites libres sont mis à disposition des visiteurs. Sans oublier les cartes pour se repérer à travers les innombrables randonnées qu'offre le coin.

INTERVIEW

RHUM DEPAZ

A RHUM D'EXCEPTION, HISTOIRE ET SITE D'EXCEPTION

Le rhum Depaz tire sa singularité de la localisation de sa plantation sur les flancs de la montagne Pelée, mais également de son histoire intimement liée à celle de la Martinique. Berceau de la marque Depaz, l'Habitation La Montagne est à l'origine un domaine agricole fondé en 1651 par Jacques Duparquet, le premier gouverneur de l'île.

Des rhums de caractère

Terres volcaniques fertiles, où la pluie et le soleil abondent : la plantation Depaz est située sur un flanc de la montagne Pelée, entre mer et montagne, côté nord-caraïbe. Les cannes à sucre gorgées de soleil, les sols volcaniques et l'eau de la montagne Pelée, d'une extrême pureté, participent au goût exceptionnel des rhums et cela donne des produits extraordinaires. Ceux-ci se déclinent en rhums blancs particulièrement aromatiques (cuvées classiques ou parcellaires) et en rhums vieux, Plantation (3 ans), Réserve Spéciale (7 ans), Grande Réserve (8 et 10 ans), ainsi que d'autres cuvées millésimées.

Un site ouvert et vivant

La visite de la distillerie Depaz vous fait découvrir tous les stades de la préparation du rhum. Grâce à un circuit libre avec panneaux, vous appréciez ce lieu empreint d'histoire et flânez à travers les allées de ce domaine. Au-delà de toutes ses machines, le château Depaz, reconstruit à l'identique, surplombe un parc de 5 hectares et le visiteur a désormais la joie de découvrir les différentes pièces de l'habitation : son hall d'entrée, sa salle à manger, son fumoir, sa salle de jeux, sa salle d'archives ainsi que le bureau de monsieur Depaz. Prévoir deux heures pour site + château + dégustation.

Habitation Depaz Plantation de la montagne Pelée Saint-Pierre

HABITATION DEPAZ

Plantation de la Montagne Pelée

✆ 05 96 78 13 14 – www.depaz.fr

© JORDAN BEAL

© HABITATION DEPAZ

© HABITATION DEPAZ

SAINT-PIERRE EN POCH', L'APPLI MALIGNE !

www.saintpierreenpoch.fr

Disponible sur Apple et Android, l'application est consultable depuis un ordinateur, une tablette ou un smartphone.

Cette application téléchargeable sur smartphone permet de trouver les informations en les géolocalisant. Cette carte interactive comporte de nombreux visuels. Vous pouvez aussi y laisser des commentaires. Cette application est le fruit du travail de la Commission *Mwen Désann Sen Piè,* initiée par le Rotary Club de Saint-Pierre. Un accès 24h/24 et 7j/7 à l'offre touristique et à toutes les informations nécessaires pour l'organisation d'un séjour : hébergement, activités ludiques.

ALWEGO

57 rue Victor Hugo

✆ +596 696 37 41 71

Alwego dispose de deux agences en Martinique : une première au centre de l'île, au Lamentin à proximité de l'aéroport, l'autre au nord à Saint-Pierre, proche du port. Le point fort de l'entreprise est sa proximité avec sa clientèle, qu'elle soit locale, touristique ou professionnelle, et sa disponibilité : assistance 7j/7 et 24h/24. L'agence propose des prix compétitifs toute l'année. On vous conseille de réserver à l'avance pour être certain d'avoir le véhicule de votre choix. Des tarifs promotionnels sont régulièrement proposés sur le site Internet.

SERVICE DU PATRIMOINE

11 Villa Joseph - Rue Caylus

✆ +596 596 78 35 59

www.saintpierre-mq.fr

Les visites s'adressent à l'ensemble du public et peuvent être adaptées aux scolaires, voire même à des étudiants.

Dans le cadre de sa politique de valorisation et de médiation de son patrimoine, la Ville de Saint-Pierre, par son service Patrimoine & Tourisme, propose des activités ludiques et des visites guidées accessibles à tous toute l'année. Ces actions sont menées par un guide conférencier diplômé.A l'occasion d'événements comme les journées européennes de l'archéologie, les journées du patrimoine, d'autres activités peuvent être réalisées. Il est également possible de commander des activités sur mesure, comme une visite guidée thématique, non incluse au catalogue.

LA PERLE DES ANTILLES

✆ 06 96 43 92 65

www.laperlerentacar.com

Livraisons gratuites de l'embarcadère de Fort-de-France et de Saint-Pierre. Tarifs très compétitifs. Voir le site.

Une agence locale très sérieuse, basée à Saint-Pierre depuis longtemps. Quatre modèles de voitures de la marque Peugeot exclusivement : 108 avec 3 portes en modèle économique, 208 essence ou diesel et la Peugeot 301 diesel. La location est proposée avec une assurance tous risques. Accueil très courtois de la part de Monsieur Jubert le propriétaire. A noter qu'il possède également une résidence appelée Roxelle dans la commune. Livraison aéroport et ports. Réservez en ligne et sélectionnez les options qui vous conviennent. Une bonne adresse !

CYPARIS EXPRESS À PIEDS

Rue Bouillé ✆ +596 696 81 88 71

www.cyparisexpress.com

Départ à 11h du lundi au samedi. Adulte : 15 €, enfant : 7 €.

Une visite guidée de Saint-Pierre à ne surtout pas manquer ! Aux côtés de Fernand Pain, traversez un siècle de ce «petit Paris des Antilles» détruit en l'espace d'une nuit, le 8 mai 1902, et perdez-vous dans les vestiges d'une des plus célèbres catastrophes de l'humanité... Fernand connaît également sur le bout des doigts l'histoire de sa ville et de son île. La billetterie et le départ des visites sont maintenant installés rue Bouille. A l'heure du bouclage du guide, le petit train n'était pas remis en service et les visites se faisaient seulement à pied.

LE FROMAGER €

Route de Fonds-Saint-Denis (D1)

✆ 05 96 78 19 07

A partir de 40 €/nuit pour les chambres et 35 € à partir de 2 nuits. Fermeture annuelle du 15 septembre à fin octobre.

L'une des plus jolies vues sur la mer et sur Saint-Pierre. Les quatre chambres, avec terrasse et cuisine, sont équipées d'un ventilateur, d'une télévision et d'une douche. Le confort est assez sommaire mais les logements sont propres, bien entretenus et sympathiques. Un parking privé et des jeux pour enfants sont à votre disposition. Vous trouverez ici l'accueil martiniquais, le vrai, avec le sourire et la bonne humeur ! Le restaurant éponyme est une institution de la commune. Un bon rapport qualité-prix pour découvrir les merveilles du nord.

LE KAPOKIER €

15 lotissements Saint James
https://lekapokier.fr
3 chambres d'hôtes. Réservation en ligne sur le site.

Cette sympathique maison d'hôtes est située sur les hauteurs de Saint-Pierre. La vue sur la mer est splendide. Quant au jardin verdoyant, il est divin. Le site offre trois chambres simples bénéficiant de la climatisation individuelle. Seule une d'entre elles dispose d'une salle de bains privative, les autres doivent partager les sanitaires. Les pièces à vivre sont agréables (cuisine, salon, terrasse et jardin). Accueil souriant et efficace. Une adresse agréable que l'on conseille pour les budgets modérés et pour les amateurs de simplicité.

LA VILLA POLYPHÈME €€

Quartier Fond Corr ✆ +596 696 36 15 81
https://lavillapolypheme.com

C'est le nouveau temple du bien-être à Saint-Pierre ! La particularité de la Villa Polyphème : proposer des activités physiques et créatives, des événements, des séjours à thème autour du bien-être. Dans ce lieu idyllique qui ravira les amoureux de la nature, on peut s'initier au tissu ou hamac aérien, à la gym douce, au viniyoga, et aussi opter pour des massages (drainants, sportifs, en duo...). La Villa propose également deux bungalows : Colibri avec son décor pittoresque autour de l'oiseau endémique et Copihue pour un voyage au cœur de la Cordillère des Andes.

RÉSIDENCE ROXELLE €

Quartier Trois Ponts
✆ +596 696 43 92 65
www.residenceroxelle.com
Tarifs : 400 €/semaine pour le F3 et 520 €/semaine pour le F4. Quatre appartements avec parking privé, piscine.

Labellisé par les Gîtes de France, ce petit complexe est situé à 1,5 km du centre de Saint-Pierre. Nichés à proximité de la rivière Roxelane, d'où le nom, ces quatre appartements se composent de deux F3 et de deux F4, d'un parking, d'une piscine, d'un carbet et de plusieurs espaces pour se relaxer. Le lieu est particulièrement propice à la détente et au dépaysement. Les chambres sont toutes climatisés, confortables et bien décorées. De quoi se remettre d'aplomb après une journée de randonnée ou de plage. Accueil chaleureux garanti !

MAJO LOUNGE €€

1200 route du prêcheur
✆ 06 65 43 45 57
Capacité de 4 personnes. Parking privé gratuit. Climatisation. A partir de 80 € la nuit.

Une ravissante maisonnette située dans un joli jardin arboré, à quelques encablures de la mer. Le point fort de cet hébergement est certainement son environnement paysager. La décoration est moderne, de bon goût. On aime la terrasse extérieure, le bar sous son carbet dans le jardin. Les aménagements (cuisine et salle de bains) sont de qualité. Ajoutez à cela un accueil charmant des propriétaires et le tour est joué pour passer un superbe séjour dans le Nord de la Caraïbe ! Il est préférable de les appeler directement pour réserver.

HABITATION PERLE CREOLE €€

Quartier Perinelle Fond-Coré ✆ +596 696 28 29 66
www.habitationperlecreole.com
Tarifs : de 80 à 130 € la nuit pour les chambres ; de 90 à 150 € pour le studio.

Un véritable havre de paix niché sur les hauteur de Saint-Pierre : telle est la première caractéristique de cette grande villa créole tout de bois vêtue et admirablement bien rénovée. La vue à 360° est à couper le souffle, entre mer et montagne. L'habitation est conçue comme une résidence à taille humaine, composée de chambres, studios ou F1. Les hébergements sont ouverts sur le parc et sont décorés et équipés avec goût. Une piscine, son solarium et ses transats vous réservent une relaxation en toute sérénité. Super accueil de Karine, la maîtresse des lieux.

VILLA SAINT-PIERRE €€

Rue Bouillé
✆ 05 96 78 68 45
www.hotelvillasaintpierre.fr

Situé au cœur de Saint-Pierre, les pieds dans l'eau, l'hôtel Villa Saint-Pierre est un petit établissement familial 3 étoiles, qui compte 8 chambres, toutes décorées avec goût La décoration est particulièrement soignée, dans un style africain sobre et épuré, ce qui confère au lieu un charme authentique et moderne. Demandez une chambre côté mer : la vue sur la baie de Saint-Pierre est époustouflante. Un cadre idyllique et un service souriant ! On apprécie le *rooftop* aménagé en terrasse-bar le week-end venu, pour une atmosphère totalement inédite à Saint-Pierre !

NORD

LA MAISON DU GÉREUR €€€

Lieu-Dit Habitation Morne L'Etoile

✆ 05 96 52 57 46

4 chambres, 3 salles de bains. Tarif de 2 000 à 3 468 € la semaine. Location de 7 nuits au minimum.

C'est une maison historique d'exception, nichée au cœur d'une admirable propriété sur les hauteurs de Saint-Pierre. Cette ancienne «Maison du Géreur» a été entièrement restaurée et s'ouvre à la location. La rénovation a conservé le style créole authentique d'antan. Vous apprécierez la beauté du cadre, le confort et la vie de l'exploitation agricole bananière. Une belle piscine sur place complète le tableau. Votre hôtesse martiniquaise sur place est un cordon bleu et vous fera certainement découvrir les saveurs de la cuisine locale.

VILLA MAJE €€€

Départementale 10

Villa de 4 chambres ; capacité de 8 personnes. Tarif : 300 € la nuit en moyenne. Frais de nettoyage : 160 €/séjour.

C'est une ravissante villa située en plein centre de la ville. Elle est superbement rénovée et décorée. Le coup de cœur se porte sur la terrasse extérieure agrémentée d'un «bac à punchs» pour se rafraîchir de la moiteur de la ville. Une oasis de quiétude pour se prélasser durant vos soirées ! La vue est splendide sur la montagne Pelée et ses pitons, et vous accédez au bord de mer en deux minutes à pied ainsi qu'à la cathédrale et à la place du marché… La cuisine est tout équipée et le séjour, convivial, est décoré avec goût.

VILLA ALMA DA LUA €€€

Bord de mer, bourg de Saint Pierre

✆ +33 6 41 88 27 31

Villa en bord de mer de 156 m2 : 4 chambres et 2 salles de bains. Tarif 350 €/nuit, minimum 2 nuits requis.

Une très belle maison de ville, située au cœur de Saint-Pierre face à la plage. Elle bénéficie d'un accès direct à la mer, les pieds dans l'eau ! Élégante, décorée avec grand soin par Karine, la maîtresse des lieux, dans un style bohème chic. Des meubles design et des équipements de qualité apportent un caractère unique à la villa. De beaux volumes, une vue mer remarquable avec un panorama le soir au coucher du soleil dont on ne se lasse pas. Les 4 chambres sont spacieuses et équipées de lits king size. Un cadre idyllique pour vivre Saint-Pierre pleinement.

BAGUET SHOP €

Rue Victor Hugo

✆ 05 96 78 12 50

www.baguet-shop.com

Ouvert du lundi au samedi de 9h à 17h, le dimanche jusqu'à 14h.

Que ce soit à emporter ou à consommer sur place, l'enseigne Baguet Shop de Saint Pierre affiche, comme les autres boutiques de la marque, une décoration chic et contemporaine. Dès le matin, du pain frais, des viennoiseries et des pâtisseries attendent les gourmands. Pour déjeuner, on vous propose de délicieux sandwichs confectionnés sous vos yeux avec des ingrédients frais (on peut choisir son pain et sa garniture), ainsi qu'un vaste choix de pains. Sans oublier les plats cuisinés, les tartes salées ainsi que des salades composées et variées.

VILLA BAYA €€€

Sainte Philomène

✆ 06 96 24 23 21

www.villa-baya.com

Tarif à la semaine de 1 400 à 1 750 € selon saison et de 200 à 250 € la nuit avec un minimum de 3 nuits.

Imaginez un petit coin de paradis au bord d'une plage de sable noir quasiment privée… C'est dans ce cadre idyllique à la sortie du bourg de Saint-Pierre, en direction du Prêcheur, que se niche l'extraordinaire Villa Baya. Toutes les pièces s'ouvrent sur la mer et la plage. Le style chic et épuré s'intègre parfaitement dans le décor naturel. La villa dispose de deux chambres avec salles de bains privatives. L'espace de vie se prolonge à l'extérieur par une magnifique terrasse. On descend à la plage par un petit escalier privé. Sublime !

COLIBRI KREYOL SNACK €

Rue du Général de Gaulle

✆ +596 596 68 16 29

Ouvert mardi, mercredi et vendredi de 10h30 à 14h et de 18h à 21h. Le jeudi de 10h30 à 14h et le samedi de 18h à 21h.

Dans le centre de Saint-Pierre, cette adresse très appréciée des locaux ne désemplit pas. Il faut dire qu'outre l'excellent rapport qualité-prix, il se passe toujours quelque chose au Colibri : mini-concerts, structures pour enfants… Ajoutez à cela des portions généreuses, un accueil souriant et sympathique, ainsi qu'une terrasse des plus agréable, et vous comprendrez pourquoi le Colibri est le snack favori des Pierrotins. Carte simple (poulet-frites, salade, panini, croque-monsieur, hamburger végétarien…) mais produits de qualité.

CRÉOLE ARTS CAFÉ

103 rue Victor Hugo
✆ 05 96 97 67 87

Restaurant, bar, salon de thé, galerie d'art.
Ouvert du lundi au samedi de 10h à 16h.

C'est dans l'enceinte d'une vieille case créole traditionnelle qu'est né le *concept-store* Créole Arts Café. Dès la porte franchie, on ressent la signature du passé qui se combine avec authenticité à la rénovation actuelle insufflée par Juliette. Le lieu se décline en plusieurs activités : une épicerie fine offrant des produits issus du terroir uniquement (excellentissimes rillettes de marlin), un bar, un salon de thé, un resto le midi et une galerie d'art à l'étage. Le lieu accueille des événements culturels régulièrement. Une création inédite sur l'île !

SNACK BAR CARAÏBES €

Place Bertin
✆ 05 96 78 30 23
Ouvert tous les jours à partir de 6h30 jusqu'à tard dans la soirée. Fermé le dimanche. Plats 10-15 €.

Arlette est la personne qu'il faut voir à Saint-Pierre. Dans son fief qui a pignon sur rue, en plein cœur de la place Bertin, en maîtresse des lieux, elle vous propose de déguster les spécialités locales et de bons gros sandwichs variés. De l'assiette créole au dombré de chatrou en passant par les lambis aux haricots rouges, vous ne pouvez que repartir comblé. Mention spéciale pour la fricassée de chatrou, l'une des meilleures de l'île ! Le plus surprenant reste encore le cappuccino servi dans les règles de l'art face à l'une des plus belles rades de l'île.

LE GUÉRIN €

Place Félix Boisson
✆ 05 96 78 18 07
Ouvert tous les midis sauf le dimanche. Menu à 15 €.

Ambiance locale assurée pour ce petit restaurant familial situé à l'étage du marché, en plein centre-ville. C'est ici que, face à la mer, Livia et Simon cuisinent les produits frais du marché. On y accède par un escalier et on découvre un univers coloré, bruyant, convivial, avec toute une batterie de mets typiquement créoles : assiettes Doudou ou du pêcheur (en direct de la mer) et spécialités locales (accras, boudin créole, féroce d'avocat, fricassée de chatrou...). Très ventilé, c'est un lieu très sympathique, assez pittoresque et incontournable à Saint-Pierre.

LE SWITCH €

131 rue Bouillé
✆ 05 96 78 59 67
Ouvert toute l'année. Du lundi au samedi de 11h à 14h. Carte : 10 € environ.

Juste derrière le marché couvert de Saint-Pierre, ce petit snack local, fréquenté surtout par les Pierrotins, s'apparente plus à une cantine qu'à un restaurant, certes, mais la qualité est indiscutablement au rendez-vous. L'ambiance créole y est assurée, l'accueil est chaleureux et toujours souriant, et la cuisine martiniquaise faite maison est succulente : tartare de thon frais, salade tahitienne. La salle est petite mais on peut prendre à emporter. Un petit resto 100 % martiniquais qui sent bon l'authenticité ! On recommande.

CHEZ MARIE-CLAIRE €

Marché de Saint-Pierre
✆ 06 96 32 76 83
Situé au-dessus du marché. Ticket moyen : 12 à 15 €.

C'est une figure incontournable de Saint-Pierre. Depuis plus de trente ans, Marie-Claire Mouniama fait saliver les Pierrotins avec son inimitable macadam (une spécialité pierrotine à base de riz, de morue et de tomates) et son chèlou (un mélange d'abats et de riz). Des recettes transmises de génération en génération, dont la restauratrice, installée à l'étage du marché de Saint-Pierre, a le secret. Marie-Claire décline également d'autres plats emblématiques de la cuisine créole : accras, poulet colombo... Un endroit à ne pas manquer au cœur de l'agitation du marché.

CRÉOLE ARTS CAFÉ €

103 rue Victor Hugo
✆ 05 96 97 67 87
Restaurant, bar, salon de thé, galerie d'art. Ouvert du lundi au samedi de 10h à 16h.

Cette ancienne case créole traditionnelle est la première bâtisse à avoir été reconstruite après l'éruption de la montagne Pelée. Elle vient d'être rénovée et transformée avec beaucoup de goût par Juliette, tout en conservant son authenticité. Le lieu est ouvert tous les midis et offre une petite restauration concoctée au quotidien avec des produits issus du terroir local. On adore la rillette de marlin, le tataki de thon ou la fricassée de chatrou. La salle est agréable, fraîche et climatisée, et l'ambiance est conviviale à souhait. Un vrai coup de cœur.

LE TAMAYA €

85 rue Gabriel Péri
✆ 05 96 78 29 09
Ouvert toute la semaine le midi avec fermeture hebdomadaire le mercredi. Ouvert le soir le week-end.

Le Tamaya ressurgit des flots grâce à Peggy et Jean-Luc, les capitaines de ce vaisseau coulé lors de l'éruption de la montagne Pelée en 1902. Embarquez-vous pour une traversée hors du commun dans le grand large de la gastronomie : pavé de thazard, sauce citron, ouassous flambés au rhum vieux, cuisses de grenouilles à la provençale et andouillette de Troyes sauce moutarde. Sans oublier les incontournables profiteroles de Jean-Luc et leur chantilly maison. Accueil convivial et souriant de vos hôtes polyglottes sans négliger un bon rapport qualité-prix de rigueur.

© LE MOULIN A CANNES

© LE MOULIN A CANNES

© LE MOULIN À CANNES

LE MOULIN A CANNES €€

Distillerie Depaz ✆ 05 96 68 04 42
www.moulinacannes.com

Ouvert tous les midis du mardi au dimanche (fermé le lundi). Réservation recommandée. Carte : 40 €.

Après avoir exercé dans un étoilé Michelin à Paris, Gil Malidor, jeune chef martiniquais, a choisi l'enceinte de la plantation Depaz pour revenir au pays et proposer des saveurs créoles avec des recettes totalement revisitées. Ses plats « signature » sont les Agathes de lambis, petites billes de lambis farcis à l'intérieur ! On apprécie aussi la pluma au caramel épicé et ananas, les frites de manioc et les fameuses écrevisses de Mangatal (producteur local) au vieux rhum Depaz ! Concluez votre repas par un délicieux tiramisu aux raisins confits au rhum vieux.

© LE MOULIN A CANNES

© LE MOULIN A CANNES

LA VAGUE €

Rue Gabriel Péri
✆ 05 96 78 19 54
Ouvert tous les jours de 12h à 15h et le week-end de 18h à 22h. Repas 20-25 €.

A quelques pas du marché couvert, avec son agréable terrasse face à la mer, La Vague vous reçoit. La terrasse est l'une des plus agréables du coin pour y admirer la rade de Saint-Pierre dominée par la montagne Pelée. Ici on propose une cuisine créole traditionnelle, simple et sans prétention, mais savoureuse : colombo de poulet, accras de morue, poisson grillé, fricassée de chatrou et d'écrevisses, sorbet banane et flan coco, sans oublier la banane flambée en dessert. Un lieu idéal pour se prélasser avant ou après la visite de Saint-Pierre.

LE MAXXIMUM €€

Place Desnambuc
✆ 596 696 48 71 55
Restaurant de plage. Ouvert de 11h30 à 21h30. Addition moyenne 25 €.

Un petit resto sans prétention situé sur la plage, aux allures un peu hippies à première vue… La cuisine est installée dans un bus, ce qui confère au lieu une déco assez atypique ! La cuisine est de qualité et un effort est fait dans la présentation de votre assiette. Privilégiez les poissons ou les langoustes grillées. Les accras sont également un succès. C'est parfois un peu long mais… finalement c'est un peu partout pareil ! Buvez un ti punch ou une bière Lorraine en attendant et le temps passera plus vite ! Accueil charmant.

LE FROMAGER €€

Route de Fonds-Saint-Denis (D1)
✆ 05 96 78 19 07
www.enfinlefromager.fr

Incontournable, le légendaire Fromager, plusieurs fois séculaire, a survécu à l'éruption de la montagne Pelée en 1902, aux cyclones et ouragans qui se sont abattus sur la Martinique. De ce feuillu, René, maître des lieux, s'est inspiré pour baptiser son restaurant. La terrasse surplombe la rade de Saint-Pierre et la mer des Caraïbes. La cuisine fait la part belle aux produits de la mer fraîchement pêchés, aux mets qui fleurent bon la tradition. Le plus du Fromager : le dimanche midi, on danse, on s'amuse et on se régale dans une ambiance 100 % créole.

LE RÉSERVOIR 1902 €€

155 rue Victor Hugo
✆ 06 96 53 63 18
Consultez la page Instagram pour les suggestions : @le_reservoir.1902. Wifi gratuit à disposition.

Une nouvelle adresse offrant une excellente cuisine traditionnelle créole. Willy, le patron et cuisinier en même temps, affiche toujours un sourire radieux. Il aime partager sa bonne humeur avec ses convives. Il concocte avec passion des plats goûteux et généreux. Toutes les spécialités de la cuisine créole familiale sont offertes, comme à la maison ! Vous devez absolument succomber à ses cocktails également. Ajoutez un cadre atypique, avec des fûts de rhum en guise de bar, une magnifique vue mer et le tour est joué… Vous passerez un moment inoubliable !

L'ALSACE A KAY €€

75 rue Gabriel-Péri
✆ 05 96 67 53 65
Ouvert lundi, mardi, vendredi et samedi de 11h à 21h. Mercredi et dimanche de 10h30 à 15h. Fermé le jeudi.

Les jarrets de porc braisés, la choucroute, le baeckeoffe ou le kougelhopf se dégustent dans une salle à manger digne d'un conte de Hansel et Gretel. L'Alsace à Kay vous propose également de goûter les saveurs authentiques martiniquaises chaque jour renouvelées. Au rez-de-chaussée, une étonnante épicerie fine *made in* Alsace avec vins choisis, confitures, confiseries, bretzels et autres merveilles. Les plus : une belle salle climatisée, des expositions d'artistes locaux, des concerts live, une vue exceptionnelle sur la rade. Une adresse sympathique !

ARHUM GLACÉ

71 Rue Victor Hugo
✆ 05 96 97 93 72
Ouvert de 11h à 18h30 tous les jours sauf lundi et mardi.

Un véritable artisan glacier à découvrir absolument lors de votre passage à Saint-Pierre. Audrey et Aurélien se sont installés dans la commune où la grand-mère d'Audrey avait autrefois un commerce. Aurélien est pâtissier confiseur depuis 20 ans et il a officié dans de belles maisons réputées en Métropole. Il présente aujourd'hui ses propres collections de glaces, sorbets, desserts glacés, crêpes et gaufres. Le style est raffiné et contemporain et la qualité des produits au rendez-vous. Testez sa glace à l'italienne artisanale fabriquée sur place, un régal !

LE 1902

143, rue Bouillé
✆ 06 96 18 03 47
Ouvert du lundi au samedi de 8h30 à 18h30. Le dimanche de 9h à 13h.

Cette boutique assez originale aux allures de caverne d'Ali Baba encourage la création artisanale locale. Pas étonnant puisque son propriétaire est lui-même un artiste. Vous y trouverez des produits variés : bijoux, parfums, souvenirs, mugs... Tout est fabriqué par des artisans, des autoentrepreneurs ou des petites entreprises exclusivement martiniquaises. L'attachant propriétaire prend le temps de vous conter la provenance de chacun de ses objets qu'il sélectionne avec soin. Des souvenirs uniques à des prix très accessibles.

MALOU CRÉATION

Rue Gabriel Péri
✆ 05 96 78 21 12
Ouvert du mardi au vendredi de 9h à 13h et de 15h à 18h. Le samedi de 9h à 13h.

Dans les mains de Malou, couturière hors pair aux doigts de fée, le madras et la dentelle retrouvent leurs formes d'antan. La grand-robe, les douillettes et autres modèles sont tous réalisés à la main et personnalisables sur simple demande. Voilà près de trente ans que Malou collectionne et confectionne les tenues traditionnelles. Et sa passion est restée intacte. Dans sa boutique conçue pour le plaisir des plus coquettes, on trouve différents modèles de vêtements traditionnels antillais. C'est en quelque sorte ici le palais de l'élégance créole !

BELA BEACH €

✆ 06 96 75 56 28
https://belabeach.fr
Restaurant de plage et bar à cocktails. Mardi au dimanche. Cuisine 12h-15h. Tapas/apéro en dehors des heures de service.

© BELLA BEACH

Une paillote au bord de l'eau comme on les aime ! Cette adresse à l'entrée de Saint-Pierre, très joliment décorée dans des tonalités naturelles, est à conseiller pour ses cocktails absolument délicieux. On y trouve les grands classiques mais aussi des créations maison inédites dans le coin. Côté lounge bar, on aime l'ambiance musicale et les transats pour le farniente. Côté gastronomie, les assiettes sont savoureuses et bien dressées. Une halte agréable si vous êtes de passage à Saint-Pierre, pour un déjeuner au soleil ou un apéro sunset...

MARCHÉ DE SAINT-PIERRE

Place Bertin
Ouvert du lundi au samedi de 6h à 14h.

Ce marché est un incontournable de toute visite à Saint-Pierre ! C'est aussi le lieu idéal pour rencontrer les Pierrotins, se familiariser avec les fruits et les légumes du pays, collectionner les saveurs, les épices et pourquoi pas s'y restaurer ! Vous trouverez ici le vrai marché typique antillais avec ses marchandes qui vous font découvrir les trésors de leur terre du Nord Caraïbe ou encore des petites mamies créoles qui vendent la production de leur jardin, sans oublier les pêcheurs de retour de la pêche. De préférence, allez-y le samedi matin.

SABLE ET CENDRE

115 rue Victor Hugo
Atelier créatif de conception d'objets, bijoux, cadeaux, décoration.

Une sublime découverte, nichée au cœur des ruelles de Saint-Pierre. Miguelle, amoureuse de cette commune où petite elle passait ses vacances, a créé Sable & Cendre, son atelier artisanat d'art où elle fabrique et vend des objets en céramique. Miguelle aime surtout partager sa passion à travers des ateliers de découverte et des animations artistiques. Venez dénichez des objets de décoration et des bijoux, en grès, porcelaine, argile polymère… Laissez-vous tenter par un stage d'initiation à la poterie, le sourire et la bonne humeur de Miguelle feront le reste !

A PAPA D LO PLONGÉE

102 rue Bouillé
✆ 06 96 50 13 68
www.apapadlo.net
Ouvert du mardi au samedi de 9h à 17h et le dimanche de 9h à 13h. Départs à 9h et à 14h30.

Sur la plage de Saint-Pierre, cette association agréée Jeunesse et Sports est spécialiste de la plongée sur épaves. Dans une ambiance conviviale et toujours enjouée, des plongées Nitrox, Nitrox confirmé et Trimix sont organisées quotidiennement. Sortie sur les épaves mythiques de la rade de Saint-Pierre et tous les sites du Nord Caraïbe jusqu'au rocher de la Perle, au Prêcheur. Le club propose des plongées adaptées à tous les niveaux (1 à 4), des baptêmes ainsi que des formations pour les encadrants. Plongée de nuit sur réservation à partir de 4 personnes.

SURCOUF DIVE

✆ 06 96 24 39 45
Tarifs à partir de : baptême à 52 €, 1 plongée à 47 €.

À l'entrée de Saint-Pierre en venant du Carbet, Surcouf Dive est une petite structure idéale pour explorer les épaves et les tombants dans la magnifique rade de Saint-Pierre. Sous la houlette d'Olivier Leblanc, fin connaisseur des lieux, Surcouf Dive propose des séjours plongée sur mesure pour les groupes (15 plongeurs maximum) et les passages de niveaux 1, 2 et 3. Juste à côté du local de plongée, Luc, marin-pêcheur, propose aux plongeurs de déguster (sur réservation) de délicieux petits poissons frits (les *balaous*) après la plongée. Ambiance conviviale assurée.

SYMBIOSE APNEE

Habitation Plaisance 9 lotissement Perinelle
✆ 596696403834
www.symbiose-apnee.fr
Rand'eau aquatique 49 € ; journée initiation apnée à 119 €.

Symbiose est la seule école de plongée dédiée exclusivement à l'apnée en Martinique. Le centre offre un panel complet de prestations, que vous soyez un apnéiste confirmé ou totalement débutant. Pour les néophytes, la journée d'initiation à l'apnée est formidable de par son approche progressive. Les «Rand'eau aquatiques», accessibles à tous, sont une découverte du monde multicolore qui fourmille dans les eaux claires de la baie de Saint-Pierre. Toutes les activités sont encadrées par Olivier et son équipe de moniteurs brevetés d'Etat.

LE PRÊCHEUR ★★★

Commune de l'extrême depuis 1839, le nom du Pêcheur viendrait d'un rocher, aujourd'hui immergé, à la curieuse forme évoquant un prédicateur en chaire. Aujourd'hui, si l'ambiance y est attachante et authentique, on ne vient pas au Prêcheur par hasard. Mais pour visiter le magnifique parc de l'habitation Céron et lézarder sur le sable noir de l'anse Couleuvre, isolée et sauvage, d'où l'on devine au loin les côtes de la Dominique.

Balade

- **Au départ du sentier vers Grand-Rivière,** la maison Caritan marque le début d'une belle balade au nord de l'île. Suivre le plan départemental des itinéraires de promenades et de randonnées. La forêt abrite une faune peu courante en Martinique, comme l'iguane, la couresse (serpent), le dynaste. De magnifiques sentiers pour les bons marcheurs, mais aussi pour les promeneurs qui savent goûter le calme à un rythme approprié.
- **Si vous êtes tenté par un parcours un peu plus sportif,** le trajet Prêcheur-Grand-Rivière constitue la plus longue et la plus belle des grandes randonnées de Martinique. Il faut une bonne condition physique et une certaine endurance pour aller au bout de ce parcours de 20 km (5 à 6 heures de marche aller), mais on est récompensé par des paysages fabuleux, par des arbres exotiques, cacaoyers, caféiers, manguiers, et au terme de la balade, un bain de mer sur soleil couchant, exceptionnel !
- **Au lieu-dit la Grande-Savane,** vous rencontrerez l'une des plus intéressantes curiosités de cette randonnée : les sources chaudes, qui jaillissent de terre presque bouillantes. C'est sans doute là le sentier le plus fréquenté, avec ses anses, ses cascades et son charme sauvage. Il comporte quelques passages en rappel. Pour revenir, les randonneurs doivent passer par l'office de tourisme de Grand-Rivière (✆ 05 96 55 73 74) afin de réserver leur retour en yole par des pêcheurs habilités.
- **En continuant la route vers Grand-Rivière et l'Anse-Couleuvre**, la côte rocheuse est noire d'ébène et les vagues submergent fréquemment les rochers pour venir lécher la route. Le paysage change alors radicalement pour faire place à des falaises. On débouche ensuite sur l'Anse-Céron, où l'on trouve un spot de surf fort prisé. Les vagues sont régulières et hautes, déroulant, par houle du nord, du nord au sud. Seuls les connaisseurs et les pratiquants déjà confirmés s'y risquent. Le site de l'Anse-Céron est par ailleurs fort beau, avec une allée bordée de grands cocotiers.

Histoire

Les Anglais tentent d'y débarquer à plusieurs reprises et notamment à Fond-Canonville, en 1694. Partie prenante dans l'économie régionale menée par Saint-Pierre, le Prêcheur est le théâtre d'importants troubles à la veille de l'abolition de l'esclavage (1848). Dans une ambiance de plus en plus fébrile, une étincelle va suffire à déclencher le soulèvement de la masse servile. Devant la sérieuse dégradation de la situation et les nombreux morts, le gouverneur Rostoland est obligé de rendre public le décret abolitionniste avant l'arrivée de la commission officielle. En 1902, l'éruption de la montagne Pelée détruit en partie la ville et la majorité de la population fuit les lieux. La commune compte deux figures célèbres parmi ses visiteurs : Françoise d'Aubigné, la future Madame de Maintenon qui fut, durant plusieurs décennies, la maîtresse et la favorite de Louis XIV, et le curé de la paroisse, le père Dutertre, célèbre historien du XVIIe siècle. On ira voir le site marin, dit du « Tombeau des Caraïbes ». On raconte que les derniers Indiens caraïbes plongèrent dans le vide du haut de la falaise après s'être empoisonnés, pour échapper à la cruauté des envahisseurs européens.

ANSE CÉRON

Route du Nord

Cette plage de sable volcanique gris noir bordée de cocotiers et de raisiniers est l'une des plus belles de l'île. Elle est peu fréquentée en semaine. Un petit sentier traversant les ruines de l'Habitation Couleuvre, ensevelies sous la végétation, vous mène jusqu'à la plage aux eaux limpides qui contrastent avec le sable noir. Petit plus non négligeable : l'Anse Céron est équipée de tables de pique-nique et de douches. Coins d'ombre également. A proximité, l'îlet la Perle est réputé pour ses fonds marins. Pensez à prendre masque et tuba.

CASCADE COULEUVRE

Sans conteste l'une des plus belles randonnées de l'île. Elle se fait sans grande difficulté sur 2,8 kilomètres à 170 m de dénivelé en moyenne. On y côtoie une faune et une flore riches, des vestiges historiques… Sans compter la rivière que l'on traverse par endroits. Et le meilleur pour la fin : une magnifique cascade de plus de 120 mètres de haut, formant un fin rideau glissant le long des roches et de la végétation. Son accès est proscrit par temps de pluie à cause de la rivière qui rend ses passages à gué trop périlleux. Comptez 1h30 de marche au total.

NORD

Plage de Prêcheur.

LE DOME - GRANDE SAVANE

✆ +596 696 21 67 62

Situé à 700 mètres d'altitude, le Domaine Martiniquais d'Expérimentation (DoME) de Grande Savane au Prêcheur est un espace d'échanges et de rencontres dédié à la montagne Pelée en cohésion avec le plan de gestion du site classé des versants nord-ouest de la montagne Pelée. C'est un lieu de découverte active de l'environnement et du patrimoine peu exploité jusqu'à présent, constitué d'un espace couvert et d'un parcours muséographique avec des informations sur la faune, la flore, la pédologie, la météorologie...

Le lieu de départ de la navette qui mène au site est situé au Bourg du Prêcheur. Sur place, le visiteur découvre la vue à 360° sur le belvédère, de la mer des Caraïbes au sommet de la montagne Pelée. Il pénètre ensuite dans l'espace Lacroix où l'on découvre l'histoire de la montagne Pelée, mais aussi celle de Grande Savane et de ses premiers habitants.

La visite se poursuit sur la rampe extérieure qui serpente au-dessus du sentier de randonnée de Grande Savane. Le visiteur circule à travers les arbres en découvrant différentes espèces d'oiseaux, les espèces animales d'autrefois et quelques-unes que l'on peut toujours observer. Le parcours aborde également la construction du paysage à travers les différentes éruptions qui ont construit le paysage tel qu'on l'observe aujourd'hui.

La visite dure entre 2 et 4 heures. On vous conseille d'apporter des chaussures de marche, ou au moins des baskets, et d'avoir une tenue adaptée à une balade en pleine nature.

Sur place, on trouve aussi une aire de repos, une boutique, un héliport.

© LE DÔME

HABITATION CÉRON ★★★

Quartier Anse Céron ✆ 0596 48 27 53

https://habitationceron.fr

Restaurant. Jardin. Promenades à cheval. Ouvert de 9h30 à 17h tous les jours. Visite du parc 9 € (5 €/enfant).

Classé parmi les plus beaux endroits de l'île, le site de l'Habitation Céron se distingue par sa faune et sa flore exceptionnelles. Situé aux confins du Prêcheur, le somptueux parc de l'Habitation Céron, labellisé Jardin remarquable en 2015, a été aménagé sur d'anciennes terres agricoles. La visite du jardin est prétexte à une jolie balade, que chacun peut faire à son rythme.

Pendant deux siècles, ce site historique a été dédié à la production de sucre et à la culture du cacao, du café et du manioc.

En 1897, la sucrerie et la vinaigrerie (où la mélasse était transformée en tafia) sont supplantées par une distillerie. Puis l'habitation reste longtemps à l'abandon avant d'être rachetée dans les années 1930 pour y cultiver de la banane. A la fin des années 1980, l'actuelle propriétaire, Laurence Marraud des Grottes, tombe sous le charme de ces lieux séculaires et décide de lui donner une nouvelle impulsion. Elle imagine un circuit mettant en scène la nature et la rivière Céron qui traverse l'habitation, faisant appel aux émotions et aux sens du visiteur : l'ouïe avec le bruit de l'eau, la vue avec cette palette végétale de couleurs, l'odorat et le toucher aussi…

La propriétaire est aussi à l'origine de la relance de la filière cacao en Martinique, fondatrice de la filière Valcaco, destinée à promouvoir le cacao martiniquais. Avec désormais plus de 2 000 cacaoyers en production, Céron produit ses propres tablettes de chocolat. Des balades à cheval accompagnées sont proposées à travers la cacaoyère.

TOMBEAU DES CARAÏBES

A 5 km au nord de Saint-Pierre.

A 5 kilomètres au nord de Saint-Pierre, un panneau indique la direction de cet énorme rocher. La légende raconte que les valeureux chefs caraïbes ont préféré se jeter du haut de cette falaise, après avoir avalé un violent poison, plutôt que d'être réduits en esclavage par les colons français. Nul ne sait si cette légende est vraie, laissant pour seuls témoins de grandes roches gravées, que l'on peut encore déchiffrer. Toujours est-il que c'est ici que la mémoire amérindienne est régulièrement honorée par certains groupes indépendantistes.

© VILLAGE POMME CANNELLE

© VILLAGE POMME CANNELLE

© VILLAGE POMME CANNELLE

VILLAGE POMME CANNELLE €€

Morne Folie ✆ 05 96 65 91 35

www.villagepommecannelle.com

Du studio au F3. Séjour à partir de 2 nuits à 152 €. Wifi, piscine à débordement et espaces bien-être.

Une charmante résidence hôtelière située en hauteur sur le morne joliment dénommé « Folie ». Elle offre un panorama inouï sur la montagne Pelée et la côte nord caraïbe. Les villas créoles aux couleurs chamarrées se nichent dans un jardin. Elles ont été rénovées récemment : nouvelles literies, douches à l'italienne, décoration plus contemporaine. 4 nouveaux hébergements haut de gamme complètent l'offre. Piscine à débordement, table d'hôtes et parcours de remise en forme. Ici on cultive le calme, l'accueil personnalisé et le service. Un véritable coup de cœur !

© VILLAGE POMME CANNELLE

© VILLAGE POMME CANNELLE

MATNIKNOTIK

✆ 06 96 07 48 98

Enfant du pays, pêcheur, plongeur et marin chevronné, Jean-Guy Gabriel vous emmène sur sa yole découvrir les fonds marins dont lui seul a le secret, les dauphins et cétacés dans les anses du nord de l'île, mais aussi faire du snorkeling, ou vous initier à la pêche à la traîne. Le tout en vous racontant les légendes sous-marines qui font partie de l'histoire de la Martinique et en vous sensibilisant habilement au respect de la mer et de l'environnement. Sortie à la demi-journée ou à la journée. Réservation recommandée. On recommande !

HABITATION ANSE COULEUVRE €€

Chemin de l'Anse Couleuvre

✆ +596 696 33 22 04

www.habitation-anse-couleuvre.com

Addition moyenne : 60 €. Réservation obligatoire. Possibilité de privatiser le lieu.

L'Habitation Anse Couleuvre abrite un restaurant comme on les aime... Une décoration de style balinais qui s'intègre avec le style de l'ancienne maison coloniale. Le chef propose une carte conçue avec des produits du cru, agrémentés de saveurs internationales. Une halte hors du temps à vous recommander vivement. Il est prudent de réserver, le site est à l'extrême nord de l'île. Une route escarpée mène au point de départ d'une randonnée mythique entre l'Anse couleuvre et Grand-Rivière.

HABITATION ANSE COULEUVRE €€

Chemin de l'Anse Couleuvre ✆ +596 696 33 22 04

www.habitation-anse-couleuvre.com

Tables et chambres d'hôtes de charme. Tarifs : 170 € pour 2 dans la maison principale et 250 € le bungalow.

Au cœur de la nature tropicale, cette habitation datant du XVIIe siècle a été transformée en un hôtel familial sous l'impulsion de son propriétaire. Son objectif : mettre en valeur ce site historique exceptionnel en prenant soin de le respecter. L'habitation a été soigneusement rénovée, décorée avec goût avec des matériaux naturels, permettant de sublimer l'architecture créole. Des bungalows nichés dans le parc complètent l'offre. Le résultat est saisissant d'authenticité.

FERME AGROÉCOLOGIQUE DU PRÊCHEUR

Quartier Préville

Certifiée bio depuis mars 2019, l'ancienne ferme agro-écologique des Cols Verts est aujourd'hui cultivée par Pierre-Gilles Iman, ancien informaticien reconverti dans l'agriculture biologique. Ce maraîcher passionné, qui livre l'essentiel de sa production à la structure solidaire Ta Nou, y applique les principes de l'agroécologie (respect des cycles de la nature, association de cultures) ainsi que des techniques traditionnelles : planche, le pit (fosse) ou encore paillage naturel.

VILLAGE POMME CANNELLE €

Morne Folie

✆ 05 96 65 91 35

www.villagepommecannelle.com

Ouvert le week-end en basse saison ; du lundi au samedi en haute. Menu à 25 €.

La table d'hôtes offre une carte axée sur les produits frais et locaux uniquement, issus de leur propre récolte ou de producteurs du nord (sauf quelques viandes importées). On a le choix entre trois entrées, plats et desserts et un merveilleux cocktail du jour pour démarrer le repas. Le restaurant est situé à côté de la piscine et bénéficie d'une magnifique vue sur la Caraïbe. Consultez le site ou la page Facebook pour connaître les journées spéciales : récolte dans le verger, atelier culinaire avec le chef et dégustation sur place. What else?

LES BALADES EN MER DE POMME CANNELLE

✆ 05 96 65 91 35

Balade demi-journée avec collation à bord : 45 €/adulte (min. 6 pers). Journée : 75 €/adulte. Déjeuner sur la plage.

La famille Netala propose des balades en mer à bord de son superbe bateau (700 cv) de 10 mètres. En demi-journée, on vous conseille la balade à la découverte des plages du Pêcheur jusqu'à Grand-Rivière ; à la journée partez à la découverte du Nord Caraïbe : dauphins, snorkeling... Vous avez le temps ? N'hésitez pas et préférez le circuit Jules Verne : c'est le tour de la Martinique en 1 journée.Le bateau peut être complètement privatisé à la journée avec son capitaine, bien sûr !

HABITATION CÉRON €€

Quartier Anse Céron ✆ 0596 48 27 53
https://habitationceron.fr

Restaurant. Bar. Jardin remarquable. Promenades à cheval. Ouvert de 10h à 17h30 tous les jours en saison.

Une pause déjeuner au milieu d'une nature luxuriante, sous un grand carbet. Ici, la cuisine incarne le courant « slow food ». Une carte volontairement courte, simple, évolutive, pensée avec les ressources disponibles et durables du domaine et des producteurs. Le chef propose à l'habitation Céron une cuisine engagée pour une gastronomie durable.

Rien ne se perd, tout se transforme, la boutique propose une gamme d'épicerie fine 100 % Martinique, 100 % circuits courts ! Vous y trouverez confitures, chocolats, sirop, infusions, cacao...

FONDS-SAINT-DENIS ★★

Les maisons rustiques s'éparpillent dans tous les recoins ombreux du Grand Nord. Le vieux chemin, la Trace, glisse en lacets serrés vers ce village fleuri de bougainvilliers et d'alamandas que l'on appelle Fonds-Saint-Denis. Vous voici dans le monde des sommets, du siffleur des bois, des gouffres et des rivières. Le petit bourg vaut le détour comme le rappellent son église bâtie à la fin du XIXe siècle, le bien solitaire observatoire sismique du morne des Cadets, et surtout les belles promenades qui s'en échappent. La commune offre d'ailleurs un point de vue incomparable sur la montagne et la mer en rattrapant la route de Saint-Pierre.

Balade

- **A Fonds-Saint-Denis**, découvrez l'église et le cimetière colorés. Au centre du bourg se trouve la ravissante place Jules-Pain qui porte le nom d'un ancien maire et sa fontaine. Face à l'église, le monument aux morts s'arroge un titre de gloire : c'est le plus petit de France !
- **Entre la Trace et Fonds-Saint-Denis**, après avoir parcouru quelques kilomètres, une petite route très sinueuse en pleine forêt descend au site d'Absalon d'où une balade en plein cœur d'une forêt tropicale très dense vous attend, accessible à tous.
- **Pour les adeptes de canyoning**, allez faire un tour à la cascade de Saut-Gendarme : on y accède par un petit escalier abrupt pour déboucher sur un petit pont de bois permettant d'admirer la chute d'eau. Le chemin depuis Deux-Choux se transforme véritablement en route de gorges après le site de la cascade.

Église de Fonds-Saint-Denis.

CASCADE DU SAUT-GENDARME

Le long de la D1, à 1 km du Carrefour des Deux Choux. En direction de Fonds-Saint-Denis 1 km après l'embranchement avec la N3.

Au milieu de la forêt tropicale, une cascade de plus de dix mètres, fraîche et limpide se jette dans un petit bassin où il fait bon se... rafraîchir (la température de l'eau avoisine les 16 degrés !). Son nom viendrait des nombreux gendarmes qui, depuis Saint-Pierre, s'y arrêtaient pour faire boire leurs chevaux. On raconte que l'un d'entre eux aurait chuté en essayant de gravir la paroi rocheuse de laquelle coule la cascade. Cette aire de verdure et d'eau claire est idéale pour pique-niquer et pour écouter le chant des oiseaux.

PITONS DU CARBET

Les Pitons du Carbet sont constitués d'un ensemble de massifs volcaniques dont cinq sommets, très proches les uns des autres, se situent entre 1 000 et 1 200 m d'altitude. La randonnée qui part de Fonds-Saint-Denis (Plateau Boucher) est sportive, elle dure 6h30 et requiert une excellente condition physique. Du fait de la végétation très dense et du relief escarpé, vous serez amené par endroits à progresser avec des cordes et à emprunter des sentiers très pentus. Mais l'effort en vaut la chandelle : d'en haut, la vue sur la côte caraïbe est époustouflante.

RELAIS DE LA MAISON ROUSSE €

Quartier Fonds Mascret ✆ 05 96 55 85 49
www.maisonrousse.com

A partir de 130 € la nuit pour 2 personnes. Ouvert du mardi au dimanche de 8h à 18h. Petit déjeuner de 8h à 9h30.

Cet établissement est installé sur l'emplacement d'une ancienne habitation de 1777 fondée par le sieur Rousse. La rivière du Carbet coule en contrebas et le panorama est exceptionnel, entre la forêt luxuriante et la plantation de fleurs tropicales. Le Relais abrite 5 chambres d'hôtes charmantes, équipées de la climatisation et d'une salle de bains avec douche et toilettes, une piscine et un deck en bois avec solarium. Et le soir table d'hôtes sur place pour ne plus avoir à bouger.

ASSOCIATION LASOTÈ

✆ 05 96 57 09 79

https://lasotemartinique.com

Créée en 2008, l'association Lasotè a pour objectif de transmettre et sauvegarder les modes culturaux et culturels issus des mornes du Nord Caraïbe. Chez les paysans du Nord Caraïbe, la solidarité était le maître mot pour permettre leur survie et celle de leur famille. Après l'abolition de l'esclavage en 1848, les paysans du Nord Caraïbe se sont retrouvés libres mais avec très peu de moyens financiers. Impossible d'utiliser des charrues pour labourer leurs exploitations situées dans des zones pentues peu accessibles. Pour pouvoir travailler leurs champs, ils se sont regroupés en sociétés, dans le but de s'entraider et de se donner un coup de main par solidarité, afin que chacun puisse voir ses terres labourées. C'est ainsi qu'est né le lasotè, le nom donné aux travaux de labour ponctués par le son des tambours.

Le tout était effectué au son de rythmes précis qui indiquaient le type de travail : le « Gran son » : utilisé pour casser et dégrader la terre ; le « Mazon » : c'est un rythme qui permet de sillonner la terre avant de commencer à planter ; le « Riviè léza » : pour délasser les hommes après leur dur labeur ou faire d'autres menus travaux.

Chaque type d'entraide porte un nom différent selon les travaux à réaliser. Les principaux coups de main sont : « lasotè », « terrage kaï », « gragé manioc », « scieur de long », « dansé kako' ».

Au-delà du rythme, le lasotè est surtout une leçon sur l'entraide et la solidarité.

L'association organise des ateliers de transmission et des visites autour de cette culture d'antan.

HAMEAU DU MORNE DES CADETS €€

Morne des Cadets

✆ 06 96 37 96 74

www.tonton-leon.com

Bungalow : 80 €/2 pers (2 nuits minimum) ; 480 €/semaine. Grand gîte (6 personnes) : 150 €/nuit ; 740 € la semaine.

Dans la ferme certifiée bio de Léon Tisgra, il y a bien sûr des fruits et légumes cultivés avec amour par l'agriculteur mais pas seulement. Tonton Léon a développé en famille un concept d'agrotourisme, avec des bungalows et un gîte composé de trois chambres. La vue sur la montagne Pelée jusqu'à la mer y est époustouflante ! Pour les gourmands, Tonton Léon propose une formule petit déjeuner et une table d'hôtes le soir avec des produits issus de son exploitation.

TABLE D'HÔTES DU RELAIS DE LA MAISON ROUSSE €

Quartier Fonds-Mascret

✆ 05 96 55 85 49

www.maisonrousse.com

Ouvert tous les midis sauf le mardi. Le soir uniquement pour les résidents du Relais.

La table d'hôtes du Relais de la Maison Rousse mérite le détour, même pour les non-résidents. Sur une jolie terrasse ombragée, on se délecte de spécialités créoles simples et savoureuses. Ici on travaille en famille et on cuisine avec les légumes et les fruits du jardin. Il est vraiment indispensable de réserver, surtout le week-end, car la table d'hôtes est prise d'assaut par les résidents de la chambre d'hôtes et les habitués. Bon repas assuré, à un prix correct, dans un cadre vert.

VERT-ÉVAD

✆ 06 96 33 93 20

http://vertevad.com

Prix indicatifs : De 50 à 70 € par personne. Formule aquarando 10 € par adulte, 7 € pour les enfants.

Encadré par un professionnel breveté du canyoning tropical (Max Saint-Jean), partez à la découverte de la forêt tropicale et de sa faune en descendant des cascades, mais aussi par plusieurs typologies de descentes différentes (toboggans, désescalade, tyrolienne, saut...). Combinaison et matériel fournis. Qu'il s'agisse de canyons débutants (dès 12 ans) ou d'aventure pour un public confirmé, les sites sont le saut gendarme (Fonds-Saint-Denis), la rivière Mitan (Morne-Vert) et Fond Lottière (Grand Rivière). Pensez à des vêtements sportifs, de l'eau et des baskets.

MORNE-ROUGE ★★

Perchée à 450 m d'altitude, la commune la plus élevée de Martinique s'agrippe sur les contreforts de la montagne Pelée. Rouge pour la terre volcanique, Morne car elle est lovée au creux de la montagne, la commune s'affirme comme telle dès 1888 au moment de repenser les quartiers de Saint-Pierre. Déjà victime d'un cyclone, elle ne fut pas épargnée par l'éruption de la montagne Pelée en 1902. La Maison du volcan rappelle l'événement et renseigne les plus curieux sur les mouvements volcaniques des flancs de la Pelée. Noyé de végétation luxuriante et de fleurs surprenantes, le relief de la commune fait figure de paysage parmi les plus beaux de l'île.Voici donc un bourg tranquille avec son supermarché, ses boutiques et ses bars alignés dans la rue principale qui mène à la grande église de pierre. On peut y admirer quelques belles maisons coloniales et une baraque où l'on vend des coqs à l'entrée du bourg en venant de Saint-Pierre.

Balade

De Morne-Rouge en quittant la N3 sur la gauche, une route mène au pied de la montagne Pelée. En suivant la route vers Ajoupa-Bouillon, on trouve une plantation d'ananas au bord de laquelle on marque l'arrêt. Vous aurez peut-être la chance de croiser quelques marchands ambulants pour déguster du jus d'ananas à peine pressé.

Plusieurs randonnées permettent de pénétrer dans l'extraordinaire milieu tropical. En 1988, le conseil général de la Martinique a confié à l'Office national des forêts la tâche essentielle de reconnaître les sentiers les plus importants du tourisme pédestre et de les aménager pour votre accueil et votre sécurité. Un guide pratique, *31 sentiers balisés en Martinique*, vendu dans toutes les librairies, vous donne tous les détails, repères, points de vue, circuits botaniques et renseignements sur la faune et la flore.

▸ **Le circuit de Sainte-Cécile** (5 heures) pour ses points de vue remarquables sur les vallées alentour et les plantations.

▸ **La Pelée par l'Aileron** (5 heures). La Caldeira et le Chinois (2 km après le bourg de Morne-Rouge vers Ajoupa-Bouillon). Prévoir une carte détaillée, de bonnes chaussures de marche, un vêtement imperméable, de l'eau et de la nourriture. Circuit à faire de préférence entre janvier et avril. Il faut en effet glisser avec souplesse et maîtrise dans un collé-collé avec le circuit balisé, car les failles sont nombreuses.

▸ **Le Piton Gelé** (2 heures). Randonnée réservée aux excellents marcheurs, bien équipés et impérativement accompagnés d'un guide. La descente est éprouvante. De sauts en glissades, on revient sur nos traces. C'est un des sommets les moins connus des Martiniquais : un des sentiers les plus beaux et les plus physiques de l'île, entre Fonds-Saint-Denis et Morne-Rouge. L'hiver n'est pas la meilleure saison pour accéder à ses 924 m d'altitude. Il n'y a pas de sentiers répertoriés. Départ : parking de la trace des Jésuites, sur la route de la Trace. On se dirige vers le carrefour de Deux-Choux, à la rencontre d'une ravine sur la droite, à 30 m de là. C'est ici que débute le sentier ancestral (caché par la végétation). Un canyon de moins de 5 m de large, grimpant d'une manière « éperdue » ; à terre, roche ocre et boue argileuse, une nature démesurée. La progression est lente, faire attention à une éventuelle chute.

Après le canyon, une bonne partie du parcours s'effectue sur une ligne de crête de moins de 10 m de large. Les précipices sont masqués par une végétation luxuriante. Le tapis de mousse végétale reste un véritable piège mortel. Contact avec des fougères géantes : attention à leurs longs piquants noirs, qui brûlent la peau à cause d'une substance irritante. Contact avec les herbes couteaux : elles sont gigantesques et très coupantes. Variétés de petits escargots de toutes les formes et de toutes les couleurs. On émerge tout à coup du sous-bois pour se trouver à découvert, à flanc de sommet : on a l'impression d'être suspendu dans le vide. Spectacle à couper le souffle, la Martinique est à nos pieds.

▸ **Balades sur la Trace des jésuites** (5 heures). Un chemin intéressant qui débute à une dizaine de kilomètres au sud vers Fort-de-France, sur la gauche. Randonnées sur le morne Jacob. Le nom rappelle les jésuites qui les premiers tracèrent les voies de communication sur l'île au XVIIe siècle. Environ à mi-parcours on traverse la rivière Lorrain où la baignade est possible. La randonnée reste tout de même réservée aux marcheurs chevronnés, à faire de préférence par temps sec et toujours bien équipé (chaussures de marche, eau...).

Se restaurer

Morne-Rouge reste une petite commune rurale plantée au milieu de la végétation tropicale qui l'entoure. Difficile d'imaginer y dénicher lors d'un premier passage parfois inattendu de belles et attrayantes tables pour un midi gourmand ou un dîner hors du temps. Et pourtant, les restaurants, insolites, isolés, charmants et accueillants que vous retrouverez dans le bourg vous étonneront à coup sûr !

DOMAINE DE LA VALLÉE

Habitation Mespont
✆ +596 596 52 51 81
www.martinique-domaine-vallee.com

Besoin de vous ressourcer au cœur d'une nature généreuse ? Au milieu des poules (certaines sont très rares), des dindons et des canards, la ferme située sur les flancs de la montagne Pelée, bordée de deux rivières et d'une source naturelle, dispose de trois maisonnettes tout en bois. Le site est magnifique et propice à de belles randonnées. Des visites commentées y sont d'ailleurs organisées. Une immersion au cœur de la Martinique authentique. Nouveauté : la Maison de la Vanille, une initiative inédite en Martinique, insufflée par Anaïs la maîtresse des lieux.

PLANTATION BEAUVALLON

Sur la route de Morne-Rouge ; à 1,5 km avant d'arriver dans le bourg, tournez à droite, suivez les panneaux.
✆ 06 96 27 66 44

Du lundi au vendredi de 9h à 17h. Le samedi de 9h à 15h. Vente, livraison et expéditions de fleurs.

Ce joli domaine est entretenu par Monsieur Louis-Thérèse : il a créé ici un grand jardin entièrement fleuri d'alpinias de toutes les couleurs, de roses de porcelaine. Un petit parcours dans une nature restée sauvage au cœur de la forêt tropicale permet de découvrir diverses variétés de plantes, d'arbres et de fleurs. La balade est libre et commentée avec passion en fin de parcours par le maître des lieux. On peut acheter sur place de la vanille, de la cannelle et de la noix de muscade, produites et cultivées sur le domaine. Un superbe souvenir de vos vacances !

MAISON DU VOLCAN

Avenue Edgar Nestoret
✆ 05 96 52 45 45

Ouvert lundi de 14h à 17h, mardi, mercredi, jeudi et vendredi de 8h30 à 17h, le week-end de 8h30 à 13h. Entrée : 4 €.

La Maison du volcan est un centre d'information et de documentation spécialisé en vulcanologie avec une bibliothèque sur les éruptions de la montagne Pelée de 1902 et 1929 en géologie et astronomie. L'exposition permanente « Le ballet des continents et ses conséquences » informe sur les risques sismiques touchant la région ainsi que les volcans de la Caraïbe, et fait découvrir une riche collection de roches et de sables. Si la visite peut parfois être difficile d'accès pour les plus jeunes, on ressort avec une meilleure vision des phénomènes volcaniques.

AUBERGE DE LA MONTAGNE PELÉE €€

Route de l'Aileron
✆ 05 96 52 32 09
www.aubergedelamontagnepelee.com

Au pied de la montagne Pelée, dans un cadre idyllique, s'épanouissent quinze maisonnettes de type créole, jaunes et blanches Duplex (pour 4 personnes) et chambres doubles sont composés d'une terrasse avec vue sur la montagne, kitchenette, salle de bains, et de TV. L'auberge propose aux clients de l'hôtel un service de restauration le soir. Si vous êtes de passage seulement pour la journée, arrêtez-vous pour une pause déjeuner dans cette charmante auberge. Lieu splendide !

NORD

© PACKSHOT

La ville de Morne-Rouge.

DOMAINE D'ÉMERAUDE

Parc naturel de Martinique / Quartier Propreté
✆ 05 96 52 33 49 – www.pnr-martinique.com
Ouvert tous les jours de 9h à 16h. Tarif : 6 € adulte, 3 € enfant de 3 à 12 ans, 4 € senior et étudiant.

C'est l'un des plus beaux jardins de l'île, à faire absolument en famille. Le Domaine d'Émeraude a été entièrement conçu et aménagé par le Parc naturel régional de Martinique. Dans ce parc de 25 hectares dédié à la biodiversité martiniquaise, la nature est laissée telle quelle, sans fioritures, afin d'amener le visiteur à l'observer dans son plus simple appareil, belle et mystérieuse.

Créé sur le site d'une ancienne pépinière, dont les traces restent encore visibles, le Domaine d'Émeraude s'appelait autrefois le Domaine d'Estripault. Au XVIIIe siècle, il hébergea un temps des communautés d'Acadiens chassés par les Britanniques. En 2011, il a été confié au Parc naturel régional de Martinique dont la mission est de protéger et valoriser le patrimoine naturel, culturel et paysager martiniquais. L'organisme, qui gère également le Château Dubuc sur la presqu'île de la Caravelle, l'a entièrement repensé pour en faire un conservatoire sublimant l'exceptionnelle biodiversité de l'île. Mais pas seulement, car le Domaine d'Émeraude se veut à la fois un lieu de balade en famille et un espace dédié à la découverte de la nature et de la culture de l'île, un site d'exploration et d'interprétation des espèces rares et endémiques de la Martinique. Ici, point de mise en scène : simplement une mise en valeur de l'exceptionnelle biodiversité martiniquaise.

Tout au long de la promenade et de la visite, plusieurs temps et espaces de visite sont proposés aux visiteurs, parmi les allées bordées de plantes ornementales, le bassin à jets d'eau à l'entrée du parc et les nombreux carbets invitant à faire une halte à l'ombre.

Il y a tout d'abord les quatre kilomètres de sentiers pédagogiques à travers la forêt tropicale humide qui permettent de se familiariser avec les principales espèces représentatives de ce milieu. Trois sentiers (15 minutes de marche pour le premier, 30 minutes pour le deuxième et une heure pour le dernier) sillonnent la forêt humide qui occupe près de 80 % du domaine. On se balade à travers les bananiers, les mahoganys, les balisiers (l'arbre symbole du parti d'Aimé Césaire), les fougères arborescentes et les flamboyants. Au gré de la promenade aménagée pour les familles (les poussettes et les fauteuils roulants sont les bienvenus !), on croise une centaine d'espèces botaniques typiques de Martinique.

Tendez l'oreille : vous entendrez sûrement le chant mélodieux du siffleur des mornes, un oiseau endémique des Petites Antilles.

Levez les yeux : au loin, vous apercevrez de sublimes points de vue sur la montagne Pelée.

Direction ensuite le Jardin des Origines qui abrite plus de 300 plantes et épices utilisées dans la cuisine créole et dans la pharmacopée traditionnelle caribéenne : roucou, cacao, tinin, basilic, menthe, cannelle, café (issu de l'Arabica Typica pour lequel le PNRM a mis en place un grand plan de relance de la production), atoumo, prune de Cythère…

Dans cette zone, l'objectif est de sensibiliser les visiteurs aux traditions culturelles martiniquaises. Une maison créole a ainsi été reconstituée avec son jardin de subsistance constitué de plantes pour se nourrir et se soigner à proximité immédiate du lieu de vie.

Sur les panneaux sont indiqués, pour chaque plante, le nom créole et scientifique, et la famille à laquelle l'espèce appartient. On débouche ensuite sur la collection de plantes sous ombrières. Dans l'une des serres d'expérimentation loge une espèce hybride d'anthuriums (dont le nom signifie « arôme » en créole), mise au point pour résister aux parasites et aux maladies. La visite se poursuit par les plantes ornementales (rose de porcelaine, arbre à pain, cordyline, roseau des indes, reine de Malaisie…). On peut admirer quelques très beaux arbres et palmiers hérités du passé dont un beau groupe de pinots.

Ultime escale : le pavillon d'exploration pédagogique qui retrace l'histoire de l'île et de sa biodiversité et qui peut se visiter aussi bien au début qu'à la fin du parcours. Une véritable bibliothèque du vivant qui enchantera petits et grands. Ici, vous pourrez toucher, sentir et observer les merveilles de la nature de l'île. Les différentes mises en scène ludiques et sensorielles devraient charmer les plus jeunes, qu'il s'agisse des petits contes évoquant l'histoire martiniquaise fondés sur l'oralité ou l'animation visuelle et sonore de la vie de la forêt. Pédagogique et instructif, cet espace vous apprendra ce qu'est une mangrove et pourquoi il faut la préserver (car c'est là que les crabes se reproduisent) ou encore comment se forment les sols. Un espace regroupe des poésies locales ainsi que des citations et des proverbes régionaux. Sans jamais verser dans l'ennui ni la morale, la mission pédagogique du Domaine d'Émeraude est particulièrement bien remplie. Chaque âge y trouvera son compte et en tirera des enseignements précieux sur la faune et la flore martiniquaises.

Labellisé Jardin Remarquable en 2015, ce parc est un outil unique de préservation du patrimoine martiniquais. Tout au long de la visite, la nature est intelligemment mise en scène d'une manière subtile et non interventionniste pour s'offrir au visiteur telle qu'elle est. Dans cet écrin verdoyant, elle s'épanouit et s'exprime librement, loin des caprices de l'Homme. Avec le Domaine d'Émeraude, le Parc naturel régional de Martinique invite les visiteurs à mieux observer ce qui les entoure, en les faisant voyager au cœur du territoire martiniquais et en les encourageant à mieux le préserver. Une halte exquise !

LA CHAUDIÈRE €€

Quartier Propreté
✆ 05 96 52 34 47
www.lachaudiere-sgtm.com
Ouvert tous les jours de midi à 16h. Fermé le mercredi.

La Chaudière est une véritable institution gastronomique à Morne-Rouge. L'établissement est géré en famille depuis plus de 20 ans. Jocelyne a pris les rênes des fourneaux, bien aiguillée par Yanic la matriarche ! Elle revisite les recettes familiales avec un zeste de modernité. La cuisine est résolument créole dans sa version la plus raffinée. Optez pour un menu langouste avec un rapport qualité-prix inégalé. Les suggestions du chef s'affichent à la carte : roussi de lambi aux fines herbes, colombo de porc peléen, tarte fine à la banane… Service irréprochable.

DOMAINE DE LA VALLÉE €€

Habitation Mespont
✆ +596 596 52 51 81
www.martinique-domaine-vallee.com
Bienvenue à la Ferme. Prix indicatifs : studio 75 € la nuit pour 2 personnes, F3 95 € la nuit.

Situé sur les flancs de la montagne Pelée, ce domaine de 9 ha, bordé de deux rivières et d'une source naturelle, est un petit joyau. La résidence abrite 3 maisonnettes tout en bois, composées de 2 chambres, d'une kitchenette, de toilettes et d'une véranda, le tout entièrement autonome en électricité grâce à des panneaux solaires. Un studio est équipé pour les personnes à mobilité réduite. Le petit-déjeuner est particulièrement copieux, élaboré avec des produits issus exclusivement de la ferme : œufs, beignets de banane plantain, confiture maison...

CASE À LUCIE €

Rue Emile Maurice
✆ 05 96 52 57 61
lacasealucie.monsite-orange.fr
Prix indicatifs en basse saison : 65 € la journée pour 2 personnes, et 360 € la semaine.

Au Morne-Rouge, dans la fraîcheur et la tranquillité peléenne, cette résidence à 10 km de la mer est l'endroit idéal pour les randonnées en tous genres. Henri et Marie Nel vous accueilleront dans deux sympathiques trois-pièces de 80 m^2 constitués d'un grand séjour et d'une cuisine américaine. Ils sont meublés tout confort et très bien équipés, notamment avec lave-linge, TV, radio, table et fer à repasser, terrasse avec salon de jardin et barbecue extérieur. Ils peuvent accueillir entre deux et quatre personnes (jusqu'à six hôtes).

LE BAMBOU €€

Fond Marie-Reine
✆ 05 96 52 39 94
Ouvert tous les jours de 11h à 16h. Menu de 22 à 35 €. Il est prudent de réserver le dimanche midi.

Line et Léo, heureux descendants de ce restaurant 100 % familial, ont agrandi, rajeuni et rénové la petite case créole en bois qui existait à l'origine.

Les spécialités à base de produits frais s'affichent à la carte : « le canari de mamie », une fricassée de langoustes, d'écrevisses et de crabes avec une sauce créole, présentée dans un canari (une marmite en terre cuite), le fameux « Poulet Coco » et la souris d'agneau au colombo Péléen. Terminez par les excellentes bananes flambées au rhum vieux ou le flan coco. On apprécie la gentillesse de Line et Léo.

PETIT COCOTIER

✆ 0596 96 07 67 76
www.petitcocotier.fr
Panier équilibre moyen (23,75 €). 2 livraisons hebdo dans divers points relais de l'île.

Des paniers de fruits et de légumes sains, en circuits courts, accessibles en un clic : c'est le leitmotiv de Petit Cocotier. Les fruits, légumes et plantes aromatiques proposés poussent sur des terres certifiées sans chlordécone, cultivées avec des pratiques issues de la permaculture et de l'agroécologie. Pour Sébastien, André-Judes et Cédric, les fondateurs de Petit Cocotier, l'éthique est fondamentale dans leur démarche. Tous trois cherchent à valoriser la production et la consommation locales en proposant une agriculture saine et sans pesticides.

MONTAGNE PELÉE ★★★

Point culminant, de l'île, le volcan de la montagne Pelée est un parc touristique de choix pour les randonneurs. L'ascension, accessible à tous, offre par beau temps un panorama superbe. Les bourgs de Morne-Rouge et de l'Ajoupa-Bouillon font office de points de départ pour entamer les nombreux sentiers de randonnée de la région. Pour tout renseignement sur les randonnées autour de la montagne Pelée, se référer aux bureaux touristiques comme celui du Parc naturel de Martinique de Saint-Pierre et ceux du Morne-Rouge. La Maison des volcans à Morne-Rouge pourra également offrir des informations utiles (durée et typologie des parcours, plans des sentiers...).

La Montagne Pelée.

MONTAGNE PELÉE ★★★

Point culminant de l'île à 1 397 m, la montagne Pelée inspire encore le respect aux habitants qui gardent en mémoire la tragédie du 8 mai 1902. Quatre chemins différents par longueur et par difficulté permettent d'effectuer l'ascension. Avant de partir, renseignez-vous pour savoir si le sentier que vous voulez emprunter est ouvert, et embarquez toujours avec vous de l'eau, un chapeau et de la crème solaire, de bonnes chaussures de marche et de la nourriture. Le temps, très capricieux au sommet, est rarement prévisible, et peut transformer une randonnée très ensoleillée en petite tempête, en l'espace de quelques heures.

- **2 circuits depuis Morne-Rouge.** Le sentier de l'Aileron. 2h30 A/R. Niveau moyen. Départ au parking du bar Le Refuge de l'Aileron.

La caldeira. 6h A/R. Niveau difficile. Sentier raide qui rejoint le plateau des Palmistes et surplombe le cratère d'explosion. On croise trois refuges avant de redescendre sur le sentier de l'Aileron.

- **Depuis Grande Rivière**. 5h 30 A/R. Niveau difficile. Départ à l'angle du chemin d'exploitation de Beauséjour et de la D10. Traverser les bananeraies, prendre la piste forestière sur 1 km, poursuivre par une pente raide en gravissant le versant nord du cratère (morne Macouba).
- **Depuis Le Prêcheur**. 3h A/R. Niveau moyen. Depuis la D10 à l'entrée du bourg, suivre en direction La Charmeuse, poursuivre sur 5 km jusqu'au parking de Grande Savane. Peut-être le plus beau des sentiers d'ascension. On traverse d'abord des terrains cultivés, avant de rejoindre des sentiers rocheux et plutôt raides.

AJOUPA-BOUILLON ★★

Au centre d'un vallon verdoyant sillonné de rivières et coloré d'une multitude de fleurs tropicales, le petit bourg d'Ajoupa-Bouillon vaut le détour avec ses attractions naturelles et ses panoramas de choix : les gorges de la Falaise, l'aileron de la Pelée... D'ailleurs, la Grande Dame du Nord, visible depuis le bourg, ponctue majestueusement le paysage. Au détour d'un virage, on aperçoit quelques beaux points de vue sur le nord Atlantique. Avec ses huit rivières, les écrevisses sont la spécialité du village qui propose des « zabitans » (grosses écrevisses de rivière) à toutes les sauces. Le mieux est sans doute de prendre le temps de s'y arrêter.

ÉGLISE DE L'IMMACULÉE-CONCEPTION

C'est à partir d'une chapelle construite au XVIIe siècle autour d'une croix, sur un terrain qui servait de cimetière aux esclaves des habitations environnantes, qu'est érigée, en 1848, cette église paroissiale. Celle-ci résista miraculeusement aux cyclones et à l'éruption de la montagne Pelée. D'inspiration baroque, ses formes sont harmonieuses. Les deux transepts furent rajoutés en 1925, et le clocher en 1962 en remplacement d'un précédent daté 1880.

GORGES DE LA FALAISE

Au sud du bourg, suivre les balises en empruntant la voie à gauche du calvaire.
✆ 05 96 53 36 53
Ouvert de 8h à 17h30. Visite guidée de 2 heures payante : adulte 7 €, enfant 4 €. Location de chaussures 2 €.

C'est l'attraction phare de la commune. On y accède sur la route de la montagne Pelée à gauche en venant de Morne-Rouge. Il s'agit d'une promenade le long d'une rivière entre deux immenses falaises au milieu de la forêt tropicale ; les gorges sont très spectaculaires par leur encaissement et leur emplacement dans la verdure. Peu à peu, on remonte vers les cascades. Les chutes d'eau environnantes offrent un fond sonore impressionnant. Des caissons étanches pour protéger souvenirs ou appareils photo sont disponibles. Maillots et serviettes recommandés.

LA CASCADE €

Gorges de la Falaise
✆ 05 96 53 35 61
Ouvert tous les midis de 12h à 14h30.

C'est l'une des adresses les plus typiques de l'île ! Le restaurant La Cascade est situé juste à côté des gorges de la Falaise et propose un accueil chaleureux et une cuisine créole délicieuse, parfumée et colorée, qui n'est pas sans rappeler les spécialités d'antan de nos mamies. Quand vous aurez goûté le poulet farci aux écrevisses – l'une des spécialités avec la christophine au crabe –, vous n'aurez qu'une seule envie, y revenir très vite ! Présentez-vous de bonne heure. Le restaurant est susceptible de fermer plus tôt selon son occupation.

© JCH DUSANTER
La Forêt Tropicale, Route de la Trace.

LA TRINITÉ ★★★

C'est sur ce territoire que se cachent deux des plus beaux endroits de la Martinique. La presqu'île de la Caravelle, au bout de laquelle les ruines du château Dubuc surplombent une mangrove. La presqu'île dépend en effet de La Trinité, cet authentique et paisible village de pêcheurs tranquillement dissimulé au fond de sa baie, où l'on aperçoit les vagues se briser derrière la barrière de corail. La journée, le village vit au rythme du marché et de ses commerces animés, avant de se vider progressivement le soir et de plonger dans une douce torpeur qui n'est pas désagréable. Un lieu attachant pour rayonner autour du nord-atlantique et du centre.

Tourisme

C'est à partir de l'îlet Tartane que commence une longue bande littorale (côté nord), entrecoupée par endroits : quelques plages se succèdent : la Batterie, Tartane, anse la Brèche et anse l'Etang (la plus connue), que l'on nomme volontiers celle des « surfeurs » bien que cela se passe en réalité juste à côté, au lieu-dit anse Bonneville (école de surf) qui fait face au rocher de la Caravelle. Dans ses parties est et sud, l'aspect sauvage s'intensifie, ce qui ne manque pas de se refléter sur les noms : anse du Bout, anse Chandelier, anse Bois Vert, pointe Caracoli, baie du Trésor (en contrebas des ruines, face à l'îlet éponyme), baie Granjean, Gros Raisin, baie du Galion (base nautique de Spoutourne)...

Transports

- **Voiture.** A 28 km de Fort-de-France par la N4. A 11 km du Robert par la N1.
- **Taxis collectifs.** Les taxis-co desservent la Trinité via le Robert. L'arrêt se trouve à la gare interurbaine à l'entrée du village au niveau du front de mer.
- **Bus.** Un réseau de transport urbain a été mis en place par la commune. Il dessert la commune de la Trinité et ses quartiers. La gare routière se trouve face au centre commercial Le Galion. Service de 6h à 20h environ.

ÉGLISE DU BOURG ✞

Parmi les plus intéressantes de l'île, l'église de La Trinité incarne l'assise religieuse des colons. Construite entre 1708 et 1710, elle se démarque du plan rectangulaire traditionnel : elle est en effet bâtie sur un plan rectangulaire classique et le maître-autel est flanqué par deux autels latéraux. Détail original, le clocher est surmonté d'un minaret. Plusieurs fois rénovée, les catastrophes naturelles ne l'ont pas épargnée ! Sur le côté gauche de l'église, on aperçoit un porche qui donne accès au cimetière. Jolie vue sur le village.

FERME DE BASSIGNAC

✆ 06 96 26 09 64

www.fermedebassignac.com

Du lundi au vendredi sur rendez-vous. Ouvert le samedi matin de 8h à 12h.

Depuis plus de vingt ans, Dominique Petit le martèle haut et fort : ici, ce n'est pas un zoo ! Dans cette exploitation de 3 000 m² qu'elle a transformée en ferme pédagogique, cette agricultrice engagée héberge des cochons, poneys, ânes, moutons, lapins, ainsi qu'un hôtel à volailles ! Son objectif : faire découvrir les richesses d'une ferme et laisser les visiteurs expérimenter. Les visites comprennent le nourrissage des animaux avec séances de câlins et de caresses, des ateliers de jardinage et de plantation, avec un volet sur la protection de l'environnement.

FORT SAINTE-CATHERINE

A la sortie du bourg en direction du nord, vous pourrez admirer les vestiges de l'ancien fortin construit en 1658 lors de la fondation de la ville. C'est cette année-là que fut édifié le bourg de la Trinité avec l'installation des colons à l'entrée de la presqu'île. Là, ils choisirent de construire une chapelle en bois, au pied de la colline où se situe le Fort Sainte-Catherine. Même s'il ne se visite pas, ses ruines évoquent le temps où La Trinité était une garnison militaire de prestige, théâtre de nombreux affrontement entre les troupes anglaises et françaises.

LE JARDIN DE BONNEVILLE

Quartier de Bonneville
✆ 06 96 71 54 57
Du mardi au samedi, visites guidées de 9h à 16h ; dimanche de 9h à 13h. Adulte 8 €, enfant 4 €, groupe 6 €/pers.

Passionnés de botanique, Patrick et Sylviane Eugénia ont entièrement aménagé ce terrain abrupt et l'ont transformé en un magnifique écrin végétal, où prospère une multitude de plantes ornementales et d'arbres fruitiers exotiques : pommier cajou, carambolier, prunier de Cythère, manguier, goyavier fraise, abricotier péyi... En tout, plus de 150 arbres et arbustes cohabitent paisiblement en ces lieux. Ne pas manquer le verger d'agrumes, fierté de Sylviane. Après la visite, essayez la table d'hôtes, dont les mets sont élaborés à base de produits de l'exploitation.

MOULINS

La Trinité a la particularité de posséder les vestiges de moulins dans les habitations sucrières, qui servaient à broyer la canne et à extraire le vésou nécessaire à la fabrication du rhum. Actionnés par des bêtes, l'eau ou le vent, ils ont coexisté jusqu'au XXe siècle, même si, à partir de la seconde moitié du XIXe siècle, les moulins à vapeur ont peu à peu fait reculer les moulins à vent d'abord, les moulins à bête ensuite et enfin les moulins à eau. Malheureusement, la plupart ne sont visibles que de la route car ils sont implantés sur des propriétés privées.

VILLA BLEU MARINE €

voie n° 3 La Crique
✆ 05 96 58 14 14
villa-bleu-marine.fr
Tarif à titre indicatif pour 2 personnes : dès 445 € la semaine.

Cette résidence hôtelière est située dans un quartier calme, tout près de la plage de Cosmy. Elle se compose de trois jolis bâtiments de type créole comprenant chacun 4 studios duplex (12 studios en tout) et d'une très jolie piscine. Chaque studio possède sa kitchenette équipée, sa terrasse de plain-pied dotée d'un salon de jardin, une douche, des toilettes avec lavabo et un sèche-cheveux. TV, radio-réveil, mini-réfrigérateur, téléphone/interphone, draps et linge fournis : les studios bénéficient de tout le confort. Nombreux services (payants ou non).

RHUMERIE LA BAIE DES TRÉSORS

Usine du Gallion
✆ +596 696 71 07 11
www.baiedestresors.mq
Ouvert du lundi au vendredi de 9h à 17h et le samedi de 10h à 13h.

C'est la nouvelle rhumerie qui monte ! La Baie des Trésors est le nom d'une baie située sur la magnifique presqu'île de la Caravelle. La légende raconte qu'un trésor aurait été perdu par un vaisseau espagnol dans les profondeurs de cette baie. Ce trésor réapparaît aujourd'hui sous la forme d'une nouvelle rhumerie située sur l'exploitation agricole du Galion. Depuis 1849, date à laquelle l'usine est acquise par un certain Eugène Eustache, elle fournit en canne à sucre l'usine du Galion, l'unique usine sucrière encore en activité sur l'île. Avec ses 750 hectares plantés, elle est le premier producteur de canne de la Martinique.

L'idée de créer un rhum agricole a donc émergé naturellement. Son terroir s'étend sur toute la presqu'île de la Caravelle. Et c'est bien là la spécificité de cette nouvelle rhumerie : la Baie des Trésors produit des rhums de terroir 100% parcellaires, élaborés avec les seules cannes de l'exploitation du Galion. Chaque parcelle de canne est clairement identifiée. Les cuvées sont élaborées à partir de cannes ayant grandi sur les mêmes parcelles, qui ont ainsi bénéficié de la même exposition au soleil, aux vents et à l'humidité.

Élevé 13 mois en fûts de chêne français, «Fruits des Pluies» est l'expression de la canne des parcelles humides en bordure de rivière de Dufferet, un rhum ambré tout en rondeur et généreux.

«Fleurs du Vent» provient des parcelles sèches et soumises aux alizées de Spoutourne ; il en ressort un rhum ambré qui a vieilli 13 mois en fûts de chêne américains, harmonieux, long en bouche.

Quant à «Plein Soleil», c'est un rhum blanc mono-parcellaire fabriqué uniquement à partir de cannes de la parcelle sèche de Fond Basile, un rhum gorgé de sucre, particulièrement aromatique qui se suffit à lui-même (essayez-le avec un zeste de citron seulement, c'est divin !).

Les rhums de la Baie des Trésors se définissent comme la plus pure expression du terroir martiniquais : ni sucre, ni caramel, ni aucun autre intrant ne sont ajoutés pour laisser le terroir s'exprimer pleinement.

Pour l'heure, la Baie des Trésors a choisi la distillerie Saint James, partenaire de longue date, pour distiller le jus de ses précieuses cannes. Le vieillissement est également parcellaire et dans 3 ans, la rhumerie sera en mesure de fabriquer ses premiers rhums vieux d'exception. Seulement 45 000 bouteilles ont été produites cette année, une petite production donc, particulièrement prometteuse. De véritables trésors !

USINE SUCRIÈRE DU GALION

Sur la N1, en direction du Robert
✆ 05 96 58 20 65
Visites pendant la période de récolte de mars à juin. Du mardi au vendredi de 9h à 17h, le samedi de 9h à 12h.

Créée au XVIIe siècle, l'Usine de Galion est la dernière et unique sucrerie encore en fonction de la Martinique, gardienne intemporelle de cette mémoire plus que centenaire. Pendant plusieurs siècles en effet, l'économie de la Martinique reposait presque exclusivement sur la culture et la transformation de la canne à sucre.

L'usine produit aujourd'hui une large gamme de sucres : cassonade, grands arômes... Sous forme d'économie mixte, elle produit également du rhum. Propriété des Dubuc en 1849, elle fut rachetée par Eugène Eustache, un négociant belge associé à Emile Bougenot, ingénieur qui contrôla sept des onze usines de sucre martiniquaises de l'époque. Au centre de la sucrerie se trouve un temple hindou, témoignage de la forte présence de travailleurs indiens sur l'île (fin du XIXe siècle) qui obtinrent la permission de construire leur lieu de culte. La légende raconte que, suite à une forte sécheresse, un prêtre indien organisa une cérémonie en l'honneur des dieux hindous et que la pluie arriva. L'usine se visite entre mars et fin mai (début juin selon les années), période de campagne sucrière et de récolte de la canne. La visite est particulièrement intéressante. A noter que les enfants de moins de six ans n'y sont pas admis.

Bon à savoir aussi : chaussures fermées obligatoires ! A l'issue de cette savoureuse visite, on fait un tour dans la boutique de l'usine pour goûter et découvrir les différentes variétés de sucres que commercialise l'usine du Gallion actuellement, et tenter de percer les mystères de fabrication.

LE DOMAINE SAINT-AUBIN €€€

Quartier Petite-Rivière-Salée
✆ 05 96 69 34 77
www.ledomainesaintaubin.com
Cottages 1 à 3 personnes dès 99 € la nuitée selon la saison. Suites-appartements et villas dès 1 790 €/semaine.

Au cœur d'un parc de 2 hectares entouré de jardins à la française, cette élégante demeure familiale construite en 1919 a été transformée en hôtel de charme en 1975. Les cottages disposent tous d'une terrasse et sont meublés avec goût (mobilier colonial, beaux tissus...). Piscine, salon, home cinéma, Internet, le Domaine est très bien équipé. Vue panoramique imprenable sur la baie. Dans ce cadre fascinant s'épanouissent 4 villas de standing, indépendantes, en location saisonnière, avec accès privatif. Un lieu d'exception, unique en Martinique.

LES FLAMBOYANTS €€

✆ +596 696 70 38 10
3 appartements en location : à partir de 1 050 € la semaine.

Une petite résidence de standing à taille humaine gérée par Bruno, le propriétaire qui vit sur place dans sa villa à l'étage. Les trois logements en rez-de-jardin sont indépendants, situés sur les hauteurs de Trinité dans un jardin tropical, et bénéficient d'une vue admirable sur la mer. Chaque appartement dispose de 2 chambres et 2 salles de bains. Tout est climatisé, équipé du confort moderne et décoré avec goût. Profitez d'un espace partagé entre les logements avec une magnifique piscine à débordement. La plage de Cosmy est accessible à 3 minutes en voiture.

BLEU OCÉAN €€

Anse Cosmy
✆ 06 96 45 46 74
Ouvert du mardi au dimanche de 12h à 16h. Addition moyenne 35 €.

© KARINE BLEU OCEAN

C'est véritablement les pieds au bord de l'eau que vous serez entrainé dans une ambiance créole typique et chaleureuse. Evidemment, les spécialités créoles et de la mer sont au rendez-vous, telles que la fricassée de lambis, le gratiné de fruits de mer, les poissons grillés, et les langoustes mais vous serez surpris et subjugué par l'originalité de certains plats, à commencer par le flan aux coco giromon. Possibilité de réservations pour groupes ; ambiance musicale et loisirs. Événements et animations fréquents. Une adresse familiale et conviviale à souhait !

NORD

LA BRASSERIE DU MANOIR €€€

Domaine de Saint Aubin
✆ 06 96 02 21 41
http://domaine-saint-aubin.com
Le midi du mardi au dimanche de 12h à 14h30. Le soir en saison du mardi au samedi de 19h à 21h30. Prix moyen 22 €.

C'est dans le cadre somptueux du Domaine de Saint-Aubin qu'est née cette année la Brasserie du Manoir. Installé sur la terrasse de ce manoir du XIXe siècle, on pourrait imaginer voir arriver Clark Gable comme dans *Autant en emporte le vent*, tellement ce lieu est empreint de romantisme. On vous y propose une carte de brasserie qui allie les produits frais locaux au savoir-faire maison d'une bistronomie moderne. Pour vous régaler on vous conseille la suggestion du jour, par exemple le foie gras fait maison, une merveille pour les yeux et les papilles.

MARCHÉ

Rue Branglidor
Ouvert du lundi au samedi de 6h à 14h environ.

Animé et coloré, le marché traditionnel de La Trinité est un bon endroit pour acheter de savoureuses cuisses de poulet grillé, des fruits et légumes récoltés du matin, du poisson fraîchement pêché, du pain dans la boulangerie du coin, de quoi pique-niquer avant d'aller à la plage ou arpenter la presqu'île de la Caravelle. Caché sous sa grande halle entièrement restaurée, il abrite des étals bien garnis (épices, rhums arrangés, pâtés maison) ainsi que quelques stands d'artisanat local pour dénicher un petit souvenir à rapporter.

TARTANE ★★★

Classée réserve naturelle protégée, la presqu'île de la Caravelle dessine une pointe dans l'Atlantique. A Tartane, petit village typique, on prend le temps de vivre ! Commencez par les ruines du château Dubuc le matin, avant de partir pour une courte randonnée à travers la réserve naturelle de la Caravelle. Puis revenez profiter des plages de l'Anse-l'Etang ou de celle de La Brèche. Une piste parcourt la presqu'île en longeant la mer, laissant découvrir une vue magnifique agrémentée de quelques barques de pêche et de maisons à flanc de collines. A l'intérieur de la presqu'île, le paysage change. On bénéficie ici d'un environnement sauvage et préservé.

Histoire

Trésor, vous avez dit trésor ? Comme tirée d'un roman de Robert Louis Stevenson, l'anse jumelle à celle de Tartane fait battre le cœur de la réserve naturelle de la presqu'île de La Caravelle. La légende raconte qu'un fabuleux magot en ses eaux s'endormit et que la baie prit son nom dès lors. C'est à la lumière d'un phare construit en 1842 que l'histoire prend corps. Sur un amas de pierres, à quelques pas de là, l'habitation La Caravelle renommée château Dubuc depuis, domine depuis 1773 l'endroit. Dans ce théâtre fait de forêts sèches, de mangroves, de falaises déchirées par le vent et d'anses de sable blanc, se joue désormais à chaque marée l'épopée de Louis Dubuc du Galion, petit-fils de l'engagé dieppois le célèbre Pierre du même nom ou de celle de sa sœur Aimée captive d'un prince arabe, la sultane Validé. Le récit de la fortune des Dubuc édifiée sur les bénéfices du sucre, du tafia, du café et de la flibuste ravive le soir à la veillée l'imagination au fil des générations. Et c'est ainsi que de l'histoire d'un trésor enseveli naquit, un trésor de l'histoire.

Tourisme

La presqu'île de la Caravelle, classée Réserve naturelle depuis 1976, protège l'environnement de près de 150 plantes caractéristiques des petites Antilles et de 78 espèces d'oiseaux. Giflée par les alizés, elle est aussi boudée par la pluie. Les falaises les plus exposées sont recouvertes de prairies d'où il fait bon contempler un lever de lune. La forêt tropicale occupe le fond des vallons. Les anses de la baie du Trésor abritent la mangrove dans laquelle volatiles, crabes et poissons vivent paisiblement. Profitez des sentiers balisés pour découvrir toute un pan de la biodiversité de l'île tout en préservant un trésor écologique : une belle démarche éco-touristique !

Transports

Si vous pensez vous déplacer assez régulièrement, il faudra compter avec la route. Bien placée pour rejoindre le nord ou le sud côté Atlantique, la presqu'île de la Caravelle se trouve assez éloignée tant de Fort-de-France (30 à 40 minutes, embouteillages le matin) que du sud et du nord côté Caraïbe. Ceci s'en ressent particulièrement au moment de la tombée de la nuit, lors du retour (nombreux virages).

CHÂTEAU DUBUC ET SON MICRO-MUSÉE ★★★

Parc naturel régional de la Martinique
✆ 05 96 58 09 00
www.pnr-martinique.com
Visites tous les jours de 9h à 16h30. Adultes : 5 €, enfants : 2 €, seniors, lycéens, et étudiants : 3 €.

Entouré par un cadre naturel magnifique, le château Dubuc, ancienne habitation sucrière, domine la pointe de la presqu'île de la Caravelle. On s'y rend par un chemin caillouteux à 10 minutes à pied du parking. Sur le site, on distingue encore les vestiges de la maison de maître, les cuisines, les bâtiments industriels et les cases-à-nègres (pas de rue case-nègres à Dubuc). Ironie du sort : les cachots des esclaves sont les vestiges les mieux conservés du site. Le micro-musée présente différents éléments sur l'organisation et le fonctionnement d'une habitation sucrière et plus particulièrement ceux du domaine. La famille Dubuc est l'une des plus fameuses et des plus anciennes de l'île. Son implantation remonte à 1657. Pierre Dubuc, arrivé à la suite de Pierre d'Esnambuc, se serait livré à de nombreuses activités illicites, en étroite collaboration avec les flibustiers. Apparemment, le trafic « d'ébène » et de marchandises diverses, dérobées sur des bateaux arraisonnés, était la principale activité des habitants du domaine. Les marchandises étaient échangées contre de la viande et des balles à mousquet. Pour préserver les apparences, les Dubuc possédaient quatre sucreries. En 1770, ils achetèrent leurs lettres de noblesse. La branche des Dubuc resta sans descendance. La propriété tomba alors en ruine à la fin du XIXe siècle. Elle est aujourd'hui la propriété du Parc naturel régional qui y a entrepris un vaste chantier de réhabilitation des bâtiments.

DISTILLERIE HARDY

Bourg Tartane
✆ 05 96 58 20 82
www.rhum-hardy.com
Ouvert 7j/7 de 10h à 12h30 et de 16h30 à 19h. Visite et dégustation gratuites.

C'est au cœur de la presqu'île de la Caravelle que se trouvent les terres du rhum Hardy et sa nouvelle boutique. Si la distillerie n'est aujourd'hui plus en activité, la production de ce rhum mythique continue, sous la houlette de Jean-Pascal et Gaëlle Hardy. Ils ont décidé de redonner vie à cette distillerie en ruine en lançant une gamme de rhums d'exception, et c'est donc à eux que l'on doit la qualité grandissante des rhums Hardy. A suivre : un projet de création d'un musée et d'un chai de vieillissement est actuellement en cours.

RÉSERVE NATURELLE DE LA CARAVELLE

✆ 05 96 64 42 59

Deux circuits (un de 1h30 et l'autre de 1h20) dans cette réserve protégée où faune et flore s'épanouissent. Les sentiers parcourent le littoral en épousant le contour de la presqu'île. Les paysages sont superbes, les noms évocateurs : pointe du Diable, îlet Lapin, table du Diable, baie du Trésor. Du phare de la Caravelle à 150 m d'altitude, le panorama est grandiose. Sur votre chemin vous croiserez des gommiers, frangipaniers et de la mangrove. Une balade simple en famille.

NORD

© SOGOOD - ISTOCKPHOTO

Plage de Tartane.

CARAVELLE LOCATION

Quartier Fond Basile

05 96 58 68 95

www.caravelle-location.com

A partir de 16 € par jour pour une Kia Picanto en basse saison et 40 € par jour en haute saison.

Bénéficiez de l'expertise de Caravelle Location qui déploie ses service depuis 1991 ! La structure dispose d'un parc de 50 véhicules dont des voitures automatiques allant de la Picanto à la Peugeot 9 places Expert Combi. Tous les tarifs indiqués sont au kilométrage illimité et assurance tous risques. Les voitures sont toutes climatisées. La livraison est possible à votre arrivée à l'aéroport si vous réservez en amont ou au port de Fort-de-France si vous arrivez par bateau. Le formulaire en ligne sur le site permet de vous faire gagner du temps.

FRENCH COCO €€€

33 rue de la Distillerie

05 96 38 10 10

www.hotelfrenchcoco.com

Ouvert toute l'année. Accueil 24h/24. Suite dès 250 €.

Lové dans un écrin de verdure aux limites du parc naturel de la presqu'île de la Caravelle, ce petit hôtel de luxe au style chic à la créole abrite 17 suites disséminées au creux d'un jardin verdoyant et reposant : de la suite de 40 m² à l'étage avec sa terrasse en passant par les suites de 50 à 60 m² en rez-de-jardin avec piscine et jardin privatifs. Son *lounge* à la lumière tamisée, son restaurant avec sa terrasse dominant le jardin ou encore sa déco vitaminée combleront à coup sûr votre séjour ! Le plus : le service de conciergerie de Philippe et son équipe.

CARIBOU BEACH €€

0696214641

www.cariboubeach.fr

Le Caribou est un ensemble de bungalows et d'appartements du T2 au T3, très bien équipés, idéalement situés sur la plage de l'Anse l'Etang à Tartane. Ils sont décorés avec goût et promettent de belles et agréables vacances au bord de la belle plage turquoise de Tartane. Les T2 sont équipés d'un lit double et d'un canapé-lit. Les T3, plus spacieux, offrent une chambre avec lit double, une chambre avec deux lits et un canapé-lit. A noter que tous les bungalows et appartements disposent d'une terrasse. Nombreuses activités à proximité : surf, randonnée...

COEUR DE LA BAIE €€

Rue de la distillerie

+590 690 47 13 09

A partir de 125 € par nuit en basse saison (3 nuitées minimum). Forfait ménage de 90 € en sus.

A deux pas de la plage de la Brèche, au sein de la résidence de la Baie qui offre un libre accès à deux piscines (dont une avec toboggan), Nathalie et Michel ont entièrement rénové ce T3 de 70 m² décoré avec goût dans un esprit contemporain et climatisé. Il dispose de deux belles terrasses abritées avec une vue à couper le souffle sur la baie Tartane. Il comporte un bel espace séjour salon, deux chambres, une cuisine ouverte tout équipée, une entrée avec placard, une salle de douche, des WC séparés et un local avec lave-linge.

LOCATIONS VUE TURQUOISE €€

06 11 28 91 21

www.locations-vue-turquoise.com

Location de villas à Tartane et dans le reste de la Martinique. Villas 1 à 3 chambre à partir de 57 € la nuit.

Jean-Marc et Karine ont conçu 3 logements dans l'enceinte de leur résidence principale. Le cadre est agréable avec des grandes terrasses extérieures ventilées par les alizés. La villa « Ti Turquoise » est composée d'une grande terrasse de plus de 100 m², d'une petite piscine privative, d'une grande chambre de 30 m² et d'une grande salle d'eau. Une adresse vraiment agréable à vous conseiller ! Sachez que Jean-Marc est le fondateur de l'agence en ligne « Locations Vue Turquoise », qui propose des biens à la location saisonnière dans toute l'île.

VILLA LOUNA €€

28 Rue du Surf

06 96 98 60 00

A partir de 129 € la nuit pour le haut de la villa, 980 € la semaine en basse saison.

A 100 mètres de la plage des surfeurs, cette belle bâtisse de 100 m² (capacité d'accueil : 8 personnes) bénéficie d'une vue admirable sur la Presqu'île de la Caravelle. L'équipement électro-ménager est complet ; la cuisine américaine s'ouvre largement sur le salon. On apprécie la décoration contemporaine et colorée à l'image des Antilles, la terrasse, son deck et son jacuzzi...et la luminosité des pièces.

En rez-de-jardin de la villa, un studio et un appartement de type F2 sont également en location. Terrasse, vue mer et équipements très complets également.

NORD

Port de Tartane.

© VINCENT FORMICA

LE JARDIN DES LUCIOLES €

Boulevard Francois Mitterand,
✆ 05 96 58 07 25

Ouvert tous les jours sauf lundi. Service de midi à 14h30 et de 19h à 22h. Ticket moyen 25/30 €.

A l'entrée du bourg de Tartane, le Jardin de Lucioles se cache derrière une entrée insoupçonnée. Il faut oser pousser la porte pour découvrir un espace à l'ombre des petits carbets. L'établissement est tenu par Sandrine et Bruno qui offrent une cuisine à base de bons produits. On apprécie la «plancha créole», les burgers, les raviolis. Les amateurs de pizzas seront comblés avec une carte bien fournie. Le cadre est propice à une halte en sortie de plage pour siroter un cocktail côté lounge. Certains soirs l'ambiance se déchaîne avec des concerts en live.

L'OASIS BEACH €

7 Boulevard François Mitterrand
Tartane
✆ 0596582454
www.oasisbeachmartinique.com

Ouvert du mercredi au lundi de 12h à 23h. Fermé le mardi. Addition boisson, entrée et plat autour de 25 €.

© OASIS BEACH

Situé en bord de mer, le restaurant constitue une bonne étape avant votre visite à la Caravelle. Au menu : boudin créole, poulet boucané, tartare de marlin, poisson grillé, lambi grillé ainsi que des délicieuses langoustes. Pour finir sur des douceurs : desserts maison tels que le blanc mangé coco et le flan. Un mélange de cuisines créole, française et indienne. Son atout le plus fort est de loin la sympathie du personnel et son excellent rapport qualité-prix. Les assiettes sont copieuses. Petit bémol : il peut y avoir un peu d'attente le week-end.

TI CARBET LA BRÊCHE €

Route du Château, Plage de la Brêche
✆ 06 96 27 17 01

Ouvert tous les jours jusqu'à 16h. Attention, il n'y a toujours pas de toilettes.

Une petite paillote comme on les aime, tenue par Sonia et Henry, un couple de passionnés qui sera aux petits soins avec vous. Le Ti Carbet se trouve sur la plage de la Brêche, à l'ombre des arbres. On y déjeune pour un petit budget, en revenant de randonnée. De belles assiettes appétissantes qui fleurent bon les spécialités du pays : daube de poisson, colombo de poulet… Notez leur préparation de chatrou, souvent appréciée. Ajoutez à cela un accueil charmant et le tour est joué. Un bel exemple où simplicité rime avec qualité.

FILAO

Entrée bourg Tartane
✆ +596 596 52 31 54
https://www.filaomartinique.com/

Une caverne d'Ali Baba ! Dans cette jolie boutique colorée située à l'entrée du bourg de Tartane, on trouve tout un tas de produits : le plus grand choix de paréos de l'île, mais aussi des objets de décoration, de la vaisselle revisitée en bois tropicaux (palmier, cocotier, palissandre), des bijoux, des mugs, des accessoires, des sacs de plage, des paniers, des ceintures… Filao propose aussi une belle collection de vêtements confectionnés avec des batiks aux couleurs chatoyantes pour hommes, femmes et enfants, légers et agréables à porter.

ITACARÉ SURF SHOP

Rue du Surf
✆ 05 96 58 01 43

Ouvert du mardi au dimanche de 9h à 18h. Fermé le lundi.

L'unique surf shop du spot avec une vue dégagée sur l'océan en pleine nature d'où l'on peut surveiller les vagues. Il est tout en bois exotique et bambou et ouvert sur l'extérieur. Surf wear au féminin et au masculin, des maillots de bain, des accessoires de plage (tongs, lunettes de soleil, colliers surfeurs…) et même des produits solaires. Sur place, vous trouverez également un shaper qui répare les planches, des boards à vendre ou à louer. Itacare Surf Shop propose également des cours de surf individuels et collectifs. Petit snack attenant pour se restaurer !

TI KAFÉ

✆ 06 96 79 13 33
www.tikafe.fr
Visite gratuite du lundi au vendredi de 7h à 14h30 ; torréfaction en direct de 7h à 13h.

Dans l'ancienne distillerie Hardy à Tartane s'est installée une brûlerie artisanale où l'on torréfie dans les règles de l'art une grande variété de cafés issus de la Caraïbe et de Martinique. Sur place, assistez en direct à la torréfaction de votre futur café. La liste des cafés est édifiante : Cuba, République dominicaine, Costa Rica, Honduras, Colombie, le certifié bio du Guatemala, l'étonnant et unique décaféiné naturel du Nicaragua et le café de Martinique. Avant de partir, vous pourrez acheter le café de votre choix dans le coin boutique de l'atelier.

BASE DE PLEIN AIR DE SPOUTOURNE

Quartier Spoutourne
✆ 05 96 58 24 32
Ouvert du lundi au vendredi de 7h à 12h et de 14h à 18h ; samedi de 7h à 11h ; dimanche de 7h à 10h et de 16h à 18h.

Sur la route de Tartane, dans un cadre bucolique, la base de Spoutourne propose une flopée d'activités : tennis, planches à voile, location de bateaux moteur, course d'orientation, plongée sous-marine, randonnées pédestres… La mer est ici d'un calme olympien. Les locaux y ont leurs habitudes, et les touristes aussi, de plus en plus, tant les lieux donnent envie de s'essayer à de multiples activités. Il faut dire que le cadre naturel est d'une beauté à couper le souffle !

LE PHARE €€

1 Lotissement Anse-Bonneville
(entrée du Château-Dubuc)
✆ 05 96 58 08 48
Fermé lundi et dimanche soir. Ouvert de 12h à 22h. Addition moyenne de 20 à 30 €.

© LE PHARE ANDRE-TOMBEUR

Situé à deux pas du phare de la caravelle, le restaurant éponyme est des plus agréables. Sa jolie salle à manger carrelée de rouge dedans/dehors s'ouvre largement sur la baie de Tartane, alors que sur un grand tableau s'alignent des spécialités franco-créoles. La vue est splendide et l'accueil sympathique vous assure de passer un moment convivial. Un sémaphore où il fait bon se retrouver à tout instant de la journée. A ne pas rater si vous rentrez de la randonnée de la Caravelle, pour un moment de détente bien mérité après l'effort.

BATEAU LA COLOMBE, BALADE EN MER

✆ 06 96 18 36 66
www.bateaumartinique.com
Balade en mer sur réservation, 6 à 8 personnes maximum et possibilité de privatisation à partir de 2 personnes.

C'est à bord de *La Colombe*, que Sébastien vous accueille pour une journée intimiste de balade à travers les incontournables îlets du Robert. Votre capitaine vous fera découvrir les 9 îlets du Robert et naviguer jusqu'à l'îlet Chancel où vous pourrez découvrir les iguanes et les fonds blancs du Trapèze. Sur l'îlet Madame, vous savourerez un colombo de poulet ou une langouste grillée suivis d'une banane flambée. Journée de dépaysement assurée avec Sébastien !

NEW BLISS - ÉCOLE DE SURF ET DE BODYBOARD

28, rue du Surf ✆ 05 96 58 00 96
www.surf-martinique.com
Ouvert de 9h à 12h et de 14h à 17h sauf le jeudi. Cours initiation découverte en collectif : 35 €/personne.

Au bout de la presqu'île de la Caravelle, Morgane et son équipe proposent des cours adaptés pour débutants et confirmés, par niveau et tranche d'âge. La « plage des surfeurs » est le meilleur spot de surf pour petits et grands en Martinique. Les vagues plus ou moins grosses selon la météo y déferlent toute l'année. Si vous avez envie de vous lancer dans ce sport des plus grisants, c'est vraiment l'occasion. L'équipe est charmante, professionnelle et à l'écoute de vos attentes.

CATAMARAN DELPHIS

Départ de l'anse Spoutourne

✆ 06 96 90 90 36

85 € par adulte, 50 € par enfant (de 2 à 12 ans) et gratuit pour les bébés pour sortie à la journée avec repas créole.

© BALLADES DU DELPHIS

Pour ce départ depuis Tartane, le catamaran *Delphis* et son équipage vous invitent à la découverte des îlets et des plus beaux sites de la Martinique. Embarquement à l'Anse Spoutourne, dans la baie du Galion jusqu'au mouillage de la réserve naturelle de la baie du Trésor. Au programme de cette journée en mer : baignade, apéritifs, acras et farniente. Navigation ensuite vers la baie du Robert. Mouillage aux fonds blancs du Trapèze entre deux plages de sable fin. Un repas créole est servi à bord entre deux baignades paradisiaques.

ONE LOVE MARTINIQUE SURF SCHOOL

11 rue du Petit Morne - **LA TRINITÉ**

✆ 06 96 91 36 61

www.martinique-ecole-surf.com

Ouvert 7j/7 de 8h à 18h. Cours collectifs ou privés tous niveaux. Stage découverte 100 € 3 cours.

Florent est moniteur de surf et vient de déménager dans une belle maison orange située à quelques pas de la plage. Il propose des cours quel que soit votre niveau, en petits groupes ou individuellement : surf, bodyboard, skimboard. Ceux qui ont la phobie de l'eau trouveront aussi la solution pour éradiquer leur peur avec la «water therapy» : une méthode alliant hypnose et surf. Location de paddle sur place également. Le matériel peut se louer sans cours si votre niveau le permet.

SURF UP

19 rue du surf

✆ 06 96 77 73 60

www.martinique-surf.com

Ouvert tous les jours de 9h à 12h et de 13h30 à 17h.

Avec Vanessa et son équipe, moniteurs diplômés d'État, vous pouvez surfer sur la vague ou découvrir en stand-up paddle les fonds blancs, des petites criques au calme à l'eau translucide. Surf Up propose des cours de surf collectifs ou particuliers pour tous les niveaux avec la possibilité de surfer sur différents sites de la presqu'île de la Caravelle. Location de planches de surf en mousse ou époxy, de wingfoil, de foil pour foil tracté en bateau… mais aussi vente de matériel. L'école est à deux minutes de la plage des surfeurs.

GROS-MORNE ★★

Planté dans son théâtre de verdure avec, pour toile de fond, ces reliefs évoquant son patronyme, Gros-Morne est un bourg tourné vers l'agriculture.A l'origine, il ne formait avec Le Robert qu'un seul quartier dépendant de La Trinité, avant de devenir paroisse en 1743 puis une commune en 1837. Arborant le visage d'une Martinique authentique et préservée qui s'ouvre peu à peu au tourisme, Gros-Morne compte un nombre important de musiciens, d'artistes et de sportifs.

L'intérieur de l'église Notre-Dame-de-la-Visitation vaut le détour, tout comme une halte à l'Habitation Saint-Etienne pour se ressourcer dans le jardin aux essences rares et goûter au rhum.

ROYAL DENEL

Quartier Denel RN4

✆ 05 96 67 51 23

www.denelmartinique.com

Réservation des visites conseillée.

Sur le site de 30 hectares exploité en agriculture biologique, pousse une multitude d'arbres fruitiers qui viennent alimenter les quelque 2 000 tonnes de fruits transformés chaque année dans cette usine fondée en 1908 par le baron Pierre Daniel Jullien de Saumery. On peut venir visiter (sur réservation préalable) l'usine reprise par Royal et qui privilégie aujourd'hui les circuits courts pour comprendre le processus de transformation des fruits dont les pulpes sont ensuite incorporées aux jus et confitures. La visite se termine par une dégustation des produits.

NORD

HABITATION SAINT-ÉTIENNE ★★★

Sur RN4 entre St Joseph et le Gros-Morne.
✆ 05 96 57 49 32 – www.rhum-hse.com
Le site vous accueille tous les jours de 9h à 17h. Visite et dégustation gratuites.

Traversée par la rivière Lézarde, l'Habitation Saint-Étienne est située au Gros-Morne. Elle s'inscrit dans le paysage typique du nord de l'île, avec sa végétation exubérante et l'omniprésence de l'eau. L'ensemble architectural, constitué par la maison de maître, dominant l'ancienne distillerie et les dépendances, témoigne du système d'habitation propre à la Martinique. Visite libre ou guidée de son Jardin Remarquable, des chais historiques, de ses sculptures. Elle se termine par une dégustation de rhums HSE. La boutique offre aussi un espace dédié aux expositions.

HABITATION SAINT-ÉTIENNE

Sur RN4 entre St Joseph et le Gros-Morne.
✆ 05 96 57 49 32
www.rhum-hse.com
Rendez-vous en boutique HSE, au Gros-Morne, ouverte tous les jours de 9h à 17h. Visite et dégustation gratuites.

HSE est la première marque de rhum agricole à proposer une telle palette de produits, du rhum blanc au rhum extra-vieux. Si l'art de la distillation dans la plus pure tradition martiniquaise reste immuable, la particularité de HSE provient des méthodes de vieillissement des rhums dans des barriques de diverses provenances, permettant ainsi au maître de chai de proposer une gamme large et unique. Une expertise inédite dans l'univers du rhum qui bouscule les codes traditionnels de ce spiritueux dans l'air du temps. Incontournable en Martinique !

© HSE

© HSE

MORNE-DES-ESSES ★★

Dernier refuge des Indiens Caraïbes, cette bourgade rattachée à Sainte-Marie est connue pour son savoir-faire en matière de vannerie. La petite ville a longtemps été le refuge des nègres marrons, ces esclaves enfuis des habitations et réfugiés en hauteur sur les mornes. La légende raconte que Morne-des-Esses est aujourd'hui l'un des quartiers généraux des sorciers et quimboiseurs de l'île. Légende urbaine ou non, toujours est-il que la petite ville coule des jours paisibles, dominant la côte atlantique et offrant des points de vue à couper le souffle sur la mer et les champs de bananes environnants. Un village agricole des plus attachants.

VANNERIE KAY PAY-LA

103 impasse de la vannerie ✆ 05 96 69 83 74
www.vanneriedumornedesesses.com
Ouvert lundi, mardi, jeudi de 8h30 à 12h30 et de 13h à 16h. Mercredi, vendredi, samedi de 8h à 12h. Visite 3 € et 6 €.

Dans cette petite coopérative, ce sont les femmes qui perpétuent la tradition de la vannerie, que les Caraïbes auraient transmise aux nouveaux arrivants puis aux « neg mawons » venus se réfugier sur les mornes. Pour tresser les chapeaux, paniers, malles, tapis, sacs à main, sets de table et bijoux, elles utilisent deux plantes à fibres typiques de l'île : le cachibou et l'aroman. Tout se fait à la main : récolte, séchage puis tressage minutieux. Essayez de venir le matin pour voir les ouvrières à l'œuvre et assister à la démonstration des techniques de tissage.

LES Z'AMANDINES €€

10, Rue Vaton - Saint-Laurent
✆ 05 96 69 89 49

Fondateur du réseau Tak Tak, qui réunit une quarantaine d'acteurs (restaurateurs, artisans, loueurs de gîtes, pêcheurs) pour un tourisme durable visant à valoriser la Martinique et son patrimoine, Patrick Duchel possède un gîte au cœur de Morne-des-Esses, constitué de 7 bungalows. Chaque bungalow comprend une chambre, un séjour, une kitchenette, une salle d'eau, une terrasse, tout ceci dans un jardin luxuriant. Et surtout à proximité immédiate de Patrick, amoureux de la Martinique, qui ne manquera pas de vous faire partager sa passion et ses bonnes adresses !

SAINTE-MARIE ★★★

Sur le littoral atlantique, la ville de Sainte-Marie, ouverte à tous les vents, est l'une des communes les plus importantes de la région nord-atlantique : elle est la quatrième commune de la Martinique par sa population et la première cité de la façade atlantique. Faisant partie à l'origine de la Capesterre qui revient aux autochtones, elle est très vite concernée par l'activité coloniale : l'importance de sa paroisse remonte à l'installation des moines dominicains en 1658 (le fameux père Labat notamment) venus exploiter la sucrerie de l'habitation Fonds-Saint-Jacques, mêlant volontiers prières et recherche industrielle. Si aujourd'hui la canne à sucre a été massivement remplacée par la culture de la banane, comme en témoigne un musée dédié à la banane, la célèbre distillerie Saint-James et son musée du Rhum demeurent parmi les lieux plus visités du coin. La petite commune animée vibre tous les matins à l'heure de son marché, mais c'est surtout le samedi matin qu'il faudra faire son marché, lorsque les agriculteurs du MANA investissent les lieux (il y a du monde !). Autre curiosité de Sainte-Marie : son célèbre *tombolo*, une petite langue de terre qui relie un îlet au littoral et permet une longue et plaisante balade.

ANSE AZÉROT ★★

Randonnée : 2 kilomètres.

L'Anse Azérot est un domaine créé à la fin du XVIIe siècle par le père Labat, qui voyait sur ce bord de mer la possibilité d'exploiter facilement des fours à chaux. Le sentier longe l'océan, ses plages et ses hautes falaises. Il est d'un abord très facile et, en le sillonnant sur toute sa longueur, vous découvrirez les vestiges de fours à chaux… C'est le meilleur moyen pour apprécier l'île dans toute sa splendeur.

Pour y accéder : sur la RN1, un kilomètre avant le bourg de Sainte-Marie, au niveau du carrefour qui mène au domaine de Sainte-Marie.

DISTILLERIE SAINT-JAMES ★★★

Le Bourg

✆ 05 96 69 30 02

www.rhum-saintjames.com

Ouvert tous les jours de 9h à 17h. Entrée libre.

Le Musée du Rhum Saint-James et la Maison de la Distillerie Saint-James située dans l'enceinte de la distillerie actuelle, encore en fonctionnement sur la plantation dans le Bourg de Sainte-Marie, sont des sites particulièrement bien aménagés pour vous permettre une très agréable découverte de l'histoire et des techniques de fabrication de ce fameux rhum.

Le site propose également une balade en train de 3 km dans l'ancien train des plantations qui servait autrefois à acheminer la canne à l'usine. Une visite des plus complètes !

NORD

Retour de la pêche à Sainte-Marie.

DOMAINE DE FONDS-SAINT-JACQUES

11 rue du Pavé, Fonds Saint-Jacques
✆ 05 96 80 70 28
www.collectivitedemartinique.mq

Ouvert du lundi au vendredi de 9h à 16h. Pour les visites guidées, prévenir 15 jours à l'avance.

C'est un élément majeur du patrimoine martiniquais. Le Fonds-Saint-Jacques a longtemps été le seul domaine agricole de la Martinique tenu par des religieux : sur une superficie de 230 hectares, il abritait alors un couvent et une sucrerie. En 1762, l'habitation comptait 500 esclaves. On y a découvert un véritable cimetière d'esclaves enterrés chrétiennement. Outre le joli jardin verdoyant, on peut visiter les vestiges de la sucrerie, de la purgerie et la chapelle Saint-Jacques.

ÎLET DE SAINTE-MARIE ET TOMBOLO

On assiste ici à un phénomène étrange : la mer se sépare en deux et laisse place à une bande de sable de 400 m de long créant un passage qui relie la terre ferme et l'île. Il relie la terre à son rocher et protège la ville de Sainte-Marie des raz de marée. Caprice de la nature, cette virgule de sable conjugue industrie et tragédie au passé. Cet îlet servit de fort et de port durant tout le XVIIe siècle, relayant les tonneaux de rhum et de sirop jusqu'aux navires ancrés dans la baie.

JARDIN MUSÉE DE LA BANANE

Quartier Fourniols
✆ 05 96 76 27 09
www.museedelabanane.fr

Ouvert tous les jours de 9h30 à 16h30. En basse saison, les consulter. 8 €/adulte. 5 €/enfant.

La visite débute par des panneaux informatifs qui nous apprennent tout sur l'histoire de la banane, sa culture, son économie et ses bienfaits. Vous partirez ensuite découvrir le parc où s'épanouissent plus de 60 variétés de bananiers. Le sentier se termine par un voyage gustatif à la boutique qui regorge de souvenirs gourmands : vin de banane, ketchup de banane... Enfin, le restaurant la Bananeraie décline la banane de l'entrée au dessert. Une visite qui enchantera toute la famille !

LA MAISON DU BÈLÈ

Espace Zéphir, Reculée
✆ 05 96 69 50 50
www.lamaisondubele.fr

Cours possibles (tambour, danse) sur réservation.

Fondée en 2003, la Maison du Bèlè a pour mission de transmettre ce genre musical typiquement martiniquais dans lequel un chanteur mène la musique avec une voix qui porte, tandis que se développe un dialogue entre les danseurs et le *tambouyé* (joueur de tambour). Elle organise des stages, ateliers, conférences et spectacles permettant de faire connaître le *bèlè* et de le diffuser dans la Caraïbe. L'association mène également une mission de transmission de ce patrimoine local, en mettant en relation les anciens et le reste de la population martiniquaise.

OFFICE SAMARITAIN DU TOURISME

Rue Ernest-Deproge ✆ 05 96 69 13 83
www.saintemarie-martinique.fr

Ouvert du lundi au vendredi de 8h à 17h, samedi de 8h à 12h. Ouvert le dimanche (haute saison uniquement) de 8h à 12h.

Voici un office de tourisme dynamique et une équipe professionnelle dans ce berceau des traditions martiniquaises. Sur la place du bourg, vous trouverez de multiples informations sur les événements à Sainte-Marie mais aussi les offres de logement, les randonnées, les horaires des bus, les activités proposées, etc. C'est une mine d'informations pour tout visiteur qui souhaiterait organiser son séjour. Rendez-vous sur le site martinique.org pour télécharger d'autres documents.

TRAIN DES PLANTATIONS - DISTILLERIE SAINT-JAMES

✆ 0596633108

Départs du mardi au vendredi à 9h30, 10h30, 11h30 et 12h30, le samedi à 10h, 11h et 12h. Tarif : adulte 5 €, enfant 3 €.

A bord d'une ancienne locomotive qui servait autrefois à acheminer les cannes à la distillerie Saint-James, l'association Les Rails de la canne à sucre propose une promenade à travers les champs de canne et les plantations de banane. Au milieu des somptueux paysages verdoyants de Sainte-Marie, la visite alterne haltes explicatives sur les fruits, les épices, les plantes médicinales, et bien sûr les méthodes de culture de la canne et l'évolution des procédés de fabrication du rhum.

LA MAISON D'Ô €€€

Rue du Gaoulé - Saint-Jacques
✆ +596 696 71 13 37
www.maisondo.fr

3 salles de bains, 4 chambres. Total de 10 couchages (2 lits doubles et 6 lits simples). Piscine.

Cet écolodge se niche face à une plage de sable noir, seul au monde, à l'embouchure de la Rivière Saint-Jacques. Dans un esprit résolument créole, la maison vit en harmonie avec son environnement : une large terrasse ventilée, une belle piscine, le bruit des vagues sont des invitations à la zénitude ! Elle dispose de quatre chambres, deux grandes et deux standards, ainsi que trois salles de bains : une capacité idéale pour recevoir une grande famille ou un groupe d'amis. Un havre de paix pour vivre la Martinique autrement, en dehors des zones touristiques...

LE SAINT-JAMES €

Route de l'Usine
✆ 05 96 69 07 33
www.rhum-saintjames.com

Ouvert du lundi au vendredi de 10h à 18h et de 10h à 22h le week-end.

Habilement intégré entre le musée du Rhum, la distillerie, le parc et la galerie d'art, le restaurant le Saint-James propose une carte variée de cuisine traditionnelle inventive et très abordable niveau prix : langouste du bon samaritain, filet de vivaneau au coulis d'écrevisses, assiette du Saint-James, gâteau maison, sans oublier le menu du jour qui est composé d'une entrée, d'un plat et d'un dessert. Des tarifs préférentiels sont proposés pour les groupes. Une adresse conviviale qui ponctue parfaitement la visite de la distillerie.

LE POINT DE VUE €€

Anse-Charpentier
✆ 05 96 69 05 22

C'est l'une des valeurs sûres de l'île. Ouvert sur l'Atlantique, à 50 mètres de la plage d'Anse Charpentier, le restaurant est renommé autant pour sa cuisine que pour son cadre : des panneaux sur les murs racontent l'histoire de l'île, alors qu'en arrière-plan, Monique, la cuisinière, propose plusieurs menus au choix à base de mets incontournables de la cuisine créole : colombo de poulet, poisson en daube, chatrou, écrevisses sauce créole, lambi, langouste grillée… On vous conseille de réserver. Pour les enfants, une aire de jeux est à leur disposition.

TI PUNCH COCO €€

Anse Azerot
✆ 06 96 77 58 29
www.cocoresto.com

Du mercredi au dimanche et les jours fériés de 12h à 15h. Prix moyen d'un repas à la carte 20 à 30 €.

C'est sur une plage sauvage de la côte atlantique, très peu fréquentée, un vrai petit paradis, que vous trouverez ce restaurant créole, où il fait bon se prélasser devant un repas créole dans un cadre au paysage de bord de mer exceptionnel. L'accueil que l'on vous réserve est aussi agréable que la qualité de ses plats créoles copieux et savoureux ; un petit conseil, gardez une petite place pour le dessert et goûtez leurs fameuses profiteroles exotiques. Une adresse à retenir autant pour sa cuisine que pour la beauté sauvage de la côte atlantique.

LA CONSERVERIE CRÉOLE

✆ +596 696 08 89 88
https://laconserveriecreole.com

Artisans producteurs d'épicerie fine et traiteur en Martinique. Vente en ligne et boutique - laboratoire à Sainte-Marie.

Jordan et Sara, unis dans la vie ont associé leur passion commune en créant un service de chef privé traiteur en 2018, lors de leur retour au pays. Dotés d'un solide bagage professionnel dans la gastronomie, leur aventure se poursuit en imaginant des conserves artisanales, composées de produits locaux issus de circuits courts uniquement : ainsi est née la marque *la Conserverie Créo*le. Les recettes sont sans conservateur ni additif. On adore les terrines artisanales, le ketchup de giraumon... A découvrir dans leur boutique sur place ou à commander en ligne.

MANA (MARCHÉ AGRICOLE DU NORD-ATLANTIQUE)

Place Félix Lorne

Tous les samedis, de 5h à 13h.

Le samedi matin, ils sont une vingtaine de producteurs, membres du Marché Agricole du Nord-Atlantique, à se réunir sur la place Félix Lorne à Sainte-Marie. Cette association regroupe des agriculteurs qui commercialisent eux-mêmes directement leur production. Le succès est tel que des gens viennent de loin pour acheter les produits maraîchers (dachine, igname, concombre, laitue…), les fruits, les piments et les épices de ces producteurs. Un conseil : allez-y tôt !

LA MAISON DU BÈLÈ

Espace Zéphir, Reculée
✆ 05 96 69 50 50
www.lamaisondubele.fr
Cours possibles (tambour, danse) sur réservation.

Fondée en 2003, la Maison du Bèlè a pour mission de transmettre ce genre musical typiquement martiniquais dans lequel un chanteur mène la musique avec une voix qui porte, tandis que se développe un dialogue entre les danseurs et le *tambouyé* (joueur de tambour). Elle organise des stages, ateliers, conférences et spectacles permettant de faire connaître le *bèlè* et de le diffuser dans la Caraïbe. L'association mène également une mission de transmission de ce patrimoine local, en mettant en relation les anciens et le reste de la population martiniquaise.

LE MARIGOT ★

Voisine du Lorrain, elle forme en 1837 avec elle la commune de Grande-Anse. C'est à partir de 1889 qu'elle devient indépendante. Après la fermeture de son usine centrale dans les années 1950, Le Marigot se tourne davantage vers la banane. Face à l'océan Atlantique, la ville offre, tout comme ses proches voisines, deux facettes : d'un côté la mer (notamment la baie de Fonds-d'Or) et de l'autre une nature généreuse propice au développement d'un tourisme vert, dominé par plusieurs mornes, Bellevue (694 m), aux Croupières (250 m), Palmiste (527 m). Une chose est sûre : ce « marais inondé » saura ravir les amateurs de calme et de retour à la nature.

BASSE-POINTE ★

Rejoindre Basse-Pointe, c'est entreprendre un voyage dans les lieux mythiques des travailleurs indiens, les « coolies », après l'abolition de l'esclavage. Basse-Pointe est le point de regroupement le plus important de la migration indienne, les « coolies » venus s'installer à partir de 1848. La commune compte deux temples où se perpétuent des cérémonies rituelles appelées « Bondié coolie ». Colonisée en 1658 dès l'expulsion des autochtones, la région, célèbre pour ses majestueuses habitations, se consacre à la culture du tabac et du cacao, remplacés par la suite par la canne puis la banane qui occupe désormais plus de la moitié des surfaces agraires.
Lotie sur l'un des versants de la montagne Pelée, la patrie d'Aimé Césaire (l'écrivain est né à Basse-Pointe) se laisse volontiers approcher par tous les amoureux de la nature car elle fourmille de randonnées et balades verdoyantes.

Tourisme

Voici un lieu étrange où les gens vivent face à la mer et voient par temps clair sécher les grands draps blancs des Dominicains. A cet endroit, les arbres penchés par le vent saluent les maisonnettes d'un bourg. Posé sur une langue de terre que borde la plage, il porte le nom d'une petite raie d'eau douce : le macouba. A la gauche de l'église Sainte-Anne, une rue pavée très en pente dévale vers la mer et semble se prêter parfaitement à un décor de film. C'est en lieu et place qu'en effet les marins d'autrefois faisaient rouler les fûts de rhum jusqu'au port.

RESTAURANT LE KOUD POUSS €

7-19 Rue Principale
✆ +596 596 65 14 73
www.restaurant-koudpouss.fr
Ouvert du mardi au dimanche de 12h à 14h45, et vendredi et samedi le soir de 19h30 à 22h.

Caché dans un écrin de verdure, ce restaurant gastronomique surplombant l'océan est une divine surprise. Le chef Jonathan Nerovic propose une carte simple mais raffinée élaborée à partir de produits frais et locaux : brochettes de gambas panées au coco, Saint-Jacques poêlées caramélisées au gros sirop et mousse de corail avec poêlée de banane jaune ou encore fricassé de ouassous minute grand-mère… Tout est bien ficelé : accompagnements, sauces, présentation. Mention spéciale pour l'entremets au chocolat, un sacré koud'cœur ! Le service est très professionnel.

CENTRE CULTUREL - TIERS-LIEU ANTOINE TANGAMEN DIT « ZWAZO ».

Habitation moulin l'étang
✆ 05 96 72 21 14
Ouvert du lundi au vendredi de 8h à 17h30.

L'ex-habitation Gradis, futur centre culturel du grand Nord, théâtre de luttes syndicales, est un lieu de mémoire incontournable sur le territoire. Cette ancienne habitation sucrière du XVIIIe siècle est aujourd'hui gérée par la Collectivité de la Martinique qui fait revivre ce haut lieu du patrimoine de l'île. Le célèbre Pont de Gradis, qui relie ce domaine à l'habitation Eyma, permettait autrefois le transport de la canne par une des premières locomotives à vapeur.

HABITATION CHALVET

Rue Joseph Zéphir

✆ 06 96 82 48 99

Ouvert du lundi au vendredi de 9h à 16h, samedi de 9h à 13h. Réservation obligatoire. Tarif : 7 € (réduit 5 €).

L'Habitation Chalvet a grandement contribué à l'essor économique de Basse-Pointe. Elle fut l'une des plus grandes sucreries de l'île. Désormais consacrée à la culture de la banane, de la canne et de l'ananas, elle est la seule habitation ouverte au public. Les nouveaux propriétaires y organisent des visites guidées pour découvrir l'histoire de l'habitation, de la banane, et percer quelques secrets des plantes médicinales locales. On y apprend des tas de choses sur le passé de l'habitation et les vestiges datant de l'époque esclavagiste. Très intéressant.

LA ROUTE DES HABITATIONS

Du Lorrain à Grande-Rivière, les champs de canne et de banane laissent la place à la forêt tropicale, véritable jungle sauvage. Ce trait de la D10 est familièrement appelé route des Habitations en mémoire des somptueuses plantations qui s'y trouvaient. Aujourd'hui certaines sont encore visibles mais demeurent privées : il faut prendre rendez-vous ou demander l'autorisation auprès des offices de tourisme de la commune pour l'Habitation Beauséjour à Grand-Rivière, les Habitations Perpigna et Chénaux à Macouba, et les Habitations Leyritz et Pécoul à Basse-Pointe.

HABITATION PÉCOUL

www.fondation-clement.org

Ouverte uniquement lors des Journées européennes du patrimoine.

Datant de la seconde moitié du XVIIe siècle, l'Habitation Basse-Pointe était à son origine la propriété de Claude Poquet, personnage historique aux nombreuses casquettes politiques. L'Habitation devint propriété de Denis Pécoul, substitut du procureur du roi, à la fin du XVIIIe siècle, et c'est Jean-François Pécoul qui lui donna son nom définitif en 1777. Vers la moitié du siècle suivant, Auguste Pécoul diversifie les cultures en produisant, outre la canne, tabac, café et soie. La production est aujourd'hui uniquement bananière. L'agencement de la propriété est organisé de telle sorte que l'espace habitable des travailleurs en cases se déploie autour de la maison principale qui en est le cœur, et surplombe l'allée des cocotiers. Classée Monument historique en 1981, la maison de maître est assez bien conservée. De plan rectangulaire sans galerie, elle est surmontée d'un étage en taille de guêpe, au périmètre plus réduit. Signe de raffinement de la part des bâtisseurs : la pierre de taille des bâtiments est importée d'Europe. Les ruines de la cheminée de l'usine témoignent de l'activité cannière d'antan et deux temples hindous font preuve de la survivance des anciens Tamouls arrivés dès 1853 pour pallier le manque de main-d'œuvre suite à l'abolition de l'esclavage en 1848.

L'habitation se greffe au patrimoine de la célèbre Habitation Clément (Le François) et de l'Habitation Sucrerie en 2002. La Fondation Clément en est désormais la gestionnaire et l'ouvre au chanceux public au mois de septembre, lors des journées du patrimoine.

NORD

Surfer, Basse-Pointe.

TEMPLES HINDOUS DE BASSE-POINTE

A partir de 1848 et jusqu'en 1885, Basse-Pointe a accueilli plusieurs dizaines de milliers de travailleurs tamouls venus de Pondichéry en Inde. Ces «coolies», comme on les appelle ici, ont conservé leurs traditions et ont érigé des temples, notamment deux particulièrement importants à Basse-Pointe. Le premier se trouve après la rivière Pocquet, face à l'étang ; le second est proche de l'Habitation Gradis. On peut les visiter le dimanche et lors de la cérémonie de «Bon dit coolie».

© AUTHOR'S IMAGE

Vue sur Macouba.

LE PETIT PALAIS CHEZ VALENCE €

8 Rue Saint-Jean

✆ 05 96 78 90 04

Ouvert du mardi au dimanche de 12h à 16h. Le soir sur réservation.

Dans ce restaurant familial et convivial, on déguste une bonne cuisine créole traditionnelle, comme à la maison : accras, daube de poisson, poulet coco, ragoût de cabri, lambis, écrevisses et langoustes en fricassées... le tout accompagné de riz et de légumes du pays (haricots rosés, lentilles, bananes plantain). La terrasse au premier niveau et la véranda à l'étage sont parfaitement bien ventilées. Bon rapport qualité-prix ! Et ne manquez pas l'accueil chaleureux à l'antillaise.

ÉGLISE SAINTE-ANNE

Cette église est l'un des plus beaux joyaux d'architecture religieuse en Martinique. Édifiée en 1667 mais reconstruite en 1774 et encore en 1813, elle accueillit le Père Labat, alors jeune missionnaire dominicain, lorsqu'il arriva en Martinique. Sa charpente en bois est le résultat du savoir-faire des marins-charpentiers employés à la construction de bâtiments religieux. Un ravissant petit cimetière regarde la mer juste au dos de l'église. Son toit est particulièrement bas et proche du sol, ce qui peut surprendre, pour mieux résister aux ouragans.

NORD

MACOUBA ★

Longtemps habitée par les autochtones, Macouba est célèbre pour la culture du pétun (le tabac) ; suivront plus tard le cacao et le café. Quant à son nom, il faut chercher dans le domaine aquatique : le macouba est un poisson d'eau douce à la chair estimée que l'on appelle aussi plus simplement têtard et qui régalait déjà le père Labat, curé de la paroisse en 1696. Après la libération des esclaves en 1848, la terre, travaillée avec ardeur par les nouveaux venus des Indes, apporte une relative richesse à la commune. Cernée de maisons basses et de ruelles étroites, la commune, particulièrement paisible, semble être à l'écart du reste du monde.

HABITATION CHÉNAUX

Jusqu'au milieu du XIXe siècle, les habitations Chéneaux, Macouba et Bellevue ne formaient qu'une seule et même entité qui produisait un merveilleux tabac. De l'Habitation ne sont conservés que deux piliers qui marquent les limites de l'ancien domaine. Les terres jadis dédiées à la culture du pétun (tabac) sont aujourd'hui vouées à la banane. Une jolie randonnée conduit jusqu'à un ermitage de l'époque, nommé La maison du Moine, aujourd'hui centre de mesures sismiques. On découvre les ruines de l'ancienne maison de maître ensevelies sous la végétation.

DISTILLERIE J.M ★★★

Quartier Fonds-Préville
✆ 05 96 78 92 55
www.rhum-jm-la-distillerie.com
Ouvert du lundi au dimanche et jours fériés de 9h à 17h. Visite et dégustation gratuites.

Au cœur d'une végétation luxuriante, J.M est l'une des dernières distilleries artisanales de l'île. La canne provient de l'Habitation Bellevue sur des terres volcaniques particulièrement fertiles, propices à la culture d'une canne à sucre d'exception. Des cuves de fermentation en passant par les colonnes de distillation, la visite bénéficie d'une scénographie particulièrement réussie, mettant les sens du visiteur en éveil, le baladant au milieu des jardins jusqu'à la boutique où l'on peut déguster des single casks singuliers et d'exceptionnels rhums vieux.

HABITATION PERPIGNA

On peut encore admirer des deux côtés de la D10 les ruines de cette ancienne habitation sucrière transformée en distillerie au XIXe siècle et qui fait face à la mer. L'ancienne cheminée encore debout indique son emplacement. Moulin, chaudières et conduits d'évacuation sont encore bien visibles et évoquent le riche passé de son activité rhumière. La distillerie a cessé de fonctionner en 1963. Au terrain de foot, empruntez le chemin qui traverse les champs de banane et de canne : vous arriverez à un temple dédié à la déesse Mariamman

HABITATION BEAUSÉJOUR

Quartier Beauséjour

Ouverte uniquement lors des Journées du Patrimoine.

L'Habitation Beauséjour, savamment conservée, est probablement l'une des plus belles de l'île. Le domaine est toujours structuré comme à son d'origine avec la maison de maître en bois (1820), le pavillon d'entrée, la cuisine en pierre et la rue case-à-nègres où logeaient les esclaves. L'ancienne distillerie abrite actuellement le hangar à bananes. Une grande roue hydraulique y est encore conservée. Dans le domaine qui s'étend sur plus de 50 ha depuis l'après-guerre, la culture de la banane a supplanté la canne à sucre et le cacao.

GRAND-RIVIÈRE ★★

En Martinique existe une « commune de l'extrême ». On y accède par la « Porte de l'enfer » sous un soleil ardent en empruntant une route escarpée dominant la Grande Rivière. Sur ses rives se dresse un bourg aux petites maisons coiffées de tuiles rouges cintrées par une végétation luxuriante et une houle indomptée. Au bout du monde, encadrée par de hautes falaises battues par les vagues, Grand-Rivière tient son nom du cours d'eau qui la traverse. Seuls les va-et-vient incessants des pêcheurs qui rentrent et sortent du port (il n'y a qu'à voir le nombre impressionnant de gommiers alignés sur la plage !) perturbent la quiétude de cette petite commune.

Préparatifs avant de partir en pêche.

RANDO GRAND-RIVIÈRE - ANSE-COULEUVRE

Des paysages sublimes qu'il importe d'avoir photographiés ou observés. Grand-Rivière et ses environs concentrent des lumières, des paysages et une atmosphère difficiles à dépeindre. Le soleil filtre à travers les bambous, l'air du soir est frais comme une feuille de menthe froissée, les vents enflent la mer d'une écume infinie. Un mince cours d'eau est surmonté d'un pont métallique dont l'importance peut surprendre : autant de points de vue inattendus et superbes à découvrir au fil de cette randonnée.

▶ **Randonnée Grand-Rivière – Anse-Couleuvre (au Prêcheur).** La plus belle randonnée de l'île ! Avec un peu de chance, vous verrez les fameuses « matoutou-falaise » : les mygales ! Il paraît que c'est leur coin de prédilection. Pour votre information, elles sont protégées depuis 1995 et ne sont pas dangereuses, enfin, c'est ce qu'on nous a dit ! Vous rejoindrez la côte caraïbe à travers la forêt vierge (18 km, environ 6h de marche quand même). Vous découvrirez une végétation luxuriante : ouvrez bien vos yeux et n'oubliez pas l'appareil photo ainsi que le maillot de bain pour piquer une tête dans la mer en attendant le pêcheur pour votre retour en yole. Vous longerez alors la côte nord de la Martinique. Les falaises sculptées par la mer, les criques et les anses vous éblouiront par leur beauté. Vous passerez de la mer des Caraïbes à l'océan Atlantique. A votre arrivée à Grand-Rivière, vous pourrez vous détendre dans les remous de la rivière, pour un bain des plus vivifiants.

Petit port de pêche de Grand-Rivière.

TANTE ARLETTE €€

3 rue de Lucy-de-Fossarieu
✆ 05 96 55 75 75
www.tantearlette.com
Ouvert du mardi au dimanche de 12h30 à 15h. Addition moyenne 25 €.

© TANTE ARLETTE

C'est l'un des piliers de la cuisine créole traditionnelle. La carte est résolument tournée vers les produits de la mer et la spécialité de l'établissement n'est autre que « la marmite du pêcheur », exquis mélange de langoustes, écrevisses, crabes et poissons. Le restaurant revisite avec subtilité les plats traditionnels martiniquais, comme les accras de titiris (de très petits poissons des eaux antillaises que l'on trouve à l'embouchure des petites rivières peu profondes). Le dimanche, c'est au son de mazurka et de biguine que le déjeuner est servi.

OFFICE DU TOURISME

Avenue du Général de Gaulle
✆ 05 96 55 77 77
www.grand-riviere.com
Propose des randonnées à partir de 15 € par personne avec guide.

L'office du tourisme de Grand-Rivière ouvre ses portes afin de faire découvrir la «commune de l'extrême» avec ses randonnées pédestres, ses excursions nautiques, ses visites guidées, la Vierge des Marins, l'église, le mur de Bellevue, le nouveau port de pêche, la rivière, le front de mer... Il se charge également de l'organisation des randonnées pédestres et des excursions nautiques dans son secteur, contactez les pour organiser votre retour en canot depuis l'Anse Couleuvre (Prêcheur) au terme de la randonnée qui relie les des côtes de l'île.

AU FIL DES ANSES

Boulevard Sainte-Catherine
✆ 06 96 38 90 68
Transfert après randonnée 15 €, balade en mer commentée 35 € avec collation. Initiation à la pêche traditionnelle 90 €.

Le capitaine Omer est à la barre et vous entraîne à bord de sa yole de pêche. Au programme, le canal de la Dominique et la côte sauvage du grand Nord de la Martinique riche de mille secrets : découvrez des criques et anses inaccessibles, faites vous conter l'histoire de la région, des premiers colons, des révoltes esclaves... Découvrez les secrets de la pêche au gros, approchez les dauphins, tracez jusqu'à la Dominique... Ici, vous êtes maître de vos envies et c'est par la mer que vous pénétrez ce Nord capricieux mais tellement généreux.

TANTE ARLETTE €

3 rue de Lucy-de-Fossarieu
✆ 05 96 55 75 75
www.tantearlette.com
A partir de 70 € la nuit pour 2 personnes ; petit déjeuner 12 € par personne.

Tante Arlette vous invite à découvrir ses 10 chambres de charme très joliment décorées. Les chambres ont chacune un univers propre aux noms évocateurs des plantes et des anses de la belle Caraïbe, elles sont climatisées et disposent d'une télévision, du wifi et d'une salle de bains superbe avec douche hydromassante pour certaines (excellent pour les randonneurs !). Et un « petit plus » fort agréable : le solarium-bain bouillonnant et ses transats qui vous attendent pour votre détente. Une adresse pour les randonneurs et ceux qui sont à la recherche de dépaysement.

AU GRILL RIVERAIN €

27 boulevard Sainte-Catherine
✆ +596 696 90 42 93

Dans un cadre idyllique, face aux côtes de la Dominique et à la mer déchaînée, ce petit restaurant du bout du monde invite à la détente et à l'évasion. On a envie de traîner et d'apprécier les vagues et le calme. Il faut dire qu'il propose une bonne cuisine locale maison, simple mais fraîche, servie avec le sourire. Le menu est présenté avec humour. Le poisson vient du pêcheur du coin. Les plats sont généreux : colombo de poulet, vivaneau frit, belle assiette créole, flan de patate douce. Mention spéciale pour le boudin et les accras.

NORD

SAINTE-LUCIE

Indépendante depuis 1979, Sainte-Lucie est située au sud de la Martinique et au nord de Saint-Vincent. Plus petite que la Dominique et aussi moins sauvage, ce petit État membre du Commonwealth abrite des paysages de toute beauté d'une grande variété : le nord plus touristique, avec ses belles plages, la célèbre *Friday night* à Gros-Islet qui attire bon nombre de fêtards ainsi que ses rendez-vous festifs (le carnaval en juillet et le festival de jazz de Pigeon Island en mai), et le sud, plus sauvage et authentique, dont la principale curiosité, et pas des moindres, demeure les deux Pitons, extraordinaires pains de sucre volcaniques, symboles de Sainte-Lucie. Cette terre, objet de nombreux conflits entre la France et le Royaume-Uni, se trouve riche d'un héritage mixte : on y parle anglais mais aussi un créole proche de celui de la Martinique. Les échanges entre les deux îles sont en effet assez intenses.

Sainte-Lucie
DOMINIQUE
SAINTE-LUCIE
BARBADE
PIGEON ISLAND NATIONAL PARK
CAP ESTATE
GROS-ISLET
RODNEY BAY
Bois D'orange
Grande Riviere
La Guerre
CASTRIES
Ciceron
Odsan
MARIGOT BAY
Jacmel
ANSE LA RAYE
L'Abbayée
Ravine Poisson
DENNERY
Canaries
Millet
Bouton
SOUFRIERE
Mon Repos
Fond St. Jacques
Morne Bonin
Etangs
Trousmasse
MICOUD
Roblot
Bellevue
Banse
Choiseul
Pierrot
Piaye
Laborie
VIEUX FORT
5 KM

PAGES

© JCH DUSANTER

Soufrière.

CASTRIES ★★

Fondée en 1650 par les Français, la ville doit son nom au maréchal de Castries, ministre de la Marine, qui par le traité de Versailles en 1783, rendit provisoirement Sainte-Lucie à la France. Le nom des rues aux consonances francophones témoigne encore du passé colonial de la ville. Siège du gouvernement, son port est l'un des plus importants des Antilles. Le long des ruelles on aperçoit encore quelques bâtiments en style colonial peint en tons pastel. Au sud-est de la ville, les étals s'alignent le long de Jeremie Street et l'animation y est vivace. L'ambiance locale atteint son comble au marché de la ville, un des plus colorés de l'île.

CASTRIES CITY VIEW POINT

Government House Road
www.slunatrust.org

Sur les hauteurs de Castries, ce promontoire avec sa passerelle en bois offre une vue panoramique sur la baie de Castries, la mer des Caraïbes et les immenses bateaux de croisière qui mouillent dans la baie. On y accède par la route principale : une fois le ferry terminal dépassé, prenez la première route sur la gauche qui monte et, en moins de deux minutes, vous atteindrez le point de vue. Impossible de louper l'endroit : des vendeurs de souvenirs sont installés devant, ainsi que quelques marchands de fortune. L'endroit est superbe pour prendre de belles photos !

CARIBELLE BATIK

Howelton House, Old Morne Road Castries
✆ +1 758 452 3785

Cette fabrique des tissus batiks se trouve dans une jolie villa blanche et jaune de type créole. Vous pouvez y découvrir le processus de fabrication du batik, cette technique artisanale ancienne d'impression polychrome qui se retrouve principalement dans les régions d'Afrique de l'Ouest, du Moyen-Orient et d'Asie. Ici, le batik est décliné à l'infini. La boutique de vente sur place propose des dizaines de formes, de couleurs et de tissus. Une ravissante terrasse dans le jardin invite à boire un verre après la visite. Une jolie halte.

GRAND MARCHÉ ★★

Avenue Peyner
Ouvert tous les jours excepté dimanche.

C'est le plus grand marché en plein air de l'île. Ce marché haut en couleurs et très animé accueille chaque jour plus de 300 fournisseurs réguliers pour plus d'une centaine de vendeurs locaux les jours de marché. On y trouve de la viande et du poisson frais, des herbes, épices, artisanat et produits secs. Une étape obligée lors de votre passage sur l'île, pour vous imprégner de l'ambiance locale, entre les étals de fruits et de légumes du pays. On y trouvera facilement de quoi déjeuner avec viandes grillées et brochettes de poissons très savoureuses.

Castries.

SAINTE-LUCIE

FICHE PRATIQUE
LA VIE QUOTIDIENNE À SAINTE-LUCIE

Allô : Le téléphone fonctionne très bien partout. Néanmoins nous vous conseillons d'activer le mode avion et de ne vous connecter que via le wifi pour passer vos appels et envoyer vos messages car sinon la facture risque d'être salée.

Pour téléphoner de la France vers Sainte-Lucie : composer le 001 + 758 + numéro du correspondant. Pour téléphoner de Sainte-Lucie vers la France, composer le 0033 + numéro du correspondant sans le 0. Des cartes téléphoniques sont en vente dans les aéroports, au Saint-Lucia Tourism Board et à la marina de Rodney Bay. Urgences de l'hôpital Saint-Jude à Vieux Fort : +1 758 454 60 41 - Urgences de l'hôpital civil Victoria Hospital à Castries : +1 758 452 24 21 - En cas de nécessité d'évacuation vers la Martinique : Saint Lucia Helicopters : +1 758 453 69 50 ou +1 758 450 54 04 ou +1 758 458 13 90.

Ambassade de France à Sainte-Lucie, Nelson Mendela drive vigie, Castries. Ouvert du lundi au jeudi de 8h30 à 15h le vendredi de 8h30 à 13h - Tél. +1 758 455 60 60 - https://lc.ambafrance.org

Argent. La monnaie officielle est le dollar caribéen (East caribbean dollar) indiqué sur les prix en EC$, ECD ou XCD. 1 euro = 3,60 ECD environ ; 1 ECD = 0,27 euro

On trouve des distributeurs de billets assez facilement dans l'île et peu de bureaux de change. On vous conseille de retirer directement sur place et non de changer vos euros avant.

Electricité et mesures. Le voltage et la fréquence à Sainte-Lucie sont les mêmes qu'en France. Mais les prises utilisées sont des prises britanniques de type G à 3 broches plates. Prévoyez donc un adaptateur.

Langues parlées. La langue officielle est l'anglais mais le créole est utilisé au quotidien.

Office de Tourisme : Saint Lucia Tourist Board Sureline Building Vide Bouteille, Castries. Ouvert du lundi au vendredi de 8h30 à 16h30 - www.stlucia.org/fr/

Passeport et visas. Aucun visa requis pour les ressortissants français, belges, canadiens et suisses. Un passeport en cours de validité et un billet d'avion aller-retour sont suffisants. Pour les ressortissants français, la carte nationale d'identité est acceptée à la douane pour les séjours allant d'un à 15 jours.

Pour plus d'informations sur les formalités en cours : www.stlucia.gov.lc

Depuis le 30 novembre 2022, tous les passagers à destination de Sainte-Lucie devront avoir complété, préalablement à leur arrivée, le formulaire électronique d'entrée disponible en suivant ce lien : https://edonlineform.caricomimpacs.org/lca/

Au départ : La taxe de départ est comprise dans le prix du billet pour tous les passagers âgés de 12 ans et plus qui quittent l'île par voie aérienne. Pour les passagers quittant le territoire par voie maritime, la taxe de départ s'élève à 33 ECD ou 13 US$ à payer au moment du départ.

Permis de conduire. Pour louer un véhicule, un permis de conduire local est exigé. Vous pouvez-vous en procurer un au tarif de 12 $ US pour une journée et 21 $ US pour trois mois. Ce permis est disponible dans les agences de location, à l'aéroport et dans les postes de police sur présentation de votre permis de conduire national. Si vous êtes en possession d'un permis de conduire international, le permis local ne sera pas nécessaire.

Santé. Aucun vaccin n'est nécessaire pour rentrer sur l'île, sauf pour les voyageurs en provenance d'une zone infectée par la fièvre jaune.

A l'heure où nous rédigeons ce guide, toutes les mesures d'entrées sur le territoire de Sainte Lucie ont été levées pour toutes les personnes, indépendamment de leur statut vaccinal. Plus d'infos sur : https://lc.ambafrance.org

Comme partout dans les Caraïbes, certains moustiques véhiculent des maladies comme le chikungunya, la dengue, ou encore le virus Zika. Pensez à vous protéger contre les piqûres d'insectes : vêtements longs, spray anti-moustiques…

Sécurité. Sainte-Lucie est une île sûre et paisible. Il convient néanmoins comme partout de faire preuve de bon sens et de respecter certaines règles de sécurité de base : ne pas sortir avec de grosses sommes d'argent, éviter les bijoux trop voyants…

Se loger. Le coût de la vie à Sainte-Lucie est très élevé car Lille est dépendant de bien d'importation vendu sur place à des prix exorbitants. En moyenne un couple voulant souffrir une chambre confortable et des restaurants devra débourser un minimum 250 à 300 US$ par jour.

Une taxe gouvernementale de 10 % s'applique sur l'hôtellerie et la restauration, à laquelle s'ajoute généralement 10 % pour le service. Ce surcoût de 20 % n'est souvent pas compris dans les tarifs affichés. Pensez-y donc pour ne pas être surpris au moment de payer l'addition.

SE DÉPLACER À SAINTE-LUCIE

Avion. Sainte-Lucie abrite 2 aéroports : Hewanorra International Airport (UVF) situé à Vieux Fort, au sud, et George F.L. Charles Airport, situé à la sortie de Castries en allant vers le nord, un aéroport avec des lignes reliant les îles entre elles. Pour les avions en provenance de l'Europe, l'accès se fait de la France via la Martinique, la Guadeloupe et Londres éventuellement. Au départ de Paris Orly, Air Caraïbes, Air France et Corsair International (en *code share* avec Air Antilles) desservent Sainte-Lucie via Fort-de-France, environ 3 fois par semaine. Le transit est rapide : 12 min de vol entre Fort-de-France et Sainte-Lucie pour une arrivée à l'aéroport de Castries. Les transports aériens entre les îles sont assurés par plusieurs compagnies dont la LIAT, Air Caraïbes, Air Antilles et Caribbean Airlines.

Bateau. L'arrivée en ferry s'effectue sur le port de Castries. Depuis Fort-de-France, l'Express des Iles assure plusieurs liaisons hebdomadaires et relie la capitale foyalaise à Castries en 1h30. Depuis le Marin, la compagnie Transport Express Caraïbes (Capo Rosso) assure 3 liaisons par semaine.

De nombreux navires de croisière font escale à Castries avant de poursuivre leur croisière dans les Caraïbes.

Transports en commun. Plusieurs minibus sillonnent quotidiennement toute l'île. Ils partent de Castries et desservent les grandes villes de l'île. Pour les arrêter, il suffit de lever le bras ! Les prix restent modiques.

Taxi. Moyen de transport très onéreux, les taxis se trouvent cependant très facilement à Sainte-Lucie. Pour les reconnaître ? Leur plaque d'immatriculation commence par « TX ». Un conseil : négociez les prix de la course avant le départ. En moyenne, il faut compter 12 € pour un transfert depuis l'aéroport de Castries à Rodney Bay.

En voiture. Bien que coûteuse, la location de voiture reste la meilleure solution. Les agences traditionnelles disposent d'un guichet à l'aéroport. Comptez en moyenne 600 US$ la semaine. Attention : la conduite à Sainte-Lucie se fait à gauche. Soyez prudents, les routes sont parfois très étroites et pas toujours en bon état.

Bons plans. Si vous séjournez en Martinique et que vous souhaitez vous faire une idée de Sainte-Lucie, plusieurs croisiéristes proposent des excursions en bateau à la journée. Le départ se fait depuis la marina du Marin tôt le matin. Sainte-Lucie est également la première étape lors d'une croisière plus longue aux Grenadines.

SAINT LUCIA TOURIST BOARD

The Sureline Building,
✆ +1758 452 4094
www.stlucia.org
Ouvert du lundi au vendredi de 9h à 16h30.

Difficile de ne pas voir ce bâtiment tout bleu érigé sur le front de mer. Situé sur la John Compton highway, le Saint-Lucia Tourist Office Board n'est pas un simple office de tourisme mais plutôt un lieu de promotion de l'île. Vous y trouverez des informatiques pratiques, pourrez demander un renseignement ou simplement vous y arrêter pour demander de l'aide. Pensez à prendre une carte de l'île ! D'autres points d'informations se trouvent aux aéroports et aux points d'entrée des ports.

BAREFOOT HOLIDAYS

Castries
✆ 758 450 0507
www.barefootholidays.com

Fondée en 1998, Barefoot Holidays propose une multitude de services et d'excursions aux visiteurs : randonnées pédestres, randonnées équestres, pêche sportive, VTT, safaris, shopping, observation du milieu marin (baleines, dauphins...), excursions en voilier... Cette agence d'une vingtaine de personnes est là pour répondre à toutes vos attentes et vous proposer un séjour inoubliable. N'hésitez pas à les solliciter : ils connaissent parfaitement l'île et sauront vous conseiller. L'agence organise aussi des mariages et lunes de miel.

PITON TRAVEL AGENCY

Mongiraud Gros Islet Box 1763
✆ +1 758 450 1487

Basée à Sainte-Lucie depuis plus de 20 ans, Piton Travel Agency, tenue par Cynthia Théresine, est une institution. L'agence propose des transferts (depuis les aéroports ou les arrivées en ferry), des circuits et excursions (bateaux, plongées, randonnées pédestres, équestres, pêche sportive, VTT, safaris)... Le personnel est bilingue français/anglais. Idéal donc pour ceux qui ne parlent pas anglais. On y propose aussi des sorties thématiques, des excursions sur mesure, des journées rivière et pique-nique. Tarifs très compétitifs et accueil assuré !

THE TRAVEL BOUTIQUE INC

Laborie Street
✆ +1758 451 63 64
http://the-travel-boutique.com/
Ouvert du lundi au vendredi de 8h à 17h et le samedi de 8h à 12h30. Fermé le dimanche et périodes de vacances.

Cleopatra dirige cette agence de voyage locale fondée en 2004 avec beaucoup de dynamisme. Son objectif : fournir un service sur mesure de très haute qualité. Elle parle couramment le français. Les activités de l'agence sont multiples : ventes de forfaits croisières dans les Caraïbes, organisation de séjours et circuits à Sainte-Lucie, réservation de villas thématiques, location de voitures, événementiel… C'est aussi la spécialiste du mariage à Sainte-Lucie. Elle s'occupe de tout, des formalités à la réception en elle-même. On recommande !

© CKP1001 / SHUTTERSTOCK.COM

Castries.

HOWELTON ESTATE 1896

Old Victoria Road, Morne Fortune
✆ +1 758 452 3785
www.howeltonestate.com/

Dans ce bâtiment datant de plus de cent vingt ans, au milieu d'une végétation luxuriante, Howelton Estate 1896 propose de multiples expériences sur un même lieu : ce site unique abrite des artisans d'art que l'on peut voir travailler, un charmant café, une boutique de souvenirs, avec de jolis batiks faits main. On propose également des ateliers pour apprendre à faire son propre chocolat à partir de cacao local. Très instructif !

On peut aussi séjourner sur place dans les appartements, Hibiscus (1 chambre) et Coconut (2 chambres). Un bel endroit !

L'EXPRESS DES ÎLES

Cox and company ltd
✆ +1 758 456 5022
www.express-des-iles.fr
A partir de 49,50 € l'aller simple.

Les îles desservies par ces navettes maritimes sont Marie-Galante, les Saintes, la Dominique, la Martinique, Sainte-Lucie avec également des packages incluant l'hébergement. Consultez les brochures éditées par l'Express des Iles, elles sont disponibles dans tous les points de vente et sur Internet. Des rotations supplémentaires sont mises en place durant les vacances et les périodes de forte affluence. Comptez 1h30 de traversée entre Fort-de-France et la marina de Castries. Petit snack à bord en cas de soif et de petite faim.

GEORGES F. L. CHARLES AIRPORT

Vigie Beach - **VIGIE**
✆ +1 758 452 1180
www.georgeflcharlesairport.com
Ouvert tous les jours de 6h à 23h.

George F. L. Charles Airport se trouve entre les collines vertes et le sable doré de Vigie Beach, situé à seulement 3,7 kilomètres au nord de la capitale de Sainte-Lucie, Castries. C'est une structure pratique, à petite échelle qui s'occupe uniquement des vols régionaux entre les différentes îles des Caraïbes ; elle est aussi une plateforme de fret aérien. Les compagnies qui y transitent sont : LIAT, Air Caraïbes, Air Antilles et Caribbean Airlines.

TRANSPORT EXPRESS CARAÏBES

✆ + 596 696 43 76 68
www.transports-express-caraibes.fr

Depuis Castries, le capitaine Gilbert et son bateau rose, un ferry de 95 places, proposent des transferts entre la marina de Rodney Bay à Sainte-Lucie et le Marin en Martinique. Il faut une heure et demie environ, à bord d'une mer parfois agitée mais peuplée de dauphins, pour relier les deux îles. Pour réserver, envoyez un message par WhatsApp. Les formalités sont très rapides. Accueil souriant, bonne humeur et surtout ponctualité : on recommande !

HISTOIRE DE SAINTE-LUCIE

D'HIER À AUJOURD'HUI

Période précolombienne

Sainte-Lucie est sans doute habitée depuis la période dite méso-indienne (de - 5000 à notre ère) ou précéramique. Cette société évolue avec l'apparition de l'agriculture et de la céramique (culture saladoïde). Des indices permettent de dater le peuplement de l'île entre 200 et 400 après J.-C., ce qui correspond, si l'on suit la terminologie classique, aux peuplades amérindiennes arawaks.

A partir du VIIe siècle, les Petites Antilles (dont Sainte-Lucie) montrent les signes d'un certain changement de cap dans leur évolution culturelle. En témoigne principalement la régression de l'artisanat. C'est à Sainte-Lucie que l'on doit l'appellation de cette nouvelle orientation, qui prend le nom de culture troumassoïde (du nom d'un site de l'île). Il semble que l'île se soit alors appelée Louanalao (pays des Iguanes) et qu'elle soit restée habitée jusqu'à l'arrivée des Européens.

La découverte

Lors de son quatrième voyage vers les Caraïbes, en 1502, Christophe Colomb aurait eu le privilège d'être le premier Européen à découvrir l'île de Sainte-Lucie (le 13 décembre, soit le jour de la Sainte-Lucie, d'où le nom). Les historiens attribuent la découverte de l'île à l'explorateur espagnol et ami de Colomb, Juan de la Cosa (1460-1510). Les Anglais abordent l'île en 1605. Une première colonie de 67 hommes s'y installe. Un mois plus tard, les 19 survivants doivent fuir sur un canot, poursuivis par des indigènes. Une autre tentative anglaise échoue en 1639.

La lutte franco-britannique

Les Français arrivent en 1651. Huit ans plus tard, la lutte commence entre Français et Anglais pour la possession du territoire. C'est le début d'une longue parenthèse qui va durer 150 ans ! Pendant cette période, Sainte-Lucie change de mains 14 fois. La bataille la plus mémorable a lieu en 1780, lorsque l'amiral Rodney, à la tête de la flotte anglaise, surprend les navires français commandés par l'amiral de Grasse à Pigeon Island.

Sainte-Lucie est finalement cédée aux Anglais en 1814 (traité de Paris), après être restée française pendant pratiquement deux siècles (XVIIe et XVIIIe).

La première ville construite sur l'île, en 1764, est celle de la Soufrière. En 1780, les Français bâtissent déjà 12 villes et ouvrent la première exploitation sucrière. L'abolition de l'esclavage, en 1838, marque le début de la chute de l'industrie sucrière sur l'île. Les premiers travailleurs d'origine indienne arrivent en 1882, afin de pallier le manque de main-d'œuvre. Ce flux migratoire dure environ 30 ans et de nombreux travailleurs s'installent sur l'île.

Le XXe siècle

Sainte-Lucie obtient son indépendance le 22 février 1979. Toujours membre du Commonwealth, elle est dirigée par le Premier ministre sir Stephenson King.

En 1981, l'île adhère à l'Organisation des États de la Caraïbe orientale dont le secrétariat est depuis basé à Castries. Cet organisme de consultation, de coopération et d'action regroupe plusieurs pays et dépendances des Antilles orientales. L'OECO œuvre entre autres pour le développement du commerce, des transports, du tourisme durable et des catastrophes naturelles.

En février 2010, le ministère des Finances français publie une liste des pays à mettre sur leur liste grise (la liste noire n'existant plus) des paradis fiscaux. Sainte-Lucie y figure.

DRIVE-A-MATIC SAINT-LUCIA

GROS ISLET
✆ +1 246 434 8440
www.drivestlucia.com
A partir de 60 US$.

Le bureau principal est situé à Gros-Islet, près de la station essence. John Elliott, le patron, dispose de trois agences sur l'île : dans les deux aéroports et à Gros-Islet. Vous pouvez demander à ce que votre voiture soit livrée à votre hôtel. Comptez 21 US$ pour le permis saint-lucéen, à ajouter à votre location et à l'assurance. Des sièges enfant, rehausseurs et GPS sont disponibles. Agence réactive. Voitures automatiques propres et efficaces.

SANDALS HALCYON BEACH €€€

Gros Islet Hwy
✆ +1 888 726 32 57
www.sandals.com
De 300 US$ à 1300 US$ par nuit et par personne.

Nichée le long d'une plage de sable blanc, ce complexe hôtelier exclusivement réservé aux couples, est entourée d'un jardin tropical naturel. On apprécie les suites luxueuses : équipements finement décorés, piscine sanctuaire privée, service majordome haut de gamme, traitements spa, activités sportives dans l'eau et dîners gastronomiques illimités dans 6 restaurants. Lorsque vous séjournez chez Sandals, vous pouvez profiter des 3 complexes répartis sur toute l'île . Quand vous circulez d'un hôtel à l'autre, le transfert aller retour est gratuit.

SANDALS REGENCY LA TOC €€€

✆ +1 888 726 32 57
www.sandals.com
Prix de 400 US$ à 900 US$ par personne et par nuit tout compris.

L'un des trois complexes balnéaires de la fameuse marque Sandals à Sainte-Lucie; un all exclusive réservé aux couples et situé sur la plage en forme de croissant de Castries. Ce domaine magnifique contient le Sunset Bluff village. Des équipements de luxe exclusifs, service majordome personnalisé, c'est l'escapade parfaite et l'ultime évasion pour les amoureux.

VILLA BEACH COTTAGES €€

Choc Bay
✆ +1 758 450 2884
https://villabeachcottages.com

Situé sur le front de mer, sur la plage de Choc Bay, la Villa Beach Cottages est un endroit paradisiaque qui abrite plusieurs villas de style colonial donnant sur la mer des Caraïbes. Au milieu d'un magnifique jardin, bordé de cocotier, le complexe propose plusieurs types de villas (une chambre, deux chambres, villa lune de miel). Toutes ont accès à la piscine. À proximité, un service de massage et une structure de *watersports* en bonus. Un lieu idéal pour passer des vacances de rêve, tout près des commodités et des restaurants animés.

TOP OF THE WORLD APARTMENTS €€

Marisule Corinth LC
✆ +1 758 454 8409

Situé à Marisule Estate, à 2,5 km de la belle plage de Vigie, le Top of the World Apartments est une magnifique villa avec une vue imprenable qui propose des hébergements donnant accès à un jardin avec une piscine extérieure. Tous les appartements (T1 et T2) sont bien décorés et aménagés : cuisine tout équipée (four, micro-ondes, réfrigérateur et bouilloire), terrasse bien exposée, connexion wifi gratuite et climatisation. Un bon moyen de séjourner sur l'île, sans trop se ruiner.

VILLA BEACH COTTAGES €€

Choc Bay
✆ +1 758 450 2884
https://villabeachcottages.com

Situé sur le front de mer, sur la plage de Choc Bay, la Villa Beach Cottages est un endroit paradisiaque qui abrite plusieurs villas de style colonial donnant sur la mer des Caraïbes. Au milieu d'un magnifique jardin, bordé de cocotier, le complexe propose plusieurs types de villas (une chambre, deux chambres, villa lune de miel). Toutes ont accès à la piscine. À proximité, un service de massage et une structure de *watersports* en bonus. Un lieu idéal pour passer des vacances de rêve, tout près des commodités et des restaurants animés.

SAINTE-LUCIE

RITUAL COFFEE HOUSE €

+1 758 450 85 92
www.ritualscoffeehouse.com
Ouvert de 9 h à 22 h.A partir de 6 ECD pour un café et jusqu'à 40 ECD pour un repas.

A côté du Carribean Cinemas à Choc Bay. Endroit très calme avec intérieur climatisé et un patio à l'extérieur sur le parking de l'établissement. Une grande variété de sandwiches, smoothies, boissons chaudes et plats sont proposés. Rituals est une franchise, Sainte Lucie dispose de 5 restaurants sur l'île.

CARIBBEAN PERFUMES

La Vigie, Castries
+1 758 453 7249
www.caribbeanperfumes.com

« *Capturez la romance* », tel est le mot d'ordre de cette boutique qui se trouve au fond du jardin du restaurant Froggie's Jack. Cathy Rioux est la femme du chef. Elle crée des parfums à base de fleurs, de fruits et de bois précieux. Tous ces produits uniques sont conçus exclusivement à Sainte-Lucie. Cathy est anglaise, mais elle parle couramment le français. Elle propose des parfums pour hommes et femmes. Allez lui rendre une petite visite, elle saura vous conseiller un petit souvenir olfactif sur mesure à rapporter dans votre valise.

CHEF ROBBY'S CARIBBEAN PIRATES €€

Pointe Séraphine
+1758 457 3425
Ouvert du lundi au samedi, du petit déjeuner au déjeuner. Addition moyenne 40 ECD /personne.

On se croirait vraiment dans un film de Pirate avec des filets de pêche et les coquilles suspendues aux murs. On s'attend à voir débarquer Jack Sparrow à tout moment. A l'entrée se trouve un grand bar où l'on sirote bien volontiers un cocktail. La partie restaurant se situe du côté de la terrasse extérieure qui s'ouvre largement sur la baie et le port de Castries. Le chef, Robby, est célèbre sur l'île. Il aime cuisiner les fruits de mer : oeufs de poissons, poulpes, homards , conques… Le choix est large et tout est conçu à base d'ingrédients locaux.

CASTRIES CRAFT MARKET

55 John Compton Hwy,
+1 758 46 05 596

Non loin de Castries Local Market, le marché d'art local et de l'artisanat propose sculptures, poteries, artisanat, batiks, vannerie, etc. Il compte plus de 300 vendeurs réguliers et une centaine de vendeurs locaux, sans oublier le Vendor's Arcade qui est plus axé sur les souvenirs classiques (sacs, tee-shirts, bijoux, chaussures, vêtements, souvenirs). L'ambiance y est très joyeuse et colorée : partout des étals remplis de parfums, de vêtements faits à la main, de peintures, de sculptures et d'épices. Une halte intéressante.

ANTILLIA BREWING COMPANY €€€

4 Pointe Seraphine +1 758 458 0844
Ouvert de 11 h à 23 h.

Cet établissement est situé dans une grande maison (bleue et blanche) de style colonial avec une jolie terrasse aérée. Nous saluons la décoration intérieure faite de bois ! Au menu, une cuisine française, mais sans oublier la touche des Caraïbes. Le pub offre aussi un menu plus simple avec des burgers, des frites, des salades et de délicieux kébabs de porc, poisson ou bœuf. Les amateurs de vins anglais ou français seront agréablement surpris. C'est une vraie mine d'or, le barman offre quatre bières différentes, toutes délicieuses : Bring, Golden Pilsner, English Ale et Dark Dunkel. Demandez à visiter la salle dédiée à la distillation. Evènements musicaux du mercredi au samedi.

CENTRE COMMERCIAL POINTE SÉRAPHINE

Pointe Séraphine
+1758 457 3425
www.dfps.dutyfreepointeseraphine.com
Ouvert du lundi au vendredi 9h-16h30, le samedi de 9h à 14h, fermé le dimanche sauf s'il y a un bateau de croisière.

C'est par ici que passe notamment le flux des touristes arrivant des paquebots de croisière. Même si l'on y croise des Antillais, ce sont les Nord-Américains qui prédominent largement. Magasins de souvenirs, bijouterie de luxe, restaurants locaux, tous les produits sont détaxés sur présentation d'une pièce d'identité et d'un billet retour. Il y a maintenant un ferry (le Hippo ferry) qui traverse la baie de Castries du marche a la Pointe Séraphine.

RODNEY BAY

Au nord-ouest de l'île, la longue plage de Rodney Bay s'étend sur environ 3,5 km et relie la somptueuse presqu'île de Pigeon Island aux rochers de Mount Pimard, hauts de 200 mètres. Entre les deux extrémités s'étendent les superbes plages de sable de Reduit Beach où se succèdent resorts, hôtels, restaurants, boutiques et boîtes de nuit. Très prisé des touristes anglo-saxons qui viennent y célébrer leur mariage et leur lune de miel, Rodney Bay tire sa fortune de sa marina, l'une des plus accueillantes des Antilles, qui attire chaque année des milliers de touristes et de croisiéristes. L'ambiance y bat son plein, quoique parfois un peu surfaite.

EUDOVIC'S ART STUDIO

Morne Fortune, Castries
✆ +1 758 452 2747
https://eudovicsart.com

Amateurs de sculptures locales, cette adresse est pour vous. Sur les hauteurs de Castries, à côté du Morne Fortune, ce petit business familial de sculptures sur bois faites main est un véritable paradis. Ici c'est simple : on ne vend que de l'artisanat local, surtout pas de *made in China* ! Masques en bois, sculptures, vaisselles, objets d'art : une trouvaille parfaite pour vos souvenirs ! Les artistes ont beaucoup de talent. On peut les voir travailler et sculpter délicatement les bois tropicaux. Une charmante adresse authentique !

LA PLACE CARENAGE

Jeremie street
✆ +1758 453 2451

Un centre commercial à l'américaine, destiné essentiellement au duty free ; il faut juste présenter son passeport pour bénéficier des prix hors taxe. On y trouve un peu de tout : des bijoutiers, des parfums de luxe français, des cadeaux et souvenirs, des boissons alcoolisées et cigarettes et cigares. Une vraie caverne l'Ali Baba, climatisée de surcroît.. bien agréable pour échapper à la fournaise du marché couvert par exemple.

BAY GARDENS HÔTEL €€

Po Box 1892
✆ +1 758 452 8006
www.baygardensresorts.com

Trois catégories de chambres. Double standard de 115 à 195 US$ selon la saison (sans le petit déjeuner).

Niché dans un jardin tropical, cet hôtel est idéalement situé près de la marina de Rodney Bay, de la plage de Reduit, des centres commerciaux et des restaurants. Les bâtiments de style créole sont répartis autour d'une jolie piscine centrale. Les 71 chambres climatisées (standard, supérieure ou suite avec kitchenette) avec une terrasse couverte donnent sur le jardin. Les chambres disposent de lit King size à l'américaine. La déco est en rotin et tissus colorés. Le restaurant de l'hôtel est prisé par les locaux pour son fameux déjeuner-buffet.

SAINTE-LUCIE

Rodney Bay.

COCO PALM €€

P.O. Box GM605
✆ +1 758 456 2800
www.coco-resorts.com
A partir de 150 US$/nuit selon le type de chambre et la saison.

Un air de village règne sur le Coco Palm. A quelques minutes de la plage de Rodney Bay, 89 chambres et 12 suites s'alignent dans des maisonnettes de style créole autour de la piscine et dans les jardins. Joliment décorées dans des tons colorés et des tissus fleuris, certaines disposent même d'un accès privé à la grande piscine. Le restaurant Ti Banane bistro sert des spécialités créoles autour de la piscine, tandis que l'incontournable Spa propose des soins relaxants. Un bon rapport qualité-prix dans un cadre agréable et reposant.

PAPILLON SAINT LUCIA €€

Reduit Beach
✆ +1 758 452 8351
Chambres avec vue sur le jardin de 262 à 339$. Chambres avec vue sur la mer de 312 à 400$. Les prix incluent tout.

Cette année, un nouveau hôtel faisant partie du réseau du groupe Rex resorts a ouvert ses portes directement sur la plage la plus connue de Reduit. Un hôtel tout compris qui dispose de 104 chambres divisées en 4 catégories.

BEACHCROSS VILLA APARTMENTS €€

✆ +1 758 452 85 53
www.beachcrossvillas.com
96 US$ par nuit pour un appartement 1 pièce et 145 US$ pour un appartement deux pièces.

Cette petite structure de 12 appartements (de 1 à 2 chambres) est construite tout autour de la piscine de la résidence. Les appartements sont entièrement équipés avec air conditionné, cuisine, salon et TV câblée. L'atout de cette résidence est son emplacement privilégié, au coeur de Rodney Bay avec ses restaurants, ses bars, ses casinos et son fameux centre commercial. A noter que pour les longs séjours, la résidence propose aussi des prix mensuels.

MEMORIES OF HONG KONG €€

Rodney Bay
✆ +1 758 452 8218
Ouvert du lundi au samedi de 17h à 22h.

Un peu marre du poulet colombo et du poisson grillé ? Sur la route qui mène à la magnifique Reduit Beach, ce restaurant, situé à l'écart de Rodney Bay, propose une cuisine asiatique typique de qualité. La carte est riche en propositions. Les assiettes sont copieuses et le service est irréprochable. On y retrouve les plats typiques de la gastronomie asiatique : nouilles sautées au poulet ou au bœuf, nems, spécialités à la vapeur, bœuf look lak, nems de toutes sortes, crevettes à la thaïe… Belle sélection de cocktails. On recommande !

CAFE OLE

Rodney Bay marina
✆ +1 758 452 8726
www.cafeolestlucia.com
Ouvert tous les jours de 7h à 22h.

C'est « The place to be » de la marina de Rodney Bay. Conçu dans un style résolument européen, ce café-restaurant est tenu par un Saint-Lucien qui possède aussi le bar Boardwalk, situé juste à côté. Sur la belle et grande terrasse qui offre une vue à 360° sur les bateaux de la marina, voilà une halte agréable, quelle que soit l'heure de la journée, pour savourer un sandwich, une salade, des petites douceurs sucrées ou siroter une boisson chaude. Les tarifs sont très abordables. L'accueil est très sympa et souriant. Accès wifi gratuit.

SEA SPRAY CRUISES

PO Box RB 2587
✆ +1 758 452 8644
www.seaspraycruises.com
Ouvert tous les jours. Excursions sur réservation. Environ 100 € par personne, déjeuner inclus.

Capitaine chevronné, Corey Devaux, Saint-Lucien d'origine, gère deux magnifiques bateaux (un catamaran et un bateau pirate, véritable réplique du XVIIIe siècle) et propose des excursions originales : le « Tout Bagay Cruise full day cata sail » (les lundis, mardis, mercredis, vendredis et samedis) et le « Sunset cruise » (tous les vendredis). Au programme : visite des Pitons et du jardin botanique, arrêt baignade, navigation dans la mer des Caraïbes, activités ludiques liées au monde de la piraterie et des corsaires… A découvrir absolument !

GROS ISLET

Impossible de venir à Sainte-Lucie sans assister à la *Jump Up* du vendredi soir de Gros Islet. Les nombreux resorts et complexes hôteliers alignés le long de la côte ont fait de ce sympathique village de pêcheurs un spot très touristique mais néanmoins bourré de charme. Gros Islet est célèbre pour sa *street party* qui attire tous les vendredis soirs des centaines de visiteurs venus faire la fête. L'ambiance inonde les ruelles où l'on se régale de boissons et de grillades sur des petits stands, tandis que des rythmes de reggae, de R'n'B et de zouk résonnent dans la nuit étoilée. On mange, on boit et on danse jusqu'à point d'heure. A voir !

DRIVE-A-MATIC SAINT-LUCIA

✆ +1 246 434 8440
www.drivestlucia.com
A partir de 60 US$.

Le bureau principal est situé à Gros-Islet, près de la station essence. John Elliott, le patron, dispose de trois agences sur l'île : dans les deux aéroports et à Gros-Islet. Vous pouvez demander à ce que votre voiture soit livrée à votre hôtel. Comptez 21 US$ pour le permis saint-lucéen, à ajouter à votre location et à l'assurance. Des sièges enfant, rehausseurs et GPS sont disponibles. Agence réactive. Voitures automatiques propres et efficaces.

WRANGLER ADVENTURES 758

Corinth Gros Islet
✆ +1 758 460 0316
https://www.wrangleradventures758.com

Shawn Coolie connait Sainte-Lucie comme sa poche. A bord de sa Jeep Wrangler, ce guide vous emmène partout dans l'île. Plus que des excursions, il propose des expériences un peu atypiques qui permettent d'explorer les beautés de l'île mais d'une façon inédite : en étant au contact des locaux. Il vous amène donc manger chez l'habitant, découvrir des petits producteurs et des artisans. Bref, une façon de découvrir autrement Sainte-Lucie, loin des mastodontes touristiques du nord de l'île. Il propose aussi des circuits personnalisés.

ALIZE INN €

✆ +1 758 452 09 60
www.alize-inn.info
De 60 US$ par nuit la chambre double.

Une petite structure à 15 minutes de l'aéroport de Castries et du port, sur la route de Gros-Ilet et à 3 minutes des plus belles plages de l'île et des centres commerciaux. La propriétaire Cynthia a la double nationalité (sainte-lucienne/française) et parle couramment le français. Elle pourra vous indiquer tous les bons plans pour visiter l'île. Cette *guest-house* comprend actuellement 12 chambres entièrement climatisées, douche privée, chambre de tout confort, un bar, un restaurant et une piscine. L'établissement offre un très bon rapport qualité-prix.

COSMOPOLITAN CAR RENTALS

✆ +1 758 721 9237
https://cosmocarrentals.com

Cosmopolitan Car Rentals est une agence de location de voitures très sérieuse à Sainte-Lucie. Shon, le gérant de l'agence, est aux petits soins : il vient vous chercher directement avec votre véhicule à l'aéroport ou au ferry terminal. Il est réactif et intervient immédiatement en cas de besoin. Il propose une flotte de véhicules propres et bien entretenus, à tous les prix et pour toutes les bourses. Sièges auto en sus. Excellent rapport qualité-prix et accueil souriant. On recommande ! Pensez à ajouter le prix du permis local en sus du prix de la location.

CHEZ MARIE ALISH €

Massade
✆ +1 758 450 04 82
chezmariealish.tripod.com
Prix hors taxes pour une chambre double : à partir de 55 US$ selon la saison.

Bien loin de l'agitation des grands resorts et complexes hôteliers du nord de l'île, Chez Marie Alish séduit pour son calme, son confort et son hospitalité. Un hôtel intime où le romantisme et la détente se marient merveilleusement. Il est conçu avec un doux mélange d'architecture française et victorienne. Les chambres sont entièrement équipées : climatisation, fer à repasser et télévision câblée, kitchenette, salle de bains, balcon. Une adresse qui offre un bon rapport qualité-prix, pour séjourner en famille, entre amis ou en couple.

STEPHANIE'S HOTEL €

PO box 497

✆ +1 758 450 86 89

www.stephanieshotel.com

Chambre double à partir de 59 US$ hors taxes la nuit sans petit dejeuner.

Voici un établissement qui ne paie pas de mine mais qui offre un avantage indéniable : sa situation géographique. A seulement 5 minutes à pied de la fameuse «Street party» de Gros Islet du vendredi soir, ce charmant petit hôtel possède une dizaine de chambres. Elles sont toutes propres, climatisées et équipées d'une kitchenette avec frigo, vaisselle... L'hôtel est simple, offrant un accès wifi gratuit. L'accueil est souriant. D'ici, vous pourrez vous rendre à la Friday night très facilement et ainsi participer pleinement à la fête !

APARTMENT ESPOIR €€

Po Box 269

✆ + 1 758 452 8134

T1 à partir de 109 € en basse saison, T2 dès 180 €.

Un ravissant petit complexe composé de 11 appartements allant du studio au cottage avec 2 chambres. Il se situe à flanc de colline, à 150 mètres environ de la plage de Labrelotte Bay. La vue sur la mer est splendide et le niveau de confort très satisfaisant ; appartement fonctionnel avec terrasse, salle de bains, grand salon et cuisine américaine. Ajoutez un jardin tropical arboré et une belle piscine. Keith et Sabine, les propriétaires, sont des hôtes fort sympathiques et accueillants. Ils vous livrent tous les secrets de l'île et organisent même vos excursions.

CALABASH COVE RESORT AND SPA €€€

P.O. Box RB 2696

✆ +1 758 456 35 00

www.calabashcove.com

Tarifs : de 299 US$ à 588 US$ selon la saison et le type de chambre. Possibilité de pension complète.

Calabash Cove offre un cadre très raffiné. Niché dans un site magnifique à flanc de colline, l'hôtel révèle une vue à couper le souffle sur la baie des Castries. Vous aurez le choix entre 3 catégories de chambres. Certaines suites disposent d'une petite piscine privée, mais toutes sont équipées de bain bouillonnant, télévision à écran plat et d'un minibar entièrement fourni en rhums et liqueur compris dans le prix. Spa et sports nautiques complètent l'offre de ce havre de détente.

ST JAMES CLUB MORGAN BAY €€€

Choc Bay ✆ +1 758 450 2511

www.morganbayresort.com

A partir de 620 US$ la chambre double et jusqu'à 1240 US$ la nuit pour une suite familiale.

Niché en front de mer dans la Morgan bay, après le rond-point de Choc Bay (Caribbean cinéma), cet hôtel tout inclus est idéal pour les familles, les couples, ou pour célébrer un mariage. Les 335 chambres sont réparties dans les trois bâtiments et sont de sept catégories, allant de la vue sur le jardin à la suite familiale. Six restaurants et bars, quatre piscines avec un bar dans la piscine réservé aux adultes, club enfant, yacht club, service de plage, court de tennis, salle de conférence et bien sûr, toutes sortes d'activités. Le wifi est gratuit dans le hall d'entrée, cependant, vous pouvez y avoir accès dans certaines chambres moyennant un supplément de 10 US$ par jour.

WINDJAMMER LANDING VILLA BEACH RESORT €€€

Labrelotte Bay

✆ +1 758 456 90 00

www.windjammer-landing.com

Suites 2 personnes à partir de 200 US$/nuit, villas 2-8 personnes à partir de 599 US$/nuit.

Un complexe de luxe situé à flanc de colline qui s'étend jusqu'à la plage en contrebas. Il abrite plusieurs catégories de logements qui varient de la simple chambre double « Ocean view » à la villa pour huit personnes avec cuisine, salon et piscine. Un seul dénominateur commun : le volume des chambres qui reste impressionnant même pour la 1ère catégorie. On se sent à l'aise avec une immense salle de bain, une terrasse privée avec vue sur la mer... Accueil très professionnel.

CAP ESTATE

Cap Estate, idéalement situé dans les collines, est le point le plus septentrional de Sainte-Lucie. C'est en 1998 qu'un groupe d'investisseurs venus de Chicago achète en ce lieu un terrain de golf 9 trous qu'entoure un beau complexe immobilier. Proche de Rodnay Bay et enrichi du festival de jazz de Sainte-Lucie, rendez-vous très attendu des mélomanes chaque année au mois de mai, l'endroit est devenu la coqueluche, tout aussi bien des golfeurs que des visiteurs américains, caribéens ou métropolitains. De Cap Estate, on peut oser rallier l'ouest (la plage de Donkey Beach) et s'enfoncer dans la nature tropicale et plus secrète côté sud-ouest.

CAP MAISON RESORT AND SPA €€€

Gros Islet

✆ +1758 457 86 70

www.capmaison.com

A partir de 350 US$ la nuit selon la catégorie et la saison.

Un véritable boutique hôtel comme on les aime ! Ce petit complexe hôtelier très luxueux dispose de 49 chambres et suites, toutes plus belles les unes que les autres, avec une vue magique sur l'îlet Pigeon et la Martinique. Il abrite également un restaurant gastronomique qui propose une cuisine caribéenne traditionnelle avec une belle carte de vins et de cocktails, un bar, des boutiques, un magnifique spa. A conseiller pour un séjour en amoureux les yeux dans les yeux.

THE BODYHOLIDAY - LE SPORT €€€

Cariblue Beach

✆ +1 758 457 78 00

www.thebodyholiday.com

Entre 290 US$ et 500 US$ par personne par nuit en formule tout inclus + 1 soin par jour.

« Donnez-nous votre corps, nous vous rendrons votre esprit » : le slogan en dit long sur le séjour qui vous est proposé. Il s'agit du plus grand centre de remise en forme des Caraïbes avec pas moins de 70 soins proposés.

On aime la plage et son coucher de soleil, le restaurent asiatique avec vue sur la mer, les chambres coquettes et tout confort (à noter, toutes les chambres sont dépourvues de télévision, cela n'irait pas avec l'esprit des lieux...). Une expérience à tenter !

THE NAKED FISHERMAN BAR & GRILL €€€

Cap Maison Resort & Spa

✆ +1 758 457 86 94

www.nakedfishermanstlucia.com

Ouvert tous les jours de 9h à 22h. Fermé le lundi toute la journée et le vendredi soir.

Niché dans une petite crique sur la plage de l'hôtel Cap Maison, ce restaurant tout en bois offre un cadre paradisiaque. Au son des vagues, la cuisine se veut haut de gamme : elle met à l'honneur le poisson grillé du jour et surtout les produits frais locaux. Au menu : des plats gastronomiques revisités version plage tels que le burger de Kobé, les tacos aux crevettes caramélisées, la queue de homard confite... De plus, le personnel est aux petits soins.

PIGEON ISLAND NATIONAL PARK ★★

Cette presqu'île bordée par l'Atlantique et la Caraïbe est classée parc historique national. Ici se déroula la célèbre bataille qui opposa l'amiral Rodney, à la tête de la flotte anglaise, et l'amiral de Grasse défendant les intérêts français. Du fort britannique de Pigeon Island subsistent quelques ruines. On y trouve aussi un petit restaurant bien placé, la Jambe de Bois. Par temps clair, du haut du fort Rodney, vous aurez une vue exceptionnelle sur la Martinique. Haut-lieu du festival de jazz de Sainte-Lucie (tous les ans au mois de mai), Pigeon Island se transforme à l'occasion des concerts en un Woodstock des Caraïbes.

© KARINE ANDRE

Pigeon Island.

PIGEON ISLAND NATIONAL PARK ★★

St. Lucia National Trust
✆ +175 84 52 50 05
www.slunatrust.org
Ouvert tous les jours de 9h30 à 17h. Tarifs : 10 US$/adulte.

Reliée au continent par une fine bande de terre, la presqu'île de Pigeon Island s'étend sur 18 hectares. Le lieu est géré par le Saint-Lucia National Trust, un organisme en charge de la conservation, de l'entretien et de la protection des sites naturels et historiques de l'île. Les premiers colons européens à venir s'y installer étaient des pirates français au XVIe siècle, qui cherchaient des navires espagnols à piller. Le lieu est prisé pour célébrer les mariages (on y croise des couples en tenues de mariés en train de prendre la pose) et pour son festival de jazz en mai.

Un sentier pédestre d'une vingtaine de minutes permet d'en faire le tour et vous amène en haut de la montagne. Là, les points de vue stratégiques aménagés sur les deux anciennes batteries de canon offrent une vue à couper le souffle sur la mer des Caraïbes : on aperçoit même les côtes de la Martinique !

Au détour du sentier, on découvre, dans ce parc, des petits snacks (l'un d'eux s'appelle Jambe de Bois en référence au premier pirate qui s'est installé sur le site), des vestiges de bunkers et de casernes en pierre, ainsi qu'un petit musée militaire sur place. Deux plages ombragées aux eaux cristallines figurent parmi les plus belles de l'île. Un conseil : venez avec votre piquenique. Il est possible de louer un transat et de passer la journée sur place, à l'écart de l'agitation de Rodney Bay. A la sortie du parc, quelques petites paillotes proposent de boire un verre. Superbe au soleil couchant !

SANDALS GRANDE €€€

Causeway
✆ +1 888 726 3257
www.sandals.com
Prix à partir de 239 US$ la nuit et par personne.

L'un des trois complexes Sandals à Sainte-Lucie, un hôtel exclusivement réservé aux couples, sur l'une des plus belles plages de Pigeon Island. Ce gigantesque resort associe luxe et romance aux douze restaurants gastronomiques, il offre des chambres et des suites, des majordomes formés à l'aide du *Guild of Professional Butlers* (Guide des Majordomes Professionnels). Tout est inclus comme une plongée illimitée en tuba, des cocktails d'excellente qualité illimités, des transferts vers l'aéroport... C'est un endroit unique dans un cadre somptueux offrant le meilleur en matière d'hospitalité.

THE LANDINGS €€€

✆ +1758 458 7300
www.landingsstlucia.com

Il s'agit plus que d'une expérience sainte-lucienne, ce complexe balnéaire AAA Four Diamond tout inclus est la parfaite réflexion d'une vraie villa de luxe. L'association d'un complexe balnéaire de luxe aux 87 suites design, spacieuses et entièrement équipées, au port de plaisance privé, au spa caractéristique de 650 m² et au service de majordome vous fera passer un moment inoubliable. Situé sur la digue de Pigeon Island, parfait pour admirer les couchers de soleil spectaculaires et marcher le long des plages de sable fin interminables.

SAINTE-LUCIE

Pigeon Island National Park.

ANSE-LA-RAYE

Anse-la-Raye est un charmant petit village de pêche au look bien traditionnel où il fait bon vivre. Ici, entre les jolies maisons de bois ornées de fresques caribéennes et les barques de pêche multicolores, le temps semble s'être arrêté. On y croise des pêcheurs locaux, on y déguste de la petite friture locale, on déniche des souvenirs locaux (tee-shirts, ketchup de banane, paréos...) sur les étals... Tous les vendredis soir, les villageois se regroupent afin de préparer un *street party* à base de repas de fruits de mer (*Anse La Raye Fish Fry*) dans un cadre festif sur les tons de reggae et de R&B. Un village authentique comme on les aime !

MELTING POT WEST INDIAN CRAFT SHOP

Au Pose

✆ +1 758 488 8620

En sortant du village haut en couleur d'Anse-la-Raye, on atteint, après quelques lacets, la jolie case flashy de Melting Pot. Tout autour, des panneaux vous indiquent que vous êtes bien arrivé dans l'antre d'un artiste, un vrai ! Le maître des lieux, Winston, est un passionné. Il s'inspire de ses multiples voyages pour concevoir des objets remplis de charme et d'authenticité : masques en bois, sculptures, peintures... Tout est fait main. Idéal pour dénicher des souvenirs originaux.

RIVER ROCK FALLS

Bois d'Inde

Ouvert du mardi au samedi de 9h à 17h.

De jolies cascades au milieu d'une nature préservée. Pour vous y rendre, une fois la voiture stationnée sur le parking, il vous faudra faire une petite randonnée sur un sentier facile et accessible aux randonneurs de tout niveau. Au bout du sentier sillonnant entre les arbres tropicaux, on accède à des cascades de toute beauté. En contrebas des chutes d'eau, un petit étang permet d'aller s'y rafraîchir. Le lieu est très apprécié des locaux qui viennent se baigner et méditer à la faveur de la sérénité dégagée par les cascades.

KAI KOKO SPA

Kaye Village

✆ +175 84 56 81 81

www.tikaye.com

Ouvert tous les jours de 10h à 19h.

Construit sur la falaise avec une vue spectaculaire sur l'Anse Cochon, ce spa de toute beauté est un lieu inédit sur l'île ! Les soins sont conçus à base de produits naturels, issus de la forêt tropicale. Ils sont accomplis par des masseuses balinaises qui ont « de la poigne » ! Après le massage, le bain bouillonnant privé est un pur moment de bonheur ! Le produit « phare » ? Le gommage du corps au chocolat à base de noix de muscade et de cacao, apprécié pour ses qualités antioxydantes. Pour ceux qui ne sont que de passage, pensez au *daily pass* !

TI KAYE VILLAGE RESORT AND SPA €€

Anse Cochon ✆ +1 758 456 81 01

www.tikaye.com

Cottage dès 335 US$/nuit hors taxes. Plusieurs formules proposées pour y passer la journée (Day pass).

Charmants, les 33 cottages s'éparpillent à flanc de colline. Chacun possède sa piscine privative, et un hamac et une chaise à bascule suspendus au-dessus de la mer. Ici on vit en communion avec la nature. Les douches sont... à ciel ouvert ! La formule *all inclusive* permet de tester la restauration gastronomique du soir. Pour ceux qui ne sont que de passage, un *daily pass* offre un accès journée (plage, déjeuner, snorkeling et transat). Attention : enfants acceptés à partir de 12 ans.

MARIGOT BAY

C'est l'une des plus belles baies de la Caraïbe. Cette anse abritée et fermée, paradis des plaisanciers antillais, déroule sa belle crique bordée de sable blanc et de cocotiers. Protégée par des collines luxuriantes, elle a longtemps été un refuge prisé par les pirates avant de devenir le lieu d'affrontement des flottes française et britannique au XVIIIe siècle. Son paysage de carte postale avait prêté son décor au film *Docteur Dolittle* avec Eddy Murphy à la fin des années 1990. N'hésitez pas à passer de l'autre côté de la rive en prenant la petite navette qui effectue la traversée à la demande. Tout autour se trouvent resorts, bars et restaurants.

Bateaux de plaisance à Marigot Bay.

JJ'S PARADISE €

✆ +1 758 451 47 61
www.jjsparadise.com
A partir de 85 US$ par nuit pour une chambre double.

Hôtel sympa situé à Marigot Bay juste à côté du port de plaisance. Ses 15 gîtes sont parfaitement équipées. Il dispose d'une piscine et de deux restaurants qui servent de la très bonne cuisine des Caraïbes dans une atmosphère de pirates. Oui, les serveuses sont habillées en pirates. JJ's Paradise se trouve dans une zone très calme loin des autres hôtels de Marigot. Tous les mercredis soir Gérard, le propriétaire, organise une fête de rue tout près du restaurant. Depuis l'hôtel, vous pouvez prendre le ferry jusqu'à la plage et y être en deux minutes pour aussi peu que 2 US$.

MARIGOT BEACH CLUB & DIVE RESORT €€

✆ +1 758 451 4974
www.marigotbeachclub.com
A partir de 150 US$ par nuit et par chambre petit déjeuner inclus.

Dans l'une des baies les plus belles du monde, ce resort, accessible uniquement par bateau, offre des chambres spacieuses avec de belles terrasses : les couchers de soleil y sont spectaculaires. A quelques pas se trouve la plage de sable blanc bordée de palmiers. N'oubliez pas d'aller goûter aux délicieux cocktails exotiques du restaurant et bar Doolittle. L'hôtel abrite également un spa, il propose des excursions et surtout de magnifiques sorties plongées bouteille et snorkeling.

NATURE'S PARADISE €€

✆ +1 758 458 3550 – www.stluciaparadise.com
De 99 US$ à 225 US$ la nuit pour une chambre double, petit déjeuner inclus.

Originaires de New York, Wanda et David proposent des vacances écologiques et de luxe sur une crête au calme, surplombant la mer des Caraïbes. Des cottages tropicaux ont été conçus pour préserver votre intimité, avec des lits à baldaquin de 160 cm à la française drapés de tulle thaïlandais. Les alizés constants rendent la climatisation inutile. Au plafond, les grands ventilateurs sont une garantie de confort. La salle de bain offre une cabine de douche en verre et un sèche-cheveux intégré. La porte vitrée coulissante donne sur une grand balcon avec une vue époustouflante sur l'océan. Le petit déjeuner tropical (Tropical Breakfast) est servi du lundi au vendredi dans la maison principale et est offert.

VILLA POMME D'AMOUR €€€

PO box 7207
✆ +1 758 451 5189
www.villapommedamour.com
De 165 US$ en basse saison à 195 US$ la nuit en haute saison pour 2 personnes. Supplément de 15 US$ par nuit pour les enfants de 7 ans et plus.

Pomme d'Amour est un complexe situé sur la crête de Marigot Bay, surplombant la mer des Caraïbes et offrant une vue imprenable ainsi que des couchers de soleil impressionnants. Pierre et Josée viennent de Montréal. Il y a 15 ans, ils sont tombés amoureux de Sainte-Lucie et ont construit cette propriété de 3 villas-appartements conçue avec des meubles de style colonial, un salon, une cuisine équipée, un frigidaire bien rempli pour le premier petit déjeuner et une magnifique terrasse avec une vue sur la piscine, le jardin et la crique.

CHÂTEAU MYGO €€

✆ +1 758 458 39 47

www.chateaumygo.com

Entre 50 et 80 EC$. Ouvert tous les jours. Musiciens le week-end.

Un endroit typique comme on les aime, à gauche avant d'entrer dans le port de plaisance de Marigot Bay. Les bateaux mouillent directement au quai privé du restaurant. Une atmosphère charmante, amicale et une vue magnifique pour un happy hour ou un dîner. D'excellents cocktails, une cuisine locale avec des influence indiennes, des fruits de mer frais et locaux et de délicieuses pizzas aux langoustines. Les portions sont généreuses et le service très agréable, avec une atmosphère insufflée par Franck, le propriétaire. Excursions possibles sur demande.

DOOLITTLE'S RESTAURANT AND BAR €€

✆ +1 758 451 4974

Environ 50 US$ par personne.Ouvert tous les jours pour le petit déjeuner, le déjeuner et le dîner.

Ce restaurant mythique tient son nom du film L'Extravagant Docteur Doolittle avec Rex Harrison sorti en 1967. Lorsque vous visitez cet endroit, vous tombez sous le charme de la salle en plein air, surplombant des eaux cristallines. Idéalement situé près du port de plaisance, il permet aux marins de débarquer et de savourer une bière locale, de jouer au billard ou de dîner en tête à tête avec leur moitié. Le grand espace permet aussi d'accueillir des groupes. Des concerts sont organisés chaque semaine.

La cuisine est locale et antillaise avec une sélection de poissons frais et locaux, des salades, des burgers et des sandwichs.

SOUFRIÈRE ★★

Village bourré de charme, Soufrière a été la toute première ville de l'île. Elle était même la capitale de Sainte-Lucie autrefois mais, en raison du danger latent représenté par le volcan, elle a été délaissée pour Castries.

Célèbre grâce à ses deux pitons, ses deux montagnes en forme de triangle qui tombent à pic dans la mer, symbole de Sainte-Lucie, et à son volcan, Soufrière est un passage obligé lors d'un séjour à Sainte-Lucie. La randonnée qui monte au sommet de Gros Piton reste aussi un incontournable. Le bourg et ses maisons colorées demeurent authentiques. Ne manquez pas d'aller faire un tour sur sa magnifique plage avec vue sur les pitons.

LES DEUX PITONS ★★

✆ +1 758 729 92 77

www.soufrierefoundation.org

Les 2 aiguilles volcaniques de Gros Piton et Petit Piton, 770 et 743 m de hauteur, qui tombent à pic dans les eaux de la Soufrière Bay sont tellement emblématiques de l'île que leurs silhouettes stylisées ont été choisies pour orner le drapeau de Sainte-Lucie et que la Zone de gestion des Pitons a été inscrite au Patrimoine mondial de l'humanité par l'UNESCO en 2004. Des randonnées sont possibles pour accéder au Gros Piton (Gros piton Nature Trail), et des plongées ou balades en bateau au pied des montagnes permettent d'admirer ces deux magnifiques pains de sucre.

SAINTE-LUCIE

© EQROY - SHUTTERSTOCK.COM

Soufrière.

DIAMOND FALL BOTANICAL GARDENS & MINERAL BATHS

Soufrière Estate, PO Box 278

www.diamondstlucia.com

Dans cet endroit paradisiaque où faune et flore sont reines, on peut au choix visiter les cascades, expérimenter les sources chaudes venues du volcan et riches en minéraux, ou encore déguster un fruit ou des épices du pays. Le site est riche d'une longue histoire. Un chemin bien entretenu serpente depuis les bains minéraux de sources chaudes à travers les fougères et les bananiers jusqu'à un endroit où la rivière Diamond se jette dans une cascade pittoresque de 17 mètres de haut.

TET PAUL NATURE TRAIL

✆ +1 758 714 8217

tetpaulnaturetrail.lc

Ouvert tous les jours.

Le Tet Paul Nature Trail est niché dans 6 hectares de verdure luxuriante, au cœur de la zone de gestion des Pitons, déclarée au patrimoine mondial de l'UNESCO. Au départ du sentier, un guide vous sera attribué, il vous racontera quelques anecdotes sur l'île et vous accompagnera pendant toute la randonnée. Puis c'est parti pour une ascension assez facile de 20 à 30 minutes. Le sentier sillonne à travers la jungle et grimpe progressivement. Une fois en haut, la vue sur Sugar Beach et les deux Pitons est l'une des plus spectaculaires de l'île. Prévoyez des baskets !

MORNE COUBARIL ESTATE ★

✆ +1 758 459 7340

www.stluciaziplining.com

Ouvert tous les jours de 8h à 16h. Visite du jardin et visite guidée sur place à 11 US$.

Cette ancienne plantation coloniale au riche passé historique propose 4 activités comme une visite du domaine, une balade à cheval, de la tyrolienne et un dîner. Chapeautée par un guide, la visite commence avec un bref historique du domaine, à travers des répliques de cahutes utilisées par les esclaves il y a 2 siècles. La balade se poursuit dans le jardin de plantes médicinales, ensuite puis la maison du cacao pour suivre le processus des fèves de cacao avec la «danse du cacao». On goûte des fruits locaux ! Jetez un œil au four à coprah.

TORAILLE WATERFALLS AND GARDENS

✆ +1 758 459 7527

www.soufrierefoundation.org

Ouvert tous les jours de 9 h à 17 h. 8 ECD/3 US$ par adulte et 4 ECD/2 US$ par enfant.

Toraille Falls est l'une des chutes d'eau les plus faciles à visiter ! Après avoir traversé la cabane d'entrée et payé le droit d'entrée, on gagne la chute d'eau en quelques enjambées à travers un sentier nature avec des ponts et des passerelles pittoresques serpentant au milieu d'un jardin tropical. Arrivé au pied de la chute d'eau qui jaillit de 7 à 10 m au-dessus d'une falaise, on saute se rafraîchir dans la jolie piscine aménagée revigorante. Vestiaires sur place.

MORNE TABAC PARROT SANCTUARY

Palmiste

Au-dessus de Soufrière, après avoir dépassé le restaurant Beacon, se trouve un petit panneau sur la route, un portail, puis un parking en face. On a le choix entre une simple observation des perroquets ou une promenade guidée de 45 minutes. Le propriétaire des lieux est un passionné d'oiseaux : il possède une plateforme d'observation magnifiquement construite. La meilleure observation des perroquets a lieu tôt le matin ou en fin d'après-midi. Une jolie visite à faire en famille.

BALENBOUCHE ESTATE €€

Balembouche ✆ +1 758 285 6628

www.balenbouche.com

Cottage à partir de 140 US$ (3 nuits minimum). Petit déjeuner dès 15 US$, dîner à partir de 25-30 US$.

Besoin de déconnexion ? Faites escale dans cette ancienne sucrerie transformée en une ferme biologique familiale reprise par Uta et ses deux filles, Anitanja et Verena. Dans un environnement sauvage mais préservé au milieu des vaches, des chevaux et des arbres tropicaux, elles ont imaginé 6 cottages tous différents mais décorés avec goût, qui ne font qu'un avec la nature. Elles proposent des retraites spirituelles autour du yoga et des plantes médicinales. Mais surtout la table d'hôtes est divine. Les produits sont issus du jardin. Accueil magique. On recommande !

CRYSTALS HOTEL €€

✆ +1 758 285 1984

www.stluciacrystals.com

À partir de 230 US$ la nuit. Le gîte deux chambres à 1 800 US$ la semaine. Le dîner à 45 US$ par personne.

Originaire d'Irlande, Monica Charles a géré des hôtels de luxe sur l'île pendant plusieurs années, avant de construire ce petit bijou avec Martin, son mari. 6 gîtes sont nichés dans la nature, le cadre est idyllique avec une vue sur les Pitons. Crystals est conçu avec des matériaux de l'île, des bois nobles avec un décor vraiment unique, mélangeant des meubles éclectiques glanés au cours de leurs multiples voyages. Chaque gîte bénéficie de sa propre piscine et de son patio aux vues imprenables. Massages sur demande. Le lieu est très prisé par les couples.

FOND DOUX ESTATE €€

P.O. Box 250

✆ + 1 758 459 7545

www.fonddouxestate.com

Gîtes à partir de 275 US$ la nuit selon la saison.

Au cœur d'une ancienne plantation, Fond Doux est une jolie escapade pour se détendre et se plonger dans la nature tropicale. Lorsque l'île était française, Louis XIV a offert le domaine aux frères Devaux en 1713. Les propriétaires actuels, la famille Lamontagne, ont rendu ce manoir colonial en de charmants gîtes équipés pour passer un agréable séjour. Chaque gîte a son jardin, sa véranda ainsi qu'une ou deux chambres. Parfait pour les familles, Sugar beach est à 15 minutes en voiture, une navette est aussi disponible tout au long de la journée.

LA HAUT PLANTATION €€

P.O. Box 304

✆ +1 758 459 7008

www.lahaut.com

Chambre double à partir de 130 US$, petit déjeuner inclus. Accueil téléphonique ouvert tous les jours de 8h à 16h.

Ce joli complexe niché au milieu d'une nature généreuse abrite 17 chambres confortables, chacune avec lit king size, moustiquaire et climatisation. Sans oublier le coin cuisine avec son micro-ondes et mini réfrigérateur. Le restaurant offre une magnifique vue sur les sommets ; il sert une bonne cuisine préparée à partir d'ingrédients cultivés sur la propriété. La plantation accueille de nombreux mariages dans son jardin. L'espace de la piscine commune à une vue à couper le souffle sur la baie et les séduisantes hauteurs qu'offre Sainte-Lucie.

HUMMINGBIRD BEACH RESORT €€

Anse Chastanet road ✆ +1 758 459 7232

www.hummingbirdbeachresort.com/

Six catégories de chambre. De 90 US$ à 350 US$ la nuit pour une double occupation et selon la saison.

Ce ressort abrite neuf chambres et un gîte construits à l'entrée de la ville de Soufrière, près de la plage appelée Hummingbird. Vous bénéficiez des mêmes services qu'un grand hôtel avec piscine et restaurant. Les chambres sont de style colonial : elles sont conçues avec des lits à baldaquin et des balcons. L'hôtel est directement installé sur une plage de sable gris permettant un accès simple au spot de plongée avec masque et tuba le long des récifs, et les Pitons en toile de fond. Une très belle adresse ! Transfert depuis l'aéroport possible.

RABOT HOTEL FROM HOTEL CHOCOLAT €€

LC Soufriere, Sainte-Lucie

✆ 001 758 459 7969

www.hotelchocolat.com

Lodge à partir de 540 €, 800 € pour un séjour all-inclusive. Piscine. Spa.

25 *lodges* tout confort avec un accès privilégié à la nature et une vue sublime sur l'un des célèbres pitons de Sainte-Lucie, que demander de plus ? L'hôtel est niché au cœur d'une plantation de cacao, et l'on retrouve le fruit de la récolte aussi bien dans les recettes du restaurant que dans les cocktails élaborés au bar ou encore au spa, qui propose de délicieux soins à base de cacao. Pour ne rien gâcher, l'établissement adopte une approche durable dans le choix de ses matériaux.

ANSE CHASTANET RESORT €€€

P.O. Box 7000

✆ +1 758 459 7000

www.ansechastanet.com

Chambre double standard à partir de 410 US$ en basse saison, jusqu'à 1 050 US$ la nuit en HS pour la villa sur la plage.

Nick Troubetzkoy, architecte et propriétaire, croit passionnément en la nature, il a donc construit un hôtel de luxe écologique sur 600 ha de forêt tropicale luxuriante. Cette station (4 étoiles réservée aux adultes) offre des chambres spacieuses, agrémentées de terrasses. Quelques chambres ont 3 murs, permettant une vue panoramique sur les Pitons et la mer des Caraïbes. La plage d'Anse Chastanet fait partie de la réserve marine et est le meilleur spot de plongée avec masque et bouteille ou tuba, les eaux y sont cristallines et offrent un superbe monde sous-marin.

CACO BAR BY RABOT HOTEL €€€

✆ +44 844 454 1272

www.thehotelchocolat.com

Atelier «Chocolat making» (10h et 14h) : 99 $. Cacao Bar ouvert tous les jours de 9h à 18h.

Depuis quelques années, l'Hôtel Rabot a lancé un projet agrotouristique autour du chocolat. On peut aller visiter les plantations de cacao, apprendre à fabriquer sa propre barre de chocolat, et déguster du chocolat sous toutes ses formes au Cacao Bar : cacao burger, glace cacao infusée, ketchup de cacao... Le lieu est aménagé comme un grand hangar ouvert avec différents foodtrucks qui proposent des produits exclusivement à base de chocolat... L'idée ici c'est de travailler avec des producteurs locaux afin d'encourager le développement durable à Sainte-Lucie.

LADERA €€€

P.O. Box 225

✆ + 1 758 459 6618

www.ladera.com

Nuit à partir de 490 US$. Fermeture annuelle courant septembre/octobre.

Petit bijou d'architecture, cet hôtel, lové entre les deux pitons, abrite 6 villas en bois et 19 suites, décorées avec goût : tissus en Madras, lit à baldaquin, meubles en bois créés dans l'atelier de l'hôtel, salle de bain avec vue, terrasse avec une petite piscine privée. Attention, les chambres sont en «extérieur», c'est-à-dire seulement fermées sur trois côtés. La rumeur raconte que plusieurs célébrités ont choisi le Ladera pour échapper aux paparazzis. Sieste et farniente garantis au bord de la très belle piscine extérieure dans le jardin luxuriant.

STONEFIELD ESTATE RESORT €€€

✆ +1 758 459 7037

www.stonefieldresort.com

Villa une chambre avec vue sur le jardin à partir de 312 US$ la nuit.

Ce magnifique resort est composé de dix-huit villas, allant de la villa une chambre à la villa 5 chambres, entièrement équipées et soigneusement décorées avec du bois (style créole) et des pierres, composées de piscines privées. Vous accéderez à votre villa en vous baladant à travers le jardin tropical. La vue constante sur le petit Piton est à couper le souffle. Chaque salle de bain est construite en plein air avec des douches extérieures privées. Le Mango Tree Restaurant offre une cuisine locale et internationale. Un enchantement !

SUGAR BEACH, A VICEROY RESORT €€€

Val des Pitons

✆ +1 758 456 8000

Chambres et villas à partir de 435 US$.

Sugar Beach, c'est l'association gagnante entre le style colonial du XVIIIème siècle et des matériaux très modernes. Les 112 chambres et gîtes disséminés dans la nature sont décorés avec goût et dans les tons blancs, tous bénéficient des services et du confort des hôtels de luxe. Le sable blanc est spécialement importé de la Barbade, centre de remise en forme, centre de plongée, piscine en front de mer et un tout nouveau spa à la pointe de la technologie construit dans les arbres.

THE SEASHELL BEACH RESTAURANT €

Hummingbird beach

✆ +1 758 714 1424

Ce restaurant, situé les pieds dans l'eau juste à côté du quai à Soufrière, sert du fait-maison dans une atmosphère conviviale. A midi ou le soir, entre amis ou avec votre famille, c'est un bon rapport qualité/prix. Essayez le rôti, les accras de poisson, le jus de pamplemousse et profitez de l'emplacement idéal pour embrasser la vue magnifique sur les Pitons.

VIEUX FORT

En quittant le bourg de Soufrière, vous traversez d'authentiques petits villages dont Choiseul (son nom vient du duc de Choiseul) et Laborie avant d'arriver à Vieux-Fort. Deuxième ville par la taille après Castries, Vieux-Fort était au XVIIIe siècle le centre de l'activité sucrière de l'île. Quelques témoignages d'architecture coloniale dans la vieille ville autour de Clark Street en témoignent. La légende veut que le flibustier français Barbe Noire y ait pris ses quartiers généraux. Base des troupes américaines pendant la Seconde Guerre mondiale, la ville est traversée de souterrains jadis utilisés pour stocker denrées et munitions.

CAP MOULE A CHIQUE

Ce phare construit en 1912 est situé à la pointe sud de l'île : c'est la partie la plus méridionale de Sainte-Lucie. Pour le trouver, il faut traverser Vieux Fort jusqu'au front de mer, en direction de Laborie. Il ne faut pas hésiter à emprunter la longue route qui monte et une fois au sommet de la colline, vous aurez une vue panoramique imprenable sur l'océan Atlantique mais aussi sur la mer des Caraïbes. De l'autre côté, vous verrez Saint-Vincent et les îles Maria. Un petit air de Bretagne se dégage de ces lieux soumis aux éléments naturels.

HEWANORRA INTERNATIONAL AIRPORT

✆ +175 84 57 61 60
www.slaspa.com
Ouvert tous les jours de 6 h à 23 h.

C'est l'un des deux aéroports de Sainte-Lucie, situé à 1 heure de route de Castries et à 3,7 km de Vieux-Fort. Cet important carrefour de fret aérien assure surtout des vols internationaux de longue distance entre les Etats-Unis, le Canada, le Royaume-Uni et l'Allemagne.

On y trouve toutes sortes de services aéroportuaires : restaurants, boutiques, banque, taxis, des services de location de voiture, agences de voyage, un service de parking et un salon VIP.

COCONUT BAY BEACH RESORT AND SPA €€€

✆ +1 758 459 6000
www.cbayresort.com
Environ 300 US$ la nuit pour une occupation double, tout compris.

Ce magnifique complexe accueille les voyageurs avec tout l'éclat, les couleurs et le charme des Caraïbes. Installé sur 85 hectares de verdure et sur plus d'un kilomètre de plage le long de l'océan Atlantique, cet incroyable hôtel tout inclus réunit deux mondes en un avec ses ambiances « Harmony » et « Splash ». « Harmony » est un oasis réservé aux adultes, offrant le cadre parfait pour se détendre, avec une piscine ombragée par les cocotiers, un bar, des hamacs tissés, des lits de jardin à baldaquin et le spa Kai Mer en front de mer.

THE REEF BEACH CAFE €

Anse de sables beach ✆ +1758 454 3418
www.slucia.com/reef
Ouvert tous les jours de 8 h à 19 h. Addition moyenne de 30 ECD.

Vous ne pouvez pas rater le Reef lorsque vous venez à Vieux Fort puisqu'il est situé sur la plage à quelques minutes du centre ville et de l'aéroport international. C'est un grand restaurant installé sur la plage d'Anse de Sable où l'océan Atlantique est balayé par les vents d'Est. C'est aussi le meilleur spot de l'île pour la planche à voile et le kitesurf. Le chef propose un menu travaillé avec des poissons frais grillés servis avec du riz et de la salade, des fruits de mer, des burgers et des frites, des pizza et un petit déjeuner continental. Testez aussi les jus de mousse de mer faits à base d'algue, très connus pour leurs propriétés aphrodisiaques. L'accès au Wifi est offert.

MICOUD

Vous voici parvenu sur la côte orientale de Sainte-Lucie, qui se jette dans l'océan Atlantique. Cette partie de l'île est nettement moins touristique car très exposée aux vents et donc réputée plus hostile. Première halte de cette façade atlantique : Micoud. Ce petit village tire son nom du baron de Micoud, gouverneur français de Sainte-Lucie au XVIIIe siècle. Rien de bien intéressant dans le village lui-même, à l'exception des jardins tropicaux de Latille et de Mamiku, situés à quelques kilomètres du centre, qui méritent une visite. La baie de Praslin (Frigate Islands National Reserve) et celle de Fond d'Or sont également à visiter.

LATILLE WATERFALL AND GARDEN

✆ +1 758 454 02 02
8 ECD par personne.

Dévalant quelques mètres de la montagne, entourée d'une végétation luxuriante où l'on trouve d'autres bassin en aval, la chute Latille est incontournable. Un panneau sur la route vous indique l'endroit sur la route principale entre Micoud et Vieux Fort. La randonnée (facile) commence avec une traversée de 10 minutes dans un somptueux jardin d'arbres fruitiers et de fleurs tropicales. La première chute permet de se rafraîchir, il y a aussi des bancs pour faire un pique-nique.

Plage de Micoud.

THE FOX GROVE INN €

✆ +1 758 455 3271

www.foxgroveinn.com

A partir de 50 US$ la nuit pour une chambre double. Petit déjeuner inclus.

Ce somptueux hôtel à flanc de coteaux abrite 12 chambres donnant sur Praslin bay et la réserve Fregate Island Nature Reserve. Le charme de cette maison d'hôtes séduira les amoureux de la nature et les routards. Les propriétaires sont originaires de la Suisse et parlent couramment allemand, anglais et français. Il y a une grande piscine, un sentier nature et deux appartements pour des séjours courts ou longs. Le restaurant et le bar offrent une cuisine créole authentique et raffinée. Il est possible d'avoir un plan alimentaire.

MAMIKU GARDENS ★★

✆ +1 758 455 3729

www.mamikugardens.com

Ouvert du lundi au dimanche de 9 h à 17 h. Fermé le Vendredi Saint, le Jour de Noël et le Jour de l'An.

Acquis en 1766 par le baron de Micoud, ce jardin botanique est devenu une halte des plus paisibles de Sainte-Lucie, entre balade floristique et histoire. Il abrite une faune et une flore d'une richesse rare. Accompagné d'un guide, on croise des colibris, des papillons, mais aussi une flore tropicale de toute beauté : orchidées, plantes aromatiques, herbes médicinales et arbres en voie de disparition. Un joli sentier aménagé permet de faire le tour des jardins et de profiter de la beauté des lieux. Un bar sert des collations.

DENNERY

Dennery est l'une des principales villes de Sainte-Lucie et c'est la première que vous rencontrerez sur la côte Est. Vous serez charmé par l'église catholique romaine et les bateaux de pêche colorés remontés sur la plage. Construits à partir de troncs d'arbres, ils portent tous un nom avec une signification comme « mer vitaminée », ou « fils de Dieu ». Chaque samedi, une fête de rue a lieu avec des fruits de mer frais grillés comme du homard ou de la conque. Musique et danse, ambiance décontractée, authenticité garantie ! Lorsque vous reprenez la route principale en continuant vers le sud, un fabuleux point de vue surplombe la ville de Dennery.

PRASLIN ISLAND

Praslin Bay

L'île de Praslin est au large de la baie de Praslin, à la sortie de Dennery en direction du sud de l'île. Pour y aller, vous devrez demander aux pêcheurs de vous y emmener en échange d'un pourboire. Le voyage en vaut le coup ! Seulement 5 minutes en bateau ! Il s'agit du lieu de vie des espèces endémiques de lézard, de saurien (Cnemidophorus vanzoi). Il est très facile de les voir. Marchez un peu autour de l'île et beaucoup d'entre eux se montreront avec les quatre couleurs représentant le drapeau national de Sainte-Lucie, bleu, jaune, noir et blanc. Vous pouvez aussi les voir sur les îles Maria (Maria Islands) là où la St Lucia National Trust protège ces espèces. En 1995, ils ont transféré 95 lézards sauriens sur l'île de Praslin sur les 906 répertoriés dans les Maria Islands.

SAINT-VINCENT-ET-LES-GRENADINES

Situé entre Sainte-Lucie, au nord, et Grenade, au sud, cet archipel offre l'une des plus belles facettes de la Caraïbe. Toutes les images qui s'associent à la région se regroupent ici : un ciel bleu qui règne en maître, des plages au sable velouté, des eaux qui mêlent bleu indigo, turquoise, vert émeraude… Des îles quasi désertes, des cocotiers bercés par un vent régulier, une population souriante, des maisons colorées et des fonds sous-marins de toute beauté gorgés de poissons multicolores… 32 îles composent l'archipel et l'île principale est Saint-Vincent. Viennent ensuite Young Island, Bequia, Moustique, Canouan, Mayreau, Union, Palm Island et Petit-Saint-Vincent. Pour visiter ce petit paradis sur terre, nous vous recommandons la formule « croisière en voilier ». C'est incontestablement le meilleur moyen de découvrir ces îles une par une. Les amateurs de farniente pur trouveront sur place des hôtels de grand luxe.

DOMINIQUE
MARTINIQUE
SAINTE-LUCIE
BARBADE
SAINT-VINCENT ET LES GRENADINES
Saint-Vincent et les Grenadines
Point Village
LA SOUFRIERE
Chateaubelair
BYERA
Colonarie
BARROUALLIE
LAYOU
Biabou
MESOPOTAMIA
Campden Park
KINGSTOWN
Arnos Vale
YOUNG ISLAND
BEQUIA
Battowia
Isle A Quatre
Baliceaux
Dovers
MOUSTIQUE
CANOUAN
MAYREAU
TOBAGO CAYS
UNION ISLAND
Clifton
PALM ISLAND
PETIT SAINT VINCENT
10 KM

PAGES

KINGSTOWN ★★

La capitale de Saint-Vincent, Kingstown, est située sur la côte sud-ouest. C'est une petite ville de 25 000 habitants (la plus peuplée du pays) au charme très anglo-saxon. On se promène dans ses allées pavées et ses rues étroites, à l'ombre des bâtiments coloniaux. Durant votre visite, ne ratez pas deux édifices majeurs du XIXe siècle : la cathédrale anglicane Saint-Georges bien sûr, mais aussi le Fort Charlotte qui surplombe la ville à près de 200 mètres d'altitude, sans oublier le jardin botanique de 8 hectares, créé en 1763. Ville de charme attachante au passé riche, Kingstown séduit par sa douceur de vivre et son ambiance unique.

BOTANICAL GARDENS ST. VINCENT

Ouvert tous les jours de 6h à 18h. Entrée : 5 EC$ par adulte, 2,50 EC$ pour les moins de 12 ans.

C'est l'un des sites les plus importants et les plus populaires de St Vincent. Ils font partie des plus anciens jardins botaniques. C'est également un site de conservation important (en particulier pour le perroquet de Saint-Vincent).

Ce magnifique jardin s'étend sur 8 hectares, il est situé à 10 minutes en voiture de la capitale Kingstown. Il a été créé en 1765 par le général Robert Melville qui était à l'époque gouverneur des îles du vent. Le jardin botanique à été fondé pour la conservation de plantes rares et sauvages ainsi que pour l'importation d'autres espèces grandissant dans le même climat. Le premier conservateur était un horticulteur, le docteur Young aussi chirurgien des forces britanniques. St. Vincent a ensuite été envahie par les Français de 1770 à 1783 mais le docteur Young est resté et s'est occupé des jardins. Il travaillait en collaboration avec le général De Bouillé, commandant en chef des forces Françaises en Martinique et lui aussi passionné d'horticulture. Ces deux hommes à la main verte ont échangé des plantes entre eux pour les jardins botaniques de St Vincent et de la Martinique respectivement.

Parmi la grande variété d'arbres et d'arbustes tropicaux, vous trouverez les arbres à pain (breadfruit), variété originale importée par le capitaine Bligh, mais aussi des baobabs, des flamboyants, des canneliers, des Banyans, des campêches, des pirayas, des frangipaniers, des avocatiers, des manguiers mais aussi des plantes telles que des orchidées

FORT CHARLOTTE ★★

Il surplombe la mer, canons tournés vers la terre... C'est l'un des multiples témoignages de l'histoire de l'île et de la richesse de son patrimoine. Bâti en pierre, le fort Charlotte aurait commencé à être construit par les Français en 1786 et achevé par les Anglais en 1806. Situé à cinq minutes de la capitale, il s'élève à l'entrée de la baie de Kingstown sur la crête d'une falaise abrupte, à plus de 600 pieds au-dessus du niveau de la mer (environ 196 mètres).

Au cœur du fort, les œuvres de Lindsay Prescott, qui fut jadis officier de la marine anglaise, permettent aux visiteurs actuels d'apprécier plusieurs peintures évocatrices de l'époque avec, en toile de fond, l'histoire des Noirs caribs. Curieusement, les canons du fort sont dirigés vers la terre et non vers la mer... Selon certains, la plus grande inquiétude des garnisons de jadis concernait surtout les attaques inopinées des Indiens caribs, plutôt que les assauts méthodiques des vaisseaux ennemis martelant la mer, barre à tribord toute, la façade opposée de la forteresse. De nos jours, le Fort Charlotte abrite une petite station de surveillance de la baie, et de contrôle météorologique. Vestige de l'île et incontournable dans les parcours de visite, il pourrait bientôt accueillir entre ses murs les artistes et les professionnels de l'artisanat traditionnel de Saint-Vincent-et-les-Grenadines. L'idée est séduisante et offrira sans doute aux visiteurs une nouvelle vision de l'île à travers l'art et l'histoire. Une visite très agréable !

ST. GEORGE'S ANGLICAN CATHEDRAL

Remarquable architecture de style géorgien, datant des années 1800, la St George Anglican Cathedral se dresse au cœur de Kingstown. Selon les architectes Buisseret et Clarke, la nef centrale et les 1ers étages de la tour dateraient de 1820.

Les vitraux qui ornent la cathédrale ont été commandés par la reine Victoria pour honorer l'arrivée de son premier petit-fils, le duc de Clarence. 3 vitraux, conçus par l'artiste Kempe, sont posés du côté ouest, et un vitrail plus large brille au sud.

WALLILABOU HERITAGE PARK

✆ +1 784 453 1623

Ouvert tous les jours de 8h00 à 17h00. Tarif 5 EC$

Situé à 40 minutes en voiture de la capitale Kingstown, sur la cote sous le vent de Saint-Vincent, ce magnifique parc est l'endroit idéal pour venir passer une journée découverte au beau milieu d'une nature indomptée. Instant sérénité assuré ! Wallilabou Heritage park longe la rivière Wallilabou. Vous avez donc la possibilité de pique-niquer sur place, de vous restaurer ou encore de vous baigner sous de jolies petites cascades. Pour les curieux et les cinéphiles, le site des films *Pirates des Caraïbes* se trouve juste à côté.

ST VINCENT MINISTRY OF TOURISM

Bay Street

✆ +1 784 457 1502

www.tourism.gov.vc/tourism/

Le ministère du Tourisme de Saint-Vincent s'investit dans la promotion de Saint-Vincent-et-les Grenadines et la progression du développement durable. De la forêt tropicale de Saint-Vincent aux plages idylliques, en passant par les récifs coralliens et les lagons turquoise des Grenadines, cet organisme saura vous renseigner sur les spots de voile, la plongée sous-marine, les sites incontournables, sans oublier ce qui la réputation du site : les croisières et charters.

AVIS

Argyle

✆ +1 784 493 6611

www.avis.com

Bureau à l'aéroport.

C'est une valeur sûre en matière de location de véhicules : choix, qualité du service et véhicules récents. Avis propose un choix varié de véhicules, tous climatisés, de la petite voiture économique au 4x4 familial 7 places, en passant par les berlines, les cabriolets et les véhicules tout-terrain. Nouveauté depuis peu : la gamme Prestige composée de Jaguar et Range Rover Evoque. La livraison est possible dans tous les points de l'île. Possibilité d'ajouter en supplément un GPS (très utile dans un pays anglophone) et des sièges auto enfants.

FICHE PRATIQUE

Allô. Le téléphone fonctionne très bien partout. Néanmoins nous vous conseillons d'activer le mode avion et de ne vous connecter que via le wifi pour passer vos appels et envoyer vos messages car sinon la facture risque d'être salée.

Pour téléphoner de la France vers Saint-Vincent : composer le 001 + 784 + numéro du correspondant. Pour téléphoner de Saint-Vincent vers la France, composer le 0033 + numéro du correspondant sans le 0.

Composez le 011 pour l'international, puis le code du pays (Belgique 32, France 33, Suisse 41) et le numéro du correspondant en omettant le 0 initial.

Argent. La monnaie officielle est le dollar caribéen (East caribbean dollar) indiqué sur les prix en EC$, ECD ou XCD. 1 euro = 3,60 XCD environ ; 1 XCD = 0,27 euro. On trouve des distributeurs de billets assez facilement dans l'île mais ils sont souvent en panne, et peu de bureaux de change. On vous conseille de changer vos euros en dollars américains avant.

Décalage horaire. Saint-Vincent-et-les-Grenadines sont en retard de 6h sur l'Europe de l'Ouest continentale (GMT - 4) en été, et 5h en hiver. Lorsqu'il est 12h à Paris, il est 7h du matin le même jour à St George's en été et 6h en hiver.

Electricité et mesures. Les prises utilisées à Saint-Vincent sont des prises britanniques de type G à 3 broches plates. Prévoyez donc un adaptateur.

Langues parlées. La langue officielle est l'anglais.

Passeport et visas. Aucun visa requis pour les ressortissants français, belges, canadiens et suisses. Un passeport en cours de validité et un billet d'avion aller-retour sont suffisants. La durée de séjour autorisée est alors de 30 jours avec un « visitors permit ». Au-delà de 6 mois, un permis de séjour doit être demandé.

Au départ : La taxe de départ de 40 ECD (environ 13 €) par personne doit être payée à l'aéroport par tout voyageurs ayant séjourné 24h ou plus dans le pays. Prévoyez de l'argent en espèces. Les enfants de moins de 12 ans sont exemptés de cette taxe.

Permis de conduire. Pour louer un véhicule, en plus du permis de conduire national, il faut posséder un permis de conduire international ou acheter un permis de conduire local provisoire (65 ECD) valable 6 mois.

Santé. Aucun vaccin n'est nécessaire pour rentrer sur l'île, sauf pour les voyageurs en provenance d'une zone infectée par la fièvre jaune.

BEN'S AUTO RENTAL

Arnos Vale
+1 784 456 2907
www.bensautorentals.com

C'est l'un des leaders de la location de véhicules de tourisme à Saint-Vincent. Cette petite agence familiale propose des véhicules de toutes les catégories et de toutes les marques (van, berline, économique, 4x4, sans oublier les traditionnelles Twingo et Clio). Essence ou diesel au choix, certains véhicules avec possibilité de GPS, de boîte automatique ou encore de sièges bébé. Tous sont évidemment climatisés ! Réservez sur le site Internet directement en amont pour éviter une trop longue attente lors de la prise en main du véhicule.

BAREFOOT YACHT CHARTERS

Blue Lagoon
+1 784 456 9526
www.barefootyachts.com

Société de location qui propose de superbes voiliers (catamarans et monocoques).

Cette société propose de superbes voiliers à la location (catamarans et monocoques). Plusieurs options possibles : louer un bateau sans équipage où vous prenez la barre et naviguez à votre rythme, ou opter pour un bateau avec équipage. Dans ce cas, le skipper s'occupe de tout et vous guide vers tous les meilleurs spots des Grenadines. Que vous débutiez dans la voile, que vous souhaitiez naviguer pour la première fois dans les Grenadines, louer un voilier avec skipper permet de profiter des îles comme un local. Croisières possibles (moyenne et courte durée).

LEWIS AUTO WORLD

Cane Garden Kingstown
+1 784 457 2244

Une sympathique compagnie de location de voitures. Ici pas de mauvaise surprise, tout est clair, net et précis. Les véhicules sont tous plutôt récents avec un parc orienté autour des Suzuki. Vous êtes assuré de conduire un véhicule fiable, bien équipé et garanti : climatisation, radio CD, Bluetooth... Conducteurs additionnels, sièges enfants et rehausseurs en sus. L'assurance est tous risques. De même, le véhicule que vous réservez est celui que vous aurez : pas d'équivalence de dernière minute ! Possibilité aussi de location de deux-roues.

BUS

Le tarif de la course varie entre 1 EC$ et 6 EC$ (US.2.20$).

Les bus sont de couleurs vives et sillonnent les principales routes de St. Vincent, reliant les grandes villes et villages avec comme point de départ central le terminal de bus : New Kingstown Fish Market.

La meilleure façon d'aller vers le nord de l'île est de prendre le matin le premier bus vers Georgetown et ensuite d'attraper un des deux vans qui vous emmènera à Fancy pour 10 EC$.

Pour aller à Richmond dans le nord ouest, prenez un bus qui va à Chateaubelair (6 EC$), et ensuite un deuxième reliant Richmond à Chateaubelair.

WATER TAXIS

Un moyen de déplacement très usité à Saint-Vincent. Les *water taxis* sont partout présents et très pratiques, surtout si l'on est assez nombreux pour partager les frais car c'est assez cher. Il faut compter environ 15 EC $ la course. C'est un moyen de déplacement que l'on conseille vivement aux plaisanciers, surtout pour se rendre en soirée sur les différents bateaux. Idéal pour rejoindre une plage déserte inaccessible par la route ou les petits chemins tortueux ! Les skippeurs peuvent facilement les contacter ; ils ont l'habitude !

TAXIS

Un moyen de locomotion bien pratique. Les prix augmentent pour les courses de nuit et très tôt le matin. Attention, le gouvernement fixe le tarif des courses mais la plupart des taxis n'ont pas de compteurs. Pensez donc à bien demander toujours le tarif de la course avant de monter dans un taxi privé. Il faut compter 50-60 EC$ par personne et par heure pour une voiture privée avec une capacité de 2 à 4 personnes afin d'aller vers les majeures attractions du centre de Saint-Vincent. Pensez également au pourboire : environ 10 % de la note.

PARADISE BEACH HOTEL & SPA €€

Villa Beach

✆ +1 784 457 4795

www.paradisesvg.com

A partir de 88 US$ par nuit pour une chambre double.

Situé à Villa Beach, le Paradise Beach hôtel & spa est à 5 minutes de l'aéroport et 10 minutes du centre-ville de Kingstown. Les chambres ont toutes la vue mer, elles sont décorées avec goût. Cinq minutes de marche et vous pouvez aller explorer les les eaux cristallines. L'hôtel met à votre disposition de nombreux services comme le wifi, des mini réfrigérateurs, climatisation, télévision, spa... Petit plus, tous les vendredis soir, l'hôtel organise un barbecue sur la plage.

WHITE SANDS COTTAGES €€

Ratho Mill

✆ +1 784 528 9855

A partir de 600 US$ la semaine selon le type de cottage choisi.

Besoin de vacances ? Envie d'un décor de carte postale ? White sands cottages est l'endroit qu'il vous faut pour profiter du calme et de la sérénité des lieux. Ce complexe hôtelier est composé de jolis petits cottages de luxe composés de deux ou trois chambres, nichés au milieu d'une nature luxuriante avec vue sur une baie aux eaux turquoise et aux plages désertes. Oubliez votre stress, et laissez-vous transporter par le cadre idyllique qui s'offre à vous. Les lieux sont de toute beauté. Pour une vraie déconnexion avec le monde extérieur !

PETIT ST VINCENT - PRIVATE ISLAND RESORT €€€

✆ +1 954 963 7401

www.petitstvincent.com

Ce joyau tropical conjugue avec brio luxe discret et service haut de gamme. Ce lieu paradisiaque abrite des villas d'une ou deux chambres qui offrent une totale intimité. Certaines sont les pieds dans l'eau avec un accès direct à la plage privée tandis que d'autres se trouvent en haut d'une colline et surplombent la mer. Allez faire un tour au Hillspa, qui propose des soins divins face à la mer, dispensés par une équipe de professionnels formés à Bali.

SE DÉPLACER À SAINT-VINCENT

Avion. Saint-Vincent abrite 2 aéroports : celui d'E.T. Joshua à Arnos Vale, près de la capitale, Kingstown. La piste n'étant pas très grande, il ne peut pas accueillir de gros avions. Pour régler le problème, un nouvel aéroport international a été créé à Argyle, sur la côte sud-est.

Les transports aériens entre les îles sont assurés par plusieurs compagnies dont SVG Air et Mustique Airways. La première dessert les îles de l'archipel avec ses petits Cessna. Au départ de Kingstown, 3 vols par jour permettent de desservir Moustique, Canouan et Union. Mustique Airways assure deux vols réguliers quotidiens entre la Barbade et Saint-Vincent.

Arrivée en bateau. Plusieurs ferrys relient Saint-Vincent aux Grenadines à un prix très raisonnable. Bequia Express et Admiralty Transport relient Bequia à Kingstown.

Entre les îles, on peut utiliser les *water taxis*, partout présents et très pratiques, surtout si l'on est assez nombreux pour partager les frais car ça reste cher. Idéal pour rejoindre une plage déserte inaccessible par la route ou les chemins ! Compter environ 15 ECD la course.

Arrivant à Union par la mer, vous devez obligatoirement effectuer vos formalités de douane à Clifton (près des fisheries) et d'immigration (à l'aéroport). Vous accéderez plus facilement à l'aéroport en passant par Anchorage Yacht Club. Montant des taxes de départ : 40 ECD, sauf pour les enfants de moins de 12 ans.

Départ en bateau. Arrivant à Union par la mer, vous devez obligatoirement effectuer vos formalités de douane à Clifton (près des *fisheries*) et d'immigration (à l'aéroport). Vous accéderez plus facilement à l'aéroport en passant par Anchorage Yacht Club. Montant des taxes de départ : 40 ECD, sauf pour les enfants de moins de 12 ans.

Transports en commun. Saint-Vincent et les Grenadines sont connues pour leur mode de transport collectif un peu particulier : les *dollar vans*. Ces minibus à prix très bas permettent de se déplacer pour une somme modique dans les différentes îles (comptez 1 ECD pour les petits trajets locaux, et jusqu'à 4 ECD si le trajet est plus long.

En voiture. Bien que coûteuse, la location de voiture reste la meilleure solution pour visiter l'île. Attention : la conduite se fait à gauche !

HILLSIDE APARTMENTS €

Villa

✆ 784 457 5134

www.hillsideapartmentssvg.com

60 US$ par jour pour un studio. 75 US$ par jour pour un appartement avec une chambre.

Hillside appartements est situé à deux pas de villa Beach et à huit minutes de l'aéroport. L'établissement est composé de six charmants appartements avec balcon et une vue imprenable sur l'archipel des îles Grenadines. Wifi, TV câble, petit déjeuner, piscine sont des services inclus dans le prix des studios. Posez vos valises, prenez une grande inspiration, relaxez-vous et admirez le cadre qui vous est offert. Si vous le souhaitez, vous pouvez passer une commande à l'épicerie afin que le réfrigérateur soit plein à votre arrivée. Une sympathique adresse !

SEASPLASH APARTMENTS €

Indian Bay

✆ 784 4311085

www.seasplashapartments.com

A partir de 60 US$ par jour ou de 360 US$ par semaine pour une chambre ou un studio.

Niché dans un petit coin de paradis à Indian Bay, à 5 minutes en voiture de l'aéroport et à 15 minutes en voiture du centre-ville de Kingstown, Seasplash Apartments est un agréable complexe de charme. Cet établissement familial comprend sept appartements fonctionnels et conviviaux (chambres et/ou studios), tous fonctionnels et bien équipés, situés à deux pas de la magnifique plage de sable blanc d'Indian Bay. Toutes les commodités sont accessibles à pied ; à Seasplash Apartments vous passerez assurément des vacances inoubliables.

SAPODILLA ROOM €

Grenadine house

✆ 784 458 1800

www.grenadinehouse.com

Ouvert tous les jours. Dîner entre 19h00 et 21h30.

Surplombant Kingstown vers les îles Grenadines, Grenadine house est un site historique. Le bâtiment abritant Grenadine House, connu à l'origine sous le nom de The Great House, a été construit en 1765 comme résidence de l'administrateur britannique de l'île de Saint-Vincent. Entièrement rénovée et modernisée, Grenadine House offre le meilleur de l'hospitalité vincy : sa salle à manger date du milieu du XVIIIe siècle.

Situé dans le parc résidentiel de Kingstown, Grenadine House offre un confort élégant au voyageur averti dans ses 18 chambres bien aménagées.

BASIL'S BAR AND RESTAURANT €€

Upper Bay Street

✆ +1 784 457 2413

Ouvert tous les jours de 8h à 22h30. Fermé le dimanche. Salle climatisée. Accès wifi.

Situé en plein cœur de Kingstown, ce restaurant s'est imposé comme une adresse incontournable au fil des ans. Basil's bar est niché dans un ancien bâtiment du XVIIIe siècle. Le service y est particulièrement sympathique et chaleureux. La cuisine n'est pas en reste ; les plats sont délicieux, on ira même jusqu'à dire que ce sont les meilleurs de l'île ! Mention spéciale pour les hamburgers et les sandwichs faits maison. Le midi c'est déjeuner buffet ! Jolie carte de cocktails également.

SUNSET SHORES RESTAURANT €€

Villa Beach ✆ 784 458 4411

www.sunsetshores.com

Ouvert 7j/7, petit déjeuner (7h à 10h), déjeuner et dîner. Happy hour de 18h à 19h.

Sunset Shores Restaurant est situé à Villa Beach avec une vue imprenable sur la mer des Caraïbes. Le chef propose une cuisine continentale combinée à une cuisine locale « West indian ». Vous y trouverez un large choix de fruits de mer (langoustes, poissons, lambis...) servi avec une déclinaison de légumes locaux. Sirotez ensuite le meilleur « rhum punch » de Saint-Vincent au bar lounge de l'étage ou au bord de la piscine et profitez le temps d'un instant d'un véritable paysage de carte postale devant vous. Le paradis sur terre !

THE FRENCH VERANDAH RESTAURANT €€

Villa Beach

✆ +1 784 453 1111

www.marinershotel.com

Ouvert du lundi au samedi de 9h à 21h. Petit déjeuner, déjeuner et dîner.

Une cuisine locale à la *touch* française les pieds dans l'eau : c'est ce que propose The French Verandah. Ce restaurant est situé au Mariners Hôtel. Il offre une magnifique vue face à la mer.

Le service est impeccable, c'est un endroit où se mélangent touristes et habitants de l'île venus déguster la cuisine gastronomique et les mets raffinés des lieux élaborés à partir de produits locaux. Très belle carte des vins avec des références internationales à tous les prix.

DIVE FANTASEA

Villa Beach

✆ 784 457 4477

www.fantaseatours.com

Ouvert tous les jours.

Partez à la conquête de la mer des caraïbes avec Kim et Earl Halbich. Ces deux passionnés vous emmèneront découvrir les plus beaux spots de plongée de Saint-Vincent. Kim et Earl connaissent par cœur les eaux qui les entourent et vous proposeront une prestation de qualité. A leurs côtés, on part explorer la merveilleuse vie sous-marine de Saint-Vincent. Les équipements et les bateaux sont conformes aux normes de sécurité les plus élevée et l'équipe qui vous accompagne détient les licences et assurances nécessaires pour un moment inoubliable en toute sécurité.

DIVE ST VINCENT

P.O. Box 864

✆ +1 784 457 4714

www.divestvincent.com

Le club de plongée de Bill Tewes a une très bonne réputation. Depuis des décennies, il amène les plongeurs débutants et aguerris à la découverte de l'extraordinaire vie sous-marine de Saint-Vincent, à la découverte des poissons exotiques, des éponges et des coraux préservés. Au fil du temps, il s'est spécialisé dans la recherche biologique et la photographie sous-marine. On recense une trentaine de sites de plongées à Saint-Vincent, généralement en eau peu profonde. A partir de 6 plongeurs, un bateau personnalisé vous sera proposé.

FANTASEA TOURS

P.O. BOX 639, Villa Beach, Kingstown

✆ +1 784 457 4477

www.fantaseatours.com

Depuis 1993, ce spécialiste des excursions a imaginé des circuits confortables, passionnants et personnalisés. Ils vous emmènent dans les endroits les plus spectaculaires de Saint-Vincent-et-les Grenadines. L'équipage connaît bien les lieux et fait attention à votre sécurité. Fantasea Tours propose en effet des bateaux avec des équipements sûrs. Au fil des ans, l'entreprise s'est élargie et s'est dotée de quatre bateaux, « Speculation » (28 pieds), « Just Add Water » (38 pieds), « Get Wet » (42 pieds) ainsi qu'un bateau de plongée de 60 pieds « My Fantasy ».

YOUNG ISLAND

Young Island est l'une des plus petites îles des Grenadines. Elle est accessible par navettes maritimes et se trouve à quelques brasses du rivage de Saint-Vincent, séparée de celle-ci par un chenal d'environ 180 m de large. C'est l'endroit idéal pour une lune de miel, notamment grâce à son luxueux hôtel. Devant l'hôtel, le mouillage se fait uniquement sur bouée, le petit canal entre Young Island et Saint-Vincent étant parcouru de courants assez forts. Derrière Young Island, on aperçoit l'îlot Duvernette, un tout petit caillou de 80 m de haut sur lequel les Anglais avaient installé des canons. Ne manquez pas la visite du fort Duvernette.

FORT DUVERNETTE ★★

Tarifs entrée : 5 EC$ et 20 EC$ pour faire la visite avec un guide.

Accessible par l'île de Young Island, le petit fort Duvernette, aussi connu sous le nom « le rocher du fort », fut construit vers 1800 sur un rocher massif de plus de 60 m de haut afin de protéger le village de Calliaqua, un important port de mouillage pour les navires en escale, où le sucre était chargé à destination de ports anglais.

Deux garnisons militaires anglaises habitaient le fort, l'une formant un premier rempart de protection à une 15 m du sommet, et l'autre au sommet même. Le fort Duvernette possède encore une batterie complète d'armements de l'époque.

YOUNG ISLAND RESORT €€€

1 Young Island Crossing

✆ 784 458 4826

www.youngisland.com

Dès 274 US$ selon la formule. Standard pour les réservations ouvert du lundi au vendredi 9h-19h et le samedi 10h-15h.

Pour la petite histoire, Young island est une île de 5 hectares qui appartenait à un chef de clan caraïbe. Elle a été offerte au prince William en échange d'un cheval blanc. Le prince ne s'attendait pas à ce que quelques années plus tard, son île devienne un magnifique complexe avec jardin tropical. Sur ce petit coin de paradis, la détente est de mise, et la seule chose à laquelle vous devez penser est le choix de votre transat, ainsi que les différentes activités qui rempliront votre journée. Faites le tour de l'île, les différents points de vue valent le détour.

LAYOU

Situé sur la côte ouest de l'île de Saint-Vincent, Layou est un petit village de pêcheurs qui avoisine avec celui de Buccament, localisé à deux pas de Barrouallie. On vient ici pour admirer les pétroglyphes caraïbes, antérieurs au XVIIe siècle. Ce site historique est l'un des plus visités de l'île. Il est situé dans un cadre idyllique au sein de la forêt tropicale et le long d'une petite rivière. On y imagine les Indiens Caraïbes y vivant il y a plusieurs siècles et créant cet art ancien. Le petit musée attenant montre également d'autres pétroglyphes sur l'île. La visite vaut vraiment le détour, elle s'adresse à tous, petits et grands.

BUCCAMENT BAY RESORT €€

Buccament Bay
✆ +1 784 456 7831

Le Buccament Bay est un établissement hors du commun. Idéalement situé sur la côte ouest de Saint-Vincent, cet hôtel haut de gamme propose des villas nichées au cœur d'une flore unique, dotées de terrasse et piscine. Côté gastronomie, l'hôtel invite à savourer des spécialités caribéennes et internationales. Pour ceux qui souhaitent prendre le large, la marina de l'hôtel est ouverte 24h/24. Le resort abrite également un centre de plongée pour découvrir les nombreuses richesses sous-marines, mais aussi d'un large panel d'activités nautiques.

PETROGLYPHS & ROCKS CARVINGS

Roches gravées, héritage du passé… Là, à même la roche, une partie du passé est encore lisible, sculptée par la main de l'homme au VIIIe siècle. Ce site remarquable à proximité de l'eau fut sans doute le refuge des premières peuplades. Quittez la ville de Kingstown par le nord-ouest ; il faut compter 30 à 45 minutes de route pour rejoindre Layou, un joli village de pêcheurs. L'accès aux Roches Gravées, facile, n'est qu'à 5 minutes de la route principale.

LA SOUFRIÈRE

Copie conforme et modèle réduit du mont Saint Helens, aux Etats-Unis, la Soufrière de Saint-Vincent est située au nord de l'île-mère. Culminant à 1 220 mètres d'altitude, il est considéré comme un volcan explosif. En avril 2021, le volcan était rentré en éruption après 42 ans d'inactivité. La région avait donc été recouverte de cendres, 16 000 habitants avaient dû être évacués de leurs foyers vers des zones de sécurité. La colonne de cendres et de gaz avait atteint jusqu'à 20 kilomètres de haut. Depuis, le volcan est rentré dans une nouvelle phase de sommeil et peut être à nouveau visité à l'issue d'une randonnée un peu sportive.

VALLÉE DE BUCCAMENT

Nature en sentiers, nature enchantée… Ces chemins émeraude prennent leur source au sommet de la vallée de Buccament, située au nord de la capitale Kingstown au long de la côte Caraïbe, à mi-chemin entre Campden Park et Layou, et vous conduisent jusqu'à Buccament Valley.

Pour y accéder, deux sentiers connus et balisés vont rythmer la balade en toute sécurité. Ils conduisent à travers la forêt tropicale et offrent une faune et une flore uniques. On peut même apercevoir l'Amazona Guildingii et le Whistling Warbler, deux variétés de perroquets uniques à Saint-Vincent.

THE FALLS OF BALEINE

Les fameuses chutes de la Baleine constituent un site majeur. Elles sont situées au nord-ouest de Saint-Vincent. Impossible de s'y rendre en voiture, l'accès au lieu s'effectue généralement par la mer, pour le plus grand plaisir des visiteurs. Ici, dans un même élan, le bleu et l'émeraude se mêlent. Les chutes se trouvent au beau milieu d'une réserve naturelle : une magnifique cascade d'eau claire dévale incessamment la pente, purifiant la roche et calmant ses ardeurs au creux d'un large bassin où l'on peut se baigner en amoureux, en famille ou avec des amis.

SOUFRIÈRE DE SAINT-VINCENT

Face volcanique et manteau de verdure... La Soufrière de Saint-Vincent et le mont Saint-Helen des Etats-Unis se partagent l'honneur d'être des volcans étudiés de très près par des chercheurs de tous horizons, car ils présentent tous deux les mêmes particularités dans leur mode d'éruption.

De Kingstown, en longeant la côte Atlantique vers le nord, une heure de route suffit pour rejoindre le point de départ de votre prochaine escalade.

Les professionnels le disent souvent : le cratère de la Soufrière de Saint-Vincent, qui a fait des frasques et trembler la Caraïbe il y a peu, est l'un des plus beaux au monde. Généralement considéré comme un parcours moyen à difficile, il faut en moyenne 4 h 50 min pour le parcourir. On peut y accéder toute l'année et l'expérience vaut la peine en toute saison. Au fil de l'ascension, on peut observer la végétation changer ; la forêt tropicale laisse progressivement la place aux fougères et aux arbustes bas. Une fois là-haut, la montagne livre quelques-uns de ses secrets : son cratère aux lignes parfaites, son dôme impérial, ses vapeurs sulfureuses, ses sentiers, son lac et sa forêt tropicale. Et surtout une vue imprenable. Au passage, vous apercevez les villages de Villa, de Calliaqua, de Biabou, d'Argyle ou encore Georgetown. Il y a généralement du vent et il fait plus frais qu'en bord de mer donc prévoyez une veste légère. En suivant la trace située sur le versant ouest, vous pouvez rejoindre la région de Châteaubelair.

BLACK POINT PARK

Ouvert tous les jours de 8h à 18h.

C'est dans ce parc gigantesque que se trouve le Black Point Tunnel, connu sous le nom de Jasper Tunnel. Une véritable curiosité qui révèle la taille des efforts déployés par l'homme à l'époque pour creuser dans la roche un tunnel de survie. Réalisé vers 1815, ce tunnel de 109 m de long est l'œuvre du colonel Thomas Browne à la faveur du travail des esclaves noirs et des Indiens.

Baladez-vous le long de ce tunnel, témoin d'une histoire chargée. Cet endroit a aussi été utilisé pour le tournage du film *Pirates des Caraïbes, la malédiction du Black Pearl*.

MESOPOTAMIA

Petite ville truffée de cultures maraichères, Mesopotamia est située sur la côte est de Saint-Vincent, très exactement au sud-est de Richland Park et à l'ouest de Peruvian Vale.

De la vallée de Mesopotamia, la vue sur la caldeira et la soufrière Saint-Vincent est époustouflante. Mais pas seulement. La zone est considérée comme le grenier à blé de Saint-Vincent. Des champs agricoles s'étalent donc à perte de vue car les sols, à proximité immédiate du volcan, sont particulièrement fertiles et propices à de nombreuses cultures (fruits, céréales, légumes...). En venant de Kingstown, la vue est époustouflante. Prévoyez de nombreux arrêts photo.

BYERA

Byera est un village historique de l'île de Saint-Vincent, l'un des plus densément peuplés également. Cela s'explique par le fait que, pendant la période coloniale, ce village ait servi de frontière entre les Indiens locaux et les planteurs blancs de la paroisse de Charlotte dont il fait partie. Il a ensuite été colonisé par les esclaves libres après leur émancipation, tandis que de nombreux résidents plus âgés ont émigré de la Barbade et de Trinidad. Dans cette région se trouvent quelques-unes des plus belles plages de sable noir au monde. On ne manquera pas non plus la visite du site atypique de Black Point Tunnel, un incontournable.

STEPH'S BBQ €

5R8J+GCG, La Croix Rd

✆ +1 784 451 3450

Ce petit restaurant situé à Mesopotamie est l'un des meilleurs de l'île. La cuisine est simple mais de qualité, avec des produits frais et des recettes maison. La spécialité des lieux ? La cuisson au barbecue. On y vient donc pour savourer du porc, du bœuf et du poulet cuits tendrement et longuement au barbecue. La viande est succulente, juteuse. On se lèche les doigts ! On peut aussi déguster des salades fraîches, des sandwichs... Sans oublier un joli choix de jus locaux. Une bonne adresse. Et comme toute bonne adresse, l'attente peut parfois être un peu longue.

BEQUIA

Située au sud de Saint-Vincent, cette île paisible est la plus grande des îles Grenadines. Depuis longtemps déjà, l'île de Bequia et ses habitants sont résolument tournés vers la mer et perpétuent ensemble les traditions ancestrales, telles que la chasse à la baleine, la construction de bateaux à voile et les activités liées à la pêche… D'ailleurs, au XIXe siècle, du temps de *Moby Dick*, l'île de Bequia, particulièrement prisée par les chasseurs écossais et français, fut une des stations de chasse à la baleine les plus connues de son temps. Port-Elizabeth, un petit port original et pittoresque, regorge de bars, restaurants et boutiques de souvenirs.

THE GRENADINES COLLECTION

✆ +1 784 457 3739

www.thegrenadinescollection.com

Location de villas de luxe.

Le luxe à l'état pur ! The Grenadines Collection propose une sélection de villas insulaires à louer, dans tout le sud des Caraïbes. On a le choix entre de petits refuges les pieds dans l'eau, des villas ultra luxe et des propriétés privées cachées sur des promontoires… L'agence s'est spécialisée également dans l'organisation de mariages. Elle se charge de toutes les formalités et répond à toutes vos demandes : voyages inter-îles, hébergement, réceptions et lunes de miel.

ADMIRALTY TRANSPORTS

✆ +1 784 458 3348

www.admiralty-transport.com/

Rotation toutes les heures : aller simple 20 $EC et aller-retour 35 $EC.

Depuis plus de 20 ans, Admiralty Transport relie Bequia à Saint-Vincent grâce à son service de ferry fiable et ponctuel. Deux ferries (Admiral I et II) effectuent tous les jours la navette entre Saint-Vincent et Bequia. Les ferries transportent à la fois des passagers et du fret avec une installation roll-on/roll-off, ce qui facilite le transport de votre véhicule d'une île à l'autre. Le temps de navigation, de jetée à jetée, est d'une heure. A bord, le confort est bien là : climatisation, bar, télévision. Des tarifs de groupe sont également disponibles.

BEQUIA EXPRESS

✆ +1 784 457 3539

www.bequiaexpress.com

Aller simple 45 $EC.

Bequia Express dessert quotidiennement et uniquement Bequia (depuis Port Elizabeth). La compagnie de transport propose des services quotidiens de ferry auto / passagers vers l'île de Bequia depuis Saint-Vincent et de Saint-Vincent vers Bequia. La traversée en bateau dure une heure, et les bateaux sont programmés plusieurs fois par jour. La flotte est détenue et exploitée par la même famille depuis des années. 4 départs par jour du lundi au samedi sont proposés, et 2 le dimanche et les jours fériés. Les horaires sont indiqués sur leur site Internet.

Bequia.

BEQUIA JEEP RENTALS

+1 784 458 3760
www.bequiajeeprentals.com
Location de Jeep.

Fondée dans les années 1980, Bequia Jeep Rentals est une société spécialisée dans la location de voitures : elle offre la plus grande flotte de véhicules de location de l'île, des véhicules tous récents, climatisés et parfaitement entretenus. Les marques les plus usitées sont Suzuki et Nissan. Possibilité de louer un GPS et/ou des sièges enfants en sus. L'agence propose également un service de taxi pour visiter l'île de Bequia et en faire le tour à l'aide d'un guide. L'équipe est particulièrement réactive et aux petits soins.

WATER TAXIS

Pour un aller simple le tarif varie entre 15 et 20 EC$ par personne.

Les *Water Taxis* sont toujours présents dans « Admiralty Bay ». Comme les taxis traditionnels, ils sont joignables sur la VHF, canal 68. Ils offrent un service de transfert entre les bateaux au mouillage et la terre ferme. Ils peuvent venir vous chercher à Princess Margaret et vous emmener à Lower Bay Beaches ou le contraire. Vous pouvez également les trouver sur le front de mer à Port Elisabeth. Dans tous les cas, c'est un moyen de locomotion très pratique (mais pas forcément économique) pour se déplacer d'un bateau à un autre.

GINGERBREAD HOTEL €€

Belmont 784458 3800
www.gingerbreadhotel.com
Dès 120 US$ par jour selon le type de chambre. Accueil ouvert tous les jours de 8h à 17h. - de 12 ans : 20 US$/nuit.

A deux pas du centre-ville de Bequia, ce charmant petit hôtel les pieds dans l'eau offre une vue imprenable sur Admiralty Bay, l'une des plus belles de l'île. Pour la petite histoire, le nom « Gingerbread » fait référence à l'architecture typiquement locale de l'établissement.

Les chambres et suites sont élégantes et spacieuses. Elles sont toutes bien décorées et équipées. Elles possèdent toutes une véranda privée depuis laquelle vous pourrez admirer en toute sérénité les spectaculaires couchers de soleil sur la mer des Caraïbes.

THE FRANGIPANI HOTEL €€

P.O. Box One
+1 784 458 3255
www.frangipanibequia.com
Dès 65 à 285 US$ par nuit selon la saison et le type de chambre.

The Frangipani hôtel était une maison de famille vieille de plus d'un siècle. Elle a été restaurée et transformée en une auberge de luxe il y a une quarantaine d'années. Les chambres de style ancien ont une vue spectaculaire sur Admiralty Bay ainsi que des balcons individuels avec un joli jardin. Le restaurant de cet établissement a la réputation d'être une excellente table de l'île avec une jolie carte des vins et de cocktails. Tous les jeudis, The Frangipani Hotel propose un concert de « Steel band » avec barbecue et animations.

FIREFLY PLANTATION HOTEL €€€

Spring +1 784 488 8414
www.fireflybequia.com
Dès 250 US S$ par nuit pour deux personnes, petit déjeuner inclus.

Ce magnifique boutique-hôtel est situé dans une ancienne plantation âgée de 250 ans. Les chambres de charme sont luxueusement aménagées ; elles offrent des balcons privés et disposent toutes de vues à couper le souffle. Le lieu est idéal pour des vacances de rêves : on s'installe dans un hamac au bord de la piscine et on se détend en sirotant l'un des fameux cocktails de la maison. Le restaurant propose d'excellents plats locaux, avec des produits frais. Le personnel très attentif et souriant est aux petits soins ! Une belle adresse.

MAC'S PIZZA & KITCHEN €€

The Belmont Walkway
+1 784 458 3474
Ouvert midi et soir jusqu'à 21h. Fermé le mercredi. Tarifs de 40 à 90 EC$.

C'est une institution à Bequia qui perdure depuis 1978 ! Un lieu qui réunit deux ambiances différentes : côté bord de mer pour un déjeuner décontracté ou à l'étage dans un cadre plus feutré. Les amateurs de pizzas seront comblés par la diversité de la carte ; on sélectionne et on compose selon ses goûts sa pizza.

Si vous optez pour la version « Kitchen », le chef offre des suggestions délicieuses : un magnifique burger, des poissons du jour, de belles salades composées. A noter une belle carte des vins et des tapas pour accompagner votre apéritif.

THE FRIENDSHIP ROSE

P.O. Box 73
+1 784 529 8046
www.friendshiprose.com
Ouvert tous les jours de 8h à 20h.

Le très grand luxe ! The friendship Rose propose des croisières collectives ou privées à bord d'un majestueux voilier. On se laisse embarquer et on laisse le chef et l'équipage s'occuper de tout. On part explorer des plages de carte postale immaculées de cocotiers, on découvre des spots aux eaux turquoise, où nagent des dauphins, des tortues et toutes sortes de poissons multicolores, on aborde des échoppes colorées tenues par des locaux. Les Grenadines confidentielles en quelque sorte.

Locations de bateaux également sur demande.

THE BEACH CAFE €€

+1 784 456 4777
Comptez une addition moyenne de 50/60 US$.

C'est le restaurant de plage du célèbre complexe *The Cotton House*, réservé à une clientèle très privilégiée. Le cadre est splendide ! La plage symbolise à elle seule toutes les images de carte postale que l'on peut imaginer... La décoration est sobre et élégante, toute de bois (blanc) vêtue. Le service est raffiné mais pas trop guindé et les suggestions rivalisent de fraîcheur et de saveurs. Salades, langouste grillée ou poisson du jour, burger... Une halte obligatoire si vous passez à Mustique. L'addition reste sage, en rapport à la qualité du service.

MOUSTIQUE

C'est l'une des îles les plus petites des Caraïbes (6 km² pour 500 habitants) mais aussi l'une des plus célèbres au monde. Au cœur de l'archipel des Grenadines, Moustique est le repaire des milliardaires du monde entier : de grands noms du show-biz et du gotha ont jeté l'ancre dans ce paradis. Ici résident des milliardaires dans de majestueuses villas bien gardées.

Entourée d'îlots, de bancs de coraux aux couleurs splendides, Moustique abrite de sublimes plages de cocotiers.

Elle possède une faune variée et exotique : des oiseaux marins tels que le fou brun et le frégate superbe, la tortue charbonnière à pattes rouges, l'iguane vert et le manicou...

BASIL'S BAR & RESTAURANT €€€

Mustique +1 784 456 4777
www.basilsbar.com
Petit déjeuner à partir de 8h00.Déjeuner de 11h00 à 18h00.Dîner de 19h30 à tard dans la soirée.

Créé en 1976, Basil's Bar & Restaurant a été élu comme faisant partie des dix meilleurs bars du monde en 1987 par *Newsweek* et en a fait sa réputation. L'ambiance y est toujours au top (soirées musicales) et les cocktails savoureux. Il a été intégralement rénové en 2018.

Côté restauration, vous y trouverez du poisson frais, des langoustes selon la saison, ainsi que le meilleur burger de toute la Caraïbe. Cet établissement accueille tous les ans le seul festival de blues de la Caraïbe. Tous les vendredis soir, il organise une soirée barbecue. Un incontournable.

THE COTTON HOUSE HOTEL €€€

P.O. Box 349
+1 784 456 4777
www.cottonhouse.net
A partir de 700 US$/nuit selon la catégorie de chambre et la période.

Cet hôtel-restaurant de renommée ne reçoit que sur réservation. Et s'il n'est pas à la portée de tout le monde, il demeure un des lieux les plus charmants de l'île. Il abrite 17 chambres. On a le choix entre une suite avec vue sur la mer, un cottage confortable ou l'intimité de la résidence avec piscine privée. Côté activités, là encore le choix est cornélien : monter à cheval le long des plages, perfectionner son revers au club de tennis Moustique ou se faire dorloter au spa. Un lieu idyllique pour passer des vacances de rêve !

CANOUAN

C'est une petite île de 1 000 habitants qui tire son nom d'une variété de tortues de mer : les tortues canouans. L'île, sans complexe, affiche fièrement ses 5,6 km de long et ses 2 km de large. C'est à Charlestown, située à Grand Bay, l'une des plus grandes baies du côté ouest, que se concentrent principalement les activités de l'île. Au nord, le Mount Royal culmine à 270 m. Les belles baies de sable blanc de Carenage Bay, de Frienship Bay ou de Glossy Bay sont des sites à découvrir ; de luxueux complexes hôteliers y ont élu domicile.

MANDARIN ORIENTAL €€€

+1 784 458 8000
www.mandarinoriental.com
A partir de 1 300 US$/nuit. Villa privée à partir de 1 600 US$/nuit.

Un complexe de rêve, sur une plage somptueuse... Ce resort de luxe est réservé aux budgets peu soucieux des chiffres. Une multitude de restaurants et de bars rivalisent d'originalité, les chambres et suites offrent un confort inégalé... Spas, activités sportives... Que demander de plus ? On adore la « Pink » attitude des lieux... Les touches de rose distillées harmonieusement à travers la décoration : coussins, parasols, transats. Vous pouvez y passer la journée et profiter de tous les aménagements sportifs : 195 US$/personne, déjeuner inclus.

MANGROVE €€

Retreat Village
+1 784 593 3364
Service continu. Happy hour le samedi de 18h à 19h.

C'est l'un des bars restaurants les plus populaires à Canouan. La spécialité des lieux ? Incontestablement le lambi mais aussi la langouste selon la saison. C'est un point de rendez-vous incontournable pour les locaux et pour les visiteurs. On y vient pour l'ambiance locale survoltée, le service et l'accueil des plus sympathiques, et bien sûr la cuisine de qualité. Le chef propose à la carte des plats traditionnels avec une sélection de produits de qualité, locaux et faits maison. Le burger y est excellent ! Un très bon rapport qualité-prix.

MAYREAU

Avec une superficie d'environ 4 km^2 et une population d'environ 300 habitants, Mayreau est la plus petite île habitée de l'archipel des Grenadines dans les Caraïbes. Elle se situe entre Union au sud-ouest et Canouan au nord-est. À l'ouest se trouvent les bancs de sable et les rochers des Tobago Cays.
C'est une île privée sur laquelle il est agréable de séjourner. La population se concentre dans le village d'Old Wall, situé en haut d'une colline dans le sud-ouest de l'île. Un conseil : prévoyez une balade dans la baie Saline, nord et sud. La route passe par un très joli petit village avec une belle église. Un point de vue magnifique.

DENNIS'S HIDEWAY €€

+1 784 458 8594
www.dennis-hideaway.com
A partir de 85 US$/nuit pour deux personnes. 130 US$/nuit pour trois personnes. Petit déjeuner inclus.

Dennis's Hideway est une guesthouse composée de cinq chambres, tout confort, et bien équipées. Elles abritent toutes une salle de bain ainsi qu'un balcon offrant une vue splendide sur la mer. La piscine et les jardins sont magnifiques. Ici, on se repose dans des hamacs en écoutant de la musique. Le personnel est très sympathique. La guesthouse propose également des excursions pêche, barbecue sur la plage, randonnées snorkeling et plongée avec masque, palmes et tuba. Bref, une sympathique adresse à un prix plus abordable que les resorts environnants.

Mayreau.

UNION ISLAND

Une île avec un relief plutôt montagneux qui s'étend sur environ 8 km² et qui présente de très belles criques et plages de sable immaculé. C'est une halte presque obligatoire pour les skippers, les marins en herbe ou les fans de nautisme car l'activité essentielle de l'île s'articule autour de Clifton Harbour. Les escales y sont aisées et souvent salvatrices pour y trouver repos, rafraîchissements et ravitaillement (réserves d'eau, de vivres, de carburant et même du vin…). Union est l'une des îles où vous pourrez effectuer vos achats si vous êtes en bateau. C'est la seule où vous trouverez une banque équipée d'un guichet automatique.

SAINT JOSEPH'S HOUSE HOTEL €

Ashton Road

✆ +1 784 485 8335

A partir de 30 US$/nuit. Tarifs dégressifs à partir d'une semaine.

Le Saint Joseph's House Hotel Union Island est situé environ 25 minutes à pied de Palm Island et à 10 minutes de route de Chatham Bay. D'ici, on est à moins de 20 minutes de Happy Island. Les appartements et les cottages de cette maison d'hôtes de charme sont tous climatisés et équipés d'un réfrigérateur, d'un four et d'ustensiles de cuisine. Ils offrent tous une terrasse avec hamac face à la mer. Le restaurant propose une cuisine caribéenne. Un bon rapport qualité-prix compte tenu des lieux.

THE ISLANDER'S INN €

✆ +1 784 527 0944

https://theislandersinn.com

A partir de 100 US$ selon le nombre (simple ou double) et la saison.

The Islander's Inn a ouvert ses portes en 2011. Ce complexe de charme abrite des chambres avec salle de bains privative, balcon privé avec vue mer. Toutes ont un point commun et pas des moindres : le seul bruit entendu est celui des vagues ! L'assurance de passer des vacances sous le signe de la détente et du repos. Le bar-restaurant propose une cuisine locale maison de qualité. Le personnel est aux petits soins. Sorties bateau et excursions sur demande pour explorer les plages paradisiaques, les récifs coralliens et les Tobago Cays.

THE SNACK SHACK €

Clifton Harbour

✆ +1 784 458 8652

Ouvert du lundi au samedi de 7h30 à 23h.

C'est LE lieu de rendez-vous de Clifton. The Snack Shack se trouve juste à coté du petit marché ; le wifi est accessible gratuitement et ils font les meilleurs cafés de l'île ! Paninis, salades, sandwiches, burgers, desserts, smoothies, jus, ici tout est fait maison avec des produits frais. Vous pouvez y prendre votre petit déjeuner, votre déjeuner, votre dîner ou bien juste boire un jus de fruits frais au bar et admirer l'effervescence dans les rues de Union. Pour plus d'informations, n'hésitez pas à consulter la page Facebook.

BOUGAINVILLA €€

✆ +1 784 458 8678

www.grenadines-bougainvilla.com

A partir de 90 US$/nuit pour les appartement en basse saison et 120 US$/nuit pour une chambre basique.

Cet hôtel confortable, situé au bord de l'eau, est enfoui dans un jardin tropical où l'on peut admirer plusieurs variétés de bougainvillées, d'hibiscus et de palmiers. Il abrite une boutique pour acheter divers souvenirs ou accessoires de plage (maillots, crèmes…), et un très bon restaurant de cuisine internationale et locale. On y mange des langoustes et des fruits de mer. Pour les plaisanciers, un quai de 4 mètres de tirant d'eau est à disposition pour se ravitailler en eau, en glace et en carburant.

Une escale de rêve pour visiter Morpion ou les Tobago Cays.

BARRACUDA RESTAURANT €

Clifton Harbour

✆ 784 458 8571

Ouvert tous les jours. Petit déjeuner, déjeuner et diner.

Envie d'une bonne cuisine italienne 100 % maison ? Giancarlo et Tiziana Tiezzi, tous les deux originaires de Florence en Italie, sont tombés amoureux d'Union et s'y sont installés en important avec eux leur cuisine. Tiziana prépare de délicieuses pâtes fraîches concoctées avec amour et uniquement à base de produits frais (poissons, lambis, langoustes...). Les spécialités locales s'affichent aussi à la carte. La carte des vins est quant à elle recherchée et bien garnie. Vous pouvez commander sur demande un gâteau pour une occasion spéciale.

LAMBI'S BAR AND RESTAURANT €

Clifton ✆ +1 784 458 8549

https://lambisunion.weebly.com

Pendant la haute saison (nov-mai), petit déjeuner à 30 EC$, déjeuner à partir de 45 EC$ et diner à partir de 50 EC$.

Ce restaurant à l'ambiance locale assurée accueille des concerts de « steel band » et Limbo tous les soirs. Le dîner se présente sous forme de buffet qui offre un large choix de plats locaux faits maison : poisson, poulet, lambi, porc, langouste, crabe... N'oubliez pas de goûter au cocktail spécial de la maison le « Hurricane » rum punch qui vous fera danser jusqu'au bout de la nuit. Le dîner et les boissons sont offerts au capitaine s'il vient avec un groupe de 6 personnes minimum.

SPARROWS BEACH CLUB €€

White big Sand Beach

✆ +1 784 458 8195

Navette gratuite de Clifton (juste à côté du marché) jusqu'à Sparrows, aller-retour. Ouvert 7j/7.

A Big Sand Bay, ce restaurant offre un décor de carte postale : une splendide plage de sable blanc aux eaux turquoise, douches, tables de massage face à la mer et activités aquatiques. Après avoir passé la matinée à l'eau ou allongé sur votre transat, allez éveiller vos papilles au restaurant et goûtez à l'incontournable Marlin fumé maison ou encore au tataki de thon (poisson selon la pêche du jour). En dessert, laissez-vous tenter par la tarte au citron du chef, et entre deux, sirotez un sparrow's rum punch ou une piña colada dans une noix de coco. Le rêve !

GRENADINES DIVE

Union Island

✆ +1 784 455 3822

www.grenadinesdive.com

Réservation en ligne.

Glenroy et son équipe sont très sympathiques et professionnels. Dans leur magasin (qui vend de nombreux articles et équipements de qualité pour la plongée) et club de plongée, ils proposent des excursions en petits groupes exclusivement afin de profiter au mieux des superbes fonds marins des îles Grenadines, et ce, en toute sécurité. Les instructeurs sont tous des professionnels NAUI ou PADI certifiés. Contactez-les pour en savoir plus sur les sorties proposées. L'équipe est très flexible et s'adapte volontiers à la demande.

HAPPY KITE

Clifton Harbour

✆ +1 784 430 8604

www.happykitegrenadines.com

De 150 à 700 US$/personne selon la formule choisie.

Happy kite est une école de kite qui propose des cours de kitesurf pour tous les niveaux, du débutant au confirmé. Les professeurs sont tous expérimentés et certifiés, ils connaissent bien les lieux et vous amènent sur des spots incroyables, et ce en toute sécurité : l'équipement proposé est de haute qualité et en excellent état. En plus des leçons de kitesurf, cette école propose des journées en bateau pour découvrir les différents spots de l'île. Mais aussi des packages à la carte pour satisfaire vos attentes personnelles !

TOBAGO CAYS

Petit Rameau, Barabel, Petit Bateau et Jamesby, disposés tel un sabot de cheval au beau milieu de la mer, sont les quatre îlots déserts qui forment les Tobago Cays, protégées par une bande de corail. Réserve naturelle pour le plus grand plaisir des visiteurs marins, des plongeurs, et même des rêveurs, c'est aussi un site paradisiaque traditionnel : une eau d'un bleu cristallin et des plages de sable blanc. On ne s'en lasse jamais ! On ne peut gagner les Tobago Cays que par bateau. Le mouillage (si vous êtes en croisière) est facile d'accès. Sur place, vous rencontrerez les rastas. Ils vendent un peu de tout : pain, tee-shirts, langoustes...

TOBAGO CAYS

Un passage obligé lorsque l'on navigue aux Antilles. Cette réserve protégée de cinq îles inhabitées est un véritable paradis sur terre avec poissons multicolores, eaux transparentes et chaudes et plages de sables blancs. Ce petit groupe d'îles, les « Cayes », de petites îles composées de sable et de corail, est amarré dans une eau peu profonde (2 à 4 m), aux incroyables nuances de bleu. C'est ici que se trouve la plus belle barrière de corail des Antilles. Un véritable paradis sur terre et l'un des plus beaux mouillages des Caraïbes.

© ERWIN BARBÉ - FOTOLIA

Vue de Tobago Cays.

PALM ISLAND

A proximité de la pointe sud des Grenadines, voici l'île de Robinson, sortie tout droit du roman de Daniel Defoe... Palm Island est bordée d'une plage de sable fin et d'un rideau de cocotiers. Connue autrefois sous le nom de *Prune Island*, l'île prit son nom actuel lorsque ses anciens propriétaires, John Caldwell, dit Johnny Coconuts, et son épouse Mary, plantèrent des centaines de cocotiers, transformant cette île marécageuse et infestée en île entièrement couverte de palmiers. Aujourd'hui, c'est un îlot entièrement privatisé par un resort luxueux : le Palm Island Resort. Cela ne vous interdit pas d'y mouiller si vous êtes en croisière.

PETIT-SAINT-VINCENT

Petit-Saint-Vincent, également désignée par le sigle PSV, est l'île la plus méridionale de Saint-Vincent-et-les-Grenadines. Les îles les plus proches sont Petite Martinique, dépendance de la Grenade, à 700 mètres au Sud (au niveau du passage le plus étroit), Palm Island à 5 kilomètres au nord, et Union et Frigate Island à 7 kilomètres au nord-ouest. On trouve également deux îlots inhabités, en réalité des bancs de sable, Morpion et Punaise, à respectivement 1 et 2 kilomètres environ au nord-ouest.

Ce petit bout de terre abrite des plages de sable fin idylliques, des villas somptueuses et un complexe hôtelier situé dans un ancien fort.

PALM ISLAND RESORT €€€

✆ +1 800 824 5412

A partir de 550 US$/nuit selon la chambre (simple ou double), la catégorie et la saison.

C'est l'un de nos hôtels préférés dans les Grenadines. Un lieu idéal pour des vacances romantiques en bord de plage, tout particulièrement une lune de miel... Le resort abrite 37 chambres réparties dans des bungalows de toute beauté, équipés d'un patio. Rien de tel qu'une sieste sur le hamac suspendu au-dessus d'un banc de sable blanc immaculé ! Des activités nautiques et sportives sont proposées sur place. Restaurant, bar et boutique de souvenirs. A proximité de la plage de South Glossy Bay et du Trump International Golf Club.

PETIT-SAINT-VINCENT RESORT €€€

✆ +1 9549637401

www.psvresort.com

A partir de 1 260 US$/nuit selon la chambre (simple ou double) et la saison.

Avec ses 22 cottages, Le Petit-Vincent, élu « lodge du monde » par *National Geographic*, est un endroit de rêve. Il abrite 2 restaurants et bars, et est doté d'une vaste cave à vins, d'un spa à flanc de colline, et de 7 plages immaculées. Sommet du luxe : le resort propose de privatiser l'île pour une célébration, un mariage ou une réunion de famille. Il peut accueillir des groupes jusqu'à 56 personnes, avec à disposition l'équipe de 130 collaborateurs vous étant entièrement dédiée.

ORGANISER SON SÉJOUR

La Martinique est une destination facilement accessible, sûre, et en plus c'est un DROM, un « département et région d'outre-mer », autrement dit une collectivité territoriale française. Pour s'y rendre, il suffit d'avoir un passeport ou une carte d'identité en cours de validité et d'être à jour de ses vaccins traditionnels. Organiser son séjour seul est donc tout à fait possible. Une fois qu'on a déterminé ses dates de voyage (la meilleure période se situe entre décembre et avril), il ne reste plus qu'à réserver son billet et son hébergement. En revanche, cette étape nécessite de l'anticipation. En Martinique, plus on réserve en amont, plus on est sûr de faire des économies car la destination est plutôt prisée par les voyageurs. Vos billets et votre logement sont réservés ? Il ne reste plus qu'à louer une voiture (très conseillé), à mettre tongs et maillot dans la valise, et à vous imaginer sur le sable chaud.

ARGENT

Département et Région d'Outre-Mer français (DROM), la Martinique fait partie de la zone euro. Vous pouvez donc y effectuer vos retraits et paiements par carte bancaire (Visa, MasterCard, etc.) comme vous le feriez en métropole. Inutile d'emporter des sommes importantes en liquide. Tous vos paiements par carte sont gratuits et vos retraits sont soumis aux mêmes conditions tarifaires que ceux effectués en métropole (ils sont donc gratuits pour la plupart des cartes bancaires). De plus, les distributeurs et terminaux de paiement sont aussi sécurisés que dans l'Hexagone et les paiements sont majoritairement validés par code PIN.

En cas de perte ou de vol de votre carte hors de l'Hexagone, votre banque vous proposera des solutions adéquates pour que vous poursuiviez votre séjour en toute quiétude. Pour cela, pensez à noter avant de partir le numéro d'assistance indiqué au dos de votre carte bancaire ou disponible sur Internet. Ce service est accessible 7j/7 et 24h/24. En cas d'opposition, celle-ci est immédiate et confirmée dès lors que vous pouvez fournir votre numéro de carte bancaire. Sinon, l'opposition est enregistrée mais vous devez confirmer l'annulation à votre banque par fax ou lettre recommandée.

Pensez à prévenir votre conseiller bancaire de votre voyage. Il pourra vérifier avec vous la limitation de votre plafond de paiement et de retrait. Si besoin, demandez une autorisation exceptionnelle de relèvement de ce plafond.

Pour connaître le distributeur le plus proche, des outils de géolocalisation sont à votre disposition sur : visa.fr/services-en-ligne/trouver-un-distributeurou mastercard.com/fr/particuliers/trouver-distributeur-banque.html.

Si vous avez atteint votre plafond de retrait ou que votre carte connaît un dysfonctionnement, vous pouvez bénéficier d'un cash advance. Proposé dans la plupart des grandes banques, ce service permet de retirer du liquide sur simple présentation de votre carte bancaire au guichet d'un établissement bancaire, que ce soit le vôtre ou non. On vous demandera souvent une pièce d'identité. En général, le plafond du cash advance est identique à celui des retraits, et les deux se cumulent (si votre plafond est fixé à 500 €, vous pouvez retirer 1 000 € : 500 € au distributeur, 500 € en cash advance). Quant au coût de l'opération, c'est celui d'un retrait à l'étranger.

Attention, la plupart des établissements sur l'île refusent les chèques hors place.

BUDGET / BONS PLANS

Le coût de la vie en Martinique est de 30 % supérieur à celui de la métropole pour certaines denrées de base. Pour vos achats quotidiens, la Martinique dispose de chaînes de supermarchés identiques à celles de la métropole. Vous y trouverez les enseignes Carrefour, Leader Price, 8 à Huit, Ecomax… C'est plutôt la facture qui va vous étonner ! L'alimentaire est beaucoup plus cher. Cela s'explique par le coût du transport et les taxes diverses, dont l'octroi de mer. La TVA est pourtant moins élevée (8,5 %). Pour réduire votre budget, tournez-vous vers les produits locaux, notamment les « légumes pays ». Le problème est de savoir comment les cuisiner, ce qui n'est pas évident pour des néophytes !

© GAFFERA - ISTOCKPHOTO.COM

L'ASSURANCE VOYAGE, LE BON RÉFLEXE POUR PARTIR L'ESPRIT TRANQUILLE

avec CATHERINE DIBOUES, responsable du marché voyage, chez Allianz Travel

© ELIZAVETA - STOCK.ADOBE.COM

En cas d'annulation de voyage, peut-on bénéficier d'un remboursement des frais engagés ?

L'assurance voyage propose une indemnisation lorsque l'on doit abandonner son projet de séjour pour une raison indépendante de sa volonté, y compris en cas de COVID-19. Contrairement aux idées reçues, les assurances liées aux cartes bancaires ne proposent pas toutes une assurance annulation.

Que se passe-t-il en cas de retard de vol ?

Avec l'assurance voyage Allianz Travel, les frais supplémentaires liés à l'attente sont remboursés, à partir de 2h de retard. Il peut s'agir des frais de restauration, de transport lors d'un changement d'aéroport ou d'une éventuelle nuit d'hôtel.

L'assurance voyage couvre-t-elle la perte ou le dommage des bagages ?

Allianz Travel indemnise les voyageurs en cas de bagages endommagés ou perdus par la compagnie aérienne. Cela comprend l'indemnisation du bagage et son contenu.

Les frais médicaux sont-ils pris en charge en cas de problème de santé dans l'Union européenne ?

Les pays européens ont des accords avec l'administration française. Avant de partir, il faut demander la carte européenne d'assurance maladie. La sécurité sociale et la mutuelle prennent alors en charge les frais médicaux, selon leurs barèmes. Les frais médicaux étant majoritairement plus élevés qu'en France, l'assurance voyage permet de se voir rembourser du reste à charge.

En cas de souci de santé sur place, notamment en cas de COVID-19, que faut-il faire ?

En cas de doute ou pour des symptômes légers, nous proposons un service de téléconsultation médicale, par téléphone et en visio, qui permet d'être conseillé et orienté par un professionnel ainsi que d'obtenir une ordonnance si besoin. Pour une situation plus grave, il est nécessaire d'appeler les urgences locales. Une fois à l'hôpital et dans un état stable, il faut contacter Allianz Travel pour déclencher les procédures de prises en charge. Notre centre d'assistance fonctionne 24h/24, 7j/7.

PASSEPORT ET VISAS

Tout citoyen français en possession d'une carte nationale d'identité ou d'un passeport en cours de validité peut effectuer un séjour aux Antilles. Les enfants doivent disposer d'un passeport personnel (valable cinq ans) ou d'une carte d'identité en cours de validité. Tous les passeports délivrés en France sont désormais biométriques. Pour l'obtenir, rendez-vous en mairie muni d'un timbre fiscal, d'un justificatif de domicile, d'une pièce d'identité et de deux photos d'identité. Le passeport est délivré sous trois semaines environ. Il est valable dix ans. En revanche, ceux qui désirent poursuivre leur voyage dans les îles anciennement britanniques (Sainte-Lucie, la Dominique…), un passeport en cours de validité est nécessaire, ainsi qu'un billet de retour ou de continuation de voyage. Les ressortissants du Canada et des Etats-Unis sont admis sans visa pour un séjour inférieur à 3 mois sur simple justification officielle de leur identité. Les mineurs doivent être en possession d'une carte nationale d'identité. Attention aux conditions d'entrée pour vos animaux de compagnie. Renseignez-vous avant votre départ pour savoir comment ils pourront vous accompagner : www.vosdroits.service-public.fr, ou bien encore le site de la Société Centrale Canine www.scc.asso.fr. Un conseil : avant de partir, pensez à photocopier tous vos documents (passeport, permis). En cas de perte ou de vol, les démarches de renouvellement seront ainsi beaucoup plus simples auprès des autorités consulaires. Vous pouvez également conserver des copies sur le site Internet officiel (mon.service-public.fr). Il vous suffit de créer un compte et de scanner toutes vos pièces d'identité et autres documents importants dans l'espace confidentiel.

PERMIS DE CONDUIRE

Un permis de conduire en cours de validité est exigé en Martinique.

SANTÉ

Principal ennemi de votre voyage en Martinique : le moustique. Badigeonnez-vous avec des répulsifs à base de DEET à des concentrations de 25 et 30 %, surtout si vous êtes habituellement apprécié de ces délicates bestioles, et mettez des vêtements légers mais couvrants. Vous pouvez en emporter avec vous mais les pharmacies martiniquaises sont très bien équipées. Dormez sous une moustiquaire.

Entre tous, un seul moustique est vecteur de maladie : l'*Aedes aegypti*, porteur du virus de la dengue. Ce virus provoque une forte fièvre, des maux de tête et de fortes courbatures. Bénigne la plupart du temps (mais très éprouvante), la dengue peut revêtir un caractère dramatique dans 1 % des cas et se transformer en dengue hémorragique, une forme dangereuse dans les Caraïbes, qui peut provoquer des saignements importants, un état de choc, voire entraîner la mort.
Le chikungunya est également présent en Martinique. La transmission se fait d'homme à homme par l'intermédiaire de moustiques. Après une incubation de quatre à sept jours en moyenne, une fièvre élevée apparaît brutalement, accompagnée de douleurs articulaires. L'évolution de la maladie est le plus souvent favorable et sans séquelles.
Enfin, depuis 2015, le sous-continent sud-américain est en état d'alerte face à l'épidémie du virus zika. Transmis par les moustiques infectés et vraisemblablement arrivé au Brésil lors de la Coupe du monde de football 2014, ce virus aux symptômes grippaux serait la cause de milliers de cas de microcéphalie du fœtus chez les femmes enceintes infectées. Fin 2015, toutes les régions du Brésil étaient touchées, ainsi que la Guyane française, le Suriname, le Paraguay, la Colombie et le Venezuela voisins. L'Amérique centrale (le Salvador notamment), la Barbade, la Martinique et la Guadeloupe sont concernées depuis janvier 2016, même si l'épidémie s'est calmée depuis.
Outre les moustiques, il y a également les yen-yens, de minuscules moucherons qui ressemblent à de tout petits moustiques, qui piquent non-stop et sont très pénibles.
Parmi les espèces à craindre en Martinique, autres que le moustique, il y a les « matoutou-falaises » (tellement plus mignon que le terme de mygale à laquelle elle s'apparente, bien que moins dangereuse) et les scolopendres, ces délicieux mille-pattes qui provoquent une grosse fièvre et qui adorent les endroits humides, les douches, l'herbe grasse… Autre méfait de la nature, le mancenillier, un arbre qui pousse au bord de certaines plages : ne touchez ni ses feuilles ni ses fruits, brûlures et démangeaisons en résulteraient. Etant donné le risque de cigattera (une maladie transmise par consommation de poisson), ne consommez pas votre pêche sans avis autorisé. Enfin, le seul serpent venimeux des Antilles, le trigonocéphale, se cache dans les champs de canne à sucre. On l'appelle aussi fer de lance de la Martinique. Il est très dangereux pour l'Homme en cas de morsure.

Attention surtout au mancenillier, donc, un arbre très toxique et irritant. L'ingestion de son fruit, qui ressemble à une petite pomme, peut être mortelle. Localisé sur les bords de plage, il est généralement signalé par un panneau rouge.
Concernant le COVID, nous vous conseillons vivement de vous rendre sur le site de la préfecture de Martinique pour connaître les dernières modalités d'entrée et de sortie en Martinique, susceptibles d'évoluer en fonction de la situation sanitaire de l'île : www.martinique.gouv.fr

VACCINS OBLIGATOIRES

Aucune vaccination spécifique n'est exigée.
La vaccination contre la fièvre jaune n'est pas obligatoire pour les voyageurs en provenance d'Europe ou des Etats-Unis, mais elle peut être exigée pour ceux qui arrivent de pays où la maladie est présente (Afrique sub-saharienne, mais surtout Amérique du Sud : Guyane, Venezuela, Brésil, Colombie, Equateur, Argentine, Paraguay, Bolivie, Pérou).
On vous conseille toutefois de veiller à ce que les vaccins recommandés soient à jour : diphtérie, tétanos, poliomyélite, hépatites A et B, coqueluche.

SÉCURITÉ

Il n'y a aucun problème particulier à signaler en Martinique. Cela dit, des règles de bon sens s'imposent : ne rien laisser traîner dans sa voiture, surtout qui soit précieux, ne pas se balader seul(e) la nuit dans des coins trop isolés ou dans certains quartiers de Fort-de-France.

DÉCALAGE HORAIRE

Il y a 5 heures de différence pendant l'heure d'hiver en métropole (quand il est 18h à Paris, il est 13h à Fort-de-France) et 6 heures en été, de mars à octobre.

LANGUES PARLÉES

Bien évidemment, en Martinique, la langue officielle est le français ! Mais la grande majorité des Martiniquais s'expriment en créole. Le créole est une fusion linguistique de différentes cultures (française, anglaise, espagnole, indienne, africaine et indigène). On pourrait faire un parallèle avec les similitudes existant entre le français et le latin. Le créole a une base lexicale française, il ressemble au français mais possède son propre vocabulaire.En créole, on écrit comme on parle. Le créole ne connait ni conjugaison ni vouvoiement. Ici, tout le monde se tutoie. Le créole est parlé dans toutes les Petites Antilles, mais chaque île possède son propre « créole ».

COMMUNIQUER

La Martinique jouit d'une excellente couverture téléphonique et Internet. Tous les hôtels et beaucoup de restos, de bars, et mêmes certains espaces publics disposent du wifi gratuit. Mieux que la connexion 3G et 4G.

ELECTRICITÉ ET MESURES

Vous trouverez du 220 volts sur toute l'île, ainsi que des prises françaises.

BAGAGES

Parmi les accessoires indispensables à mettre dans sa valise : le maillot de bain évidemment ! N'hésitez pas à en emmener plusieurs car ils seront votre tenue principale. Tongs et chapeau ou casquette compléteront votre panoplie de vacancier.
Emportez avec vous des vêtements légers : shorts, tee-shirts, jupes et robes légères. La température oscille entre 25 et 30 °C. N'oubliez pas vos lunettes de soleil qui protégeront vos yeux de la réverbération, particulièrement aveuglante près de la mer.
Indispensable, le spray anti-moustique pour lutter contre les nombreux insectes qui apparaissent en fin d'après-midi. Ils sont extrêmement petits et nombreux et le dicton « Ce ne sont pas les petites bêtes qui mangent les grosses » n'est pas toujours vérifié... Une crème de protection solaire à fort indice sera également précieuse.
N'hésitez pas à choisir un produit spécial pour protéger la peau des enfants. Il est même conseillé de leur laisser un tee-shirt sur la plage. Une lotion après-soleil ou de la Biafine© seront les bienvenues après un bon bain de soleil. Cela étant, les pharmacies et grandes surfaces proposent toutes ces gammes de produits et n'ont rien à envier à la métropole.
Enfin, emportez aussi des chaussures fermées, voire de randonnée, plus adaptées que les tongs pour vos excursions dans le nord. Et enfin, les incontournables masques et tuba.

© AIR CARAÏBES

© AIR CARAÏBES

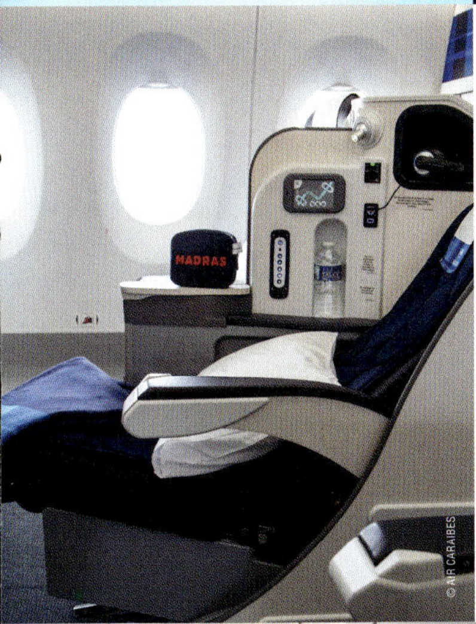

© AIR CARAÏBES

AIR CARAÏBES

✆ 0820 835 835

www.aircaraibes.com

Air Caraïbes propose des vols quotidiens entre Paris Orly 4 et la Martinique (Fort-de-France). Cette desserte est complétée par son réseau régional vers la Guadeloupe, Saint-Martin (Grand Case), Sainte-Lucie et la République dominicaine (Saint-Domingue). Saint-Barthélemy est aussi reliée par une desserte opérée par St. Barth Commuter.

La compagnie relie également la province et la Belgique grâce à Train + Air. Elle offre une liaison air-mer vers Marie-Galante, la Dominique et Les Saintes avec navigAIR. Consultez le site Internet pour bénéficier des promotions.

© AIR CARAÏBES

© AIR CARAÏBES

S'Y RENDRE

Au cœur de l'archipel des Petites Antilles, la Martinique, située à 7 000 kilomètres de la métropole, est accessible par deux moyens : la voie aérienne ou maritime. Pour venir y séjourner, c'est très simple. Depuis l'Europe, le Canada, les Etats-Unis et l'Amérique du sud, on l'atteint après quelques heures de vol. De nombreuses compagnies aériennes proposent quotidiennement des liaisons directes depuis les grandes capitales européennes et internationales. Mais la Martinique, bercée à l'ouest par la mer des Caraïbes et à l'est par l'océan Atlantique, s'atteint aussi par la mer. De nombreux opérateurs offrent des navettes depuis et vers les Caraïbes. Depuis l'Europe, c'est possible mais il faudra s'armer de patience et compter une dizaine de jours de traversée. Dans tous les cas, la Martinique offre une variété de paysages naturels spectaculaires qui vous feront oublier le temps de trajet et le décalage horaire.

AIR FRANCE

✆ 09 69 39 36 54

Air France offre plusieurs vols directs hebdomadaires au départ de Paris Orly Ouest et de Paris Charles de Gaulle. La compagnie dessert Fort-de-France en moins de 9h à bord d'appareils offrant un haut niveau de confort et équipés de 3 cabines de voyages : Economy, Premium Economy (cabine intermédiaire) et Business. De nouveaux sièges équipent les cabines Business et Premium Economy et les sièges de la cabine Economy sont tous équipés d'écrans individuels offrant près de 100 films et 300 albums ainsi qu'un vaste choix de jeux vidéo.

EASY VOLS

✆ 08 99 19 98 79

www.easyvols.fr

Pour voyager malin, il faut faire ses recherches en toute efficacité, sans perdre trop de temps à jongler d'un site à un autre. Pour trouver le bon vol au bon prix, l'idéal est la plateforme comparatrice de vols. Easyvols permet de comparer en temps réel les prix des billets d'avion chez plus de 700 compagnies aériennes et pas seulement des compagnies low-cost. Vous pouvez économiser jusqu'à 70 % du prix si vous êtes prêts à saisir au vol les meilleures offres. Des avis avisés de clients sont aussi consultables sur le site Internet.

MISTERFLY

www.misterfly.com

Ouvert du lundi au vendredi de 9h à 21h. Le samedi de 10h à 20h.

MisterFly.com est le nouveau-né de la toile pour la réservation de billets d'avion. Son concept innovant repose sur un credo : transparence tarifaire ! Cela se concrétise par un prix affiché dès la première page de la recherche, c'est-à-dire qu'aucun frais de dossier ou frais bancaire ne viendront alourdir la facture finale. Idem pour le prix des bagages ! L'accès à cette information se fait dès l'affichage des vols correspondant à la recherche. La possibilité d'ajouter des bagages en supplément à l'aller, au retour ou aux deux… tout est flexible !

OPTION WAY

✆ 04 22 46 05 23

www.optionway.com

Option Way est l'agence de voyages en ligne au service des voyageurs. L'objectif est de rendre la réservation de billets d'avion facile en vous faisant économiser. 3 bonnes raisons de choisir Option Way :

- la transparence comme mot d'ordre. Finies les mauvaises surprises, les prix sont tout compris, sans frais cachés ;
- des solutions exclusives qui vous permettent d'acheter vos vols au meilleur prix ;
- le service client, basé en France, joignable gratuitement, composé de véritables experts de l'aérien. Ils sont là pour vous, n'hésitez pas à les contacter.

CORSAIR

✆ 39 17

www.flycorsair.com

Pensez à adhérer au programme de fidélité Le Club Corsair. Service Client ouvert tous les jours de 7h à 23h.

La compagnie Corsair dessert quotidiennement Fort-de-France au départ d'Orly 4 (jusqu'à 10 vols/semaine). Elle opère des liaisons au départ de Nantes chaque mardi et jeudi (du 16/12 au 21/4/22).

Vous pouvez acheter des billets combinés au départ de 18 villes de province, comprenant le TGV (Train+ Air) et le billet Corsair. 3 classes de réservation : la classe Economy, Premium et Business. Pensez à adhérer à leur programme de fidélité *Le Club Corsair*. A noter l'arrivée courant 2022 du tout nouveau A330neo, doté d'une cabine silencieuse, confortable et connectée.

SÉJOURS ET CIRCUITS

Circuits, randonnées, séjours farniente, sportifs ou écoresponsables, en famille, seul, ou entre amis, kayak, plongée, combinés en catamaran ou en monocoque, croisières, lunes de miel, anniversaires de mariage... : la Martinique, avec ses paysages aux mille et une facettes, offre une large panoplie d'activités et de possibilités pour tous les publics, familles, aventuriers, navigateurs, randonneurs... Les voyagistes spécialisés, aussi, sont nombreux : ils connaissent l'île sur le bout des doigts et sont en mesure de concocter toutes sortes d'itinéraires à la carte. De plus en plus d'agences proposent également des programmes très alléchants propices à l'évasion. Dans tous les cas, il faut compter entre dix et quinze jours pour pouvoir espérer découvrir l'île et sa diversité de paysages. Si vous n'avez qu'une semaine, on vous conseille de cibler une zone géographique de l'île pour pouvoir en profiter un maximum et rayonner tout autour.

ALMA VOYAGES

573, route de Toulouse
VILLENAVE-D'ORNON
✆ 05 56 87 58 46
www.alma-voyages.com
Ouvert du lundi au vendredi de 9h à 17h30 et le samedi de 9h à 12h.

Chez Alma Voyages, les conseillers connaissent parfaitement les destinations. Ils ont la chance d'aller sur place plusieurs fois par an et donc, bien vous conseiller. En plus, chaque client est suivi par un agent attitré ! Une large offre de voyages (séjour, croisière ou circuit individuel) avec l'émission de devis vous sera proposée. Surfez sur leur site Internet et découvrez les différents circuits à la découverte des Antilles françaises, permettant de combiner la Martinique, mais aussi les îles de l'archipel guadeloupéen.

AMPLITUDES

60, rue Sainte-Anne - **PARIS** (2e)
✆ 01 44 50 18 58
www.amplitudes.com
Tous les jours sauf dimanche 10h-19h, samedi jusqu'à 18h.

Spécialiste des voyages sur mesure, en solo, en couple ou en groupe, des voyages en famille et des circuits privatifs depuis près de 30 ans, l'agence de voyages toulousaine Amplitudes et son antenne parisienne proposent des formules adaptées avec comme ligne directrice : « hors des sentiers battus ». Le catalogue est dense : ils vous emmènent en Italie, en Colombie, aux États-Unis, au Cap-Vert, au Bénin et dans bien d'autres pays encore. Les propositions sont disponibles sur le site Internet. Informations pratiques et conseils d'experts avec l'équipe en agence.

AQUAREV

2, rue du Cygne
PARIS (1er)
✆ 01 48 87 55 78
www.aquarev.fr
Ouvert du lundi au vendredi de 9h30 à 17h30, le samedi de 11h à 12h30 et de 14h à 17h.

Spécialiste de la plongée sous-marine, l'agence Aquarev propose de partir en séjour de 9 jours/7 nuits pour plonger en Martinique. Accessible à tous niveaux, le club Espace Plongée Martinique, qui se trouve sur la marina de la Pointe du Bout, offre des possibilités d'initiation et de perfectionnement, des plongées de nuit, épaves, plongées au nord (journée complète) et au sud de l'île (en demi-journée)... En ce qui concerne l'hébergement, vous logez à l'hôtel Bambou, dans des chambres et bungalows disséminés dans un jardin tropical.

CERCLE DES VOYAGES

31, avenue de l'Opéra
PARIS (1er)
✆ 01 40 15 15 11
www.cercledesvoyages.com
Tous les jours sauf dimanche 9h-20h, samedi 10h-18h30.

Les conseillers du Cercle des Voyages sont des spécialistes qui partageront avec vous leurs conseils et leurs petits secrets pour faire de votre voyage une expérience inoubliable et personnalisée. Confiez-leur vos habitudes de voyages, les différentes régions que vous souhaitez découvrir et co-concevez ensemble un voyage sur mesure, qui vous ressemble. Cette agence en plein cœur de Paris, avec un original service de conciergerie, vous propose des séjours, des circuits et des vols à prix économiques dans plus de 90 destinations.

EXOTISMES

0 826 96 5000
www.exotismes.fr

Spécialiste de l'exotisme et du voyage dans les îles autour du monde (Caraïbes, océan Indien, Pacifique) depuis plus de 30 ans, ce tour-opérateur sélectionne une série de séjours en Martinique, dans des hôtels, des résidences, des bungalows et des villas tout confort. Elle propose également excursions, autotours et voyages de noces ainsi que des croisières en catamaran de 8 ou 11 jours dans les îles Grenadines, Saint-Vincent et Martinique. Le site propose également des offres discount de dernière minute et la possibilité d'organiser son séjour à la carte.

FILOVENT

8, rue de l'Est
BOULOGNE-BILLANCOURT
01 70 80 97 52
www.filovent.com
Accueil téléphonique du lundi au samedi de 9h à 19h.

Pour cette agence, spécialiste de la navigation, tout a commencé en 1992 avec la location de voiliers, puis la location de bateaux de croisières sur les fleuves et canaux de France et d'Europe. Filovent offre la possibilité de louer un voilier ou un bateau à moteur, avec ou sans skipper/équipage. En Martinique, Filovent possède 1 base de location au Marin. Pour sa flotte, Filovent a sélectionné 138 constructeurs de bateaux, ainsi que 842 modèles de bateaux différents, à destination notamment de Sainte-Lucie, Saint-Vincent et des Grenadines.

FUN & FLY - SPORT AWAY

2, rue Louise-Weiss
TOULOUSE
05 67 31 16 11
www.fun-and-fly.com
Du lundi au vendredi de 8h30 à 18h30 et le samedi de 10h à 17h.

Fun & Fly - Sport Away proposent des séjours version grand large aux amateurs de vagues ! Surf, windsurf, kitesurf et stand-up paddle : 4 activités de glisse maritime déclinées en diverses formules. Débutant ou expert, en famille ou en bande de mordus, en quête de fiesta ou en mode découvertes insolites, vous trouverez ici le voyage qui vous convient vers l'une des nombreuses destinations disponibles. En Martinique, le lagon de la pointe Faula, au Vauclin, et la Pointe du Bout aux Trois-Ilets sont les deux spots privilégiés par l'agence.

NOMADE AVENTURE

40, rue de la Montagne-Sainte-Geneviève
PARIS (5e)
01 46 33 71 71
www.nomade-aventure.com
Ouvert du lundi au samedi de 9h30 à 18h30. Circuits sur mesure. Activités.

Nomade Aventure, comme son nom l'indique doublement, est une agence qui vous change de vos habitudes sédentaires. Avec ses voyages placés sous le thème de la nature, de la culture et de la rencontre, elle vous propulse vers de nouvelles aventures. Loin des meutes de touristes, vous mettrez à profit les bonnes connaissances des agents sur la région en profitant à la fois de circuits originaux et de spots incontournables. Nomade Aventure fait de votre voyage de véritables vacances en vous permettant de vous détendre, ils prévoient tout !

TERRE ET NATURE VOYAGES

23, rue d'Ouessant
PARIS (15e)
01 45 67 60 60
www.nature-plongee.com
Ouvert du lundi au vendredi de 9h30 à 19h. Sur rendez-vous en dehors de ces horaires.

Terre et Nature Voyages est une agence spécialisée destinée à tous les amoureux de la mer. Que ce soit le kitesurf, le windsurf, la voile ou encore la plongée, ce tour-opérateur parcourt les océans pour débusquer les meilleurs spots. Terre et Nature Voyages propose aventure, découverte et culture. Trek, randonnée à pied, canoë, voile, VTT, trail, raids multisports, croisières… vous attendent ! Plusieurs séjours riches en émotion sont possibles le long des côtes martiniquaises, axés autour du kitesurf et de la plongée sous-marine.

TERRES DE CHARME

3, rue Villebois-Mareuil
PARIS (17e)
✆ 01 55 42 74 10
www.terresdecharme.com
Ouvert lundi, mercredi et vendredi de 10h à 12h.

Terres de Charme et Iles du Monde ont fusionné : le premier apporte son exigence, des adresses de qualité et des voyages étudiés ; le second apporte quant à lui sa connaissance des îles et de la mer, des spots de plongée et de pêche, et de belles plages... Le séjour de 9 jours « Martinique, plantations et plages » comprend les vols, l'hébergement dans un hôtel de charme et une sélection d'activités culture et nature pour découvrir l'île. Le voyage peut être combiné avec une croisière en bateau de quelques jours pour explorer les îles Grenadines.

VENT PORTANT

Place Bernard-Moitessier
LA ROCHELLE
✆ 05 46 44 76 93
www.ventportant.com

Depuis sa création il y a une vingtaine d'années, l'Agence Internationale de Location de Voiliers Vent Portant a patiemment construit sa réputation autour de deux axes majeurs : la qualité du service et un vaste choix de croisières, de destinations et de voiliers rigoureusement sélectionnés. L'agence présente des flottes de voiliers monocoques et catamarans, avec ou sans skipper. Elle dispose de bases au Marin et à Sainte-Lucie, à partir desquelles on peut découvrir les îles Saint-Vincent, Bequia, Canouan, Tobaco Cays et Grenade.

TROPICALEMENT VÔTRE

✆ 01 43 70 99 55
www.tropicalement-votre.com

Lorsque cette agence s'installe à Paris, en 1996, l'île Maurice était sa destination prioritaire. Avec les années, la carte des destinations de Tropicalement Vôtre s'est étoffée, l'offre s'étendant à l'Asie et aux Caraïbes. Une sélection pointilleuse de villas, d'hôtels, de chambres d'hôtes, est proposée en hébergement. Tropicalement Vôtre propose en Martinique et à Sainte-Lucie des séjours en hôtellerie de charme, des locations de villas ou de bungalows, des voyages de noces et même des combinés inter-îles de la Guadeloupe, Sainte-Lucie et la Martinique.

VOYAGES ANTILLAIS

24, rue du 4-Septembre
PARIS (2e)
✆ 01 47 42 95 07
www.voyagesantillais.com

Spécialiste des DOM-TOM depuis plus de 40 ans, cette agence propose pour la Martinique des billets d'avion, des voyages de noces, diverses catégories d'hébergements, des séjours, de la location de voiture et diverses promotions selon les périodes. Elle prévoit notamment une croisière « Perle des Antilles » 4 étoiles où tout est inclus de 9 jours et 7 nuits, qui part de Pointe-à-Pitre et passe par Sainte-Lucie (en paquebot Costa). A noter également : des promotions et exclusivités « vacances scolaires » avec des offres pour toute la famille !

VOYAGEURS DU MONDE

55, rue Sainte-Anne - **PARIS** (2e)
✆ 01 88 33 06 93
www.voyageursdumonde.fr
Tous les jours sauf dimanche 10h-18h. Autres agences en France, à Bruxelles, à Genève, à Montréal et à Québec.

Depuis quarante ans maintenant, Voyageurs du Monde construit pour vous un univers totalement dédié au voyage sur mesure et en individuel, grâce – entre autres – aux conseils pointus transmis par des spécialistes qualifiés sur leur destination de cœur ou d'origine. Vous bénéficiez de leur aide pour la préparation du voyage, mais aussi durant toute la durée du voyage sur place. Tous les circuits peuvent être effectués avec des enfants, car tout est question de rythme. A noter également, un site internet au contenu riche et inspirant.

GO VOYAGES

www.govoyages.com

Site internet proposant des prix avantageux toute l'année.

Go Voyages propose un très grand choix de vols secs, charters et réguliers au meilleur prix au départ et à destination des plus grandes villes. 155 000 itinéraires de vols, 665 compagnies aériennes et plus de 2 millions d'hôtels dans 40 000 destinations... Possibilité également d'acheter des packages sur mesure « vol + hôtel » et des coffrets cadeaux. Sans oublier le grand choix de promotions sur tous les produits et la location de voiture. La réservation est simple et rapide, les choix multiples et les prix très compétitifs.

CŒUR DES ÎLES

ZI La Jambette

LE LAMENTIN

✆ 05 96 50 28 86

www.coeurdesiles.travel

Bureau d'accueil à l'aéroport, par téléphone et sur le site web.

Né de la fusion en 2014 des activités de l'agence martiniquaise Carib Recept et de l'opérateur guadeloupéen Karukera Tours, Cœur des Iles est le tour-opérateur leader des Antilles françaises et propose un panel d'excursions et d'activités sur mesure entre accueil et assistance, transferts, location de voitures, visites guidées thématiques de l'archipel (patrimoine, culture...), croisières, traversées maritimes, canyoning, séjours à Sainte-Lucie, randonnées équestres ou VTT... Vous pouvez acheter en ligne vos excursions directement.

HAVAS VOYAGES

✆ 08 26 08 10 20

www.havas-voyages.fr

Avec un réseau de centaines d'agences, le numéro un des clubs de vacances français propose des formules tout compris avec un bon rapport qualité-prix. Désormais, Havas Voyages cherche à renouveler l'offre des séjours *all incluse* dans des clubs formatés pour aller vers plus de personnalisation du pack vacances. L'agence propose des idées thématiques, du sur-mesure à la demande du client, ce qui correspond à la tendance actuelle. Des vols, des offres d'hébergement, mais aussi des promotions toute l'année et en dernière minute également.

IGWA TOURS

135 place Félix-Boisson

SAINT-PIERRE

✆ 05 96 62 19 70

www.igwatours.com

Igwatours est une agence de voyage autonome, créée par deux passionnées et professionnelles du voyage et de leur région. Ici, accueil et écoute sont les maîtres mots. Il vous est proposé toutes sortes de voyages et sorties, y compris à la journée, avec à chaque fois un accompagnement individualisé, pour découvrir les trésors de la Martinique et plus encore. Leur point fort ? Le conseil et le sur-mesure ainsi que leur engagement à promouvoir l'écotourisme. Vous l'avez compris, ce n'est pas une agence de voyage ordinaire. N'hésitez pas à visiter le site web.

PROMOVACANCES

✆ 01 55 33 44 44

www.promovacances.com

Promovacances est une agence de voyage en ligne qui propose de nombreux séjours touristiques, des week-ends, ainsi qu'un très large choix de billets d'avion à tarifs négociés sur vols charters et réguliers, des locations, des hôtels à prix réduits. En plus de cette importante offre, n'hésitez pas à guetter en ligne des promotions de dernière minute et les bons plans du jour. Enfin, des informations pratiques sont à consulter en ligne pour préparer votre voyage : santé, formalités, aéroports, voyagistes, compagnies aériennes.

MARTINIQUE ACCESS 'ÎLE

17-19, chemin des Pavillons - **LE CARBET**

✆ 05 96 55 11 71

www.handicaptourisme.net

Accessible aux personnes à mobilité réduite. Aménagements pour handicapés mentaux, malentendants et malvoyants.

L'Association Martinique Access'île offre au travers du site Handicaptourisme.net une sélection d'adresses labellisées Tourisme & Handicap afin d'aider les personnes en situation de handicap à mieux découvrir la Martinique. Elle est présidée par Noël Cicalini, expert dans le domaine des voyages accessibles et référent handitourisme en Martinique. C'est une véritable agence de voyage sociale et solidaire. Basée au Carbet, l'association dispose d'un fauteuil Tiralo pour la baignade. Elle propose également un véhicule avec rampe-navettes et des activités encadrées.

TOURCRIB

25 avenue Klebert Catherine
SCHOELCHER
✆ 06 96 77 55 26
www.tourcrib.com

Tourcrib est une plateforme en ligne pour réserver des activités lors de votre séjour en Martinique. Son crédo ? Des expériences 100 % locales, proposées par des guides professionnels passionnés. L'accent est mis sur le partage, la relation humaine afin de vivre la Martinique comme des locaux, de façon authentique. Quelles que soient vos envies, vous trouvez le prestataire dédié sur le site : activités sportives, culturelles, culinaires, santé, bien-être, les excursions en nature, les excursions en mer, balade en nature, artisanales... Réservation online.

JETCOST

www.jetcost.com

Jetcost compare les prix des billets d'avion et trouve le vol le moins cher parmi les offres et les promotions des compagnies aériennes régulières et *low cost*. Le site est également un comparateur d'hébergements, de loueurs d'automobiles et de séjours, circuits et croisières. L'interface du site Internet est très simple d'utilisation. Après avoir lancé la recherche, on peut affiner les résultats en fonction de ses choix afin de trouver le vol le plus intéressant, la durée du trajet, les éventuelles escales ou encore l'aéroport d'arrivée.

VOYAGER VRAI

✆ 06 20 05 53 34
www.voyagervrai.com

L'agence de voyage Voyager Vrai a été imaginée et fondée en 2017 par Marie-Line, une jeune Martiniquaise amoureuse de son pays. Son credo ? Proposer aux voyageurs (familles, amis, solo) à la recherche d'authenticité des expériences de voyages éthiques et responsables. L'agence sélectionne ses prestataires (hébergements, transports, activités, excursions, artisanat, agriculture, bien-être) en respectant les valeurs du tourisme durable. N'hésitez pas à consulter son blog et à la suivre sur les réseaux sociaux. Une belle initiative.

LILIGO

www.liligo.com

Site comparateur de voyages qui propose d'étudier le prix de votre prochain séjour.

Liligo interroge les agences de voyages, compagnies aériennes (régulières et low cost), trains (TGV, Eurostar...), loueurs de voitures, mais aussi 250 000 hôtels à travers le monde pour proposer à ses clients les offres les plus intéressantes en temps réel. Les prix incluent les frais de dossier, d'agence... Une fois la recherche établie et l'offre sélectionnée par l'utilisateur, le comparateur le met directement en relation avec le site marchand. Quelques astuces sont délivrées en ligne pour bénéficier des offres les plus intéressantes.

EASYVOYAGE

✆ 08 99 19 98 79
www.easyvoyage.com

Le concept peut se résumer en trois mots : s'informer, comparer et réserver. Des infos pratiques sur plusieurs destinations en ligne (saisonnalité, visa, agenda...) vous permettent de penser plus efficacement votre voyage. Après avoir choisi votre destination selon votre profil (famille, budget...), le site vous offre la possibilité d'interroger plusieurs sites à la fois concernant les vols, les séjours ou les circuits. Grâce à ce moteur performant, vous pouvez réserver directement sur plusieurs bases de réservation (Lastminute, Go Voyages et bien d'autres).

QUOTATRIP

www.quotatrip.com

Voyages sur mesure.

QuotaTrip est une nouvelle plateforme de réservation de voyage en ligne qui met en relation des voyageurs à la recherche d'expériences authentiques et uniques et des agences de voyages locales sélectionnées pour leurs compétences et leur sérieux. Le réseau de QuotaTrip couvre près de 200 destinations dans le monde entier. Le but de ce rapprochement est simple : proposer un séjour entièrement personnalisé aux utilisateurs. QuotaTrip promet ainsi l'assurance d'un voyage serein, sur mesure, sans intermédiaires et sans frais supplémentaires.

ORGANISER SON SÉJOUR

INTERVIEW

© D.R

LE VOYAGE-SUR-MESURE

AVEC STEVEN LE CHEVALIER ET MATHIEU VALLY DE QUOTATRIP

Quel est le concept de l'agence QuotaTrip ?

Quotatrip est la première plateforme de mise en relation entre voyageurs et agences locales. Grâce à elle, les voyageurs peuvent enfin échanger en direct avec des agences qui sont sur place et concevoir un voyage unique, au meilleur prix et 100% personnalisé.

Pourquoi voyager avec des agences locales ?

À l'inverse des agences traditionnelles, les agences locales sont des expertes de la destination choisie. Ce sont aussi les mieux placées pour concevoir des séjours qui sortent des sentiers battus. Elles sont ainsi en mesure de répondre à l'ensemble des envies, le voyageur rentre dans l'univers de l'équi-tourisme = le tourisme sans intermédiaire.

Quels sont les autres avantages pour les voyageurs ?

Il y a une multitude d'avantages. Cela permet notamment de ne pas voyager comme tout le monde, d'organiser de manière simple et rapide un séjour sur mesure et au meilleur prix. Fini les mauvaises surprises, les voyageurs posent toutes les questions qu'ils souhaitent et bénéficient d'un accompagnement sur mesure, de la conception du projet jusqu'à sa réalisation en toute sécurité car les agences référencées sont sélectionnées et recommandées par les journalistes des guides du Petitfute en toute impartialité.

Les démarches sont-elle simples à effectuer ?

Les sites de voyage en ligne font perdre beaucoup de temps aux internautes sans pour autant répondre entièrement à leurs désirs. QuotaTrip propose un formulaire simple et rapide qui permet de décrire les souhaits, les envies et les besoins. L'internaute reçoit aussitôt gratuitement et sans engagement les offres de trois ou quatre agences locales avec qui il peut ensuite échanger afin de personnaliser son projet grâce à la messagerie mise en place.

Quelles sont les destinations proposées ?

Notre plateforme propose plus de 21 000 projets de voyage sur plus de 100 destinations à travers le monde. De l'Amérique latine en passant par l'Asie et l'Afrique, nos mille agences partenaires sont là pour répondre à vos projets de voyage.

Décrivez votre projet de voyage. Échangez en direct avec les agences locales et partez au meilleur prix.

***Plus d'informations** : quotatrip.com*

© D.R

© D.R

SE LOGER

Pierre angulaire de votre séjour en Martinique : le logement ! L'offre sur l'île ne manque pas, surtout dans le sud ! Mais il n'est pas toujours évident de trouver chaussure à son pied tant les établissements présents sont nombreux, avec des prestations plus ou moins similaires. Avec leurs cuisines équipées et leur mobilier simple mais bien pensé, les résidences hôtelières constituent une bonne option pour les familles. Tout comme les locations saisonnières, en plein essor sur l'île : du studio à la maison familiale, en passant par la villa de luxe avec piscine, il y en a pour tous les goûts et tous les budgets. A cela s'ajoutent les gîtes et les chambres d'hôtes, plus proches de l'habitant, souvent plus économiques, et parfois même insolites : de la tente luxueuse à la cabane dans les arbres, en passant par les bateaux-hôtels et les éco-lodges, là encore vous aurez l'embarras du choix !

ANTILLES EXCEPTION €€

50 rue Schoelcher
RIVIÈRE-SALÉE
✆ 05 96 784 784
www.antillesexception.com

Antilles Exception est une agence spécialisée dans la location de villas de luxe dans toutes les Antilles. Elle fait office de pionnière dans le domaine avec plus de 12 années d'expérience. La sélection des villas est effectuée de façon drastique afin de garantir des prestations irréprochables. L'équipe présente sur chaque île est réellement experte et sait conseiller les clients et les orienter vers l'hébergement qui correspond le mieux à leurs attentes. Durant le séjour, permanence téléphonique 7j/7 afin de pallier les éventuels aléas.

ARCHIPEL ÉVASION €€€

134 B allée des Begonias - Lotissement les Moubins - **SAINTE-LUCE**
✆ +596 596 351 410 – www.archipelevasion.com

Agence de voyages, spécialisée dans la location de villas, excursions, services en villa et conciergerie.

Laura Chollet a crée Archipel Évasion en 2008. Son crédo : accompagner ses clients dans la création de leur voyage individuel personnalisé. Basée à Sainte-Luce, l'agence vous propose un catalogue d' une soixantaine de villas de standing et de luxe, des excursions privatives et un panel de services personnalisés : accueil aéroport, livraison de courses, chef à domicile, ménage, cérémonie de mariage, croisières... Des loisirs et du bien-être complètent ces services de conciergerie de luxe : massage dans votre villa, cours de cuisine créole et d'artisanat local.

VILLAVEO €€

Centre commercial la Source
DUCOS
✆ +596 696 45 06 35
www.villaveo.com/fr

Les tarifs sont directement pour le propriétaire, pas de frais d'agence.

Créée en 2014 par trois associés issus de la finance et de l'hôtellerie de luxe, VillaVEO est une agence immobilière spécialisée en locations saisonnières. L'agence propose plus d'une centaine de références d'appartements, studios, maisons de vacances et villas de luxe sur toute l'île. Tous les biens sont sélectionnés à partir d'une charte qualité, pour tous les budgets. Seul dénominateur commun : la qualité du logement loué. Deux conseillères vous assistent dans vos recherches, l'une basée en métropole, l'autre en Martinique.

ECOLIBRY €€

CASE-PILOTE
✆ +596 696 70 81 83

Tarifs : 170 à 200 € la nuit pour 2. Option Wifi + 15 €.

Vous connaissez le glamping ? C'est la contraction de « glamour camping ». Ecolibry surfe sur cette vague du tourisme alternatif en proposant un hébergement insolite dans plusieurs points de l'île. Vous rêvez d'une escapade romantique dans un cadre champêtre ? C'est l'occasion de vous reconnecter avec la nature : séjournez dans un campement en pleine nature ou au bord de la rivière dans une tente inuit ou suspendue. Tous les campements sont situés sur des spots d'exception. Ecolibry prône des valeurs d'écotourisme avec des toilettes sèches, douches solaires...

© CAEXHAM

© CAEXHAM

© CAEXHAM

CAEXHAM €€

LE FRANÇOIS

www.groupebdc.fr

La Pagerie aux Trois Ilets, Frégate Bleue au François ; Les Hauts du Cap au François ; Kaz'O'Rocher au Diamant ; Ti Verger à Sainte-Luce.

CAEXHAM est un groupe hôtelier familial indépendant avec une expérience du secteur depuis plus de 20 ans. Il fédère 5 hébergements de standing et de charme, (2 hôtels, 2 résidences et 1 chambre d'hôtes), répartis dans les plus beaux spots de l'île. Vous voulez un conseil futé ? Composez votre séjour inédit en mixant les différentes entités du groupe pour découvrir plusieurs facettes de la Martinique. Excellentes prestations. Hébergements rénovés à 100 %. À conseiller vivement.

© CAEXHAM

© CAEXHAM

SE DÉPLACER

Outre l'avion, qui est le meilleur moyen de rejoindre la Martinique et de se déplacer ensuite dans le bassin antillais, on ne saurait que trop vous conseiller de louer une voiture pour sillonner l'île. Seul impératif : avoir un permis valable !

Les principales routes martiniquaises sont excellentes et presque toutes goudronnées. Petit bémol concernant l'affluence sur les routes, notamment aux abords de l'agglomération foyalaise. Prenez ce paramètre en compte, surtout si vous souhaitez traverser l'île du sud au nord. Les routes secondaires (les traces) sont souvent étroites et sinueuses. Levez le pied sur le frein et soyez prudent.

Côté loueurs, vous aurez le choix entre les grandes sociétés internationales et les compagnies locales. Et pour le reste, vous pouvez essayer le taxi co ou taxi collectif (minibus ou breaks indiqués « T.C. »), une bonne alternative pour circuler dans l'île. On ne recommande pas les taxis, onéreux.

AIR ANTILLES

Agence Aréoport Aimé Césaire
LE LAMENTIN
✆ 05 96 42 18 07
www.airantilles.com

La compagnie se positionne sur le créneau des prix. Elle effectue des rotations régulières au départ de la Martinique vers la Guadeloupe, Saint-Martin, Sint Maarten, Saint-Barthélemy, Cayenne, Saint-Domingue, Porto Rico, Miami, la Barbabe. Les destinations d'Antigua et de la République dominicaine (La Romana et Punta Cana) font l'objet de rotations uniquement en saison. Vous pouvez réserver en ligne en quelques clics en temps réel et 24h/24 votre billet d'avion. La compagnie effectue la continuité régionale dans le cadre d'un partenariat avec Air France.

AUTO DISCOUNT

Aéroport ✆ 06 96 972 000
www.auto-discount.fr
Ouvert en semaine de 8h à 18h, samedi de 10h à 18h et dimanche de 13h à 18h.

Depuis 1999, Auto Discount Location figure parmi les leaders de la location de voiture à petit prix sur la Guadeloupe, la Martinique et Saint-Martin pour les courtes et moyennes durées. Vous êtes assuré de trouver le moyen de locomotion adapté grâce à un large choix de véhicules. Vous aurez sur place une navette gratuite pour l'aéroport à toute heure (en supplément) pour le port de Fort-de-France. L'équipe dynamique et sympathique mettra tout son savoir-faire pour embellir votre séjour. L'enseigne propose des voitures citadines, des berlines et des utilitaires.

AIR CARAÏBES MARTINIQUE

Aéroport Aimé Césaire
LE LAMENTIN
✆ 0820 835 835
www.aircaraibes.com

Sur son réseau régional, Air Caraïbes dessert la Martinique (Fort-de-France), la Guadeloupe (Pointe-à-Pitre), Saint-Martin (Grand Case), Sainte-Lucie et la République dominicaine (Saint-Domingue). La destination de Saint-Barthélemy est aussi proposée avec une desserte opérée par St. Barth Commuter. Au départ de Paris-Orly, la compagnie propose plusieurs départs par jour. A cela s'ajoute un partenariat avec la SNCF qui permet de relier les grandes villes de métropole (Marseille, Toulouse, Bordeaux...) avec la capitale et de bénéficier d'un billet tout compris.

BUDGET MARTINIQUE

Rond-point de l'aéroport
LE LAMENTIN
✆ 05 96 42 04 04
www.budget-martinique.com
Ouvert tous les jours de 7h à 21h30.

La société Budget est présente en Martinique depuis plus de 25 ans. Budget dispose également de trois agences sur l'île basées à l'aéroport, à Fort-de-France et aux Trois Ilets (pointe du bout). De l'Opel Corsa à la Kia Sorento en passant par l'Audi A3 cabriolet, un 4x4 Nissan Pathfinder... jusqu'au minibus de 9 places : vous trouverez forcément votre bonheur ! Tous les véhicules sont récents, équipés de la climatisation (indispensable en Martinique), et la livraison se fait directement sur votre lieu de vacances. A votre guise !

© AVIS

© AVIS

© AVIS

AVIS

Aéroport Martinique Aimé Césaire
LE LAMENTIN
✆ 05 96 42 11 00
www.avis-antilles.fr

Ouvert du lundi au samedi de 7h30 à 21h. Dimanche de 9h à 21h.

Avis propose un choix varié de véhicules, tous climatisés, de la petite voiture économique au 4x4 familial 7 places, en passant par les berlines, les cabriolets et les véhicules tout terrain. Nouveauté depuis peu : la gamme Prestige composée de Jaguar et Range Rover Evoque. La livraison est possible dans tous les points de l'île. Avis dispose également de deux agences sur place : aux Trois-Ilets et au Lamentin. C'est la valeur sûre en matière de location de véhicules, grâce au choix proposé, composé de véhicules récents, et à la qualité du service.

© AVIS

© AVIS

CARAVELLE LOCATION

Quartier Fond Basile
TARTANE
✆ 05 96 58 68 95
www.caravelle-location.com
A partir de 16 € par jour pour une Kia Picanto en basse saison et 40 € par jour en haute saison.

Bénéficiez de l'expertise de Caravelle Location qui déploie ses service depuis 1991 ! La structure dispose d'un parc de 50 véhicules dont des voitures automatiques allant de la Picanto à la Peugeot 9 places Expert Combi. Tous les tarifs indiqués sont au kilométrage illimité et assurance tous risques. Les voitures sont toutes climatisées. La livraison est possible à votre arrivée à l'aéroport si vous réservez en amont ou au port de Fort-de-France si vous arrivez par bateau. Le formulaire en ligne sur le site permet de vous faire gagner du temps.

EUROPCAR MARTINIQUE

Aéroport Aimée Césaire et Agence - **LE LAMENTIN**
✆ 05 96 42 42 42
www.europcar-martinique.com
Tous les jours de 7h à 22h sur le site de l'aéroport et de 7h à 21h à l'agence. Remise 15 % avec le code «petitfute».

On ne présente plus Europcar, l'un des leaders de la location de véhicules de tourisme. Le loueur livre également les véhicules un peu partout à travers l'île. On aura l'embarras du choix entre des véhicules de toutes catégories et de toutes marques (Van, Berling, 4x4 sans oublier Twingo et Clio), essence ou diesel, certains véhicules avec possibilité de GPS, de boîte automatique ou encore de siège bébé. Tous sont évidemment climatisés ! Un conseil : réservez le plus tôt possible car les véhicules sont vite pris d'assaut sur l'île !

LOCATION DES ILES

Aeroport
FORT-DE-FRANCE
✆ 06 96 21 11 79
www.locationdesiles.com/
Du lundi au samedi de 7h à 21h.

Location des îles est un loueur local solidement implanté en Guadeloupe, en Martinique et à Marie-Galante depuis plusieurs années. La structure dispose de véhicules récents et climatisés, avec kilométrage illimité et assurances tous risques, à des tarifs attractifs. Elle propose un pack 2 îles avec un seul contrat, sans frais d'abandon dans une autre agence. Une carte de fidélité valable en Martinique, en Guadeloupe et à Marie-Galante est disponible. Possibilité également de réserver des billets de bateau à tarif réduit pour Marie-Galante.

LOKIZY

Résidence La Cédalise Rond-point Annette
LE MARIN ✆ 596 696 37 40 80
https://lokizy.fr/
Ouvert de 7h à 22h tous les jours y compris dimanche et jours fériés.

Une sympathique compagnie de location de voitures en Martinique basée au Marin. Ici pas de mauvaise surprise, tout est clair, net et précis. Les véhicules sont tous très récents. Vous êtes assuré de conduire un véhicule fiable, bien équipé et garanti : climatisation, radio CD, bluetooth... Conducteurs additionnels gratuits, sièges enfants et réhausseurs gratuits, kilométrage illimité. L'assurance est tous risques. De même, le véhicule que vous réservez est celui que vous aurez : pas d'équivalence de dernière minute ! Possibilité aussi de location de deux-roues.

LUXIANE CAR

11, rue des Arts et métiers
FORT-DE-FRANCE
✆ 06 96 24 86 30
www.luxianecar.com
Tarifs dégressifs à partir de 7 jours.

Une agence de location de voitures inédite en Martinique : la location de prestige et le service personnalisé. Luxiane Car s'est orienté vers la location sur-mesure. Ici, on vous livre votre voiture quel que soit le lieu, le jour et l'heure. L'accueil est personnalisé et le service haut de gamme : vos désirs sont des ordres, « Pani Pwoblem». Les véhicules sont de catégories supérieures, la plus petite voiture proposée est une Peugeot 208 (en version automatique également) et la gamme se développe sur du 4x4 et des BMW (manuelles et automatiques).

LA PERLE DES ANTILLES

SAINT-PIERRE
✆ 06 96 43 92 65
www.laperlerentacar.com
Livraisons gratuites de l'embarcadère de Fort-de-France et de Saint-Pierre. Tarifs très compétitifs. Voir le site.

Une agence locale très sérieuse, basée à Saint-Pierre depuis longtemps. Quatre modèles de voitures de la marque Peugeot exclusivement : 108 avec 3 portes en modèle économique, 208 essence ou diesel et la Peugeot 301 diesel. La location est proposée avec une assurance tous risques. Accueil très courtois de la part de Monsieur Jubert le propriétaire. A noter qu'il possède également une résidence appelée Roxelle dans la commune. Livraison aéroport et ports. Réservez en ligne et sélectionnez les options qui vous conviennent. Une bonne adresse !

ALWEGO - SAINT-PIERRE LOCATIONS

43 Rue Emmanuel Courant - **LE LAMENTIN**
✆ 05 96 78 35 58

Consultez les offres et profitez du code promo «petitfute -15% MQ GP». Location de véhicules automatiques également.

#AlwegoAnNouAy - Le credo de l'agence est clair : une communication pétillante et dynamique à l'image de son équipe. On apprécie cette agence locale, implantée depuis 1989 aux Antilles. Alwego loue tous types de véhicules, de la petite citadine au minibus de neuf places. Les catégories intermédiaires comme les SUV et berlines sont également proposées à des tarifs attractifs. Livraison aéroport et port par navette. Réservez en ligne sur leur site Internet, c'est plus efficace et rapide.

RAPID AUTO

41, rue Camille Junkere
SCHOELCHER
✆ 06 96 25 73 97
www.rapidautolocation.com

Le slogan de cette agence est clair : « Visitez la Martinique en toute sécurité ». Jugez-en par vous-même… L'agence dispose d'une flotte de véhicules propres et en bon état de marche. Sur la base d'une Hyundai Getz, un véhicule trois portes équipé de la climatisation, en haute saison, vous pouvez faire le calcul directement sur leur site. Rapid Auto vous accorde 20 % de remise toute l'année selon la durée de la location. Livraison à l'aéroport gratuite (pensez à ajouter le coût du parking). Nombreuses offres régulières et réductions ponctuelles.

TAXI COLLECTIF

Pointe-Simon
FORT-DE-FRANCE
Service actif de 5h à 17h environ. Entre 1,50 € et 10 € selon la destination.

Cette solution originale appelée « taxi-co » ressemble à un service de taxi ordinaire, à la différence près que vous ne serez pas seul dans la voiture mais plusieurs dans une sorte de minibus. Le tarif affiché à bord est conventionné selon la destination. La fréquence des taxis-co reste régulière et fiable garantissant une liaison pour chacune des communes. Notez que les retours sont assurés par les mêmes taxis avec des descentes et des montées possibles sur le trajet. Seul bémol : le taxi ne part qu'une fois rempli. L'attente peut donc parfois être longue…

UCAR

Habitation Union
LE LAMENTIN ✆ 06 96 56 99 63
www.ucar.fr/martinique
Ouvert du lundi au vendredi de 7h30 à 17h30, le samedi de 8h30 à 12h30.

Spécialiste de la location, UCAR propose un large choix de véhicules de tourisme récents. Une enseigne de proximité à votre service, où vous serez accueilli chaleureusement. Ce loueur propose une flotte variée entre modèles citadines 3 portes parfaits pour les courts trajets, les économiques 5 places, les familiales plus puissantes et les utilitaires (de la camionnette de 4 m^3 jusqu'au fourgon 11 m^3). À votre disposition également, un service sur mesure avec la navette UCAR gratuite qui vient à votre rescousse partout dans le Lamentin en cas de besoin.

TAXIS

Rue de la Liberté
FORT-DE-FRANCE
✆ 05 96 63 52 78
www.taxi.fr

Autant le dire : le taxi est un moyen de transport relativement onéreux en Martinique. Mais il demeure néanmoins très utile pour ceux qui désirent plus d'indépendance. Pour les longues distances, n'oubliez pas de négocier le prix à l'avance. D'une manière générale, vérifiez bien que la voiture dispose d'un taximètre. A titre indicatif, il faudra compter de 40 à 60 € pour un trajet depuis Fort-de-France vers Saint-Pierre, au nord de l'île, ou encore de 60 à 80 € pour un trajet entre Fort-de-France et Sainte-Anne, tout au sud.

BSP AUTO

✆ 01 86 26 90 80
www.bsp-auto.com
Site comparatif accessible 24h/24.

Il s'agit là d'un prestataire qui vous assure les meilleurs tarifs de location aux conditions les plus avantageuses auprès des grands loueurs de véhicules dans les gares, aéroports et les centres-villes du monde entier. Le kilométrage illimité et les assurances sont souvent compris dans le prix. Avec BSP Auto, vous pouvez réserver dès maintenant et payer seulement cinq jours avant la prise de votre véhicule. Autre bonus du courtier BSP : pas de frais de dossier ni d'annulation (jusqu'à la veille). La moins chère des options zéro franchise.

ELEK'TRIPS

LES ANSES D'ARLET
✆ 06 96 90 40 25
www.elektrips.com

Elek'trips vous permet de bouger branché ! Louez un scooter électrique e-trax 125. Il a un look moderne, il est bien équipé et bénéficie d'une autonomie d'environ 130 km pour aller et venir au gré de vos envies ! Il faut évidemment un permis. Pour les plus courageux, le e-Nomad est un vélo électrique pour se déplacer en toute autonomie : ce fatbike juché sur ses gros pneus est très confortable, stylé et pliable. Une autre façon de découvrir notre belle Martinique ! N'hésitez pas à essayer le vélo sur l'eau, l'hydrofoiler, pour pédaler sur les eaux de Grande-Anse.

S'INFORMER

La destination ne manque pas de sources d'informations diverses que vous trouverez facilement sur la toile. Nous vous conseillons néanmoins le site du comité régional du tourisme (CMT) qui offre un panel exhaustif des hébergements et activités de loisirs à faire sur l'île.

De nouveaux venus ont fait leur apparition cette année : le site de Tourcrib, créé par de jeunes entrepreneurs martiniquais. Cette plateforme en ligne présente les activités sportives et ludiques à pratiquer lors de votre séjour, avec un positionnement ancré sur l'authenticité. Les amateurs d'écotourisme trouveront leur bonheur en surfant sur le site du PNRM, le parc naturel régional de la Martinique ou encore l'Observatoire de la biodiversité.

Il existe aussi un grand nombre de blogs dédiés à la destination ; nous avons un coup de coeur pour le carnet de voyage «ti piment» et le blog culinaire de Tatie Maryse» pour apprendre à cuisiner créole !

COMITÉ MARTINIQUAIS DU TOURISME

5 Avenue Loulou-Boislaville
FORT-DE-FRANCE
✆ 05 96 61 61 77
www.martinique.org
Ouvert lundi, mardi et jeudi de 8h à 16h30, mercredi et vendredi de 8h à 13h.

Avec son site bien illustré, empli d'une mine d'informations pratiques, le Comité Martiniquais du Tourisme offre une superbe introduction à tout séjour sur l'île. Photos enivrantes, calendrier des manifestations, le site complète une offre digitale visant à répondre à tout type de besoin pour tout type de clientèle. Et pour les moins connectés, rendez-vous directement dans l'immeuble situé sur le front de mer de la capitale pour dénicher plans et autres conseils précieux.

RELAIS DU PARC (PNRM)

Rue Victor Hugo
SAINT-PIERRE
✆ +596 596 64 42 25
www.pnr-martinique.com
Ouvert du mardi au samedi de 9h à 14h.

Le Parc naturel régional de la Martinique propose ses relais à différents points de l'île afin d'apporter toutes les informations sur les visites de sites, randonnées et balades à faire dans les communes avoisinantes. Une boutique propose également une large variété de produits issus des savoir-faire locaux et artisanaux. Des visites guidées sont disponibles sur réservation et des audioguides pour des visites libres sont mis à disposition des visiteurs. Sans oublier les cartes pour se repérer à travers les innombrables randonnées qu'offre le coin.

OBSERVATOIRE MARTINIQUAIS DE LA BIODIVERSITÉ

Avenue des Canéficiers
FORT-DE-FRANCE
✆ 05 96 644 259
www.biodiversite-martinique.fr

L'Observatoire Martiniquais de la Biodiversité est un dispositif animé par le Parc naturel régional de Martinique composé de 41 membres. Il collecte et diffuse des informations sur la biodiversité de la Martinique. Il rassemble des connaissances sur la faune, la flore, ainsi que sur les liens existant entre l'Homme et la nature. Il doit également diffuser ces savoirs et aider les habitants à préserver et valoriser cette biodiversité. Pas mal de brochures intéressantes à l'accueil.

TOURCRIB

25 avenue Klebert Catherine
SCHOELCHER
✆ 06 96 77 55 26
www.tourcrib.com

Tourcrib est une plateforme en ligne pour réserver des activités lors de votre séjour en Martinique. Son crédo ? Des expériences 100 % locales, proposées par des guides professionnels passionnés. L'accent est mis sur le partage, la relation humaine afin de vivre la Martinique comme des locaux, de façon authentique. Quelles que soient vos envies, vous trouvez le prestataire dédié sur le site : activités sportives, culturelles, culinaires, santé, bien-être, les excursions en nature, les excursions en mer, balade en nature, artisanales… Réservation online.

INDEX

M

EDITION

Directeurs de collection et auteurs : Dominique AUZIAS et Jean-Paul LABOURDETTE

Auteurs : Laure LAMBERT, Martin FOUQUET, Baptise THARREAU, Tanguy REVAULT, Pricilla PARARD, Amandine GLEVAREC, Julie COURTOIS, Mathias DESHOURS, Sylvie DEL COTTO, Romain RISSO, Maëlle CHERRIER, Corinne DAUNAR, Mélanie CARPENTIER, Marie Isabelle CORRADI, Yaissa BOLIVAR-ARNAUD, Faubert BOLIVAR, Jean-Paul LABOURDETTE, Dominique AUZIAS et alter

Directeur Editorial : Stéphan SZEREMETA

Rédaction Monde : Laure CHATAIGNON, Morgane VESLIN, Pierre-Yves SOUCHET, Natalia COLLIER

Rédaction France : Briséis CREAC'H-MENUT, Audrey VEDOVOTTO, Marie VIGNERON, Nicolas WODARCZAK, Mélanie PEILLET

FABRICATION

Maquette et Montage : Romain AUDREN, Julie BORDES, Delphine PAGANO

Iconographie et Cartographie : Anne DIOT, Julien DOUCET

WEB ET NUMERIQUE

Directeur Web : Louis GENEAU de LAMARLIERE

Technical Project Manager : Hervé MARION

Développeurs : Guillaume BARBET, Adeline CAUX

Intégrateur Web : Mickael LATTES, Antoine DION

Webdesigner : Caroline LAFFAITEUR

Community Traffic Manager : Alice BARBIER, Mariana BURLAMAQUI

DIRECTION COMMERCIALE

Directeur commercial : Guillaume VORBURGER

Coordinatrice des Régies commerciales : Manon GUERIN

Account Manager Marketplace : Leila ROUGEOT

Business Developer Marketplace : Rachel RECARTE

Responsable Régies locales : Michel GRANSEIGNE

Responsables Développement régie inter : Jean-Marc FARAGUET, Guillaume LABOUREUR et Camille ESMIEU

Assistante commerciale Régie internationale : Leila ANTRI-BOUZAR

Chefs de Publicité Régie nationale : Caroline AUBRY, François BRIANCON-MARJOLLET, Perrine DE CARNE MARCEIN, Jonathan TOUTOUX, Amélie NOEL

Régie MARTINIQUE : Isabelle DREZEN **avec la collaboration de** Karine ANDRE

DIFFUSION ET PROMOTION

Directrice des Ventes : Bénédicte MOULET assistée d'Aissatou DIOP

Responsable des ventes : Jean-Pierre GHEZ assisté de Nelly BRION

Relations Presse-Partenariats : Jean-Mary MARCHAL

ADMINISTRATION

Président : Jean-Paul LABOURDETTE

Directrice des Ressources Humaines : Dina BOURDEAU assistée de Sandra DOS REIS et Eva BAELEN

Directrice Administrative et Financière : Valérie DECOTTIGNIES

Comptabilité : Guillaume PETIT, Aminata BAGAYOKO, Jeannine DEMIRDJIAN et Adama DIABY

Recouvrement : Fabien BONNAN assisté de Sandra BRIJLALL

Responsable informatique : Elie NZUZI-LEBA

PETIT FUTÉ MARTINIQUE

LES NOUVELLES EDITIONS DE L'UNIVERSITE
18, rue des Volontaires - 75015 Paris.
✆ 01 53 69 70 00 - Fax 01 42 73 15 24
Internet : www.petitfute.com
SAS au capital de 1 000 000 € -
RC PARIS B 309 769 966
Couverture : Les Anses-d'Arlet, Martinique
© Fikander82 - iStockPhoto.com
Impression : CORLET IMPRIMEUR -
14110 Condé-en-Normandie
Achevé d'imprimer : janvier 2023
Dépôt légal : 04/03/2023
ISBN : 9782305086095

Pour nous contacter par email, indiquez le nom de famille en minuscule suivi de @petitfute.com
Pour le courrier des lecteurs : info@petitfute.com

IMPRIMÉ EN FRANCE

Beck'sche Reihe

BsR 1129

BSR

Die Sikhs haben Schlagzeilen gemacht: Ein blutiger Konflikt im nordindischen Bundesstaat Panjab, die Erstürmung des Goldenen Tempels in Amritsar, die Ermordung Indira Gandhis durch zwei Sikh-Leibwächter und Massaker an den Sikhs in Neu Delhi brachten sie in den Blickpunkt der Weltöffentlichkeit. Dennoch ist wenig über die Sikhs bekannt. Wie lebt diese religiöse Minderheit, die mit ihren 15 Millionen Anhängern nur knapp 2% der indischen Bevölkerung ausmacht? An was glauben die Sikhs? Warum tragen sie Turbane? Welche historischen Erfahrungen haben sie geprägt? Wie konnte es überhaupt zu einer solchen Terroreskalation im Panjab kommen? Und das, obwohl der Religionsgründer, Guru Nanak, doch zwischen den Religionen versöhnen wollte? Wie sieht heute der Alltag im Panjab aus? Auf diese und andere Fragen gibt das Buch in anschaulicher und allgemeinverständlicher Weise Antwort.

Marla Stukenberg promovierte in Freiburg über den Sikh-Konflikt. Zahlreiche Reisen und Praktika in Indien.